KB128963

PSYCHOLOGY

인간 이해의 심리학

오경기 · 이재호 · 김미라 · 김태훈 · 김시현 · 김문수 · 이건효
송길연 · 구훈정 · 정형수 · 한　민 · 조옥경 · 최　훈 공저

학지사

심리학 강의를 시작하면서 "여러분은 왜 심리학개론을 수강합니까?"란 질문을 던지면, "내 자신을 잘 이해하고 싶다.", "다른 사람의 행동이나 심리상태를 파악하고 싶다.", "왠지 심오하고 재미있을 것 같다.", "여러 사람과 대인관계를 잘하는 법을 찾고 싶다.", "인간을 과학적으로 연구하는 심리학에 대한 학문적 호기심 때문이다.", "사람들이 일상에서 겪는 많은 문제에 대한 해결책을 제시해 줄 것 같다." 등의 다양한 반응을 보인다. 이러한 심리학에 대한 의문과 탐구는 심리학 이론과 원리의 체계적인 이해에서 시작한다고 볼 수 있다.

심리학이 우리나라에 소개된 지도 어느덧 70여 년이 흘렀고 한국심리학회의 회원 수도 8만여 명에 이르고 있다. 현재, 심리학은 인간의 정신과 행동을 이해하기 위해 꼭 필요한 학문으로 인식되고 있으며, 심리학의 여러 이론과 연구결과들은 현대사회의 거의 모든 분야에 활용되고 있다. 특히 1990년대 이후 심리학에 대한 학문적 필요성과 실용적 수요가 급증하면서 전국의 모든 대학교 및 대학원에서 다양한 심리학 강의가 개설되고 있으며, 우리나라에도 심리학부 단위로 심리학전공 신입생을 선발하는 대학교가 등장하였다.

이 책은 심리학을 전공 또는 부전공하는 학생들과 더불어 심리학이 어떤 학문인가를 알고자 하는 일반인이나 인문사회과학 분야의 학자 및 심리학 입문자들이 심리학의 핵심개념을 쉽게 이해할 수 있도록 저술되었다. 또한 심리학을 접해 보지 않은 심리학 초보자들에게 우리 사회와 현실에 맞는 심리학 지식을 쉽고 재미있게 이해하게 함은 물론이고, 인간의 마음과 행동에 대한 심리학 이론을 체계적이고 심층적으로 전달하기 위해 분야별로 전문 집필진을 구성하였다.

집필진들의 전공은 생리심리학, 발달심리학, 인지심리학, 상담심리학, 실험심리학, 학습심리학, 임상심리학, 이상심리학, 동기심리학, 성격심리학, 언어심리학 및 건강심리학까지 다양하다. 각 장별 집필에는 김미라(1장, 심리학이란), 김태훈(2장, 심리학의 연구방법), 김시현(3장, 뇌와 행동), 오경기(4장, 감각과 지각), 김문수(5장, 학습과 기억), 이재호(6장, 언어와 사고), 이건효(7장, 동기와 정서), 송길연(8장, 전생애 발달), 구훈정(9장, 성격이론), 정형수(10장, 정신병리와 심리치료), 한민(11장, 사회와 문화), 조옥경(12장, 건강과 스트레스) 및 최훈(13장, 심리학의 응용과 전망) 교수가 참여하였다.

이 책을 집필하면서 강의와 연구에 바쁜 다양한 집필자들이 하나의 책을 만든다는 것이 얼마나 힘든 일인가를 실감하였다. 각 장에서 다루는 내용의 수준과 범위 및 용어의 선정과 설명 방식에 이르기까지 통일을 이루기가 쉽지 않았다. 그러나 해당 분야에 대한 집필진의 해박한 지식과 풍부한 경험을 바탕으로 충실하게 심리학의 여러 영역을 소개할 수 있었다. 물론 완벽을 추구하고자 했지만 이 책이 지닌 미흡한 점과 부족한 면도 있을 것이라 생각되며, 이에 대해서는 추후 계속 보완해 나갈 것이다. 이 책의 잘못된 점이나 오류에 대하여 독자들의 기탄없는 조언과 제언을 바란다.

바야흐로 우리 사회는 인공지능, 사물인터넷, 가상 및 증강현실, 빅데이터, 뇌과학 및 IT 기술이 융합된 4차 산업혁명시대에 접어들었다. 4차 산업혁명은 경제, 사회 및 문화에 혁신적인 변화를 가져올 것이며 이러한 분위기는 기존 심리학의 설명 한계를 넘어서 한 차원 더 발전시킬 것이다. 또한 2020년 전 세계를 휩쓴 코로나19의 영향은 사람들의 세계관, 가치관, 행복관 및 상호 커뮤니케이션 방법 등 총체적인 라이프 스타일에 커다란 변화를 초래하였으며, 이른바 포스트 코로나시대를 맞이하여 심리학(자)의 역할은 더욱더 다양하고 중요해질 것이라 예상된다. 항상 경계해야 할 것은, 우리가 편리하게 사용하는 도구가 때로는 사용자에게 위험을 주는 양날의 검이 될 수 있듯이 현재 우후죽순처럼 증가하고 있는 현상, 즉 전문적으로 심리학 학위과정도 거치지 않은 채 도처에서 자칭타칭 심리학 전문가인 양 행세하는 유사심리학(pseudo-psychology)의 횡행이다. 이 책이 그에 맞서 정통 심리학을 알리는 데 중요한 길라잡이가 될 수 있기를 기대한다.

끝으로 이 책이 나오기까지 많은 분의 노력이 함께하였음을 소개하고자 한다. 먼저, 강의와 연구로 바쁜 와중에도 집필에 흔쾌히 참여해 주신 여러 저자께 감사드린다. 그리고 1980년대 척박했던 심리학 학문 환경에서도 심리학의 저변 확대와 심리학회의 발전을 위해 물심양면 열성적으로 지원해 주신 입지전적인 출판인, 학지사의 김진환 사장님께 깊이 감사드리며, 이 책을 기획하고 원고 교정과 편집, 용어정리 및 색인 작성을 맡아 이 책이 빛을 보도록 해 준 성스러움 대리와 백소현 차장을 비롯한 관계자들께도 감사드린다. 또한 독자 입장에서 각 장의 원고를 숙독하여 교정해 준 정제라 님의 노고에 감사드린다.

2020년 9월
저자 일동

◆ 머리말 _ 3

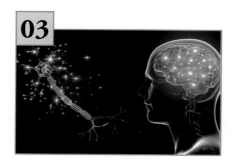

05

06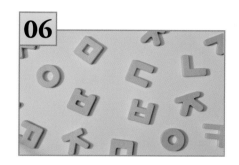

07

08

09

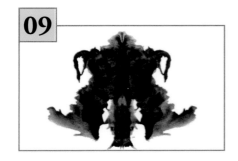

10

13

심리학의 응용과 전망　522

01

심리학이란

하루에 열두 번도 더 바뀌는 한 길 사람 속을
과학적으로 연구하는 학문, 심리학

인류의 역사와 궤를 함께한 문제 중에 아직도 풀리지 않은 대표적인 질문은 '인간은 무엇인가'라는 질문일 것이며, 그 중에서도 가장 풀리지 않은 질문은 사람의 마음은 무엇인가, 어떻게 움직이는가, 왜 그렇게 움직이는가일 것이다. 수많은 학자가 이 문제를 해결하려고 노력해 온 결과가 인류 지성의 역사라고도 볼 수 있다. 물론 학자들만 이 질문에 답하려고 시도해 온 것은 아니다. 우리 속담에 '열 길 물속은 알아도 한 길 사람 속은 모른다.'라는 말이 있는 것처럼 사람의 마음에 관한 근원적인 호기심은 모든 사람이 지녀 온 것이다. 호수의 깊이는 명주실을 몇 타래라도 풀어 그 깊이를 알 수 있지만 사람의 마음은 그 깊이를 헤아리기가 너무 어렵다. 그러나 사람의 속내를 알고 싶다는 강렬한 열망은 그럴듯한 답변을 진짜 답변으로 받아들이고, 그 답변을 재료로 모래성을 쌓곤 한다. 모래성이 무너지기 전까지는 모래성이라는 사실조차 파악하지 못한 채 말이다.

심리학은 사람을 이해하기 위한 학문으로서 특히 마음과 행동을 과학적으로 탐구하는 학문이다.

마음의 문을 여는 방법을 과학적으로 연구하는 학문인 심리학은 지레짐작과는 분명히 다르다. 그 방법을 공부하기 시작한 학생들은 무엇이 진짜 방법이고 가짜 방법인지 구분할 줄 알아야 할 것이다. 진짜와 가짜를 판별하기 위한 방법 중의 하나는 심리학의 역사를 공부하는 것이다. 따라서 1장에서는 심리학의 학문적 정의와 더불어 심리학의 과거와 역사를 살펴볼 것이다. 역사를 배우는 또 다른 이유는 과거에 비추어 현재를 돌아보고 그것을 바탕으로 미래를 예측할 수 있기 때문이다. 과거의 심리학에 대한 분석 및 평가가 가능하다면, 이를 통해 얻어진 것을 현재의 유사상황에 적용할 수 있고, 나아가서는 미래 심리학의 모습을 예측할 수도 있을 것이다.

진짜 심리학을 알아보는 또 다른 방법은 연구방법을 살펴보는 것이다. 과학은 연구 대상보다는 연구 방법에 의해 결정되기 때문이다. 근대 이후, 심리학은 다양한 측면에서의 변화를 통해 과학으로 자리매김하게 되었고, 근대 이전의 사변적인 심리학과 구분되어 왔다. 여기서는 연구방법, 대상, 분야를 통해 과학적 심리학을 살펴보고, 특히 현대 심리학을 관통하는 대표적인 연구접근법과 각 접근법을 결정하는 인간관을 살펴본다. 이러한 탐색을 통해 '하루 열두 번도 더 바뀌는 한 길 사람 속'을 알기 위한 진중한 심리학의 문이 열리게 되기를 기대한다.

1.
심리학이란 무엇인가

심리학이란 무엇인지 알아보기 전에 다음 문제를 풀어보자. 과학으로서의 심리학과 상식으로서의 심리학에 대해 우리가 얼마나 구별하고 있는지 알아보자.

다음 문제에 O, X 로 답해 보시오. _____

1. 사람의 감각은 다섯 가지이다.

2. 사람은 본능적으로 선과 악의 지식을 가지고 태어나며 이것이 발달한 것이 양심이다.

3. 사람의 손금은 그의 미래를 예언한다.

4. 정신을 집중하면 텔레파시의 한 형태를 통해 다른 사람의 마음을 움직일 수도 있다.

5. 길고 가는 손가락을 가진 사람은 예술가적 소질이 있다.

6. 상대방의 얼굴을 보면 대략 그 사람의 지능을 알 수 있다.

7. 너무 공부를 많이 하면 정신적으로 이상해질 수도 있다.

8. 특별히 지능이 높은 아이들은 다른 부분에서 허약하고 상처받기 쉽다.

_____

위 문제를 푼 사람 중 절반 이상이 3번 문제를 뺀 나머지 문제에 'O'라고 답했다. 문제가 얼마나 어려운지 난이도를 평가하게 했더니, 너무나도 당연한 사실이므로 심리학 문제라기보다는 상식을 알아보는 것 같았다고 대답했다. 문제의 내용에 대해 더 알고 있는 바를 설명하라고 하면 상당한 확신을 갖고 자기 생각을 피력하곤 했다. 사람들은 위에 제시한 각 문제에 대해 나름의 지식구조와 평가구조를 지닌 것으로 보였다. 그러나 확신이 높다고 해서 정답을 알고 있는 것도 아니고, 상식이 다 맞는 것도 아니다! 위 문제의 답은 전부 X이다.

이 문제의 진술들은 사람의 마음이나 정신 작용에 관한 것으로, 대부분의 사람들이 잘 알고 있다고 생각하는 지식이며 또한 관심을 지니고 있는 내용들이다. 1941년에 미국 노스웨스턴 대학의 심리학 교수 루크(F. Ruch)가 그 당시의 대학생들에게 최초로 출제하였으며 정답 비율은 1940년대의 학생이나 21세기 학생이나 별반 차이가 없다. 시대가 변했음에도 학생들의 정답비율에 차이가 나타나지 않은 이유는 무엇일까?

몇백 년 혹은 몇천 년 전으로 시간을 거슬러 올라가는 상상을 해 보자. 현대인에게 있어 컴퓨터와 휴대전화기 등이 없었던 과거의 세상은 완전히 낯선 별세계로 다가올지 모른다. 그러나 그렇다고 해서 그 사람들의 행동양식마저 지금의 우리가 이해하기 어려울 만큼 완전히 이질적인 것으로 느껴질까? 그렇지는 않을 것이라 짐작해 볼 수 있다. 인간의 마음은 보편성을 가지기 때문이다.

세상사에 관하여 인과관계를 밝히고자 하는 노력은 사람의 마음이 지니고 있는 공통 특성이다. 이 때문에 사람들은 모든 시대를 아울러 저마다 관심 있는 영역의 마음 작용에 관해 인과관계를 찾고자 노력해 왔다. 누군가 자신이 발견해 낸 인과관계를 다른 사람들과 공유하게 되고 차츰 사람들이 그 인과관계를 일상적인 것으로 받아들이게 되면 그 설명방식은 상식이 되며, 이 상식은 시간의 흐름 속에서 반복되면서 법칙으로 자리 잡는다. 대대수의 사람들이 법칙을 받아들이게 되면 특정 인과관계를 설명하는 규범이나 법칙은 그 시대의 시대정신이 되어 버린다.

마음의 관심 영역에는 시대정신을 반영하는 것이 있고 시대를 뛰어넘는 것이 있다. '마음이 무엇이고', '어떻게 움직이며', '왜 그렇게 움직이는지'에 관한 호기심은 그중에서도 특히 시대를 초월하는 관심 영역이다. 더 나아가 사람들은 단순히 아는 것에서 그치지 않고 마음에 관한 '무엇, 어떻게, 왜'에 대한 지식을 바탕으로 미래의 마음을 예측하고 통제하고 싶어 한다. 이러한 요구에 맞추어 발 빠르게 끼어드는 것이 유사(類似)심리학(pseudo-psychology), 대중심리학, 상식심리학 등이다. 인류 역사를 살펴보면 유사심리학은 어느 시대 어느 문화에도 있어 왔고 현대에도 존재한다. 그러나 엄밀히 말해, 이들은 심리학이 아니다. 과연 심리학이란 무엇을 말하는가? 다음에서 살펴보도록 하자.

심리학이란 마음과 행동에 관한 과학이다. 그러나 이 정의는 다소 함축적이므로 부연설명이 필요하다. 사람에 따라서는 앞의 정의에 대하여 상당히 다른 해석이 가능할 것이기 때문이다. 마음도, 행동도, 과학도 정의하기에 따라 다른 의미를 지닐 수 있다. 따라서 심리학에 대한 오해를 줄이고 과학으로서의 심리학과 상식으로서의 심리학을 구별하기 위해서는 심리학의 정의에 포함된 용어들을 먼저 명확하게 규정할 필요가 있다.

먼저, 과학으로서의 심리학을 정의해 보자. 과학이란 연구 대상물이 아닌 연구방법에 의해 결정되는 것이다. 심리학에서도 역시, 사람들이 관심을 가지는 모든 것이 아니라 과학적 연구 방법에 의해 도출된 결과만이 그 내용으로 인정받을 수 있다. 과학으로서의 심리학을 통해서만 우리는 사람의 마음과 행동의 내용을 파악하고, 그 과정을 탐색하며, 존재의 이유를 해석하게 되는 것이다. 따라서 유사심리학이나 상식심리학과의 차별성은 과학적 연구 방법에 의해 성립된다. 과학적 방법은 가설설정, 관찰이나 실험을 통한 자료수집, 검증과정 등의 일련의 단계로 구성된다. 2장에서는 과학으로서의 심리학을 가능하게 하는 연구방법에 대해 자세히 살펴볼 것이다.

이러한 과학적 준거를 만족하기 위해 심리학의 내용으로서 마음과 행동은 반복 가능하고, 관찰 가능하고, 검증 가능해야 한다. 이 중 행동은 사람이 보이는 관찰 가능한 모든 현상으로 정의할 수 있다. 사람의 감각기관에 의해 포착될 수 있는 말, 웃음, 걷기 등은 물론이고 보조적인 도구가 있어야만 관찰 가능한 생리적 지표, 뇌의 활동 등도 행동에 포함된다.

그러나 행동만을 가지고 사람을 이해할 수 있는 것은 아니다. 사람의 한 가지 행동은 백 가지 마음에 의해 나타날 수도 있다. 마음은 마음 자체와 마음의 과정, 즉 정신과정으로 구성되며, 정신과정은 세상을 인식하고, 생각하고, 추론하고, 평가하고, 창조하고, 느끼고 등의 내적으로 일어나는 마음의 모든 사상들을 포괄하는 것이다.

이 글의 첫머리에 제시한 상식문제는 오랜 기간 동안 대중들이 궁금하게 여겨 답을 찾고자 노력했던 것들이다. 과학으로서의 심리학과 비과학으로서의 심리학을 구분하는 증거가 상당히 많이 축적된 오늘날에조차 개인적 경험이나 권위적 학습에 의거해 비과학적인 심리학을 의심 없이 받아들이는 경우가 왕왕 있다. 때문에 이 중 일부분은 계속해서 그럴듯하게 받아들여지기도 하고 어떤 것들은 그럴듯하게 받아들여졌다가도 반대 증거가 나타나면 사라질 것이다. 마치 지동설을 당연하게 여기는 21세기에도 여전히 해는 '뜨고', '진다'라는 천동설 표현을 아무렇지도 않게 사용하는 것처럼 말이다. 이처럼 과학의 시대에서조차 과학적 심리학을 받아들이는 속도는 상당히 느리다. 이는 사람에 대한 호기심이 거의 인류의 출현과 함께 시작된 것에 비해, 이를 밝혀내는 데 이용되는 과학적 탐구의 역사는 그리 길지 않기 때문일지 모른다. 다음 절에서는 사람의 마음과 행동에 대한 탐구 과정을 고대, 중세, 근대 및 현대로 나누어 살펴보기로 하겠다.

1) 고대 심리학

고대의 사람들은 세상과 자연현상, 사람에게 모두 동일한 법칙이 적용된다고 생각했다. 예컨대, 지나치게 비가 많이 오면 문제가 되듯이, 인간의 마음도 감당할 수 없는 일이 생기면 문제가 생긴다고 보는 것이다. 그들에게는 즉, '보이지 않는 인간의 마음이 돌아가는 이치'와 '보이는 물질의 세계가 돌아가는 이치'가 똑같게 보였던 것이다. 더 나아가 사람에게 마음이 있듯이 세상 만물도 다 독특한 자신만의 마음을 지니고 있고, 그 마음은 절대자인 신의 지배를 받는다고 생각했다. 이런 견해는 신화, 전설 등을 통해 현재까지 전해지고 있다.

그러나 세월이 흐르면서 이런 관점이 사람과 세상에 대해 충분히 설명하지 못하자, 비로소 자연과 정신현상에 대한 지적탐구인 철학이 발생하게 되었다. 고대에는 학문의 분류가 이루어지지 않아 철학 내에 수많은 학문 분야가 포함되어 있었다. 심리학 역시 철학 내에서 처음 시작되었다. 고대 서양의 철학자 중 소크라테스(Socrates, B.C. 470?~399)는 '너 자신을 알라'는 표현을 통해 사람의 내면에 대해, 사람의 문제에 대해 본격적으로 이야기하기 시작했다.

지식, 감정, 의지 등을 포함해서 자신의 마음 상태를 안다는 것은 누구에게나 쉬운 일이 아니다. 소크라테스는 사람들이 대부분 마음의 영역에 무지한 상태이고 무지한 학생을 깨우치는 것을 선생님의 역할이라고 보았다. 그러나 교육은 주입식으로 마구 집어넣을 수 있는 것이 아니다. 이에 대하여 소크라테스는 선생이 학생을 가르치는 것이 아니라 학생 스스로가 진리를 깨닫도록 돕는다는 의미에서 지식 전달자로서의 '조산사'의 역할을 강조했다. 아이를 출산하는 것은 산모이지 조산사가 아니라는 것이다.

조산사로서의 역할에 충실한 스승 소크라테스에게 교육받은 플라톤(Plato, B.C. 427~347)은 마음과 몸의 관계를 관념의 세계와 사물의 세계로 나누면서 본격적으로 마음에 관한 탐구를 시작했다. 그는 동굴의 비유와 이데아(idea) 이론을 통해 사람의 마음을 관념적으로 연구하였다.

---

1) 독일의 심리학자 H. V. Ebbinghaus가 한 말. "The psychology has a short history, but, long past"

글상자
1-1 **스승과 제자, 그 관계의 위대함**
-소크라테스, 플라톤, 아리스토텔레스 그리고 알렉산더 대왕과 아스파시아-

고대 심리학을 대표하는 세 명의 철학자, 소크라테스, 플라톤, 아리스토텔레스는 스승과 제자 사이이다. 소크라테스가 플라톤의 스승이었고, 플라톤은 아리스토텔레스의 스승이었다. 이들의 관계는 심리학에 어떤 영향을 미쳤을까?

플라톤은 그의 스승 소크라테스를 무척이나 존경했기 때문에 스승이 처형되는 것을 보고 절망한 나머지 고국을 떠났다. 그 여정에서 그는 피타고라스학파를 접하게 되는데, 이때 '세상은 감각을 통해 경험할 수 있는 질료와, 감각을 통해서는 경험할 수 없는 숫자로 구성된다.'는 피타고라스학파의 이원론적 우주관에 깊은 영향을 받게 된다. 이후 플라톤은 삼라만상은 질료(matter)와 형상(form)으로 구분된다는 이원론을 주장하였으며, 우리가 경험하는 것은 형상인 추상적 관념(idea, 이데아)이라고 보았다. 그는 형상만이 진정한 지식의 근본이며 이러한 형상은 질료로 환원할 수 없으므로, 감각을 통해 지식을 얻는 것은 잘못된 것이라고 주장하였다.

플라톤은 사람들이 세상을 만들고 있는 이데아에 대해 완전한 지식을 가지고 태어나지만, 이것은 영혼이 신의 나라에 있을 때의 경험이나 기억의 잔영에 불과하기 때문에 자기분석인 내성을 통해서만 진정한 지식을 알 수 있다고 보았다. 즉, 진정한 지식을 얻기 위해서는 물질적인 질료의 세계를 벗어나 마음의 눈으로만 볼 수 있는 이데아의 세계로 진입해야 한다는 것이다.

아리스토텔레스는 16세 때 스승 플라톤을 만나 20년간 교육받았으나, 생득론자이며 이성주의인 스승의 가르침을 곧이곧대로 받아들이는 학생은 아니었다. '거인의 어깨 위에 올라선 난쟁이(nanos gigantum humeris insidentes)'가 되고 싶었던 아리스토텔레스는 스승이 주장한 경험의 정의에 정면으로 반박을 했다. 경험 정보를 믿을 수 없는 것으로 받아들였던 플라톤과 달리, 아리스토텔레스에게 경험은 모든 지식의 기반이었다. 경험론자인 그는 감각적 경험에 의해 획득된 이데아가 다른 이데아와 연합함으로써 세상에 대한 지식을 얻게 된다는 연합의 법칙을 주장했다. 여기서 네 가지 연합의 법칙이란, 유사한 자극 간에 연합이 쉽게 이루어진다는 '유사성의 법칙', 반대 자극 간의 '대비의 법칙', 시공간적으로 인접한 자극 간의 '인접의 법칙', 경험의 수가 많을수록 쉽게 연합이 이루어지는 '빈도의 법칙'을 말한다. (연합을 기억이나 학습으로 바꾸어 읽어도 이해에 전혀 문제가 발생하지 않는다!)

경험에 근거한 세상을 받아들인 현실주의자 아리스토텔레스는 또 다른 위대한 제자, 세계 최초의 동서양 정복자인 알렉산더 대왕을 키워낸다. 알렉산더 대왕은 정복지에 알렉산드리아라는 자신의 이름을 딴 도시 수십 개를 건설했다. 알렉산드리아를 세우면서 가장 심혈을 기울인 일은 동서양 통합을 위한 도서관을 건립한 것이다. 전쟁터를 종횡무진하던 20대의 젊은 왕이 마음의 치유소[2]인 도서관을 세운 것은 스승의 소망을 간접적으로 실현한 것이 아니었을까?

---

2) 고대 그리스에는 치유를 담당하는 장소가 두 곳이 있었다. 육체의 치유소라는 현판을 단 병원과 마음의 치유소라는 현판을 단 도서관이 있었다.

지금까지 소크라테스부터 알렉산더 대왕까지의 스승과 제자 관계를 살펴보았다. 그렇다면 소크라테스의 스승은 누구일까?

고대 그리스에서부터 만인의 스승으로 추앙받아 온 소크라테스에게는 그가 참 스승이라고 여겼던 세 명의 여성이 있었다. 그중 한 명이 바로 밀레토스의 아스파시아(Aspasia, B.C. 460?~401?)이다. 플라톤이 기록한 소크라테스의 대화의 『메넥세노스』편에서, 소크라테스는 '나에게 연설을 가르쳐 준 여선생님은 탁월한 웅변가를 여러 명 길러냈고 나 역시 그 여선생에게서 배웠으며 매를 맞기도 하였다.'라고 최고의 철학과 수사학 스승으로 아스파시아를 소개하고 있다. 아스파시아는 페리클레스의 아내로서 페리클레스의 펠로폰네소스 전사자를 위한 추도문 초고를 작성했다고도 알려져 있다.

출처: Rullmann et al. (2005).

'이데아를 본적이 있는가? 타인이 말하는 이데아와 내가 말하는 이데아는 비슷한 것 같으면서 왜 다른가?' 아리스토텔레스(Aristotle, B.C.384~322)는 이와 같은 의구심과 호기심을 가지고 스승인 플라톤과는 관점이 다른 경험적 철학을 시작하여 사람의 마음에 관한 과학적 탐구의 초기 형태를 이룩했다. 이 때문에 철학심리학, 예술심리학 등 관념론적 경향을 보이는 심리학은 플라톤의 영향을 받은 것으로 여겨지는 반면, 과학적 검증을 필요로 하는 대다수의 현대 심리학은 아리스토텔레스의 영향을 받은 것이라 여겨진다.

한편, 고대 동양에서는 세상 만물의 근원을 음양으로 나누어진 태극(太極)이라 하였다. 음양으로 이루어진 우주는 톱니바퀴가 서로 맞물며 돌아가듯이 순환하며, 이 순환의 이치는 인간의 생성과 소멸에도 동일하게 적용되는 법칙으로 생각되었다. 이와 같은 믿음을 바탕으로 자연의 순환이치를 이해하면 인간도 이해할 수 있는 것으로 간주했고, 이에 따라 사람의 마음을 음양으로 나누어 이해하려는 시도가 이루어졌다. 이들은 음양이 조화를 이루지 못하고 어느 한쪽으로 기울게 되면 극과 극으로 변하여 갈등과 분쟁이 발생한다고 보았는데, 이런 설명은 현대 성격심리학의 유형론 등에 영향을 미쳤다.

2) 중세 심리학

중세 서양은 사람에 대한 연구보다는 종교와 신학 연구가 주를 이루는 시대였다. 사람의 마음에 관한 연구는 신학적 테두리 안에서 이루어졌는데, 마음에 관심을 보인 대표적 학자로는 아우구스티누스(A. Augustinus)와 아퀴나스(T. Aquinas)를 들 수 있다. 플라톤 철학의 계보를 잇는 아우구스티누스는 사람의 본질은 영혼이라 주장하였고, 영혼을 깊이 관찰하는 내성법을 사용하여 정신과정을 이해하는 방법을 발전시켰다.

한편, 아리스토텔레스 철학을 잇는 아퀴나스는 영혼과 육체의 상호작용을 사람의 본질이라 여겨 관찰과 실험을 중시하는 저작을 남겼다. 아우구스티누스가 신비주의적 특징을 보인 반면, 아퀴나스는 합리주의적 특징을 보였다. 두 철학자의 마음에 관한 태도는 '이해하기 위해 믿는다.'는 아우구스티누스의 개념주도적인 인식론과 '믿기 위해 이해한다.'는 아퀴나스의 자료주도적인 인식론에서 극명하게 차이가 나타난다. 이들의 상호보완적인 철학은 근대 심리학의 토대가 되었다.

3) 근대 심리학

중세 말미에 일어난 르네상스 운동 덕분에 사람들은 비로소 종교적인 관점에서 탈피하여 인간을 볼 수 있게 되었다. 이와 더불어 근대 자연과학의 발전은 인간을 실증적인 방향으로 탐구할 수 있는 토대를 제공하는 역할을 하였다.

근대의 대표적인 학자인 데카르트(R. Descartes)는 마음과 몸을 독립적인 실체로 간주하고 뇌의 송과선(pineal gland)에서 마음과 몸이 상호작용한다는 이원론적 심신관계론을 통해 사람의 마음에 관한 관심을 불러일으켰다. 데카르트 이후 심신관계에 관한 다양한 논의가 발생하였는데, 이런 논의를 통해 정신현상에 대한 탐구와 이와 관련된 신체 작용에 관한 연구가 활발하게 이루어졌고 이런 흐름은 현대 심리학 발현의 기초로서 작용하게 되었다.

영국의 로크(J. Locke)는 인간의 마음을 백지(tabula rasa)로 간주하였다. 그는 백지 위에 그려지는 그림이라는 은유를 사용하여 경험의 중요성을 강조하였고, 이는 연합주의 심리학의 발생을 이끌었다. 로크를 시작으로 경험을 강조하는 학자들은 아리스토텔레스가 이야기한 연합의 법칙인 근접(contiguity), 유사(similarity), 대비(contrast)의 세 법칙을 중요한 원리로 삼아 이론을 발전시켜 나갔다. 이들의 이론은 현대 심리학의 학습, 기억 등의 분야에 큰 영향을 미쳤다.

영국의 연합주의 학자들과는 달리 대륙의 합리주의 학자들은 사람의 마음을 수동적인 백지가 아니라 분류와 조직 등의 능력을 갖춘 능동적인 존재로 간주했다. 독일의 철학자인 볼프(C. Wolff)는 정신현상을 인식과 욕망으로 분류하고 정신현상을 연구함에 있어 경험주의와 합리주의적 접근 모두가 가능하나, 합리주의적 방법이 마음의 작동원리를 발견하는 데 더 생산적이며 앞서간다고 주장하였다. 마음 자체를 인과성에 대한 판단이 가능한 직관적이고 선험적인 지각존재라고 주장한 독일의 대표적인 철학자인 칸트(I. Kant)는 감각정보가 선험적인 숙고에 의해 걸러지고 조직화된다고 보았으며, 마음에 관한 지, 정, 의 이론을 만들기 위해 경험주의적 접근과 합리주의적 접근을 통합하려고 시도하였다. 이런 노력은 과학적 틀을 수용할 수 있는 현대 심리학의 기반을 조성하였다.

4) 현대 심리학

고대부터 근대까지 마음에 관한 다양한 탐구와 연구가 이루어져 왔지만 19세기까지의 심리학은 다분히 사변적이고 관념적인 경향성을 띠고 있었다. 칸트가 분류한 과학, 준과학, 비과학 중에서 심리학은 비과학에 포함된다는 것이 그 당시의 일반적인 생각이었다. 이런 시기에 W. Wundt(1832~1920)는 1879년에 독일의 라이프치히 대학에 심리학

그림 1-1 **Wundt와 그의 실험심리학 실험실**

실험실을 개설하였다. 이로 인해 비로소 과거가 아닌 심리학의 역사가 시작된다.

후대 대부분의 심리학자들은 1879년을 현대 심리학 출현 원년으로 간주한다. 비과학으로 분류되고 있던 심리학이 대학 내에 심리학 실험실을 지니게 되었다는 것은 역사적으로 놀라운 사실이다. 어떻게 이런 일이 가능했을까? Wundt라는 걸출한 학자 덕분에 심리학 실험실이 대학 내에 설립될 수 있었던 것도 주요 이유 중의 하나이지만 심리학의 출현은 그 누구도 거부할 수 없는, 대부분의 사람들이 필요성을 인정하는 당시의 시대정신이었다.

19세기 중반의 사람들은 Newton의 고전역학 법칙 발견에 힘입어 자연계에 대해 알아야 할 것은 거의 다 알았으며, 아직 알지 못하는 사실도 시간문제이지 곧 다 알 수 있을 것이라고 생각했다. 즉, 두 가지 영역을 제외하고는 자연계에 관한 지식은 거의 완성되었다는 것이 일반적인 생각이었다. 이 중 미지의 영역으로 남아있는 것은 사람의 마음과 우주의 기원에 대한 것이라는 것이 중론이었고 미개척지에 대한 연구가 시작되어야 한다는 것이 시대의 요구였다.

시대의 요구에 발맞추어 심리학 실험실을 세운 Wundt는 마음에 관해 알기 위해 무슨 연구를 했을까? 마음은 보이지 않기 때문에 사람들은 마음에 관해 이야기할 때는 은유나 환유 등의 비유 방법을 사용한다. 마음을 연구하기 위한 학자들도 예외는 아니다. 예를 들어, 고대 철학자이자 심리학자인 플라톤은 사람의 기억과정을 새를 잡아서, 새장에 가두고, 필

요할 때 꺼낸다는 새장 모델을 사용해서 설명했다. 현대에는 컴퓨터에 입력하고, 저장하고, 인출한다는 비유를 사용한다.

　마음을 비유하기 위해서 학자들은 당시의 최첨단 과학이나 기술을 매개체로 사용하는 경향성이 있다. Wundt 시대의 최첨단 과학은 '화학'이었다. 당시에 알려진 60여 개의 화학 원자로 이 세상의 복잡한 모든 물체를 만들어 낼 수 있다는 것은 너무나도 놀라운 발견이었다. Wundt의 심리학은 이 비유를 심리학에도 적용하여, 실험을 통하여 마음의 기본 요소를 발견하고자 하였다. 복잡한 마음도 기본 단위를 찾아내면 궁극적으로 설명이 가능할 것이라고 기대한 것이다.

　Wundt는 마치 수소 두 개와 산소 하나가 화학적으로 결합하여 물이 되고, 물은 다시 수소 두 개와 산소 하나로 나뉠 수 있는 것처럼, 복잡한 마음에서 시작하여 환원적으로 마음의 요소를 밝혀내고자 하였고, 다시 그 요소를 결합하여 궁극적으로 복잡다단한 사람의 마음을 이해하고 싶어 했다. 우리가 눈으로 수소, 산소는 볼 수 없지만 물은 확인할 수 있는 것처럼 사람들이 인식 가능한 것은 상위 복잡한 마음이므로 마음을 환원적으로 분석하면 마음의 요소를 밝힐 수 있다고 본 것이다.

　Wundt는 밝혀진 의식의 요소를 결합하게 되면 사랑, 지혜 등의 고차원 마음을 파악할 수 있을 것이라 기대했다. 따라서 의식 요소 및 환원과정과 구조과정을 규명하기 위한 과학적 실험을 진행했다. 이런 노력 덕분에 당시의 사람들은 의식을 연구하는 심리학, 신체를 연구하는 생리학이라는 분류를 받아들이게 되었고, 마침내 심리학은 생리학과 동일한 과학 수준에 놓이게 되었다.

그림 1-2　Charles Darwin

　이 시기에 심리학의 발전에 중요한 영향을 미친 또 다른 학자는 C. Darwin(1809~1882)이다. Darwin은 자연 선택을 통한 진화가 다른 신체기관과 마찬가지로 마음기관인 뇌에도 작용한다고 보았다. 진화론의 핵심은 환경에 가장 적합한 개체가 번식에 성공하여 다음 세대로 자신의 유전자를 전달하게 된다는 것이다. 지구라는 환경에서 동물들은 모두 다 선택압력을 받을 수밖에 없고, 인간의 신체인 두뇌 역시 선택압력에서 벗어날 수 없다. 마음기관인 두뇌가 진화된다는 것은 마음 역시 환경에 적합하게 변화한다는 것을 의미한다.

　또한 Darwin은 인간이 다른 동물에 비해 몇 가지 기관이 좀 더 복잡한 동물에 지나지 않는다고 주장하였고, 신체적 특징은 물론 정신적 특징까지도 동물로부터 더 복잡하게 진화된 것이라는 이론을 내놓았다. 이러한 진화론 덕분에 사람의 의식까지도 생물학적 측면에서 접근할 수 있게 되었으며, 이는 현대의 생물심리학, 학습심리학 및 진화심리학 등의 연구를 촉진시키는 역할을 했다.

근대 심리학의 발전을 토대로 심리학은 그 학문적 영역을 넓히게 되었으며 동시에 실험적이고 과학적인 학문으로 발전하게 되었다. Wundt 이후 30년 정도의 심리학 연구에서 얻은 사실들을 종합하여 심리학의 연구대상과 연구방법에 따라 각각 다른 분야에서 연구 갈래들이 발전해 나갔고, 그 결과를 체계적으로 정리하여 사람을 이해하는 노력들이 이루어졌다. 이러한 노력을 통해 여러 학파가 생겨나게 되었는데 이들은 심리학사적으로 중요한 대표 학파로 자리매김하게 된다.

새로운 심리학은 의식을 연구했던 Wundt의 심리학을 기반으로 정반합의 학문 발달 과정을 거쳐 분화 · 발전했으며, 크게 기능주의 심리학, 정신분석학, 행동주의 심리학, 게슈탈트 심리학 및 인지주의 심리학의 5개 주요 학파로 구분할 수 있다. 먼저, 기능주의 심리학에서는 의식의 요소보다는 의식의 흐름을 강조하였으며, 정신분석학에서는 사람을 이해하는 데 있어 의식보다 무의식이 더 중요하다고 설파하였다. 행동주의 심리학에서는 무의식뿐만 아니라 의식의 요소나 흐름까지도 본질적으로 객관성이 떨어지는 것으로 간주하여 심리학이 진정한 과학이 되기 위해서는 외현적으로 관찰 가능한 행동만을 연구해야 한다고 강변하였다.

구조주의, 기능주의, 행동주의 심리학이 보이는 환원적 특징의 대척점에는 형태주의 심리학이 있다. 형태주의 심리학에서는 사람의 마음을 하나의 통합된 실체인 형태, 즉 게슈탈트(Gestalt)로 간주해야 한다고 주장한다. 이러한 흐름은 현대의 인본주의 심리학으로 이어졌다.

시기적으로 가장 나중에 나타난 것은 과학기술의 발전과 함께 발달된 인지주의 심리학이다. 인지주의는 인간의 마음을 모사(simulation)할 수 있는 범용컴퓨터가 개발된 덕분에, 외현적 행동뿐 아니라 정신작용까지도 과학적 연구의 정보처리 테두리 안으로 포함시킬 수 있게 되면서 등장한 학파이다.

이후의 심리학 분야는 위의 분야를 계승 · 반박하거나 융합하고 수렴하는 등의 과정을 거쳐 발전하고 분지한 것이라 간주할 수 있다. Wundt의 심리학과 그를 기반으로 발생한 다섯 분지의 심리학과를 조금 더 자세히 알아보도록 하자.

(1) 의식의 요소를 알아내자: 구조주의 심리학

구조주의 심리학(structural psychology)은 현대 심리학의 최초의 학파라 할 수 있다. 구조

그림 1-3　**Wundt와 그의 방**

주의 심리학자들은 자연을 대상으로 하는 자연과학과 달리 심리학에서는 자신의 사고, 감정, 의지 등의 내적 경험을 연구해야 한다고 주장했다. 이들은 의식을 연구대상으로 삼았으며 자기의 의식적 경험을 관찰하여 언어로 보고하는 내성법(introspection)을 발전시켰다. 이를 통해 의식적 경험의 요소와 요소를 결합하는 방법을 발견하고자 한 것인데, 의식적 경험의 요소는 아래의 세 종류 하위 영역으로 나뉘었다.

이 세 영역은 외부로부터의 자극인 감각에서 비롯한 '지(知) 영역', 사람의 내부에서 발생하는 감정인 '정(情) 영역', 반사 충동 본능에서 유발되는 '의(意) 영역'으로 구분된다. 요소는 결합하여 심적 복합체를 만드는데, 감각이 결합하여 지각이 되고 지각에 의하여 심상이 생기며 이것을 '지의 영역'으로 본다. 감정이 결합하면 정서가 되고 정서는 다시 진, 선, 미 신성을 대하였을 때 느끼는 고상한 가치 감정인 정조(情操: sentiment)가 된다고 하였다. 충동행동은 유의행동이 되고 이것이 다시 선택행동인 의가 된다고 했으며 이와 같은 결합에는 연합의 법칙이 작용하며 연합의 법칙이 능동적으로 나타날 때를 통각(apperception)이라 하였다.

Wundt는 의식의 현상을 요소로 분석하고 요소의 결합방식을 규명하여 결합의 법칙을 정하는 것을 심리학의 과제로 삼았다. 이 때문에 Wundt의 최초 심리학은 규명과정의 어떤 측면을 강조했느냐에 따라 요소주의, 환원주의, 구조주의의 세 가지 이름으로 불린다. 우선 요소를 찾고자 한다는 측면에서 요소주의 심리학이라 불리게 된 것이며, 요소를 찾기 위한 과정이 환원적이었으므로 환원주의 심리학, 환원방법을 통해서 알아낸 요소를 구조화하여 마음의 복잡한 구조를 이해하려고 시도하였기에 구조심리학이라고도 불린다.

그러나 심리학의 시작과 함께 각광을 받았던 Wundt의 심리학은, 주관적인 의식을 주로 연구하고, 의식내용을 단순한 요소의 분석과 결합으로 설명하려 했다는 점에서 점차 비판을 받게 되었다. Wundt의 초기 심리학에 대한 비판은 이후의 심리학 연구의 흐름에 중요한 방향성을 제시하게 된다.

(2) 의식의 흐름이 중요하다: 기능주의 심리학

구조주의 심리학에 반대하여 발생한 기능주의 심리학
(Functional psychology)은 심리학이 정신과정을 탐구하는 이
유에 대하여, 마음의 원리를 알아내어 사람들에게 도움을 주
기 위한 것으로 보았다. 기능주의 심리학의 대표적 학자인
William James(1842~1910)는 의식이 무엇인가 하는 것보다는
실용적인 측면을 위해 왜, 어떻게 작용하는가를 연구해야 한다
고 주장하였다. 그는 의식 과정의 연구는 실험실 내에서 인위
적으로 이루어지는 것이 아니라 개인의 삶과 환경의 상호작용
을 통해 이루어져야 한다고 보았다.

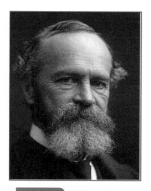

그림 1-4 William James

기능주의 심리학자들은 의식의 요소를 환원적으로 규명하는 것이 실제 삶에 크게 도움
이 되지 않는다고 생각하였으며, 의식의 요소를 밝히는 것보다는 의식이 실생활에서 어떤
기능을 담당하는지를 밝혀내는 것을 훨씬 중요시하였다. 따라서 기능주의 심리학에서는
의식의 흐름을 통해 의식의 기능을 알아내는 것을 주 연구과제로 삼았는데, 의식의 흐름을
연구하기 위해 해부학, 생리학, 환경변화 탐지, 내성법 등의 연구방법을 사용하였다. 해부
학과 생리학은 자극이 어떻게 효과를 지니는지를 알아내는 측면을 밝히는 데 도움을 주었
고, 개인이 처한 조건에 따라 동일 자극에 상이한 반응이 나오는 현상은 환경 조건 변화를
통해 연구하였으며, 심적 경험의 보고는 내성적 방법을 통해 이루어졌다.

이들의 연구는 의식적 경험에서 시작하지만 의식의 요소, 구조가 아니라 물리적, 사회
적 환경을 고려한 의식의 흐름 과정, 그 의식의 기능과 목적을 밝히는 것이 주 관심사였다.
마음의 기능에 초점을 맞추었기 때문에 대부분의 심리학 연구나 실험을 포용할 수 있었으
며 미국의 실용주의 정신과 만나면서 미국 교육심리학의 발전에 커다란 영향을 미쳤다.
그러나 객관적인 과학을 표방하는 행동주의 심리학의 대두로 기능주의 심리학의 영향력
은 점차 감소하였다.

(3) 의식과 무의식의 상호작용이 사람이다: 정신분석학

정신분석학(Psychoanalysis)은 오스트리아의 정신병리학자인 Sigmund Freud(1856~
1939)에 의해 창시되었다. Wundt가 의식을 연구한 데 반해, Freud는 사람의 정신현상에
의식되지 못하는 영역, 즉 무의식이 존재하며 무의식은 인간에 있어 의식보다 더 큰 영향

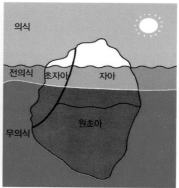

그림 1-5 Sigmund Freud와 빙산

을 미치고 있다는 점을 설파하였다. Freud는 [그림 1-5]처럼 사람의 정신을 빙산에 비유하여 언제나 수면 위에 떠있는 '의식'과, 수면 밑 깊은 곳에 속해 있는 '무의식', 수면 바로 밑에 있어서 물이 출렁거리면 쉽게 수면 위로 떠오를 수 있는 '전의식'으로 분류하였다. 또한 그는 사람의 많은 행동이 무의식 내에 억압되어 의식적으로는 이해할 수 없는 동기에 인해 발생한다고 보았고, 따라서 한 개인을 이해하기 위해서는 무의식적 동기와 갈등을 연구하여야 한다고 주장하였다.

그는 무의식에 억압되어 있는 성적인 에너지 '리비도(Libido)'를 제시하였는데, 이는 Freud가 살던 시기인 빅토리아 시대의 성적 억압의 시대정신이 반영된 개념이다. 제1차 세계대전 이후에는 '타나토스(Thanatos: Destrudo)'라는 공격적 에너지를 무의식 내의 중요한 동인으로 부가하였다. Freud는 성과 공격성을 인간을 이해하기 위한 주요 개념으로 보았으며, 성이나 공격성 외에도 사회적, 개인적으로 금기시된 그 밖에 다른 욕구에 역시 주목하였다. 비과학적이라는 지적을 받기도 하지만, 정신분석 심리학은 시대와 사회, 개인을 이해하는 데 필요한 다양한 관점을 제공해 주는 유용한 이론 틀로 수용되고 있다.

그림 1-6 John. B. Watson

(4) 심리학은 자연과학이 되어야 한다: 행동주의 심리학

의식의 요소나 의식의 기능 연구가 심리학의 핵심 과제였을 때, 의식이라는 연구주제와 내성법이라는 연구방법에 반대하며 등장한 것이 행동주의 심리학(Behavioral psychology)이다. 행동주의에서는, 심리학이 과학이 되기 위해 ROT 법칙(Repeatable, Observable, Testable rule)에 충실한 연구가 이루어져야 한다고 주장한다. 그들은 인간의 행동 역시 자연현상에

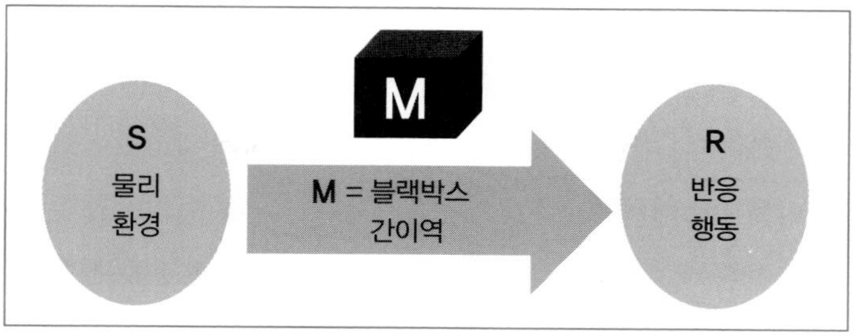

그림 1-7 **행동주의 심리학의 관점**

포함되므로 자연과학의 방법으로 충분히 연구할 수 있다고 보았고, 그렇게 되면 모호하고 가정적인 정신과정에 의존하지 않고 경험적 결과에서 도출된 자연과학적 원리와 법칙만을 가지고 인간을 설명할 수 있다고 주장하였다.

행동주의 심리학에서는 심리학의 주 관심분야인 의식이 직접경험이기 때문에 객관적으로 관찰이 불가능한 반면, 의식의 결과물, 즉 간접경험으로서의 행동은 객관적으로 관찰하고 측정이 가능하다는 점에 주목하였다. 이들은 자극과 유기체 반응 간의 관계성을 규명함으로써 궁극적으로 행동을 예측하는 법칙을 밝혀내고자 하였고 이를 심리학의 사명으로 보았다.

행동주의 심리학의 주창자는 미국의 J. B. Watson(1878~1958)으로, 그는 Wundt의 '의식'이라는 용어가 중세의 '영혼'이란 말을 살짝 바꾸어 놓은 데 지나지 않는다고 비판하였다. Watson은 "행동주의가 다루는 심리학은 객관적이며 자연과학의 한 부분이고, 이상적인 목표는 행동을 예언하고 통제하는 데 있다. 내성법은 심리학의 올바른 연구방법이 아니며 의식을 설명하는 것은 과학적인 가치가 없다. 심리학은 행동의 과학이다." 라고 천명하였다.

이들은 과학으로서의 심리학은 심신관계론을 버려야 하고 감각, 지각, 정서 등과 같은 정신적 개념을 사용하지 말아야 한다고 주장하였다. 과학으로서의 심리학은 반드시 자극과 반응, 학습 등의 행동적 개념만을 사용해야 하며, 밝혀진 과학 원리는 사변적 논의가 아니라 행동의 실제적 통제를 위하여 제공되어야 한다는 것이다. 따라서 행동주의적 연구에서는 마음을 블랙박스로 간주하여도 무방하게 되었다([그림 1-7]).

그러나 과학적 객관성을 지나치게 강조한 나머지 뇌와 말초기관, 근육 및 분비샘 등 객관적으로 관찰할 수 있는 사실만을 인정하는 바람에, 심리학을 근육이나 분비샘 등 외적 변화를 주로 다루는 미시적 행동 연구에 치우치게 하였다는 비판도 받게 되었다. 이러한 비판에도 불구하고 행동주의는 객관적이고 과학적인 방법의 사용으로 심리학의 발전에 커다란 공헌을 하였다.

(5) 전체는 부분의 합 이상이다: 형태주의 심리학

형태주의 심리학(Gestalt psychology)은 구조주의자들이 의식을 요소로 환원 분석하는 데 반대하여 일어난 학파로, 인간의 경험은 별개의 요소가 아니라 자극을 구성하는 패턴이나 조직화 법칙에 의해 변화한다고 주장하였다. 전체가 부분의 합이라는 구조주의 심리학의 주장이 적합하지 않은 파이현상을 M. Wertheimer(1880~1943)가 관찰하면서 본격적으로 시작되었다.

형태주의 심리학자들은 요소의 합이 전체가 아니라는 사실 외에도, 파이현상에서 볼 수 있는 것처럼 움직이지 않는 자극에서부터 창출되는 운동이라는 질적으로 다른 의식 경험을 구조주의 심리학 틀 내에서는 설명할 수 없다고 결론지었다. 또한 행동주의자들의 주장과 달리, 자극과 반응(감각)사이에는 마음의 매개과정이 있어 동일자극이라도 매개과정에 따라 반응이 달라지는 것을 실험 관찰했다.

형태주의 심리학은 지각연구에서 출발하여 지각이론의 발전에 도움을 주었을 뿐만 아니라 의식의 문제를 분석적인 측면이 아닌 전체로서 이해하려고 시도함으로써 종래의 분석적인 심리학 이론과는 다른 방향에서 현대 심리학의 발전에 공헌하였다.

그림 1-8　**Max Wertheimer**

글상자 1-2　파이현상

두 개의 전등이 있다. 하나씩 번갈아 켜본다. 두 개가 있다는 것은 확실하다. 번갈아 켜는 속도를 점점 빠르게 한다. 속도가 일정 수준에 도달하게 되면 두 개의 전등이 아니라 하나의 전등이 움직이는 것으로 지각된다. 분명 두 개의 전등은 멈추어 있는데 하나의 전등이 두 개 전등 사이의 거리를 왔다 갔다 운동하는 것으로 느껴진다. 이는 형태주의 심리학자 Wertheimer가 발표한 '파이현상(phi-phenominon)'이다.

파이현상은 영화나 네온사인 등의 작동 원리로 사용된다. 이것은 사람의 마음이 두 전등을 별개로 인식하는 것이 아니라 두 전등 간의 관계성을 만들어 낸다는 것을 보여 준다. 파이현상을 포함한 가현운동(apparent movement)은 마음이 부분으로서의 자극에 수동적으로 반응하는 것이 아니라 자극 간의 관계성까지 포함하여 전체적인 형태로 조직화하여 지각하는 능동체임을 보여 준다.

(6) 인간의 마음은 정보처리체계이다: 인지주의 심리학

인지주의 심리학(Cognitive psychology)은 행동주의 심리학이 인간을 외부환경의 수동적 반응체로 간주하는 것과는 달리 외부 자극을 적극적으로 처리하고 그 결과물을 새로운 형태의 정보로 전환하는 능동적인 존재라는 점에 주목했다. 이 심리학은 1946년 세계 최초의 컴퓨터인 에니악(Electronic Numerical Integrator And Computer: ENIAC)의 개발과 함께한다고 볼 수 있다.

과학적 방법으로 마음을 연구하던 행동주의 심리학자들이 활동하던 시기에는 마음을 들여다볼 수 있는 과학적 도구가 없었기 때문에 마음은 블랙박스일 수밖에 없었다. 그러나 마음을 모사할 수 있는 컴퓨터의 등장은 마음을 충분히 들여다보고 연구할 수 있는 화이트박스로 간주할 수 있게 해 주었다. 컴퓨터의 계산과정과 사람의 정신과정을 동일한 정보처리적 관점에서 연구할 수 있게 된 것이다. 이 때문에 인지주의 심리학을 정보처리 심리학으로 부르기도 한다.

인지란 지각, 기억, 문제해결, 선택 등의 정신과정을 일컫는 용어로서, 이 과정에는 감각기관의 자동적 · 수동적 정보처리과정뿐만 아니라 의도적, 능동적 고차 정보처리과정이 포함된다. 이를테면 지금 이 책을 읽고 있는 독자는 하얀 종이 위의 까만 잉크를 감지하는 '감각과정'만이 아니라 이들을 의미 있는 정보인 글자로 알아채는 '지각과정', 글자를 상위 지식체계와 연결하는 '이해과정'이라는 일련의 정보처리 과정을 수행하고 있는 것이다.

즉, 까만 잉크라는 단순한 외부 감각자극이 정보처리체계(Information Processing System: IPS) 속에서 의미 있는 패턴이 되고, 이 패턴은 기억속의 정보와 비교, 검색되면서 비로소 글자라는 새로운 정보로 전환되는 것이다. 글자는 또 다른 상위 의미체계와 정보 교환과 전환을 함으로써 이해의 과정에 도달하게 된다. 단순화시켜 이야기하자면, 글자를 이제 막 익힌 어린아이는 글자를 해독하는 수준까지 정보처리가 일어나는 것이고, 심리학도인 여러분의 마음속에서는 이해 및 추론, 새로운 분야에의 적용이라는 고차 정보처리과정이 발생하는 것이다. 이러한 내부 정신과정을 과학적 방법으로 들여다보며 연구하는 분야가 인지주의 심리학이다([그림 1-9]).

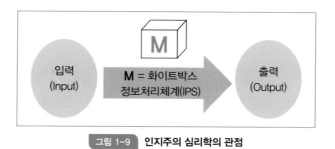

그림 1-9 **인지주의 심리학의 관점**

3.
심리학의 분류: 천의 얼굴을 지닌 융합학문

물체의 길이나 무게는 사람 간에 합의된 도구가 있으면 언제 어디서 누가 측정하던 간에 동일한 결과를 도출할 수 있다. 그러나 사람의 마음은 그리 간단하게 측정할 수 없으며 나아가 몇 가지 법칙만으로 간단하게 설명할 수 있는 것도 아니다. 또한 물리적 도구로는 길이나 무게 등을 측정하면 되지만 심리학의 연구 대상은 현상 자체가 매우 광범위하다. 사람의 마음을 이해하기 위해서는 양자나 세포 수준의 현상에서부터 개인 간의 복잡한 상호작용 수준까지의 수많은 현상이 존재하는데, 이처럼 다양한 현상은 상이한 측정도구 및 설명의 수준을 필요로 한다.

측정과 설명의 수준은 의식과 관계되어 있을 수도 있고 그렇지 않을 수도 있다. 또한 한 개인 내의 현상에만 관계를 가질 때가 있고 개인을 넘어서 집단이 보이는 사회현상에 관계가 있을 수도 있다. 그러므로 복잡다단한 사람의 마음을 연구하는 심리학자는 각자의 분야를 심도 있게 공부하는 동시에 각 분야의 설명을 함께 융합할 수 있어야 좀 더 고차원적으로 사람을 이해할 수 있다. 다음에 제시하는 연구방법과 연구 분야에 관한 몇 가지 예시는 융합과학으로서의 심리학을 이해하는 데 도움이 될 수 있을 것이다.

1) 연구 방법에 의한 분류

근대 이후 심리학이 과학으로서 자리매김할 수 있었던 것은 연구대상이 아니라 연구방법 덕분이었다. 그러나 심리학의 연구대상은 사람의 행동과정과 정신과정 자체에 대한 것이기 때문에 다른 분야의 과학에 비해 연구 방법이 복잡하고 다양하다. 대표적인 연구방법은 실험법, 관찰법, 사례법, 상관법, 조사법, 심리검사법으로 나누어 볼 수 있다. 각 방법은 연구 대상과 연구목적에 따라 장단점을 지니고 있으며 대부분의 경우에 상호보완적으로 사용된다.

(1) 실험연구 방법
사람의 정신을 연구하기 위해 엄격한 물리적 실험방법을 시도한 G. T. Fechner의 정신물리학 이래로, 실험연구 방법은 과학적 방법을 적용하려는 심리학의 대표적 연구방법이다. 현대 심리학 대부분의 분야는 실험적 연구방법을 적용하려고 노력하며 이것을 기본 연구방법으로 간주한다.

실험연구는 원인과 결과의 관계를 엄격하게 규명하려는 연구방법이므로 주로 통제가 가능한 실험실이나 연구실에서 이루어진다. 실험자의 의도대로 규정하고 통제할 수 있는 변인을 독립변인(independent variable)이라 하는데, 독립변인은 인과론적 설명에서 원인에 해당하는 부분이다. 독립변인이 결과에 어떤 영향을 미치는지 알아보기 위한 조작을 처치(treatment)라 하며, 종속변인(dependent variable)이란 처치 결과에 따라 변화하는 결과에 해당한다. 한편, 실험연구에는 독립변인을 제외하고 종속변인에 영향을 미칠 수 있는 모든 조건들을 일정하게 유지하는 통제(control)가 필요하다. 요컨대, 실험법은 독립변인을 제외한 다른 조건을 일정하게 유지한 상태에서 독립변인을 처치한 후 그 결과인 종속변인을 살펴봄으로써 독립변인이 종속변인에 어떤 영향을 미치는지를 규명하는 연구방법이다.

원인과 결과 간의 관계성으로 세상을 설명하려는 경향성은 사람이 세상을 파악하는 인식론적 지름길(추단법, heuristic)이다. 따라서 심리학을 비롯하여 인간에 관계된 많은 학문들이 유사과학에 머물지 않기 위해서는 실험연구방법의 개념적, 방법론적 이해가 선행되는 것이 필수적이다. 연구대상과 현상에 따라 실험연구를 할 수 없을 때에 차선책으로 다음과 같은 연구 방법을 사용한다.

글상자 1-3 Fechner의 정신물리학

정신물리학(psychophysics)은 용어 그대로 정신과 물리 간의 관계를 연구하는 분야로서 Fechner에 의해 창시되었다. 그는 물리적 자극의 객관적인 변화와 그에 따른 감각의 주관적인 변화가 일대일로 대응되지 않는다는 점을 실험을 통해 밝혀내고 이를 수량화하였다. 감각과 자극 간 상응관계 속의 특정 법칙을 규명하기 위해 Fechner는 엄밀하고 객관적인 반응 측정기법을 개발하여 정신과 물리간의 법칙, 즉 마음과 몸의 관계를 규명하고자 노력하였다.

어떤 심리학자들은 심리학 실험실을 처음 세운 Wundt가 아니라, 마음의 속성을 밝히기 위해 처음으로 과학적 실험 방법을 사용한 Fechner를 현대 심리학의 창시자로 보기도 한다. 하지만 Fechner는 새로운 학문인 심리학을 시작한다고 천명하지 않았으며 오히려 자신은 심리학자가 아니라고 주장하기도 했기 때문에 심리학의 창시자 영광은 Wundt에게 돌아가게 되었다. 그러나 1860년에 출간한 책, 『정신물리학의 요소(Elements of Psychophysics)』를 통해 후대 심리학에 지대한 영향을 미친 점과 마음과 몸의 관계에 대한 실험적 연구를 창시한 공로는 심리학사적으로 가치가 매우 크다고 평가된다.

Fechner는 시각의 잔상효과를 밝히기 위해 육안으로 과도하게 태양을 관찰하다 거의 눈이 보이지 않게 되었음에도 불구하고 말년에는 미학의 과학적 탐구를 통해 마음과 몸의 관계를 밝히려는 시도를 지속하였다.

(2) 관찰연구 방법

앞서 심리학 연구의 대표적인 연구방법인 실험연구방법을 알아보았다. 그러나 실험연구는 주로 연구실이나 실험실의 인공적인 환경에서 주로 이루어지기 때문에 현실을 있는 그대로 반영하는 연구결과를 도출해 내는 것이 거의 불가능하다. 이러한 단점을 보완해 주면서 현실성 있는 연구를 할 수 있는 연구방법으로 관찰법이 있다. 관찰법이란 실험자의 의도대로 조작할 수 있는 독립변인 대신에, 관찰변인을 규정해 놓고 체계적으로 측정을 하는 연구방법이다. 관찰법은 동물, 아동, 정신질환자 등의 연구에 주로 이용된다.

관찰연구 방법에는 자기 자신을 관찰하는 주관적 관찰 방법(내성법)과 타인을 관찰하는 객관적 관찰 방법이 있다. Wundt 이후로 주관적 관찰 방법은 비과학적 방법이라는 평가로 인해 잘 사용되지 않았다. 그러나 적절한 규칙과 훈련에 의한 프로토콜 분석법(protocol analysis) 등은 현대 심리학의 연구방법으로 사용되고 있다. 객관적 관찰법을 사용하기 위해서는 관찰자의 선입견, 고정관념, 편견 등이 개입될 여지가 없도록 정확하게 관찰하고 기록하는 훈련이 필요하다.

(3) 사례연구 방법

사례연구 방법이란 주로 특정한 한 개인의 사례를 연구하는 방법이다. 많은 연구대상을 확보하기 어렵거나, 사례가 희소한 분야, 이상행동 등 특정한 증상을 보이는 개인, 특정한 역학을 보이는 소집단의 연구에 주로 이용되고 있다. 한 사람의 과거 역사가 체계적으로 수집되어야 한다는 측면에서 사례연구 방법은 일종의 과학적 전기물이라고 볼 수 있다. 그러나 아무리 체계적으로 자료를 수집한다고 해도 자료 수집이 개인의 기억과 과거 기록을 바탕으로 재구성될 수밖에 없으므로 주관성을 배제하기 어렵다는 단점을 지니고 있다. 또한 대개 장시간이 소요된다는 점, 연구결과의 일반화가 어렵다는 점 등도 사례연구의 한계점이다. 그러나 사례연구의 결과는 이후의 관찰 연구나 실험연구의 바탕이 된다는 장점을 지니고 있다.

(4) 상관연구 방법

실험연구나 관찰연구가 아무리 효과적인 연구방법이라 하더라도 인간의 마음과 행동에 관한 모든 것을 실험 또는 관찰을 통해 연구하는 것은 불가능하다. 그러나 이들 연구가 불가능한 경우라도 원인 및 결과와 관련된 변인들은 존재한다. 상관연구 방법이란 원인이나 결과와 관련되어 있다고 추정되어지는 변인들의 자료를 모아 통계적 절차를 적용하여 변인간의 상관관계(correlation)를 알아보는 연구방법이다. 상관의 정도는 상관계수

> **글상자 1-4** **TV 시청시간과 공격성간 관계: 인과관계인가? 혹은 상관관계인가?**
>
> TV를 시청하는 시간이 증가할수록 공격성이 증가한다는 연구결과가 발표되었다고 하자. 그렇다면 TV 시청시간은 공격행동의 원인일까? 더 나아가 시청시간을 줄이면 공격행동이 줄어들고 아예 TV를 보지 못하게 하면 공격행동도 사라질 것인가?
>
> 실험연구 방법을 적용해 TV를 시청하는 시간 외의 모든 변인을 동일하게 통제할 수 있다면, 시청시간이 공격행동 발현에 미치는 효과를 인과관계로 살펴볼 수 있을 것이다. 그러나 윤리적·현실적 제약으로 인해 이러한 연구는 가능하지도 않고 바람직하지도 않다.
>
> 인과관계 안에는 분명히 상관관계가 존재한다. 그러나 상관관계가 존재한다고 해서 반드시 인과관계가 성립되는 것은 아니다. 예컨대, TV 시청 자체를 많이 하는 사람이 공격성이 높을 수도 있지만, 공격성이 높은 사람이 TV 시청을 좋아하는 것일 수도 있다. 이 외에도 TV 시청 외에 여가시간을 보낼 방법이 없는 사람이 스트레스 수준이 높아 공격적인 행동을 더 많이 보이는 것일 수도 있거나, 공격성이 높은 행동양식을 보이는 이의 주위에는 친밀한 사람이 적을 것이므로 홀로 TV를 보며 무료함을 달래는 일이 많을 수도 있을 것이다. 그 밖에도 TV 시청시간과 공격성 간에는 수많은 상관이 존재할 수 있다.
>
> 사람들이 흔히 저지르는 마음의 오류 중 하나는 상관관계로 해석해야 할 관계성을 인과관계로 해석하거나 아무런 관련이 없는 관계를 인과관계로 해석하는 것이다. 특히 시간적으로 앞서 일어난 것을 뒤에 발생한 사건의 원인이라고 간주하는 인과의 오류(post hoc fallacy)는 많은 이들이 범하는 대표적인 오류이다. '까마귀 날자 배 떨어진다.'라는 속담처럼, 관련 있어 보이는 두 개 변인이 실제로는 그 관계가 미약하거나, 없거나, 혹은 다른 요인이 포함되어 있을 가능성이 있다. 인과관계와 상관관계를 구분하지 못하는 것은 미신이나 징크스 등을 포함하여 유사심리학이 횡행하게 하는 큰 요인 중의 하나이다.

(correlation coefficient)로 나타내고 기호로는 r로 표기하는데, r＝＋1.0은 완전한 정적 관계를, r＝－1.0은 완전한 부적 관계, 그리고 r=0은 두 변인 간에 전혀 상관이 없음을 나타낸다.

(5) 조사연구 방법

조사연구 방법은 위에 제시한 실험법, 관찰법, 사례법 등을 통해 알아보기 어려운 현상을 연구할 때 적용하는 연구방법이다. 신분노출을 꺼리거나 대단위의 참가자가 필요한 경우에 많이 사용되며 주로 질문지를 사용하여 조사하지만 간혹 인터뷰를 통해 조사하기도 한다. 연구 관심 영역의 모든 인원을 다 조사할 수 없어 표본을 추출해서 연구하는 경우가 많은데, 이 경우 대표성의 문제가 발생할 소지가 있다. 그러나 이런 제한점에도 불구하고 수집된 자료에 적합한 통계방법을 적용하고, 통계결과의 해석을 오류 없이 수행할 수만 있다면, 비록 그 결과를 인과관계로 설명할 수는 없지만 무척 유용하게 사용될 수 있다.

(6) 심리검사 방법

심리검사 방법에서는 심리적 특성을 양적으로 비교 분석하여 개인차를 파악할 수 있게 해 주는 심리검사를 사용한다. 심리검사는 직접 관찰할 수 없는 마음의 추상적 특성을 간접적으로 수량화하는 방법으로, 양화된 측정 수치를 기반으로 하여 진단이나 예측을 할 수 있다. 가설적 개념으로서의 심리적 특성은 모두 검사할 수 있으므로 목적, 형식, 내용 등의 특성에 의거하여 다양한 검사가 존재할 수 있다. 예를 들어, 사용목적에 따라 교육이나 선발 검사가, 검사 형식에 따라 언어적 검사와 비언어적 검사가, 의식정도에 따라 투사검사와 비투사검사 등의 검사가 있을 수 있다. 심리학의 다양한 연구방법에 대한 상세한 설명은 '2장 심리학의 연구방법'을 참고하기 바란다.

2) 연구 분야에 의한 분류

심리학이 무엇을 연구하는지를 알아보기 위해서는 심리학의 학문분야를 세분해서 살펴보는 것이 좋다. 심리학은 크게 기초심리학 분야와 응용심리학 분야로 나눠 볼 수 있다. 이때의 기초 · 응용의 분류는 편의에 의한 것으로 절대적인 것은 아니다. 기초심리학의 결과는 응용심리학에 활용되며 그 활용 결과는 다시 기초심리학의 연구 자료로 사용되는 선순환의 구조를 지닌다. 기초심리학 없는 응용심리학은 유사심리학이 되기 쉽고, 응용심리학 없는 기초심리학은 사변심리학이 되기 쉬우므로, 이들은 상호보완적 관계를 가진다.

기초심리학은 주로 인간의 심리와 행동 그 자체의 원리를 규명하는 것을 목표로 한다. 대표적인 분야로는 생리심리학, 지각심리학, 인지심리학, 실험심리학, 학습심리학, 성격심리학, 사회심리학, 발달심리학, 동물(비교)심리학 등이 있다.

한편, 이론 중심의 연구를 주로 담당하는 기초심리학과 달리, 응용심리학은 기초심리학의 연구결과를 현실 상황에 응용하는 것에 주안점을 둔다. 응용사회심리학, 임상심리학, 상담심리학, 광고심리학, 교육심리학, 산업심리학, 조직심리학, 건강심리학 등이 이에 속한다. 대표적인 학문 분야를 살펴보면 다음과 같다.

(1) 생리심리학

생리심리학은 인간의 마음과 행동의 생리적, 생물학적 기초를 다루는 분야이다. 인간의 신체 중 주로 신경계와 내분비계, 면역계 등을 연구하며 생물학적 특성이 어떻게 마음과 행동에 영향을 미치는지를 연구한다. 많은 경우, 인간의 신체를 직접적으로 연구하기는 어렵기 때문에 동물연구를 통한 간접 연구가 이루어진다. 특히, 진화론적인 관점에서 좀 더 복잡한 인간을 동물과 비교함으로써 진행하는 연구를 동물(비교)심리학이라 칭한다. 단순한 유기체인 플라나리아부터 포유류인 쥐와 토끼, 영장류인 침팬지까지 다양한 동물이 비교심리학의 연구대상이 된다. 최근에는 fMRI나 PET 등과 같은 첨단 뇌영상 촬영기기의 발달로 생리심리학과 비교심리학은 신경과학, 신경심리학, 정신신경 면역학 등의 분야와 상호작용하면서 발전하고 있는데, 이들을 포괄해서 생물심리학이라고 부르기도 한다.

(2) 지각심리학

지각심리학은 인간이 물리적인 세상을 어떻게 처리하는지에 관심이 많은 기초 분야이다. 물리적인 외부 자극은 감각수용기를 통한 처리과정을 거치지 않고는 유기체에게 인식될 수 없다. 무의식적이고 자동적인 과정으로서의 초기 과정을 감각이라 하며 이는 감각심리학 분야에서 연구하기도 한다. 지각심리학은 감각 처리과정 후의 초기 정보에 상위 지식체계가 의미를 부여하고 해석하는 과정을 주로 연구한다.

(3) 실험심리학

실험심리학은 실험을 수행해야 하는 모든 심리학 분야에 필요한 연구 도구와 연구방법을 제공해 주는 기초 분야이다. 실험을 어떻게 계획하고 어떻게 실시하는지와 그 결과를 어떻게 해석하고 어떻게 활용하는지를 포괄적으로 다룬다. 실험심리학의 발전은 과학적 심리학의 발전과 그 궤를 함께 한다. 심리통계학, 조사연구법 등의 심리학 분야와 더불어 과학적 방법론의 근간을 형성하고 있다.

(4) 인지심리학

인지심리학은 지각, 기억, 학습, 추론 등의 정신과정을 주로 탐구하는 분야로서, 인간이 세상에 대한 정보를 어떻게 수용하고 처리하며 그 결과는 어떻게 나타나는지 등의 일련의 과정들에 주목하는 기초 연구 분야이다. 지각심리학이 세상을 지각하는 원리가 무엇인지를 연구한다면, 인지심리학은 지각심리학의 범위를 확장시켜 인간이 세상에 대한 정보를 처리하는 통합적인 과정을 정보처리적 관점에서 다룬다. 다양한 연구 도구와 실험 방법을 활용하여 객관성을 확보하고 있는 심리학 분야로서, 컴퓨터의 출현 및 정보처리과학의 발달과 더불어 이들과 상호작용하며 함께 확장 발달하고 있다. 최근에는 인지심리학과 지향하는 바가 유사한 학문 간에 상호소통이 이루어지면서 다학제적인(interdisciplinary) 학문인 인지과학 분야가 생겼다.

글상자 1-5 인지과학: 인지육각형

여러분 앞에 두 개의 창이 있다. 이 창을 통해서 당신은 안쪽의 두 사람에게 각각 질문을 하고 답변을 받을 수 있다.

우선, 당신이 창을 통해 두 사람 각각에게 서로 유사하여 차이를 구별하기 어려운 답을 받았다고 생각해 보자. 이 경우 창 안쪽 두 사람은 거의 똑같은 생각을 하고 있다고 간주할 수 있다.

이때 만약 창 안쪽에 두 사람이 있는 것이 아니라, 사람 한 명과 컴퓨터 한 대가 있었다면 어떨까? 인간인 우리가 컴퓨터와 인간의 답을 구별할 수 없다면 사람의 사고 과정과 컴퓨터의 계산 과정은 결국 같은 것이라고 볼 수 있을 것이다.

그렇다면 컴퓨터도 생각할 수 있는가? 1950년에 Alan Turing은 위의 경우처럼 인간과 사람에서의 답을 구분할 수 없는 경우, 컴퓨터 역시도 생각할 수 있는 것이라고 결론 내렸다. 인간은 신경세포로 이루어진 생물학적 두뇌를 기반으로, 컴퓨터는 실리콘 칩을 기반으로 삼아 생각을 한 것이다. 마음에 관한 연구가 심리학의 경계를 넘어 컴퓨터 과학의 인공지능연구로 확장가능해진 것이다.

지난 30년 동안 학제적 영역에 의해 사고과정에 관한 연구의 융합이 광범위하게 이루어져 왔다. 이 중, 모든 형태의 지식을 일컫는 인지(cognition)에 관한 연구가 집중적으로 이루어진 교차 학제적 영역을 인지과학(cognitive science)이라 부른다. 인지과학을 구성하는 여섯 학문 분야는 인지심리학, 철학, 언어학, 문화인류학, 신경과학, 컴퓨터과학이다. 인지육각형(cognitive hexagon)을 구성하는 학문 분야의 연구자들은 각 분야의 연구주제와 방법을 사용하여 어떻게 지식이 습득되고 사용되는지를 중점적으로 연구한다.

(5) 발달심리학

발달심리학은 인간의 수정부터 죽음에 이르기까지의 전생애적 접근을 통해 인간 마음과 행동의 발달과 변화를 탐색하고 설명하는 기초 분야이다. 발달심리학의 초기에는 주로 아동이 연구의 대상이었으나, 최근에는 연구 도구의 발달로 유전, 태내 환경부터 성인과 노인, 죽음에 이르기까지 관심과 연구영역이 확장되고 있다. 발달시기에 따라 아동심리학, 청소년심리학, 성인심리학, 노인심리학 등으로 연구대상을 나누며, 각 발달과정에 따른 지·정·의·행(인지, 정서, 동기, 행동 등)의 모든 분야를 연구대상으로 한다.

(6) 성격심리학

성격심리학은 인간의 성격이 어떻게 만들어지는지, 어떤 성격이 존재하는지, 사람마다 성격은 얼마나 다르고 그 차이는 왜 발생하는지와 같은 개인차를 연구하는 기초 분야이다. 개인차 자체가 사람을 분류하는 것이기 때문에, 개인 간의 차이를 알아볼 수 있는 심리검사 연구방법과 관찰 연구방법을 주로 사용하여 개인차를 탐색한다.

성격심리학에는 두 가지 어원이 있다. 먼저 'personality'의 'persona'는 가면이라는 뜻으로 사회적 상호작용에서의 한 사람이 보이는 일관된 특징을 의미한다. 'character'는 그리스 어원은 '애초 대리석 안에 숨겨져 있는 조각품 모양'을 의미하였는데, 원래 가지고 있는 성격의 개인차 특성을 말한다. 성격심리학은 타고난 특성과 환경과의 상호작용에서 발생하는 개인차의 특성을 모두 아울러 연구한다.

(7) 사회심리학

인간은 사회적 관계를 떠나서는 존재하기 어렵다. 이런 전제하에 기초심리학으로서의 사회심리학은 인간의 마음과 행동이 사회적 환경 속에서 어떻게 형성되고, 발달하고, 상호작용하는지를 연구한다. 개인의 행동은 사회에 영향을 주게 되고, 사회는 또 개인에게 영향을 미친다. 개인과 상호작용하는 단위는 한 사람일 수도 있고 가족, 민족, 인종, 국가 등과 같이 그 크기가 다른 집단일 수도 있다. 사회심리학은 이러한 다양한 관계 속에서의 각종 사회현상을 집중적으로 탐색한다. 사회심리학은 기초심리학만으로 분류하기에는 그 응용 범위가 대단히 넓다. 사회심리학을 응용 분야에 적용할 때를 특히 응용사회심리학이라 부른다. 이 분야에서는 기초 사회심리학의 연구 결과를 인간의 사회적 행동과 현상을 규명하고 통제하기 위해 직접 활용한다. 특히 경제학, 광고학 등과 같은 다른 분야와 협업하여 사회현상을 분석하며 그 해결책을 모색한다.

(8) 임상심리학

임상심리학은 정상상태에서 벗어난 마음과 행동의 문제를 규명, 진단하고 치료하는 응용심리학 분야이다. 임상심리학 범주 내에 포함되지만 진단을 중점적으로 다루는 분야를 이상심리학이라 한다. 임상 장면에서 임상심리학자와 정신과 의사의 역할은 상당히 유사하지만 임상심리학자는 정신과 의사의 고유 영역인 외과적, 약물학적 처치를 제외한 임상 장면에서 요구되는 모든 진단과 검사 그리고 치료를 담당하고 있다.

(9) 상담심리학

임상심리학이 정신질환의 진단과 치료를 다루는 데 비해 응용심리학으로서의 상담심리학은 비교적 가벼운 성격장애, 대인관계 문제, 일상의 부적응 등을 담당하며 상담자와 내담자 간의 관계를 통한 치료과정을 중시한다. 상담전공자들은 대학의 교수로, 국가 위탁 운영 및 사립 상담 전문기관에서 상담자·심리치료자로서 그리고 상담수련지도자로 활동하고 있다.

(10) 교육심리학

교육심리학은 교수-학습 장면에서 효과적, 효율적 교육과 더불어 동시에 전인적 교육이 이루어질 수 있도록 학습방법과 교수방법, 인지와 동기, 정서, 평가 등 심리학적 지식을 활용하는 응용 분야이다. 특히 초, 중, 고등학교를 포함한 학교 내의 다양한 인간 및 학업 관련 이슈를 다루는 분야를 학교심리학이라 칭한다.

(11) 산업 및 조직 심리학

산업 및 조직 심리학은 심리학 지식을 산업 및 조직 현장에 응용해 조직의 효율성과 생산성을 증진시키는 것을 목적으로 하는 응용심리학 분야이다. 최근에는 산업 및 조직 분야가 확대되고 있는 사회 현상에 부응하여 산업심리학과 조직심리학으로 분류하여 연구하는 경향성이 증가하고 있다. 인간과 기계의 관계를 최적화하는 데 있어 사람 요인을 중점적으로 고려하는 공학심리학 역시 이 분야에 포함된다.

(12) 광고심리학

광고심리학이란 대중매체의 증가로 광고의 역할이 증대됨에 따라 산업심리학에서 분지되어 나온 응용심리학이다. 심리학 지식을 광고에 활용함으로써 광고의 효율성과 효과성을 높인다. 광고를 수용하는 소비자들의 마음을 알아야 하기 때문에 소비자심리학과 밀접한 관계를 지니고 있다.

글상자 1-6 **한국심리학회 산하 심리학 분과**

심리학 초기부터 시대와 문화에 따른 수요와 연구방법에 따라 다양한 심리학 분야가 생성되거나 사라지고 있다. 2021년 현재, 세계 심리학 연구를 선도하는 미국의 심리학회에는 54개의 분과학회가 있고 한국심리학회에는 모두 15개의 분과학회가 있다. 심리학 분류에 대한 이해를 돕기 위해 한국심리학회 산하의 분과를 소개하면 다음과 같다(http://www.koreanpsychology.or.kr 축약 인용).

제1분과 임상심리학회(http://www.kcp.or.kr)

2019년 현재 약 7,200여 명의 회원과 약 1,600여 명의 한국심리학회 공인 임상심리전문가, 약 2,700여 명의 보건복지부 공인 정신보건임상심리사(1급 및 2급)로 구성되어 있다. 한국학술진흥재단 등재지인 『한국심리학회지: 임상』을 연간 4회 발간하며 산하에 20개의 연구회를 두고 있다.

과거에는 임상심리학자가 주로 대학(교수, 학생상담, 자문)과 병원(정신과에서 심리평가 및 심리치료)을 중심으로 활동해왔으나, 약 15년 전부터는 사설 심리치료센터를 개업하여 내담자에게 직접 서비스를 하거나 국가가 지원하는 정신보건센터에서 활동하는 회원이 증가하고 있다. 또한 정부 및 지역사회로부터 임상심리학자의 전문적인 역량을 인정받아, 국가기관(예: 국가인권위원회, 청소년위원회, 군의문사진상조사위원회, 가정법원, 경찰청, 보호관찰소, 교도소, 각급 상담센터, 각급 학교 등)의 공직자 혹은 대기업의 전문인력으로 봉직하는 회원들이 크게 증가하고 있다.

제2분과 상담심리학회(https://krcpa.or.kr)

상담심리학회는 1964년 발족하여 1985년부터는 매년 4회의 학술발표와 상담사례발표, 학회지 발간 등을 하고 있으며 11개의 상임위원회와 특별위원회로 구성되어 있다.1973년부터 매년 상담심리사 1급(상담심리전문가)과 상담심리사 2급(상담심리사)을 배출하여 2018년 현재, 상담심리사 1급 1,452명, 상담심리사 2급 5,180명이 배출되었다. 이들은 현재 각 대학의 교수로, 국가 위탁 운영 및 사립 상담 전문기관에서 상담자·심리치료자로서 그리고 상담수련지도자로 활동하고 있다.

제3분과 산업 및 조직심리학회(https://www.ksiop.or.kr)

생산성 향상과 작업조건의 질 향상에 초점을 맞추어 심리학 원리와 연구방법들을 노동현장에 적용하기 위해 1964년부터 정기적으로 춘계, 추계 정기학술발표대회 및 심포지엄을 개최하고 있다. 1988년부터 학회지를 발간하기 시작하여 2001년부터는 연 3회 학회지를 발간하고 있으며 2002년 한국학술진흥재단의 등재학술지로 등록되었다. 4개의 위원회로 구성되어있으며 2001년부터 산업 및 조직심리사, 산업 및 조직심리전문가를 선정하여 자격증제도를 운영하고 있다.

제4분과 사회 및 성격심리학회(https://www.ksppa.or.kr)

본 학회는 사회심리학, 성격심리학, 문화심리학 및 범죄심리학에 관심을 가진 학자 및 전문 분야 종사자들로 구성되어 있으며, 2019년 현재 회원 수가 1,723명이다. 한국학술진흥재단 등재지 『한국심리학회지: 사회 및 성격』을 연 4회 발간하고 있다.

2001년부터 범죄심리사 자격증(전문가, 1급 및 2급)제도를 운영하고 있어, 심리학 전공자로서 범죄수사 및 교정 분야에서 활동하고자 하는 이들에게 전문가로서 필요한 훈련과 소양을 구비하도록 하는 기회를 제공하고 있다.

제5분과 한국발달심리학회(https://www.baldal.or.kr)

1975년에 발족된 학회로, 초기에는 주로 출생부터 아동기까지 혹은 출생부터 청년기까지의 변화, 발달에만 관심을 가지고 연구하였다. 그러나 평균수명의 증가로 성인기 인구가 증가하고 성인기 동안에도 유의한 변화가 일어난다는 인식이 확산되면서 성인기의 발달도 포함한 전생애 동안의 신체변화는 물론 성격, 사고방식, 감정, 행동, 대인관계 및 우리 삶의 상이한 시기에 우리가 수행하는 역할에서의 변화를 폭넓게 연구하고 있다.

동시에 표준적 발달에서 이탈된 비정상적인 발달에도 관심을 갖기 때문에 최근에는 발달정신병리학이란 제목으로 정상적 발달에서 이탈된 병리적 발달이나 일탈된 발달에 관한 연구도 병행해서 수행되는 추세에 있다.

1989년부터 발달심리전문가와 발달심리사의 자격증 인증제도를 두어 현장에서 발달심리학을 응용하는 사람들의 전문성을 확보할 수 있도록 하고 있다.

제6분과 인지 및 생물심리학회(https://cogpsych.jams.or.kr)

1982년 창립된 실험 및 인지심리학회와 1989년에 창립된 한국생물 및 생리심리학회가 2001년에 통합, 2009년 현재의 명칭을 지니게 되었다. 인지 및 생물심리학은 인간의 행동과 정신과정을 실험적 방법으로 연구하는 학문이다. 초기에는 감각, 지각, 학습, 조건형성 등의 분야를 주로 연구하였지만, 현재는 인지, 생리, 언어 등의 연구도 포함되며, 발달이나 사회심리학의 영역에서도 적용된다. 실험적 검증을 통해 인간 행동의 인과적 기술이나 설명을 지향하며, 심리학의 전 분야에서 핵심적이고 기초적인 역할을 한다.

연 2회 학술대회와 연 4회 학회지(『한국심리학회지: 인지 및 생물』 학진등재지) 활동을 하고 있으며 최근에 본 학회는 실험심리학을 사회현장에 응용하는 문제에도 큰 관심을 가져, '인지학습심리사 및 인지학습심리전문가'자격증 제도를 제정하였다.

제7분과 한국문화 및 사회문제심리학회(http://www.kpacsi.or.kr)

1991년에 창립하여 사회의 문제를 심리학적으로 분석하고 해결하기 위한 활동을 하고 있으며 2019년 현재 697명의 회원으로 구성되어 있다. 학회의 주요 취지는 ① 전공과 관계없이 심리학자의 사회문제에 대한 관심을 규합하고 수용하며, ② 전공별로 구성된 기존의 학회기구로써는 담당하지 못하는 사회문제에 대한 연구나 견해를 발표할 수 있는 창구로서, ③ 심리학자들의 사회문제에 대한 분석과 연구 업적 등을 집결하고 사회문제와의 연결을 촉진하여 한국사회에 심리학자의 기반을 조성하고, ④ 심리학자들의 사회문제와 관련하여 전문가로서 사회에 진출할 수 있는 기반을 마련하는 것이다. 2001년 한국학술진흥재단의 등재후보학술지로 등록된 『한국심리학회지: 사회문제』를 발간하고 있다.

제8분과 건강심리학회(https://www.healthpsy.or.kr:6028)

1994년에 창립된 학회로서, 신체 및 정신 건강의 생물/심리/사회적 측면에 관심이 있는 심리학자들과 관련 분야 연구자들, 그리고 건강관리(health care) 전문가들로 구성되어 있다. 건강과 질병의 원인에 관한 통합적인 이해로부터 건강을 증진시키고 질병을 예방하는 과정에 이르기까지 다양한 건강 관련 영역에 심리학적 지식이 활용될 수 있도록 돕고 있다. 학회지(『한국심리학회지: 건강』)를 발행하고 있으며, 회원들은 특정 영역(정신과)에 한정되지 않고 통합의학과나 건강증진센터, 재활의학과, 가정의학과, 스트레스나 중독 분야 센터, 지역 보건소나 건강관련 기관, 보건 정책연구원 등 건강관련 정부기관에서 활동하고 있다. 건강심리전문가 자격제도를 시행하고 있다.

제9분과 여성심리학회(http:kswp.or.kr)

1995년에 창립되어 성차 및 여성심리와 관련된 연구를 지원하고, 여성과 관련된 문제를 해결하기 위해 기초가 되어야 할 연구방향을 제시하며, 여성심리학의 발전과 보급에 노력을 하고 있는 학회로서 1996년에 『한국심리학회지: 여성심리』를 창간하여 연 3회 출간하고 있으며 약 100명가량의 회원이 가입되어 있다.

제10분과 한국소비자 광고심리학회(http://www.kscap.or.kr)

1999년에 창립된 응용심리학회로서 학문 발전을 위한 이론 구축은 물론, 기업과 광고 대행사, 조사회사의 전문가에게 꼭 필요한 살아있는 정보 제공을 목표로 한다. 소비자와 광고에 관련된 학계 및 업계의 전문가들이 정보와 지식을 교류함으로써 상호발전을 도모하기 위해 소비자의 심리, 소비자 조사 기법, 광고 효과 분석 및 브랜드 전략 수립 등 소비자, 광고에 관한 최신 이론과 현장의 생생한 정보를 공유하고 심화시키고자 노력하고 있다. 마케팅, 신문 방송학, 광고학, 사회학, 소비자학, 의상학, 관광학 등 소비자 광고심리와 관련 있는 연구자와 전문가면 누구나 서로의 의견을 나눌 수 있다.

제11분과 학교심리학회(http://schoolpsych.or.kr)

초·중·고등학교에 재학하고 있는 아동과 청소년의 발달과 적응을 증대시키기 위해, 학술적 교류와 교육장면에 심리학적 서비스를 제공하는 역할을 통해 사회적 안녕에 기여하고자 설립되었다.

제12분과 법심리학회(https://psychologyandlaw.wixsite.com/k-fp)

법정심리학회는 법과 심리학 분야에서 공익에 기여하는 학문의 발전과 실무적 전문성을 향상하기 위해 조직된 학제 간 단체다. 법정심리학회의 목적은 기초연구와 응용연구를 통하여 법과 법제도에 대한 이해를 높이기 위한 심리학의 기여를 촉진하고, 심리학자들이 법의 제 문제들을 보다 잘 이해하고, 법조계가 심리학적 문제들을 보다 잘 이해하도록 쌍방 교육을 증진시키며, 법조계와 심리학계, 그리고 일반 국민들에게 법과 심리학 분야의 연구, 교육, 그리고 봉사활동을 널리 알리는 것이다.

제13분과 중독심리학회(https://www.addictpsy.or.kr)

한국중독심리학회는 현재 많은 사람들의 삶의 질을 낮추고 있는 물질 및 행동 중독과 관련한 심리학적 '연구'와 '전문 서비스(실무)' 및 '정책' 과제를 다루는 학회로서, 중독으로 인한 문제의 개선 및 건강한 삶의 추구를 목표로 삼고 있다.

제14분과 코칭심리학회(https://coachingpsychology.or.kr)

2011년 창립된 학회로서, 심리적인 장애나 이상이 없는 일반 사람들이 더 나은 삶을 위한 니즈를 충족시킬 수 있도록 심리학의 이론과 모형을 다양한 코칭 장면에 적용하고 있으며 2014년부터 코칭심리사 자격제도를 운영하고 있다.

제15분과 심리측정평가학회(http://kspma.or.kr)

심리측정평가학회는 2014년 창립된 학회로서, 심리측정, 심리검사, 심리평가를 포함한 심리학의 양적, 질적 연구방법론 전반에 대한 교육, 연구 및 관련 사업을 발전시키며 학제간 연구 지원을 목표로 삼고 있다.

4. 현대 심리학의 접근방법

사람을 이해한다는 것은 결코 쉬운 일이 아니다. 행동을 이해하는 것도 어렵지만 정신과정을 이해하는 것은 더욱 어렵다. 더 나아가 마음과 행동의 어떤 측면을, 어떻게, 왜 이해할 것인지에 따라 그 복잡성은 셀 수 없을 정도로 증가한다. 동일한 상황일지라도 보는 사람에 따라 상이한 해석이 도출되는 것처럼, 마음과 행동도 어떤 측면을 부각시키느냐에 따라 접근방식이 달라진다. 과거부터 다양한 접근방법이 있었으나 현대 심리학에서는 주로 다음의 다섯 가지 접근법을 사용한다(Goodwin, 2005).

1) 생물학적 접근법

생물학적 접근법이란 사람의 마음과 행동의 기저에 놓여있는 생물학적 원인을 찾으려는 관점이다. 특정 뇌세포의 손상이나 상실 혹은 특정 신경전달 물질의 분비 변화가 마음과 행동에 어떤 영향을 미치는지 등을 주로 탐구한다. 신경계 외에도 내분비계와 면역계, 호르몬계 등이 마음과 상호작용하므로 마음과 신경계, 내분비계, 면역계 등의 복합 작용을 아울러 연구하며, 최근 신체 전체가 마음과 상호작용한다는 실험결과들이 발표된 후 체화된 마음(embodied mind)에 대한 연구도 다른 접근법과의 협업으로 진행되고 있다.

이런 관점을 지닌 심리학자는 뇌 사진을 찍어 특정 뇌 영역을 살펴본다거나, 신경전달물질의 화학적 변이 과정을 추적하여 기억, 정서, 언어, 사고, 정신장애 등의 사고과정을 연구하게 된다. 이 접근방법은 살아있는 사람을 대상으로 실험할 수 없다는 한계를 극복하기 위해 쥐, 토끼, 원숭이 등을 실험 대상으로 연구하는 경우가 많다. 그러나 궁극적인 목표는 인간의 마음과 행동의 이해이다.

2) 행동적 접근

행동적 접근방식은 객관적으로 관찰할 수 있는 행동을 통해서 사람을 이해할 수 있다고 주장하는 관점이다. 행동만이 과학적 심리학의 연구대상이라고 주장하는 엄격한 행동적 접근주의자들은 관찰 가능한 행동 이외에 의식 및 의도 등은 중요하게 간주하지 않는다. 이러한 맥락에서 인간을 블랙박스로 간주하고 이론을 정립하는데, 사람을 블랙박스로 보기 때문에 과정보다는 환경자극과 사람의 행동 간의 관계성을 중요시 여긴다. 한편, 객관성을 보유한 심리적 과정도 연구대상에 포함시킬 수 있다는 온건한 행동적 접근도 있다. 엄격성의 정도에 따라 차이가 있지만 근본적으로 행동적 접근법은 한 개인이 어떤 사람인지 파악하기 위해 그 사람의 환경과 상호작용한 역사, 그 과정에 포함된 보상과 처벌 등을 살펴보아야 한다고 주장한다.

3) 인지적 접근

인간을 외부 환경에 수동적으로 반응하는 유기체로 보는 행동적 접근과 달리, 인지적 접근은 인간을 외부 자극을 적극적으로 처리해서 정보로 전환시키고, 그 정보를 저장된 지식과 연결시켜 새로운 지식구조를 만드는 능동적 정보처리자로 간주한다. 인지적 접근에서는 행동적 접근 방식에서 그동안 블랙박스로 일컬으며 비과학적이라는 이유로 연구에서 제외시켰던 내적 과정에 주목하고 있는데, 이는 범용 컴퓨터의 출현과 더불어 본격적으로 시작되었다고 볼 수 있다. 여러 장비들을 통해 인간의 마음을 측정할 수 있는 방법이 발전하게 되면서 비로소 지각, 기억, 사고, 의사결정, 판단 등의 과정을 연구할 수 있게 된 것이다. 인지적 접근을 통해서는 사람이 어떻게 정보를 입력하고, 처리하고, 반응하는가를 중점적으로 연구하게 된다. 인터넷이 보편화됨에 따라 실험실 자료와 더불어 빅데이터(big data)를 사용하여 수렴적 결과를 얻으려는 시도도 연구의 한 방법으로 자리 잡아가고 있다.

4) 정신분석적 접근

이 접근을 취하는 학자들은 기본적으로 사람의 거의 모든 행동이 무의식적인 과정에 의해 지배된다고 가정한다. 무의식은 주로 성욕, 공격성, 공포, 원망 등과 같은 원초적 본능들로 구성된다. 따라서 정신분석적 접근에서는 한 개인의 비정상적 행동이나 문제행동을 과거에 해결되지 못한 갈등이나 갈등해결 실패의 경험이 무의식 속에 남아 있다가 표출된 것으로 본다.

정신분석 접근에서는 유명한 '빙산의 비유'를 통해, 수면 위에 떠 있는 의식의 세계는 정신의 극히 일부분에 불과하며 수면 밑 무의식이 정신의 대부분을 차지한다는 점을 설명하고 있다. 또한 무의식 속 가장 큰 부분을 차지하고 있는 것은 성욕과 공격성이므로 성욕과 공격성이 사람의 마음과 행동의 대부분을 좌우한다고 본다. 이러한 맥락에서, 사회 문화는 질서유지를 위해 원초적 본능의 표출을 금기시하므로 인간은 사회와 끊임없이 갈등을 겪을 수밖에 없는 존재로 간주된다.

5) 현상학적 접근

현상학적 접근법에서는 한 개인이 세상을 경험하고 있는 '지금–여기(here and now)의 현상'을 있는 그대로 이해하고자 한다. 개개인의 사적이고 주관적인 현상세계를 가장 중요하게 여기기 때문에 일체의 이론이나 과학적 방법론은 배제하려고 노력한다. 여기서는 타인에 의한 관찰보다 자기 자신을 스스로 관찰하는 과정을 통해 인간에 대해 더 많은 것을 이해할 수 있다는 입장을 취하며, 마음과 행동을 통제, 예측하고 법칙을 발견하고 이론화하는 과정에는 관심이 별로 없다.

현상학적 접근에서는 인간을 심리학 이론이나 법칙을 규명하고 발견하기 위한 수단으로 보는 것이 아니라 목적 그 자체로 여긴다. 이 접근법은 사람이 스스로 자신을 통제할 수 있는 자유의지를 가지고 있다고 전제하며, 따라서 모든 이들을 자유롭게 선택하고 목표를 설정하며 자신의 인생에 대해 책임을 질 수 있는 능동적인 존재로 본다. 또한 인간이 궁극적으로 자아실현을 하려는 목표를 지니고 있다고 전제하고 있다. 이러한 맥락에서 현상학적 접근방식에서는 결과로서의 주관적 체험을 중시하고 있으며, 이러한 특성으로 인해 인본주의적, 실존적 접근법이라 불리기도 한다.

지금까지 현대 심리학에서 주로 사용하는 다섯 가지 접근법을 집중적으로 살펴보았다.

그러나 심리학이 확대·발전함에 따라 앞으로 기존의 접근방법 중 일부는 사라지고 일부는 새로운 접근방법으로 대체될 것이다(Stephens-Davidowitz et al., 2018). 어떤 접근방법이든 간에 그 내용을 제대로 이해하려면 각 접근법의 인간관을 살펴봐야 한다. 그 이유는 인간을 어떻게 보느냐, 즉 인간관에 따라 연구주제와 연구방법, 연구목적이 달라지고 그에 따라 접근방법도 변화하기 때문이다. 그러므로 현대 심리학이 선호하는 접근법의 인간관 차이를 간략하게라도 살펴보는 것이 접근방법 자체에 대한 이해도를 높일 수 있을 것이다.

먼저, 인간의 천성을 어떻게 보느냐를 살펴보아야 한다. 예컨대, 해당 접근법에서 '인간은 원래 선하다'는 맹자의 성선설을 받아들이고 있는지, '악하게 타고났다.'는 순자의 성악설을 받아들이는지, 혹은 인간이 아무것도 없는 백지(tabula rasa)로 태어난다고 보는지 구분해 볼 수 있다. 또한, 태어날 때의 특성이나 특정 경험이 그 후의 인생을 결정한다고 보는 결정론적 입장을 취하는지, 혹은 살아가는 동안 환경과 상호작용하면서 의지에 의해 변화해 나갈 수 있다고 믿는 자유의지적 입장인지 구분할 수 있다. 한편, 인간이 변화가 가능한 존재인지 그렇지 않은지(가변성-불변성), 정신과정을 중시하는 정도가 큰지 작은지(정신과정 강조의 정도), 그리고 인간의 행동이 선천적으로 결정된 것인지 후천적으로 결정되는 것인지[생득론(nature)-경험론(nurture)]도 살펴볼 수 있다.

이 다섯 가지 접근법에 따른 인간관을 요약하면 다음 〈표 1-1〉과 같다.

표 1-1 다섯 가지 접근법의 인간에 대한 관점 비교

접근법	선/악 /빈 서판	결정론 /자유의지	가변성 /불변성	정신과정 강조의 정도	생득론 /경험론
생물학적		결정	불변성	중	생득론
인지적		결정	가변성	대	
행동적	백지	결정	가변성	소	경험론
정신분석적	성악설	결정	불변성	대	생득론
현상주의적	성선설	자유의지	가변성	대	

요약   과학심리학과 유사심리학을 구분하기 위해서 먼저 심리학이란 무엇인지를 심리학의 정의를 통해 알아보았다. 또한 심리학은 마음과 행동에 관한 과학이라는 큰 정의 내에서의 마음과 행동, 과학에 대한 세부 정의를 살펴보았다.

이어, 심리학의 과거와 역사를 일견하였다. 심리학의 과거로서의 고대, 중세, 근대의 학자를 살펴보고, 1879년 이후의 심리학 역사를 대표적인 학파인 구조주의, 기능주의, 정신분석학, 행동주의, 형태주의, 인지주의 중심으로 기술하였다.

천의 얼굴을 가진 심리학을 이해하기 위해 심리학내의 연구방법, 연구대상, 연구분야를 세분하여 살펴보았고, 마지막으로 현대 심리학의 접근방법을 생물학적, 행동적, 인지적, 정신분석적, 현상학적으로 나누어 기술하였고 각 접근방법의 인간관을 살펴보았다.

연습문제

1. 심리학이란 _____과 _____에 관한 _____이다.

2. 과학이란 _____이 아닌 _____에 의해 결정된다.

3. 고대 철학자 중 관념론의 대표적인 학자는 _____이고 경험론의 대표적인 학자는 _____이다.

4. ' 이해하기 위해 믿는다.'는 _____와 '믿기 위해 이해한다.'는 _____는 중세의 대표적인 마음연구자이다.

5. 일반적으로 _____년 _____가 라이프치히 대학에 심리학 실험실을 개설한 해를 심리학 원년으로 받아들인다.

6. Wundt의 심리학은 연구를 보는 측면에 따라 _____심리학, _____심리학, _____심리학 등의 세 가지 이름으로 불린다.

7. Wundt의 심리학에 대한 반응으로 나타난 심리학 사조는 크게 _____심리학, _____심리학, _____심리학, _____심리학, _____심리학으로 분류해 볼 수 있다.

8. 과학적 심리학의 연구 방법으로 학자들이 가장 선호하는 연구방법은 _____이고 이는 독립변인과 종속변인 간의 _____관계를 밝히고자 한다.

9. 인과관계 안에는 분명히 _____관계가 존재한다. 그러나 _____관계가 존재한다고 해서 반드시 _____가 성립되는 것은 아니다.

10. 현대 심리학의 접근 방법은 크게 _____접근법, _____접근법, _____접근법, _____접근법, _____접근법으로 나누어 볼 수 있다.

📖 참고문헌
- - - - - - - - - - -

Goodwin, J. (2005). 현대심리학사(박소현 역). 서울: 시그마프레스.

Russell, B. (2009). 러셀 서양 철학사(서상복 역). 서울: 을유문화사.

Rullmann, M., et al. (2005). 여성철학자: 아무도 말하지 않은 철학의 역사(이한우 역). 서울: 푸른숲.

Stephens-Davidowitz, S., et al. (2018). 모두 거짓말을 한다: 구글 트렌드로 밝혀낸 충격적인 인간의 욕망(이영래 역). 서울: 더퀘스트.

02

심리학의 연구방법

개요

1장에서 보았듯이 심리학의 정의는 '유기체의 행동과 마음(정신 과정)을 연구하는 과학'이다. 심리학이 과학이라는 정의가 선뜻 받아들여지지 않는다면 그것은 아마도 물리학, 생물학, 화학 등 자연과학 분야를 흔히 과학이라고 지칭하기 때문일 것이다. 과학은 특정 학문 분야라기보다는, 객관적이고 관찰 가능한 자료를 체계적인 방법으로, 수집하여 분석하는 방법으로 보편적 진리나 법칙을 발견하고자 하는 시도라고 할 수 있다. 심리학 역시 체계적인 자료 수집과 객관적으로 관찰 가능한 자료들에 대한 논리적인 분석을 바탕으로 행동과 마음에 대한 보편적 진리나 법칙을 발견하고자 한다는 점에서 과학의 한 분야고, 이를 반영하듯 꽤 많은 대학에서 전공이름을 심리학이 아닌 심리과학(psychological science)으로 부르고 있다.

1800년대 후반 시작된 현대 심리학은 과학적 방법론을 기반으로 하여 연구 영역이나 주제를 점차 확장시켜 왔다. 현재 심리학은 신경계나 뇌와 같은 하위 수준에서부터 판단, 추론, 의사결정이나 집단행동과 같은 상위 수준에 이르기까지, 다양한 수준에서 객관적 자료 수집과 분석을 통해 행동과 심적 과정에 관한 인과관계를 밝혀내는 데 초점을 두고 있다. 과학 기술 및 연구 방법론의 발달에 따라 자료 수집 및 분석 방법 또한 점차 확장되어, 척도를 통한 연구에서부터 fMRI, EEG 등의 뇌 활동 기록 기법에 이르기까지 많은 발전이 이루어졌다. 다양한 연구 방법들을 적절하고 정확하게 사용하기 위해서는 따라야 할 절차들과 적용할 수 있는 연구 설계에 대한 이해가 필요하다.

이 장에서는 과학적인 연구 방법이 어떻게 심리학에 적용되는지에 대하여 다루고자 한다. 일상적으로 흔히 범하는 사고의 오류를 통해 과학적 방법론 적용의 필요성을 살펴보고, 과학적 방법론을 적용할 때 유의해야 할 개념 및 그 과정들을 확인해 본다. 마지막으로는 심리학에 적용할 수 있는 연구 방법들, 연구 결과의 도출, 발생 가능한 오류, 연구 시 고려해야 할 윤리적 문제에 대해 살펴볼 것이다.

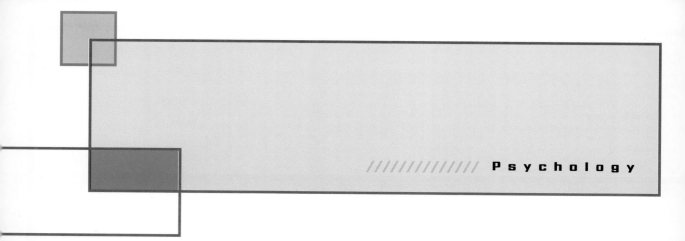

1.
과학으로서의 심리학

사람들은 흔히 자신이 과학자인 것처럼 행동한다. 예컨대, 사람들은 일상 대화에서 흔히 상대방이 하는 말에 대해 과학적으로 증명해 보라고 요구하거나, 무언가 과학적으로 증명되었을 때 믿을 수 있다고 생각하는 것이다. 과학적 증명이라는 것은 도대체 무엇이기에 사람들로 하여금 믿음을 가지게 만드는 것일까? 과학적 증명은 어떻게 이루어지는가? 다음의 예를 통해 생각해 보자.

상우는 친구와 맥주를 조금 마신 후 멀쩡하다고 생각하고 운전대를 잡았다. 그러나 집으로 돌아가던 중 경찰이 음주 측정을 하고 있는 것을 발견하고 혹시나 하는 마음에 걱정이 되기 시작했다. 그때 주변 사람들에게 들었던 혈중 알코올 농도를 낮추는 여러 가지 방법들—구강 청정제 사용, 십 원짜리 동전 물기, 껌 씹기, 이온 음료나 숙취 해소 음료 마시기, 양파 한입 깨물기 등—이 떠올랐다. 가능한 모든 방법을 한꺼번에 시도하고 음주 측정에 응한 후, 검문은 별 문제 없이 통과되었다. 여기서 상우는 한 가지 방법이 아닌 여러 가지를 동시에 시도했을 때 각각의 효과가 더해져 혈중 알코올 농도를 낮춘다는 것을 자신의 경험으로 과학적 증명을 하였다고 생각하였다. 그는 다음번에도 동일한 방법을 사용하면 음주 측정을 무사히 통과할 수 있다고 믿고 있으며, 다른 사람들에게도 이 방법을 시도해 보길 권하였다.

앞의 일화를 읽는 여러분들 중에도 혹시 이런 방법을 시도해 본 사람이 있을지도 모르겠다. 음주 측정 현장에 가면 여전히 앞에 언급한 방법뿐만 아니라 다양한 방법들을 사용하는 사람들을 쉽게 볼 수 있는데, 추측컨대 직접적 경험, 관찰을 통한 간접적 경험, 친구의 경험담 청취 등에 근거하고 있을 것이다. 문제는 여기서 언급된 방법들이 과학적으로 증명이 되었다고 볼 수 있을 것인가 하는 점이다. 그렇다면 과학적 증명은 어떤 과정으로 진행해야 하는 것이며 어떤 방법을 사용할 수 있는가? 그래서 이 장을 통해 인간의 생각과 행동을 과학적으로 증명하는 방법을 확인해 보고자 한다.

과학적 증명에 대한 대표적 사례 중 하나가 바로 '클레버 한스(Clever Hans)'의 이야기다. 1900년대 독일에서 퇴직 교사인 Wilhelm von Osten은 한스(Hans)라는 이름의 말에게 읽기, 산수, 역사 등의 교육을 실시했다. 그가 한스에게 사용했던 교육법은 독일의 유명한 학교에서 아이들에게 적용하고 있는 방식이었다. 한스는 말발굽을 두드리는 횟수로 선택지를 표시하거나 고개를 끄덕이거나 가로젓는 방식으로 '네-아니요' 문제에 대한 답을 표시하도록 훈련받았다. 항상 쉬운 문제로 시작하여 점차 어려운 문제로 이어졌고 문제를 맞혔을 때는 보상으로 당근을 받았다. 4년 동안의 교육 후, 한스는 독일어, 지리, 역사, 과학, 문학, 수학 등 거의 모든 문제에 대해 답을 할 수 있었을 뿐만 아니라 심지어는 훈련받은 적이 없는 다른 언어로 제시된 문제에도 답을 할 수 있었다. 한스는 점점 유명해져 '클레버 한스'라는 별명까지 얻게 되었고, 많은 이들이 한스가 어린아이보다 우수한 지능을 가지고 있다고 생각하였다.

심리학자 Oskar Pfungst가 한스의 실제 능력을 검증하였다. Oskar Pfungst는 문제 풀이 장면을 유심히 관찰한 후, 한스가 문제를 이해하고 푸는 것이 아니라 시각적 단서를 사용해서 답을 한다고 유추하였다. 이를 검증하기 위해 한스에게 눈가리개를 씌우고 문제를 풀게 하거나 한스 주변에 있는 사람들이 답을 알지 못하는 문제를 내는 방법으로 한스의 문제해결 능력을 다시 시험하였다. 이러한 절차를 적용했을 때는 한스가 문제를 풀지 못하는 모습을 보였다. 사실, 한스는 주변에 정답을 알고 있는 사람들이 자기도 모르게 표현하는 몸짓이나 표정의 미묘한 변화를 관찰하였고, 이를 바탕으로 말발굽의 시작과 종료 여부, 고개를 어느 방향으로 움직일지 등을 정하여 정답을 표시했던 것이다. 즉, 시각적 단서에 의존하여 답을 표시했고 마치 문제를 푸는 것처럼 보였던 것이다. 결국 한스는 엄청난 관찰자였던 것이다.

그림 2-1 von Osten과 클레버 한스

비단 한스뿐만 아니라, 수학 문제를 푸는 강아지라든가 상당한 정도의 지능을 소유한 것으로 보이는 동물들이 종종 TV 프로그램에 등장하곤 한다. 클레버 한스의 사례는 우리가 흔히 미신이나 사람들 사이에 떠도는 풍문 등을 접했을 때 어떤 방식으로 이를 증명해야 하는지를 명확히 보여 주고 있다. 이처럼 심리학은 문제를 해결하기 위해 최대한 객관적이고 과학적인 접근법을 적용하려고 노력한다.

우리는 일상생활에서 아주 흔하게 사고의 오류를 범한다. 대표적인 사례로 축구 국가대표 팀의 경기 결과에 대한 예측을 들 수 있다. 2019년 U−20 월드컵 축구 경기에서 대한민국 국가대표 팀은 사상 최초로 결승전에 진출하여 준우승을 차지하였다. 그런데 흥미로운 것은 대회 시작 전후의 결과에 대한 예측이 판이하게 다른 양상을 보인다는 것이다. 시작 전은 물론 첫 경기에서 포르투갈에게 1−0으로 졌을 때는 예선 통과도 회의적으로 예측하는 사람들이 많았으나, 대회가 종료된 후에는 국가대표 팀의 준우승을 예측했다고 말하는 사람들을 쉽게 찾을 수 있었다. 과연 그들은 대회 시작 전에도 같은 생각을 하고 있었을까?

비슷한 사례는 쉽게 찾을 수 있다. 비단 운동 경기 결과의 예측만이 아니라, 금융 위기가 닥친 후 경제 구조상 필연적으로 금융 위기를 겪을 수밖에 없었다고 말하는 사람, 주택 경기가 상승한 후에 경제 여건상 집값은 올라갈 수밖에 없었다고 말하는 사람을 주변에서 쉽게 찾아볼 수 있다. 모두 후견 편향(hindsight bias)이라는 사고의 오류를 보여 주고 있다.

후견 편향 외에도 우리가 범하는 사고의 오류는 무수히 많다. 대표적으로 확증 편향(confirmation bias), 즉 본인의 입장을 정한 후에는 그 입장을 지지하는 증거만을 추구하고 반대되는 증거는 무시해 버리는 경향을 들 수 있다. 예를 들어, 지구가 둥글지 않고 평평하다고 믿는 사람들이 상당수 존재하고 있다는 것을 들어본 적이 있는가? 믿기지 않겠지만 아직도 많은 이들이 지구가 평평하다고 믿고 심지어 '평평한 지구 모임(The Flat Earth Society)'이라는 조직을 구성해서 활동하고 있다. 이들은 지구가 둥글다는 주장을 일종의

그림 2-2 2019년 U−20 월드컵 결승

음모론으로 받아들이곤 한다.

음주 측정의 사례, 클레버 한스의 사례, 평평한 지구의 사례 등에서 볼 수 있듯이, 우리는 개인적 경험이나 직관에 의해 쉽게 설득되거나 사고의 오류를 범하곤 한다. 심리학은 과학적 접근으로 이러한 잘못된 믿음이나 상식에 대해 과학적 증거를 발견하고 오류를 확인하게 도와주는 역할을 한다.

2.
과학적 태도 및 과학적 방법론

과학으로서의 심리학을 추구하려면 무엇보다도 과학적 태도가 필요하다. 과학적 태도란 타인의 주장이나 명제에 대한 평가를 할 때 검증에 필요한 절차들을 바탕으로 결론에 도달하고자 하는 태도를 말한다. 이와 같이 비판적 사고를 통해 문제에 대한 가정을 조사하고 증거를 평가하는 일련의 절차들이 과학적 방법론이다. 이 절에서는 과학적 방법론을 적용하기 위해 고려해야 할 사항들을 먼저 살펴보고 필요한 연구 방법들을 소개하고자 한다.

1) 과학적 방법론의 적용

(1) 이론, 가설, 사실

과학적 방법의 가장 중요한 부분은 주장을 뒷받침하는 증거를 확인하는 것이다. 이를 위해서 먼저 행동을 관찰하여 객관적인 명제를 생성해 내게 되는데 이것을 사실(fact)이라 하고, 사실을 설명하고 그에 기반하여 새로운 사실을 예측할 수 있는 이론(theory)을 생성하며, 이론에서 도출한 사실을 예측해 보는 가설(hypothesis)을 세우게 된다. 요컨대, 우리가 관찰하고 경험하는 것들을 확인하기 위한 기본적인 절차란 바로 사실을 확인하고 이론을 생성하며 가설을 설정하는 것이다. 이후 연구를 통해 가설이 검증되면 이는 새로운 사실의 발견으로 이어지며 더 나아가 새로운 이론을 구축할 수 있게 된다.

가설 검증을 위한 기초 작업 중의 하나는 검증하고자 하는 개념을 명확히 정의하는 것이다. 예를 들어, '스트레스 상황에 노출되면 불안감이 증가한다.'는 가설을 확인하고자 하는 경우, 스트레스 상황과 불안감이 가지는 의미를 명확히 해야 한다. 동일한 상황에서도 어떤 사람은 스트레스를 느낄 수 있고 다른 이들은 그렇지 않을 것이기 때문이다. 마찬가지로 불안감에도 여러 가지 종류가 있을 수 있는데, '불안감이 증가한다.'는 표현이 특정 종류의 불안감 증가를 의미하는지 전체적인 불안 수준의 증가를 의미하는지 모호하다. 개념이 명확하지 않으면 검증을 위해 조사 혹은 측정해야 할 변인들을 특정하기 어려워지므로, 가설의 검증 역시 어려워진다. 따라서 연구를 시작하기에 앞서 명확한 개념 정의가 필요한데, 이를 조작적 정의(operational definition)라고 한다.

(2) 반증 가능성

가설 설정 시 주의해야 할 점이 반증 가능성(falsifiability)으로, 주장하고 있는 명제가 검증 가능한지의 여부를 의미한다. 예를 들어, 사이비 종교의 교주가 질병을 앓고 있는 신도에게, "당신의 믿음이 충만하다면 은혜를 받아 당신의 병이 나을 것이다."라는 말을 하였다. 이 말의 진위 여부를 확인할 수 있을까? 질병이 치유됐다면 믿음이 충만했기 때문인가? 질병이 치유되지 않았다면 믿음이 충만하지 않았기 때문인가? 교주의 말은 검증이 불가능하다. 만약 "당신이 1년 동안 매일 6시에 한 시간 동안 새벽 기도를 나온다면 당신의 병이 나을 것이다."라고 말했다면, 우리는 이 명제를 쉽게 검증할 수 있을 것이다. 이처럼, 검증하고자 하는 명제는 반증 가능성이 있어야 한다.

(3) 반복 가능성

다음으로 가설 검증 시 반드시 고려해야 할 점이 반복 가능성(replicability)이다. 반복 가능성은 동일한 연구를 다시 수행하였을 때 같은 결과를 얻을 수 있는지의 여부를 말하는 것이다. 이때 주의할 점은, 동일한 참가자를 대상으로 동일한 환경에서 동일한 절차를 통해 연구를 진행해야 한다는 것이다. 많은 이들을 놀라게 한 Amy Cuddy의 '당당한 자세(power posing)' 연구는 반복 가능성과 관련해 자주 언급되고 있다. Cuddy는 당당한 자세를 취하는 것이 호르몬 수준의 변화를 유발하고, 모험적인 행동을 일으키며, 좋은 결과(예: 면접)로 이어질 수 있다고 주장하였다(Carney, Cuddy, & Yap, 2010). 이후 여러 연구자가 이 결과를 재점검하였으나 동일한 결과를 얻지 못한 사례가 많아 결과의 신빙성이 논란이 되고 있다.

3. 연구 방법

1) 기술 연구: 현상의 관찰과 심리학적 연구의 가교

연구의 첫 번째 단계는 현상의 관찰과 기술이다. 가령, 식습관 변화에 대해 관심이 있다고 하자. 식습관을 파악하려면 식사하는 장면을 관찰하면서, 식사 시간, 함께 식사하는 사람의 수, 대화가 오가는 정도, 음식의 종류 및 가짓수, 식사하는 장소 등 밥 먹는 행위에 대해 전반적으로 관찰 및 조사를 하고 그 결과를 기술하여야 할 것이다. 이처럼 변인들 간의 관계와는 무관하게 단순히 현상을 관찰하고 기술하는 것이 연구의 목적이 되는 경우가 있는데, 이를 기술 연구라고 한다. 기술 연구에서 확인된 통계 자료는 차후의 연구에 대한 기초 자료로 사용될 수 있으며, 관찰 연구, 사례 연구, 조사 연구 등의 방법이 사용된다.

기술 연구에서는 관찰하는 대상의 수가 많을 수도 있고 적을 수도 있다. 또한 행동의 특정 측면에만 관심을 가지거나 전반적인 행동의 양상에 관심을 가질 수도 있다. 대도시 사람의 전반적인 식습관 변화에 관심이 있다면 많은 대상을 관찰하고 기술해야 한다. 하지만 거식증 환자들의 식습관 변화가 주제라면 상대적으로 훨씬 적은 수의 사람을 대상으로 연구를 진행하게 될 것이다. 이를 통해 얻은 결과는 차후 관련자들을 대상으로 하는 식습관 변화와 고혈압의 관계, 당뇨 혹은 비만과의 관계 등 더욱더 심도 있는 연구로 이어질 수 있다.

(1) 관찰 연구

관찰은 직접 관찰과 간접 관찰로 나눌 수 있다. 직접 관찰은 관찰자의 개입 여부에 따라 하위 항목으로 나뉜다. 먼저 관찰자가 개입하지 않고 자연 발생적인 상태에서 관찰이 이루어지는 경우를 자연 관찰(naturalistic observation)이라고 한다. 자연 관찰은 밀림이나 극지 생명체들의 삶의 방식을 연구하는 것에서부터 아이들이 타인과의 사회적 관계를 형성해 나가는 과정이나 문화에 따른 양육 방식의 차이 등 다양한 곳에 적용될 수 있다. 침팬지의 행동에 대한 Jane Goodall(1998)의 연구는 자연 관찰방식의 대표적인 사례다. 이 연구에서 그는 수년간 야생 환경에서 침팬지의 식습관, 사회적 관계, 몸짓, 의사소통 방식 등 침팬지의 삶 전체를 관찰하여 기록하였다.

자연 관찰을 이용한 인간 행동 연구의 예로 Robert Provine(1996)의 웃음소리 연구를 들

수 있다. Provine과 그의 동료들은 상이한 사회적 환경에서 발생하는 천여 개 이상의 웃음소리와 대상의 성별, 웃음소리와 관련된 사건, 다른 이들의 반응들을 기록하였다. 자연 관찰은 또한 연구자의 개입이 도덕적 혹은 윤리적으로 영향을 줄 가능성이 있을 때 사용될 수 있다. 예를 들어, 아이들의 공격적 행동에 관심이 있다고 해서 아이들에게 위협적인 상황을 만들거나 폭력적인 행동을 일부러 유도할 수는 없는 것이다.

자연 관찰은 관찰자가 개입하지 않고 행동을 관찰 및 기록하기 때문에, 결과를 실제 환경에 직접적으로 적용할 수 있는 가능성이 높다. 연구 결과를 실제 환경에 적용하여 일반화할 수 있는 정도는 외적 타당도(external validity)로 표시하는데(Neisser & Hyman, 1999), 외적 타당도가 높다는 것은 자연 관찰의 장점이다. 하지만 관련된 변인을 제어하지 않기 때문에 행동의 인과 관계를 파악하기 어렵다는 단점 또한 존재한다. 이 부분은 자연 관찰의 내적 타당도(internal validity)를 낮추고 있다.

관찰 상황에 개입한 상태에서 대상들의 행동을 관찰하는 직접 관찰 방법도 있다. 먼저 참가자 관찰법의 경우, 관찰자가 관찰하고자 하는 상황에 직접 참가하여 참가자와 관찰자라는 두 가지 역할을 동시에 수행하게 된다. 예컨대, 선생님이 교실에서 수업을 하며 학생들의 반응을 관찰하는 경우가 그렇다. 관찰 상황에 개입하는 다른 경우로는 구조적 관찰법을 들 수 있는데, 관찰자가 특정 상황이나 사건을 발생시킨 후 참가자들의 반응을 관찰하는 것이다. 우리에게 잘 알려진 Jean Piaget(1896~1980)가 사용한 방법이 대표적인 사례다. Piaget는 아이에게 문제를 주고 그것을 변형시켜 가며 아이들의 문제해결 과정을 관찰하였고, 관찰 결과는 Piaget의 인지발달이론의 토대가 되었다.

행동에 대한 기록이나 다른 증거들을 통한 간접 관찰법도 있다. 간접 관찰은 관찰자가 개입하지 않은 상태로 이루어지는 관찰 연구를 말한다. 대부분의 경우에 관찰 대상이 그 상황에 더 이상 존재하지 않기 때문에 물리적 흔적을 관찰하거나 기록을 연구하는 방법 등이 사용된다. 물리적 흔적 관찰의 예는 경찰의 사건 현장 분석에서 찾아볼 수 있는데, 범인이 남긴 지문이나 발자국, 물건들의 상태나 위치 등, 물리적 흔적들을 확인하여 범죄 상황을 재구성하는 것이다. 한편, 사회관계망 서비스(social network service)에서 오가는 말들을 분석하는 의미망 분석(semantic network analysis)은 기록 연구의 예라고 할 수 있다.

(2) 사례 연구

서번트 증후군(savant syndrome)을 앓고 있는 영국의 Stephen Wiltshire는 한 번 본 풍경을 그대로 그려내는 것으로 유명하다. 그는 헬리콥터를 타고 도시를 한 바퀴 돌며 관찰한 다음, 거대한 캔버스에 건물 간의 비율을 유지하며 건물의 창문까지도 세밀하게 단 한 번

그림 2-3 Wiltshire의 로마 그림

출처: http://www.stephenwiltshire.co.uk/art_gallery.aspx?Id=3245

글상자 2-1 **사례 연구**

"동물은 인간의 언어를 학습할 수 있을까?"

동물이 인간의 언어를 학습할 수 있는지에 대해 많은 연구자가 관심을 가져왔으며, 대부분 특정 동물의 언어 학습 능력을 확인하기 위해 사례 연구를 이용하고 있다. 다음은 동물의 언어 학습 능력과 관련된 두 개의 사례 연구다.

Noam Chomsky는 언어 능력이 인간만이 가지고 있는 능력이라고 주장한 반면, B. F. Skinner는 동물도 언어 습득이 가능하다고 생각하였다. Skinner의 제자인 Terrace 교수는 이를 입증하기 위해 '프로젝트 님(Project Nim)'을 수행하였다(Terrace, Petitto, Sanders, & Bever, 1979). 그는 갓 태어난 침팬지에게 님 침스키(Nim Chimpsky)라는 이름을 지어 주고 일반 아이처럼 길러 침팬지가 언어 능력을 학습할 수 있는지를 확인하였다. 그 결과 님은 간단한 수화를 배우는 등 인간의 언어를 배우는 것처럼 보였으나 실제로는 조련사의 행동을 따라한 것임이 밝혀졌다.

한국의 한 동물원에서 사육되고 있는 '코식'이란 이름의 아시안 코끼리에 대한 연구가 발표되었다(Stoeger et al., 2012). 코식이는 사육사가 하는 몇 개의 단어를 흉내 낼 수 있는데, 코식이의 발화는 한국인들이 이해하는 데 지장이 없을 정도다. 음성 스펙트럼 분석 결과도 코식이의 발화가 아시안 코끼리가 아닌 사육사와 유사하다는 것을 보여 주었다.

앞의 두 연구 결과를 바탕으로 동물이 인간의 언어 능력을 학습할 수 있는지의 여부에 대해 단정적인 결론을 내리기는 쉽지 않다. 다만, 이러한 사례 연구들은 동물의 언어 학습 능력에 대한 심층적인 연구 및 분석이 이루어지는 밑받침이 될 수 있을 것이다.

에 그려낸다. 사진적 기억을 가지고 있는 것으로 알려진 그는 이런 방식으로 런던, 뉴욕, 도쿄, 홍콩 등의 도시 풍경을 그렸다([그림 2-3]).

　Wiltshire는 굉장히 드문 형태의 기억을 가지고 있는데, 이러한 사례를 발견하기란 쉽지 않아 사례 연구 적용에 적절한 예라고 할 수 있다. 사례 연구(case study)는 개인 혹은 소수의 대상에 대해 집중적으로 기술하고 분석하는 방법으로, 대상 혹은 대상의 행동이 새롭거나 복잡하거나 드문 경우에 적절하다(Sacks, 2002). 사례 연구가 관찰 혹은 기술 연구로만 이루어지는 것은 아니며, 질문지나 면접법을 사용하거나 실험 연구도 가능하다.

　사례 연구는 특히 임상적 분석을 위해 많이 시행된다. 대표적으로 S. Freud는 정신분석 이론의 구축에 자신의 내담자들에 대한 사례 분석을 다수 사용하였다. 현대 신경심리학 분야에서도 뇌의 특정 부위에 손상을 입은 환자들의 기능 장애에 대한 연구가 활발하게 수행되고 있으며, 산업/조직 심리학자들도 사례 연구를 자주 사용한다. 생산성 및 효율성 증진, 스트레스 감소, 구성원 간 의사소통 증진 등의 과제를 맡았다면, 각각의 구성원들이 문제에 처하거나 집단 내에서 갈등이 생겼을 때 어떠한 방법으로 대처하는 지에 대하여 사례 연구를 수행할 수 있을 것이다.

　사례 연구는 새롭거나 드문 예를 분석하여 풍부한 정보를 제공하고 행동의 원인에 대한 통찰력을 제공해 줄 수 있다는 장점을 가지고 있다. 사례 연구를 통해 얻은 정보와 통찰력은 이후 더 정교하고 통제된 실험을 통해 발전될 수 있으며, 또한 사례 연구를 통해 얻은 발견은 기존 이론을 지지하거나 반대하는 증거로 사용될 수 있다. 하지만 연구의 대상이 개인 혹은 소수의 참가자이기 때문에, 결과의 대표성 혹은 일반화 가능성에 제한점을 가진다.

(3) 조사 연구

　특정 사례 혹은 개인에 대한 상세한 연구와는 반대로 조사 연구(survey research)는 집단이나 사회 구성원 전체의 행동 양식에 대해 관심이 있는 경우 사용할 수 있다. 연구자들은 행동, 태도, 신념, 의견, 의도 등을 측정하기 위해 질문지나 면접법을 사용하게 된다. 예를 들어, 신제품이나 새로운 정책에 대한 대중들의 선호도, 전통적 가치관에 대한 한국인의 관점, 정당에 대한 지지도 등에 관심이 있을 때 조사 연구법을 사용한다. 조사 연구 방법을 사용하기로 결정했다면 다음과 같은 사항을 고려해야 한다.

　먼저, 표본이다. 가령 여름 휴가지에 대한 선호도를 조사한다고 하자. 조사 대상이 가족이라면 구성원 전체에게 직접 질문을 하면 될 것이다. 하지만 조사 대상이 대한민국 국민이라면 국민 모두를 대상으로 조사하거나 설문을 받기는 현실적으로 불가능하다. 그래서 특정 아파트에 사는 사람들만을 대상으로 조사를 하였다면 그 결과는 대한민국 국민 모두의 의견을 대변한다고 말하기 어려울 것이다. 따라서 전체 국민을 대표할 수 있는 소규모의 참가자들을 대상으로 연구를 실시하게 되는데, 이때 국민, 즉 연구하려는 대상 전체를 모집단 혹은 전집(population), 선택된 참가자들을 표본(sample), 참가자인 표본을 모집단에서 추출하는 과정을 표집(sampling)이라고 한다.

표집 과정에서 중요한 점은 선택한 표본이 모집단을 대표할 수 있어야 한다는 것이다. 표본이 모집단을 대표하지 못한다면, 표본의 결과를 모집단으로 일반화하지 못하게 되어 연구의 의미가 퇴색될 수밖에 없다. 대표성을 충족하려면 모집단에 속한 각각의 구성원이 표본으로 선택될 확률이 동일해야 하며, 이렇게 선택된 표본을 무선 표본(random sample)이라 한다. 무선 표본은 연구 결과의 도출 및 해석에 결정적인 영향을 준다. 예를 들어, 선거를 앞두고 정당 관계자가 자당 후보의 지지율에 대한 조사 결과를 바탕으로 선거 전략을 수립한다고 하자. 만약 그가 선택한 표본이 무선 표본이 아니었다면 해당 표본이 대표성을 가질 수 없어 왜곡된 결과만 보여 주게 되고 결과적으로 잘못된 전략 수립으로 이어질 것이다.

표본의 대표성에 가장 큰 위협이 되는 것은 편파적 표본(biased sample)이다. 편파적 표본은 표본의 특징이 연구 대상이 되는 모집단의 특징과 체계적으로 다른 경우를 말한다. 가령 위에서 설명한 여름 휴가지에 관한 선호도의 예에서 표본의 절반 이상을 강원도 거주자로 선택했다면 그 표본은 대한민국 국민이라는 모집단의 특징을 대표할 수 없을 것이다. 선거 과정의 후보 지지도에 대한 조사에서도 마찬가지다. 만약 해당 지역의 남성 유권자와 여성 유권자의 비율이 30%와 70%인데도 불구하고 남녀 비율이 동일한 표본을 선택한다면, 이 경우 역시 모집단의 특징을 대표한다고 말하기 어려울 것이다. 여론조사에서도 통신 수단의 변화에 따라 집 전화와 휴대전화의 비율을 정하는 것 역시 대표성 충족을 위해 매우 중요한 부분일 것이다.

두 번째로 표본의 대표성에 위협이 되는 사항은 반응 편중(response bias)이다. 이는 조사 설문에 대한 응답률이 낮을 때 발생할 수 있다. 반응 편중이 발생하는 이유는 여러 가지가 있다. 신체적인 제한으로 설문에 응하기 어려울 수 있고, 조사 대상자의 개인적 성향 혹은 조사 시점의 시간 여유도 설문 응답률을 낮추는 이유가 된다. 온라인으로 조사 연구가 진행될 때, 온라인 접근성도 응답률에 영향을 줄 수 있다. 반응 편중은 편파적 표본을 생성할 가능성이 있으며 이는 연구 결과의 해석에 상당한 문제점을 낳기도 한다.

1987년, Shere Hite가 발표한 'Hite 보고서(Hite Report)'는 표본 선택 및 반응 편중과 관련하여 중요한 시사점을 보여 준다. 성(性) 연구자인 Hite는 1980년대 중반 10만 명의 미국 여성에게 남성과의 관계에 대한 설문지를 발송하였다. 그가 수집한 자료를 토대로 『타임』

지 등에 발표한 결과는 당시 대중들을 놀라게 했는데, 결과의 일부를 발췌해 보면, 결혼한 지 5년 이상 된 여성의 70%가 외도를 했고, 결혼한 여성의 87%가 남편이 아닌 다른 사람과 정서적으로 가장 가깝다고 느끼며, 여성의 98%가 현재 애인 혹은 배우자와의 관계에 만족하지 못했다.

Hite 보고서의 경우, 제작 과정에서 표본 선택 및 반응 편중과 관련하여 심각한 오류가 있었다. 첫 번째는 표본 선택의 오류로, Hite는 조사 대상자를 여성 잡지 구독자 명단에서 선정했다. 연구의 모집단은 미국 여성 전체였으나 표본은 여성 잡지 구독자 중에 선택했기 때문에 Hite의 표본은 대표성을 가진다고 보기 어렵다. 두 번째는 반응 편중으로 조사에 대한 응답률이 단지 4.5%에 그쳤다는 점이다. 비슷한 시기에 수행된 유사 보고서의 결과는 Hite 보고서와는 상반된 것으로 나타났다.

(4) 신뢰도와 타당도

누군가가 머리(뇌)의 크기로 지능을 측정할 수 있다고 말한다면 아마도 코웃음을 칠 것이다. 하지만 불과 200여 년 전만 해도 골상학자(phrenologist)들에게 머리(뇌)의 크기는 상당히 중요한 지능의 측정치였다. 그들은 뇌의 각 부분마다 담당하고 있는 기능들이 있으며 중요 기능을 담당하고 있는 영역의 크기는 다른 영역에 비해 더 크다고 믿었다([그림

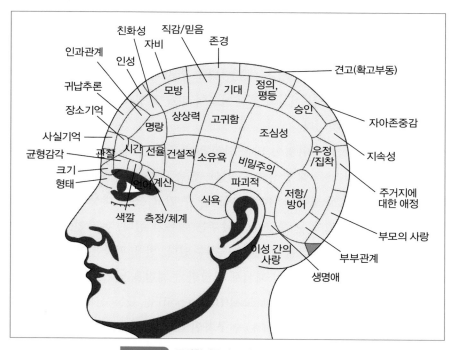

그림 2-4　골상학자들이 주장하는 뇌의 기능 지도

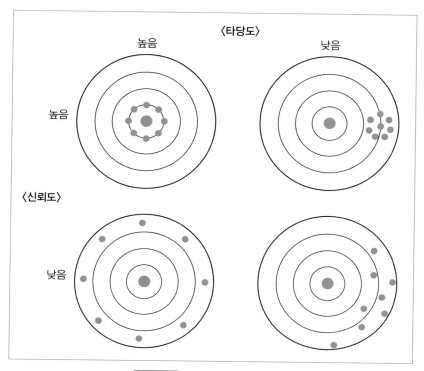

그림 2-5 신뢰도와 타당도의 개념

2-4]). 따라서 머리(뇌)의 크기가 기능 발달에 상당히 중요하다고 주장했으며, 사람들도 그 것이 사실이라고 믿었다. 만약 이것이 사실이라면 모자와 같은 머리 크기 측정 도구만 가 지고도 어렵지 않게 지능을 측정할 수 있을 것이다(물론 이후 골상학자의 주장은 근거가 없는 것으로 밝혀졌으니, 굳이 지금 머리 크기를 측정해 볼 필요는 없다).

앞의 예에서 측정하고자 했던 것은 지능이고 측정 도구로 사용된 것이 머리 크기다. 여 기서 두 가지 조건을 살펴볼 필요가 있다. 첫 번째 조건은 머리 크기가 지능을 측정하고 있 는가 하는 점이다. 즉, 측정 도구가 실제로 측정하고자 하는 것을 측정하고 있는지의 여부 로 이를 타당도(validity)라고 한다. 두 번째 조건은 머리 크기라는 측정치가 항상 일정한지, 즉 측정 도구를 통해 측정한 값이 항상 일정한지의 여부로 이를 신뢰도(reliability)라고 한 다([그림 2-5]).

① 타당도

타당도는 측정 도구가 측정하고자 하는 변인의 내용이나 특징을 정확하게 측정하고 있 는 정도(정확도, accuracy)를 말한다. 만약 운전면허 시험에 조선시대의 왕의 업적에 대한 문제가 출제된다면 그 문제는 운전에 필요한 능력을 측정한다고 말하기 어렵고 따라서 타당도가 낮을 것이다(앞에서 언급한 예에서 지능 측정에 대한 머리 크기의 측정치도 타당도가 낮을 것이다).

② 신뢰도

신뢰도는 측정치의 일관성(정밀도, precision)을 말한다. 만약 운전면허 시험에 대해 충분히 공부했고 우수한 성적을 거뒀다면 유사한 시험을 다시 치른다고 해도 점수의 편차가 크지 않고 일정하게 나타날 것이다. 하지만 우연찮게 좋은 성적을 얻었다면 유사한 시험을 다시 보았을 때 이전과 비슷한 점수가 나올 확률이 상당히 낮다(앞에서 언급한 예에서 성인의 머리 크기가 변하지 않는다고 할 때 측정치의 신뢰도는 높게 나타날 것이다).

조사 연구에서 측정 도구를 제작할 때는 반드시 타당도와 신뢰도를 고려하여야 한다. 타당도와 신뢰도 모두 높을수록 우수한 측정 도구라고 할 수 있을 것이다.

조사 연구에서 타당도와 신뢰도뿐만 아니라 문항을 어떻게 작성하는지 또한 상당히 중요하다. 쉽게 말하자면 어떻게 물어보는지에 따라서 사람들의 반응이 달라질 수 있기 때문이다. 또한 질문에 모호한 부분이 포함되어 있지 않고 물어보는 것이 명확해야 한다. 예를 들어, 2011년 서울시의 무상 급식 시행 여부와 관련해 다수의 기관에서 여론조사를 실시하였다. 한 방송사의 관련 문항을 보면, '저소득층부터 순차적으로 시행해야 한다.'와 '모든 학생들에게 전면 실시해야 한다.'는 두 가지 문항만을 선택지로 주고 여론조사가 시행되었다. 이 경우 저소득층에게만 무상급식을 실시해야 한다고 생각하는 사람들과 소득에 관계없이 순차적으로 시행해야 한다고 생각하는 사람들이 선택할 수 있는 응답은 제한된다. 결과적으로 질문 자체가 결과를 왜곡하는 경우가 발생하게 되는 것이다.

여러 가지 고려 사항들이 있음에도 불구하고 조사 연구는 무엇보다도 시행하기가 쉽다는 큰 장점이 있다. 질문지와 응답 도구(종이와 연필 혹은 인터넷), 참가하려는 응답자만 있으면 짧은 시간 안에 엄청난 양의 자료를 수집할 수 있다. 조사 방법이 점차적으로 온라인으로 옮겨 가게 되면서 즉각적으로 응답률을 확인할 수 있을 뿐만 아니라 분석을 위한 자료 처리도 훨씬 용이해졌다. 반면, 단점으로는 반응 갖춤새(response sets)를 들 수 있다. 참가자가 질문에 대해 생각해 본 적이 없거나, 의도적으로 자신의 태도나 사고 등을 왜곡하거나 숨기려고 할 수 있다. 이럴 때 해당 문항에 대해 왜곡하여 대답하는 성향을 반응 갖춤새라고 한다.

2) 상관 연구: 변인들 간의 관계

기술 연구를 통해 인간의 행동과 심적 과정을 설명하는 방대한 양의 자료를 수집할 수 있다. 심리학자들은 이러한 자료를 바탕으로 인간의 행동을 예측하고자 하며 이를 위해 좀 더 체계적인 연구 방법을 사용하게 된다. 그중 먼저 상관 연구(correlational research design)에 대해 알아보기로 하자. 상관 연구는 두 개 이상의 (자연 발생적) 변인 간의 관계를 평가하는 데 사용한다(자연 발생적 변인은 지능, 키, 몸무게, 성적, 태도, 선호도, 성격 등을 말한다). 먼저 조사 연구나 다른 측정법을 통해 변인들에 대한 측정치를 구하고 변인들 간의 관계를 확인한 후, 예측이 이루어진다. 예를 들어, 대학교 1학년 학생의 일주일 평균 음주량과 학점 간의 관계에 대한 상관 연구를 진행한다고 하자. 연구자는 개개인의 평균 음주량과 학점을 조사한 후 둘 간의 관계를 파악한다. 관계를 확인하고 나면, 1학년 학생의 평균 음주량으로 학점을 예측할 수 있게 된다(결과는 모두 예상 가능할 것이다).

(1) 산포도 및 상관계수

상관 연구에서 변인들 간의 관계는 어떻게 구하는 것일까? 먼저 각 변인들의 측정치를 구하고 개개의 측정치를 도표에 표시하게 되는데, 이를 산포도(scatter plot)라고 한다. [그림 2-6]에서 개개의 측정치를 산포도에 표시한 도표의 예를 볼 수 있다. 산포도에 개개 참가자의 측정치를 표시하고 나면, 두 변인들 간의 관계를 확인할 수 있게 된다. 왼쪽 도표의 경우 음주량이 늘어남에 따라 전반적으로 성적이 낮아지는 것을 볼 수 있고, 오른쪽 도표에서는 출석 횟수가 늘어남에 따라 전반적으로 성적이 높아지는 것을 볼 수 있다. 이처럼 상관은 두 변인 간의 연관 관계를 보여 준다.

상관 연구에서 변인 간의 관계는 상관계수(correlation coefficient)로 나타내고 기호로는 r로 표현한다. 상관계수의 부호는 관계의 방향성을 표시하는데, 부호가 +일 경우 정적 상관, 즉 한 변인의 측정치가 증가함에 따라 다른 변인의 측정치도 증가한다는 의미이고, 부호가 −일 경우 부적 상관, 즉 한 변인의 측정치가 감소함에 따라 다른 변인의 측정치가 증가한다는 의미이다. 상관계수의 범위는 −1.0에서 +1.0이며, 수치의 절댓값은 상관관계의 강도를 나타낸다. 절댓값이 1.0이면 두 변인이 서로 완벽한 상관관계이며, 0이면 두 변인이 서로 전혀 상관이 없다는 것을 의미한다. 즉, 상관계수가 1.0에 가까워질수록 두 변인 간 상관의 강도가 높아지고 0에 가까워질수록 강도는 낮아진다. 그러므로 [그림 2-6]의 왼쪽 그래프의 상관계수 r = −.74는 비교적 높은 부적 상관이라고 말할 수 있다.

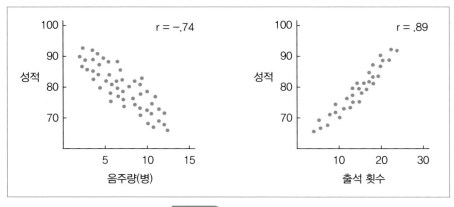

그림 2-6 상관관계의 예

(2) 착각 상관

오늘 신입사원 면접이 있다고 가정해 보자. 어떤 사람이 면접장으로 가던 중 누군가와 부딪혀 가지고 있던 책을 떨어뜨렸고 책을 떨어뜨린 사람은 이내 면접에서 실패한다는 사람들의 말이 떠올라 불안감에 사로잡혔다. 만약 여러분이 당사자라면 어떻게 생각할 것인가? 비슷한 예로 국가대표 축구팀의 경기는 자신이 보면 꼭 진다는 생각에 항상 멀리하는 사람이 있다. 또한 시험 당일 미역국을 먹지 않고, 붉은색으로 이름을 쓰지 않으며, 숫자 4는 한자 死와 발음이 같다며 기피할 수 있다. 과연 책을 떨어뜨린 것과 면접 실패에는 어떤 관련이 있는 걸까?

이 문제를 과학적으로 접근해 보자. 면접의 예에서 보면, 사람들은 책을 떨어뜨린 행위와 면접 실패라는 두 변인 사이에 높은 상관관계가 있다고 믿는다. 그렇다면 면접을 보는 사람들을 생각해 보자. 최근 통계 자료에 의하면 대학 졸업생(전문대학 및 대학원 포함)은 80만 명 정도로 추산되며 그들의 취업률은 60%를 넘지 못한다. 그렇다면 졸업생 중 48만 명 정도가 취업을 한다는 것이다. 나머지 32만 명 중 면접에서 실패한 사람을 3분의 1 정도라고 가정해 보면 10만 명 정도가 면접에서 실패한 것이다. 이 중 책을 떨어뜨린 사람과 그렇지 않은 사람의 비율은 어떻게 될까? 다시 말해 면접에서 실패한 사람 중 책을 떨어뜨린 사람의 비율은 극히 낮을 것이며, 면접 실패와 책을 떨어뜨린 행위 역시 별 관계가 없을 것이라고 예측할 수 있다. 이처럼 실제로 두 변인 간의 관계가 존재하지 않음에도 불구하고 그렇다고 믿는 것을 착각 상관(illusory correlation)이라고 한다.

쉽게 오류를 증명할 수 있음에도 불구하고 많은 사람들은 아직도 혹시나 하는 마음을 갖게 되는데, 혹시나 하는 그 부분은 우연적으로 일어날 정도의 확률에 불과하다. 하지만 주변에서 두 변인 간의 관계를 지지하는 경험담 혹은 목격담을 들으며 자신의 믿음을 증가시키게 되고 두 변인 간의 상관관계에 대한 확신이 점차 높아진다. 운동선수들이 흔히 가지고 있는 징크스(jinx: 승리를 위해 속옷을 갈아입지 않는다거나 경기 중 행하는 특정 행위)나 미신(superstition: 중요한 일의 시작 전 고사를 지낸다거나 부적을 지니고 다니는 행위) 등은 착각 상관에서 비롯된 행동의 대표적인 예라고 할 수 있다.

(3) 상관관계와 인과관계

상관 연구는 두 변인이 어떠한 관계를 가지고 있는지를 알려 주고 이를 바탕으로 관계에 대한 예측을 할 수 있게 도와준다. 하지만 두 변인 간의 인과 관계에 대해서는 설명할 수 없다. 즉, 두 변인이 서로 연관되어 있을 뿐, 원인과 결과의 관계는 아니다. 용어 자체를 읽을 때에는 둘 간의 차이가 명확해 보이지만, 실제로 연구 결과를 해석할 때 혼동하여 실수하는 경우가 많다. 양육 방식과 아이의 발달 간의 관계를 통해 확인해 보자.

부모의 양육 방식과 아이들의 공격성, 우울증 등 아이들의 발달 과정 간의 상관관계에 대한 연구가 많이 이루어지고 있다(곽혜경, 2008; Baumrind, 1971). 이런 연구 결과를 접했을 때, '완벽주의 성향의 양육 방식은 아이들의 우울증을 유발한다.'라든가, '부모의 엄격한 양육 방식은 아이들의 공격성 증가를 야기한다.'라는 식으로 해석하는 경우를 자주 볼 수 있다. 위의 해석을 다시 살펴보면, '우울증 발생의 원인이 부모의 완벽주의 성향 때문이고 공격성 증가의 원인은 부모의 엄격한 양육 방식 때문이다.'라고 주장하게 되는 것이다.

그러나 상관 연구의 결과에 인과관계를 적용하여 해석하는 것은 상당한 오류의 가능성이 있다. 부모의 엄격한 양육 방식이 아이들의 공격성 증가를 유발한 것이 아니라, 다른 원인(폭력물 노출, 학교 폭력 등)에 의해 아이들의 공격성이 증가되었고 그로 인해 부모가 점차 아이들을 엄격하게 양육했을 수도 있다. 연구자는 이러한 가능성을 간과해서는 안 된다. 상관 연구에서는 두 변인에 영향을 줄 수 있는 다른 가능성들을 제어하지 않은 상태에서 연구를 진행하기 때문에 한 변인이 다른 변인에 대한 원인으로 작용했다는 해석은 상당히 위험하다. 전술한 예의 경우에도, 우울증 유발이나 공격성 증가를 야기할 수 있는 다른 많은 가능성(사회적 경험, 폭력물 노출 정도 등)의 영향은 알 수 없다.

(4) 제3의 변인 문제

상관 연구의 결과를 해석할 때 주의해야 할 점 중의 하나는 제3의 변인 문제(third variable problem)이다. 이에 대한 고전적인 예를 통해 생각해 보자. 전국 선풍기 판매량과 강력 범죄율을 조사해 보니 두 변인의 변화 형태가 유사했다. 가령, 두 변인 모두 연초부터 점점 증가하다 7~8월에 정점에 오르고 연말로 가며 다시 감소하는 형태를 보였다고 하자. 그렇다면 선풍기 판매량과 강력 범죄 증가율은 관련이 있는 것일까? 이 질문을 받는다면, 쉽게 두 변인 간의 관계가 없으며 온도라는 다른 변인이 선풍기 판매량 및 강력 범죄율 증가와 관련이 있다고 쉽게 유추할 수 있을 것이다. 이처럼 측정치가 유사한 형태를 보이는 두 변인이 실제로는 직접적인 관계가 없으며 별개의 변인에 의해 영향을 받은 경우를 제3의 변인 문제라고 한다.

제3의 변인 문제와 관련된 예는 우리 주변에서도 쉽게 찾아볼 수 있다. 예를 들면, 동네에 지하철역이 생기더니 범죄율이 높아졌다는 신문 기사를 읽고 나서 지하철역은 범죄를 유발한다고 말할 수 있는가? 아마도 지하철역이 생기면서 인구가 많아지고, 인구가 많아지게 되면 범죄율이 높아지는 경향이 있으므로 이 경우 인구가 제3의 변인일 것이다. 비슷한 예로 지구의 평균 온도와 전 세계 인구의 비만율은 지속적으로 증가하고 있다는 기사를 읽었다고 하자. 마찬가지로 자동차의 증가로 인한 배기가스가 지구 평균 온도 증가에 일정 부분 영향을 주었을 가능성이 있고, 역시 자동차의 증가로 인해 사람들의 운동량이 이전에 비해 줄어들었을 수 있다. 따라서 이 경우에는 자동차의 증가가 제3의 변인이 된다.

3) 실험 연구: 인과 관계의 확인

상관 연구를 통해서 관계를 기술하고 행동을 예측할 수 있지만, 그 원인을 밝히기에는 부족하다는 것을 확인하였다. 행동의 원인을 이해하고 인과 관계를 설명하기 위해서 연구자들이 사용하는 방법이 바로 실험 연구(experimental designs)다.

(1) 실험 연구의 기본 논리

실험 연구의 기본 논리를 보면 다음과 같다. 연구자들은 원인과 결과가 될 것이라고 가정한 두 개의 변인을 설정한다. 이 중 다른 하나의 변인에 영향을 주는 원인이 될 것이라고 가정한 변인을 독립 변인(independent variable)이라고 하고, 독립 변인에 의해 영향을 받을 변인을 종속 변인(dependent variable)이라고 한다. 실험 연구의 목적은 독립 변인이 종속 변인에 영향을 주는지, 영향을 준다면 그 영향이 어떻게 나타나는지를 밝히는 것이다.

먼저 몇 가지 용어를 살펴보자. 앞에서 설명한 독립 변인과 종속 변인, 그리고 실험적 조작, 혼입, 무선 할당 등에 대한 이해가 필요하다. 다음의 예를 통해 이 용어들에 대해 알아보자. 가령 여러분이 새로운 두통 치료약을 개발하여 그 효과를 검증하고 싶다고 하자. 먼저 실험 참가자를 나누어 한 집단은 신약을 투여하고 다른 집단은 투여하지 않은 상태에서 두 집단 간의 차이를 비교해야 할 것이다. 두통약의 복용 여부를 실험적으로 조작

(manipulation)하므로 독립 변인은 두통약의 복용 여부가 된다. 여기서, 실험적으로 조작을 가한 집단(두통약 투여 집단)을 실험 집단(experimental group), 실험적 조작을 가하지 않은 집단(두통약 미투여 집단)을 통제 집단(control group)이라 한다. 참고로 통제 집단은 실험 집단과의 비교에 필요한 기저선(baseline)에 대한 자료를 제공해 주는 역할을 한다. 이후 복용한 두통약이 효과가 있는지를 확인하기 위해 약 복용 후 통증 지속 여부나 통증 강도를 측정해야 한다. 즉, 독립 변인에 의해 영향을 받는 통증 지속 여부나 강도를 실험자가 측정하게 되며 이를 종속 변인이라 한다. 이렇게 독립 변인을 실험적으로 조작하여 종속 변인에 미치는 영향을 확인하는 절차가 실험 연구인 것이다.

한편, 실험을 진행하는 과정에서 주의해야 할 부분들이 있다. 혼입(confound)과 무선 할당(random assignment)이다. 두통약 효과 검증 예로 다시 돌아가 보자. 인과관계를 명확히 밝히기 위해 종속 변인(두통의 지속 여부나 강도)에 독립 변인(두통약의 투여 여부) 이외의 다른 변인은 영향을 미치지 않아야 한다. 만약 다른 변인들이 종속 변인에 영향을 줄 수 있다면, 종속 변인의 변화가 온전히 독립 변인에 의해서 나타난 것이라고 해석하기 어려울 것이다. 두통약의 예에서, 참가자의 투약 경력이나 병력 등은 두통의 지속 여부나 강도(종속 변인)에 영향을 줄 가능성이 있기 때문에 이들의 영향을 통제해야 한다. 그렇지 않을 경우, 즉 종속 변인의 차이가 독립 변인만이 아닌 다른 변인들에 의해서 나타나는 경우를 혼입이라고 한다. 실험 연구에서 독립 변인과 종속 변인 간의 인과 관계를 명확히 기술하려면 혼입의 가능성을 줄여야 하며, 이를 위해 독립 변인을 제외한 모든 다른 변인의 영향을 통제하기 위해 해당 변인의 영향을 실험적으로 제거하거나 일정한 수준으로 유지해야 한다.

다음으로 고려해야 할 점은 무선 할당이다. 두통약의 예로 다시 돌아가 보자. 실험자는 참가자를 실험 집단과 통제 집단에 각각 할당해야 할 것이다. 만약 모든 남성을 실험 집단으로, 모든 여성을 통제 집단으로 할당한다면 어떻게 될까? 혹은 체중이 80kg 이상인 사람은 실험 집단으로, 80kg 미만인 사람은 통제 집단으로 할당한다면? 이런 경우, 종속 변인의 차이가 독립 변인에 의해서가 아니라 성별이나 신체 조건에 의한 것이라는 설명을 배제하기 어렵다. 이러한 가능성을 배제하려면 각 참가자들이 실험 집단 혹은 통제 집단으로 할당될 확률이 다른 조건(성별, 신체 조건 등)에 상관없이 동일해야 할 것이다. 참가자가 실험 집단이나 통제 집단에 할당될 확률이 동일하게 만드는 절차가 바로 무선 할당이다.

(2) 실험 연구 시 주의할 점

실험 연구는 인과 관계에 대해 말해 줄 수 있다는 점에서 다른 연구 방법에 비해 큰 장점을 가진다. 그러나 혼입의 가능성을 줄이기 위해 다른 조건들을 엄격하게 통제해야 하기 때문에 대부분의 실험 연구는 통제된 실험실에서 진행된다. 통제된 실험실 환경은 실험자의 연구를 용이하게 해 줄 수 있다는 장점이 있지만, 참가자를 인위적인 환경에 놓이게 함으로써 평소와는 다르게 행동할 가능성이 있다는 점을 완전히 배제할 수 없다. 예를 들어, 어린아이들을 대상으로 실험을 하는 경우 아이들이 통제된 실험실 환경에서 평소와는 전혀 다른 행동을 보일 수가 있는데, 실험 연구에서는 이런 부분을 염두에 두어야 한다.

그 밖에 실험 연구를 진행할 때 주의해야 할 점에는 기대 효과가 있다. 대부분의 실험 연구에서 참가자는 실험에 참여하고 있다는 것을 알고 있는데, 실험에 참여하고 있다는 것을 알고 있는 것이 결과에 영향을 줄 수 있다. 연구자는 이 점을 간과해서는 안 된다. 참가자가 실험의 목적을 알고 있다면 결과에 대한 기대를 형성할 수 있고 그 기대는 참가자의 행동에 영향을 줄 가능성이 있다. 이를 참가자 기대 효과(participants' expectancy effects)라고 한다. 한편으로 실험자의 측면에서 보면, 실험자 혹은 실험 진행 보조자가 실험 목적이나 예상 결과에 대해 알고 있기 때문에 자신도 모르는 방식으로 실험적 조작 과정이나 실험 진행 과정에서 영향을 줄 가능성도 있다. 이를 실험자 기대 효과(experimenters' expectancy effects)라고 한다.

① 참가자 기대 효과

다시 두통약의 예로 돌아가 보자. 실험자는 참가자를 실험 집단과 통제 집단에 무선적으로 할당하고 실험 집단에는 두통약을 투여하였다. 이후 측정한 종속 변인을 분석해 보니 두통약을 투여한 실험 집단에서 통증의 지속 여부나 강도가 현저하게 개선되었다. 이 결과를 바탕으로 새롭게 개발된 두통약은 효과가 검증되었다고 주장할 수 있을까? 일반적으로 약을 복용하는 이유는 증상 완화라는 기대 때문이다. 그렇다면 통증이 완화될 것이라는 기대가 증상 완화에 영향을 주진 않았을까? 만약 그러한 기대가 두통을 완화시킬 가능성이 있다면, 실험 결과가 온전히 두통약의 효과를 증명한다고 말하기 어려울 것이다. 이처럼 실험적 처치를 받은 집단에서 처치에 대한 기대로 인해 종속 변인의 변화가 나타나는 경우를 위약 효과(placebo effect)라고 하며, 참가자 기대 효과의 대표적인 예다.

참가자 기대 효과의 다른 예를 살펴보기 전에, 먼저 위약 효과를 통제할 수 있는 방법을 생각해 보자. 위약 효과의 발생 이유가 투약에 대한 기대 때문이라면, 기대 효과는 동일하게 유지하되 실험적 처치의 효과가 없는 집단을 포함하는 방식이 사용될 수 있다. 즉, 하나의 집단을 추가하여 실험 집단과 동일하게 투약을 하되 의학적 효과가 없는 위약(설탕물로 만든 가짜약)을 주고 실험 집단에서의 결과와 비교하는 것이다. 물론 참가자는 자신에게 주어지는 약이 실제 두통약인지 아니면 위약인지는 알지 못한다. 즉, 실험 집단과 위약 투여 집단 모두 실험적 처치를 받는다고 알고 있기 때문에 참가자들은 동일한 기대를 형성하게 될 것이다. 종속 변인의 변화가 기대 효과로 인한 것이라면 실험 집단과 위약 투여 집단의 측정치가 유사해야 한다. 하지만 두통약이 실제로 효과가 있다면 위약 투여 집단에 비해 실험 집단에서 통증의 완화 정도가 훨씬 우수하게 나타날 것이다.

요약해 보면, 실험 참가자가 실험 목적에 대해 알고 있거나 자신에게 주어지는 실험적 조작/처치에 대해 알고 있는 경우 기대 효과로 인해 측정치가 왜곡될 수 있기 때문에 실험자는 기대 효과를 통제하기 위해서 참가자가 실험 목적이나 실험적 조작에 대해 알지 못하도록 조치해야 한다.

② 요구 특질

실험 참가자는 실험 목적이나 가설을 추정하여 그에 부합하는 방식으로 행동하려는 경향을 보일 수 있다. 자신의 행동에 대한 평가를 예상하고 실험 목적이나 가설에 부합하는 방식으로 행동하여, 이득을 취하거나 불이익을 방지할 수 있다고 생각하기 때문이다. 예를 들어, 사장님이 공장에 시찰을 나온다는 소식을 접했다. 공장의 근로자들은 사장님께 좋은 평가를 받기 위해 아마도 평소에 비해 훨씬 더 열심히 하는 모습을 보이려고 할 것이다. 이처럼 관찰의 대상이 된다는 것을 알고 있다는 것만으로도 우리의 행동이 달라질 수 있으며, 이는 연구의 결과에 영향을 미치게 된다.

1920~1930년대에 하버드 대학의 산업/조직심리학자들이 수행한 Western Electric Hawthorne 공장 근로자들의 생산성 연구는 요구 특질(demand characteristics)을 잘 보여주는 사례이다(Mayo, 1933; Roethlisberger & Dickson, 1939). 그들의 연구 주제 중 하나는 조명이 생산성에 주는 영향이었고, 조명 조건을 다양하게 변화시켜 생산성을 측정 및 비교하는 방법으로 연구를 수행하였다. 그런데 조명 조건과는 상관없이 생산성이 점차 향상되었으며, 심지어 조명이 어두워져도 생산성이 향상되는 모습을 보였다. 독자들이 예상하듯이, 근로자들은 연구자가 자신을 관찰하고 있다는 것을 알고 있었고 의도적으로 높은 생산성을 보여 주고 싶었던 것이다. 즉, 참가자는 자신이 연구 대상이 되고 있다는 것을 알 때 다른 방식으로 행동할 가능성이 있다는 것이다. 이 현상은 연구가 이루어

그림 2-7 공장 노동자들의 생산성 향상 연구

진 장소의 이름을 본떠서 호손 효과(Hawthorne effect)로 불린다([그림 2-7]).

③ 실험자 기대 효과

클레버 한스의 주인인 Osten은 한스가 뛰어난 지능을 가지고 있다고 기대했고, 한스가 그 기대에 따라 행동하도록 자신도 모르게 유도했었다. 이는 비단 한스의 주인에만 국한된 것은 아닐 것이다. Robert Rosenthal(1966)은 쥐의 미로 통과 실험을 통해 실험자의 기대가 결과를 왜곡할 가능성이 있다는 것을 보여 주었다. Rosenthal은 실험용 쥐를 무선 할당으로 두 집단으로 나누고, 각 집단의 쥐를 다른 연구 조교들에게 맡겨 관리하고 훈련시켰다. 이 과정에서 첫 번째 집단의 조교에게 자신이 담당하는 쥐들이 미로에 탁월한 능력을 지녔다고 알리고, 두 번째 집단의 조교에게는 자신이 담당하는 쥐들이 미로에는 전혀 소질이 없다고 알렸다. 실제로는 무선적으로 할당했기 때문에 집단 간 차이는 없었을 것이다. 이후, 실험 결과를 보면 첫 번째 집단(미로 수행에 탁월한 능력을 지녔다고 알린 집단)의 수행이 두 번째 집단에 비해 훨씬 더 좋게 나타났다. Rosenthal은 이 결과를 두고 쥐의 능력 차이가 아닌 연구 조교들의 기대로 인한 차이라고 해석했다. 즉, 조교들은 쥐의 능력에 대해 상이한 기대를 가지고 있었고 그로 인해 의도하지는 않았으나 미묘하게 다른 훈련 방법을 적용했을 가능성이 높으며 이것이 높은 수행으로 이어졌다는 것이다.

실험자 기대 효과는 다양한 장면에서 나타날 수 있다. 예를 들어, 새로 개발된 우울증 치료약의 효과를 검증하는 경우 실험자가 치료약이 투여된 집단과 위약이 투여된 집단을 알고 있다면 의도와는 다르게 평가에 왜곡이 나타날 수 있다. 따라서 실험이 모두 끝날 때까지 실험자도 참가자도 어떤 약이 누구에게 투여되었는지를 알지 못하게 해야 한다. 이처럼 실험자와 참가자의 기대 효과로 인한 결과의 왜곡 가능성을 낮추기 위해 심리학자들이 적용하는 방법은 은폐기법(blind-technique)이다. 즉, 실험과 관련된 부분 중 잠재적으로 왜곡된 결과를 유발할 우려가 있는 정보를 노출시키지 않는다. 은폐 절차를 참가자에게만 적용할 경우 '단일 은폐기법(single-blind technique)', 실험자와 참가자 모두에게 적용하는 경우 '이중 은폐기법(double-blind technique)'이라고 하며, 참가자와 실험자 및 연구비 제공자(funder)까지 적용할 경우를 '삼중 은폐기법(triple-blind technique)'이라 한다.

4.
연구 결과의 도출 및 일반화: 통계 기법의 적용

이 장의 도입부에서 언급했던 바와 같이 심리학에서는 행동과 심적 과정을 과학적인 방법론을 도입하여 설명하고 있으며, 양적 방법론 역시 행동과 심적 과정을 객관적으로 연구하기 위해 심리학자들이 사용하는 방법 중 하나이다. 양적 방법론은 행동이나 심적 과정을 수량화하여 연구자나 관찰자의 영향을 최소화하는 방법으로 객관성을 확보하고자 하며, 나아가 연구에 사용된 변인들의 직접적인 비교도 가능하게 한다. 이 과정에서 적용하는 통계 기법들을 통해 연구 결과를 일반화하기가 비교적 용이하다(양적 방법론이 질적 방법론에 비해 우수하다고 말하는 것은 아님을 알려 둔다).

대부분의 연구는 모집단이 아닌 표본을 대상으로 연구를 진행하고 표본에 의한 결과를 모집단으로 일반화하고자 한다. 항상 모집단을 대상으로 연구를 진행한다면 연구자는 일반화라는 문제를 고민할 필요가 없겠지만, 여러 가지 제약을 고려해 볼 때 표본에 의한 연구는 필수적이다. 그러므로 표본을 통해 얻은 결과의 의미를 파악하고 그 결과를 모집단으로 일반화하기 위해, 결과에 대한 해석이 반드시 요구된다. 이를 위해 필요한 것이 통계 기법의 적용이다.

연구자는 지금까지 소개한 다양한 연구 방법들을 통하여 자료를 수집하는데, 수집된 자료 그 자체만으로 무엇을 말하는지 알기 어렵다. 따라서 1차적으로 수집한 자료를 체계화하고 요약하게 되는데, 이를 기술 통계(descriptive statistics)라고 하며, 기술 통계 분석을 통해 얻은 결과가 나타내는 의미를 해석하는 과정을 추론 통계(inferential statistics)라고 한다.

1) 기술 통계

기술 통계는 말 그대로 수집된 자료를 기술하는 것으로, 세 가지 주요 통계치를 산출한다. 그것은 집중 경향 측정치(measure of central tendency), 변산 측정치(measure of variability), 상관계수(correlation coefficient)다.

(1) 집중 경향 측정치

집중 경향 측정치는 수집한 자료의 중심이 어디인지를 나타내 주는 통계치로, 최빈치(mode), 평균(mean), 중앙치(median) 등을 들 수 있다. 최빈치는 가장 빈번하게 나타나는 값을 말하며, 평균은 모든 점수의 합을 전체 피험자 수 혹은 자료의 수로 나눈 것이다. 중앙치는 자료를 순서대로 나열했을 때 가장 가운데에 있는 값을 말하는데, 전체 자료의 개수가 홀수일 경우는 가운데에 있는 값이 중앙치가 되며 짝수인 경우는 가운데에 있는 두 값의 평균이 중앙치가 된다. 가상의 자료를 통해 세 가지 통계치를 구해 보자.

예 1 6, 8, 11, 11, 15, 19, 20, 22

먼저 최빈치는 두 차례 출현한 11이고, 평균은 14(112/8)이며, 중앙치는 자료의 개수가 짝수이므로 네 번째와 다섯 번째의 평균, 즉 13이다. 일반적으로 평균을 대표적인 집중 경향 측정치로 사용하는데, 수집한 자료가 한쪽으로 치우쳐 있는 경우에는 어떤 통계치를 사용할지를 신중히 고려해야 한다. 다음의 예를 보자.

예 2 6, 8, 11, 11, 15, 19, 20, 122

마지막 122를 제외하고는 〈예 1〉의 자료와 동일하다. 그리고 최빈치와 중앙치 역시 11과 13으로 동일하다. 하지만 평균은 26.5(212/8)로 〈예 1〉의 경우와 큰 차이를 보인다. 여기서 주의할 점은, 마지막 122라는 자료가 우리가 연구한 집단의 특성을 제대로 나타내고 있는 것인지 아니면 우연적으로 큰 숫자가 나타난 것인지에 대한 판단이다. 만약 우연적으로 나타난 수치라면 대표적으로 쓰이는 평균은 집단의 특성을 제대로 반영하지 못하게 되며 이런 경우에는 중앙치를 사용해야 한다.

(2) 변산 측정치

변산 측정치는 수집한 자료가 얼마나 폭넓게 분포되어 있는지를 보여 주는 통계치로, 범위(range)와 표준편차(standard deviation)가 대표적인 예다. 먼저, 범위는 가장 간단한 통계치로 자료의 최댓값과 최솟값의 차이를 말한다. 〈예 1〉과 〈예 2〉의 범위를 각각 구해 보면, 16과 116이 된다. 표준편차는 자료의 각 수치와 평균 간의 차이를 평균한 것으로, 자료의 각 수치가 평균으로부터 어느 정도 떨어져 있는지에 대한 정보를 제공한다. 따라서 자료의 변산이 커질수록 표준편차도 커지게 된다. 〈예 1〉의 표준편차는 5.9이지만, 〈예 2〉의 경우 변산이 커짐에 따라 표준편차도 38.9로 급격히 증가하게 된다.

(3) 상관계수

변인 간 관계의 방향과 강도를 나타내 주는 상관계수를 기억하고 있을 것이다. 간략히 요약하면, 상관계수는 −1에서 +1의 범위를 가지며 부호는 관계의 방향(정적 혹은 부적), 숫자는 관계의 강도를 나타내며 절댓값이 1에 가까워질수록 관계의 강도가 증가한다.

2) 추론 통계

우리는 매일 엄청난 양의 통계 자료를 접한다. 경제성장률, 실업률, 취업률, 대입 합격률, 이혼율 등등 숫자만으로는 그것이 무슨 의미인지 파악하기 어려운 경우가 많다. 많은 경우에 정확한 의미를 파악하기보다는 직관적으로 해석하여 이해하려고 하는데, 이런 경우 해석의 오류를 범할 가능성이 상당히 높을 것이다. 다음의 예를 한번 생각해 보자. 얼마 전 한국의 이혼율이 47% 정도로 OECD 국가 중 1위라는 기사가 난 적이 있다. 이 기사를 읽고 대부분의 사람들은 통계치를 단순하게 받아들여 결혼하는 2쌍 중 1쌍이 이혼을 한다고 생각할 것이다. 그러나 자세히 살펴보면 실제로 그렇지는 않다. 47%라는 수치는 해당 연도의 결혼 건수를 분모로 하고 이혼 건수를 분자로 하여 구한 수치인데, 이때 이혼 건수에 포함된 부부는 당해 연도에 결혼한 부부만이 아닌 지난 30여 년간 결혼 생활을 유지하다 그해에 이혼한 부부까지 포함한다. 이처럼 통계 자료를 이해하고 해석하는 것은 상당히 중요하다.

한편, 대부분의 연구는 모집단이 아닌 표본을 대상으로 진행한다. 따라서 표본을 통해 산출한 통계 자료를 바탕으로 그 의미를 해석하고 모집단으로 일반화하는 과정이 필수적이다. 추론 통계가 담당하는 영역이 바로 이 부분이다. 추론 통계 과정에선 산출한 수치가 통계적으로 의미가 있는지를 확인하기 위하여, 먼저 수집한 자료의 통계적 유의도(statistical significance)를 검증하게 된다. 다음으로 검증한 자료가 실제로 적용 가능한 것인지에 대해 고민해 보게 되는데, 이를 실용적 유의도(practical significance) 검증이라고 한다.

(1) 통계적 유의도

지방자치단체별로 하나의 중학교를 선정하여 영어 시험을 치른 뒤, 그 점수를 바탕으로 지방자치단체별 영어 성적의 차이가 있는지를 확인한다고 하자. 각 학교의 평균 점수가 다르다고 할 때, 점수의 차이가 실제 학교 간의 차이를 반영하는 것일까 아니면 우연에 의해 나타난 결과일까? 이러한 질문에 대한 답을 찾는 과정이 바로 통계적 유의도 검증 과정이다.

전술한 바와 같이 우리는 표본의 측정치를 사용하며 그 측정치가 모집단의 특징을 반영한다고 가정한다. 개념적으로 볼 때, 표본의 측정치가 신뢰롭고 두 집단 간의 평균의 차이가 크다면 연구자는 점수의 차이가 통계적으로 유의미하다고 결론 내릴 수 있다. 즉, 점수의 차이가 우연에 의한 것이 아닌 실제 실력의 차이를 반영한다는 것이다. 표본의 측정치가 일정하지 않다면, 즉 변산이 큰 경우에는 결론이 달라질 수도 있음을 고려해야 한다.

(2) 실용적 유의도

두통약의 예로 다시 한번 돌아가 보자. 실험을 통해 새로 개발한 두통약의 치료 효과가 기존의 약에 비해 통계적으로 유의미하게 우수한 것을 확인했다고 하자. 그런데 새로운 두통약을 시판하여 얻을 수 있는 이익이 연간 100만 원 정도인데 반해, 시판용으로 개발하기까지 드는 비용이 1억이라고 한다면, 여러분은 두통약 개발을 지속할 것인가? 100년 동안 판매를 지속해야 원금을 회수할 수 있다면 아무도 개발을 지속하지 않을 것이다. 즉, 새롭게 개발한 두통약은 통계적 유의도 검증은 통과했으나 실용적으로는 유의미하지 않은 것이다. 이처럼 실용적 유의도는 실생활에 적용하게 될 때 어떤 의미를 가지는지를 확인하는 과정이다. 연구를 위한 연구가 되는 것을 방지하기 위해 반드시 실용적 유의도에 대한 고민도 병행해야 할 것이다.

5.
심리학 연구에서 윤리적 문제

'11장 사회와 문화'에서 소개할 Stanley Milgram의 복종 실험에서는, 참가자의 상당수가 실험 참가 후 정신적인 고통을 호소했다. 그의 실험은 놀라운 결과를 가져왔지만 비윤리적이라는 이유로 많은 사람에게 비판받았다. 만약 어떤 연구가 참가자에게 신체적 혹은 정신적 고통을 줄 가능성이 있다면 그 연구를 수행하도록 허락해야 하는가? 타인의 고통을 기반으로 하는 연구 수행이 윤리적으로 가능한 것인가? 비단 심리학 분야에서뿐만이 아니라, 연구자가 연구를 수행하게 될 때 맞닥뜨릴 수 있는 윤리적인 문제점들에 대해 알아두어야 할 필요가 있을 것이다. 먼저 연구의 대상자가 인간인 경우와 동물인 경우를 각각 분리해서 살펴보자.

1) 인간 대상 연구

인간 대상 연구에서 무엇보다 중요한 것은 참가자의 자발적 참여 의지다. 다시 말해 자신의 의지에 반하여 연구에 참가해서는 안 된다는 것이다. 연구자는 연구 시작 전 참가자에게 연구에 대해 설명하고, 동의서에 참가자 본인의 서명을 반드시 받아야 한다. 만약 참가자가 미성년자일 경우 부모나 법정대리인의 서명이 필요하다. 또한 참가자의 개인정보 보호 의무를 반드시 지켜야 한다. 예를 들어, 대학생이 자신의 고민을 상담하고자 상담센터에서 전문가와 상담을 받았다. 이 학생은 자신의 사례를 학술 목적으로 사용하는 데 동의를 한 적이 없었으나 자신의 사례가 익명으로 학술지에 발표된 것을 확인하였다. 이 경우 비록 학술 목적이며 실명을 사용하지 않았다고 하더라도 본인의 동의를 받지 않았다는 점에서 문제의 소지가 있다. 연구자는 항상 참가자의 사생활 보호에 신경을 써야 하는 것이다.

주제에 따라서 참가자에게 불편을 주거나 때로는 약한 정도의 위해를 입히는 연구를 수행해야 할 때도 있다. 예를 들어, 인체에 해가 없는 수준의 전기 자극을 사용하거나 집단의 압력에 따른 행동의 변화를 관찰하기 위해 참가자를 집단의 압력에 노출시키는 연구가 수행될 수도 있다. 주의해야 할 점은 연구자는 참가자에게 주는 불편함이나 위해를 최소화할 수 있는 방식으로 연구를 수행해야 하고, 연구를 통해서 얻는 과학적 이득이 참가자에게 잠재적으로 줄 수 있는 불편함이나 위해보다 훨씬 더 커야 한다는 것이다.

심리학 연구에서 때로 실험 목적상 속임수(deception)를 써야 하는 경우가 있다. 예를 들어, 선택적 주의와 관련된 고릴라 실험에서 연구자는 참가자들에게 영상에 나오는 사람들의 패스 횟수를 보고하라고 하지만, 실제로 측정하고자 하는 것은 그 영상에 등장하는 고릴라의 지각 여부다. 이 실험은 아주 낮은 수준의 속임수를 사용하였지만, 주제에 따라서 그 수준이 달라질 수 있다. 그렇다면 속임수를 사용하는 것은 윤리적으로 허용될 수 있는가? 여기서도 속임수 사용을 피할 수 있는지의 여부가 중요하다. 만약 속임수를 사용하지 않는 방법으로도 연구를 진행할 수 있다면, 당연히 속임수의 사용이 제한되어야 한다. 하지만 속임수를 사용하지 않고 연구 진행이 불가능하다면 참가자에게 최대한 해를 끼치지 않는 범위에서 사용할 수 있을 것이다. 그리고 연구가 끝난 후 속임수를 사용했음을 밝히고(debriefing) 연구 목적상 유일한 방법이었다는 것도 반드시 설명해야 한다.

2) 동물 대상 연구

심리학자뿐만 아니라 많은 연구자가 동물을 대상으로 연구를 수행한다. 기본 논리는 동물과 인간의 유사성에 기반하여 동물 연구를 통해 인간의 행동을 추론할 수 있다는 것이다. 특히 유전적인 요인에 대한 통제가 필요하거나 참가 대상자의 학습 경험을 통제할 필요가 있을 때, 인간에 비해 동물은 아주 매력적인 연구 대상이 될 것이다. 하지만 왜 동물을 대상으로 연구를 하는가에 대한 질문에, 윤리적 문제를 고려할 필요가 없기 때문이라는 대답은 적절하지 않다. 실험용 쥐, 원숭이, 토끼 등은 자연 환경이 아닌 통제된 환경에서 실험 목적에 따라 키워지고 사용되며 일생을 마감한다. 인간의 이득을 위해 동물의 삶을 제어할 수 있는가에 대한 논쟁은 여전히 진행 중이며, 여기에서 명확한 답을 내 놓기가 어렵다. 현실적으로 접근해 보자면, 실제로 동물 연구를 통해 많은 것들을 밝혀 왔으며 연구 목적상 동물 연구가 불가피한 부분이 있을 수 있다. 그러한 경우에도 최대한 동물의 기본적인 생존 환경을 보장해야 할 뿐만 아니라, 연구를 통해서 인간이 얻을 수 있는 이득이 동물에게 주는 위해보다 명확히 커야 함을 인식해야 할 것이다.

심리학자들은 기본적으로 자신이 속한 학술 단체에서 제정한 연구자 윤리 규정을 따라야 한다. 우리나라의 경우 한국심리학회에서 윤리 규정을 제정하여 시행하고 있고 산하 단체들도 각각의 연구 주제와 관련하여 연구자들이 지켜야할 윤리 규정들을 제정 및 시행하고 있다. 하지만 사회와 환경의 변화 속도가 빠르고 연구 주제의 다양성도 증가하고 있기 때문에 연구에 관련된 모든 사항을 윤리 규정에 실을 수 없는 경우가 발생할 수 있다. 연구자는 윤리 규정에 명시된 사항을 준수할 뿐만 아니라, 이를 폭넓게 적용하여 발생 가능할 문제들을 최소화하기 위해 노력을 기울여야 한다.

심리학 연구법은 심리학이라는 학문을 형성해 나가는 과정에서 가장 기초가 되는 부분이라고 할 수 있다. 이 책을 통해 다양한 주제와 현상들에 대한 심리학적 접근법을 만나게 될 것이다. 이후에 접하게 되는 여러 연구에서 이 장에서 공부한 연구법이 어떻게 적용되고 있는지를 확인해 볼 수 있다면 연구법에 대해 더욱 깊이 이해할 수 있을 것이다.

요약

    심리학은 과학적 태도와 방법론을 도입하여 행동과 심적 과정을 비교적 객관적으로 연구하는 학문이다. 인간은 생각하는 과정에서 개인적 경험, 직관, 상식 등을 잘못 적용하여 오류를 범하곤 하는데, 심리학은 과학적 증거를 토대로 이를 검증하고 보다 객관적인 설명을 제시하고자 한다. 즉, 사실에 기반하여 가설을 검증하고 이론으로 발전시켜 행동과 심적 과정을 이해하고 예측하려는 시도다.

    과학적 증거를 수집하기 위해 여러 가지 연구 방법을 이용하는데, 대표적으로 현상을 관찰하고 기술하는 기술 연구, 변인 간의 관계를 설명하는 상관 연구, 인과관계를 확인하는 실험 연구를 들 수 있다. 기술 연구는 관찰 연구, 사례 연구, 조사 연구로 구성된다. 관찰 연구는 연구자의 개입이 방해가 되거나 윤리적으로 적합하지 않을 때 사용하며, 대표적인 방법으로 자연 관찰이 있다. 사례 연구의 결과는 그 자체로서도 의미가 있을 뿐만 아니라, 추가적인 연구가 이루어지도록 많은 정보를 제공해 준다. 많은 분야에서 사용하는 조사 연구는 신뢰도와 타당도를 반드시 고려해야 한다. 상관 연구에서는 변인 간의 관계는 설명할 수 있으나 다른 변인들의 영향을 통제하지 않았기 때문에 인과관계를 확인할 수 없다. 또한 착각 상관이나 제3의 변인 문제 역시 고려할 필요가 있다. 실험 연구에서는 통제된 환경에서 실험적으로 조작한 독립 변인이 종속 변인에 주는 영향을 측정하여 인과관계를 확인할 수 있다. 이 과정에서 종속 변인에 영향을 줄 수 있는 다른 변인들을 통제해야 하며, 연구자나 참가자의 기대로 인한 측정치의 변화 가능성에 대해서도 고려해야 한다.

    연구자는 앞에서 언급한 연구 방법으로 수집한 자료 분석을 토대로 해당 연구가 가지는 의미에 대해 설명한다. 먼저 수집한 자료를 기술하여 집중 경향 측정치, 변산 측정치, 상관 계수와 같은 주요 통계치를 산출하는데, 이를 기술 통계라고 한다. 다음으로 추출한 기술 통계치가 가지는 의미를 도출하게 되는데 이를 추론 통계라고 하며, 이때 통계적 유의도와 실용적 유의도를 고려해야 한다.

    심리학의 연구는 유기체의 행동이나 심적 과정을 주제로 하기 때문에 인간이나 동물을 대상으로 하는 연구가 반드시 필요하다. 연구를 통해 과학적인 이득을 얻을 수 있지만, 이는 반드시 정해진 절차와 윤리적 지침을 준수한다는 전제가 필요하다. 인간 대상 연구에서는 충분한 설명, 참가자의 동의, 사후 설명 등이 이루어져야 하며, 동물 대상 연구에서도 하나의 개체로서 존중받을 권리를 고려하여 연구를 진행하여야 한다.

1. 국가대표 축구팀이 독일과의 평가전에서 예상 외의 승리를 거두고 난 후 관중에게 물었더니, 많은 이들이 당연히 우리 대표팀의 승리를 예상했다고 한다. 이는 _____의 예라고 할 수 있다.

2. 행복, 정의 등 추상적인 개념도 심리학의 연구 주제로 삼을 수 있다. 이때는 연구에 앞서 _____(을)를 통해 개념 정의를 명확하게 내려야 한다.

3. 인간의 통찰력에 관한 획기적인 발견을 보여 주는 연구 결과가 공개되고 난 후, 많은 연구자가 해당 연구의 _____(을)를 확인하기 위해 동일한 절차와 대상으로 연구를 진행하여 유사한 결과를 도출할 수 있는지 확인하였다.

4. 지구온난화에 따른 북극곰의 행동 변화를 관찰하기 위해 자연 관찰법을 사용했다고 하자. 이러한 연구 결과는 외적 타당도가 높아 일반화하기는 비교적 용이하지만 _____(은)는 낮아 행동의 인과관계를 파악하기는 어려울 것이다.

5. 연구 및 조사 대상의 선택 과정에서 일반적으로 모집단을 사용하는 것은 거의 불가능하여 표본을 선택하게 된다. 이때 모집단의 구성원이 표본에 선택될 확률이 동일해야 하며 이렇게 선택한 표본을 _____(이)라고 한다.

6. _____(은)는 조사 연구에서 설문 문항을 작성할 때 고려해야 하는 것으로, 측정하고자 하는 변인의 내용이나 특징을 정확하게 측정하고 있는 정도를 말한다.

7. 아침을 준비하다 접시를 깨뜨렸다. 그날 내내 기분이 찜찜하였는데, 퇴근 중 다른 차에 의해 접촉 사고를 당하였다. 이때 많은 이들이 접시를 깬 사건과 접촉 사고가 연관되어 있다고 생각하는데 이를 _____(이)라고 한다.

8. 상관 연구는 변인 간의 관계를 확인하는 연구 방법이다. 상관 연구를 통해 도출하는 상관계수로 관계의 방향과 강도를 확인할 수 있으며, 이 범위는 _____이다.

9. 감기가 걸리면 으레 약을 찾는 사람들이 있다. 그리고 실제 약의 효과보다는 약을 복용했다는 사실에 영향을 받는 경우가 있는데, 이는 사람들의 기대가 영향을 주었기 때문으로 _____의 예라고 할 수 있다.

10. 새로 개발된 다이어트 보조제의 효능을 검사하는 실험 연구를 실시한다고 하자. 참가자를 두 집단으로 나누어 각각 보조제와 위약을 처치하였고, 연구 종료 시점까지 연구자와 참가자 모두 집단에 가한 처치를 알지 못하게 하였다. 이를 _____(이)라고 하며 기대 효과로 인한 왜곡을 방지하는 방법이다.

곽혜경(2008). 빈곤 · 결손(조손) 가정 아동의 상담 사례 연구. 광주교육대학교 교육대학원 석사학위논문.

Baumrind, D. (1971). Current patterns of parental authority. *Developmental Psychology Monograph, 4,* 1–103.

Carney, D. R., Cuddy, A. J. C., & Yap, A. J. (2010). Power posing: Brief nonverbal displays affect neuroendocrine levels and risk tolerance. *Psychological Science, 21,* 1363–1368.

Goodall, J. (1998). Essays on science and society: Learning from the chimpanzees: a message humans can understand. *Science, New York 282,* 2184–2185.

Hite, S. (1987). *The Hite Report: Women and love. A cultural revolution in progress.* New York: Knopf.

Mayo, E. (1933). *The human problems of an industrial civilization.* New York: Macmillan.

Neisser, U., & Hyman, I. (Eds.). (1999). *Memory observed: Remembering in natural contexts.* New York: Worth Publishers.

Provine, R. R. (1996). Laughter. *American Scientist, 84,* 38–45.

Roethlisberger, F. J., & Dickson, W. J. (1939). *Management and the worker.* Cambridge, MA: Harvard University Press.

Rosenthal, R. R. (1966). *Experimenter effects in behavioral research.* New York: Appleton-Century-Crofts.

Sacks, O. (2002). The case of Anna H. *New Yorker,* pp. 62–73.

Stoeger, A. S., Mietchen, D., Oh, S., de Silva, S., Herbst, C. T., Kwon, S., & Fitch, W. T. (2012). An Asian elephant imitates human speech. *Current Biology, 22,* 2144–2148.

Terrace, H. S., Petitto, L. A., Sanders, R. J., & Bever, T. G. (1979). Can an ape create a sentence? *Science, 206* (4421), 891–902.

03

뇌와 행동

마음은 어디로부터 오는가? 어디서 생겨나는가? 우리의 몸은 주변에서 볼 수 있는 물건들과 마찬가지로 물질로 이루어져 있다. 그런데, 어떻게 물질인 몸에서 '마음'이란 것이 생겨날 수 있을까? 이러한 질문을 심신문제(mind−body problem)라고 한다. 심신문제는 다름 아닌 정신과 물질 간의 관계를 묻는 오래된 물음이다. 우리 신체 중에 마음과 가장 밀접한 관계가 있는 것은 당연히 뇌이므로, 달리 마음−뇌문제(mind−brain problem)라고도 불린다.

마음과 뇌의 관계에 대해서는 몇 가지 견해가 있다. 물질인 뇌와 마음은 별개의 실재라고 여기는 이원론과 마음과 뇌의 활동은 동일한 것의 다른 표현일 뿐이라고 생각하는 동일론(identity position), 그리고 실재하는 것은 오직 정신밖에 없다고 생각하는 유심론이 있다. 물론 유심론을 주장하는 사람은 현재 드물다. 마음과 행동 그리고 뇌 활동 간의 관계를 다루는 심리학 분야는 동일론의 입장을 취한다. 따라서 이 장에서는 인간의 마음과 행동을 뇌의 활동과 관련지어 살펴볼 것이다.

먼저, 뇌를 포함한 신경계의 구성단위인 뉴런의 구조와 기능 및 말이집의 형성과 기능에 대해 살펴본다.

그러고 나서 뉴런들 간의 신호 전달이 이루어지는 시냅스 및 우리의 경험과 행동에 영향을 주는 약물의 작용 기제에 대해 알아본다.

그다음으로 뉴런과 신경계의 발달 및 관련 장애를 살펴보고, 출생 이후에도 경험으로 인해 신경계의 구조와 기능이 변할 수 있는 성질이 행동에 어떤 영향을 주는지도 알아본다.

또한 인간의 신경계를 구분해 보고, 이 중에 자율신경계가 정서와 어떻게 관련되는지 그리고 정서가 판단 및 의사결정에 어떻게 관여하는지를 살펴본다.

끝으로, 신경계의 근본 기능인 운동과 관련해서 감각 및 운동 관련 뇌 부위들을 알아보고, 운동 관련 장애의 원인과 치료에 대해 이해한다. 그리고 모방과 공감에 중요한 뉴런인 거울뉴런의 기능에 대해서도 살펴본다.

1.
신경계의 기본 단위

1) 뉴런의 구조와 기능

　뉴런(neuron, 신경세포)은 뇌를 포함한 신경계를 구성하는 구조적·기능적 최소 단위이다. 뇌는 약 860억 개의 뉴런으로 이루어져 있다(가로, 세로, 높이 1mm의 부피 안에 10만 개 정도의 뉴런이 존재한다). 따라서 뇌를 이해하기 위해서는 먼저 뉴런의 구조와 각 부위의 기능 그리고 어떻게 정보를 처리하는지 알 필요가 있다.

　뉴런은 신체의 다른 부위의 세포들과 달리 독특한 구조를 지닌다. 이것은 뉴런의 전문화된 기능인 신호 전달과 관계가 있다. 전형적인 형태의 뉴런은 가지돌기(dendrite), 세포체(soma), 축삭(axon), 축삭종말(axon terminal)이라 불리는 부위들로 이루어져 있다.

　세포체에 연결되어 있는 많은 가지돌기는 다른 뉴런으로부터 입력되는 신호를 받아들이는 부위로, 안테나와 같은 역할을 한다. 세포체는 이들 가지돌기를 통해 입력된 신호들이 모여서 처리되는 부위로서, 입력된 신호들의 총합이 충분히 크면 축삭으로 신호를 내보낸다. 그리고 세포체는 다른 세포들에서와 마찬가지로 뉴런의 생존을 위한 대사 작용이 일어나는 부위이다. 축삭과 축삭종말은 세포체에서 처리된 신호를 다음 뉴런으로 전달하는 출력 부위에 해당한다. 기능적인 면에서 컴퓨터에 비유하자면 가지돌기는 자판기나 마우스, 스캐너와 같은 입력 장치, 세포체는 중앙 처리 장치와 같은 계산 장치, 축삭과 축삭종말은 모니터나 스피커, 프린터와 같은 출력 장치에 해당한다([그림 3-1]). 한편 뉴런에서 발생하는 신호는 전기적 형태를 띤다. 가지돌기와 세포체에서는 등급전

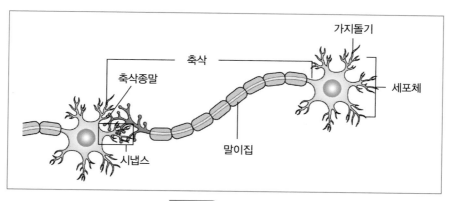

그림 3-1 뉴런과 시냅스

위(graded potential) 그리고 축삭과 축삭종말까지는 활동전위(action potential)라고 불리는 전기신호가 발생된다. 등급전위는 이후에 살펴볼 시냅스(synapse)에서 신경전달물질(neurotransmitter)의 작용으로 발생하는 전기신호이고, 활동전위는 축삭 막에 있는 이온 통로(ion channel)를 통한 이온들의 유출입으로 발생하는 전기신호이다.

활동전위가 발생하지 않을 때는 축삭 막 안쪽이 바깥쪽에 비해 $-70mV$의 전위 차이를 보이는데, 이를 안정전위(resting potential)라고 한다. 축삭에서 활동전위가 시작되면 세포 밖에 많이 분포하고 있는 나트륨 이온(Na^+)이 축삭 안으로 쇄도해 들어오고, 곧이어 축삭 안에 많이 있는 칼륨 이온(K^+)이 밖으로 흘러나감으로써 축삭 막 전위가 $+30mV$까지 변했다가 다시 안정전위로 돌아오게 된다. 이러한 활동전위는 축삭이 시작되는 부위에서 한 번 일어나면 축삭 막을 따라 실패 없이 축삭종말까지 연이어 생성되면서 전파된다([그림 3-2]).

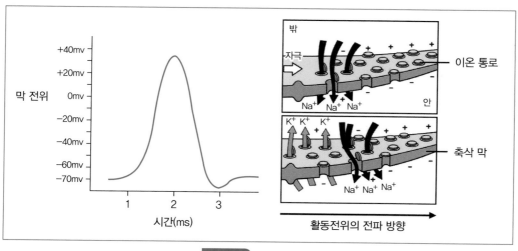

그림 3-2 활동전위

2) 말이집의 형성과 기능

신경계에는 뉴런과 같은 수만큼의 아교세포(glia)라고 불리는 세포도 있다. 아교(glia)는 접착제(glue)라는 뜻이다. 처음 이 세포를 발견했을 때 이 세포의 기능이 뉴런들을 제자리에 고정시켜 물리적으로 지지해 주는 것이라고 여겨져 붙여진 이름이다.

아교세포에는 여러 종류가 있는데, 그중 핍돌기교세포(oligodendrocyte)와 슈반세포(Schwann cell)라는 아교세포는 축삭을 감싸서 말이집(myelin sheath)이라는 구조물을 만든다([그림 3-3]). 이 말이집은 전선의 피복처럼 축삭들 간에 전기신호가 혼선되는 것을 방지하고, 축삭에서 활동전위의 전파 속도를 100배 더 빠르게도 한다. 짧은 거리에서 신호를 주고받는 뉴런들의 축삭에는 말이집이 없다. 말이집으로 인한 빠른 활동전위의 전파를 도약전도(saltatory conduction)라고 부른다([그림 3-4]). 도약전도는 신경계에서 상대적으로 먼 거리의 신호 전달이나 신체 말단 부위의 감각과 운동에 관여하는 뉴런들에서 빠른 정보처리에 중요한 기능을 한다.

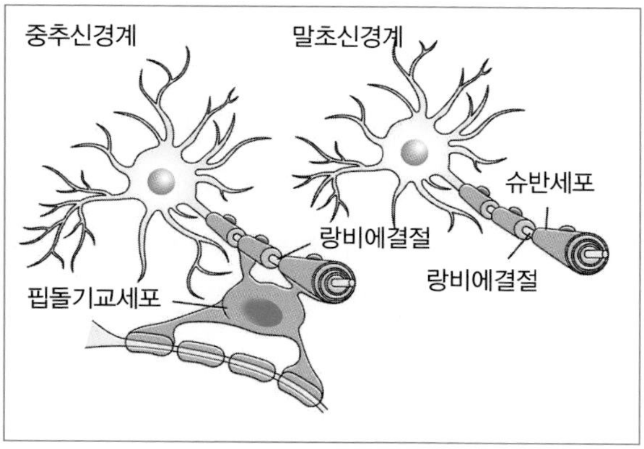

만약 말이집이 손상되면 활동전위의 전파 속도가 느려지는 것이 아니라 활동전위의 생성 자체가 불가능해진다. 말이집이 손상된 축삭은 퇴화하고, 이후 뉴런이 사멸하기도 한다. 이러한 일이 다발성 경화증(multiple sclerosis)에서 일어나는데, 이 질병은 자가면역질환으로 발생할 수 있다. 자가면역질환은 면역 기능이 비정상적으로 과활성화되어 내 몸의 조직들을 공격하는 병이다. 한편, 자가면역질환은 만성 스트레스로 인해 발병할 수 있다.

말이집의 손상이 특정 감각이나 운동과 관련된 뉴런들에서 일어난다면 우리의 심적 경험과 행동에 문제가 생길 것이다. 몸에 대한 감각, 즉 누워 있는지, 서 있는지, 몸이 기울어져 있는지 등의 몸 자체에 대한 감각을 전달하는 뉴런의 말이집이 손상된 사례에서, 환자는 눈을 감으면 시각을

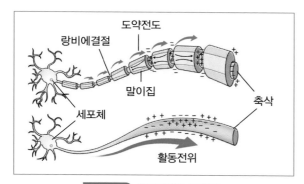

그림 3-3 말이집 형성

그림 3-4 활동전위와 도약전도

통해 자신의 몸을 볼 수 없으므로 자신의 몸이 사라지는 경험을 한다. 그리고 항상 눈을 뜨고 자신의 몸을 지켜보지 않으면 몸이 제멋대로 움직인다(Sacks, 2020).

말이집이 생겨나는 경우도 있는데, 10대들을 대상으로 한 연구에서 악기 연주를 배운 후 전두엽과 두정엽을 연결하는 뉴런의 축삭에서 새로운 말이집이 생겨나는 것을 확인했다. 또한 그 10대들은 학업 성적과 학교생활에서의 적응이 향상되었고 스스로 행복해졌다고 느꼈다.

2.
뉴런 간 신호 전달

1) 시냅스 전달

뉴런들 간의 신호 전달은 시냅스라는 부위에서 일어난다([그림 3-1]). 시냅스는 서로 다른 뉴런의 축삭종말과 가지돌기가 맞닿아 있는 아주 작은 틈새를 말한다. 축삭에서 일어난 활동전위가 축삭종말까지 전파되면 축삭종말 내에 소낭(vesicle)이라는 작은 주머니에 싸여 있던 신경전달물질이 시냅스로 분비된다. 이 신경전달물질이 다음 뉴런의 가지돌기에 있는 수용기(receptor)에 작용하면 세포 밖에 있는 이온들이 가지돌기 안으로 유입되어 등급전위가 발생한다. 그리고 이들 등급전위의 총합이 충분히 크면 앞서 말한 바대로 축삭에서 활동전위가 생성, 전파된다.

신경계에 작용해서 우리의 심적 경험과 행동에 영향을 주는 대부분의 약물들은 이 시냅스에서 일어나는 신호 전달 과정 중에 영향을 줌으로써 그 효과를 발휘한다. 이러한 약물들은 시냅스에서의 신호 전달에 미치는 효과에 따라 효능제(agonist)와 길항제(antagonist)로 나뉜다. 약물이 신경전달물질이 만들어지고 분비되어 수용기와 결합하는 과정 중에 작용해서 최종적으로 시냅스에서의 신호 전달을 향상시키게 되면 그러한 약물은 효능제, 억제나 방해를 하게 되면 그러한 약물은 길항제라고 불린다. 달리 말하면, 신경전달물질의 작용을 흉내 내거나 그 작용을 촉진시키는 약물은 효능제, 신경전달물질의 작용을 방해하거나 억제하는 약물은 길항제이다.

신경계에 존재하는 신경전달물질들 중에 도파민(dopamine)이라는 신경전달물질이 분비되는 시냅스에서 효능제 혹은 길항제 역할을 하는 약물의 예와 그 작용을 살펴보자. 도파민은 음식에서 섭취되는 티로신이라는 아미노산으로부터 만들어진다. 티로신은 뉴런에서 효소의 작용을 통해 도파가 되고, 도파는 도파민이 된다. 대표적인 운동장애인 파킨슨병(Parkinson's disease)은 특정 뇌 부위의 시냅스에서 바로 이 도파민의 분비 부족이 그 원인인데, 치료법 중 하나가 L-도파(DOPA)를 복용하는 것이다. 이 경우 L-도파는 시냅스에서의 도파민 분비의 부족을 보충해 줌으로써 도파민 시냅스에서의 신호 전달을 향상시키므로 효능제 역할을 하는 약물이다.

시냅스로 분비된 도파민은 다음 뉴런의 가지돌기에 있는 수용기에 작용함으로써 시냅스에서의 신호 전달을 매개하게 되는데, 조현병(정신분열증) 치료에 사용되는 전형적인 항정신병 약물인 할로페리돌은 이 도파민 수용기를 차단한다. 따라서 할로페리돌은 도파민이 수용기와 결합하지 못하게 함으로써 시냅스에서의 신호 전달을 방해하므로 길항제 역할을 하는 약물이다.

또한 분비된 신경전달물질은 축삭종말로 재흡수되어 다시 사용되기도 하는데, 향정신성 약물인 코카인은 도파민 시냅스에서 도파민이 축삭종말로 재흡수되는 것을 차단한다. 따라서 코카인은 시냅스에 도파민이 더 오랫동안 머물게 함으로써 신호 전달을 촉진시키므로 효능제 역할을 하는 약물이다(Kalat, 2019; [그림 3-5]).

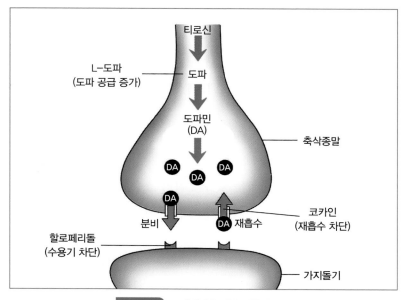

그림 3-5 도파민 효능제와 길항제의 예

2) 신경계 약물과 행동

도파민이 신경전달물질로 사용되는 신경 경로 중에 보상 경로(reward pathway)라고 불리는 것이 있다. 이 보상 경로는 코카인, 아편제(예: 모르핀, 헤로인), 엔도르핀(모르핀과 유사한 형태의 신경전달물질), 마리화나, 니코틴, 성적 자극, 단맛 그리고 습관적인 도박, 음주, 컴퓨터 게임, 쇼핑, 성형 및 유쾌한 상상 등으로 인해 활성화되어 쾌감이나 만족을 경험하게 하고 행동상으로는 강화(reinforcement)나 중독(addiction)을 일으킬 수 있다.

뇌는 크게 뇌간(brainstem)과 전뇌(forebrain)로 구분할 수 있는데, 뇌간은 척수와 연결되는 연수(medulla), 교(pons), 중뇌(midbrain)로 구성된다. 보상 경로는 중뇌에서 시작해서 기댐핵(nucleus accumbens)이라는 신경핵(중추신경계에서 뉴런의 세포체들이 모여 있는 부분)을 거친 후 전전두피질(prefrontal cortex)에 이르는 신경 경로이다. 그리고 이 경로가 활성화될 때 기댐핵과 전전두피질에서 도파민이 분비된다([그림 3-6]).

실험용 쥐의 보상 경로에 전극을 설치하고 쥐가 실험 상자 안에 장치된 막대를 누르면 보상 경로가 전기자극되도록 했을 때, 이 쥐는 막대 누르기에 푹 빠져서 먹지도 마시지도 않고 혹은 고통스러운 전기충격을 줘도 아랑곳하지 않고 1시간에 수천 번이나 막대를 눌렀다. 한 실험에서는 꼬박 26시간 동안 5만 번 이상 누르기도 했는데, 그러고도 겨우 4시간 정도 쉬거나 잔 뒤, 다시 같은 속도로 막대를 눌러댔다(Mook, 2007). 사람도 오직 마약을 하기 위해 직장이나 사람들과의 관계 혹은 목숨조차 포기하는 경우도 있다. 이 쥐가 보인 강박적인 막대 누르기 행동은 보상 경로의 지속적인 활성화를 위한 중독 행동에 해당하는

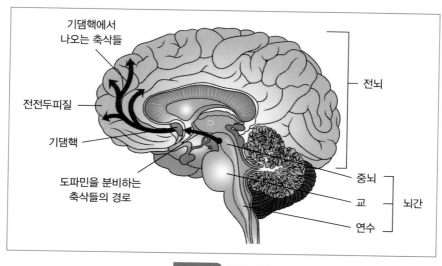

그림 3-6 **보상 경로**

것이다.

한편, 2002년 5월에 뉴욕 주립대학교의 심리학자 John Chapin은 최초로 원격 조정되는 생물 로봇을 『네이처』지에 발표했다. 이 로봇은 안테나, 마이크로프로세서, 소형 카메라 등을 장착한 실제로 살아있는 쥐였다. 이 '쥐 로봇(ratbot)' 혹은 '로봇 쥐(robo-rat)'는 뇌를 자극할 수 있는 장치를 통해 특정한 선택을 할 때마다 보상 경로를 자극받았다. 그러자 불과 10일 만에 이 쥐는 무선 송신기의 지시에 따라 길을 찾아갈 뿐만 아니라 심지어 나무 꼭대기까지도 올라갈 수 있게 되었다(Kolb & Whishaw, 2012). 이 또한 보상 경로의 활성화로 인해 행동의 강화가 일어난 것이다.

중독 경향성이 높은 사람들은 도파민의 양이 보통사람들보다 적은데, 보상 경로의 활성화로 도파민의 양이 많아지면 잠시 쾌감을 느꼈다가 다시 줄어들면서 기분이 나빠진다. 그래서 다시금 도파민 분비를 자극하려는 습관적 중독 행동이 생기게 된다. 중독 경향성이 높은 사람들은 대체로 충동적이며 스트레스에 민감한데, 스트레스에 민감할수록 중독자가 되기 쉽다. 그리고 어느 하나에 중독되면 또 다른 것에도 중독되기 쉽다. 한편, 우울증을 겪는 사람들은 보상 경로의 활성화가 저하되어 있는데, 이는 그들의 동기 수준이 전반적으로 낮고 삶에서 즐거움을 잘 경험하지 못한다는 사실과 관련 있다.

보상 경로상의 도파민 분비와 관련해서 우리의 마음과 행동에 영향을 줄 수 있는 또 다른 예가 있다. 최근 연구 결과에 따르면 조현병의 경우 기댐핵에서의 너무 많은 도파민 분비가 환각, 망상, 사고장애를 일으키고, 반면 전전두피질에서의 너무 적은 도파민 분비가 불안과 사회적 위축(social withdrawal), 주의 및 학습과 기억 그리고 문제해결능력의 결함을 일으킨다고 한다(강석기, 2016. 5. 23; Sekar et al., 2016).

조현병 환자들의 전두엽은 정상인에 비해 두드러지게 위축되어 있으며 활동이 저하되어 있다. 특히 전전두엽은 주의 집중, 상황 파악, 계획 수립, 판단 및 의사결정을 통한 문제해결에 중요한 기능을 하는데, 조현병 환자들이 전전두엽의 기능을 알아볼 수 있는 위스콘신 카드 분류 검사를 잘 수행하지 못하는 것은 이 부위의 기능 이상과 관련이 있다. 그리고 전전두엽의 기능에는 충동성의 억제도 있는데, 충동성은 중독 경향성과 상관이 있다. 조현병 환자들은 중독 경향성이 높다.

위스콘신 카드 분류 검사의 예를 들면, 검사자가 탁자 위에 카드 4장을 나란히 놓는다. 첫째 카드는 빨간색 세모 1개, 둘째 카드는 초록색 별 2개, 셋째 카드는 노란색 십자가 3개, 넷째 카드는 파란색 원이 4개 그려져 있다. 수검자는 128장짜리 카드 한 벌을 받아서 놓아야 할 곳이라고 생각하는 카드 앞에 카드를 1장씩 놓는다. 수검자가 카드를 놓을 때마다 검사자가 '정답' 또는 '오답'을 말하면, 수검자는 이 정보를 토대로 될 수 있는 한 많은 정답을 맞히는 것이다. 먼저 수검자가 카드를 분류하면서 색깔에 따라 카드를 놓으면 '정답'이고, 도형이나 숫자에 따라 놓으면 '오답'이다. 검사자는 정답이 10장 나오면 수검자에게 말해 주지 않고 분류 규칙을 바꾼다. 이번에는 수검자가 도형에 따라 카드를 분류하면 '정답'이고, 그다음에는 숫자에 따라 분류해야 '정답'인 식으로 규칙이 바뀌는 것이다.

그런데 조현병 환자들은 카드를 분류하는 규칙이 바뀌더라도 그 바뀐 규칙에 따라 자기 행동을 바꾸지 못하고 여전히 이전의 규칙에 따라 카드를 분류한다. 이는 조현병 환자들의 전전두엽이 정상적으로 기능하지 않아 상황 파악을 통해 문제를 잘 해결하지 못한다는 것을 보여 주는 것이다.

한편, 이와 관련해서 흥미로운 점은 어린아이들도 이 분류 검사를 잘 수행하지 못한다는 것이다. 우리의 뇌는 부위들마다 발달 속도가 다른데, 특히 전전두엽은 40세까지도 발달한다(송민령, 2017). 따라서 어린아이들이 바뀐 규칙에 따라 카드를 잘 분류하지 못하는 것은 아직 전전두엽의 기능이 완전하지 못하기 때문이다. 그리고 어린아이들이 성인에 비해 충동적이며 오랫동안 주의를 집중하지 못하는 것도 전전두엽이 덜 발달된 것과 관련이 있다.

지금까지 살펴보았듯이 즐겁고 우울한 감정, 머리를 써서 문제를 해결하는 사고, 자아, 의식 그리고 배우고 기억하고 행동에 변화가 생기는 것 등 우리가 경험하는 삶의 다양한 모든 것과 이를 모두 합한 마음은 결국 신경계를 구성하는 뉴런의 활동과 시냅스 작용의 결과이다. 우리가 마음과 행동을 과학적으로 이해하려고 할 때 뇌와 뇌를 구성하는 뉴런의 구조와 기능 및 그 작동 방식을 살펴보는 이유가 바로 여기에 있다.

3.
신경계 발달과 가소성

1) 신경계 발달

신경계의 해부학적 구조는 발달하는 동안만이 아니라 평생에 걸쳐 끊임없이 변한다. 발달 초기에 급격하게 변하고, 손상이나 경험으로도 변한다. 이렇게 신경계의 해부학적 구조가 변할 수 있는 특성을 가소성(plasticity)이라고 한다. 가소성은 어릴수록 크다. 가소성은 생애 초기에 가장 크고, 나이가 들면 줄어든다. 하지만 죽을 때까지 가소성은 없어지지 않는다.

신경계의 발달은 먼저 뉴런의 증식, 이동, 응집, 분화, 시냅스 생성, 말이집 형성의 단계를 거치면서 시작된다. 증식 단계에서 세포분열을 통해 새로 생겨난 뉴런은 이후 방사형교세포(radial glial cell)가 만드는 안내 길을 따라 목표 부위로 이동한다([그림 3-7]).

뉴런의 이동과 관련해서 신경계의 정상적인 발달에 문제가 생길 수 있는데, 유전적인 이유로 뉴런의 길잡이 역할을 하는 방사형교세포가 미성숙하게 되면 뉴런은 목표 부위로 이동하지 못하고 결국 뇌는 정상적으로 발달하지 못해 구조적 · 기능적 문제를 낳는다.

뉴런이 정확한 목표 지점에 이른 뒤, 구체적인 신경 구조물들이 만들어지려면 세포들이 가지런히 정렬되어야 한다. 이러한 정렬 과정을 응집이라고 한다. 응집 후에는 뉴런이 가지돌기, 세포체, 축삭의 형태로 분화해서 제대로 된 모양과 크기를 갖추게 된다.

그리고 축삭은 다른 뉴런들의 가지돌기와 시냅스를 맺는다. 시냅스 생성은 신경계가 발달하는 동안만 일어나는 일이 아니라 평생에 걸쳐 일어난다. 예컨대, 경험으로 인해 우리가 무언가를 배우고 기억할 때 새로운 시냅스가 생겨난다. 그리고 새로운 시냅스의 생성은 결국 뇌의 구조와 기능에 변화를 가져온다.

시냅스를 맺고 난 축삭에서는 아교세포가 축삭을 감싸서 말이집을 형성한다. 앞서 말한 바와 같이 말이집이 있으면 활동전위가 훨씬 더 빨리 전파된다. 중추신경계에서는 핍돌기교세포가, 말초신경계에서는 슈반세포가 말이집을 만든다.

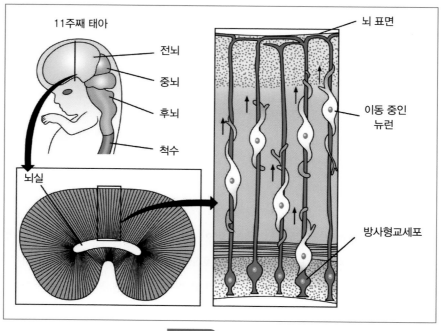

그림 3-7 **뉴런의 이동**

포유류와 조류에서 축삭이 손상되었을 때 중추신경계에서는 재생이 어려운 반면 말초신경계에서는 가능한데, 이러한 차이는 말이집을 만드는 이들 세포의 차이 때문이라고 한다. 이들 세포는 축삭 손상 후 각기 다른 화학물질을 분비하는데, 핍돌기교세포는 축삭 성장을 방해하는 물질을, 슈반세포는 성장을 촉진하는 물질을 분비한다고 한다.

뉴런의 발달과 함께 신경계는 중추신경계를 구성하는 뇌와 척수 그리고 말초신경계로 발달한다. 그리고 뇌는 전뇌, 중뇌, 후뇌로 분화하고, 이후 전뇌는 대뇌피질과 대뇌피질 아래 여러 구조물들로, 후뇌는 교, 연수, 소뇌로 발달한다.

2) 신경계 발달 관련 장애

환각과 망상을 특징으로 하는 조현병이 적어도 일부 환자들의 경우, 출생 전 환경적 혹은 유전적 문제로 인한 비정상적인 뇌 발달과 관련이 있다는 증거가 있다. 사실 발달 중인 신경계에는 필요 이상으로 많은 뉴런이 만들어졌다가 태내 특정 시기에 대량의 뉴런이 사라진다. 이러한 뉴런의 상실은 발달의 자연스러운 부분인데, 시냅스 생성 단계에서 뉴런들은 생존하게 될 뉴런보다 더 많은 수의 뉴런들과 시냅스를 맺고 이후의 선택 과정을 통해 어떤 시냅스는 살아남고 나머지는 폐기된다. 이를 가지치기(synaptic pruning)라고 한다. 그리고 시냅스 연결을 유지하지 못한 뉴런들은 사멸하게 된다. 그런데 지나친 가지치기가 조현병의 발생과 관련이 있으며 90%의 가족력을 보인다고 한다(강석기, 2016. 5. 23; Sekar et al., 2016).

신경계 발달상의 문제와 관련 있는 또 다른 예로 태아 알코올 증후군(fetal alcohol syndrome)이 있다. 태아 알코올 증후군은 임신부의 음주로 알코올에 노출된 태아의 경우에 나타나는 증상들이다. 태아 알코올 증후군을 지닌 이들은 낮은 경계 수준, 과잉 활동성, 지적장애, 운동 장애, 심장 결함, 비정상적인 안면 등의 특징을 보인다. 그리고 이들의 뉴런의 가지돌기는 짧고 수가 적다. 이들은 성인이 되었을 때 알코올중독, 약물중독, 우울증 및 기타 정신질환을 앓을 가능성이 높다.

이러한 태아 알코올 증후군의 발생은 부분적으로 세포자살(apoptosis)이라는 현상과 관련해서 비정상적인 뇌 발달이 원인이다. 활동전위가 축삭종말까지 전파되어 신경전달물질이 축삭종말에서 분비될 때 신경전달물질과 함께 신경영양요소(neurotrophin)도 시냅스로 분비된다. 이 신경영양요소는 시냅스 전달에 관여하는 뉴런들의 유전자에 있는 자살 프로그램이 작동하지 못하도록 억제하는 역할을 함으로써 뉴런의 생존과 발달을 돕는다. 한편, 알코올은 뉴런에서 활동전위의 생성을 억제하는데, 태아의 신경계가 알코올에 노출되면 뉴런에서 활동전위가 일어나지 않게 되고 결국 축삭종말에서 신경전달물질과 함께 분비되는 신경영양요소도 분비되지 않아 세포자살이 일어난다(Kalat, 2019).

3) 신경 가소성

신경계가 손상되는 경우에도 구조적인 변화가 일어나는데, 손상되지 않은 뉴런이 파괴된 뉴런이 맺고 있던 시냅스를 대체하기도 한다. 손상되지 않은 뉴런의 축삭이 발아해서 파괴된 뉴런이 기존에 시냅스를 맺고 있던 가지돌기에 연결되는 것이다. 한편, 가지돌기에 있는 수용기가 더 민감해져서 축삭의 손상으로 인해 부족해진 신경전달물질에 더 잘 반응하게도 된다.

앞서 말한 바와 같이 손상된 축삭은 말초신경계의 경우에는 재생이 가능하지만, 파괴된 뉴런 자체는 새로운 뉴런으로 대체되지 않는다. 즉, 성인에게서는 새로운 뉴런의 생성은 일어나지 않는다. 그런데 예외가 있다. 해마(hippocampus)는 성인에게서도 새로운 뉴런이 생겨나는 부위 중 하나다([그림 3-8]). 해마의 경우, 경험으로 인한 새로운 기억이 생성될 때 새롭게 생겨나는 뉴런이 중요한 역할을 하는 것으로 여겨진다. 해마는 측두엽에 위치하는 구조물로 의식적 기억에 중요한 역할을 한다. 특히 자신의 경험과 관련된 기억의 저장과 인출에 중요한 부위이다. 해마가 손상되면 기억상실증에 걸린다.

이와 관련해서 영국 런던의 택시 운전기사들의 해마가 다른 사람들보다 훨씬 크다는 연구 결과가 있다. 연구자들은 운전면허를 따기 위해 4년간의 교육 과정에 등록한 79명의 뇌를 자기공명영상(MRI)으로 촬영했다. 교육 과정을 시작할 무렵 이들의 해마는 거의 같은 크기였다. 그리고 면허시험에 떨어진 40명의 해마는 교육 과정 이후에 크기의 변화가 없었다. 반면, 시험에 합격한 39명의 해마는 일반인이나 시험에 떨어진 사람

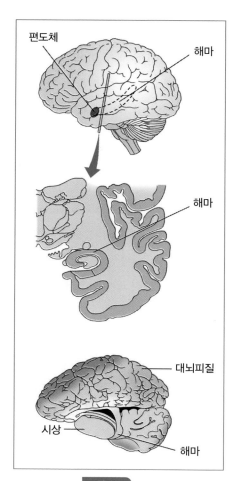

편도체

해마

해마

대뇌피질

시상

해마

그림 3-8 해마

들보다 훨씬 컸다. 즉, 교육 과정을 통해 해마가 커진 것이다. 그리고 공간 방향 감각 및 인지 능력 같은 해마 관련 기능도 개선된 것을 발견했다(Maguire et al., 2006). 영국의 수도 런던은 중심가만 해도 약 2만 5천 개의 거리와 수백 곳의 명소가 있다. 택시 운전면허를 따려면 이 모두를 기억해야 한다.

스트레스 경험 또한 뇌 구조에 영향을 미치는데, 만성 스트레스를 경험한 동물의 해마에서 적은 수의 뉴런과 짧고 수가 적은 가지돌기를 지닌 뉴런들이 관찰되었다. 사람의 경우에도 시차 부적응으로 인해 만성 스트레스를 경험한 비행기 승무원들은 해마가 작고 기억에도 문제가 있었다. 그리고 외상후 스트레스장애(post traumatic stress disorder: PTSD)에서도 해마와 전전두피질의 뉴런이 위축되거나 사멸되었다. 앞서 말한 바와 같이 해마는 의식적인 장기기억(long term memory)을 형성하는 데 중요하고, 전전두피질은 상황 파악 및 판단과 의사결정에 중요한 부위이다(Ledoux, 2006, 2017).

경험으로 인한 뇌의 또 다른 구조적 변화와 관련된 현상을 살펴보기 전에, 먼저 대뇌피질의 구성과 기능에 대해 알아보자. 대뇌피질은 네 개의 엽으로 구분된다([그림 3-9]). 이마 쪽의 전두엽, 정수리 쪽의 두정엽, 뒤통수 쪽의 후두엽 그리고 관자놀이 쪽의 측두엽이다. 인간의 전두엽은 전체 뇌 무게의 3분의 1을 차지한다. 전두피질의 주된 기능은 운동 조절이다. 전두엽에서 더 앞쪽에 있는 전전두피질은 작업기억(working memory)을 담당하는 부위이다. 작업기억은 지금-여기(here and now)의 의식을 생성하는 기능이다. 작업기억의 기능은 정보를 일시적으로 유지하는 저장 기능과 관리하는 집행 기능(executive function)으로 나뉜다. 작업기억의 저장 기능은 단기기억(short term memory)에 해당한다. 집행 기능은 정보들을 통합하는 인지 제어 기능이다. 구체적으로, 작업기억이 하는 인지 제어 기능은 선택적 주의, 예측, 판단, 의사결정, 문제해결, 계획 수립, 상황 파악, 수의적 운동 조절 등이다.

두정피질의 주된 기능은 신체 감각 정보의 처리이다. 그리고 시각과 관련해서 대상들의 상대적 위치에 대한 정보도 처리한다. 후두피질의 주된 기능은 시각 정보의 처리이다. 측두피질은 청각 정보를 처리하고, 시각과 관련해

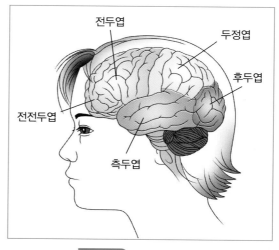

그림 3-9 **대뇌피질의 구성**

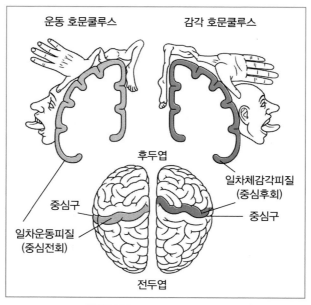

운동 호문쿨루스　　　감각 호문쿨루스

후두엽

중심구

일차체감각피질
(중심후회)

중심구

일차운동피질
(중심전회)

전두엽

그림 3-10　**뇌반구의 신체 표상**

서 대상의 인식에 대한 정보도 처리한다. 그리고 의식적인 기억의 생성과 인출 및 정서 자극의 평가와 반응에도 관여한다. 구체적으로, 기억과 관련된 부위는 해마이고, 정서와 관련된 부위는 편도체(amygdala)이다. 둘 다 측두엽에 위치한다.

대뇌피질에는 많은 주름이 있다. 이 주름들은 대뇌피질의 실제 면적을 넓히는 역할을 한다. 이들 주름 중 가장 깊은 주름이 전두엽과 두정엽을 경계 짓는 중심구(central sulcus)이다. 그리고 주름과 주름 사이의 두둑한 부분을 회(gyrus)라고 한다. 중심구에 접해서 바로 앞쪽 전두엽에 있는 회를 중심전회(precentral gyrus)라 하고, 대뇌피질에서 신체의 운동 명령을 출력하는 일차운동피질(primary motor cortex)이다. 그리고 중심구에 접해서 바로 뒤쪽 두정엽에 있는 회는 중심후회(postcentral gyrus)로 대뇌피질에서 신체에 대한 감각, 예컨대 촉각, 온각, 냉각, 통각, 몸의 위치 감각, 내부 장기 감각 등에 대한 정보를 처리하는 일차체감각피질(primary somatosensory cortex)이다([그림 3-10]).

일차운동피질과 일차체감각피질은 각각 운동과 감각에 관해서 신체 각 부위가 표상(representation)되는 영역이다(표상이란 내적 모형을 의미한다). 이들 피질에는 좌우 반대쪽 신체 부위의 운동과 감각을 담당하는 뉴런들이 국소해부학적(topographical)으로 배열되어 있다. 이렇게 이들 피질에 표상된 신체 지도를 각각 운동 호문쿨루스, 감각 호문쿨루스(homunculus, '작은 인간'이라는 뜻)라고 부른다([그림 3-10]).

그런데 실제 신체와는 달리 이들 호문쿨루스의 신체 일부는, 특히 손과 손가락 그리고 입술과 혀는 다른 부위들보다 훨씬 큰데, 이는 이들 부위의 운동과 감각을 담당하는 뉴런들이 다른 신체 부위를 담당하는 세포들보다 더 많아서 이들 피질에서 더 넓은 면적을 차지한다는 것을 의미한다. 따라서 이들 부위의 운동과 감각은 다른 신체 부위들보다 훨씬 정교하고 섬세하다.

한편, 이들 신체 표상은 변할 수 있는데, 예를 들어 손가락을 많이 사용하는 연주자나 손으로 글을 많이 쓰는 작가 같은 경우에 손가락에 대한 표상 부위가 더 넓어진다. 그럼으로써 손가락의 감각이 더 섬세해지고 움직임도 더 정교해진다. 이러한 피질 부위의 재조직화는 시냅스 가소성(시냅스 연결이 변하는 것)으로 인해 각 손가락의 움직임과 감각에 관여하는 뉴런들의 수가 많아진 결과이다. 어떤 경우에는 손가락에 대한 피질 부위의 재조직화가 비정상적으로 일어나 손가락들 간의 표상이 겹치기도 한다. 이렇게 되면 손가락들 간의 움직임과 감각을 구별할 수 없게 되어 악기연주나 글쓰기를 할 수 없게 된다. 이러한 현상을 각각 '음악가의 쥐', '작가의 쥐'라고 한다.

그리고 신체 일부를 상실하는 경우에도 일차체감각피질의 신체 표상이 변할 수 있다. 사고나 수술로 팔이나 다리를 잃어버린 경우, 이 부위를 표상하는 피질 영역의 뉴런들이 더 이상 신호를 받지 못하고 인접한 피질 영역의 다른 뉴런들로부터 신호를 받을 수 있다. 일차체감각피질에서 이러한 비정상적인 재조직화로 없는 팔다리가 있는 것처럼 느껴지고 가렵거나 찌릿찌릿한 현상을 환상지(phantom limb) 혹은 환상감각(phantom sensation)이라고 한다. 어떤 경우에는 없는 팔다리가 견딜 수 없을 만큼 아프기도 한데, 이를 환상통(phantom pain)이라고 한다.

이러한 환상감각은 유방이나 성기 혹은 맹장을 제거한 경우에도 일어날 수 있고, 자궁을 제거한 경우에는 환상생리통을 경험하기도 한다. 그러나 신체 일부가 상실되더라도 사고나 수술과는 달리 한센병처럼 서서히 진행되는 경우에는 이러한 현상들이 일어나지 않는다고 한다(Ramachandran & Blakeslee, 2015).

2000년에 발표된 한 여성의 사례를 보면, 심지어 팔다리가 없이 태어났는데도 환상지를 경험했다. 기능성 자기공명영상(fMRI)과 경두개자기자극법(transcranial magnetic stimulation)을 이용해, 선천적으로 없는 신체 부위도 피질에 표상되어 있어서 주관적인 환상지 경험을 일으킬 수 있음을 입증했다.

환상감각의 발생 기제를 몰랐던 과거에는 환상통이 손상된 축삭의 변성 때문이라고 생각해서 치료를 위해 잃어버린 신체 부위의 말단을 잘라 내거나 척수나 시상(thalamus)에서 통증 신호의 입력을 차단하는 수술을 하기도 했지만 별다른 효과가 없었다(시상은 감각 정보가 대뇌피질로 입력되기 전에 거쳐가는 부위이다).

그런데 이후 환상통이 피질 부위의 비정상적인 재조직화가 원인임을 알고 거울을 이용해 착각을 일으켜 치료하는 방법을 생각해 내게 되었다. 예를 들어, 환상손에 통증이 있는 경우 거울 뒤쪽에 환상손을 두고 정상적인 손과 함께 움직이면서 거울에 비친 정상적인 손의 움직임을 보면 없어진 손이 마치 있는 것처럼 착각을 경험하게 된다. 이러한 착각을 반복적으로 경험하게 되면 결국은 환상손이 사라지고 환상통까지 없어지는 재조직화가 피질에서 일어난다. 즉, 시냅스 가소성을 통해 환상지와 환상통이라는 경험을 제거한 것이다(Ramachandran & Blakeslee, 2015).

의수나 의족을 사용하면 환상감각이 사라질 수도 있는데, 이는 거울을 이용한 착각처럼 시각과 움직임에 대한 감각을 통해 의수나 의족이 몸의 일부로 표상되기 때문이다. 반면, 이러한 재조직화가 제대로 일어나지 않는 경우에는 의수나 의족 사용이 아프고 불편해서 꺼리게 된다.

유사한 현상으로 '고무손 착각'이라는 것이 있다. 할로윈 가게에서 구할 수 있는 진짜 손처럼 생긴 고무손을 이용한 착각인데, 고무손을 진짜 손 옆에 나란히 놓고 진짜 손은 보이지 않게 하고 고무손만 보이게 한 뒤 고무손과 진짜 손을 동시에 똑같이 쓰다듬기를 몇 분 동안 하면 고무손이 진짜 손처럼 느껴진다. 이러한 착각은 신경계를 통해 생리적인 변화도 일으키는데, 진짜 손의 온도가 1도 정도 낮아지기도 한다. 뿐만 아니라 고무손을 꼬집으면 아픔을 느끼기까지 하는데, 마찬가지로 혈압이 높아진다든지 심장 박동이 빨라진다든지 손에서 땀이 난다든지 하는 생리적인 변화도 일어난다. 그리고 fMRI 촬영을 해 보면, 실제 통증을 느꼈을 때 활성화되는 뇌 부위의 활동이 증가하는 것도 관찰할 수 있다. 더구나 고무손이 진짜 손처럼 느껴지기 시작한 뒤, 고무손 위로 몇 센티미터 떨어진 허공을 쓰다듬으면 고무손 위의 허공에서도 촉각을 느낄 수 있다(Birbaumer & Zittlau, 2015; http://youtube.be/rRNpbs3LEK8 The Brainiacs 카이스트 뇌과학자 송영조의 '뇌과학 실험').

이러한 현상들은 시냅스 가소성이 뇌 기능과 우리의 경험 전반을 좌우한다는 것을 보여준다. 그렇다면 이 시냅스의 연결을 변화시키면 우리의 정체성도 바뀌지 않을까? 당신은 당신의 시냅스이다(You are your synapse!).

글상자
3-1

가장 흔한 거짓말은 스스로에게 하는 거짓말이다.
-니체-

약물로 다스려지지 않는 심각한 뇌전증(간질)을 과거에는 뇌량을 절단하는 정신외과술(psychosurgery)로 치료하곤 했다. 뇌량은 좌우 대뇌 반구를 연결하는 커다란 축삭다발이다. 이렇게 뇌량을 절단하고 나면, 뇌전증의 빈도와 정도가 매우 경감되어 약물치료 효과도 좋아진다. 뇌량이 절단된 뇌를 분리뇌(split brain)라고 한다. 분리뇌는 좌우 반구 사이에 소통이 되지 않아 각 반구에서 일어나는 일들을 서로 전혀 알 수 없다.

분리뇌 환자에게 왼쪽 뇌에는 닭발을 보여 주고, 오른쪽 뇌에는 눈사람을 보여 주었다. 그리고 물었다. "당신이 본 것은 무엇입니까?" "네, 닭발입니다." "당신 앞에 놓인 물건 중에 당신이 본 것과 관계있는 물건을 왼손으로 집어보세요." 그 환자는 눈삽을 집었다. 왼손은 오른쪽 뇌의 통제를 받는다. "왜 눈삽을 골랐습니까?" "닭똥을 치우려면 삽이 필요하니까요." 오른쪽 뇌에 들어온 정보를 전혀 알지 못하는 왼쪽 뇌가 일어난 상황에 맞게 이야기를 꾸며낸 것이다.

대부분의 사람들은 왼쪽 뇌에 언어중추가 있다. 그리고 오른쪽 뇌와 왼쪽 뇌의 정보처리 방식이 달라 정상인의 경우에도 오른쪽 뇌에서 일어난 일들을 왼쪽 뇌가 다 알 수 있는 것은 아니다. 즉, 거의 의식하지 못한다. 따라서 정상인에게도 분리뇌 환자와 같은 일종의 '꾸며서 이야기하기'가 왼쪽 뇌를 통해 무의식적으로 일어난다.

뇌과학에서는 흔히들 말하길, 좌뇌는 '거짓말쟁이 뇌'라고 한다. 정신분석학에서 말하는 자아(ego)가 무의식적으로 사용하는 방어 기제들이 떠오른다. 우리는 일상에서 알든 모르든 하루에 많게는 200개까지 거짓말을 듣는다고 한다. 나는 나 자신이 모르는 무엇을 속이고 있나? 그래서 소크라테스가 그렇게 말했을까? "너 자신을 알라!"

4.
뇌와 정서

1) 신경계 구분

척추동물의 신경계는 크게 중추신경계와 말초신경계로 나뉜다. 앞서 언급한 바 있듯이, 중추신경계는 뇌와 척수로 구성된다. 그 외는 모두 말초신경계에 속한다. 말초신경계는 중추신경계와 나머지 신체 사이에서 정보를 전달한다. 말초신경은 뇌신경 12쌍과 척수신경 31쌍으로 나뉜다. 뇌신경은 뇌에 직접 연결된 신경으로 머리와 목 부분의 감각과 운동 신호를 전달한다. 척수신경은 척수에 연결되어 목 아래 신체 부위의 감각과 운동 신호를 전달한다. 그리고 척수는 뇌와 정보를 주고받는다.

한편, 감각 신호를 전달하는 신경을 감각신경, 운동 신호를 전달하는 신경을 운동신경이라고 한다. 그리고 감각신경은 신체로부터 중추신경계로 신호를 전달한다고 해서 구심성 신경(afferent nerve), 운동신경은 중추신경계에서 신체 부위로 신호를 내보낸다고 해서 원심성 신경(efferent nerve)이라고도 불린다.

말초신경계는 체신경계(somatic nervous system)와 자율신경계(autonomic nervous system)로도 나뉜다. 체신경계는 시각, 청각, 후각, 미각, 촉각, 고유감각(proprioception, 몸 자체에 대한 감각) 기관들로부터 중추신경계로 감각 신호를 전달하는 축삭들과 중추신경계로부터 수의근(의지에 따라 움직일 수 있는 근육)에 운동 신호를 전달하는 축삭들로 이루어져 있다.

자율신경계는 교감신경계(sympathetic nervous system)와 부교감신경계(parasympathetic nervous system)로 나뉜다. 자율신경계는 불수의근(의지에 따라 움직일 수 없는 근육)을 통제하는데, 주로 내부 장기들에 운동 명령을 전달하는 축삭들로 이루어져 있다([그림 3-11]).

교감신경계는 위협적인 상황에 대처할 수 있도록 저장된 에너지를 사용하여 신체를 준비시키는 기능을 한다. 이러한 준비 반응을 '투쟁-도피 반응(fight or flight response)'이라고 한다. 교감신경계가 작동하면 심혈관, 호흡기관 등의 활동이 증가하여 몸 구석구석에 에너지를 공급함으로써 신체를 준비시키게 된다. 반면에, 소화, 배설, 생식과 관련된 기관들의 활동은 억제되어 위급 상황에 대처하는 데 필요한 신체 부위가 에너지를 집중적으로 사용할 수 있게 해 준다.

즉, 교감신경계는 스트레스 상황에서 활성화되는 신경계이고, '투쟁-도피 반응'은 스트레스 반응에 해당한다. 그리고 이러한 스트레스 반응에는 스트레스 호르몬의 분비도 포함된다. 스트레스 호르몬은 부신(adrenal gland, 부신은 콩팥 바로 위에 붙어 있다)에서 분비되는데, 아드레날린(adrenaline)과 코르티솔(cortisol)이다. 이들 호르몬 또한 대사 기능을 높여 준비 반응을 위한 에너지 사용을 돕는다. 그리고 스트레스 경험 시의 학습과 기억을 촉진시키기도 한다.

부교감신경계는 휴식과 이완 상태에서 작동하는 신경계로 소화와 흡수를 통해 에너지를 축적하는 기능을 한다. 부교감신경계가 활성화되면 심장박동률과 혈압 및 호흡률은 낮아지고, 소화, 배설, 생식 기능은 상승한다.

부교감신경계에 속하는 미주신경(vagus nerve)은 심장, 폐, 위장, 소장, 대장 같은 많은

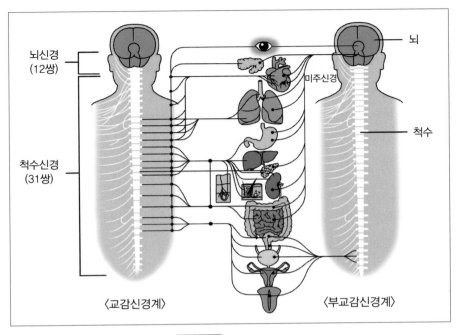

뇌신경
(12쌍)

미주신경

뇌

척수

척수신경
(31쌍)

〈교감신경계〉

〈부교감신경계〉

그림 3-11 **자율신경계**

장기들에 운동 신호를 전달하는 축삭들뿐만 아니라 이들 장기의 상태에 관한 신호를 전달하는 축삭들도 포함한다. 미주신경을 통해 전달되는 이들 장기에 대한 감각 정보는 체신경계를 통해 입력되는 감각 정보와 함께 우리가 느끼는 감정을 경험하는 데 중요한 역할을 한다.

2) 정서의 신경생물학

먼저 정서(emotion)와 감정(feeling)을 구별할 필요가 있는데, 현대의 신경과학적 정의에 따르면 정서란 자극에 반응하는 신체의 생리학적 상태를 말한다. 생리학적 상태란 앞서 언급한 자율신경계의 활성화에 따른 생리적 변화뿐만 아니라 위협에 대한 반응으로 그 자리에 얼어붙는 동결 반응(freezing)이나 도망치는 것 같은 행동까지도 포함하며, 또한 이러한 상태에 대한 뇌의 신경생리학적 특성도 포함한다. 반면, 감정은 이러한 신체와 뇌의 정서적 상태에 대한 주관적 인식을 말한다(Ledoux, 2006, 2017). 따라서 정서와 감정 간의 관계는 의식 이전에 정서가 먼저 일어나고 그다음에 감정을 느끼게 되는 것이다. 미국 심리학의 아버지라 불리는 William James의 말을 빌리자면, "우리는 슬퍼서 우는 것이 아니라 울어서 슬픈 것이다." 정서와 감정에 대한 이러한 견해를 'James-Lange 이론'이라고 한다.

감정 경험에 있어 정서의 중요성을 보여 주는 예로 자율신경계의 기능이 상실되는 순수 자율신경부전(pure autonomic failure)이 있다. 이 경우에는 스트레스 자극에도 심장박동과 혈압의 변화, 땀 분비 등과 같은 반응이 일어나지 않는다. 이 질환을 가진 사람들은 자신들의 정서에 대한 인식, 즉 감정이 없거나 약하다. 이들도 스트레스 상황에 대한 자신들의 감정을 말하거나 타인의 감정을 알아차린다고는 하지만, 이것은 감정에 대한 인지적 인식일 뿐 감정 그 자체에 대한 경험은 아니다. 비유컨대 그들의 감정은 '김빠진 맥주' 같다.

공포 및 불안 자극에 노출되면 먼저 편도체에 의해 이들 자극에 대한 무의식적인 평가가 내려진다. 그 결과 교감신경계가 활성화되고 부신에서 스트레스 호르몬이 분비된다. 그리고 전전두엽은 상황을 파악하고 위험한 상황에 대처하기 위한 구체적인 계획을 세운다.

고양이 앞의 쥐는 털이 온통 곤두서고 똥오줌을 쌀 정도로 본능적으로 몹시 두려워한다. 그런데 뇌수술로 편도체가 손상되거나 편도체를 손상시키는 톡소포자충(toxoplasma gondii)에 감염된 쥐는 고양이를 만나더라도 도망치지도 않고 공포 반응도 전혀 보이지 않는다.

우르바흐-비테병(Urbach-Wiethe disease)이라는 유전병으로 인해 편도체가 손상된 사람의 경우에도 위험한 동물이나 낯선 사람에 대해 공포나 불안을 경험하지 못하고, 공포와 관련된 표현에도 문제가 있다.

쥐나 사람이나 위험한 자극에 대한 반응은 편도체에 기억되기 때문에 편도체가 없다면 위험한 자극을 인식할 수도 없고, 또 위험한 자극과 연관된 다른 자극들을 학습하고 기억할 수도 없다. 그리고 전전두엽을 통한 상황 파악과 적절한 대처 또한 불가능해진다.

한편, 편도체가 자극을 잘못 평가하는, 예를 들어 숲길 위에 놓인 부러진 나뭇가지를 뱀으로 착각하는 경우에는 전전두엽이 활성화된 편도체를 억제함으로써 더 이상의 '투쟁-도피 반응'이 일어나지 않게 한다.

스트레스 호르몬의 정상적인 분비는 편도체와 해마를 매개로 한 학습 및 기억 과정을 촉진시킨다. 그래서 스트레스 경험과 관련된 일은 기억이 더 잘 되는 경우를 흔히 볼 수 있는데, 특히 공포나 불안 경험과 관련된 일은 생존에 중요하기 때문에 오랫동안 기억에 남는다.

그런데 일시적이지만 심각한 스트레스 경험이나 만성 스트레스 경험으로 인한 지나친 또는 장기간의 코르티솔 분비는 전전두피질과 해마의 뉴런들을 위축시키거나 사멸시키기도 한다. 이러한 경우의 대표적인 예로 우울증과 PTSD가 있다. 우울증은 과도한 스트레스 경험으로 인해 일어나는 일상적인 결과 중 하나인데, 우울증에 수반되는 기억장애는 해마의 손상과 관련이 깊다. 그리고 PTSD에서 관찰되는 비정상적인 상황 판단은 전전두피질의 구조적 · 기능적 결함과 관련이 있다(Ledoux, 2006, 2017). 상황 파악과 관련해서 전전두피질의 기능은 조현병 환자를 대상으로 한 위스콘신 카드 분류 검사에서 언급한 바 있다.

PTSD의 경우에는 편도체가 비정상적인 과활성화를 보이는데, 전전두피질의 결함으로 편도체의 과활성화가 억제되지 못해 외상 관련 자극에 대한 극도의 스트레스 반응을 보일 뿐만 아니라 비정상적인 불안과 망상을 경험하게 된다. 달리 표현하자면 이제는 상황이 종료됐다는 전전두엽의 명령을 편도체가 듣지 않는 것이다. 편도체는 아직도 위험하다고 판단하고 있다. 마음에는 그때 그 사건이 여전히 계속되고 있는 것이다.

한편, PTSD의 발생에 취약한 선행 요인들과 관련해서 외상 경험 이전에 해마와 편도체의 크기가 작은 사람들이 좀 더 쉽게 PTSD로 발전될 가능성이 있다는 연구 결과도 있다. 해마는 편도체의 활성화로 인한 코르티솔의 분비를 부적 피드백(negative feedback)을 통해 조절하는 기능을 함으로써 전전두엽과 함께 편도체의 과활성화 효과를 억제하는 역할을 한다. 그런데 외상 경험 이전이나 이후의 해마의 구조적·기능적 결함은 PTSD의 발생과 악화를 부추기게 된다(Ledoux, 2006, 2017).

그리고 이스라엘 군인들을 대상으로 한 연구에서는 입대할 당시 편도체의 반응을 측정하고 이후에 전투로 인한 스트레스의 경험을 관찰한 결과, 편도체의 반응이 가장 높았던 군인들이 가장 많은 스트레스를 겪었다고 보고했다. 반면, 뇌가 손상된 베트남 참전 군인들을 대상으로 한 연구에서는 편도체가 손상된 군인들 중에는 PTSD를 겪는 사람이 아무도 없었다는 것을 발견했다(Kalat, 2019). 정서 처리에 중요한 편도체가 PTSD를 낳는 극단적인 정서적 충격에도 필수적임이 분명해 보인다. 편도체는 우리의 정서 생활의 핵심이다!

3) 정서와 판단 및 의사결정

편도체는 전전두피질의 특정 부위와 함께 판단과 의사결정에도 관여한다. 전전두피질은 크게 세 부위로 나뉠 수 있는데, 대뇌 반구 바깥쪽 측면의 배외측 전전두피질(dorsolateral prefrontal cortex)과 대뇌 반구 안쪽 면의 내측 전전두피질(medial prefrontal cortex) 그리고 안구 바로 위쪽의 안와 전두피질(orbitofrontal cortex)이다([그림 3-12]). 이 중 내측 전전두피질과 안와 전두피질의 일부를 포함하는 복내측 전전두피질(ventromedial prefrontal cortex)은 편도체뿐만 아니라 기댐핵과도 연결되어 있어, 불안과 쾌감의 역동적 평형을 통해 원초적 욕구를 책임 있는 행동으로 충족하는 충동 통제에 관여한다. 또한 이 부위에는 자기 자신과 타인의 마음을 인식하는 데 중요한 기능을 하는 거울뉴런(mirror neuron)도 있어, 자신의 행동의 결과가 타인이나 자기 자신에게 어떤 영향을 미치는지와 관련해서 판단과 의사결정에 중요한 역할을 한다. 복내측 전전두엽이 손상된 사람들은 잘

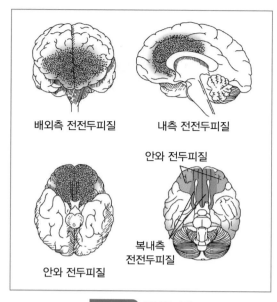

배외측 전전두피질

내측 전전두피질

안와 전두피질

안와 전두피질

복내측
전전두피질

그림 3-12 **전전두피질**

못된 선택을 하더라도 후회하는 일이 없는데, 이는 책임 있는 판단과 의사결정을 하는 능력이 없다는 것을 의미한다(Filley, 2012).

복내측 전전두엽이 판단과 의사결정에 어떤 역할을 하는지 보여 주는 다음과 같은 예들이 있다(Restak, 2004). '트롤리 딜레마'라는 이름의 상황에서, 고장 난 트롤리(전차)가 선로를 따라 달려오고 있다. 그 선로에는 다섯 사람이 서 있다. 그리고 다른 선로에는 한 사람이 서 있다. 그들은 모두 트롤리가 달려오는 것을 모른다. 선로 변환기 옆에 서 있는 당신만이 이 상황을 알고 있다. 변환기를 당기면 다섯 사람을 살릴 수 있다. 하지만 다른 한 사람이 죽는다. 당신은 어떻게 하겠는가? 선로 변환기를 당기겠는가?

'육교 딜레마'라는 또 다른 상황에서도 트롤리가 선로를 따라 달려오고 있고, 그 선로에 다섯 사람이 서 있다. 이번에는 당신이 선로를 가로지른 육교 위에 있다. 그리고 바로 옆에는 아주 뚱뚱한 사람이 한 명 서 있다. 마찬가지로 당신을 제외하고 아무도 이 상황을 모른다. 당신이 다섯 사람을 살릴 수 있는 오직 한 가지 방법은 옆에 서 있는 뚱뚱한 사람을 선로 위로 떨어트려 그 무게로 트롤리를 멈추는 것이다. 당신은 옆 사람을 밀어 떨어트리겠는가?

당신이 두 딜레마 모두에서 한 사람을 죽이고 다섯 사람을 살리는, 논리적으로는 동일한 결정을 내린다손 치더라도 그러한 결정이 둘 다 똑같이 느껴지는 것은 아니다. '트롤리 딜레마'에서는 대다수의 사람들이 변환기를 당기는 것에 동의하지만, '육교 딜레마'에서는 동의하는 경우가 적다. 정상인의 뇌영상에서 '육교 딜레마'를 고민하는 동안 편도체를 포함한 정서에 관련된 뇌 부위들이 강하게 활성화되는 것을 발견했다.

하지만 복내측 전전두엽이 손상된 사람들은 이들 딜레마에서 고민하지 않는다. 그들은 정상적인 사람들이 정서적으로 불편해서 선택하기를 꺼려하거나 주저하는 상황에서 신속하고도 차분하게 결정을 내린다. 즉, 그들은 다섯 사람을 살리기 위해 한 사람을 희생시킨다는 냉철한 공리주의적 입장에 입각해 결정을 내리는 것이다. 정서 신경과학자 Antonio Damasio는 정서는 선악이라는 개념과 분리될 수 없다고 말한다. 즉, 정서는 도덕성의 토대이다!

한편, '아이오와 도박 과제'라는 상황에서는, 네 개의 카드 묶음에서 한 번에 한 장씩 카드를 뽑는다. 카드 뒷면에는 당신이 따게 되는 돈의 금액이 적혀 있다. A와 B 카드 묶음에는 100달러가 적혀 있는 카드가 섞여 있고, C와 D 카드 묶음에는 50달러짜리 카드가 섞여 있다. 그리고 네 개의 카드 묶음에는 당신이 뺏기는 금액이 적힌 카드도 섞여 있다. 이 도박 과제에서 얻을 수 있는 최대의 이익은 C와 D 묶음에서만 카드를 뽑는 것인데, 이는 당신이 시행착오를 통해 알 수 있다. 정상인의 경우 카드를 한 장씩 뽑아나가는 동안에 A나 B 묶음에서 카드를 뽑을 때 초조해지기 시작하면서 점점 C와 D 묶음에서 카드를 더 많이 뽑게 된다.

하지만 복내측 전전두엽이나 편도체가 손상된 사람들은 A와 B 묶음의 카드를 선택할 때 전혀 초조해 하지 않고 계속해서 이 두 묶음의 카드를 뽑는다. 그들은 선택의 결과가 자기 자신에게 어떤 영향을 주는지 판단하지 못하고 어리석은 결정을 하게 된다. 정서는 우리가 경험하는 것들에 대한 의미와 가치를 판단하는 기준이 되는 것이다(Kalat, 2019).

뇌에 대한 이해에 있어 역사적 사건이 된 '피니어스 게이지(Phineas Gage)'의 사례도 복내측 전전두엽의 역할이 무엇인지 구체적으로 보여 준다([그림 3-13]). 철도회사 작업반장이었던 그는 철도공사 현장에서 폭파작업 중 사고로 1m 가량 되는 굵은 쇠막대기가 복내측 전전두 부위를 뚫고 날아가는 심각한 뇌손상을 당했다. 그런데도 생명에 지장이 없었고 의식도 온전했으며 고통조차 전혀 느끼지 못했다. 심적인 고통을 느끼는 데도 이 부위의 역할이 중요하다. 몇 주 후에는 왼쪽 눈을 잃어버린 것을 제외하고는 신체상의 이상이나 마비도 없고, 기본적인 지능이나 언어에도 아무런 장애 없이 퇴원했다.

하지만 성격과 사회적 행동은 완전히 바뀌어 버렸다. 사고 전에는 생각이나 판단력이 분명하고 똑똑했으며, 책임감 있고 부지런해서 장래가 촉망되는 청년이었다. 그런데 사고 후에는 다른 사람을 전혀 배려하지 않고

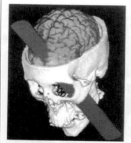
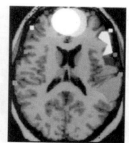

그림 3-13 **피니어스 게이지의 뇌손상의 재구성**

말과 행동을 무례하게 했으며, 고집불통에 참을성이 없이 충동적이며, 많은 계획만 세웠지 전혀 지킬 줄 모르는 무책임한 사람이 되어 버렸다(Damasio, 1999).

그리고 복내측 전전두 부위의 손상은 자제력이 부족하며 반사회적 행동을 보이는 반사회적 성격장애(antisocial personality disorder)나 사회병질(sociopathy)과도 관련이 있다. 이러한 관련성은 베트남 참전 군인들을 대상으로 한 대규모의 연구를 통해서도 확인된 바 있다(Filley, 2012).

 이성적이고 합리적인 판단?

과거 정신과 육체를 분리해서 생각하던 시절에, 데카르트는 인간의 정신이란 항상 의식적인 것이고 이성적이며 합리적이라고 생각했다. 지금 우리는 데카르트처럼 그렇게까지는 생각하지 않더라도 중요한 결정을 내릴 때만큼은 요모조모 따져가며 이성적이며 합리적으로 판단한다고 생각한다.

평결을 내리기 전에 배심원들의 손을 따뜻하게 했다. 물론 꾸며진 상황에서 배심원 역할을 하는 사람들이 자연스럽게 따뜻한 음료가 든 컵을 만지게 한 것이다. 이후에 평결은 어땠을까? 차가운 컵을 만진 경우보다 처벌의 수위가 낮아졌다! 달달한 사탕을 먹고 난 뒤라면? 쓴맛 나는 것을 먹은 것보다 평결이 관대해졌다. 마찬가지로 더럽고 지저분한 방보다 깨끗이 정리된 방에서, 방귀 스프레이가 뿌려진 방보다 옥시토신(oxytocin)이 뿌려진 방에서 평결이 모두 관대하게 내려졌다. 물론 당사자들은 모른다. 자신들이 이러한 것들에 영향을 받아 평결이 관대해졌다는 것을. 실험 결과를 듣고 난 뒤에도 인정하려 하지 않았다. 이성적이고 합리적인 판단에 의해 스스로 내린 결정이라고 우겼다.

부지불식간에 나의 몸 상태가 의식적인 판단에 영향을 주는 것이다. 평소 우리의 일상에서도 이런 일들이 비일비재하게 일어나고 있을 것이다. 실제로 이스라엘에서는 점심식사 전보다 후에 피고인에 대한 보석 결정이 더 많이 내려졌다는 보고가 있다.

그럼, 우리는 우리 스스로가 하는 것이 아무것도 없다는 말인가? 우리는 자유의지란 건 없는 좀비에 불과한가? 아니다. 이러한 사실을 알면 우리는 '좀비 상태'에서 벗어날 수 있는 여지가 있다. 이런 사실을 알면 알수록 우리는 독립된 주체로서 자유의지를 행사할 수 있는 가능성이 더 많아지는 것이다. 모르면, 우리는 우리 스스로 하는 일이라고 철석같이 믿지만, 아닐 수 있다.

애들은 배고프면 싸운다. 당신도 배고플 땐 논쟁할 만한 사람을 만나지 말라. 어쩔 수 없다면, 미리 타이레놀을 먹고 가라. 왜, 타이레놀을 먹으라고 할까?

5.
뇌와 운동

1) 운동 관련 뇌 부위들

신경계의 기본적인 기능은 감각과 운동에 관한 것이다. 신경계는 감각과 운동 기능을 통해 유기체가 외부 자극에 적절히 반응할 수 있게 함으로써 생존을 돕는 역할을 한다. 각각의 감각신경계에서 감각 정보는 전문화된 감각 기관을 통해 해당 감각 양식을 처리하는 대뇌피질에까지 도달된다. 예를 들면, 시각의 경우는 후두피질, 청각은 측두피질, 체감각은 두정피질로 입력된다.

운동신경계는 척수에서부터 뇌간 및 전뇌에 이르기까지 운동 수준에 따라 감각 정보에 상응하는 운동을 출력하게 된다. 운동 관련 대뇌피질은 소위 자발적인 운동 생성에 관여하는데, 전전두피질, 특히 배외측 전전두피질은 앞서 소개한 작업기억이라는 기능을 통해 입력된 감각 정보와 이미 저장되어 있는 기억 정보들을 관리하고 조작해서 운동 계획을 수립한다. 그리고 이러한 운동 계획은 일차운동피질 바로 앞 전두엽에 위치하는 보조운동영역 (supplementary motor area)과 전운동피질(premotor cortex)에서 일련의 운동들로 조직화된 후 운동 호문쿨루스가 표상되어 있는 중심전회의 일차운동피질로 보내진다([그림 3-14]). 이후 일차운동피질에서 관련 신체 부위를 표상하는 뉴런들이 운동 명령을 뇌간과 척수로

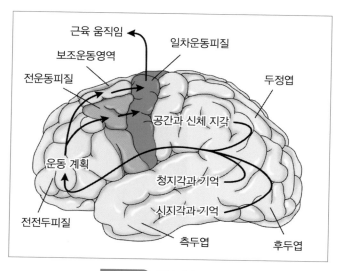

그림 3-14 운동 관련 대뇌피질

보내고, 뇌간과 척수에 있는 운동뉴런(motor neuron)은 운동 명령을 받아 신체 각 부위에 있는 해당 근육 세포들을 수축시키게 된다. 비유컨대, 전전두피질은 조직의 CEO와 같은 역할을 하고 보조운동영역과 전운동피질은 관련 기획부서, 그리고 일차운동피질은 현장 감독과 같은 역할을 한다. 그리고 뇌간과 척수에 있는 운동뉴런은 실지로 맡은 바 일을 수행하는 현장 작업자와 같다고 하겠다.

이 외에도 운동 관련 뇌 부위들이 더 있는데, 기저핵(basal ganglia)과 소뇌이다. 이들 부위는 운동피질처럼 뇌간과 척수로 신호를 내려 보내는 것이 아니라, 운동피질과의 상호연결을 통해 운동의 조절에 관여한다. 기저핵은 운동의 힘 조절에, 소뇌는 운동의 기술 조절에 관여한다. 한편, 기저핵은 말단의 팔다리를 움직이는 데 더 큰 역할을 하는 반면, 소뇌는 신체의 양쪽이 함께 움직이는 균형과 자세 조정에 더 중요한 역할을 한다.

운동의 힘 조절을 통해 느린 운동의 협응에 관여하는 기저핵은 어떤 움직임을 억제하기를 중지함으로써 그 움직임을 선택한다. 기저핵의 역할은 관련 운동 장애를 통해서 뚜렷이 알 수 있는데, 기저핵과 관련 있는 대표적인 운동 장애가 파킨슨병이다.

2) 운동 관련 장애

'파킨슨병'은 노화로 인한 퇴행성 신경질환으로, 직접적인 원인은 중뇌의 흑질(substantia nigra)에서 기저핵으로 도파민을 분비하는 도파민성 뉴런의 사멸이다. 즉, 파킨슨병의 증상은 기저핵에서의 도파민 분비의 부족으로 인한 것이다. 오래된 파킨슨병 환자들의 흑질과 기저핵에는 도파민이 거의 없다([그림 3-15]).

통상, 흑질 세포는 40세 이후 1년에 평균 1%씩 죽어나간다. 따라서 장수하게 되면 결국엔 파킨슨병에 걸릴 수밖에 없는데, 요즘에 와서 파킨슨병 환자가 과거에 비해 많아진 것

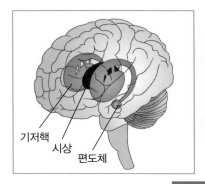

기저핵
시상
편도체

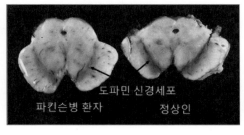

도파민 신경세포
파킨슨병 환자   정상인

그림 3-15 기저핵과 흑질

도 그래서 그렇다. 파킨슨병의 완치는 없고 종국엔 사망에 이르는데, 치료란 병의 진행을 늦추거나 증상을 완화시키는 것이다. 이러한 치료 효과 또한 초기에 흑질 세포의 사멸이 적을 때에만 한정적이다.

유전적 요인이 있는 경우에는 발병 시기가 빨라 40세 이전에 파킨슨병이 시작된다. 환경적 요인으로는 독감이나 바이러스의 감염이 있고, 살충제나 제초제에 많이 노출된 경우에 파킨슨병이 많이 발생한다는 보고가 있다. 그 외 뇌 감염, 뇌졸중, 종양, 외상성 뇌손상, 신경독 등의 원인이 있다. 한편, 커피나 담배도 파킨슨병의 발병률과 관계가 있는데, 흥미로운 사실은 커피를 마시는 것뿐만 아니라 흡연의 경우에도 발병률이 낮아진다는 것이다. 물론 이것은 인과관계를 말하는 것이 아니며, 특히 흡연은 어떤 물질이 어떻게 작용해서 그런지 아직은 알려지지 않은 것으로 안다. 아마도 이는 각성이 흑질 세포의 사멸을 늦추는 것과 관련이 있는 것으로 여겨진다. 왜냐하면 흑질에서 시작되는 도파민계는 뇌간 각성계 중의 하나인데, 각성을 일으키는 스트레스를 적당히 경험하면 파킨슨병이 예방된다는 보고가 있기 때문이다(송경은, 2017. 4. 18).

파킨슨병의 초기 증상은 손가락이 경직되거나 떨리는 정도로 그리 심각하진 않다. 또한 초기에 우울증이 동반되기도 한다. 하지만 시간이 지날수록 증상은 점점 더 심해져 나중에는 결국 석고처럼 굳어버린다. 그리고 이때는 의식마저도 정지해 버려 치료를 통해 일시적으로 깨어나더라도 그 시기 동안의 기억은 없다. 파킨슨병의 이러한 특징은 Oliver Sacks의 『깨어남(Awakenings)』이라는 책에 실린 실화를 바탕으로 한 영화 〈사랑의 기적〉에 잘 나타나 있다. Oliver Sacks는 근년에 작고한 저명한 신경학자이자, 『아내를 모자로 착각한 남자(The Man Who Mistook His Wife for a Hat)』라는 책을 포함한 많은 베스트셀러로 유명한 작가이기도 하다.

병이 완전히 진행되었을 때 나타나는 가장 일반적인 증상들은 다음과 같다. 첫째, 움직이지 않을 때 나타나는 신체 말단 부위의 떨림이다. 떨림이 움직이지 않을 때는 심한데 의도적으로 움직이거나 수면 중에는 억제된다. 둘째, 근육이 경직된다. 그래서 표정이 없는 얼굴로 먼 산을 보는 듯한 눈을 하고 있는데, 이를 두고 '파충류의 시선(reptile stare)'이라고 한다. 셋째, 원치 않게 자세가 끊임없이 변한다. 넷째, 움직임이 줄어들고 운동의 개시와 수행이 느려진다. 그런데 놀라운 것은 응급상황에서는 정상인 못지않게 '반사적으로' 움직인다는 것이다. 예컨대, 화재 경보가 울리면 후다닥 뛰쳐나간다든지, Oliver Sacks의 사적인 보고에 의하면 물에 빠진 소녀가 살려 달라는 소리에 벌떡 일어나 건져내고 온다든지 하는 사례가 있다. 한편, 인지적 과제의 개시와 수행도 운동과 마찬가지로 느려진다. 다섯째, 앞으로 숙인 자세로 발을 질질 끌며 느릿느릿 다리를 벌리고 걷는다. 그렇지만 바닥

에다 횡단보도처럼 줄을 그어 놓으면 그 줄에 맞춰 성큼성큼 잘 걷기도 한다(https://dai.ly/xliqgs). 파킨슨병 환자에게서 관찰되는 이러한 행동과 응급상황에서의 '반사적인' 행동들은 기저핵이 소위 자발적인 행동의 개시와 수행에는 관여하지만, 자동화된 빠른 연속 운동에는 그렇지 않다는 것을 보여 준다. 파킨슨병 환자의 치료에 댄스가 도움이 되는 것도 이와 관련이 있다.

파킨슨병의 치료에는 도파민의 전구물질(precursor)인 L-도파가 사용된다. 이미 소개했듯이, L-도파는 도파민 시냅스에서 효능제 역할을 함으로써 파킨슨병의 치료 효과를 낸다. 도파민 자체를 처치하는 것은 효과적이지 않은데, L-도파와는 달리 중추신경계로 쉽게 들어가지 못하기 때문이다. L-도파를 처치하면 증상이 때때로 호전되기도 하지만, L-도파의 효과는 흑질 세포의 사멸이 상대적으로 적은 초기에만 일시적이며 점차로 내성이 생긴다. 그리고 부작용으로 성적 집착을 일으키기도 한다. 한편, 최근에 줄기세포 기술을 이용해 파킨슨병 환자 본인의 피부세포를 도파민 뉴런로 바꾼 뒤 뇌 속에 이식하는 임상치료가 한국인에 의해 성공을 거두었다(김윤수, 2020. 6. 2).

소뇌의 대표적인 기능 중 하나는 전정 감각(vestibular sense)을 통해 신체의 균형을 유지하는 것이다. 그리고 소뇌는 대뇌 운동피질로부터 보내진 운동 명령에 대한 사본과 실제 수행된 운동에 대한 감각 피드백 정보를 비교해서 운동이 계획대로 잘 수행되고 있는지 확인하고 오류를 수정함으로써 빠른 운동의 기술 조절에 관여한다. 소뇌는 마치 운동 기술을 익히는 데 있어 교사와 같은 역할을 하는 것이다. 이러한 소뇌의 기능을 잘 알 수 있는 예로서 나무늘보와 표범이 있다. 이 둘의 소뇌를 비교해 보면, 나무를 잘 타는 표범의 소뇌가 나무늘보에 비해 월등히 크고 잘 발달되어 있는 것을 알 수 있다. 한편, 소뇌는 알코올에 가장 민감한 뇌 부위 중 하나이다(다른 한 부위는 전전두피질이다). 알코올은 뉴런의 활동전위 생성을 방해함으로써 소뇌의 기능을 억제하게 된다. 만취 시 걸음걸이가 비틀거리는 것도, 음주 후 기계 조작이나 운전 등을 해서는 안 되는 것도 소뇌의 이러한 기능 때문이다.

부언하면, 대뇌의 좌우 반구는 신체의 좌우와 엇갈리게 연결되어 있다. 즉, 왼쪽 뇌는 신체의 오른쪽과, 오른쪽 뇌는 신체의 왼쪽과 신경연결되어 있다. 이러한 신경연결을 대측지배(contralateral innervation)라고 한다. 그런데 소뇌는 신체와 대측지배되어 있지 않다.

3) 거울뉴런

하품은 전염된다는 말이 있다. 이와 관련해서 매우 흥미로운 뉴런이 있다. 바로 인간을 포함한 영장류의 운동 관련 대뇌피질에서 발견되는 '거울뉴런'이라 이름 붙여진 세포이다. 거울뉴런은 모방과 공감에 중요한 역할을 하는 세포로 알려져 있다. 거울뉴런의 발견은 아리스토텔레스의 '인간은 사회적 동물이다.'라는 철학적 명제를 과학적으로 증명한 최초의 사건으로, 신경과학에서는 생물학의 DNA 이중나선 구조의 발견만큼이나 중요한 의의를 지닌다.

거울뉴런은 자신이 행동을 할 때는 물론이고 다른 사람의 행동을 관찰할 때도 활성화된다. 이러한 거울뉴런의 활동은 다른 사람의 행동을 모방하는 데, 또 그 행동의 의도와 목표를 지각하는 데 중요한 역할을 한다. 즉, 거울뉴런은 타인의 행동이나 마음 상태에 관한 정보를 자신의 감각운동 정보처럼 다룸으로써 타인의 행동을 모방하고 마음을 공감할 수 있게 해 주는 신경생물학적 토대가 된다.

최초의 거울뉴런 발견은 원숭이에게서 이루어졌다. 1996년 이탈리아의 Rizzolatti 연구팀이 원숭이의 대뇌피질에서 발견한 거울뉴런은 원숭이가 어떤 행동을 할 때, 예컨대 땅콩을 집을 때 전기신호를 발생시켰다. 그리고 땅콩을 집으려 할 때도 동일한 일이 벌어졌다. 게다가 다른 원숭이가 땅콩을 집는 것을 볼 때나 혹은 땅콩을 집으려고 한다고 여겨지는 행동을 관찰할 때조차 거울뉴런은 같은 반응을 보였다. 뿐만 아니라 같은 원숭이가 아닌 인간의 행동을 관찰할 때도 마찬가지였다.

거울뉴런의 기능을 매개로 한 모방과 공감은 선천적인 것인가? 어떤 행동도 선천이나 후천 하나만으로는 설명할 수 없듯이, 모방과 공감도 거울뉴런의 선천적·후천적 기능에 의해 매개될 것이다. 유아는 생후 3개월이 지나야 겨우 색을 볼 수 있고, 초점을 맞추려면 6개월이 지나야 한다. 그럼에도 불구하고 엄마가 혀를 내밀면 아기는 금방 엄마의 행동을 따라한다. 겨우 30cm 앞만 볼 수 있는 신생아의 경우에도 엄마의 표정을 따라한다. 선명하게 보이지 않아도 표정을 흉내 내는 것이다. 최근 보고에 따르면 생후 20분만 되어도 이러한 모방이 가능하다고 한다. 한편, 18개월 된 아기는 자기 눈으로 관찰한 사람의 행동 (예: 장난감 집어던지기)은 완벽하게 따라하게 되지만, 사람의 행동이 아닌 기계 장치로 보여 주는 움직임은 동일한 것이라도 무시하게 된다(Restak, 2004).

또한 다른 사람의 행동을 관찰할 때 일어나는 거울뉴런의 반응은 자신의 경험에 따라서도 달라진다. 만약 관찰하고 있는 특정 행동이 익숙한 것일 때에는 거울뉴런의 활동이 더 활발해진다. 예를 들어, 발레리나가 특정 발레 동작과 그리고 이 발레 동작과 흡사한 무술 동작을 번갈아 보고 있을 때, 발레리나의 운동 관련 피질에 있는 거울뉴런은 발레 동작을 볼 때 훨씬 더 활발하게 반응한다. 반대로 무술가의 경우도 마찬가지다. 이러한 사실은 자신의 경험이 타인의 행동을 이해하는 바탕이 된다는 것을 의미한다. 달리 말하면, 자신의 경험이 많을수록 타인을 더 잘 이해할 수 있게 된다는 것이다.

그리고 경험에 따른 거울뉴런의 이러한 반응은 다른 사람이 하는 행동을 보고 그 행동의 결과를 예측하는 데에도 영향을 준다. 예측은 그 특정 행동에 대한 자신의 실제 경험이 많은 경우에 더 정확하다. 가령, 전문적인 농구 선수는 다른 사람이 공을 던지는 몸동작만 보고도 공이 들어갈지 말지를 예측할 수 있다. 반면, 평생 농구경기 기자생활을 한 사람이라 할지라도 공을 던지는 동작만 보고는 그러한 예측을 하지 못한다. 이러한 현상은 원숭이와 6개월 된 아기에게서도 관찰된다(Gredebäck, 2010).

상대방의 행동을 따라 한다는 것은 자신도 모르는 사이에 벌어지는 무의식적인 반응이다. 표정을 지을 때 어떤 근육이 주로 움직이는지 관찰해 보면, 광대뼈 주변 근육은 웃을 때, 눈썹 근육은 찡그릴 때 움직인다. 다른 사람의 표정을 볼 때도 마찬가지로 자신도 모르게 똑같은 근육이 움직인다. 웃는 표정에서는 광대뼈 주변이, 화를 내거나 찡그린 표정에서는 눈썹이 순간적으로 반응한다. 표정을 본 시간은 겨우 0.03초, 무엇을 봤는지 알 수 없는 찰나인데도 상대방의 표정을 따라한다.

그런데 상대방의 표정을 그대로 따라한다는 것은 단지 표정만 따라하는 것이 아니라 그 감정도 같이 느끼게 되는 것이다. 이런 자동화된 과정을 통해서 우리는 다른 사람의 감정을 공감하게 된다. 우리가 타인을 공감하게 되는 것은 어떤 의지에 따른 것이 아니라, 다른 사람의 행동을 자동적으로 모방하고 이를 통해 다른 사람의 내면세계를 추론하게 하는 시스템이 우리에게 내재되어 있기 때문이다. 즉, 모방은 행동과 마음 상태 사이의 연결고리를 만들어 다른 사람과의 공감을 가능케 하는 뇌의 기능이다(Restak, 2004).

이처럼 거울뉴런의 활성화는 타인의 표정, 몸짓에 대한 내적 모방을 구성하게 함으로써 타인이 경험하는 정신 상태에 대한 이해를 가능케 하므로 사회인지(social cognition)에 있어 핵심적인 역할을 한다. 따라서 거울뉴런의 기능적 이상은 사회적 적응 행동의 결핍을 야기할 수 있고, 이러한 기능적 이상의 대표적인 사례가 '자폐스펙트럼장애(autism spectrum disorder)'이다.

자폐스펙트럼장애의 경우 거울뉴런이 있는 피질 영역의 발달이 지체되어 있고, 모방 동안에 거울뉴런의 활성화가 감소되어 있거나 혹은 결여되어 있는 것이 관찰된다. 자폐스펙트럼장애가 있는 아이들이 얼굴 표정을 모방하는 동안 fMRI를 촬영한 결과, 정상 발달을 보이는 아이들에 비해 거울뉴런이 위치하는 우측 전두피질의 활성화가 현저하게 감소되어 있었고, 그 감소의 정도는 장애 정도와 상관이 있었다. 즉, 자폐스펙트럼장애의 증상이 심할수록 거울뉴런의 활성화도 낮았다(Dapretto et al., 2006).

공감은 대인 정서와 관련해서 도덕적인 삶에도 중요하다. 특히, 유아나 어린 아이들의 도덕성 발달의 핵심 능력은 공감에서 기인된다. 따라서 소위 사이코패시(psychopathy)라고 불리는 반사회적 행동 특징의 사회병질도 거울뉴런의 구조적·기능적 발달상의 문제와 관련이 있는 것으로 생각된다. 그리고 사회병질자(sociopath)의 대뇌피질의 활성화 정도를 측정해 보면, 전두피질의 활성화가 정상인에 비해 감소되어 있는 것도 확인할 수 있다. 여기서 주의할 점은 거울뉴런에 문제가 있다고 해서 자폐스펙트럼장애를 지닌 환자들도 반사회적 성격을 지닐 것으로 생각해서는 안 된다는 것이다(Bloom, 2015).

공감이라고 하면 우리는 흔히 긍정적인 측면만을 생각하게 되는데, 최근 '공감에 반대한다.'라는 입장이 대두되었다. 올바른 판단과 주어진 역할을 제대로 수행하기 위해서는 타인의 감정에 휩쓸리지 않아야 할 때가 있는데, 공감이 도덕적 판단과 행동에 문제를 일으킬 수 있다는 것이다. 예컨대, 공감으로 인해 우리는 비합리적인 편견을 가질 수 있고, 또 잘못된 편견에 공감할 경우 폭력 충동이나 악행이 유발될 수도 있다. 이와 관련해서, 공감 능력이 높은 사람일수록 더 심한 보복을 원한다는 연구 결과도 있다(폴 블룸, 2017). 참고로, 소위 '도덕분자'라고 일컬어지는 옥시토신이 가까운 사람들에게는 더 친절하게 대하도록 해 주지만, 반면에 지역주의적인 편견을 증가시킨다고 한다. 예컨대, 옥시토신을 코로 흡입하고 나면 자신이 속한 집단의 구성원에 대해서는 더 긍정적으로 되지만, 다른 집단의 구성원들에 대해서는 더욱 배타적인 태도를 취하게 된다.

Bertrand Russell은 '사랑은 열정으로, 증오는 이성으로'라는 말을 했다. 건강한 공감에는 인간 지성이 지닌 합리성이 필요하다. 냉담해서는 안 되지만 냉정할 필요는 있다. 공감은 좋은 것도 나쁜 것도 아닌 단지 지능으로서 어떤 목적을 위해서도 사용될 수 있는 도구일 뿐이다. 따라서 그것은 어떻게 사용되느냐에 따라 좋을 수도 있고 나쁠 수도 있다. 플라톤의 말처럼 성숙한 인격이란 열정과 이성이 균형을 이룬 상태이다.

인류가 가장 궁금해 하고, 또 가장 풀기 어려운 문제가 두 가지 있다. 하나는 '우주가 어떻게 생겨났는지, 왜 존재라는 것이 존재하는지, 존재하지 않으면 안 되는지'이다. 다른 하나는 '육체에서 어떻게 정신이라는 것이 생겨날 수 있는지'이다.

이 장에서 우리는 인류의 두 번째 어려운 질문과 관련하여 지금까지 밝혀진 내용 중 일부를 살펴보았다. 육체와 정신 간의 관계에 대한 대답을 그동안에는 철학자들이 궁구해 왔다면, 이제는 과학자들이 뇌를 통해 마음의 실체를 밝혀내려 하고 있다. 물론 철학자들도 그들의 '뇌'를 통해 밝혀내려 했지만 말이다.

뇌를 지금처럼 중요하게 생각하지 않았던 적도 있었다. 고대 이집트에선 미라를 만들 때 콧구멍을 통해 뇌를 모두 제거해 버렸다. 아리스토텔레스는 뇌가 하는 일이란 고작 뜨

글상자
3-3 **"너무 감동적인 연설입니다!"**

실어증(aphasia)은 크게 두 범주로 나눌 수 있다. 하나는 구어 생성(speech production)에 문제가 있는 브로카 실어증(Broca's aphasia)이고, 다른 하나는 언어 이해(language comprehension)에 문제가 있는 베르니케 실어증(Wernicke's aphasia)이다. 이들 실어증은 좌반구에 문제가 있을 때 일어나는 실어증이다. 왜냐하면 오른손잡이의 90% 그리고 왼손잡이와 양손잡이의 70%가 이들 실어증과 관련된 언어중추가 왼쪽 뇌에 있기 때문이다. 오른쪽 뇌도 언어 기능에 관여하는데, 오른쪽 뇌는 왼쪽 뇌와는 달리 언어가 지닌 운율(prosody)의 이해와 표현에 중요하다. 따라서 오른쪽 뇌에 문제가 있는 경우에는 뉘앙스가 지니는 의미를 이해하지 못하거나 표현하지 못하게 된다.

다음은 유명한 신경학자 Oliver Sacks의 베스트셀러 책 『아내를 모자로 착각한 남자』(2020)에 소개된 '대통령의 연설'이라는 사례의 내용을 요약 · 정리한 것이다.

텔레비전에서는 언제 봐도 매력적인 배우 출신의 대통령이 능숙한 말솜씨와 성우 뺨치는 매력적인 목소리로 멋들어지게 연설하고 있다. 우리는 늘 그렇듯 감동적인 연설이라고 감탄했다. 하지만 언어 이해에 문제가 있는 실어증 환자들은 파안대소했고, 운율 이해에 문제가 있는 환자는 설득력이 없고 문장이 엉망이고 조리도 없으며 머리가 돌았거나 무언가 숨기고 있는 것 같다고 했다.

왼쪽 측두엽의 장애로 일어난 베르니케 실어증 환자들은 말의 가락은 알아들었지만 단어를 이해하지 못했고, 오른쪽 측두엽의 장애로 일어난 음색인식불능증 환자의 경우에는 문장과 어법의 타당성에 뛰어난 감각을 지니고 있었지만 목소리에 담긴 희로애락을 판단할 수 없었다. 하지만 대통령은 물론 우리 정상인들은 여전히 대통령의 명연설에 감탄해 마지않았다.

누구의 말이 진짜입니까? Oliver Sacks는 다음과 같이 끝을 맺는다. "인간은 속이려는 욕망이 있기 때문에 속는다."

거운 심장을 식혀주는 기관일 뿐이라고 생각했다. 그런데 가장 어려운 문제도, 그 문제에 대한 대답도 결국엔 뇌를 통해 일어나고 일어날 일들이다. "자신의 머릿속에서 어떤 일이 일어나는지를 이해하고 있는 삶과 그렇지 않은 삶은 분명 큰 차이가 있다."라는 V. S. Ramachandran의 말처럼, 뇌를 이해하는 것은 우리 자신을 이해하고, 세상을 이해하며, 앞으로 우리의 나아갈 바를 알게 되는 중요한 일이다.

끝으로, 뇌와 행동을 공부할 때 주의해야 할 점이 두 가지 있다. 하나는, 뇌의 특정 부위가 특정 기능을 전담한다는 생각이다. 뇌는 모듈 방식(modularity)으로 작동하지 않는다.

그렇다고 해서 뇌 전체가 하나로서 모든 기능을 하는 전체(holism)로서도 작동하지 않는다. 뇌는 그 중간쯤의 분산된 신경망(distributed neural network)으로 작동한다. 한 부위가 여러 기능에 관여하기도 하고, 한 기능이 여러 부위에 의해 수행되기도 한다. 다른 하나는, 뇌를 경험과 행동을 설명하는 만능열쇠처럼 생각해서는 안 된다. 뇌만으로 경험과 행동을 설명할 수는 없다. 경험과 행동은, 뇌가 신체를 통해 환경과 끊임없이 상호작용하는 가운데 뇌에 의해 매개되는 것이다.

요약

뉴런의 기본 구조는 가지돌기, 세포체, 축삭, 축삭종말로 나뉜다. 그리고 기능적으로 가지돌기는 입력부, 세포체는 처리부, 축삭과 축삭종말은 출력부에 해당한다. 한편, 축삭에서는 활동전위라고 불리는 전기신호가 발생하여 축삭종말까지 전파된다. 아교세포에는 축삭에서 말이집을 만드는 핍돌기교세포와 슈반세포가 있다. 말이집은 절연과 활동전위의 전파 속도를 높여 주는 역할을 한다.

뉴런들 간의 신호 전달이 이루어지는 시냅스에서는 신경전달물질을 통해 신호가 전달된다. 신경전달물질은 축삭종말까지 전파된 활동전위에 의해 분비된다. 신경계에 작용해서 경험과 행동에 영향을 주는 대부분의 약물은 시냅스에서 효능제나 길항제 역할을 한다. 효능제는 신경전달물질의 작용을 흉내 내거나 촉진하는 약물을, 길항제는 신경전달물질의 작용을 방해하거나 억제하는 약물을 가리킨다. 도파민을 신경전달물질로 분비하는 보상 경로의 활성화는 중독 행동의 유발과 상관있다. 그리고 보상 경로상의 도파민 분비 양상은 조현병 증상과도 관련이 있다.

뉴런의 발달은 증식, 이동, 응집, 분화, 시냅스 생성, 말이집 형성의 단계를 거친다. 시냅스와 말이집은 경험으로 인해 평생 동안 생겨나고 사라질 수 있다. 이처럼 경험으로 인해 신경계의 구조와 기능이 변할 수 있는 성질을 가소성이라고 한다. 시냅스 생성 단계에서 지나친 가지치기 현상이 조현병의 발생과 관련 있다. 그리고 알코올로 유발된 세포자살 현상으로 인한 비정상적인 뇌 발달이 태아 알코올 증후군의 부분적인 원인이다. 한편, 시냅스 가소성은 런던 택시 운전기사의 커진 해마뿐 아니라 PTSD 환자의 위축된 해마와 전전두피질 그리고 이들의 행동을 설명해 준다. 잃어버린 신체 부위에서 감각을 경험하는 환상감각 또한 시냅스 가소성으로 인해 관련 감각 피질에서 일어난 재조직화의 결과이다.

인간의 신경계는 중추신경계와 말초신경계로 대별된다. 중추신경계는 뇌와 척수로 구성된다. 말초신경계는 체신경계와 자율신경계로 나뉜다. 자율신경계에는 교감신경계와 부교감신경계가 있는데, 자율신경계의 활동으로 인한 신체 상태의 변화는 우리가 경험하는 감정의 중요한 토대가 된다. 한편 편도체는 교감신경계의 활성화와 스트레스 호르몬의 분비를 촉발시킨다. 그리고 해마와 전전두엽은 편도체의 작용을 억제하는 역할을 한다. PTSD의 경우 편도체는 과활성화를 보이고, 해마와 전전두엽의 구조와 기능은 축소되어 있다. 또한 편도체는 판단과 의사결정에도 중요한 역할을 한다. 편도체와 연결되어 있는 복내측 전전두엽이 손상된 사람은 정상적인 판단과 의사결정을 하지 못한다. 그리고 성격과 사회적 행동에도 문제가 생긴다. 반사회성 성격장애나 사회병질도 복내측 전전두엽의 이상과 관련이 있다.

대뇌피질에서 운동 관련 부위는 전전두피질, 보조운동영역, 전운동피질, 일차운동피질이다. 전전두피질에서 수립된 운동 계획은 보조운동영역과 전운동피질에서 조직화된 후 일차운동피질로 보내진다. 일차운동피질은 뇌간과 척수에 있는 운동뉴런으로 운동 명령을 내린다. 이 외에도 운동의 조절에 관여하는 기저핵과 소뇌가 있다. 기저핵은 운동의 힘을 조절하고, 소뇌는 균형과 자세 조정 및 운동의 기술을 조절한다. 대표적인 운동 관련 장애인 파킨슨병은 흑질에서 기저핵으로 도파민을 분비하는 뉴런의 사멸이 원인이다. 한편, 운동 관련 대뇌피질에는 자신이 행동을 할 때는 물론이고 다른 사람의 행동을 관찰할 때도 활성화되는 거울뉴런이 있다. 거울뉴런은 모방과 공감에 중요한 역할을 한다. 자폐스펙트럼장애와 사회병질은 거울뉴런의 발달상의 문제와 관련이 있는 것으로 생각된다.

연습 문제

1. _____는 다른 뉴런으로부터 입력되는 신호를 받아들이는 부위이다. _____는 입력된 신호들이 모여서 처리되는 부위로 신호들의 총합이 충분히 크면 _____으로 신호를 내보낸다. _____은 신경전달물질을 통해 다음 뉴런으로 신호를 전달하는 부위이다. 그리고 축삭과 축삭종말까지는 _____라고 불리는 전기신호가 발생된다.

2. _____와 _____는 축삭에서 말이집을 만드는 아교세포이다. 말이집은 축삭에서 활동전위의 전파 속도를 더 빠르게 한다. 이처럼 말이집으로 인한 빠른 활동전위의 전파를 _____라고 부른다. 이는 먼 거리에 신호를 전달하는 뉴런에게는 매우 중요한 기능이다.

3. 신경계에 작용해서 경험과 행동에 영향을 주는 대부분의 약물들은 _____에서 일어나는 신호 전달 과정에 영향을 미쳐 그 효과를 발휘한다. 약물이 신경전달물질이 만들어지고 분비되어 수용기와 결합하는 과정 중에 작용해서 최종적으로 신호 전달을 향상시키게 되면 _____라고 불리고, 신호 전달을 억제하거나 방해하게 되면 _____라고 불린다. 달리 말하면, 신경전달물질의 작용을 흉내 내거나 그 작용을 촉진시키는 약물은 _____, 신경전달물질의 작용을 방해하거나 억제하는 약물은 _____이다.

4. 경험으로 인해 신경계의 모양과 활동 양상이 변할 수 있는 성질을 _____이라 한다. _____은 생애 초기에 가장 크고, 나이가 들면서 줄어들지만 죽을 때까지 없어지지는 않는다.

5. 환상감각은 시냅스 가소성으로 인한 감각 관련 뇌 부위의 재조직화로 일어나는 현상이다. 이러한 시냅스 가소성은 _____이 발아해서 새로운 시냅스를 가지돌기와 맺거나 혹은(그리고) 가지돌기에 있는 _____가 더 민감해져서 신경전달물질에 더 잘 반응하게 되는 것이다.

6. 자율신경계는 _____와 _____로 구분된다. _____는 위협 상황에 대처할 수 있도록 에너지를 사용하여 신체를 준비시키는 기능을 한다. 이러한 준비 반응을 _____이라고 한다. _____가 작동하면 심혈관, 호흡기관 등의 활동이 증가하여 몸 구석구석에 에너지를 공급함으로써 신체를 준비시키게 된다. _____는 휴식과 이완 상태에서 작동하는 신경계로 소화와 흡수를 통해 에너지를 축적하는 기능을 한다. _____가 활성화되면 심장박동률과 혈압 및 호흡률은 낮아지고, 소화, 배설, 생식 기능은 상승한다.

7. PTSD의 경우는 이제는 상황이 종료됐다는 _____의 명령을 _____가 듣지 않는 것

이다. _____는 아직도 위험하다고 판단하고 있다. 마음에는 그때 그 사건이 여전히 계속되고 있는 것이다. 한편 외상 경험 이전에 _____와 _____의 크기가 작은 사람들이 좀 더 쉽게 PTSD로 발전될 가능성이 있다.

8. _____은 편도체뿐만 아니라 기댐핵과도 연결되어 있어, 불안과 쾌감의 역동적 평형을 통해 원초적 욕구를 책임 있는 행동으로 충족하는 충동 통제에 관여한다. 또한 자신의 행동의 결과가 타인이나 자기 자신에게 어떤 영향을 미치는지와 관련해서 판단과 의사결정에 중요한 역할을 한다. 정상인의 뇌 영상에서 '트롤리 딜레마', '육교 딜레마'를 고민하는 동안 편도체를 포함한 정서에 관련된 뇌 부위들이 강하게 활성화된다. 하지만 _____이 손상된 사람들은 이들 딜레마에서 고민하지 않는다. 그들은 정상적인 사람들이 정서적으로 불편해서 선택하기를 꺼려하거나 주저하는 상황에서 신속하고도 차분하게 결정을 내린다. 정서는 우리가 경험하는 것들에 대한 의미와 가치를 판단하는 기준이 된다. 그리고 _____의 손상은 자제력이 부족하며 반사회적 행동을 보이는 반사회성 성격장애나 사회병질과도 관련이 있다.

9. 파킨슨병은 노화로 인한 퇴행성 신경질환으로 직접적인 원인은 중뇌의 _____에서 _____으로 도파민을 분비하는 도파민성 뉴런의 사멸이다. 오래된 파킨슨병 환자들의 _____과 _____에는 도파민이 거의 없다. 파킨슨병의 치료에는 도파민의 전구물질인 _____가 사용된다. _____는 도파민 시냅스에서 효능제 역할을 함으로써 파킨슨병의 치료 효과를 낸다. 도파민 자체를 처치하는 것은 효과적이지 않은데, 그 이유는 중추신경계로 쉽게 들어가지 못하기 때문이다.

10. _____은 _____과 _____에 중요한 역할을 하는 뉴런으로 알려져 있다. _____은 자신이 행동을 할 때는 물론이고 다른 사람의 행동을 관찰할 때도 활성화된다. _____의 활성화는 타인의 표정, 몸짓에 대한 내적 모방을 구성하게 함으로써 타인이 경험하는 정신 상태에 대한 이해를 가능케 하므로 사회인지에 있어 핵심적인 역할을 한다.

📖 참고문헌

강석기(2016. 5. 23). 피해망상과 환각, 조현병(정신분열증)의 원인은? 동아사이언스.

김윤수(2020. 6. 2). 김광수 하버드대 교수, 세계 최초 파킨슨병 환자 줄기세포 치료 성공. 조선비즈.

송경은(2017. 4. 18). 적당히 스트레스 받아야 파킨슨병 예방한다? 동아사이언스.

송민령(2017). 송민령의 뇌과학 연구소. 서울: 동아시아.

폴 블룸(2017). 심리학 인간을 말하다: 공감에 반대한다. 플라톤아카데TV. https://www.youtu.be/ORqCwiOMYgU

Birbaumer, N., & Zittlau, J. (2015). 뇌는 탄력적이다(오공훈 역). 서울: 메디치.

Bloom, P. (2015). 선악의 진화 심리학(이덕하 역). 서울: 인벤션.

Damasio, A. (1999). 데카르트의 오류(김린 역). 서울: 중앙문화사.

Dapretto, M., Davies, M. S., Pfeifer, J. H., Scott, A. A., Sigman, M., Bookheimer, S. Y., & Iacoboni, M. (2006). Understanding emotions in others: Mirror neuron dysfunction in children with autism spectrum disorders. *Nature Neuroscience, 9*, 28-30.

Filley, C. M. (2012). 임상신경심리학의 기초(3판, 김호근 역). 서울: 시그마프레스.

Gredebäck, G. (2010). The Mirror Neuron System: Understanding Others as Oneself. TEDx Talks. https://www.youtu.be./DY1HAJGpyVw

Kalat, J. W. (2019). 생물심리학(13판, 김문수 외 공역). 서울: 박학사.

Kolb, B., & Whishaw, I. Q. (2012). 뇌와 행동의 기초(3판, 김현택 외 공역). 서울: 시그마프레스.

Ledoux, J. (2006). 느끼는 뇌(최준식 역). 서울: 학지사.

Ledoux, J. (2017). 불안(임지원 역). 서울: 인벤션.

Maguire, E. A., Woollett, K., & Spiers, H. J. (2006). London taxi drivers and bus divers: A structural MRI and neuropsychological analysis. *Hippocampus, 16* (12), 1091-1101.

Mook, D. G. (2007). 당신의 고정관념을 깨뜨릴 심리실험 45가지(진성록 역). 서울: 부글북스.

Ramachandran, V. S., & Blakeslee, S. (2015). 라마찬드란 박사의 두뇌 실험실(신상규 역). 서울: 바다출판사.

Restak, R. (2004). 새로운 뇌(임종원 역). 서울: 휘슬러.

Sacks, O. (2020). 아내를 모자로 착각한 남자(조석현 역). 서울: 알마.

Sekar, A., Bialas, A., de Rivera, H., Davis, A., Hammond, T. R., Kamitaki, N., Tooley, K., Presumey, J., Baum, M., Van Doren, V., Genovese, G., Rose, S. A., Handsaker, R. E., Schizophrenia Working Group of the Psychiatric Genomics Consortium, Daly, M. J., Carroll, M. C., Stevens, B., & McCarroll, S. A. (2016). Schizophrenia risk from complex variation of complement component 4. *Nature, 530*, 177-183.

파킨슨병. http://www.dai.ly/x1iqgs

http://youtube.be/rRNpbs3LEK8

04

감각과 지각

우리의 일상은 다양하고 복잡한 자극들로 가득 차 있다. 하지만 사람들은 이러한 복잡한 상황에서도 자극들을 잘 식별하고 적절하게 대처하며 살아간다. 다음의 경우를 생각해 보자. 잔잔한 쪽빛 바다와 어우러진 구름 한 점 없이 청명한 푸른 가을하늘, 생명을 구하기 위해 출동하는 앰뷸런스와 화재 진압을 위해 출동하는 소방차의 사이렌 소리, 허기진 상태에서 우연히 지나는 제과점에서 풍기는 갓 구운 향긋한 빵 냄새, 뜨겁게 달궈진 프라이팬의 손잡이를 무심코 잡았을 때 형언할 수 없는 뜨거움, 어두컴컴한 택시 안에서 거슬러 받은 돈을 손끝으로 구분하기, 강의실 바닥에서 밟은 압정의 통증, 갓 담근 것과 곰삭힌 김치의 신맛 등 매일 일어나는 온갖 세상사를 우리는 어떻게 구분하고 그 특성을 알 수 있을까? 혹자는 책이나 TV, 인터넷, 스마트폰 검색을 통해서, 혹자는 실제 일어난 사건들을 직접 경험하고 학습하고 기억한 것을 통해서라고 답할 것이다. 그러나 우리는 실제로 시각, 청각, 촉각, 미각 및 후각과 관련된 감각(sensation)과 지각(perception) 과정을 통해서 다양한 환경자극을 탐지하고 적절하게 행동하여 환경에 생존할 수 있는 능력을 지니게 된 것이다.

감각은 감각기관이 자극을 받아 생기는 경험으로 감각기관이 물리자극을 처리한 부산물인 질적 경험을 말하며 자극의 구체적인 식별보다는 대략적인 자극의 정보처리를 의미한다. 만약 우리에게 감각경험만 있다면, 세상은 의미 없고 단순한 장면, 빛, 소리, 맛, 냄새 및 감촉만이 난무하고 구체적인 느낌은 경험할 수 없을 것이다. 실제로 우리는 감각과정에서 처리된 불완전한 감각자료들을 자신의 과거 경험, 지식 및 기대감을 토대로 통합하고 조직화하여 의미를 부여한 후 구체적인 대상이나 현상으로 해석하는 지각을 경험하는 것이다.

이 장에서는 우리가 주위의 여러 물리적 대상들을 어떻게 탐지하고 지각하고 판단하는가를 알아본다. 첫 번째 절에서는 다양한 물리적 자극이 어떻게 탐지되고 그 특성이 최종적으로 어떻게 해석되는가에 대하여 감각과정과 지각과정으로 구분하여 설명할 것이다. 또한 인간의 정보처리과정에서 감각과 지각과정이 어떤 역할을 하며 이 분야에 대한 이해가 왜 필요하고 일상에서 어떻게 응용되는가를 알아본다. 두 번째 절에서는 초기 심리학이 과학으로 출발하는 데 중추역할을 했던 연구 주제인 외부의 물리자극을 심리적 감각과정에서 어떻게 판단하는가를 설명한다. 즉, 우리가 느끼는 감각의 세기(강도)를 측정하고 계량화하는 정신물리학(psychophysics)의 특성과 여러 가지 법칙을 소개하고 정신물리학의 단점을 보완하기 위해 등장한 신호탐지이론(signal detection theory)에 대해서도 알아본다. 세 번째 절에서는 시각, 청각, 미각, 후각, 촉각 및 운동(평형)감각 기관의 구조와 기능을 알아본다. 네 번째 절에서는 지각의 원리를 구체적으로 살펴본다. 주로 형태(form), 깊이(depth), 운동(movement) 지각을 가능하게 하는 원리와 법칙을 소개하며 초심리학(parapsychology)에서 다루는 초감각적 지각(extrasensory perception: ESP)의 실체에 대해서도 다룬다. 다섯 번째 절에서는 지각항상성, 착각 및 환각을 비교 설명하고, 특히 착시를 왜 경험하는지에 대해서 다루며 착시의 유형을 간략히 소개한다. 여섯 번째 절에서는 인간의 지각능력에 대한 오래된 논쟁인 지각의 후천성(양육)과 선천성(유전)의 관점을 비교하여 설명한다. 특히 이 논쟁과 관련하여 유아들의 지각능력을 측정하는 유아 정신물리학을 소개한다.

1.
감각과 지각의 정의 및 구분

우리의 주변에는 다양한 감각 자극들이 끊임없이 발생한다. 우리는 어떤 빛인지 어떤 소리인지 어떤 냄새인지 어떤 맛인지를 빨리 판단하고 신속하게 대처하는데, 이는 감각과 정과 지각과정이란 정보처리 때문에 가능한 것이다. 감각(sensation)은 감각기관들이 외부 환경의 물리적 자극에서 나온 에너지를 탐지(흡수)하여 신경충동으로 변환하여 대뇌로 전 송하는 것을 의미하며, 외부 물리적 자극정보를 받아들이는 수용단계(receiving process)와 이 정보를 대뇌가 해석할 수 있도록 신경에너지로 전달하는 전달단계(transferring process) 로 나눈다. 그런 다음 지각(perception)과정이 일어나는데 이 단계에서는 대뇌에 입력표상 된 신경충동 정보를 조직화하여 의미있는 대상이나 사건으로 해석하거나 적절하게 판단 하는 과정이 일어난다. [그림 4-1]의 커피포트로 커피를 끓이는 지각현상을 예로 들어 보 자. 대상(커피, 컵, 장치)에서 물리에너지(빛에너지, 소리에너지, 냄새-화학에너지)는 각 에너 지에 해당하는 감각수용기(sensory receptor: 망막, 달팽이관, 전정기관, 유모세포, 미뢰, [그림 4-2])를 자극하고 감각수용기는 입력된 물리에너지를 신경충동(전기화학적 신호)으로 변환 (transduction)하고 각 수용기전압을 생성하여 구심성 신경통로를 통해서 신경흥분유형에 맞는 여러 대뇌피질(시각, 청각 및 후각피질)에 도달하게 된다. 이렇듯 대뇌피질에 신경흥분 정보가 도달된(부호화, coding) 감각질에 대한 경험을 감각과정(따뜻한, 향기 좋은, 시끄러운, 갈색)이라 한다. 뇌에 도달한 신경흥분정보는 수용기의 에너지변환과 신경전달과정에서 신경충동자료가 상실되거나 왜곡되기 때문에 원래 자극특성에 비해 불완전한 상태이다. 이때 뇌는 과거경험과 기억을 토대로 감각자료를 다듬고 조직화 및 통합하여 구체적인 의미(meaning)를 부여하게 되는데 이를 지각과정(예: 달콤한 향의 이디오피아산 커피 맛)이라 한다. 지각과정이 완료된 후에는 대상과 연합된 기억이나 추상적 지식을 통해서 깊이 있는 정보처리가 수행되는 인지과정이 일어나기도 한다. 예컨대, 물리에너지가 감각수용기에 의해 신경충동으로 변환되어 구심성 신경통로(말초에서 대뇌로 가는 신경통로)를 거쳐 대뇌피질에 도달하게 되고 흥분된 피질세포정보를 구체적으로 해석하는 과정을 거쳐서 외부 자극에 대한 해석이 이루어지게 되는 것이다. 따라서 시각(vision)은 엄밀하게 분석하면 시감각과정과 시지각과정을 통합하여 일컫는 것이다. 이렇듯 순차적으로 이루어지는 일련의 감각과 지각과정의 사건들은 짧은 시간(msec, $\frac{1}{1,000}$초)에 자동적으로 이루어지기 때문에 우리가 의식적으로 통제하거나 변경할 수 없다. 또한 감각과정이 전혀 없이 이루어

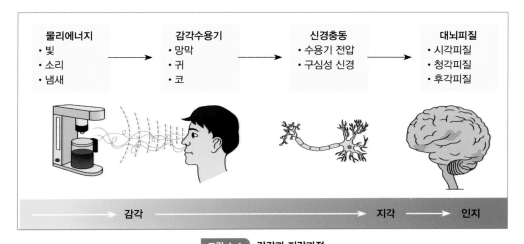

그림 4-1 감각과 지각과정

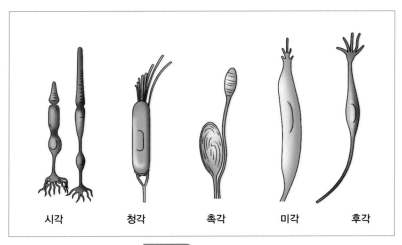

그림 4-2 감각수용기 유형

지는 이른바 초감각적 지각현상(초능력)도 과학적 심리학의 관점에서는 비논리적인 것으로 불가능한 현상으로 여겨진다.

그렇다면 왜 인간의 정보처리에서 감각과 지각과정에 대한 이해가 중요할까? 그 이유는 감각과 지각은 인간의 고등정신작용인 인지(앎)과정의 기초가 되는 단계로서, 모든 지식습득을 위한 기본적 정보처리단계이기 때문이다. 또한 불의의 사고나 질병으로 인해서 특정 감각기관의 기능을 손상당한 사람들의 재활치료를 위해서는 정상인의 감각과 지각과정의 기본적 기능과 특성에 대한 체계적인 연구가 필요하며, 이를 바탕으로 손상된 감각기관을 대체할 수 있는 인공감각기관(인공망막, 망막보철, 인공와우)을 만드는 데 도움이 될 수 있다. 그리고 인간이 접근할 수 없는 극한 상황에서 특정 과제를 수행하거나, 정확하면서 신속하게 특정 동작을 반복 수행해야 하는 공장 자동화 시스템을 구축하고, 4차 산업혁명시대에서 중요한 다양한 로봇의 역할수행을 연구하기 위해서는 먼저 인간의 감각과 지각과정을 설명하는 연구가 필수적이다.

2.
정신물리학: 자극의 탐지와 변별

정신물리학(psychophysics)이란 물리적 자극과 심리적 감각경험이 어떻게 관련되어있는가를 양적으로 계량화(quantification)하는 초기 과학적 실험심리학의 한 분야로서, 물리자극과 그것에 대응하는 심리적 감각경험 간 관계를 물리학적 원리를 통해 규명하는 학문이다. 정신물리학 실험을 하기 위해서는 물리세계에 대응하는 감각을 어떻게 요소별로 차원화하고 어떤 구체적인 방식으로 측정할 것인가를 정하는 것이 중요하다(Fechner, 1966). 예컨대, 시각 자극에 대응하는 감각차원은 명도, 색상 및 채도이며 청각 자극에 대한 심리적 차원은 음강(소리의 세기), 음정(소리의 높낮이) 및 음색(소리의 색깔) 등이 있는데, 이러한 요소는 색과 소리를 언급할 때 사용하는 심리적 차원이다.

감각의 요소를 규정하였으면 그것을 객관적으로 어떻게 측정할 것인가가 중요하다. 이는 절대역(absolute threshold)과 차이역(differential threshold)의 개념으로 설명할 수 있다. 역(閾)이란 문턱(문지방)이라는 의미로 자극 강도가 문턱을 넘어야 비로소 경험될 수 있다는 의미이다. 절대역은 우리가 특정 감각경험을 하는 데 필요한 최소한의 물리자극의 크기(에너지)로 자극의 탐지와 관련이 있다. 차이역은 감각기관에 탐지된 두 자극 간 차이(difference)를 구분(discrimination)하는 데 필요한 최소한의 자극 크기를 말한다.

절대역과 차이역에 관한 정신물리학 실험결과는 우리의 일상생활에 다양하게 영향을 주고 있다. 예컨대, 감각기관의 관능에 의존해 담배, 향수, 식음료 등과 같은 제품의 비교평가 분야와 심리검사 분야, 새로운 주화(지폐)를 발행할 때 기존 통용되는 주화와 혼동을 최소화하기 위한 파일럿검사, 소믈리에나 바리스타 및 병아리 감별사(chicken sexer)의 신속하고 정확한 분류행동, 고예술품의 진위여부를 신뢰 있게 감정평가하거나 그리고 현악기를 조율하기 위한 상대음감의 영역까지 정신물리학의 원리는 중요하다.

1) 절대역치: 자극의 탐지

외부 환경에는 수많은 빛, 소리, 열선 및 냄새들이 생겨났다가 순식간에 사라져 버린다. 그중 우리가 경험할 수 있는 것은 극히 일부에 불과하다. 극히 약한 강도의 자극은 탐지할 수 없으며, 지나치게 강한 자극은 특정 감각수용기를 훼손시킬 수 있다. 강의실에서 최소한 어느 정도 크기의 소리를 들려주면 여러분은 그 소리를 들을 수 있는가? 또한 어느 정도 강도의 레이저 빛을 주사하면 프레젠테이션용 스크린에서 레이저 포인터의 빛을 탐지할 수 있는가? 이렇듯 특정 감각체계를 활성화하는 데 필요한 최소한의 물리자극의 에너지(smallest amount)를 절대역치라 한다. 절대역치를 측정하는 방법으로는 항상자극법 (method of constant stimuli), 조절법(method of adjustment) 및 한계법(method of limit) 등이 있는데 여기에서는 지면의 한계상 [그림 4-3]의 항상자극법을 설명하기로 한다. 항상자극법에서는 각 자극당 10회씩 무선적으로 자극 강도가 다른 5~9개의 자극을 실험참가자에게 제시한 후, 각 자극(가로축)당 탐지반응(예 반응)의 백분율을 세로축에 표시하는데 이러한 결과를 심리측정함수(psychometric function)라 한다. 이 그림에서 (a)는 이론적인 절대

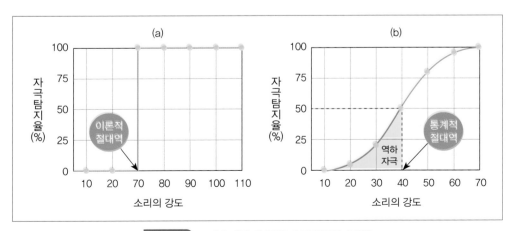

그림 4-3 소리에 대한 절대역치 측정법(항상자극법)

역치로 실무율(all or none)에 근거하여 자극탐지 반응이 100%일 때 소리강도를 의미한다. 이 그림에서 소리자극 70이 이론적인 절대역이다. (b)는 통계적으로 정의한 절대역 측정 방법으로 강도 10의 소리는 전혀 탐지되지 않았고 강도 70의 소리는 항상 탐지되었다. 그리고 중간에 있는 강도의 소리들은 어떤 때는 탐지되고 어떤 때는 탐지되지 않았다. 일반적인 항상자극법에서는 총 실험시행의 50%에서 자극이 탐지된 자극의 강도를 절대역(실험참가자의 절대역치의 평균값)으로 간주한다. 그림 (b)에서는 소리 강도 40인 자극이 절대역이 된다. 또한 탐지반응 50% 미만인 강도 39 이하 소리를 역하자극(subliminal stimuli, 절대역보다 약한 자극으로 의식할 수는 없지만 인간의 사고와 행동에 영향을 줄 것으로 기대되는 자극)으로 정의하는데, 1950년대 후반 미국에서는 역하자극의 광고메시지 효과 유무에 대한 논쟁이 일어난 바 있다. 참고로 인간의 절대역치에 대한 측정결과를 〈표 4-1〉에 제시하였다.

표 4-1 감각양식별 절대역치

감각양식	절대역치
시각	맑은 날 밤 48km 떨어진 곳에 있는 촛불 탐지
청각	조용할 때 60cm 떨어진 곳에서 나는 시계 초침 소리 탐지
미각	3.8ℓ의 물에 녹아있는 한 티스푼의 설탕맛 탐지
후각	6개 방이 있는 아파트(약 40평)에 뿌린 향수 한 방울 탐지
촉각	1cm의 거리에서 뺨에 떨어지는 파리의 날개 탐지

출처: Galanter (1962).

2) 차이역치: 자극의 변별

자극의 존재여부를 탐지하는 절대역과 다르게 변별반응은 자극 A와 자극 B가 차이가 있는가를 판단하는 것으로, 두 자극 간이 같지 않은 것으로 구분되기 위해서는 두 자극이 어느 정도 달라야 하는가가 핵심이다. 예를 들어, 촉감 연구에서 크기와 모양은 일정하면서 무게만 다른 자극들을 기준자극(standard stimulus)과 비교자극의 쌍으로 여러 시행을 제시하여 시행마다 비교자극이 기준자극보다 가벼운가 혹은 무거운가를 강제적으로 판단하게 한다. 이 과정에서 기준자극과 여러 개의 비교자극들 간 차이를 지각하는 역을 얻게 되는데, 이 값이 바로 차이역이 된다.

Brown(1910)은 무게자극에 대한 차이역을 산출하기 위한 측정방법을 고안하였는데, 100g을 기준자극으로 정하고, 실험참가자들에게 82~118g의 비교자극들을 1g단위로 700

회 제시한 후 각 시행마다 비교자극이 기준자극보다 더 가벼운지 혹은 더 무거운지를 강제로 선택반응하게 하였다. [그림 4-4]의 결과와 같이 기준 자극(100g)에 비해 비교자극들이 더 가벼운 쪽에서 더 무거운 쪽으로 변함에 따라 '더 무겁다.'는 반응확률이 오자이브(ogive)곡선 형태로 점차 증가하였다. 이 실험에서 차이역의 결정과정은 다음과 같다. 즉, '더 무겁다.'라고 반응할 확

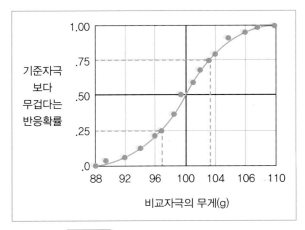

그림 4-4 **무게에 대한 차이역치 측정법**

률이 .5인 지점은 또한 '더 가볍다.'라고 반응할 확률과 같다. 이 지점은 기준자극과 비교자극이 가장 비슷하다고 판단되는 지점으로 이 지점을 주관적 동등점(Point of Subjective Equality: PSE)이라고 한다. 반응확률이 .75인 지점은 실험시행의 50%에서 더 무거운 자극으로 판단되고, 마찬가지로 반응확률이 .25인 지점은 시행의 50%에서 더 가벼운 자극으로 판단된다. 반응확률 .25부터 .75사이의 자극 영역을 불확실 구간(interval of uncertainty)이라 하고 이 구간을 2로 나누어 차이역, 즉 최소가지차(즉시 식별 가능한 차이, just noticeable difference: JND)라 한다. [그림 4-4]에서 JND는 (103-97)/2=3g이며, JND값이 작을수록 감각 변별력이 우수한 것을 의미한다. 즉, 차이역치는 두 자극이 차이가 있다(두 자극 간 밝기, 소리, 냄새 및 무게의 차이)는 것을 식별하는 데 필요한 최소한의 물리적 에너지 차이(smallest difference)라고도 볼 수 있으며 차이역치에 대해서는 Weber, Fechner 및 Stevens의 법칙이 있다.

(1) Weber의 법칙(1834)

E. Weber에 의하면 차이역치(JND)는 비교하는 자극의 강도(크기)에 비례하여 증가한다. 즉, 자극의 강도를 비교할 때 산술적인 차이보다는 자극 강도의 비가 더 중요하며 Brown의 무게차이역치 실험에서 K는 3/100으로 0.03이었다. Weber는 감각별로 다음 공식과 같이 기준자극과 차이역은 일정한 K값을 지닌다고 제시하였다.

$K = \dfrac{\triangle I}{I}$ (*K*: 상수, *I*: 기준자극의 강도, $\triangle I$: 자극증감분, *JND*)

E. Weber

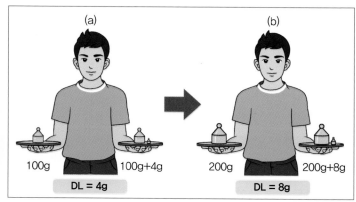

그림 4-5 Weber의 차이역치 측정법

예컨대, [그림 4-5]의 (a)시행에서 기준자극 100g에 대해 4g이 추가되었을 때 좌우 추간
무게차이를 즉시 변별하였다면, 차이역치는 4g이 된다. 또한 기준자극을 200g으로 증가시
키면 차이역치는 8g이 된다[(b)시행]. 따라서 $K = \frac{4}{100} = \frac{8}{200} = \frac{1}{25} = 0.04$ 이다(K는 Weber의 상
수로, 고정적이며 감각유형마다 다른 값을 갖는다). 〈표 4-2〉에 제시된 Weber의 상수는 값이
작을수록 예민한 감각임을 의미한다. 그런데 이러한 Weber 법칙은 중 정도의 자극강도에
는 잘 적용되지만 자극강도가 극단적으로 강하거나 약할 때는 맞지 않게 된다. 예를 들어,
Weber의 법칙에 따르면 100kg의 기준자극에 대한 비교자극은 104kg가 필요하고 차이역
치는 4kg이어야 한다. 그러나 실제 추는 4kg보다 작은 103kg 이하인 자극을 제시해도 자
극 간 차이를 지각할 수 있다. 극단적으로 1g의 기준자극을 예로 들어 보자. Weber의 법
칙에 의하면 1.04g의 비교자극이 필요하고 그 차이역치는 0.04g이어야 한다. 그러나 실
제로는 1.05g 이상인 비교자극을 제시해야만 차이를 지각할 수 있다. 이러한 한계로 인해
Weber 법칙은 Fechner에 의해 대치되었다.

표 4-2 감각양식별 Weber의 상수

감각양식	Weber 상수	감각양식	Weber 상수
명도	0.079	짠맛	0.083
소리	0.048	전기충격	0.013
손뼘	0.022	진동(60Hz)	0.036
무게	0.020	후각	0.025
길이	0.029	통각	0.033
압력	0.143	시각	0.017

출처: Teghtsoonian (1971).

(2) Fechner의 법칙(1860)

Fechner는 자극강도와 우리가 느끼는 심리적 감각 크기 간에는 다음 수식과 같이 대수(log)함수적인 관계가 있다고 주장하였다.

$$S = c \log I \quad (S: \text{감각크기}, \ c: \text{감각별 상수}, \ I: \text{자극강도})$$

G. Fechner

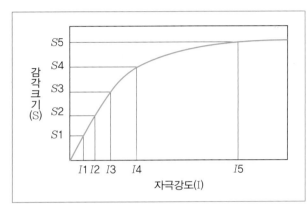

그림 4-6 Fechner의 차이역치 측정

즉, [그림 4-6]과 같이 자극의 강도는 대수함수적으로 증가하는 데 비해 우리가 느끼는 감각크기는 산술적으로 증가한다는 것이다. 이에 따르면, 같은 크기의 감각을 느끼기 위해서는 더 많은 물리적 자극의 증가가 필요하다. 그런데 Fechner 법칙은 문제점이 있다. 즉, Fechner 법칙은 Weber 법칙이 옳다고 가정하는데, Weber 법칙은 자극 강도가 중간이가나 강할 때 타당하다. 그러나 약 100년 후 Fechner 법칙은 미국의 심리학자 Stevens(1962)의 지수법칙으로 대치되었다.

(3) Stevens의 법칙(1962)

Stevens는 크기(강도) 추정법(magnitude estimation)이라는 방법을 사용하여 자극강도와 감각크기 간 관계를 정확히 측정하였다. 크기 추정법은 [그림 4-7]과 같이 기준자극(A)을 실험참가자에게 보여 주고 여러 개의 비교자극(C1, C2)을 제시한 후, 그 크기를 '10'이라 했을 때 각 비교자극들이 기준자극에 비해 얼마만큼 큰지를 직접 숫자로 추정하도록 하는 방법이다. 예를 들면, 기준자극(A)의 크기를 10이라 할 때, C1이 A에 비해 두 배 크다면 20으로 C2는 A에 비해 세 배 크다면 30으로 각각 추정하게 된다. Fechner의 법칙에 의하면 20JND의 자극은 10JND자극의 강도보다 두 배이어야 하는데 Stevens의 실험결과는 그것

S. S. Stevens

그림 4-7 Stevens의 크기 추정법 실험자극

을 지지하지 않았다. 명도(brightness)의 경우 물리자극 크기를 두 배로 하면 지각된 감각강도는 두 배보다 작아지고 반대로 전기충격의 지각된 감각강도는 두 배 이상 되었던 것이다. 이를 토대로 하여 정리하면 물리자극의 크기와 감각강도 간의 관계는 다음과 같다.

$S = aI^n$ (S: 감각크기, a: 상수, I: 자극강도, n: 감각별 지수)

이 식에 의하면 지각된 감각크기는 자극강도의 대수함수가 아닌 지수함수(power function)로 증가한다. Stevens는 그의 정신물리학 법칙이 물리자극의 강도뿐만 아니라 범죄의 정도와 같은 심리사회적 속성에도 적용될 수 있다고 주장하였다. 감각 양식별 Stevens의 지수n값이 〈표 4-3〉에 제시되어 있다. 지수n값이 1에 근접하면 물리자극과 감각의 크기는 1 대 1로 비례하며, n > 1이면 자극증가량에 비해 감각크기가 기하급수적으로 증가한다.

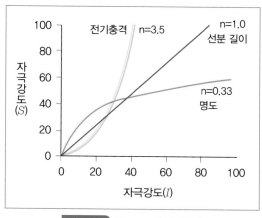

그림 4-8 Stevens의 지수법칙

표 4-3	감각양식별 Stevens의 지수(n)				
감각양식	n		감각양식	n	
음강	0.67(3000Hz)		명도	0.33(암실5°) 0.50(플래시)	
후각	0.55(커피향)		길이(목측)	1.00	
미각	0.80(사카린) 1.40(소금)		전기충격(손가락)	3.50	
무게	1.45		진동감각(손가락)	0.95	
온감	1.60		점도(실리콘액)	0.42	
냉감	1.70		압각(손바닥)	1.10	

출처: Stevens (1961).

3) 신호탐지이론

지금까지 살펴본 고전정신물리학 실험에서 절대역치와 차이역치를 토대로 판단자의 감각판단의 민감도를 어떻게 측정하고 설명하는가를 기술하였다. 즉, 절대역치든 차이역치든 그 값이 작을수록 감각기관이 민감하여 자극을 잘 탐지하고 두 자극 간 차이를 신속하게 구분할 수 있다고 보았다. 그러나 사람들의 자극탐지와 변별은 단지 감각기관의 민감도에 의해서만 결정되는 것이 아니다. 물리적 자극의 강도 이외에 우리의 기대감, 주의상태, 동기 및 사전경험의 양과 정보처리의 습성 및 채택하는 판단준거 등이 실제 장면에서 자극탐지와 변별에 영향을 줄 수 있다. 예를 들면, 급한 일로 휴대폰으로 통화해야 할 경우 벨소리나 진동음이 울리기 전에 신속하게 반응하거나 특정 환자의 MRI 진단 필름을 두

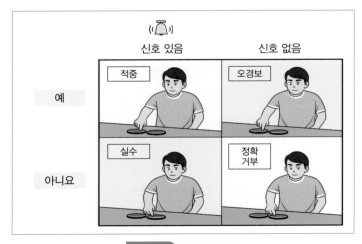

그림 4-9 신호탐지 실험

명의 진단방사선과 의사들이 각각 독립적으로 판독한 후 최종적으로 진단을 내리는 의료행위, 레이더 감시병의 이상 비행물체에 대한 탐지행동 등이 그러하다. 조용하거나 강한 소음 등 자극이 제시되는 상황도 영향을 미칠 수 있다. 이러한 비감각적 요소들은 감각기관의 민감도를 왜곡하는 반응편향(response bias)을 유발하게 된다. 자극의 탐지과정이 단순히 물리자극의 강도만으로 결정되기보다는 감각적 요인과 비감각적 요인이 혼재되어 영향을 미치기 때문에 자극탐지 행위의 진정성을 측정하기 위해서 신호탐지이론(Signal Detection Theory: SDT)이 등장하게 되었다(Green & Swets, 1974).

신호탐지이론에서는 자극에 대한 관찰자의 감각민감도를 반영하는 감각과정과 관찰자의 반응편향을 탐지하는 결정과정 두 가지에 주목하여 이를 동시에 평가하는 방법을 제시한다. [그림 4-9]의 신호탐지 실험에서, 실험자는 관찰자에게 전체 시행 50번 중 25회의 자극(빛신호)을 제시하고 나머지 25회는 자극이 없는 소음만 제시한다(신호제시 순서는 무선적임). 관찰자는 빛(신호)을 탐지할 때 오른쪽 녹색버튼을, 빛이 없을 때 왼쪽 적색버튼을 정확하고 빠르게 누르도록 지시받는다. 따라서 참가자가 빛이 있을 때 [예]버튼을 누르면 적중(hit), [아니요]버튼을 누르면 실수(miss)를 범하게 되며 빛이 없는데 [예]버튼을 누르면 오(헛)경보(false alarm), [아니요]버튼을 누르면 정확거부(correct reject) 반응으로 측정된다. 여기서 적중과 정확거부는 정확한 반응이며 실수와 오경보는 부정확한 반응이 된다. 신호탐지이론에서는 역치 대신에 [예]반응에서 적중률(Hit) 대 오경보율(F.A.)의 비율을 감각민감도로 정의하고 $d' = \frac{p(Hit)}{p(F.A.)}$값으로(d':d-prime) 표기하며 관찰자의 민감도값과 반응기준을 추정한다. 예를 들면, $d' > 1$이면 오경보율은 낮으면서 동시에 상대적으로 적중률이 높음을 의미하고 신호의 존재유무를 잘 변별한다고 볼 수 있다. 또한 적중률과 오경보율이 비슷하면 d'은 1에 근접하며 이는 낮은 변별력을 의미하며, 적중률과 오경보율이 비슷하면 관찰자는 신호의 제시유무를 완전히 변별하지 못하고 단지 추측에 의존하는 것으로 볼 수 있다($d' < 1$이면 감각기관의 기능이상여부를 고려해야 한다). 신호탐지이론은 관찰자의 반응기준이 적중 시의 이득과 오경보 시의 손실에 의해 변할 수 있음을 강조한다. 즉, 관찰자가 적중 시에 비해 오경보를 범했을 때 입는 손실요인이 적다면 느슨한(liberal) 반응 기준을 선택하고, 반면 적중 시에 비해 오경보 시 입는 손실이 너무 크다면 보수적인(conservative) 반응 기준을 선택할 것이다.

신호탐지이론은 다양한 장면에서 사람들의 행동양상을 예측하는 데 활용되고 있다. 오진율의 분석이나 생산된 제품에 대한 검수관의 검수행위의 엄격성, 광고효과의 지속성에 대한 판단지수를 측정하거나 학교장면에서 학생들의 공격성향을 지수화하여 생활지도하는 데에도 응용되고 있다.

3. 감각의 이해

인간은 감각기관을 통해 외부정보를 입력받는다. 시각, 청각, 촉각, 미각 및 후각이 다섯 가지 대표적 감각양식이다. 각 감각을 담당하는 감각기관의 감각수용기들은 특정 외부의 물리적 에너지를 전달하도록 세분화되어 있기 때문에 특수한 형태의 물리적 에너지에만 반응한다. 예컨대, 시각의 망막수용기는 빛(전자파)의 파장에만 민감하게 반응을 하며 청각의 와우각수용기는 공기매체의 진동에만 민감하게 반응한다. 혀의 미뢰수용기는 액체형태의 화학물질에, 후각의 감각수용기는 기체형태의 물질에, 그리고 촉각의 감각수용기인 다양한 피부소체들은 피부에 가해지는 물체의 압력을 탐지하는 데 민감한 반응을 보인다. 여러 가지 감각기관 중 인간은 약 60%의 정보를 시각, 15%의 정보를 청각, 5%의 정보를 미각을 통해서 습득한다. 이러한 정보처리의 비율 차이는 시각정보처리가 나머지 감각의 정보처리에 비해서 압도적임을 단적으로 나타내 준다. 여기에서는 시각을 비롯한 감각기관의 구조와 기능적 특성을 살펴보기로 하겠다.

1) 시각

(1) 시각의 정보처리과정

우리가 환경 속의 다양한 대상을 볼 수 있는 것은 그 대상에서 반사된 빛이 우리 눈으로 들어오기 때문이다. 전자파 형태인 빛은 파장(wavelength, 전자파의 마루와 마루 사이의 간격)

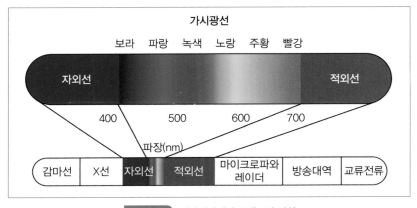

그림 4-10 전자에너지의 스펙트럼 범위

에 따라서 감마선(파장=10^{-12m}) 같은 짧은 파장부터 라디오파와 같은 긴 파장(10^{4m})까지 나뉘게 된다([그림 4-10]). 빛의 파장 중 인간은 390nm에서 760nm(1nm=1/10억m)까지의 광선만을 지각할 수 있고 이를 가시광선이라 한다. 시각처리는 이 파장범위에서 반사되는 빛이 눈에 들어올 때 시작되며, 파장이 가장 긴 부분은 빨간색, 가장 짧은 부분은 보라색으로 보인다. 파장이 390nm 이하인 부분은 자외선, 760nm 이상인 전자파를 적외선이라 한다.

[그림 4-11]에서와 같이 물체에서 반사된 빛은 초점을 형성하기 위해서 먼저 각막에서 굴절된다. 여기에서는 약 80%의 빛이 굴절되며, 각막을 통과한 빛은 수양액으로 채워진 공간에 이어 동공(pupil)을 통과한다. 이때 홍채(iris)는 근육 조직으로 동공을 감싸면서 동공의 크기를 조절하고, 이렇게 함으로써 빛에너지의 양을 조절한다. 홍채를 통제하는 것은 의식적인 명령이 아니라 자율신경계이다. 식물인간(뇌사)인 환자의 생사여부를 판단할 때 검시광을 비춰 동공의 변화를 관찰하는 것은 이 때문이다. 한편, 수정체(렌즈)에서는 동공을 통과한 빛을 굴절시킨다. 빛 굴절의 20%를 담당하는 수정체는 모양체근에 의해 조절되는데, 모양체근은 먼 곳의 물체를 볼 때는 수정체를 얇게 하여 빛을 덜 굴절시키고 가까운 곳의 물체를 볼 때는 두껍게 하여 빛을 더 많이 굴절시킴으로써 망막에 정확한 상이 맺힐 수 있게 한다. 문제는 40세 이후부터 모양체근의 탄력이 약해져 수정체를 두껍게 조절(accommodation)하는 능력이 저하되고 '노안(presbyopia: old eye)'이라 불리는 '원시'가 나타날 수 있다. 원시가 나타나면 가까운 대상은 보기가 어려워지고 멀리 있는 대상만 잘 보이게 된다. 한편, 물체를 선명하게 보기 위하여 수정체를 조절하지만 더 이상 효과를 보이지 않는 지점(거리)이 존재한다. 이를 근점(near point)이라 한다. 근점은 20대에서는 10cm, 30대는 14cm, 40대는 22cm, 60대에는 100cm로 증가하게 되는데, 볼록렌즈인 돋보기로 이를 교정할 수 있다.

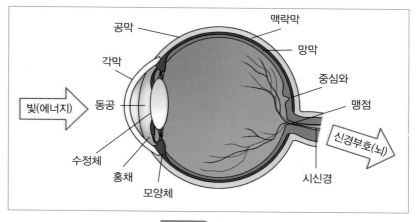

그림 4-11 눈의 구조

수정체에서 굴절된 빛은 초자액(유리액)을 통과하여 망막(retina)에 도달한다. 망막은 추상체(cone)와 간상체(rod), 양극세포(bipolar cell), 신경절세포(ganglion cell)의 세 개 층으로 구성되며 동공으로 들어온 빛은 먼저 시각의 감각수용기인 추상체와 간상체를 자극한다. 이 수용기는 빛에너지를 뇌가 해석할 수 있는 전기에너지인 신경부호로 변환하는데 여기에서 변환된 신경충동은 양극세포를 경유하여 신경절세포에 전달된다. 그런데 한 가지 의문점으로 눈에 입력된 빛입자를 가장 먼저 처리하는 수용기 세포들이 망막의 맨 뒤쪽에 위치하는 것은 논리적으로나 진화적으로 모순이다. 이에 대한 설명으로, 신경세포들은 에너지를 저장할 수 없기 때문에 혈액을 통해 산소와 영양분을 공급받아야 하는데 이를 위해서는 모세혈관과 직접 연결될 수 있는 망막의 뒷부분이 오히려 효과적이기 때문이다([그림 4-12]). 이 신경절세포의 축색은 다발을 이루어 망막을 빠져나가는데, 이것을 시신경(optic nerve)이라 하고 신경절세포의 축색과 혈관이 지나는 이 지점을 맹점(blind spot) 혹은 시신경 원반(optic disk)이라 한다([그림 4-13]). [그림 4-13]의 (a)에서 나타나듯 오른쪽 눈의 맹점이 위치한 곳은 중심와(fovea, 황반)에서 코쪽으로 시각 18° 되는 지점이다. 중심와는 시력이 가장 예민한 곳으로 추상체 세포만 분포되어 있다. 맹점을 확인하고자 한다면 15~30cm 정도의 거리에서 [그림 4-13] (b)의 '+' 표시를 응시하면서 왼쪽 눈을 감고 오른쪽 눈으로 머리나 책을 약간씩 전후로 움직이면 된다. 처음에는 보이던 오른쪽의 자동차가 맹점에 떨어지는 순간 시야에서 사라질 것이다. 이런 방식으로 [그림 4-13] (c)를 보면,

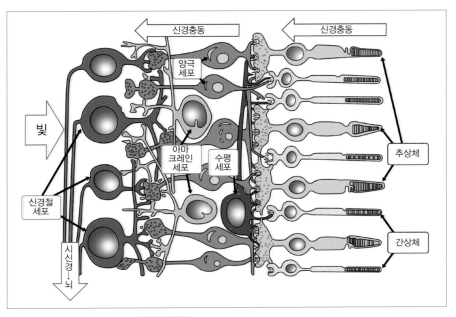

그림 4-12 망막에서 시각정보 처리통로

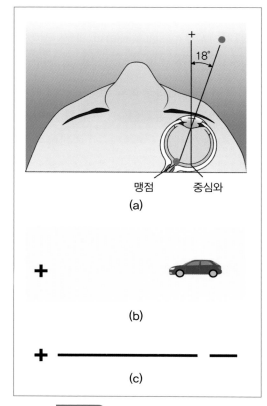

맹점 중심와
(a)

(b)

(c)

그림 4-13 **맹점위치와 맹점 탐색실험**

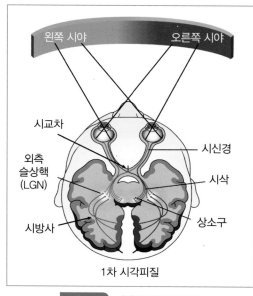

왼쪽 시야 오른쪽 시야

시교차

외측
슬상핵
(LGN)

시방사

시신경

시삭

상소구

1차 시각피질

그림 4-14 **시각정보의 전달통로**

오른쪽 흰 틈새가 처음에는 보이다가 점차 맹점에 떨어지면서 사라져서 선분이 이어지는 것을 보게 된다. 흥미로운 점은 두 눈의 맹점은 코쪽 방향에 있기 때문에 겹치지 않으며, 어떤 상이 맹점에 투사되어도 순간순간 눈동자의 움직임을 통해 교정되기 때문에 우리의 시력은 크게 손상 받지 않는다.

망막을 빠져 나온 시신경들은 [그림 4-14]와 같이 왼쪽과 오른쪽 눈의 시신경으로 구분되어 간뇌의 시상(thalamus)으로 향한다. 각 망막의 안쪽에서 나온 시신경은 중간에 시교차로(optic chiasma)에서 반대쪽으로 교차하여 망막의 바깥쪽에서 나온 시신경과 합류한 후 재분류된다. 중심와를 기준으로 망막의 오른쪽에서 출발한 신경섬유들은 오른쪽 시상의 외측슬상핵(LGN)에, 망막의 왼쪽에서 출발한 신경섬유들은 왼쪽 시상의 외측슬상핵에 각각 연결된다. 그리고 오른쪽 시상에서 나온 신경섬유들은 대뇌의 오른쪽 1차 시각피질(primary visual cortex: V1)에 전달되고, 왼쪽 시상에서 나온 신경섬유들은 대뇌의 왼쪽 1차 시각피질에 각각 전달된다. 시각정보처리의 80%는 이러한 시각의 주 연결통로를 통해 처리된다.

빛에너지를 신경부호로 변환하는 망막에는 약 6백만 개의 원뿔모양의 추상체(cone)와 1억 2천만 개의 막대모양의 간상체(rod)가 분포되어 있다. 빛이 강한 색채나 형상을 구분하는 조건에서(주간 시)는 추상체가 활동하며, 빛이 적은 곳이나 명암을 구분하는 조건(야간 시)에서는 간상체가 활동한다. 수정체의 중심과 일직선상에 있는 움푹 패인 망막의 특정 지점을 중심와(황반)라 하고, 이곳에는 추상체 수용기만 분포하고 있다. 여러분이 물체를 또렷하게 보기 위해서는 중심와에 상을 맺어야 한다. 중심와는 지름이 0.33mm밖에 되지 않아 물체의 일부분에 대한 상만을 맺을 수 있다. 그럼에도 우리가 전체 물체를 또렷하게 볼 수 있는 것은 눈동자(안구)의 움직임 덕분이다. 안구에 붙어 있는 6개의 안근의 움직임에 의해서 중심와에 맺힌 물체의 상은 순간순간 바뀌게 되며 이런 상들을 통합하여 목표 대상의 전체적인 이미지를 또렷하게 지각할 수 있는 것이다. 중심와에서 벗어난 망막의 주변부에는 1억 2천만 개의 간상체와 소수의 추상체만 분포되어 있으며 시각(중심와 기준) 12°~15°되는 지점에 밀집되어 있다. 또한 간상체는 망막의 신경절세포로 신경흥분을 전달할 때 100개의 간상체가 1개의 신경절세포에 신경흥분을 보내는 수렴(convergence)현상을 보이기 때문에 선명도가 낮다. 이에 비해 추상체는 신경절세포와 1 대 1로 연결되어 있기 때문에 명확하고 선명한 시각을 가능하게 해 준다. 따라서 밤길에 대상을 잘 보기 위해서는 곁눈질로 보는 것이 효과적이다. 즉, 빛이 약한 조건에서는 대상을 곧바로 응시하면 추상체세포만 밀집한 중심와에 상이 맺히게 되어 상을 식별하는 데 어려움을 느끼게 된다. 어두운 환경(야간 산행이나 육안으로 별자리 관찰하기)에서는 망막 중심에서 20°되는 주변에 상이 맺히도록 보는 것이 유리하므로 목표 대상의 약간 위나 아래를 어긋나게 응시하는 것이 효율적이다.

(2) 암순응과 명순응

망막에는 외부 물리에너지를 신경부호로 변환해 주는 추상체와 간상체가 분포되어 있다. [그림 4-15]와 같이 원뿔모양의 추상체는 빛이 강할 때 민감한 세포이며, 막대모양의 간상체는 빛이 약할 때 아주 적은 빛에도 민감하게 활동하는 수용기세포이다. 이와 같이 빛의 양에 따라서 두 수용기세포의 민감도가 달라짐으로 인해 암순응(dark adaptation)과 명순응(light adaptation)이라는 현상을 낳는다.

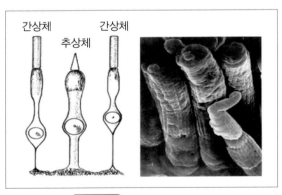

그림 4-15 **망막의 수용기 세포**

암순응　　밝은 낮에 어두운 영화관에 들어가서 낯선 사람의 신체 일부와 부딪히거나

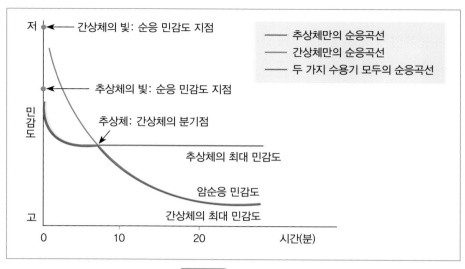

그림 4-16 **암순응 곡선**

지하실에 들어가서 발을 헛디딘 경험이 있을 것이다. 이때 처음에는 아무것도 보이지 않다가 시간이 어느 정도 지나면 어둠에 익숙해지고 옆 사람의 얼굴과 물체들 잘 식별할 수 있게 된다. 이렇게 빛이 강한 곳에서 빛이 약한 어두운 곳으로 이동하면 처음에는 아무것도 보이지 않다가 시간이 지나면 잘 보이는 현상을 암순응이라 한다. 왜 암순응이 일어날까? 추상체는 빛이 많은 밝은 곳에서 민감하게 반응하는 세포이기 때문에 갑자기 어두운 곳으로 이동하면 추상체가 활동하여도 쓸모가 없게 되고 간상체의 활성화를 필요로 하게 된다. 이때 추상체에서 간상체로 활동이 바뀌는 데는 약 20~30분가량의 시간이 소요된다. [그림 4-16]에서 빨간 선은 어둠 속에서 약 30분 동안 측정된 암순응곡선(dark adaptation curve)이다. 이 그림에서 관찰자의 민감도는 두 단계로 증가한다. 민감도는 어두운 곳으로 이동한 뒤 약 3~4분 정도 증가하다가 정체되고(녹색 곡선), 약 7~10분 정도 지난 후 민감도가 증가하여 20~30분 정도까지 계속 진행된다. [그림 4-16]에서는 곡선이 아래로 내려올수록 민감도가 증가하는 것으로 나타난다. 그래프에서 볼 수 있듯이 여러분은 어두운 영화관이나 지하실에서도 20~30분이 지나면 공간 내 사물들을 잘 지각하게 된다. 이렇듯 간상체 세포만 활성화되었을 때의 시각을 암소시(scotopic)라고도 부른다.

명순응 　영화가 끝나고 밝은 바깥으로 나오거나 어두운 지하실에서 지상으로 나오면 처음에는 눈이 부셔 아무것도 보이지 않지만 약간의 시간이 지나면 정상적으로 잘 볼 수 있게 된다. 이와 같이 어두운 곳에서 갑자기 밝은 곳으로 나왔을 때 처음에는 잘 보이지 않다가 시간이 지나면 정상적으로 보이는 현상을 명순응(명소시, photopic)이라 한다. 명순응은 어떻게 일어날까?

어두운 곳에서는 간상체가 활동하며 간상체는 아주 적은 빛에도 민감하게 반응한다. 그러나 갑자기 밝은 곳으로 나오면 많은 빛이 유입되면서 간상체는 활동하지 못하게 되고 정상적으로 보기 위해서는 추상체의 활동이 필요하다. 암순응과 달리 간상체에서 추상체로 역할이 바뀌는 데에는 약 1분의 시간만이 소요된다. 이러한 명순응 현상 때문에 야간 운전을 할 때 자동차가 서로 교차하는 동안 상향등을 켜지 않도록 조심해야 한다. 상향등을 켜면 적은(약한) 불빛에 민감하게 반응하는 간상체에 너무 많은 빛이 입력되고 그 순간 눈이 부시게 되어 아무것도 분간할 수 없기 때문이다.

대체로 간상체는 초록빛에 민감하고 추상체는 노란빛에 민감하다. 낮에 빨간 장미꽃을

글상자 4-1 망막수용기세포와 일광망막병증

2010년 10월, 지하 700m 갱도에 갇힌 33명의 칠레 광부들이 69일 만에 구출된 적이 있다. 우리나라도 1970~80년대 탄광매몰 사고가 빈번했는데 구출 시 광부들은 두꺼운 이불을 덮어서 빛 노출을 최소화하였다. 칠레 광부의 구출과정은 한밤중에 진행되었고 구출된 광부들은 특수 고글을 착용하였는데, 오랫동안 지하에 갇혀 있던 광부들의 시력을 보호하기 위한 목적이었다. 어두운 환경에

장시간 적응된 눈은 태양이나 강력한 조명 빛에 노출될 경우 햇빛의 적외선과 자외선이 망막수용기세포나 망막색소상피세포의 신경조직을 손상시켜 일광망막병증(solar retinopathy)을 일으킬 수 있다. 보통 일광에 노출된 뒤 1~4시간 후에 증상이 나타나는데, 시력이 저하되거나, 사물이 작게 휘어보이거나, 중심부에 암점이 보이거나, 색이 없는 물체가 얇게 착색되어 보이거나, 눈이 부시거나 두통 등이 나타날 수 있다.

일광망막병증은 종교의식을 이유로 맨눈으로 태양을 쳐다보는 경우, 무수정체나 백내장수술을 받은 경우, 직업적으로 레이저 광선에 장시간 노출되거나 아크용접을 하는 경우, 장기간 항해하는 선원, 사진사나 정신질환을 앓고 있거나 향정신성 약물을 복용하는 경우에 주로 나타날 수 있다.

일광망막병증을 예방하기 위해서는 강한 햇빛에 대한 직접 노출을 조심해야 하는데, 태양을 직접 쳐다보는 행동은 삼가야 하고 태양의 일식을 관찰할 때는 광필터를 사용하며, 화창한 날씨에 스키(설맹증)를 타거나 일광욕을 할 때 선글라스와 모자를 착용하여 광선 속 자외선과 적외선으로부터 눈을 보호해야 한다. 특히 나이가 젊은 사람들이 눈의 수정체의 노화가 진행되는 노인들보다 빛의 투과율이 높아 일광망막병의 발병 위험이 더 높고, 여자에 비해 남자에서 발병 가능성이 더 높은 경향을 보인다.

보면 빨간 꽃잎 부분이 초록색 잎 부분에 비해 상대적으로 더 밝아 보인다. 그러나 똑같은 장미꽃을 달밤에 보면 빨간 꽃잎 부분은 어두워 보이고 초록색 잎 부분이 더 밝아 보일 것이다. 이러한 현상을 퍼킨지 이동(Purkinje shift)이라 한다. 따라서 여러분이 이성에게 빨간 장미꽃을 선물하고자 한다면 시점을 잘 선택해야 할 것이다. 퍼킨지 이동현상은 2차 세계대전 때 야간 출격임무를 수행하던 전투기 조종사들이 빨간 조명 아래에서 작전회의를 한 것과 관련이 있다. 즉, 조종사들의 간상세포는 빨간색인 장파장에 덜 민감해 피로가 덜하므로 작전명령 시 어둠 속 활주로에 계류 중인 전투기에 신속하게 탑승하여 효과적으로 비행작전을 수행할 수 있기 때문이다.

야행성 동물은 추상체가 적거나 추상체의 망막상의 분포가 다르고 일부 포유동물들은 색깔을 구분하지 못한다. 흔히 투우경기에서 투우사가 사용하는 붉은 망토(물레타)가 황소

글상자 4-2 의사의 수술복과 망막의 추상체

병원에서 문진하거나 회진할 때 의사들은 대부분 흰색의 가운을 입는다(물론 병원공포증을 낮추기 위해서 파스텔톤의 가운도 입지만). 그렇다면 수술할 때 의사들이 입는 수술복은 왜 청색이나 녹색일까?

인간의 망막에는 빛에 민감하게 반응하는 약 600만 개의 추상체 세포가 있다. 이 추상체들은 파랑(blue, 단파장), 녹색(green, 중파장), 빨강(red, 장파장) 빛에 민감하게 반응하는 세 가지로 구분된다. 예를 들어, 눈에 녹색 빛이 들어오면 녹색을 인식하는 추상체 세포가 최대로 민감하게 활동하고 다른 두 종류의 추상체 세포는 덜 민감하게 된다. 만약 여러분이 오랫동안 녹색을 주시한다면 녹색을 감지하는 추상체 세포의 민감도는 점점 약해지게 될 것이다. 이는 특정 냄새를 계속 맡고 있을 때 점차 그 냄새를 느끼지 못하게 되는 것과 비슷한 원리이다. 그렇다면 녹색에 대한 민감도가 낮아졌을 때 흰색을 보면 어떤 현상이 생길까? 흰색은 모든 파장이 섞여 있으므로 망막에는 모든 종류의 색이 입력된다. 그런데 녹색에 대한 추상체의 민감도가 낮아지면 파랑(단파장)과 빨강(장파장)이 더 많은 것처럼 느끼게 되어 연한 붉은색이 보이게 된다. 이렇게 특정 색을 지각한 후 다른 색지각 현상이 남는 것을 '보색잔상'이라고 한다.

보색잔상은 일상생활에서는 별 문제가 되진 않지만 수술상황에는 심각한 영향을 줄 수 있다. 수술할 때 의사는 장시간 동안 빨간색 신체 장기와 피를 보게 된다. 이 과정에서 장파장에 민감한 추상체 세포는 점차 피곤해지고 빨간색에 대해 둔감해지면서 파란색과 녹색을 담당하는 추상체들이 민감하게 반응할 준비를 갖추게 된다. 빨강의 보색인 파랑이나 녹색 잔상에 시달리게 될 것이다. 이는 수술의 집중도를 떨어뜨릴 수 있는데, 실제로 존재하지 않는 대상이 눈에 어른거리면 혼란을 줄 수도 있다.

이에 비해 청록색 수술복을 입게 되면 청록색 잔상이 생길 여지가 없어지기 때문에 장시간 수술에도 의사들은 집중력을 유지할 수 있게 된다. 평상시에는 흰색 가운을 입고 진료를 하는 의사와 간호사들이 수술할 때 청색 혹은 녹색 수술복으로 바꿔 입는 이유가 바로 여기에 있다.

를 흥분시키기 위한 것으로 아는데, 소는 색맹이어서 빨간색과 다른 색의 차이를 구분하지 못하며 황소는 망토의 붉은 색깔 때문이 아니라 망토의 움직임에 반응해 돌진행동을 보이는 것이다.

(3) 색채지각: 색상, 명도, 채도

우리의 일상에서 색이 없다면 어떻게 될까? 자신에게 맞는 색상의 옷을 고를 때, 미술시간 캔버스에 색으로 느낌을 표현할 때, 식용버섯과 독버섯을 구별할 때, 과일의 익은 정도를 판단할 때, 횡단보도의 신호등을 보고 건널지를 판단할 때, 모양이 똑같은 물건을 식별할 때 등 일상생활에서 우리는 색과 다양하게 상호작용을 한다. 그렇다면 우리는 어떻게 색을 지각하고 구분할 수 있을까?

색과 빛의 파장　　어떤 대상의 색을 지각하는 것은 [그림 4-17]과 같이 대상이 보이는 선택적 반사(selective reflection) 때문이다. 모든 물체는 특정 파장의 빛은 흡수하고 특정 파장의 빛은 반사한다. 어떤 물체에서 520nm 주변의 파장이 주로 반사되고 그 외 파장들이 적게 반사되면 우리는 초록색을 지각한다. 일반적으로 대상이 장파장만을 반사하고 그 외 파장들을 흡수하면 빨간색으로 보이고, 중파장만을 주로 반사하면 초록색, 그리고 단파장만을 주로 반사하면 파란색으로 지각된다.

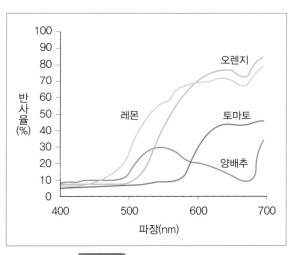

그림 4-17　물체의 반사율 곡선

[그림 4-17]의 레몬에서는 중파장과 장파장이 반사되므로 노란색으로 지각되고, 오렌지는 장파장과 약간의 중파장을 반사하며, 토마토는 주로 장파장만 반사하므로 붉은색으로 지각된다.

무채색에 관해서는 [그림 4-18]의 반사율을 살펴보자. 모든 빛의 파장이 약 80%씩 동일하게 반사될 때는 흰색으로, 약

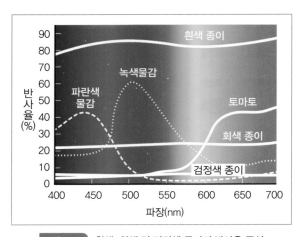

그림 4-18　흰색, 회색 및 검정색 종이의 반사율 곡선

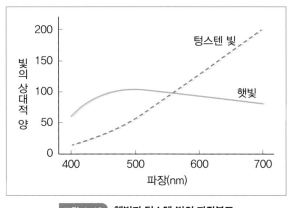

그림 4-19 햇빛과 텅스텐 빛의 파장분포

5% 정도만 동일하게 반사하면 검정색 그리고 약 23% 정도 반사하면 회색으로 지각된다.

[그림 4-19]는 햇빛(자연광)과 텅스텐 불빛의 파장분포를 보여 주는 것으로 햇빛의 파장은 상대적으로 평평하고 각 파장들의 강도가 균일하며 이를 백색광(white light)이라 한다. 이에 비해 텅스텐 전구의 파장분포는 단파장보다 장파장에 더 강한 빛의 양을 갖게 된다. 그러므로 텅스텐 전구 아래에서 사물을 보면 더 붉게 보이게 되는 것이다. 색에 대한 개인적 취향을 떠나서 생각해 보자. 여러 가지 색 중 일상생활에서 사용하는 어떤 색들이 색지각의 생물학적 특성과 관련했을 때 인간에게 더 편안하게 느껴질까?

(4) 색지각이론

색지각에 대한 대표적인 설명이론에는 Young-Helmholtz의 삼원색이론(trichromatic theory, RGB)과 Hering의 대립과정이론(opponent process theory, R-G, B-Y, W-BL)이 있다.

삼원색이론에 의하면, 우리는 세 가지 색, 즉 빨강, 초록, 파랑색의 조합으로 스펙트럼상에 있는 모든 색의 지각이 가능하다. 삼원색이론은 망막에 있는 각기 다른 파장에 민감하게 반응하는 세 가지의 추상체 수용기 세포에 토대를 두고 있는데, 단파장 수용기는 파랑색(S-추상체), 중파장 수용기는 초록색(M-추상체) 그리고 장파장 수용기는 빨강색(L-추상체)에 최대로 민감하다. 따라서 모든 색지각은 세 가지 수용기의 흥분조합에 의해서 이루어진다([그림 4-20]).

예를 들어, 500nm의 파장을 제시했을 때, [그림 4-21]과 같이 단파장 수용기에서는 1.3의 반응, 중파

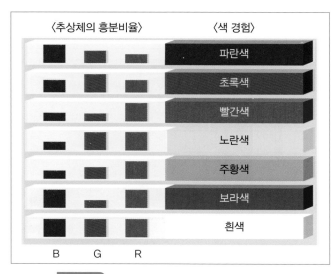

그림 4-20 세 가지 추상체의 흥분조합에 따른 색지각

장 수용기에서는 9.0의 반응, 장파장 수용기에서는 6.0의 반응이 유발된다. 이러한 세 가지 수용기 간 활성화 비율에 따라서 특정 색에 대한 지각이 일어나게 되는 것이다(예로 든 500nm는 초록색).

그러나 삼원색이론의 맹점은 빨강(적)-초록색(녹)색약인 사람도 노란색을 잘 지각하는 현상을 설명할 수 없다는 것이다. 다시

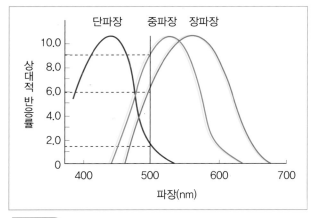

그림 4-21 세 가지 유형의 추상체(단, 중, 장파장)의 상대적 반응곡선

말해, 삼원색이론에 의하면 적-녹색약인 사람은 장파장과 중파장 수용기에 결함이 있어서 노란색 파장을 지각할 수 없어야 한다. 그러나 그들도 실제로는 노란색을 잘 지각할 수 있다는 것이다(잔상효과에 대한 설명도 불가능).

삼원색 이론과 다르게, Hering(1878)은 색지각에서의 잔상효과(afterimage effect, 특정 시각 자극이 제거된 후에 남아 있는 시감각 경험)를 통해 서로 대립되는 세 유형의 수용기 기제가 존재한다고 보았다. 이는 대립과정이론으로 명명되었는데, 불그스름한 노란색이나 푸르스름한 초록색은 상상할 수 있지만 불그스름한 초록색이나 노르스름한 파란색은 상상하기가 쉽지 않다는 것이다.

대립과정이론은 다음과 같이 서로 대립되는 세 가지의 수용기 기제를 가정한다. 빨간색 빛에는 정적 반응을, 초록색 빛에는 부적 반응을 하는 빨강-초록기제(R+G-)와, 노란색 빛에는 정적, 파란색 빛에는 부적 반응을 하는 노랑-파랑기제(Y+B-), 그리고 백색 광선에서는 정적 반응을 보이고 빛이 없을 때에는 부적 반응을 보이는 흰색-검정색기제(W+BL-)가 그것이다. 예컨대, 빨간색에 흥분반응을 보이고 초록색에 억압반응을 보이면 그 물체는 빨간색으로 지각되고, 노란색에 흥분반응을 보이고 파란색에 억압반응을 보이면 노란색으로 지각된다. 빨강-초록기제가 자극되었을 때는 빨강이나 초록색 중 하나에만 반응하며, 한 수용기의 기제는 이처럼 두 가지 양식으로 동시에 반응할 수 없다.

이처럼 대립과정이론에서는 빨강색과 초록색을 동시에 지각할 수 없다고 설명하는데, 이 두 색이 대립되는 기제로 되어 있다는 사실은 잔상효과에 의해 쉽게 입증된다([그림 4-22]). 만약 여러분이 [그림 4-22]의 빨간색 원을 약 1분간 응시한 후에 흰색 면을 본다면 빨간색의 보색인 초록색의 원을 보게 될 것이다. 또한 그림과 같이 변조된 색의 태극기를 응시한 후 흰색 벽면을 보면 태극기의 원래 검은색인 건곤감리와 빨강, 파랑으로 이루어진

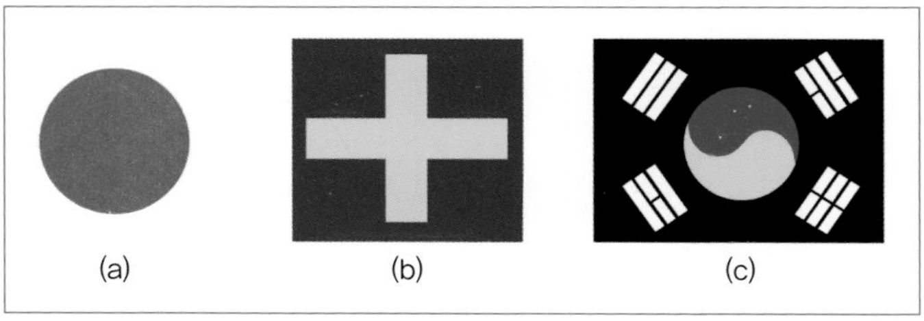

그림 4-22 잔상실험 자극

태극문양을 지각하게 된다.

　20세기 중반까지 색채지각에 대한 삼원색이론과 대립과정이론은 서로 경쟁적이었다. 그러나 최근에는 두 이론을 각각 지지하는 신경생리적 기제가 발견됨으로써 두 이론을 통합하려는 경향이 일고 있다. 망막의 추상체들은 세 가지 다른 색의 광선에 달리 반응하는 광색소(photopigments)들을 가지고 있음이 밝혀졌고, 이 결과는 삼원색이론에 의해 색이 지각된다는 점을 지지한다. 한편, 망막에서 시신경을 통하여 시각정보들이 시상의 외측슬상핵(LGN)이나 대뇌의 1차 시각피질로 전달되면 이들이 서로 대립되는 세포들에 의해 부호화된다는 것 역시 증명되었다. 이것은 대립과정이론을 지지하는 결과이다. 그러므로 색지각은 삼원색이론과 대립과정이론 중 어느 하나에 의해 설명되기보다는, 두 이론의 통합으로 이해할 수 있을 것이다.

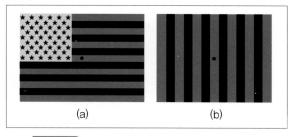

그림 4-23 Delk와 Fillenbaum의 기억색 실험자극

그림 4-24 White와 Montgomery의 기억색 실험자극

기억색　　색에 대한 지각은 과거 지식의 영향을 받기도 한다. 즉, 특정 물체의 특징 색에 대한 과거 기억이 그 물체의 색지각에 영향을 주는 것을 기억색(memory color)이라 한다. John Delk와 Samuel Fillenbaum(1965)에 의하면 [그림 4-23]과 같은 네 가지 형태들을 붉은색 종이로 오려내어 실험참가자에게 제시하였다. 실험참가자의 과제는 각 형태의 붉은색의 정도를 판단하여 배경필드의 붉은색의 정도를 조절하는 것이다. 그 결과 심장과 사과와 같은 형태는 우리의 기억 속에 붉은색으로 기억되므로 버섯이나 종의 형태보다

배경필드의 색을 더 붉게 조절하였다.

기억색의 효과는 잔상실험에서도 나타난다. White와 Montgomery(1976)는 [그림 4-24]와 같이 실험참가자에게 노란색 배경 위에 검은 별들이 있고 검은 줄무늬와 녹색 줄무늬가 번갈아 있는 변형된 미국 국기나 옆 그림과 같이 수직 방향의 검은색과 녹색 줄무늬들로 이루어진 형태를 보여 주었다.

실험참가자의 과제는 앞의 그림들을 각각 30초씩 본 후 잔상들에서 나타난 붉은색 줄무늬들의 색에 맞도록 붉은 검사필드를 조절하는 것이었다. 그 결과 잔상이 (b)그림과 같은

글상자 4-3 하늘은 왜 파랗게 보일까?

하늘이 파랗게 보이는 이유는 일반적으로 태양광선이 공기층에 부딪쳐 산란될 때 잘 튀는 파란색 파장의 빛만 우리의 눈에 투사되기 때문이다. 햇빛에는 여러 가지 파장의 빛이 골고루 섞여 있어서 우리는 햇빛을 백색으로 지각한다.

그런데 비가 갠 후 맑은 하늘을 보면 평소보다 하늘이 더 푸르게 느껴진다. 왜 그럴까? 태양으로부터 오는 백색광은 지구의 대기층에 닿으면 산소, 질소, 수증기 및 미세먼지들과 충돌해서 빛이 여러 방향으로 산란된다. 그런데 파장이 짧은 자외선 쪽의 빛, 즉 파란빛은 산란이 더 잘되고 반면에 상대적으로 파장이 긴 적외선 쪽, 즉 붉은빛은 산란이 잘되지 않는 특성이 있다. 장파장의 붉은빛은 산란 단면적이 좁고 파장이 짧은 파란빛은 산란 단면적이 넓기 때문이다. 하늘은 이처럼 일부 산란된 푸른빛 때문에 우리 눈에 파랗게 보이게 된다.

그러나 저녁 무렵이면 태양의 고도가 낮아지면서 태양빛의 기울기도 작아져서 통과해야 하는 대기층이 길어진다. 따라서 파장이 짧고 산란각도가 작은 단파장의 파란빛은 대기층을 통과하지 못하고 파장이 길고 산란각도가 큰 붉은빛만이 대기층을 통과하기 때문에 저녁노을이 붉게 보이게 된다. 특히 비가 온 뒤 갠 저녁노을이 더 붉게 보이는 것은 비로 인해서 공기 중에 있는 미세한 먼지 입자들이 제거되었기 때문이다. 또한 대기층이 없는 달에서는 태양빛의 산란현상이 일어나지 않기 때문에 달의 하늘은 항상 검게 보이게 된다.

산란이 잘되지 않는 붉은빛의 파장특성을 활용한 예로서 자동차 브레이크 등의 색깔을 들 수 있다. 날씨가 흐리더라도 붉은색 계통의 빛은 산란이 잘 안 되어서 먼 거리까지 뚜렷하게 전달된다. 이러한 특성 때문에 브레이크 등의 붉은빛은 뒤따라오는 운전자에게 앞차의 정지와 정차 상황을 효과적으로 전달하는 신호역할을 하므로 자동차 후미등을 무분별하게 개조하는 행위는 운전자의 정보처리를 저하시켜 사고를 유발할 수 있게 된다.

줄무늬에 의해서 생성되었을 때보다는, (a)의 미국 국기의 줄무늬에 의해서 생성되었을 경우에 검사필드를 더 붉게 조절하였다. 이와 같은 결과는 미국 국기의 줄무늬에 대한 붉은색의 기억이 색지각에 영향을 미치고 있는 것을 보여 준다.

2) 청각

전자파의 파장에 반응하는 눈과는 달리 귀는 기계적 에너지, 즉 공기입자의 분자 간 압력변화에 반응한다. 여러분은 라디오 없이 방송국에서 송출하는 소리를 직접 들을 수 있는가? 물리 세계에는 광범위한 공기매체의 진동이 존재하지만 인간이 들을 수 있는 범위의 진동수는 대략 20~20,000Hz로 제한되어 있다. 이 범위의 진동수를 가청진동수라 일컫는다.

귀는 외이, 중이 및 내이로 구성되어 있다. 외이는 귓바퀴와 외이도로 이루어져 있으며 고막을 통해 중이와 연결된다. 가청진동수에 해당하는 공기매체에서 발생한 진동은 귓바퀴에서 모여 외이도를 통해 들어오고 외이도를 통과한 음파는 고막을 진동시킨다. 고막의 진동은 중이에 있는 세 개의 조그만 뼈인 추골, 침골, 등골을 통과하는데, 이때 이들이 지렛대 역할을 하면서 증폭되어 내이의 난원창을 진동시킨다. 내이는 달팽이관과 반고리관으로 구성되어 있다. 난원창의 진동은 달팽이관 속의 액체를 진동하게 하며 이에 따라 기

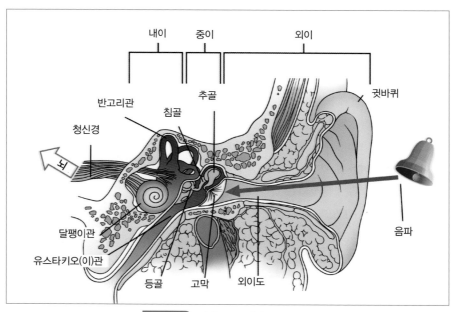

그림 4-25 **귀의 구조: 외이, 중이, 내이**

저막이 진동하게 된다. 기저막에는 유모세포(hair cell)가 붙어 있으며 각 유모세포는 청신경과 연결되어 있다. 기저막이 진동하면서 유모세포가 흔들리게 되고 이 정보는 청신경로를 따라 대뇌 측두엽의 청각피질에 전달된다([그림 4–25]).

3) 기타 감각

(1) 피부감각

피부감각은 크게 촉각(통증을 제외한 피부의 기계적 전압에 의한 지각), 온도감각(피부에 대한 가열과 냉각에 의한 지각), 통각(피부에 손상을 가하는 자극에 의한 지각)으로 나누어진다. 피부감각은 피하에 있는 여러 가지 기계적 수용기(mechanoreceptor)들이 특정 기계적 자극에 대해 반응하는 것으로 이들 수용기 세포들이 자극되면 그 흥분은 뇌의 체감각 피질에 전달된다([그림 4–26]).

온도감각은 피하에 분포되어 있는 감각수용기인 온점과 냉점에 의해 느끼게 되는데, 피부 $1cm^2$당 따뜻함을 느끼는 온점이 평균 1개 내지 2개 분포되어 있으며, 차가운 자극에 대해 감각을 느끼는 냉점은 평균 6개 정도 분포되어 있다. 이들은 손과 얼굴과 같이 예민한 부분에 더 많이 분포되어 있으며, 등처럼 둔감한 곳에는 상대적으로 적게 분포되어 있다.

사람들이 따뜻하다, 차다와 같은 감각을 느낄 수 없는 온도는 몇 도일까? 따뜻하다와 차다를 느낄 수 없는 온도, 즉, 생리적 영점(physiological zero point)은 약 32℃이다. 즉, 32℃ 되는 온도의 물체를 피부에 대면 '차다'와 '따뜻하다'는 감각을 느끼지 못한다.

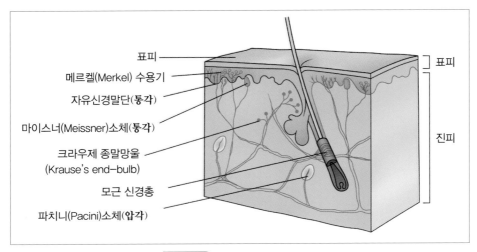

그림 4-26 **피부의 촉각 수용기세포**

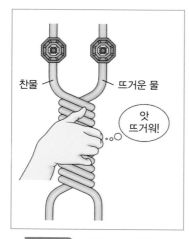

그림 4-27 온감각 측정 실험장치

그렇다면 사람들은 '뜨겁다'라는 감각을 어떻게 느끼는 것일까? 꽈배기같이 꼬아진 한 파이프관에 40℃~44℃의 뜨거운 물을 집어넣고 다른 관에는 0℃~5℃에 이르는 찬물을 넣은 후 실험참가자에게 꼬아진 관을 잡게 하자. 모든 실험참가자들은 '앗, 뜨거워!'라고 반응할 것이다. 이 실험을 통해서는 '뜨겁다'라는 감각이 냉점과 온점을 동시에 활동시키는 것이라는 점을 알 수 있다([그림 4-27]).

촉각은 모근에 있는 신경이 감각을 전달할 때 느끼게 되며 촉각의 민감한 정도는 피부의 위치에 따라 다르다. 손가락 끝이나 입술, 혀끝 등이 특히 예민하다. 맹인들이 점자로 글을 읽는 것은 바로 이 촉각을 통해서이다. 통증은 피부에 있는 자유신경종말(free nerve endings)이란 감각수용기에 의해서 느끼게 된다.

(2) 후각

시각이나 청각이 없는 동물은 있어도 화학적 감각을 탐지하지 못하는 동물은 거의 없다. [그림 4-28]과 같이 우리가 냄새를 맡는 것은, 공기 중 화학물질 분자가 비강의 후각상피세포(olfactory epithelium)에 있는 후각수용기인 후각세포(olfactory cell)를 자극하여 신경흥분을 일으키기 때문에 가능하다. 후각수용기는 시냅스하지 않고 직접 대뇌의 후구(olfactory bulb)에 연결되어 있으며 냄새에 대한 지각은 대뇌의 후각피질에서 이루어진다. 후각만이 시상(thalamus)을 통과하지 않은 유일한 감각기제이며, 이는 뇌로 직접 전달되지만 감각양식 중 민감도는 가장 낮은 편이다.

냄새에 대한 종류 분류가 난해하긴 하지만, 최근 연구에 의하면 인간은 약 1만 가지의 냄새를 구분할 수 있다고 한다. 한편, 사람들은 최소한 몇 가지 물질의 냄새를 맡지 못한다. 예를 들어, 33%의 사람들이 나프탈렌으로 제조하는 좀약 냄새를 맡지 못하며 약 3%는 땀 냄새를 전혀 맡지 못한다.

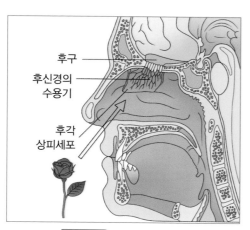

후구
후신경의 수용기
후각 상피세포

그림 4-28 후각의 정보처리

(3) 미각

인간이 느낄 수 있는 기본적인 미각은 단맛, 짠맛, 신맛, 쓴맛으로 4원 미설(네 가지 맛 이론)이란 이들 네 개 맛의 조합에 따라서 온갖 종류의 맛이 파생된다고 보는 이론이다([그림 4-29]). 이 이론은 그리스 철학자 데모크리토스(Democritus) 이후 정설이 되었지만 최근 해초의 수프에서 발견한 우마미(umami, 감칠맛, 글루타민에 의한 맛, 다시마 맛, 구수한 맛)라는 다섯 번째 맛이 발견되었다(McCabe & Rolls, 2007).

19세기 독일과학자(Hänig, 1901)가 주장한 혀의 특정 부위별 미각에 대한 맛지도(tongue map), 즉, 혀의 가장 앞부분은 단맛, 앞쪽 옆 부분은 짠맛, 뒤 옆 부분은 신맛, 그리고 뒷부분은 쓴맛을 담당한다고 보는 설명이 타당하지 않다는 의견이 지배적이다. 따라서 최근에 제시된 새로운 맛지도에서는 맛을 느끼는 미각 수용기는 혀의 특정 부위에만 분포하지 않고 혀 전체에 고루 퍼져 있다고 본다([그림 4-29]). 전통적인 맛지도에서 처럼 단맛(사탕맛)을 혀의 앞부분에서만 더 민감하게 느끼지는 않는다는 설명이다(Dulac, 2000). 혀의 위치별 미각 유형별 민감도는 새로운 맛지도를 참고하기 바란다. 미각 유형에도 성차가 존재하는데, 여성은 혀끝 부분에서 신맛, 입천장 뒤쪽 연한 부분인 연구개에서는 쓴맛과 짠맛을 더 잘 느끼며, 이에 비해 남성은 연구개에서 혀뿌리보다 신맛을 덜 느끼는 경향이 있다.

미각처리과정을 살펴보면, 우선 액체 형태의 화학물질이 혓바닥의 꽃봉오리처럼 생긴 미뢰(taste buds) 속 미각 세포를 자극하여 이 정보가 미각 신경에 전달되고, 이것이 대뇌의 미각피질에 전달되어 맛을 지각하게 된다. 맛 민감도(taste sensitivity)는 미뢰의 수에 영향을 받으며 유전적으로 결정된다. 또한 한 사람의 맛에 대한 과거 경험도 음식에 대한 맛 민

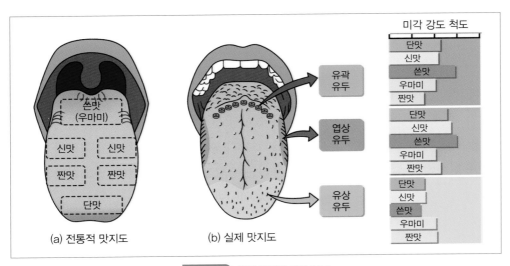

그림 4-29 혀의 위치별 미각 분포

감도에 영향을 미친다.

우리의 혀와 입천장에는 약 9,000개(개: 1,700개, 고양이: 1,000개, 돼지: 15,000개, 소: 35,000개)의 미뢰가 분포되어 있으며, 뜨거운 커피를 마실 때 혀가 데이면 미뢰세포가 손상당한다. 그렇다면 미뢰가 손상당했을 때 맛을 느낄 수 없어야 함에도 불구하고 우리는 어떻게 해서 계속 맛을 느낄 수 있을까? 한번 손상당하면 재생되지 않는 뇌나 척수세포들과 달리 미뢰는 재생능력이 뛰어나 약 일주일 뒤에는 완전히 다시 생성된다. 이러한 재생 덕분에 여러분은 뜨거운 커피를 계속 마셔도 맛을 계속 음미할 수 있는 것이다. 그러나 나이가 들수록 음식의 간을 잘 못 맞추는 현상은 미뢰의 기능이 저하되기 때문이다. 즉, 짠맛을 느끼는 미뢰의 수는 노년이 되면 젊을 때보다 최대 3분의 1로 감소하게 되고 혀의 미각에만 의존해 음식을 조리하면 자신도 인식하지 못한 채 소금을 많이 넣기 때문에 염도를 측정해 주는 염도계를 사용하기도 한다. 맛을 느끼지 못하는 미맹(taste blindness)검사에서는 페닐티오카바미드(Phenyl Thio Carbamide: PTC)라는 합성 화학물질을 이용하는데, 정상인들은 PTC에 강한 쓴맛을 보고하지만 미맹인 사람은 아무 맛도 못 느끼거나 쓴맛이 아닌 다른 맛으로 보고한다.

고양이와 닭과 같은 동물은 단맛을 느낄 수 없으나 인간은 단맛을 지각할 수 있다. 단맛은 차갑지 않을 때보다 차가울 때 당도가 5배 정도 증가한다. 이런 이유로 더운 여름에 사람들은 상온에 있는 수박보다 냉장고에 있는 수박을 더 선호한다. 최근에는 바리스타나 소믈리에 전문가들의 맛 민감도는 미뢰의 수보다는 미각과 후각을 동시에 사용함으로써 증진되는 것으로 밝혀지기도 했다.

(4) 운동감각과 평형감각

관절과 건(tendon)에 있는 감각기관은 신체의 위치와 운동 여부를 탐지한다. 근육에 있는 감각기관은 근육의 수축과 이완을 자동적으로 조절해 준다. 신체 평형에 대한 감각은 내이에 위치한 반고리관과 전정낭에 의해 조절된다([그림 4-25]). 반고리관은 액체로 채워져 있는 세 개의 관이 3차원적으로 맞닿아 있어서 신체가 회전할 때 하나의 관에만 최대의 영향을 주게 된다. 각 관에는 유모세포(hair cell)가 붙어 있으며 액체의 움직임이 유모세포에 압력을 가하게 되고 이 정보를 통해 우리는 평형감을 느끼게 된다. 반고리관의 바닥과 달팽이관 사이에 위치한 전정낭에는 이석(otoliths)이라 불리는 작은 모래알 같은 칼슘 결정체가 들어 있다. 우리 몸이 움직이면 이석이 움직이면서 전정낭 안의 유모세포를 자극하게 되며 유모세포에는 신경이 연결되어 자극이 대뇌까지 전달된다. 우리는 대뇌에 전달된 이러한 정보를 통해 신체의 균형을 유지하거나 수정할 수 있다. 그러나 이석은 외부의 충격이나 바이러스에 의한 감염 및 약물 부작용 등으로 인해 원래 위치에서 떨어져 나올 수 있다. 이석이 반고리관 내부의 액체 속으로 흐르거나 반고리관 내부 벽에 붙어 있게 되면 균형감각을 담당하는 신경을 과도하게 자극하고 주위환경이 빙글빙글 도는 듯한 증상을 일으킨다. 특히 갑자기 고개를 돌리거나 눕고 일어날 때 어지럼증과 메스꺼움을 느끼게 되는 이른바 이석증을 앓게 된다.

4.
지각의 원리

지금까지 시각자극을 포함한 다양한 물리적 대상이 감각기관(수용기)에 수용되고 신경신호로 어떻게 변환되어 어떤 경로로 대뇌에 전송되는가를 주로 살펴보았다. 그렇다면 대뇌피질에 도달한 다양한 신경흥분을 사람들은 어떻게 해석하고 인식할까? 예컨대, 갑자기 자신의 정면으로 빠른 속도의 물체가 다가온다면, 이것이 해로운지 여부를 어떻게 판단할 것인가? 바이올린의 선율과 피아노의 음은 어떻게 식별되며, 음식의 맛은 어떻게 인식되고 여러 가지 커피와 꽃의 향기는 또 어떻게 명명되고 구분되는 것일까?

이와 같이 대뇌피질에 도달한 감각자료의 질적 경험을 토대로 그 정보에 구체적인 의미를 부여하고 체계적으로 조직화하고 해석하는 과정을 지각과정이라 한다. 이 절에서는 형태에 대한 지각 원리, 3차원 깊이를 지각하는 원리, 움직임에 대한 지각 원리 및 초감각적 지각현상에 대해서 논하기로 하겠다.

1) 형태지각

여러분은 '의자'를 보고 어떻게 '의자'라고 지각하며, 한글 단어 '가'라는 글자를 보고 어떻게 '가'라고 지각하는가? 사물의 형태에 대한 지각이 가능하기 위해서는 먼저 전경(figure, 형)과 배경(ground)을 신속하게 구분하고 전경의 감각자료를 지각 원리에 의해 집단화(조직화)해야 한다. 집단화를 한 후 우리가 지닌 사물에 대한 사전 지식을 활용하여 그 사물에 의미를 부여하여 지각하게 된다. 여기에서는 형태에 대한 지각이 어떻게 일어나는가를 단계별로 나누어 설명하겠다.

(1) 전경-배경 구분

우리는 어떤 물체를 볼 때 먼저 전경과 배경을 분리한다. 전경이란 주의(attention)가 주어지는 상(image)을 말하며, 주의가 주어지지 않는 상은 모두 배경에 속한다.

[그림 4-30] Rubin의 컵을 보자. Rubin의 컵은 대상 중 어디에 주의를 기울이냐에 따라 전경이 배경이 되고 배경이 전경이 될 수 있는 역전 가능한 도형이다. 이 그림에서는 똑같은 윤곽을 가지나 형태가 다른 두 대상들을 지각하는 경우를 보여 준다. 예컨대, 하얀 부분이 전경으로 떠오르고 검정 부분이 배경이 되면 컵 형태가 보인다. 그러나 검정 부분이 전경으로 떠오르고 흰 부분이 배경으로 보이는 경우, 두 사람이 마주보는 모습이 보일 것이다.

그렇다면, 이 그림에서 컵과 마주보는 사람은 동시에 지각될 수 있을까? 혹자는 이것이 가능하다고 생각할 것이다. 그러나 사실상 이 두 가지 형태를 동시에 볼 수는 없다. 순간순간 전경과 배경이 바뀌어서 두 가지를 동시에 보는 것처럼 여겨질 수는 있다.

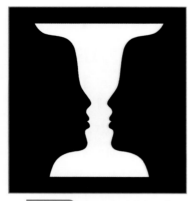

그림 4-30 **Rubin의 역전성 그림**

(2) 지각 집단화

특정 대상에 주의(attention)를 쏟아 전경과 배경을 구분하고 나면, 전경의 감각자료는 여러 가지 규칙에 따라 좋은 형태로 조직화하여 지각된다. 이러한 규칙은 전통적으로 형태주의 심리학자들이 의해서 처음 연구되었기 때문에 형태주의 원리(Gestalt principle) 혹은 지각 조직화(perceptual organization) 원리라 불린다. 지각 조직화의 원리를 예시로 이들에 관해 구체적으로 살펴보자.

근접성(proximity)　　　[그림 4-31] (a)의 윗 도형의 경우, 6개의 굵은 선으로 보이는가 아니면 2개의 선이 1쌍인 3쌍의 도형으로 보이는가? 물론 2개의 선으로 이루어진 3쌍의 도형으로 보일 것이다. 그 아래 7개의 수직선들은 선분 2개로 구성된 3쌍의 수직선과 1개의 수직선으로 보이지 않는가? 이러한 현상은 우리가 공간적으로 근접한 자극들을 하나로 묶어 지각하기 때문이다.

유사성(similarity)　　　[그림 4-31]의 (b)에서 여러분은 숫자 2를 볼 수 있을 것이다. 이것은 회색 배경 자극에 대비하여 검정 원을 하나로 묶어서 지각하기 때문이다. 오른쪽 그림

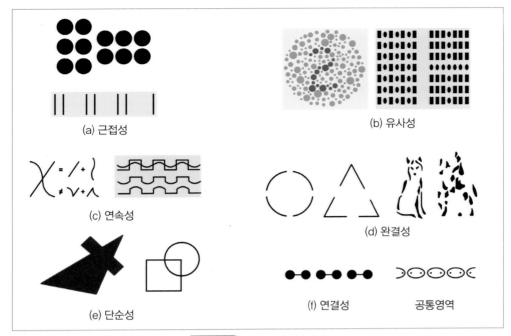

(a) 근접성

(b) 유사성

(c) 연속성

(d) 완결성

(e) 단순성

(f) 연결성 공통영역

그림 4-31 지각 집단화의 원리

의 도형들은 세로줄이나 가로줄로 보일 수 있다. 거의 대부분은 세로로 사각형 줄과 원형 줄이 반복되는 도형으로 지각하며 그 옆의 도형은 '+'자 형태의 원형과 사각형 배경으로 보일 것이다.

연속성(continuation) [그림 4-31]의 (c) 왼쪽 그림은 'S'자와 '/'표시의 접합으로 지각되지만, 상하로 분할되어 지각되지는 않는다. 오른쪽 그림은 세 개의 돌출한 'ㄷ'자 모양의 도형 사이를 부드러운 파형이 지나고 있는 것으로 보인다. 이처럼 단절된 것보다는 연속적인 것으로 지각하려는 것을 연속성의 원리라 한다.

완결성(closure) 완결성이란 한 도형의 속성들이 불완전한 경우에 완전한 형태로 지각하려는 원리이다. [그림 4-31]의 (d)에서 원과 삼각형의 요소가 일부분은 누락되어 있지만 사람들은 누락된 부분을 채워서 친숙한 완전한 원과 삼각형으로 지각하게 된다. 마찬가지로, 흰 바탕 위 검정 무늬로 이루어진 그림의 경우 개와 말 탄 기사처럼 보이는데, 완전한 의미 있는 형태로 지각하는 것을 완결성의 원리라 한다.

단순성(simplicity) [그림 4-31] (e)에서 왼쪽 그림은 긴 삼각형과 작은 직사각형이 중첩된 것으로 지각되고, 오른쪽 그림은 사각형과 원이 중첩된 것으로 보인다. 이와 같이 가장 좋은 도형이나 단순한 도형으로 지각하려는 것을 단순성 혹은 좋은 형태(prägnanz, good form)의 원리라 한다. 게슈탈트 심리학자들은 이 원리를 지각 집단화의 가장 기본적인 원리로 간주하였다. 그러나 단순성, 좋은 형태에 대한 판단기준에 대해서는 명확하지 않다.

연결성(connectedness)과 공통영역(common region)   [그림 4-31] (f)에서 왼쪽 도형의 경우, 6개의 검정 원들은 두 점 사이의 연결선에 의해서 하나의 단위로 지각된다. 이를 연결 원리라 한다. 오른쪽 도형의 경우, 타원 안의 점들이 인접한 타원들 간 점들보다 더 떨어져 있음에도 불구하고 함께 속하는 것으로 지각되는데, 이는 각 타원을 공간의 개별적인 영역으로 간주하기 때문이다. 같은 공간 영역 내의 요소들은 함께 집단화된다.

친숙성(familiarity)   [그림 4-32]에서 여러분은 처음에는 주로 나무, 바위와 개울로 어우러진 숲의 정경을 지각할 것이다. 그러나 자세히 살펴보면 바윗돌과 나무들 사이에서 13명의 사람 얼굴형상이 보일 것이다. 이러한 현상은 친숙하거나 의미 있는 사물들은 집단화가 잘되는 것을 시사한다.

그림 4-32 친숙성의 원리(The Forest Has Eyes, by Bev Doolittle, 1985년 作)

출처: Maclay & Doolittle(2001).

(3) 형태재인

전경과 배경이 구분되고 전경의 감각자료를 집단화한 다음, 이 자료들은 형태재인 (pattern recognition) 과정을 거치게 된다. 형태재인 과정이란, 우리가 이미 지니고 있는 사전 지식을 활용해 의미 있는 형태로 자료를 지각하고 해석하는 과정을 말한다. 예컨대, 우리는 우리 주변의 친숙한 물건이나 사람들을 알아보거나 거리의 친숙한 건물, 간판을 보며, 현재 이 글을 읽기도 하고, 쉽게 자기 집을 찾아가기도 한다. 인텔리전트 빌딩에서 지문, 홍채 및 얼굴이미지를 읽어 출입자의 신원을 확인하거나, 쇼핑몰 계산대에서 물건값을 신속하게 계산하기 위해 바코드나 QR코드를 붙여두는 것도 형태재인의 한 과정을 이용한 것이다.

최근 대두된 4차 산업혁명 문화는 컴퓨터(AI)가 토대가 된 정보처리시스템으로 옮겨가고 있다. 이러한 맥락에서 형태재인 과정에 대한 연구가 증가하고 있으며 이 분야는 각광받는 추세이다. 연구들은 컴퓨터가 사람처럼 자연스럽게 다양한 형태를 지각하게끔 만드는 것을 목표로 하고 있다. 따라서 컴퓨터에 형태재인 과정을 구현하기 위해서는 우선 인간의 형태재인과 관련된 원리들을 체계적으로 알 필요가 있을 것이다. 여기에서는 인간의 형태재인 과정에 대한 몇 가지 심리학 이론들을 제시하겠다.

형판이론(template theory)　　형판이론에서는, 어떤 형태가 제시되었을 때 망막에 투사된 입력형판과 이미 기억 속에 저장된 여러 가지 형판들을 비교한 후 매치되는 형판으로 해당 대상이나 사물을 인식하게 된다고 설명한다. 예를 들면, 우리는 'A' 형태를 본 후 장기기억 속에 이미 저장된 알파벳 형판과 망막에 입력된 글자를 비교함으로써 이것이 알파벳 'A'라는 것을 알게 된다는 것이다.

그러나 이런 식으로 형태를 재인하기 위해서는 완벽히 같은 형태의 형판들이 장기기억 속에 존재해야 한다. 형판이론의 단점은 'A'라는 글자 형태가 약간만 달라져도 새로운 형판을 필요로 하게 된다는 것이다. 예컨대, 실생활에서는 개인 간 필기습관의 차이 때문에 다양한 크기와 방향의 'A'가 존재한다. 형판이론에 따르면 이 모든 차이에 상응하는 형판들이 필요하게 되며, 따라서 형판의 수가 충분히 많아야 한다. 이것은 뇌의 기억부담을 높이고 효율성을 떨어뜨리는 방식일 것이다. 그래서 형판이론의 원리는 주로, 입력되는 영상의 종류가 적고 영상의 변형이 제한적인 영역, 예컨대 수표 발행번호의 숫자나 바코드 시스템에서 응용되고 있다.

속성탐지이론(feature detection theory)　　형판이론에서는 하나의 대상이 전체적인 하나의 형판 단위로 기억되고 인식된다. 이와 달리 속성탐지이론에서는 대상이 지닌 세부 속성들을 토대로 사물을 인식하고 해석한다. 우리가 'A'라는 글자를 재인하는 과정을 예로 들자면, 우리는 장기기억 속에 두 개의 사선과 한 개의 수평선이라는 'A'의 기하학적 속성을 저장해 놓고, 두 개의 사선과 수평선 속성으로 구성된 대상들이 입력되면 모두 'A'라는 형태로 재인하게 되는 것이다.

이 이론은 원숭이와 고양이의 대뇌 시각피질 실험에서 신경생리적 타당성을 지지받았다(Hubel & Wiesel, 1959). 이 동물들의 1차 시각피질에 미세전극을 꽂고 스크린에 여러 가지 점과 선분을 비춰주고 세포들의 신경흥분을 측정한 결과, 세 가지의 세포, 즉 특정 방향(방위)의 선분에 민감한 단순세포(simple cell), 특정 방향으로 움직이는 선분에 민감한 복합세포(complex cell) 및 특정 크기의 모서리를 이루는 선분에 민감하게 반응하는 끝멈춤 세포(end-stopped cell)들이 발견되었다.

원형이론(prototype theory)　　형판이론과 달리 원형이론에서는 특정 대상의 이상적인 형태(ideal form), 즉 그 대상의 원형이 저장되어 있다고 보며, 이 원형과 입력된 형태가 대조됨으로써 형태재인이 일어난다고 설명한다. 여기에서 원형(prototype)이란 그 대상(범주)을 평균적으로 잘 대표하는 특정 대상의 가장 전형적(typical)인 사례를 의미한다. 전형적인 '개'나 '새'를 생각해 보면 쉽게 이해할 수 있을 것이다. 예를 들어, 'A'라는 글자는 비뚤어진 'A', 길쭉한 'A', 넓적한 'A' 등 다양한 형태가 가능한데, 기억 속에는 가장 전형적인 'A'만이 저장되어 있으며 이 원형과 비교하여 형태를 지각한다는 것이다. 만약 원형과 약간 다른 형태의 'A'가 입력되면 우리는 어떻게 그 글자를 'A'로 확신할 수 있을까? 이에 대한 답은, 우리가 입력된 'A' 형태와 이미 기억 속에 저장된 알파벳 원형들 간의 유사성(similarity)을 계산한 다음 확률적으로 가장 유사한 것을 탐색하여 'A'라 답하게 된다는 것이다.

2) 깊이지각

우리가 사는 세계는 3차원의 입체구조이다. 그러나 대상들은 아주 얇은 두께로 된 오목한 평면 모양의 망막 위에 비치게 된다. 그렇다면 망막에 맺힌 2차원 상을 토대로, 우리는 어떻게 3차원 대상을 지각할 수 있는 것일까? 예를 들어, 여러분은 망막에 맺힌 작은 원이 30cm 앞에서 날아오는 탁구공인지 아니면 10m 앞에서 날아오는 농구공인지를 어떻게 구분할 수 있는가? 두 가지 공의 속도, 색깔, 재질 및 배경 정보가 없다면 단순히 망막에 맺힌 원의 크기만 가지고 두 대상을 구분하긴 어려울 것이다. 우리는 이처럼 대상들이 지각자로부터 떨어져 있는 거리 등을 바탕으로 대상을 3차원으로 지각하고 해석하는데, 이러한 지각 원리를 깊이지각 혹은 거리지각(distance perception)이라 한다.

우리는 움직이지 않고도 대상과의 거리를 판단할 수 있다. 대상들이 가까이 다가오면 그 대상의 망막상은 커지고 멀어져 가면 그 대상의 망막상은 작아지는데, 이처럼 지각자로 부터 특정 대상 간 거리와 그 대상의 망막상의 크기는 반비례한다. 거리판단은 깊이지각의 핵심이며 우리는 여러 가지 단서(cue)를 이용하여 대상으로부터 거리를 추정한다. 거리추정을 위한 단서들을 살펴보기로 하겠다.

(1) 동안신경 단서

동안신경 단서(oculomotor cues)란 수정체의 곡률변화를 통제하는 조절(accommodation)과 두 눈의 초점축 각도를 통제하는 수렴(convergence)에 의해서 깊이를 지각하는 원리를 말한다.

[그림 4–33] (a)를 보면, 대상이 가까워지면 모양체 근육이 수축되어 수정체의 곡률이 증가하면서 수정체가 두꺼워지고, 대상이 멀어지면 모양체 근육이 이완되어 수정체의 두께가 얇아지게 된다. 이때 동안근의 흥분 여부를 뇌가 탐지하여 깊이를 해석하는 기제를 조절이라 한다.

(b)는 수렴 현상을 설명하는 것으로 눈동자 시선축의 각도는 변하는데, 먼 물체는 두 눈의 시축이 평행하고 수렴각이 작아지며

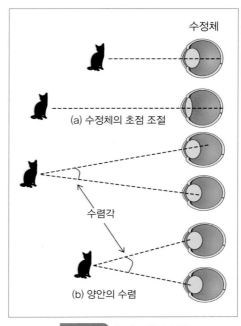

그림 4-33 눈의 조절과 수렴

(divergence), 가까운 물체는 수렴각이 커진다. 팔을 뻗어서 엄지손가락을 세워 두 눈쪽으로 가까이 혹은 멀리 이동시켜 보자. 두 눈의 시축이 변하는 것을 직접 느낄 수 있을 것이다. 이와 같이 수정체의 수축을 통제하는 근육과 두 눈의 수렴에 관여하는 동안근의 흥분 신호가 대뇌피질로 전달되면 뇌는 그 정보를 통합하여 깊이를 지각하게 된다.

(2) 단안시 단서

우리는 한 눈만을 사용하여도 물체와의 거리나 물체 간의 상대적 위치를 파악할 수 있

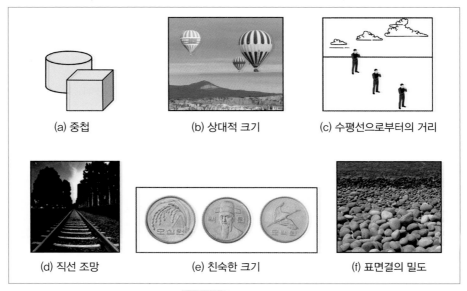

(a) 중첩　　　(b) 상대적 크기　　　(c) 수평선으로부터의 거리

(d) 직선 조망　　　(e) 친숙한 크기　　　(f) 표면결의 밀도

그림 4-34 단안시 단서

다. 이는 한 눈에만 투사되는 상(monocular cues)에도 깊이지각 단서가 있음을 보여 주는 것이다. 이는 특히 르네상스 시대의 화가들이 단안시 단서들을 활용한 원근법으로 풍경화를 그렸기 때문에 이를 회화 단서(pictorial cues)라고도 일컫는다.

중첩　　　[그림 4-34] (a)를 보자. 특정 물체가 다른 물체의 일부를 덮는다면 가리고 있는 물체는 가려진 물체보다 앞에 있는 것으로 보인다. 이와 같이 중첩(overlap)은 가리고 있는 물체는 가깝게, 가려진 물체는 멀리 있는 것으로 지각하게 해 주는 단서이다.

상대적 크기　　　같은 형태의 물체 중 크기가 다른 것들이 섞여 있다면, 크기가 클수록 가깝게 있는 것으로 지각하게 된다. [그림 4-34] (b)에는 동일한 형태의 열기구들이 하늘에 떠 있지만 크기가 크게 보이는 열기구일수록 가깝게 지각된다.

수평선으로부터 거리　　　수평선에 가까이 있는 물체는 멀리 있는 것으로 지각되고 수평선에서 멀리 있는 물체는 가까이 있는 것으로 지각된다. [그림 4-34] (c)에서 수평선에 가까이 있는 사람과 구름은 멀리 있는 것으로 보이고, 수평선에서 멀리 떨어져 있는 사람과 구름은 가깝게 느껴진다.

선명도　　　우리는 공기 중에 떠돌아다니는 공기입자를 통해서 물체를 본다. 가까운 물체는 적은 공기입자를 통해서 보기 때문에 선명하게 볼 수 있지만 멀리 있는 물체는 그 거리만큼 많은 공기입자를 통과해서 봐야 하므로 흐릿하게 보인다. 예를 들어, 공기가 없는 달에서 멀리 있는 분화구와 가까이 있는 분화구를 보면 어떻게 보일까? 달에는 공기가 없으므로 달에서 분화구를 본다면 멀리서 보나 가까이서 보나 동일하게 또렷해 보일 것이다.

직선조망　　기찻길이나 멀어져 가는 도로와 같이 평행한 선은 거리가 점점 멀어질수록 수렴한다. 직선조망(linear perspective)은 이와 같이 수렴하는 쪽을 더 멀리 있는 것으로 지각하는 현상을 말한다. [그림 4-34]의 (d)를 보면 철로의 위쪽 노을이 지는 쪽 나무들이 더 멀리 보인다.

친숙한 크기　　물체의 크기에 대한 우리의 사전 지식은 특정 물체의 깊이에 대한 지각에 영향을 미친다. [그림 4-34]의 (e)에서 50원, 100원, 500원 주화가 같은 크기로 그려져 있다고 하자. 우리는 각 주화의 크기에 대해 이미 자세히 알고 있다. 그러므로 동일한 크기로 그려져 있는 주화들에서는 50원 주화가 실제로 가장 가깝게 있는 것으로 지각되고 500원 주화는 가장 멀리 있는 것으로 지각된다.

표면결의 밀도　　물체 표면의 밀도(texture gradients)에 따라 거리지각은 달라진다. [그림 4-34] (f)에서처럼 표면의 결이 조밀하고 매끄러우면 멀리 있는 것으로 지각되고 표면의 결이 거칠고 듬성듬성할수록 가까이 있는 것으로 지각된다. 우리들이 입고 있는 옷의 결을 멀리서 볼 때와 가까이서 볼 때를 생각하면 쉽게 이해할 수 있다.

상대적 밝기　　같은 크기라도 밝기가 다른 경우 밝은 것이 더 가까워 보이고 어두운 것은 멀리 있어 보인다(relative brightness). 같은 크기의 풍선이 두 개 있다면, 밝기가 밝은 풍선이 어두운 풍선보다 더 가까이 있는 것으로 보인다.

(3) 운동-유도 단서

지금까지 기술한 지각의 단서들은 정지상태의 관찰자에게 깊이에 관한 정보를 제공하기 때문에 정지단서(static cues)라 불린다. 운동-유도 단서(movement-produced cues)에 의한 깊이지각은 관찰자는 움직이고 대상은 정지해 있거나 반대로 관찰자는 정지해 있고 대상이 움직일 때 일어나는데, 여기서는 관찰자가 움직임으로써 유도된 깊이지각 단서를 살펴보기로 하자.

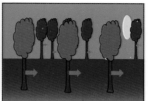

그림 4-35　운동시차

운동시차　　우리가 자동차나 기차를 타고 가면서 창밖을 볼 때, 창밖 풍경은 기차의 운동방향과 반대로 움직이는 것처럼 느껴진다. 특히 가까이에 있는 물체는 매우 빨리 움직이는 것처럼 보이고 멀리 있는 물체는 천천히 움직이는 것처럼 보인다. 이처럼 운동시차 단서(motion parallax)를 통해, 우리는 관찰자의 진행 방향과 반대 방향으로 빨리 움직이는 물체는 가까이 있고 천천히 움직이는 물체는 멀리 있다는 것을 알게 된다([그림 4-35]).

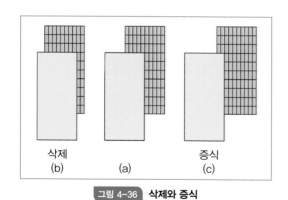

삭제와 증식　　[그림 4-36]에서처럼 두 표면이 다른 거리에 있을 때 관찰자가 (a)의 상태에서 왼쪽으로 움직이면 (b)와 같이 삭제되는 것으로 보이고, 오른쪽으로 움직이면 (c)와 같이 증식되는 것으로 보인다. 증식과 삭제는 두 표면이 다른 거리에 있을 때 일어나며, 이때 덮고 있는 표면은 가까이 있는 것으로, 덮여 있는 표면은 멀리 있는 것으로 보인다.

삭제
(b)

(a)

증식
(c)

그림 4-36　삭제와 증식

(4) 양안시 단서

양안시 단서(binocular cue)란 두 눈을 통한 깊이지각의 원리로, 성인의 두 눈은 약 61~65mm(동공 간 거리) 정도 떨어져 있어서 같은 대상이라도 각 눈에 맺히는 상은 약간 달라진다. 이러한 두 눈의 망막이미지 차이를 양안 불일치(binocular disparity)라 한다.

[그림 4-37]의 (a)처럼 왼쪽 팔을 곧게 펴서 검지만 세우고 오른쪽 팔을 구부린 채 검지를 미간 중앙에 세워서 양쪽 눈으로 번갈아 보자. 두 눈의 망막에 맺히는 검지의 상이 서로

다름을 알 수 있을 것이다(b). 오른쪽 눈의 망막에는 오른쪽 손의 검지가 왼쪽 손의 검지를 덮은 것으로 보이고, 왼쪽 망막에는 작은 왼쪽 손의 검지와 오른쪽 손의 검지사이에 틈새가 보인다. 이처럼 3차원 물체는 두 눈에 약간 다른 2차원 상을 맺게 하며 우리는 이러한 불일치 정보를 통합하여 깊이를 지각할 수 있다.

3차원 대상은 두 망막에서 2차원으로 투사되어 시신경을 통해 시각피질로 전달되며 뇌는 이 이미지를 융합하여 본래 3차원 대상의 깊이감과 입체감을 재생한다. 대상에 대한 입체감은 가까운 거리에서는 잘 일어나고 먼 거리에 있는 물체의 입체감은 잘 일어나지 않는다.

그렇다면 입체영화의 영상은 육안으로 볼 때는 왜 3차원으로 보이지 않는 것일까? 사람이 느끼는 입체감이 약하기 때문에 3D 영화나

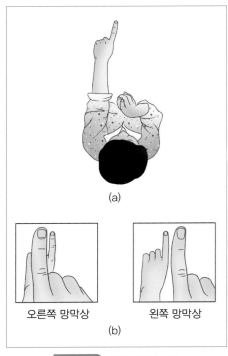

(a)

| 오른쪽 망막상 | 왼쪽 망막상 |

(b)

그림 4-37 양안 불일치 실험

TV(매직아이)를 보기 위해서는 사전에 입체시 지각(stereopsis)을 위한 연습을 하거나 약한 입체감을 증폭해 주는 특수 3D안경(입체경, 편광안경, stereoscope) 등을 착용해야 한다. 이런 3차원 영상 TV(3D TV)는 어떻게 만들어지는가? 우선 입체카메라(스테레오 카메라)로 영상을 만들어야 한다. 이때 특수 입체카메라가 사용되는데, 카메라의 몸체 좌우에 약 7cm 정도의 간격을 두고 2개의 촬영용 렌즈를 설치하여 같은 피사체를 동시에 촬영한다. 이 카메라는 두 렌즈의 초점 조정, 노출 조정, 그리고 셔터의 작동이 연동되도록 설계되어 있으며 촬영 시에는 동시에 2개의 화상을 얻게 된다. 이렇게 촬영된 TV 영상을 특수 안경(stereo-viewer)으로 보면 두 렌즈의 시점차로 인해 피사체의 상이 입체로 보이게 되는 것이다.

3) 운동지각

운동지각(movement perception)은 유기체의 생존과 밀접하게 관련되어 있다. 여러분은 번화가에서 길을 걸어가면서 서로 움직이는 사람들과 부딪치거나, 눈 쪽으로 갑자기 야구공이 날아오거나, 운전 중에 앞차가 급정지할 때 신속하게 대응해야 한다. 이런 경우 물체

가 시야에서 점점 더 커지는 것을 경험하게 된다.

약육강식이 치열한 야생에서 포식동물은 피식동물의 움직임을 탐지해야 하고, 피식동물은 포식동물의 움직임을 지각해 도망가야 한다. 이런 상황에서 동물들이 적절하게 대응할 수 있는 것은 망막에서 상이 순간적으로 이동하기 때문이다.

운동지각은 크게 두 가지로 대변될 수 있는데, 하나는 실제로 대상이 공간상에서 움직이고 그 움직임을 지각하는 실제 운동지각이다. 또 다른 하나는 가현운동(apparent movement)지각으로 실제로 대상의 상이 망막에서 이동하지 않아도 단지 시차를 두고 점멸하는 것만으로 물체가 움직이는 것처럼 지각할 수 있다.

(1) 실제 운동지각

우리는 물체가 움직인다는 것을 어떻게 지각하는가? Gibson(1968)에 의하면 운동지각에 대한 단서는 환경 속에 존재한다. 물체가 움직이면서 배경의 부분들을 가렸다가 보여주기 때문에 물체가 움직이는 것을 지각할 수 있는 것이다([그림 4-36] '삭제와 증식' 참조).

그러나 인간이 운동을 지각하는 데는 한계가 있다. 우리가 어떤 대상의 움직임을 지각하기 위해서는 2m 거리를 기준으로 초당 0.2cm 이상 이동하거나 초당 150cm 이하로 움직여야만 한다. 시계를 예로 들어 보자. 우리는 시계의 초침이 움직이는 것은 지각할 수 있지만 시계의 시침이 움직이는 것을 보지는 못한다. 총알을 생각해 보자. 여러분 중에는 육안으로 날아가는 총알을 본 사람이 있는가? 이것은 거의 불가능하다. 그러나 그렇다고 해서 시계의 시침이나 총알은 움직이지 않는다고 할 수 있을까?

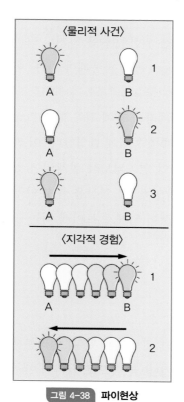

〈물리적 사건〉

A 1 B

A 2 B

A 3 B

〈지각적 경험〉

A 1 B

A 2 B

그림 4-38 **파이현상**

(2) 가현운동지각

실제 물체의 움직임이 없는데도 운동을 지각하는 현상을 가현운동이라 한다. 세 가지 종류의 가현운동지각을 알아보자.

파이현상(phi-phenomenon) 이러한 지각은 네온사인에서 볼 수 있는 현상으로, [그림 4-38]에서처럼 전구 A와 B가 약 100msec나 200msec(1초=1000msec) 시간차로 켜졌다가 꺼지기를 반복하면 불빛이 A위치에서 B위치로 또는

B위치에서 A위치로 움직이는 것처럼 보인다. 실제로는 두 전구가 켜졌다가 꺼지는 현상밖에는 없는데 불빛이 이동하는 것으로 지각되는 건 왜일까? 우리 눈에 잔상(afterimage)이 남기 때문이다. A전구가 꺼져도 잠시 동안 불빛의 잔상이 남기 때문에 B전구가 켜지면 두 번째 불빛으로 이동하는 것으로 보이는 것이다. 이런 가현운동 덕분에 영화(24프레임/1초)나 TV 영상, 애니메이션 게임을 연속된 움직임으로 지각하는 것이다.

유인운동　　밤에 달이 구름에 가려졌다가 다시 나타날 때, 여러분은 달이 빠른 속도로 움직이는 것으로 지각한다. 그러나 달이 실제로 그렇게 빠른 속도로 움직이는 것일까? 실제로 움직이는 것은 바람에 의해 빠르게 움직이는 구름이다. 그런데도 구름이 아니라 달이 움직이는 것처럼 보이는 이유는 무엇일까?

이에 대한 답은 무엇을 전경과 배경으로 보는가에 달려 있다. 우리는 일상에서 대부분 큰 것을 배경으로 보고 작은 것을 전경으로 경험해 왔다. 그러므로 작은 대상인 달은 전경으로, 큰 구름은 배경으로 생각하게 된다. 대체로 큰 배경이 움직이는 경우는 거의 없기 때문에 큰 배경인 구름보다는 작은 전경인 달이 움직인다고 생각하게 된다.

[그림 4-39]의 실험을 생각해 보자. 그림에서처럼 실제 큰 흰색 종이를 오른쪽으로 움직이면 정지해 있는 작은 검정색 종이(투명 셀로판지 위의 검정 바둑알)가 왼쪽으로 움직이는 것으로 지각되며, 그 움직이는 속도는 배경 자극을 움직이는 속도에 비례하여 달라진다. 실제로는 움직이지 않은 검정색 종이가 움직이는 것처럼 보이는 이유는, 배경은 움직이지 않고 전경이 움직인다는 생각에 유인운동(induced movement)이 일어났기 때문이다. 여러분이 탄 지하철이 정차해 있을 때 반대편 방향의 지하철이 움직이면 여러분은 자신이 탄 지하철이 뒤로 가는 듯이 느끼게 된다. 이것도 유인운동의 한 예이다.

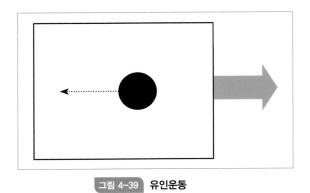

그림 4-39 유인운동

자동운동　　　빛이 없는 암실에서 멀리 떨어져 있는 고정된 불빛을 바라보자. 처음에는 그 불빛의 위치를 지각할 수 있으나 시간이 조금 지나면 그 불빛이 정지해 있는 데도 불구하고 눈동자의 움직임에 따라 제멋대로 움직이는 듯이 보일 것이다. 왜 이러한 현상이 일어날까? 참조준거(frame of reference)가 없기 때문이다. 우리는 물체의 위치를 판단할 때 주변에 있는 참조준거를 사용한다. 예를 들어, 교탁은 칠판 앞에 있고 의자 뒤에 있다는 식의 정보가 참조준거가 되는 것이다. 그러나 암실에서 불빛의 위치를 판단할 때는 참조준거가 없어 불빛의 위치를 잘 파악하지 못하게 된다. 이 때문에 눈동자의 움직임에 따라 불빛이 같이 움직이는 것으로 지각되는 것이다.

4) 초감각적 지각

지금까지 설명한 것처럼 지각경험은, 감각기관 수용기에서 신경흥분으로 변환된 물리에너지가 감각 신경통로를 통해 대뇌피질에 도달하여 감각질을 조직화한 후 의미 부여하는 과정을 거친다.

그런데 눈과 귀, 코 등 감각기관을 통하지 않고서도 지각경험은 가능할까? 초감각적 지각(Extra Sensory Perception: ESP)은 인간이 지닌 오감(시각, 청각, 후각, 미각, 촉각)으로 인지(認知)되지 않는 현상으로 지각과정에 필수적인 선행 감각과정이 전혀 일어나지 않았음에도 경험하는 지각현상을 말한다. 이 분야의 연구를 초심리학(parapsychology)이라 하는데, 현재까지도 초감각적 지각의 타당성과 신뢰성은 심리학을 비롯한 과학 분야에서 논쟁이 되고 있다. 그러나 대개는 과학적 방법으로 검증할 수 없는 일종의 속임수(마술)나 우연적인 현상으로 간주한다(Hyman, 2010). 초감각적 지각 현상을 몇 가지 소개하기로 하겠다.

텔레파시　　　텔레파시(telepathy, 정신감응)는 '먼 거리(tele)'와 '느낌(pathe)'을 뜻하는 합성어로 '멀리 떨어진 곳에서 느끼기'란 의미이다. 어떤 사람의 생각이나 감정이 오감각을 통해 의사소통되지 않았음에도 다른 사람에게 인지되거나 지각되는 현상을 말한다.

투시력　　　투시력(clairvoyance)은 시각을 통한 대상 식별이 불가능한 상황에서도 특정 물체나 사건을 정확하게 지각하는 능력을 말한다. '훤히 꿰뚫어 봄(clear seeing)'이란 의미로, 밀봉된 봉투 속에 들어있는 글자나 물체를 뜯어보지 않고도 인식하고, 혹은 카드의 겉면만 보고도 무슨 카드인지 알아맞히는 능력을 생각하면 된다. 투시력으로 시공을 초월해 미래 또는 과거를 보거나, 인체를 눈으로 꿰뚫어보고 질병의 유무를 알아내기도 한다. 이

외에도, 정상적인 청각으로 식별할 수 없는 소리를 듣는 투청력(clairaudience)과, 오감을 사용하지 않고 냄새나 맛(촉감, 정서)을 지각하는 능력(clairsentience)이 있다.

예지력   발생하지 않은 미래의 특정 사건에 대해 미리 인지하는 능력을 예지력 (precognition)이라 일컫는다. 예지로 알게 되는 사건은 죽음, 질병 및 사고(홍수, 지진)와 같이 불행한 일이나 배우자, 가족, 친구 등 정서적으로 가까운 사람들에 관한 것들이다. 예지와 비슷한 능력으로 예감(presentiment)과 예언(prophecy) 등이 있는데, 미지의 사건이 일어날지 모른다고 어렴풋이 생각하거나 느끼는 능력을 말한다. 예컨대, 1912년 첫 항해 도중 북극의 빙산과 충돌해 1천 5백여 명의 승객이 익사한 타이타닉호의 경우, 출항 전 불길한 생각에 예약을 취소한 승객이 정원의 약 40%에 이른 것으로 확인되었다.

염력   염력(psychokinesis)은 물체를 직접 만지지 않고도 물체를 움직이는 현상이다. 손을 대지 않고 멈춰있는 시계를 움직이게 하거나, 도구 없이도 자석의 N극과 S극의 방향을 변경시키거나 주사위를 던져서 특정의 숫자를 나오게 하는 능력을 지칭한다.

이러한 초감각적 지각현상(초능력)의 가능성에 대해 다양한 과학적 연구와 실험이 시도되어 왔다. 그러나 대부분 지각심리학자들은 초감적 지각의 존재에 대해 회의적이다 (Gardner, 1981; Randi, 2008).

5.
지각항상성과 착각

여러분이 거리에서 택시를 기다릴 때, 멀리 있는 택시가 가까이 올수록 점점 더 크게 보였는가? 물론 그렇지 않을 것이다. 택시가 여러분 쪽으로 가까이 올수록 망막에 맺히는 택시의 크기는 커지며 시시각각 모양이 바뀌지만, 우리는 택시의 크기와 모양이 변하지 않았다고 지각한다. 다른 예를 생각해 보자. 만나고 헤어지는 친구의 뒷모습은 눈의 망막에서 점점 더 작아질 것이다. 그런데 이 상황에서 친구의 키가 점점 더 작아지는 것처럼 보였는가? 물론 친구의 키는 변함없는 것으로 지각할 것이다.

검은 색종이는 밝은 낮에 보든 흐린 날에 보든 검은색으로 보이고, 빨간 스웨터는 형광등 밑에서 보든 백열등 밑에서 보든 빨간색으로 보인다. 강의실의 출입문이 열리고 닫히는 동안, 움직이는 문은 공간 위치에 따라 직사각형, 사다리꼴 그리고 긴 막대모양으로 변

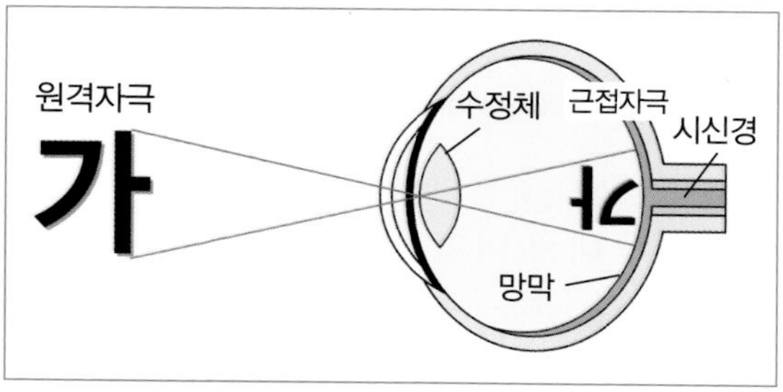

그림 4-40 원격자극과 근접자극

하여 망막에 맺힐 것이다. 그러나 이 상황에서 여러분은 출입문이 뒤틀렸다고 느끼지 않는다.

이렇듯 원격자극(외부 물리적 자극)과 이에 대응하는 근접자극(감각기관에 투사된 자극)이 지각자와 거리나 위치 및 조명상태에 따라서 시시각각 변함에도 불구하고 우리는 세상을 비교적 일정한 것으로 지각하고 해석하는데, 이런 현상을 지각항상성(perceptual constancy)이라 한다([그림 4-40]).

그러나 우리가 언제나 정확하게 세상을 지각하는 것은 아니다. 이런 지각항상성 현상과는 정반대로, 대상의 크기, 모양, 명암, 색채 및 운동이 시간과 공간에 따라 변하지 않았는데도 불구하고 감각 수용기에 투사된 상이 다르게 지각되고 해석되는 경우가 있다. 이를 착각(illusion)이라 하며, 특히 시각 자극에 대한 착각은 착시(visual illusion)라 한다. 지각항상성과 착각(시) 및 환각(hallucination) 기제 간의 비교를 〈표 4-4〉에 참고로 제시하였다. 이 절에서는 지각항상성의 유형을 먼저 소개한 후 착시에 관해 설명하기로 한다.

표 4-4 지각항상성, 착각 및 환각의 특징

지각의 종류	원격자극	근접자극	특징
지각항상성	변함	불변	흑백도, 크기, 색채, 모양, 명도(정상지각)
착각	불변	변함	시각, 청각, 후각, 미각 인종, 때, 장소, 남녀노소 공통(정상지각)
환각	없음	지각 가능	청각, 시각, 촉각, 후각 정신이상과 향정신성 약품에 의함(이상지각)

1) 지각항상성

외부 대상(원격자극)의 특성이 시간과 공간에 따라서 약간씩 변함에도 불구하고 감각수용기에 맺힌 자극(근접자극)은 동일한 것으로 간주하는 현상을 지각항상성이라 한다(〈표 4-4〉).

밝기 항상성   이 책의 검정 글씨들을 실내의 백열전구에서 보거나 밖의 햇빛에서 보면 색상이 서로 다르게 느껴지는가? 또한 흰색 복사 용지는 어두운 방 안에서 볼 때보다 햇빛에서 볼 때 더 하얗게 보이는가? 그렇지 않다. 우리는 이들을 똑같은 검정색과 하얀색으로 지각할 것이다. 이와 같이 물체 표면에서 반사되어 우리 눈에 들어오는 빛의 양이 다르더라도 무채색이 항상적인 것을 '밝기(흑백도) 항상성'이라 한다.

일반적으로 우리 눈에 들어오는 빛의 양은 조명조건, 즉 얼마나 많은 양의 빛이 물체 표면에 비치는가와

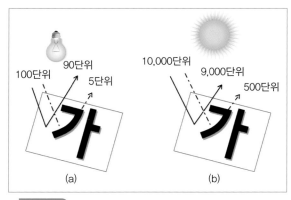

그림 4-41 백열등과 햇빛에서 철자 '가'에 대한 반사율 비교

물체 표면에서 반사되는 빛의 비율, 즉 표면반사율에 의해서 결정된다. 검게 보이는 물체의 반사율은 약 5%, 회색으로 보이는 물체의 반사율은 10~70%, 흰색으로 보이는 물체의 표면반사율은 80~90%이다.

[그림 4-41] (a)와 (b)의 조명조건에서 반사되는 빛의 양은 차이가 난다. 그러나 표면에서 반사되어 나오는 빛의 비율은 여전히 일정하기 때문에 밝기는 비슷한 것으로 지각된다. 이러한 밝기 항상성에 대한 설명을 Jacobson과 Gilchrist(1988)가 제안한 비율 원리(ratio principle)라 일컫는다.

색채 항상성　　밝은 낮에 캠퍼스에서 마주친 친구의 분홍 스웨터는 형광등 불빛의 강의실에서도 여전히 분홍색으로 보인다. 또한, 노랗게 물든 은행은 밝은 낮에 볼 때와 해질녘에 볼 때 색이 서로 다르게 나타남에도 불구하고 같은 노란 은행잎으로 지각된다. 이렇듯 조명의 변화에 따라 실제 보이는 색이 다름에도 같은 색으로 지각하게 되는 현상을 색채 항상성이라 한다.

크기 항상성　　대상과 망막 간 거리에 따라 망막에 맺히는 물체의 크기는 달라지지만 우리는 이들을 같은 크기로 지각한다([그림 4-42]). 거리와 크기 간 관련성에 따라, 15m 거리에서 본 나무보다 30m 거리에서 본 나무의 망막상 크기는 더 작을 것이다. 그럼에도 불구하고 우리는 두 경우를 똑같은 크기의 나무로 지각한다.

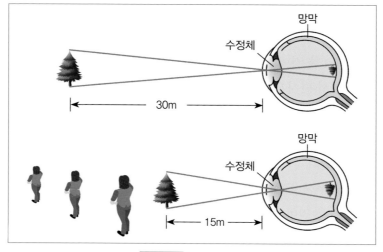

그림 4-42 **크기 항상성**

그림 4-43 **모양 항상성**

모양 항상성 [그림 4-43] 문을 보면, 보는 각도에 따라 직사각형, 사다리꼴, 수직선 형태로 망막의 상이 달라진다. 그림에서처럼, 세 번째 문은 망막에는 사다리꼴로 맺히지만 우리는 이것을 똑같은 직사각형 모양의 문으로 지각한다.

2) 착각

지각항상성과는 다르게, 외부대상(원격자극)의 특성이 시간과 공간에 따라서 변하지 않음에도 불구하고 감각수용기에 맺힌 자극(근접자극)은 다른 것으로 지각하는 현상을 착각(illusion)이라 한다. 착각은 J. J. Opel(1854/1855)이 처음 현상을 제기하였으며 Opel-Kundt 착시(Kundt, 1863)에 기원을 두고 있다. [그림 4-44]에서, 선분 AB와 선분 BC의 폭은 실제 동일하지만 선분 BC가 선분 AB보다 폭이 더 넓은 것으로 지각한다. 그렇다면 지각항상성과 다르게 객관적 대상들은 변하지 않았음에도 불구하고 우리가 착각을 경험하는 이유는 무엇일까? 아쉽게도, 오랫동안 수많은 연구 노력에도 불구하고 현재까지 우리가 착각을 경험하는 이유나 착각의 종류 및 분류방식에 대해서 일관된 설명은 없다. 대상(물체)의 각도나 빛의 반사율과 같은 다양한 물리적 특성(physical property), 지각과정에 관여하는 대뇌의 신경생리

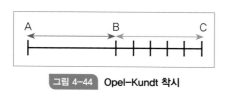

그림 4-44 **Opel-Kundt 착시**

적 요인(neuro-physiological mechanism), 지각자의 심리적 요인(psychological factor), 그리고 과거경험이나 동기 및 주의상태에 의해서 착각을 경험하게 된다는 가설 등이 제시된 상태이다(Al Seckel, 2006). 착각에 대한 분류체계와 종류를 〈표 4-5〉와 [그림 4-45]에 제시하였다.

표 4-5 **착시의 분류와 설명요인**

착시의 분류	착시의 원인	유형
기하 착시 (geometrical illusions)	대상의 기하학적 특성	수평-수직, 중산모, 수렴-이산, Ponzo, Sanders
각 착시 (angular illusions)	대상의 각도 차이	Müller-Lyer, Zöllner, Wundt, Hering, Poggendorf
곡률 착시 (curvature illusions)	대상의 곡선 휨 정도	Jastraw
방사 착시 (irradiation illusions)	대상이 놓인 주변 맥락 정보	Ebbinghaus, Helmholtz,
애매한 도형 (ambiguous illusions)	지각자의 사전경험과 주의	Necker의 정육면체, Schröeder의 계단, Boring, Thiery, Rubin의 컵
불가능한 도형 (impossible figures)	3차원에서 불가능한 도형	Penrose의 삼각형 Blivet 소리굽쇠
광학 착시 (optical illusions)	무채색의 광학특성	명도대비
자연 착시 (nature illusions)	특정 대상에 대한 사전 지식	모자 착시
달 착시(moon illusion)	가현적 달궤도 지각	달 착시

(1) 수평-수직 착시

[그림 4-45]의 (a)-①의 경우, 실제로는 같은 길이지만 A가 B 선분보다 더 길게 지각된다. 이 현상에 대하여, A는 온전한 선분인 반면에 B는 2등분되어 있기 때문에 작게 보인다는 설명이 있다. 다른 가설로는, 우리 눈동자의 움직임 방위가 수직선보다는 수평선에 편안함을 느끼고 익숙하기 때문에 수직선을 응시하면 시신경이 과도하게 흥분하여 쉽게 피로해지며, 이때 우리의 뇌가 시신경의 흥분을 그대로 해석하면서 A가 더 길게 느껴진다는 것이다.

그러나 수평-수직 착시(horizontal-vertical illusion)의 원인으로서 두 가지 설명은 충분하지 않다. 첫 번째 설명에 대해 반박하자면, A가 B의 왼쪽이나 오른쪽 모서리 부분에서 접선하여도 여전히 착시를 경험하게 된다. 또한 시신경의 과도한 흥분 가설의 경우, 이 그

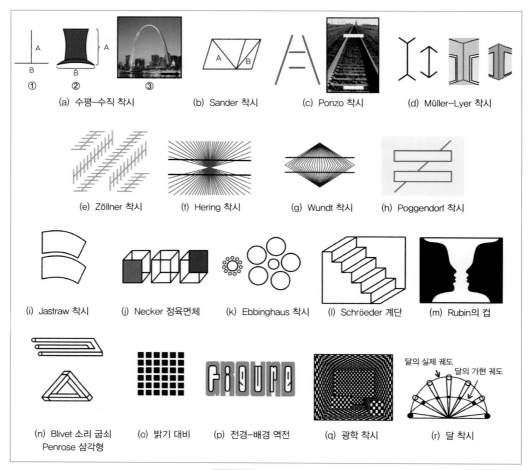

그림 4-45 착시의 유형

(a) 수평-수직 착시 ① ② ③
(b) Sander 착시
(c) Ponzo 착시
(d) Müller-Lyer 착시
(e) Zöllner 착시
(f) Hering 착시
(g) Wundt 착시
(h) Poggendorf 착시
(i) Jastraw 착시
(j) Necker 정육면체
(k) Ebbinghaus 착시
(l) Schröeder 계단
(m) Rubin의 컵
(n) Blivet 소리 굽쇠 Penrose 삼각형
(o) 밝기 대비
(p) 전경-배경 역전
(q) 광학 착시
(r) 달 착시

림을 0.05초 짧은 순간 제시하여도 대부분의 지각자들은 A가 B보다 더 긴 것으로 보고한다. 수평-수직 착시현상은 의미 있는 대상에 적용하면 더 뚜렷해지는데 (a)-②의 중산모(top-hat)를 보면 수평-수직 착시효과가 크게 나타남을 알 수 있다. (a)-③의 사진은 미국 미주리주, 세인트 루이스에 있는 게이트웨이(Gateway arch)로, 폭과 높이가 189m로 똑같게 수학공식을 적용해 설계된 것인데 폭에 비해 높이가 더 높게 보이는 수평-수직 광학착시를 적용한 건축물이다.

그림 (b) Sander의 착시에서는 선분 A가 B보다 더 길게 지각될 것이다.

(2) Ponzo 착시

Ponzo 착시(Ponzo illusion)는 대상의 각도에 기인한 것으로 [그림 4-45]의 (c)에서는 두 선분이 같은 길이임에도 불구하고 위쪽 선분이 더 길게 지각된다. 이는 같은 길이인 경우,

더 멀리 있는 것을 길게 지각하도록 하는 거리 단서를 잘못 사용했기 때문이다. 옆에 있는 철길 그림과 비교해 보면 쉽게 알 수 있다.

Ponzo 착시의 경우, 선으로 그려진 도형보다 사진으로 제시된 경우에 더욱 크게 착시가 일어난다. 사진의 경우에 깊이지각 단서가 더 강력하게 영향을 주기 때문이다. 또한 Ponzo 착시는 어린아이보다 어른들이 더 많이 경험하는데, 나이가 들수록 깊이 단서들을 더 많이 경험하며 2차원 그림에서 직선조망과 같은 3차원 깊이 단서를 이용하기 때문이다.

(3) Müller-Lyer 착시

[그림 4-45] (d)의 왼쪽그림에서, 두 화살표의 가운데 직선 길이는 같다. 그럼에도 불구하고 왼쪽 직선이 오른쪽 직선에 비해 더 길게 보이는데, 이러한 착시를 Müller-Lyer 착시 (Müller-Lyer illusion)라 한다. 왜 이러한 착시가 일어나는 것일까? 그림 (d)의 오른쪽의 두 빨간 화살표 중 하나는 멀리 들어가 있는 건물의 내벽 모서리로 보이고 다른 하나는 지각자 쪽으로 튀어나온 벽면의 모서리로 보인다. 같은 길이이면 멀리 있는 대상을 더 길게 지각하므로(잘못된 크기 항상성 기제가 적용됨), 왼쪽 직선이 오른쪽 직선보다 길어 보이는 착시가 발생하는 것이다.

이 외에도 평행한 선분이 비뚤어진 선분으로 보이는 Zöllner 착시(e), 실제로는 평행한 선분인데 배경 선분 때문에 휘어지게 보이는 Hering 착시(f)와 Wundt 착시(g), 연결된 직선임에도 불구하고 상하 두 개의 흰 띠 때문에 서로 다른 직선처럼 보이는 Poggendorf 착시(h) 등이 있다. 대상의 각도 특성에서 기인한 착시들이다.

(4) Necker의 정육면체

[그림 4-45]의 (j), (l), (m), (p)는 공통적으로 전경과 배경 역할이 지각자의 주의상태나 자극에 대한 선호도에 따라서 순간순간 뒤바뀌는 전경-배경 역전성 착시의 예들이다. Schröeder의 역전성 계단 착시에서 위쪽 톱니 여백을 배경으로 아래쪽 톱니 여백을 전경으로 보면 일반적인 계단을 볼 수 있으며, 전경과 배경을 맞바꿔서 지각하면 공중에 떠 있는 계단 그림을 지각할 것이다. 'Rubin의 컵' 그림의 경우, 두 사람이 얼굴을 맞대고 있는 것과 꽃병을 교대로 지각할 것이다.

(5) 달 착시

지평선에 뜬 달과 중천에 뜬 달은 망막에 맺히는 상의 크기가 같음에도 불구하고 지평선의 달을 중천의 달보다 약 1.5배 더 크게 지각하는 현상을 달 착시(moon illusion)라 한다.

수백 년간 달 착시를 설명하기 위해 과학자들이 노력하여 10가지 이상의 이론과 실험이 시도되었지만 현재까지 완벽한 단일 설명은 없는 상태이다(Hershenson, 1989). 여러 설명 중 달 착시를 깊이지각과 연관하여 설명한 가현-거리이론(apparent-size theory)이 있다. 이 이론에 따르면 지평선의 달은 깊이 정보를 포함한 지형지물로 채워진 공간을 통해서 보지만 중천의 달은 텅 빈 공간을 통해 본다는 것이다. 지평선과 중천의 달은 동일한 시각도(visual angle, 팔을 앞으로 곧게 폈을 때 엄지손톱이 망막에서 차지하는 정도의 크기이며 약 2°의 시각도임, 따라서 팔 길이에서 엄지손톱에 의해 가려지는 모든 대상은 같은 2°의 시각도를 지니며 보름달과 태양은 약 0.5°의 시각도의 크기임)를 가지고 있지만 지평선의 달은 지평선을 배경으로 지각하기 때문에 중천의 달보다 더 멀리 있는 것처럼 보이고 따라서 더 크게 지각한다는 것이다. Emmert(1881)가 주장한 법칙에 의하면 대상을 바라보는 시각도가 동일하다면 가까이에 있는 대상이 멀리 있는 대상보다 망막에서 크기가 더 작게 보이게 된다. 그림 (r)에서 위쪽은 동산의 달과 중천의 달에 대한 밤 동안의 실제 궤도이며, 아래쪽은 지각자가 지각하는 가현(apparent)궤도를 나타낸 것이다. 우리는 밤하늘을 마치 돔 야구장처럼 가운데 부분이 평평한 것으로 지각한다(flattened heaven). 따라서 중천의 달을 지각할 때, 동산의 달과 중천의 달에 대한 시각도가 동일하지만, 중천의 달에 대한 궤도는 실제 달의 궤도보다 더 낮기(가깝기) 때문에 달의 크기를 작게 지각한다는 것이다(Kaufman & Rock, 1962a).

달 착시에 대한 또 다른 설명으로 중천의 달은 큰 대상(광활한 하늘)에 둘러싸여 있으므로 더 작게 보이고 지평선의 달은 제한된 하늘에 의해 둘러싸여 있으니까 더 크게 지각된다는 각 크기-대비이론(angular-size contrast theory)이 있다. 이 밖에 안개가 낀 지평선의 달은 더 크게 지각된다는 설명, 그리고 지평선의 달을 볼 때 눈의 수렴이 더 많이 일어나고 지각된 대상의 크기를 증가시킨다는 설명 등이 제시되었지만 어떠한 것도 현재까지 달 착시의 원인을 완벽하게 설명해 주지는 못하고 있다. 여러분이 지평선과 중천의 달에 대한 시각도가 동일하다는 것에 대해서 의문이 들 경우 디지털카메라와 같은 광학기구로 두 달을 각각 촬영한 후 두 달의 영상 지름이 같은가 다른가를 직접 검증해 보기 바란다. 착각은 시각뿐 아니라 청각(Deutsch et al., 2011), 미각(Todrank & Bartoshuk, 1991) 및 촉각(Tsakaris et al., 2010)에서도 일어나는 현상이다.

글상자 4-4 크기-거리 척도

크기-거리 척도(size-distance scaling)는 물체의 거리를 고려하여 크기 항상성을 유지하는 지각 기제를 말한다. 물체의 크기를 지각하기 위해서는 망막상에 맺힌 상의 크기와 눈에서 물체까지의 거리를 고려해야 한다. 예컨대, 여러분의 50m 앞에 신장이 180cm인 사람이 서 있을 경우 망막에 맺힌 상은 작지만 크기-거리 척도 기제에 의해서 그 사람을 여전히 180cm의 키로 지각하게 된다. 크기-거리 척도 기제의 현상을 직접 검증해 보기로 하자. [그림 4-46]의 (a)에 있는 검은 점의 중심을 약 60초 동안 응시한 후 원 옆의 흰 공간을 보되 원의 잔상을 보도록 눈을 깜박거리고. 이 절차를 똑같이 반복하는데 이번에는 강의실 옆 벽면을 보고 눈을 깜박거리면 잔상의 크기는 여러분이 보고 있는 위치에 따라 달라짐을 느낄 수 있을 것이다. 즉, 멀리 있는 강의실 벽면을 보면 큰 잔상이, 책의 흰 표면을 보면 작은 잔상이 보일 것이다. 이렇듯, 망막에 맺힌 상의 크기는 같지만 지각된 거리가 달라짐에 따라서 멀리 있는 물체가 더 크게 보이는 크기-거리 척도 기제가 적용됨을 확인할 수 있을 것이다. 그러나 지각자가 물체의 거리를 판단할 수 없을 때는 망막에 맺힌 상의 크기(시각도)로 물체의 크기를 지각하게 된다. 태양과 달의 망막상의 크기는 시각도 약 0.5°로 거의 비슷하며 개기일식을 관찰할 때 경험할 수 있다. [그림 4-46]의 (b)에 제시된 태양과 달의 크기를 크기-거리 척도 기제에 입각해 지각한다면 태양은 달보다 지름이 약 400배가량 크게 보일 것이다. 비록 크기에서 두 천체의 크기는 크게 다르지만, 태양과 달의 상대적 거리를 판단할 단서가 없기 때문에 우리는 시각도 단위의 망막에 맺힌 상의 크기로 지각하게 된다. 또 다른 예로서, 우리는 비행기에서 지상의 물체를 매우 작게 지각한다. 비행기에서 지상까지의 거리를 정확히 추정하는 단서가 없기 때문에 우리는 대상의 시각도에 입각해서 물체의 크기를 지각하고, 지상 약 8km 상공을 나는 비행기에서 볼 때 대상의 시각도는 매우 작게 된다.

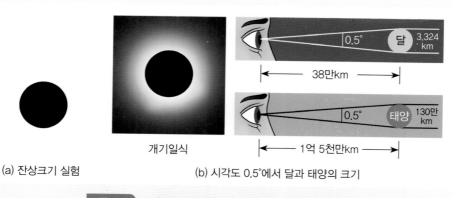

(a) 잔상크기 실험   (b) 시각도 0.5°에서 달과 태양의 크기

그림 4-46 크기-거리 척도의 실험과 시각도상의 달과 태양 크기

6.
지각능력에 대한 논쟁

지각능력이 선천적으로 타고난 것인가 후천적인 환경학습에 의한 것인가에 대한 논쟁은 데카르트(Descartes)를 위시한 생득론자와 로크(Locke)를 위시한 경험론자들로부터 시작되었다. 지각발달에 대한 19세기 초기 연구들은 환경결정론적 입장에서 영아나 신생아들이 경험을 통해 지각능력을 획득해 간다고 보는 후천적 입장을 지지하였지만, 이러한 견해는 의사소통이 원활한 성인의 관점에서 신생아들의 지각능력을 과소평가하였다는 지적을 받았다. 즉, 당시는 신생아들의 관점에서 그들의 지각능력을 측정할 수 있는 비언어적(non-verbal)인 측정도구, 예를 들면 지각과정에 수반되는 신체 및 행동지표나 신경생리적 반응을 기록하고 평가할 수 있는 정교한 도구가 미미하였기 때문에 신생아들의 지각능력을 다소 과소평가하였다. 20세기 이후 [그림 4-47]과 같은 보기선호법(preferential looking technique)과 습관화-탈습관화(habituation-dishabituation)와 같은 다양한 측정방법이 개발됨으로써 신생아도 기본적인 지각능력은 지닌다는 것으로 수정되었다. 지각능력에 대한 선천성과 후천성을 지지하는 다양한 실험과 이론들에 의하면, 기본적인 생존과 관련한 지각특성들은 출생 시 이미 지니고 태어나며 대뇌피질의 발달과 환경과의 상호작용을 통해서 미숙한 지각능력들이 점차 세련되어 간다. 이 절에서는 지각능력에 대한 두 입장을 지지하는 연구를 소개하고 절충적인 입장을 제시하고자 한다.

지각능력의 선천성을 지지하는 연구로는 Gibson과 Walk(1960)의 시각절벽(visual cliff)

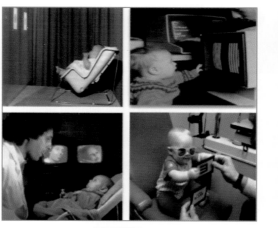

1달 신생아

3달 영아

1살 유아

그림 4-47 **영유아의 지각능력 측정방법**

실험이 있다. 아이는 엄마가 부르는 쪽으로 기어가곤 한다. [그림 4-48]과 같이 인위적으로 시각절벽을 만들어 놓고 아래 깊은 쪽에서 엄마가 아이를 부른다고 해 보자. 만약 아이가 선천적으로 깊이에 대한 지각을 타고 났다면 무서워서 깊은 쪽으로는 가지 않으려고 할 것이다. 실험결과 6~7개월 된 아이들은 대부분 깊은 쪽으로는 가지 않고 얕은 쪽에서 그냥 울고만 있었다.

그림 4-48 **시각절벽 실험**

하등 동물의 지각능력의 선천성 여부를 검사하기 위해 갓 태어난 병아리를 얕은 쪽에 올려놓은 후 얕은 쪽에서 깊은 쪽으로 먹이를 뿌려 놓았다. 실험 결과, 병아리도 깊은 쪽의 먹이는 먹지 않았다.

Fantz(1963)는 [그림 4-49]와 같이 보기선호도 장치(looking chamber)를 고안하여 생후 2~3주 영유아들이 자극의 복잡성(의미가)을 식별할 수 있는가를 실험한 결과, 오른쪽의 단순하고 밋밋한 자극보다는 왼쪽의 복잡하고 의미가 높은 자극에 대하여 더 많은 시간을 응시하였다. 이러한 결과들을 종합할 때, 깊이지각은 부분적으로는 선천적이라고 볼 수 있다.

이에 비해 지각능력이 후천적임을 지지하는 연구로 Blasdel, Mitchell, Muir 및 Pettigrew(1977)의 선택적 양육(selective rearing) 실험이 있다. [그림 4-50]과 같이 길쭉한

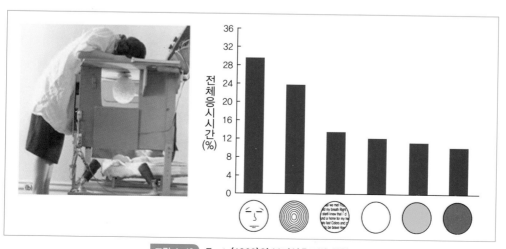

그림 4-49 **Fantz(1963)의 보기선호도법 실험**

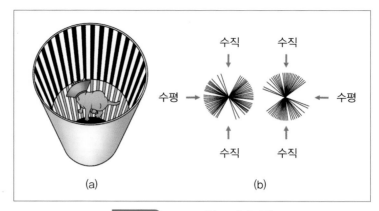

그림 4-50 Blasdel 등(1977)의 실험

통(지름 46cm × 높이 2m) 속에 생후 2주된 고양이를 넣고 키웠다. 통의 벽은 흑백의 수직선 혹은 수평선 띠로 칠해진 특수한 환경으로 하루 5시간씩 양육하였다. 일정기간 지난 후 정상적인 환경에서 다양한 방향의 선분을 놓고 실험 고양이들의 시지각 특성을 검사하였다. 실험 결과, 수직환경에서 양육된 고양이는 수직 검사막대는 잘 피해갔지만 수평 검사막대에는 걸려 넘어지는 반응을 보였다(수평환경에서 양육된 고양이는 정반대의 결과를 보임). 고양이의 1차 시각피질 영역을 미세전극을 꽂아서 검사한 결과, [그림 4-50]의 (b)의 오른쪽처럼 수직환경에서 양육된 고양이는 수직 선분에 가장 민감하게 반응하는 속성탐지세포들은 많았지만 수평 선분에 반응하는 세포는 눈에 띌 정도로 적게 밝혀졌다. 또한 연속된 동작보다는 정지된 이미지로 보이는 나이트클럽의 불빛(strobe) 조명 아래서 새끼 고양이를 양육한 결과, 정상적인 불빛 조명에서 단순한 막대 패턴이 움직이는 방향을 제대로 탐지하지 못하였다(Pasternak et al., 1981). 이러한 실험의 결과들은 결정적 시기의 지각능력이 환경과의 후천적인 상호경험에 의해서 생긴다는 것을 의미한다.

한편, 지각능력의 선천성과 후천성을 절충하는 입장으로 Senden(1960)의 실험이 있다. 이 연구에서는 출생 시 백내장 때문에 사물을 전혀 보지 못한 사람이 수술을 통해 처음으로 세상을 볼 경우 어떤 대상들을 지각할 수 있는가를 검사하였다. 이 연구결과, 수술을 받은 참가자는 자신이 만져보면 쉽게 알 수 있는 물건인 칼이나 열쇠 등을 보여 주어도 전혀 알아보지 못했고, 또한 눈으로 보는 두 개의 막대 중 어떤 것이 더 긴가에 대해서도 쉽게 판단을 하지 못하였다. 그러나 전경과 배경은 구별할 수 있었는데, 이러한 결과를 보면 전경과 배경의 분리 같은 최소한의 지각적 능력은 선천적으로 타고나지만, 다른 지각능력들은 경험에 의하는 것으로 볼 수 있다.

신생아의 지각능력을 차원별로 살펴보기로 하자. 생후 3~4개월이 지나면 신생아에게 반사행동이 점차 사라지고 대뇌피질의 통제를 받는 지각기능이 발달하기 시작한다. 시지각의 경우 약 5세가 되어야 성인의 시력수준에 도달하는데, 이것을 제외하면 시지각의 기본 능력들은 생후 1년 이내에 발달하게 된다. 모양, 크기, 색채 항상성 능력은 생후 4~5개월에 형성된다. 영아는 4개월이면 성인과 똑같이 특정 범위의 파장을 가진 빛을 특정 범주의 색깔로 범주화하여 지각할 수 있으며, 양안단서에 의해 깊이를 지각하는 입체시는 생후 4~5개월이면 가능해진다.

시각 자극의 형태를 지각하려면 전체를 주사(scanning)하여야 한다. 생후 1~2개월 신생아는 전체를 보지 못하고 자극의 모서리 부분만을 지각하다가 생후 3개월이 지나면 자극의 내부와 외부를 모두 주사할 수 있게 되면서 형태를 지각할 수 있다. 특히 자극의 경계선 부분은 자극의 형태에 대한 정보를 가장 잘 보여 준다. 생후 3~4개월이면 여러 색과 형태로 뒤섞인 시각표면을 분석 및 조직화할 수 있다. 생후 3개월 되는 영아는 엄마의 얼굴과 타인의 얼굴 사진을 구분할 수 있다.

Fantz(1963)의 연구에서는 생후 2일 된 영아에게 사람의 얼굴 모양, 여러 개의 동심원 자극, 여러 색의 동그라미 자극들을 보여 주고 실험을 하였다. 그 결과, 영아들은 다른 자극들보다 사람의 얼굴 자극을 더 오래 응시하였다. 정상적인 얼굴 자극, 얼굴을 구성하는 자극이 뒤엉킨 얼굴 자극, 그리고 얼굴 자극과 동일한 수준의 흑백 면을 갖고 있는 타원형 자극을 제시하자, 생후 2개월 된 영아는 정상적인 사람 얼굴 자극을 단순한 타원자극보다 선호하였는데 뒤엉킨 얼굴자극보다 더 선호하지는 않았다. 이는 영아들이 사람 얼굴을 지각할 수 있는 생득적 능력을 갖고 태어난 것이 아니라 오히려 얼굴이 갖는 특성들, 예컨대 흑백을 구분하는 윤곽이 많고, 흑백 면의 대비가 확실하며 적당히 복잡한 형태를 좋아하기 때문이다. 또한 생후 2개월이면 삼원색에 대한 구분이 가능하고 생후 3개월이 파랑이나 초록색 같은 단파장보다는 노랑이나 빨간색의 장파장을 더 선호한다. 형태지각의 경우 전체(whole)보다는 부분(part)을, 정지된 것보다는 움직이는 형태를, 흑백보다는 화려한 형태를, 그리고 직선보다는 곡선 형태를 더 선호한다.

청각 능력은 시각 능력보다 더 빨리 발달하는데, 생후 2일 된 영아도 엄마 목소리와 낯선 사람의 목소리를 구분할 수 있다(DeCasper & Fifer, 1980). 즉, 신생아에게 이어폰을 씌우고 공갈젖꼭지를 물리고 쉬는 시간이 길 때는 엄마 목소리를 쉬는 시간이 짧을 때는 타인의 목소리를 각각 들려준 결과, 엄마 목소리를 듣기 위한 목적으로 쉬는 시간의 길이를 조절하는 양상을 보여 주었다. 생후 2일은 엄마의 목소리에 익숙하기에는 짧은 시간이지만 영아는 어떻게 엄마 목소리를 선호할까? 신생아들은 엄마의 자궁 속에서 성장하는 동안에 엄마가 말하는 것을 들었기 때문으로 추측할 수 있다.

　　미각의 경우, 태어난 지 10시간도 되지 않은 영아는 달거나 시거나 쓴 맛이 나는 자극물에 대해 전혀 다른 얼굴표정을 짓지만 짠맛 자극에는 전혀 반응을 보이지 않는 것으로 보아 나이가 증가함에 따라서 짠맛의 반응이 발달한다고 볼 수 있으며, 여러 가지 감각양식 중에서 태어날 때 가장 잘 발달된 것은 미각과 후각이라고 할 수 있다(Rosenstein & Oster, 1988).

요약　인간은 외부의 물리적 에너지를 여러 감각기관을 통해 받아들인다. 시각의 감각수용기는 추상체와 간상체이며 추상체는 밝은 빛에서, 간상체는 약한 빛에서 민감하게 반응한다. 이런 특성은 암순응과 명순응 현상을 야기한다. 다른 감각기관으로는 공기매체의 진동에 민감한 반응을 보이는 청각과, 기체 및 액체형태의 화학적 물질에 민감한 후각 및 미각이 있으며 또한 피부감각이 있다.

　정신물리학에서는 물리적 세계를 심리적 세계로 척도화하는 문제를 다루고 있다. 감각의 수량화에는 절대역치와 차이역치가 사용되는데, 절대역치는 어떤 감각계통을 활동시키는 데 필요한 최소한의 자극 에너지를 측정하기 위한 것이고, 차이역치는 두 자극이 다르다는 것을 감지하는 데 필요한 최소 자극 에너지를 측정하는 역치이다.

　고전적인 정신물리학 실험에서는 지각자의 기대감이나 동기 등이 감각탐지능력과 혼입되어서 지각자의 순수한 자극 탐지능력을 측정하는 것이 불가능하다. 정신물리학의 단점을 보완한 방법으로 신호탐지이론을 들 수 있다. 신호탐지이론은 배경(소음)자극에 대해서 탐지할 신호를 제시하여 적중률과 오경보율을 산출하여 지각자의 민감도를 측정하는 방법이며 감각탐지능력의 진실성을 검증하는 것이 장점이다.

　지각의 종류에는 형태를 보고 그 형태가 무엇인지를 아는 형태지각과, 여러 단서들을 통해 2차원 망막상을 3차원으로 지각하는 깊이지각, 실제 운동에 대한 실제 운동지각과 실제 움직임이 없는데도 움직임을 지각하는 가현운동지각, 그 밖에 다섯 가지 감각을 넘어선 여러 가지 종류의 초감각적 지각이 있다.

　지각항상성이란 원격자극이 시시각각 변하더라도 수용기에 투사된 근접자극은 동일한 것으로 지각하는 원리를 일컫는다. 100원짜리 동전을 어떤 거리에서 보아도 같은 크기로 지각하는 것처럼 대상을 안정적이고 지속적인 것으로 지각하는 것이다. 지각항상성에는 모양, 색채, 크기 항상성 등이 있다. 이에 비해 착각은 원격자극은 변하지 않음에도 근접자극은 변하는 것으로 지각하는 현상을 말한다. 지각항상성과 착각은 서로 보상관계에 있기 때문에 우리의 지각정보처리는 큰 손상 없이 수행된다. 그러나 환각의 세계는 감각을 유발하는 외부 원격자극이 존재하지 않음에도 불구하고 근접자극을 지각하는 현상으로 심리적 기능이 저하되거나 인위적인 약물을 투여한 비정상적인 지각현상을 말한다.

　인간의 지각능력이 선천적인 것인가 혹은 후천적인 것인가에 대해서는 끊임없이 논쟁이 진행되어 왔다. 전경–배경의 분리와 같은 최소한의 지각판단능력은 타고 나지만, 다른 지각능력은 경험에 의한 것으로 보인다.

1. 감각과정의 첫 단계는 대상의 물리적 에너지를 대뇌가 해석할 수 있도록 신경에너지로 변환하는 과정이 매우 중요한데, 이러한 에너지 변환을 담당하는 것을 감각 _____라 한다.

2. 망막에는 시각수용기세포가 없는 곳이 있다. 이곳은 시신경이 안구를 빠져나가는 곳이어서 모든 수용기가 그 바깥쪽으로 밀려나 있다. 이곳을 _____이라 한다.

3. 밤에 약한 빛을 발하는 별자리를 관찰할 때, 정면으로 보는 것보다는 그 별의 약간 옆을 볼 때 더 잘 보인다. 그 이유는 눈의 _____에는 추상체가 밀집되어 있고, 약한 빛에 민감한 _____는 망막의 주변부에 밀집되어 있기 때문이다.

4. 거리 네온사인 불빛을 보면 현란한 움직임을 지각할 수 있다. 그러나 전구의 전멸현상만 일어날 뿐 실제 불빛은 움직이지 않는다. 이 현상을 _____이라 한다.

5. 지평선 위의 보름달이 중천에 있는 보름달보다 크게 보이는 달 착시에 대한 가현궤도이론에 의하면, 두 달을 응시할 때의 _____는 동일하며, 중천의 달의 궤도를 돔 야구장의 천정처럼 낮게 지각하기 때문에 _____의 원리에 의하여 중천의 달이 더 작게 보인다.

6. 기차여행 중 창밖을 보면, 창밖 풍경은 기차의 운동방향과 반대로 움직이는 것처럼 느껴진다. 특히 가까이에 있는 물체는 매우 빨리 움직이는 것처럼 보이고 멀리 있는 물체는 천천히 움직이는 것처럼 보이는 현상을 _____라 한다.

7. 망막에 투사된 이미지는 2차원이지만 우리는 3차원 입체로 세상을 지각한다. 입체지각의 기제는 인간의 두 눈은 약 6cm 정도 떨어져 있어서 특정 대상의 근접자극의 이미지는 두 눈에 약간 다르게 투사되는데 이를 _____라 한다.

8. 바나나는 노란색, 소방차는 빨간색, 나뭇잎은 초록색처럼 세상사에 대한 과거 지식이 색채지각에 영향을 미치게 되는데 이 현상은 물체의 특징적인 색이 그 물체의 색지각에 영향을 주기 때문으로 이를 _____색이라 한다.

9. 이 책의 검정 글씨들은 실내 백열전구에서 보거나 밖의 햇빛에서 보더라도 같은 밝기로 느껴질 것이다. 이유는 밝기지각은 물체에서 반사된 빛의 양보다는 빛의 _____이 중요한 역할을 하며 이를 _____항상성이라 한다.

10. 색채지각에 대한 설명 중 Young-Helmholtz의 삼원색이론은 _____수준에, Hering의 대립과정이론은 _____수준에 잘 적용된다.

📖 참고문헌

Al Seckel (2006). *The Ultimate Book of illusions*. Sterling Publisher.

Blasdel, G. G., Mitchell, D. E., Muir, D. W., & Pettigrew, J. D. (1977). A combined physiological and behavioral study of the effect of early visual experience with contours of a single orientation. *Journal of Physiology, 265*, 615-636.

Brown, W. (1910). The judgement of difference. University of California, Berkeley, *Publications of Psychology, 1*, 1-71.

DeCasper, A. J., & Fifer, W. P. (1980). Of human bonding: Newborns prefer their mothers' voices. *Science, 208*, 1174-1176.

Delk, J. L., & Fillenbaum, S. (1965). Differences in perceived color as a function of characteristic color. *American Journal of Psychology, 78*, 209-293.

Deutsch, D., Henthorn, T., & Lapidis, R. (2011). Illusory transformation from speech to song. *Journal of the Acoustical Society of America, 129*, 2245-2252.

Dulac, C. (2000). The physiology of taste. *Cell 2000*, 607-610.

MacLay, E., & Doolittle, B. (2001). *The art of Bev Doolittle*. Workman Pub Co.

Emmert, E. (1881). Grossenverhaltnisse der Nachbilder. *Klinische Monatsblaetter fuer Augengheilkunde, 19*, 3443-3450.

Fantz, R. L. (1963). Pattern Vision in Newborn Infants. *Science, 140*, 296-297.

Fechner, G. T. (1966). *Elements of psychophysics* (Vol. 1). New York: Holt, Rinehart and Winston.

Galanter, E. (1962). Contemporary psychophysics. In Brown, R., & others (Eds.), *New directions in psychology*. New York: Holt, Rinehart and Winston.

Gardner, M. (1981). *Science, Good, Bad, and Bogus*. Buffalo, New York: Prometheus Books.

Gibson, J. J. (1968). What gives rise to the perception of motion? *Psychological Bulletin, 112*, 310-329.

Gibson, J. J., & Walk, R. D. (1960). The visual cliff. *Scientific America, 202*, 64-71.

Goldstein, E. B. (2008). *Sensation and Perception*. Cengage and Learning.

Green, D. G., & Swets, J. A. (1974). *Signal Detection Theory and Psychophysics*. New York: Krieger.

Hänig, D. (1901). Zur Psychophysik des Geschmackssinnes. *Philosophische Studien 17*, 576-623.

Hering, E. (1878). *Zur Lehre vom Lichtsinn*. Vienna: Gerold.

Hershenson, M. (Ed.). (1989). *The moon illusion*. Hillsdale, NJ: Erlbaum.

Hubel, D. H., & Wiesel, T. N. (1959). Receptive fields of single neurons in the cat's striate cortex. *Journal of Physiology, 148*, 574-591.

Hyman, R. (2010). Meta-analysis that conceals more than it reveals: Comment on Storm et al. (2010). *Psychological Bulletin, 136*, 486-490.

Jacobsen, A., & Gilchrist, A. (1988). The ratio principle holds over a million-to-one range of illumination. *Perception & Psychophysics, 43*, 1-6.

Kaufman, L., & Rock, I. (1962a). The moon illusion. *Science, 136*, 953-961.

Kundt, A. (1863). Untersuchungen über Augenmass und optische Täuschungen [Studies on sound judgment and optical illusions]. *Poggendorff, Amalle, 120*, 118-158.

Manoussaki, D., Chadwick, R. S., Ketten, D. R., Arruda, J., Dimitriadis, E. K., & O'Malley, J. T. (2008). The Influence of Cochlear Shape on Low-Frequency Hearing. *Proceedings of the National Academy of Sciences (PNAS), 105*(16), 6162–6166.

McCabe, C., & Rolls, E. T. (2007). Umami: A delicious flavor formed by convergences of taste and olfactory pathways in the human brain. *European Journal of Neuroscience, 25*, 1855–1864.

Oppel, J. J. (1854/1855). Jahresbericht des physikalischen Vereins zu Frankfurt a. M. [Annual report of the Physical Society of Frankfurt], 37–47.

Pasternak, T., Merigan, W. H., & Movshon, J. A. (1981). Motion mechanisms in strobe-reared cats: Psychophysical and electrophysical measures. *Acta Psychologica, 48*, 321–332.

Randi, J. (2008). An Encyclopedia of Claims, Frauds, and Hoaxes of the Occult and Supernatural. James Randi Educational Foundation. http://www.randi.org/encyclopedia/Home,%20Daniel%20Dunglas.html.

Rosenstein, D., & Oster, H. (1988). Differential facial responses to four basic tastes in newborns. *Child Development, 59*, 1555–1568.

Senden, M. V. (1960). *Space and Sight: The Perception of Space and Shape in Congenitally Blind Patients Before and After Operation*. London: Methuen.

Stevens, S. S. (1961). To honor Fechner and repeal his law. *Science, 133*, 80–86.

Stevens, S. S. (1962). The surprising simplicity of sensory metrics. *American Psychologist, 17*, 29–39.

Tsakaris, M., Carpenter, L., & Fotopoulou, A. (2010). Hands only illusion: Multisensory integration elicits sense of ownership for body parts but not for non-corporeal objects. *Experimental Brain Research, 204*, 343–352.

Teghtsoonian, R. (1971). On the exponents in Stevens' Law and the constant in Ekman's Law. *Psychological Review, 78*, 78–80.

Todrank, J., & Bartoshuk, I. M. (1991). A taste sensation localized by touch. *Physiology and Behavior, 50*, 1027–1031.

White, C. W., & Montgomery, D. A. (1976). Memory colours in afterimages: A bicentennial demonstration. *Perception and Psychophysics, 19*, 371–474.

05

학습과 기억

개 요

/////// ///////

지구상의 유기체들은 변화하는 환경에 발맞추어 진화함으로써 잘 적응해 왔다. 그런데 자연선택을 통한 진화는 속도가 느려서 현대사회처럼 환경이 빨리 변할 때는 아무 소용이 없다. 빠른 환경 변화에 발맞추어 신체적 특징이 아니라 행동을 변화시킴으로써 개체가 적응할 수 있게 만드는 기제가 학습이고 그 학습의 결과로 기억이 형성된다.

심리학에서 연구하는 학습은 단순히 공부하는 것만을 가리키는 것이 아니고 세상을 살아가면서 겪는 경험으로 인해 행동이 변화하는 것을 가리킨다. 즉, 어떤 종류의 경험이 유기체의 행동을 어떤 방식으로 변화시키는가가 학습심리학의 연구주제이다.

학습된 정보는 나중에 필요할 때 꺼내어 쓸 수 있도록 보관, 즉 기억되어야 한다. 현대심리학에서는 기억을 컴퓨터에 유추하여 정보처리 관점에서 접근한다. 따라서 유기체에게 주어지는 입력정보는 부호화되어 저장되었다가 필요시에 인출된다. 이러한 순차적 '처리'의 측면에서뿐 아니라 기억은 그 용량과 지속시간 등이 다른 몇 가지 '구조'로 나뉘기도 한다. 게다가 기억은 하나의 단일 체계가 아니라 둘 이상의 서로 독립적인 체계로 이루어져 있다. 인간 기억의 중요한 특징 하나는 입력되는 정보가 있는 그대로 기억 저장고에 기록되는 것이 아니라 여러 요인에 의해 기억이 왜곡되거나 심지어는 잘못된 기억이 심어질 수도 있다는 사실이다.

학습(learning)이라고 하면 대개 학교 공부를 떠올릴 것이다. 그래서 이 학습과 기억이라는 장에서 독자는 공부 잘 하는 방법을 알게 되기를 기대할지도 모르겠다. 물론 그런 것도 포함되기는 하지만 심리학에서 다루는 학습과 기억은 공부를 넘어 훨씬 더 많은 것을 포괄한다.

학습은 일반적으로 지식의 습득을 의미한다고 생각하기 쉽다. 그런데 자전거를 탈 줄 모르다가 연습해서 탈 수 있게 되었다면, '지식'을 습득한 것이 아니라서 학습이 일어나지 않은 것일까? 우리는 이때 자전거 타기를 "배웠다."라고 말하는데, 여기서 보듯이 전형적인 지식의 습득이 아니라도 무언가 과거에 비해서 행동이 변하면 배웠다고, 즉 학습했다고 이야기한다. 지식의 습득은 물론 행동의 변화로 이어지게 마련이다.

그런데 행동이 변하기만 하면 학습이 일어났다고 말해도 되는 것일까? 갓난아이는 자라면서 엉금엉금 기다가 일어서서 걷게 되는 등 많은 변화를 보인다. 갓난아이의 이러한 변화들은 유전적으로 결정되어 있어서 경험과 상관없이 일어나는데, 이를 성숙(maturation)이라 부른다. 행동의 변화는 성숙뿐 아니라 다른 요인에 의해서도 일어난다. 마약을 한 사람은 하기 전과는 분명히 다른 행동을 보인다. 또 우울증에 빠진 사람은 이전과는 다른 행동을 한다. 그렇지만 그런 행동 변화를 학습이라고 부르지는 않는다. 성숙이나 약물, 질병 등으로 인한 행동 변화와 달리 학습이란 과거의 경험(예: 영어 공부나 자전거 타기 연습)에 기인한 행동 변화를 가리킨다.[1]

경험으로 인한 행동의 변화라는 학습의 정의에 따르자면, 우리는 평생 끊임없이 학습을

---

1) 습득된 지식이 행동으로 표현되지 않는 경우도 포괄하기 위해서 학습을 경험에 기인한 행동 잠재력의 변화라고 정의하는 학자도 있다.

하며 살아간다. 자라나는 아이는 글을 읽고 쓰는 법과 젓가락질 등을 배우고, 신입사원은 회사 일을 배우며, 신혼부부는 한 지붕 아래서 살아가는 법을 배우고, 중장년기의 사람은 청년기와는 달라진 자신의 신체와 주위 환경에 적응하는 법을 배운다.

　그러면, 우리는 어떻게 학습을 할까? 인간이 하는 학습은 복잡하고 고차적인 경우가 많지만 학습과정의 기본 원리를 밝히기 위해서는 분석하기 쉬운 단순한 형태의 학습부터 연구해야 한다. 가장 기본적인 학습 중 하나는 주위에서 일어나는 사건들 간의 연관성을 배우는 것이다. 번갯불이 번쩍인 후에는 대개 천둥소리가 뒤따른다든지 공부를 열심히 하면 성적이 오른다든지 하는 것이 그것이다. 이렇게 두 사건 사이의 연관성을 학습하는 것을 한 사건과 다른 사건을 연합(즉, 연결)시킨다는 의미로 연합학습(associative learning)이라고 부른다. 연합학습은 두 종류, 즉 고전적 조건형성과 도구적(또는 조작적) 조건형성으로 나뉜다.

1. 고전적 조건형성

1) Pavlov와 조건반사

　고전적 조건형성(classical conditioning) 또는 Pavlov식 조건화(Pavlovian conditioning)의 연구는 20세기 초 러시아의 생리학자 I. P. Pavlov(1927)의 실험에서 시작되었다. Pavlov는 소화에 관한 연구를 하던 생리학자여서 개가 먹이를 먹을 때마다 흘러나오는 침을 침샘에 연결시킨 관을 통해 모아서 분석하였다. 그런데 실험이 진행되면서 이상한 현상이 생겨났다. 개가 입 속에 먹이가 있을 때뿐 아니라 먹이가 담겨 있던 그릇을 볼 때에도, 또 먹이를 주곤 하던 실험자의 모습을 보거나 발소리만 들어도 침을 흘리게 되었던 것이다. Pavlov는 이 현상을 심적 분비라고 부르고 체계적으로 연구했는데, 그 기본적인 실험상황은 다음과 같다.

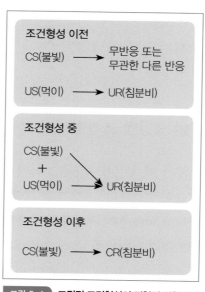

그림 5-1 고전적 조건형성의 전형적 실험절차

　[그림 5-1]에서 보듯이 먼저 개에게 종소리를 들려준다. 개는 소리가 나는 쪽으로 머리

를 돌리기는 하지만 침을 흘리지는 않는다(이런 의미에서 학습되기 전의 종소리는 중성 자극이다). 몇 초 후에 먹이를 주면 개는 먹이를 먹으면서 침을 흘린다(여기까지를 하나의 훈련시행으로 간주한다). 몇 분 후에 똑같은 일을 되풀이한다. 종소리를 들려주고 먹이를 주는 일을 수십 차례 되풀이하고 난 후, 이제 종소리만 들려주고 먹이는 주지 않는다. 그러면 이 개는 먹이가 없음에도 불구하고 침을 흘린다.

고전적 조건형성에는 네 가지 요소가 있다. 먹이가 입속에 들어오면 자연히 침이 나오는 것처럼 세상에는 유기체에게서 어떤 반응을 자동적으로 유발하는 자극이 많다. 예를 들면, 우리는 눈에 바람이 훅 들어오면 눈을 깜박이게 되고, 손이 뜨거운 것에 닿으면 재빨리 손을 움츠리게 된다. 이러한 반응은 학습되지 않은 자동적인(즉, 선천적인) 것으로서 무조건반응(unconditional response: UR)이라고 하며, 이를 일으키는 자극을 무조건자극(unconditional stimulus: US)이라 한다. 무조건자극에 대해 무조건반응이 일어나는 것이 무조건반사(unconditional reflex)이다.

애초에는 종소리가 침 흘리기를 유발하지 않지만, 종소리와 먹이가 짝지어 제시되는 훈련시행을 몇 차례 경험하고 나면 개는 종소리만 듣고도 침을 흘리게 된다. 이처럼 어떤 자극이 무조건자극과 짝지어짐으로 인해 새로운 반응을 유발하게 될 때 그 자극을 조건자극(conditional stimulus: CS)이라 한다. 그 조건자극에 대해 새로이 형성된(즉, 학습된) 반응을 조건반응(conditional response: CR)이라 하며, 조건자극에 대해 조건반응이 일어나는 것이 조건반사(conditioned reflex)이다. 짐작하겠지만 '조건'이란 말은 곧 '학습된'이란 의미이다. Pavlov는 소화에 관한 연구로 노벨상을 받았으나 지금은 오히려 고전적 조건형성 연구로 더 유명하다.

2) 고전적 조건형성의 기능

개가 먹이뿐 아니라 종소리에도 침을 흘리게 된다는 것이 중요할까? 사소해 보이지만 대단히 중요하다. 고전적 조건형성은 한 사건(CS)이 다른 사건(US)을 예고함을 학습하는 것이고 이를 통해 유기체가 미래의 사건에 대비할 수 있기 때문이다. 예를 들어, 먹이 대신 전기충격을 대입해 보자. 종소리가 들리고 몇 초 후에 전기충격이 주어지는 시행을 몇 번 경험한 개는 종소리가 들리면 미리 도망가거나 몸을 웅크려 전기충격의 고통을 감소시키는 자세를 취할 수 있다. 우리는 번개가 치면 잠시 후 귀를 때릴 천둥소리에 대비하여 귀를 막는다. 독이 든 먹이를 먹고서 탈이 나서 죽을 뻔한 동물은 그 먹이의 맛이 나는 것은 다시는 먹지 않게 된다. 이 경우에는 고전적 조건형성이 생명을 좌우하는 중요한 역할을 하는 것이다. 이런 단순하지만 결정적인 학습을 할 수 없는 동물은 오래 생존하기 힘들며 사실상 진화적으로 그런 동물 종은 일찌감치 도태되었을 것이다.

3) 고전적 조건형성의 주요 현상들

(1) 조건반응의 습득과 소거

CS와 US가 빈번히 짝지어질수록 CS는 CR을 더 잘 유발하게 된다. 학습된 반응의 강도는 훈련시행의 수에 따라 증가한다는 당연한 사실을 [그림 5–2]의 학습곡선에서 볼 수 있다. 이 곡선의 기울기, 즉 조건형성이 얼마나 빨리 진행되는가는 여러 요인의 영향을 받는데, 특히 CS와 US 사이의 시간적 관계([그림 5–3])가 중요하다. 가장 학습이 잘 되는 것은 CS가 US보다 먼저 제시되어 US가 제시될 때까지 계속 켜져 있는 지연 조건형성 절차이다. CS가 제시되었다가 끝나고 CS도, US도 없는 일정 시간이 지난 후에 US가 제시되는 흔적 조건형성 절차에서도 학습이 비교적 잘된다. 하지만 CS가 US와 동시에 제시되는 동시 조건형성 절차나 CS보다 US가 먼저 제시되는 역행 조건형성 절차에서는 학습이 일어나기 힘들다. 동시 및 역행 조건형성 절차에서는 사실상 CS가 US를 예고하지 못하기 때문에 학습이 일어날 필요가 없다고 할 수 있다.

한 번 학습한 것이 그대로 영원히 남아 있는 경우는 거의 없다. 종소리에 대해 침 흘리기를 잘 학습한 개에게 종소리만 들려주고 먹이를 주지 않기 시작하면 종소리에 대한 침 흘리기 반응은 점차 감소되어 결국 중단된다. 이 개는 종소리가 더 이상 먹이를 예고하지 않는다는 것을 학습한 것이다. 이처럼 CS가 US 없이 되풀이 제시되어 CR이 점차로 사라지는 것을 조건반응의 소거(extinction)라고 한다([그림 5–2]).

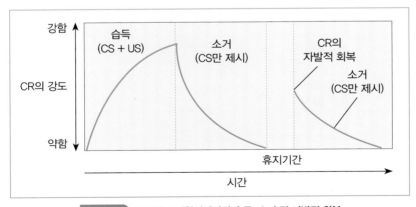

그림 5–2 고전적 조건형성에서의 습득, 소거 및 자발적 회복

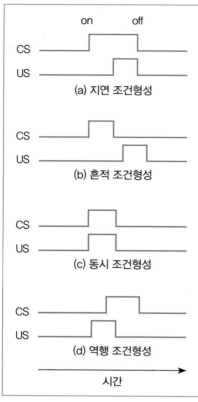

그림 5-3 **자극 간 시간관계에 따른 고전적 조건형성의 종류**

그런데 조건반응의 소거가 꼭 학습된 반응이 완전히 지워졌음을 의미하는 것은 아니다. 종소리에 대한 침 흘리기 반응이 소거된 개에게 어느 정도 시간이 지난 후 다시 종소리를 들려주면 그 반응이 되살아난다. 이처럼 소거된 CR이 일정한 휴식기간 후 CS를 제시하면 다시 나타나는 것을 자발적 회복(spontaneous recovery)이라고 한다. 이 현상은 소거된 반응이 완전히 상실된 게 아니라 잠시 동안 억압되어 있었음을 시사한다. 자발적으로 회복된 반응은 대개 약하며 쉽게 다시 소거된다([그림 5-2]).

(2) 일반화와 변별

실험실에서는 훈련 중에 CS로 제시되었던 그 자극을 사용하여 검사를 실시한다. 그런데 실제 상황에서는 그렇게 하지 못하는 경우가 대부분이다. 예를 들어, 주인이 개를 부르는 소리가 항상 정확히 같을 수는 없다. 하지만 개는 그 소리를 알아듣고 주인에게 달려온다. 실제로, 동물들은 원래의 CS가 아닌 자극이라도 CS와 충분히 비슷하기만 하면 그것에 대해 CR을 나타내는데, 이 현상을 자극 일반화(stimulus generalization)라고 한다. 예컨대, 1,200Hz의 소리에 대한 CR을 학습

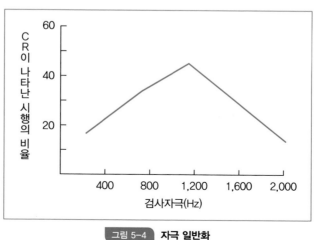

그림 5-4 **자극 일반화**

한 동물은 800Hz나 1,600Hz의 소리에 대해서도 CR을 나타낸다([그림 5-4]). 이때 새로운 자극에 대한 CR은 원래의 CS에 대한 것보다는 약하며, 그 자극이 원래의 CS와 다를수록 더 작다.

자극 일반화가 필요하기는 하나 항상 유용한 것은 아니며, 여러 비슷한 자극들에 대해 다른 반응을 해야 할 경우도 많다. 예컨대, 호랑이를 고양이 대하듯 한다면 어떻게 될까? 유기체가 US와 짝지어지는 자극과 그렇지 않은 자극을 구분하기를 학습하는 것을 자극 변별(stimulus discrimination)이라고 한다. 1,000Hz의 소리를 먹이와 짝지어 제시하는 시행과 1,500Hz의 소리를 먹이 없이 제시하는 시행을 섞어서 개를 훈련시키면 1,000Hz의 소리에만 침 흘리기 반응이 조건형성된다. 이는 곧 개가 1,000Hz의 소리는 먹이를 예고하지만 1,500Hz의 소리는 그렇지 않다는 사실, 즉 유사한 두 자극이 서로 다른 의미를 갖는다는 것을 학습했음을 보여 준다.

(3) 고순위 조건형성

CS는 또 다른 조건형성을 위한 기반이 될 수 있다. 개에게 종소리와 먹이를 짝지어 침 흘리기 반응을 학습시킨 후에, 검은 사각형을 종소리와 짝지어서 훈련시킨다. 그러면 이 개는 검은 사각형에 대해서도 침을 흘리게 된다. 이 경우 첫 단계의 조건형성에서 CS가 되었던 종소리가 그다음 단계의 조건형성에서 US로서 작용한다. 결과적으로 검은 사각형은 종소리를 예고하고, 종소리는 먹이를 예고하게 된다. 이처럼 한 단계의 조건형성에서 CS였던 자극이 그다음 단계의 조건형성에서 US처럼 사용되는 식으로 특정 자극에 대한 CR이 여러 단계를 거쳐 학습되는 과정을 고순위 조건형성(higher-order conditioning, 또는 고차 조건형성)이라고 부른다. 이 현상은 US와 짝지어진 적이 없는 자극이 어떻게 특정 반응을 유발할 수 있는지를 설명해 준다. 예컨대, 통장 잔고의 숫자는 남아 있는 돈을 의미하고 돈은 음식이나 안락함 같은 US와 짝지어져 있기 때문에 사람들은 잔고를 보고 기뻐하기도 하고 슬퍼하기도 한다.

4) 고전적 조건형성의 활용

개에게 종소리에 침을 흘리게 만드는 지극히 단순한 학습이 소위 '만물의 영장'이라는 인간의 생활에도 아주 깊이 스며들어 있다. 앞서 이야기했듯이 지식의 습득만이 학습인 것은 아니다. 감정도 고전적 조건형성으로 습득되는 중요한 CR이다. 누군가 독자에게 노란 불빛을 켜주고는 전기충격을 준다고 하자. 이런 일을 몇 번 경험하고 나면 독자는 노란 불빛에 대해 어떤 느낌이 들까? 반대로, 노란 불빛이 켜질 때마다 독자가 미칠 듯이 좋아할 일이 생긴다면 그 불빛에 대해 어떤 느낌이 들까?

인간의 감정은 매우 복잡해서 고전적 조건형성 같은 단순한 과정으로는 설명되지 않는다고 생각할 수도 있다. 예컨대, 애증이란 복잡한 감정을 어떻게 설명할까? 실험실 바깥 실제 세상에서는 한 자극이 꼭 하나의 US가 아니라 다양한 US와 짝지어지기 마련이다. 그럴 경우 어떤 조건반응이 습득될까? 예를 들어, 부모님은 용돈이나 칭찬이라는 좋은 US를 주시기도 하지만 꾸중이라는 괴로운 US를 주시기도 한다. 여러분은 그런 부모님이 좋은가 싫은가? 물론 좋을 때도 있고 싫을 때도 있을 것이다. 즉, 부모님에 대해 복잡한 감정을 갖고 있을 것이다. 한 자극이 여러 다른 US와 짝지어지면 여러 조건반응이 모두 학습될 수 있고 따라서 그 자극에 대해 복잡한 조건반응이 나타나게 된다. 우리가 '애증'이라고 부르는 복잡한 감정은 그런 과정을 통해 습득된 것일 수 있다.

고전적 조건형성을 통한 정서학습의 강력한 힘을 잘 보여 주는 것이 광고이다. 새로운 상품 광고에 왜 최고의 인기를 구가하는 연예인들이 나오는 것일까? 인기 높은 연예인은 사람들에게서 호감을 불러일으킨다. 그런 연예인과 새 상품을 함께 보여 주는 광고는 곧 중성자극(새 상품)을 US(호감을 일으키는 연예인)와 짝지어 제시하는 고전적 조건형성 절차이다. 그런 광고를 많이 접하면 그 연예인이 일으키는 호감이 그 상품에 대해서도 일어나게 되고 따라서 사람들은 여러 상품들 중에서 '호감이 가는' 것을 사게 된다. 우리는 광고를 볼 때마다 고전적 조건형성 시행을 경험하는 셈이다.

2. 조작적 조건형성

어떤 행동을 학습시키는 가장 쉬운 방법 중 하나는 그 행동에 대해 보상을 주는 것이다. 부모는 아이가 착한 행동을 하면 칭찬을 해 주고, 회사는 판매실적이 좋은 사원에게 보너스를 지급한다. 이렇게 보상을 받은 행동은 앞으로 더 잘 일어날 것이며, 보상받지 못한 행동은 점점 뜸해진다. 즉, 어떤 행동이 학습될지의 여부는 그 행동의 결과가 무엇이냐에 좌우된다. 유기체가 자신에게 주어지는 두 자극 사이의 연관성을 학습하는 고전적 조건형성과 달리, 자신의 행동과 그 결과 사이의 관계를 학습하는 것을 조작적 조건형성(operant conditioning) 또는 도구적 조건화(instrumental conditioning)라고 한다.

1) 효과 법칙

천릿길을 걸어 옛집을 찾아온 개나 문을 열어달라는 듯 앞발로 문을 긁어대는 고양이 같은 지능적인 동물의 이야기를 들어본 적이 있을 것이다. E. L. Thorndike(1898)가 살던 시대에도 그런 이야기가 유행했고 심지어 동물이 논리적 사고를 한다는 주장도 있었다. 그러나 Thorndike는 동물의 그런 '지능적인' 행동이 정말로 논리적 사고에 의한 것인지, 또는 다른 동물의 행동을 모방한 것인지, 아니면 우연히 일어난 것인지 알기 위해서는 동물이 전혀 본 적이 없는 새로운 문제를 어떻게 해결하는가를 보아야 한다고 생각했다. 이를 위해 만든 것이 '문제상자'이다.

[그림 5-5]에 나온 문제상자는 그 속의 작은 널빤지를 밟아야 빗장이 뽑혀서 문이 열리게 되어 있다. 여기에 굶주린 고양이를 넣고 바깥에 먹이를 놓아두자 고양이는 우왕좌왕하면서 바닥과 창살을 할퀴거나 물어뜯는 등 잡다한 행동을 했다. 그러다가 순전히 우연적으로 널빤지를 밟아 문이 열리게 되었다. 고양이를 문제상자에 넣고서부터 빠져나올 때까지를 한 시행으로 칠 때, 시행이 거듭될수록 잡다한 행동은 줄어들고 올바른 반응이 점점 빨리 나오게 되었다. 나중에는 고양이가 문제상자 속에 놓이면 곧바로 널빤지를 밟아 빠져나올 수 있게 되었다.

만약 고양이가 문제를 논리적으로 '이해'한다면 문제상자에서 탈출하는 데 걸리는 반응시간은 문제를 한 번 해결하고 나면 급격히 짧아져야 할 것이다. 해결 이후에는 오류(널빤지를 밟는 것 이외의 반응)가 나오지 않을 것이기 때문이다. 그러나 [그림 5-6]에서 보듯이 실제로는 올바른 반응이 많은 시행에 걸쳐 점진적으로 학습되었다. 여러 반응을 임의적으로 해 보다가 그중 어느 하나가 문제를 해결하게 되면 그 반응이 여러 시행에 걸쳐 점진적

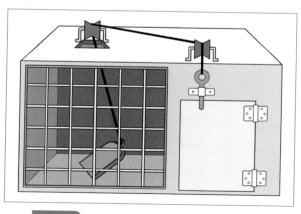

그림 5-5 Thorndike가 사용했던 문제상자 중의 하나

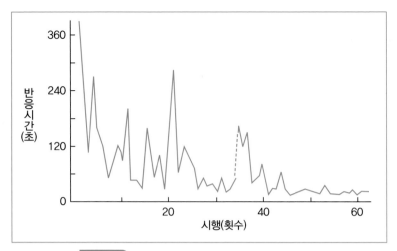

그림 5-6　문제상자에서 고양이가 탈출하는 데 걸린 시간

으로 습득되는 이런 식의 학습을 시행착오학습이라고 부른다. 이 용어는 강조점은 약간 다르나 조작적 조건형성과 동일한 의미로 쓰인다.

　이런 학습에서 작용하는 원리가 Thorndike가 '효과 법칙(law of effect, 또는 효과율)'이라고 명명한 것으로서, 어떤 반응의 강도는 그 행동이 초래한 결과(즉, 효과)에 좌우된다는 것이다. 반응에 보상이 뒤따르면 그 반응은 강해지고, 보상이 없거나 처벌이 오면 그 반응은 약해진다. 효과 법칙에 따르면 동물에게서 고차적인 지능적 과정의 존재를 가정할 필요도 없고 동물이 어떤 목표를 성취하기 위해 노력한다고 믿을 필요도 없다. 다만 동물이 어떤 반응을 하고 그에 잇달아 보상이 오면 이후에도 그 반응이 더욱 잘 수행될 뿐인 것이다.

　B. F. Skinner는 문제상자나 복잡한 미로보다 훨씬 더 동물행동을 관찰하기 쉬운 단순한 실험상황을 고안했다. [그림 5-7]의 '스키너 상자'에서는 쥐가 레버를 누르거나, 비둘기

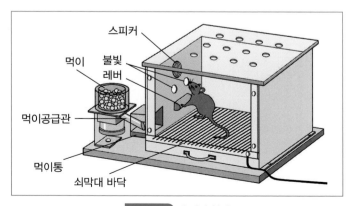

그림 5-7　스키너 상자

가 벽에 붙어있는 불빛 원반을 쪼면 먹이통에서 먹이알이 나오도록 되어 있다. 실험자는 동물이 이 상자 속에서 하는 여러 행동 중 레버 누르기나 원반 쪼기에 대해서만 먹이를 줌으로써 그 반응의 발생률을 높일 수 있다.

2) 강화와 처벌

Thorndike는 행동에 뒤따르는 결과가 '만족스러운' 것이면 그 행동이 더 강해지고 '괴로운' 것이면 그 행동이 더 약해진다고 했다. 하지만 Skinner는 만족이나 괴로움 같은 주관적인 용어를 완전히 객관적인 용어로 대치하여 특정 반응을 증강시키는 절차를 강화(reinforcement), 약화시키는 절차를 처벌(punishment), 그리고 강화와 처벌을 일으키는 자극을 각각 강화물(또는 강화인, 강화자)과 처벌물(또는 처벌인, 처벌자)이라고 불렀다. 따라서 어떤 자극이 '만족스러운' 것으로 보이더라도 행동을 증강시키지 않으면 강화물이 아니며 '괴로운' 것으로 보이더라도 행동을 증강시키면 강화물이다.

강화물 중에서 음식이나 물의 제시, 고통의 감소 등은 유기체의 생물적 요구를 충족시키는 것이므로 일차 강화물이라 한다. 그런데 학습이 항상 일차 강화물에 의해서만 일어나는 것은 아니다. 어떤 자극은 유기체의 생물적 요구와 무관하지만 일차 강화물과 짝지어짐으로써(즉, 고전적 조건형성을 통해) 강화력을 획득한다. 이를 조건 강화물(또는 이차 강화물)이라고 하는데, 그 대표적인 예가 돈이다. 돈이란 쇳조각 또는 종잇조각에 불과하지만 음식이나 자신이 원하는 무언가와 무수히 많이 짝지어졌기 때문에 마치 일차 강화물과 같은 힘을 갖게 된다.

일차 강화물도 조건 강화물도 아님에도 불구하고 강화력을 갖고 있는 자극도 있다. 예컨대, 교사는 단순히 고개를 끄덕여 주거나 "잘했어."라고 말하는 것만으로도 충분히 학생의 반응을 강화할 수 있다. 사람에게는 타인에게서 인정이나 칭찬, 관심을 받는 것이 대단히 강력한 강화물로 작용하는데, 이를 사회적 강화물이라 한다.

3) 조작적 조건형성의 기능

고전적 조건형성이 곧 닥쳐올 사건에 대비하게 하는 적응적 기능을 갖는 것처럼, 조작적 조건형성도 물론 어떤 적응적 기능을 한다. 조작적 조건형성을 통해 유기체는 자신의 행동과 그 결과 사이의 연합을 형성한다. 따라서 유기체가 자신에게 어떤 식으로든 쾌락이나 유익을 가져다 준 반응은 더 자주 하게 되고 그렇지 못한 반응은 소용이 없으므로 잘 하지 않게 된다. 그렇게 강화나 처벌을 받은 개개의 반응들이 모여서 사람의 성격을 형성하게 될 수 있다. 예를 들어, A는 친구들과 어울려 활달하게 놀 때 부모가 칭찬한 반면, B는 조용히 앉아서 책을 읽을 때 부모가 칭찬했다고 하자. 효과 법칙에 따르면 A와 B는 모두 칭찬받은 행동을 더 빈번하게 할 것인데, 부모의 관심과 칭찬이 일관성 있게 지속된다면 그 결과로 A는 활달한 '외향적인' 성격을, B는 조용한 '내성적인' 성격을 갖게 될 수 있다.

조작적 조건형성의 또 다른 기능은 어떤 유기체가 지금까지 할 수 없었던 전혀 새로운 반응을 학습할 수 있게 한다는 것인데, 이는 다음에 나오는 행동의 '조성'에서 살펴볼 것이다.

4) 조작적 조건형성의 주요 현상 및 활용

고전적 조건형성의 여러 현상이 조작적 조건형성에서도 유사하게 나타난다. 즉, 도구적 반응의 습득, 소거, 일반화와 변별 등의 현상이 나타난다는 것이다. 따라서 여기서는 조작적 조건형성에만 있는 독특한 현상을 몇 가지 살펴보자.

(1) 조성

유기체가 어떤 반응을 어떻게 학습하는가는 효과 법칙이 잘 설명해 준다. 그런데 효과 법칙이 작용하려면 학습시키려는 반응이 먼저 출현해야 한다. 그래야 그 반응이 강화를 받을 기회가 생기기 때문이다. 그런데 애초부터 나타나지도 않는 반응은 강화를 받을 수 없고 따라서 학습될 수 없지 않을까? 그렇다면 유기체가 완전히 새로운 어떤 반응을 학습한다는 것은 불가능하다. 하지만 효과 법칙에 기반을 두면서도 현재 유기체가 할 수 없는 새로운 반응을 학습시키는 방법이 '조성(또는 조형, Shaping)'이다. 이는 원하는 목표반응을 단계적으로 만들어 내는 과정이다. 쥐가 스키너 상자 속에 들어가자마자 레버를 누르지는 않는다. 쥐에게 레버 누르기를 빨리 학습시키려면 먼저 쥐가 레버 근처로 가면 먹이를 준다. 쥐는 곧 레버 주변을 돌아다니게 되는데, 이제는 쥐가 레버를 향해 몸을 뻗치면 먹이를 준다. 다음 단계에서는 쥐가 앞발로 레버를 건드리면 먹이를 주고, 마지막으로 레버를 누르면 먹이를 줌으로써 훈련을 마칠 수 있다. 그 결과 쥐는 애초에는 하지 않았던 레버 누르기 반응을 열심히 하게 된다. 서커스에서 공을 굴리는 곰, 탁구를 하는 비둘기(유튜브에서 "pigeon ping pong"으로 검색해 보라)처럼 동물에게 새로운 행동을 훈련시킬 때 사용되는 방법이 조성 기법이다.

(2) 미신행동

일반적으로 반응의 결과로 강화물이 주어지기 때문에 반응은 강화물의 원인이 된다. 그러나 효과 법칙은 반응이 실제로 강화의 원인이어야 한다고 이야기하지 않는다. 만약 반응에 강화가 우연히 뒤따른다면 어떤 일이 일어날까?

Skinner(1948)는 한 실험에서 스키너 상자 속의 비둘기에게 행동과는 상관없이 매 15초마다 먹이를 주었다. 비둘기가 아무 반응을 하지 않아도 15초마다 먹이가 나왔기 때문에 비둘기의 행동과 강화 사이에는 어떠한 인과관계도 없었다. 그러나 효과 법칙에 따르면 어떤 반응이든지 그것에 강화물이 뒤따르면 증강되어야 한다. 그리고 실제 결과도 그러한 것이었다. 먹이가 나오기 직전에 우연히 오른쪽으로 돌고 있었던 비둘기는 그 반응이 점차 늘어나 실험 끝 무렵에는 계속 맴을 돌고 있었으며, 강화 직전에 바닥을 긁고 있었던 비둘기는 계속 바닥 긁기를 하고 있었다. Skinner는 비둘기의 이러한 행동들이 실제로 특정 결과를 초래하는 원인이 아님에도 불구하고 지속되기 때문에 '미신행동(superstitious behavior)'이라고 불렀다.

인간도 물론 미신행동을 보인다. 카지노에서 도박을 하는 사람이 주사위를 던지기 전에 항상 주사위에 훅 바람을 불어넣는다고 하자. 이 사람은 그것이 실제로 주사위를 던져서 나오는 숫자와는 아무런 연관이 없다는 것을 알고 있음에도 불구하고 행동을 계속한다. 왜 그럴까? 그가 이전에 우연히 그런 행동을 하고 나서 주사위를 던져 돈을 딴 경험이 있다면, 그 행동은 돈을 땄다는 결과에 의해 강화가 되고, 따라서 앞으로 더 빈번히 일어나게 된다고 설명할 수 있다. 이는 스키너 상자 속에서 비둘기가 보이는 미신행동과 유사한 예이다.

(3) 강화계획

유기체의 행동은 어떤 방식으로 강화를 받는가, 즉 어떤 강화계획(schedule of reinforcement)을 사용하는가에 따라 예측 가능하게 달라진다. 반응이 나올 때마다 강화가 주어지는 연속강화를 사용하면 학습이 빨리 된다. 하지만 실생활에서는 연속강화가 주어지는 경우가 드물다. 농구선수가 슛을 할 때마다 골인이 되지는 않으며 사자가 사냥할 때마다 성공하지는 못한다. 이렇게 반응들의 일부만이 강화 받는 것을 부분강화계획(또는 간헐적 강화계획)이라 하며, 가장 기본적인 것으로 다음의 네 가지가 있다. 먼저 강화를 한 번 받고서 일정 시간이 지나고 난 후에 나오는 반응에 대해서 강화가 주어지는 것을 '고정간격계획'이라고 한다. 여기서 각각의 강화가 주어지는 시간간격이 불규칙적으로 변동하게 되면 이를 '변동간격계획'이라고 한다. 반면에, 일정한 수의 반응을 하고 나면 강화가 주어지는 것을 '고정비율계획'이라고 하며, 강화를 받기 위해 필요한 반응의 수가 불규칙적으로 변하는 것을 '변

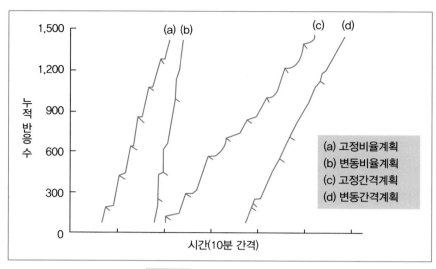

그림 5-8 네 가지 기본 강화계획

글상자
5-1 **도박중독과 강화계획**

　왜 어떤 사람은 도박중독에 빠질까? 도박을 끊으려는 의지가 약
해서? 문제의 원인은 그 사람의 의지가 아니라 그가 했던 경험, 특
히 도박에서 작용하는 강화계획일 수 있다. 비둘기를 도박에 중독되
게 만든 연구(Christopher, 1988)를 살펴보자. 스키너 상자에서 원반
을 50번 쪼면 3초간 먹이를 먹을 수 있는 강화계획하에서 비둘기는
하루에 30분 정도만 일하면(즉, '일 원반'을 쪼면) 정상체중을 유지할
수 있다. 이렇게 훈련된 비둘기에게 일과 도박 중 선택을 할 수 있게
했다. 즉, 다른 원반을 추가하여 가끔씩 큰 보상(15초 동안 먹을 수 있는)이 나오게 했다. 처음에는 이 '도박 원
반'을 쪼는 것이 훨씬 이득이었다. 그러나 3일 후 연구자는 상황을 변화시켜 도박 원반이 훨씬 더 불리하게 만
들었다. 비둘기가 다시 일 원반을 선택할까? 아니었다. 비둘기들은 이젠 일 원반보다 보상이 더 적은 도박 원
반을 가차 없이 쪼아댔고 그러다 못해 체중이 빠지기 시작했다. 그냥 두면 굶어죽을까 봐 연구자는 도박 원반
을 제거했고, 비둘기들은 다시 일 원반으로 돌아가서 체중이 회복되었다. 비둘기들이 정신을 차렸을까? 이를
알아보기 위해 도박 원반을 다시 추가하자 비둘기들은 또 도박을 했고 체중이 줄기 시작했다.

　도박에서 일반적으로 시행되는 것은 변동비율계획인데, 이는 끈질기게 지속되는 행동을 만들어 내는 강
화계획이다. 앞의 연구에서 일 원반은 고정비율계획하에, 도박 원반은 변동비율계획하에 있다. 이 연구는 도
박을 처음 했을 때 우연히도 크게 따서 '돈 맛'을 본 사람은 처음부터 돈을 잃은 사람보다 도박에 중독될 가
능성이 더 높음을 보여 준다. 중요한 점은, 이 연구가 스키너 상자라는 단순한 실험상황에서 동물을 대상으
로 밝혀진 학습원리가 인간에게도 적용될 수 있음을 보여 준다는 것이다.

동비율계획'이라고 한다. [그림 5-8]에서 보는 바와 같이 스키너 상자 속 동물의 반응은 이런 강화계획에 따라 다른 패턴을 나타내며, 인간의 행동 역시 예외가 아니다. 이러한 단순 강화계획들을 여러 방식으로 조합하여 복합 강화계획을 만들 수 있다.

3.
조건형성을 통한 학습의 한계

조건형성 연구에서 나온 학습 원리들로 유기체의 모든 행동을 설명할 수 있다고 생각하는 학자들이 있었지만, 일반적인 학습 원리에 들어맞지 않는 현상들이 발견되었다. 이는 크게 두 가지로 나뉘는데, 첫째로 학습에서의 생물학적 준비성과 한계이고, 둘째로 '사고'가 요구되는 인지학습이다. 여기에서는 전자의 두 가지 예를 살펴보고, 인지학습은 다음 4절에서 다루기로 한다.

1) 맛 혐오 학습

고전적 조건형성에는 전통적으로 두 가지 중요한 특징이 있었다. 첫째, 학습이 일어나기 위해서는 CS와 US 사이의 시간 간격이 짧아야 한다. 어떤 자극들이 CS와 US로 사용되는가에 따라 다르기는 하지만, 동물의 경우 일반적으로 CS-US 간격이 몇 초 이상 되면 학습이 느려지고 몇 십 초를 넘어서면 거의 학습이 불가능하다. 둘째, 어떠한 중성 자극이라도 CS가 될 수 있고, 그것이 어떠한 US와도 연합될 수 있다. 종소리뿐 아니라 메트로놈 소리, 검은 사각형 등 먹이와 무관한 다른 어떠한 자극이라도 먹이와 짝지어지면 Pavlov의 개는 그 자극에 침을 흘리게 되었다. 그러나 1960년대 들어서 이런 학습 원리들과 상충되는 '맛 혐오 학습(taste aversion learning)'이란 현상이 발견되었다.

쥐는 단물을 좋아한다. 또한 X-선은 쥐에게서 복통과 설사를 일으킨다. 이 두 사건을 결합하여 쥐에게 처음 맛보는 단물을 주고 X-선을 쬐면 이 쥐는 단맛을 본 후에 복통과 설사를 경험한다. 이 쥐에게 나중에 다시 단물을 주면 그것을 마시기를 피하는데, 이것이 맛 혐오 학습이다. 여러분은 아마 식중독을 경험한 적이 한번쯤은 있을 것이다. 식중독을 일으켰던 음식은 다시 먹기 힘들어지는데, 특히 난생 처음 맛보았던 음식이 식중독을 일으킨 경우에는 평생 그 음식을 먹지 않게 될 수도 있다.

맛 혐오 학습은 고전적 조건형성 절차를 따른다. 즉, 단맛이 CS로, X-선(으로 인한 복통과 설사)이 US로 작용하고 그로 인한 불쾌감, 고통 또는 공포가 CR로 형성된다. 나중에 단 물 CS를 다시 맛보면 불쾌감, 고통 또는 공포가 나타나고 따라서 쥐는 그런 CR을 일으킨 CS를 회피한다. 그런데 맛 혐오 학습은 전통적인 학습 원리와 두 측면에서 상충된다. 첫째, CS-US 간격이 아주 길어도 학습이 가능하다. 쥐에게 단물을 맛보게 한 지 몇십 분, 심지어 몇 시간이 지나서 복통과 설사를 일으켜도 맛 혐오 학습이 가능하다. 이렇게 긴 CS-US 간격에도 동물이 학습할 수 있다는 것은 믿기 힘든 결과여서 당시 학계에서는 이런 결과를 보고한 Garcia, Kimeldorf와 Koelling(1955)의 연구를 회의적으로 보는 학자들이 많았다. 맛 혐오 학습의 이런 특징은 생물학적 관점에서 보면 당연한 것이다. 번개와 천둥소리 사이 또는 맹수의 냄새와 맹수의 출현 사이의 시간 간격은 몇 초 이내로 짧다. 반면에, 먹이가 소화되어 복통과 설사를 일으키기까지는 몇십 분 이상 걸릴 수 있다. 동물은 새로운 먹이는 조금만 먹고서 안전함이 확인되고 나면 많이 먹기 시작하는데, 여기서 맛 혐오 학습이 얼마나 생존에 중요한 기제인지 알 수 있다.

전통적인 학습 원리와 상충되는 또 다른 특징은 특정 CS가 특정 US와 더 잘 연합된다는 것이다. 쥐에게 단물을 주고서 X-선 대신 전기충격을 준다. 나중에 단물을 다시 제시하면 이 쥐는 단물을 거부하지 않고 잘 마신다. US로 X-선을 사용하든 전기충격을 사용하든 고전적 조건형성 절차상으로는 아무 차이가 없음에도 불구하고, 쥐는 맛을 복통이나 설사와는 잘 연합하지만 전기충격과는 잘 연합하지 못한다. 이는 검은 사각형과 먹이처럼 CS와 US 간에 애초에 아무 관련이 없어도 연합될 수 있다는 학습 원리를 직접 부정하는 것으로, 역시 생물학적 관점에서 이해될 수 있다. 자연환경에서 쥐가 먹이를 먹은 후 전기충격을 받는 일은 없다. 따라서 쥐가 먹이의 맛과 복통을 연합시킬 수 있는지는 생명을 좌우하지만, 맛과 전기충격을 연합시킬 수 있는지는 전혀 중요하지 않다. 반면에, 새는 먹이를 맛보지 않고 그대로 삼켜버리므로 새가 맛과 복통 사이의 관계를 배우기는 힘들다. 대신에 새는 먹이의 모양과 색깔 같은 시각적 측면과 복통을 잘 연합시킨다. 이런 예들은 동물이 사는 환경에 따라 중요한 자극들 사이의 관계를 더 잘 학습한다는 것을 보여 준다.

2) 본능 회귀

고전적 조건형성 연구에서와 유사하게, 조작적 조건형성 연구에서도 어떤 반응이든지 강화물이 뒤따르면 그 반응은 증강된다고 생각되었다. 따라서 동물은 어떤 반응이든지 학습할 수 있어야 한다. Skinner의 제자들인 Breland 부부는 이러한 학습 원리를 서커스단의 동물을 훈련시키는 데 응용했다. 그래서 돼지에게서 사람처럼 수레를 밀며 장을 보는 행동을 만들어 내기도 했지만, 어떤 동물은 아무리 훈련시켜도 불가능한 것이 있었다. 그중의 하나인 '구두쇠 너구리'의 예를 보자.

Breland 부부(1966)는 앞발을 능숙하게 사용하는 너구리로 하여금 저금통에 동전을 저금하는 행동을 훈련시켰다. 먼저 너구리가 동전을 집으면 먹이(즉, 강화물)를 줌으로써 동전 집기 행동을 학습시켰다. 그다음 단계로 금속상자에 동전을 집어넣는 행동을 학습시키려 했는데, 약간의 문제가 생겼다. 너구리가 동전을 손에서 놓지 않고 상자의 안쪽 면에 문지르기도 하고, 넣었다가 다시 꺼내서 몇 초 동안 꽉 쥐고 있기도 했던 것이다. 그러나 이 행동은 훈련을 거듭하자 사라져서 너구리는 동전을 상자에 집어넣고는 먹이를 받아먹었다. 그런데 동전 두 개를 집어서 상자에 넣는 훈련을 시작하자 큰 문제가 생겼다. 너구리가 동전을 상자에 집어넣지 않을 뿐 아니라 몇 초 동안 심지어는 몇 분 동안 두 동전을 마주 문지르고 나서야 겨우 상자에 집어넣었던 것이다. 동전 문지르기는 강화를 받지 못했으므로 효과 법칙에 의하면 사라져야 함에도 불구하고 시간이 갈수록 더 심해져서 결국 이 훈련은 포기해야 했다. 왜 너구리가 이 단순한 행동을 학습할 수 없었을까? 자연 상황에서 너구리는 먹이를 마치 씻듯이 문지른 후 먹는 습성이 있다. 훈련 과정에서 동전은 매번 먹이와 짝지어짐으로써 의도치 않게 고전적 조건형성이 일어나서 조건 강화물이 되었고, 따라서 너구리는 동전을 먹이처럼 취급했던 것이다. 너구리의 자연적인 습성이 Breland 부부가 학습시키려 했던 행동을 방해한 셈인데, 이런 현상을 본능 회귀(instinctual drift, 또는 향본능 표류)라 한다.

맛 혐오 학습과 본능 회귀 현상은 유기체가 어떤 종류의 학습은 하기 쉽고 어떤 종류의 학습은 거의 불가능하도록 생물학적 경향성을 갖고 태어난다는 것을 보여 준다. 이런 경향성은 유기체의 생활양태 및 습관과 관련하여 진화된 것으로서 준비성(preparedness)이라고 부른다. 학습시키려는 행동이 동물의 생물학적으로 준비되어 있는 반응과 상충될 때에는 학습이 불가능하다. 그러나 이런 한계가 있다고 해서 조건형성을 통해 밝혀진 학습 원리들이 폐기되어야 하는 것은 아니다. 다만 수정될 필요가 있을 뿐이다. 먹이와 복통 사이의 간격이 짧을수록 맛 혐오 학습은 더 강해지는데 이는 전통적인 학습 원리를 여전히 따르는 것이다.

4.
인지학습

조건형성은 몇몇 기계적인 학습 원리에 따라 이루어지는 수동적이고 연합적인 과정이다. 그러나 우리가 오로지 이러한 조건형성 원리들에만 기반하여 학습하는 것 같지는 않다. 수학 문제 풀기나 자동차 엔진의 작동 원리를 학습할 땐 사고와 정신활동의 역할이 중요해진다. 조건형성 원리들로 설명되기 힘든 이런 유형의 학습을 인지학습(cognitive learning)이라 한다.

1) 통찰학습

통찰이란 문제상황에서 갑작스럽게 문제해결이 이루어지는 현상을 이른다. 독일의 심리학자 W. Köhler가 통찰학습(insightful learning)에 대한 고전적인 연구를 실시했다. 한 실험에서 그는 술탄(Sultan)이라는 이름의 침팬지의 우리 바깥에 바나나를 놓아두었다. 우리 안에는 상자 몇 개와 속이 빈 막대 두 개가 있었는데, 그중 하나는 다른 것보다 약간 더 가늘었고 둘 다 너무 짧아 바나나에 닿지 않았다. 술탄은 한 시간가량 손이나 막대로 바나나를 집으려고 시도했으나 실패하여 포기한 듯했다. 그러다가,

> 술탄은 먼저 상자 위에 무심히 쪼그리고 앉아 있다가 일어나서 두 막대를 집어 들고 다시 상자 위에 앉아서 그것들을 신중히 살펴보았다. 그러면서 술탄은 막대들을 양손에 들고 일직선이 되도록 대어 보았다. 그는 가는 막대를 더 두꺼운 막대의 구멍에 집어넣고 벌떡 일어나서 철망 쪽으로 다가가 거기에 등을 대고 바나나를 끌어당기기 시작했다(Köhler, 1927).

술탄은 결국 두 막대를 연결시켜 바나나를 끌어 먹을 수 있었다([그림 5-9]).

다른 실험에서 Köhler는 침팬지 우리의 천정에 바나나를 매달아 놓았다. 우리 속에는 상자들과 막대가 있었다. 이 상황에서 침팬지들은 막대로 과일을 쳐서 떨어뜨리기도 하고 상자를 바나나 아래로 끌고 가서 거기에 올라가 바나나를 따기도 했다. Köhler가 바나나를 점점 더 높이 매달아 놓자 침팬지들은 상자를 4층 높이로 쌓기도 했다.

침팬지의 이러한 문제해결 행동은 과거에 나온 적이 없기 때문에 강화를 받았을 수가 없고, 따라서 연합학습이 아닐 듯하다. 동물이 인과관계를 이해할 수 있다는 증거로 Köhler

는 다음과 같은 점들을 들었다. 침팬지는 일단 문제가 해결되면 보통 그 후부터 '자신이 무엇을 하는지 아는 것'처럼 유연한 수행을 계속했고 더 이상의 실수는 드물었다. 또한 통찰적 해결은 침팬지가 상황을 탐구하는 듯이 머리와 눈만 움직이면서 가만히 있은 후에 갑자기 나타났다. 이 모든 것은 Thorndike의 고양이가 보인 시행착오적 행동과 잘 대비된다. 게다가 침팬지는 원래의 과제에서 배운 것을 다른 과제에까지 전이시킬 수 있었다. 즉, Köhler가 상자와 막대를 우리에서 다 치워버리자 침팬지는 작은 사다리나 책상

그림 5-9 **막대 두 개를 이어 붙여 길게 만들려는 침팬지 술탄**
출처: Köhler (1927).

을 끌고 와서 받침대로 사용했다. 이 침팬지는 때로는 Köhler에게 다가와 그의 팔을 잡고 바나나 아래에까지 끌고 가서 받침대로 사용하려고 하기도 했다.

2) 인지도

영장류만 인지학습을 하는 것은 아니다. 미로학습 연구에 많이 사용되는 쥐는 미로에서 무엇을 배울까? 조건형성 관점에 따르면 쥐는 미로 속의 자극에 대해 특정 반응을 하기를 배운다. 예컨대, T-미로에서 먹이가 항상 오른쪽 가지 끝에 있으면 효과 법칙에 따라 좌회전 반응은 강화를 받지 못하여 사라지고 우회전 반응은 먹이 강화를 받아 학습된다. 그러나 Tolman과 Honzik(1930)은 이러한 관점을 거부하고 동물이 미로에 대한 일종의 정신적 지도, 즉 인지도(cognitive

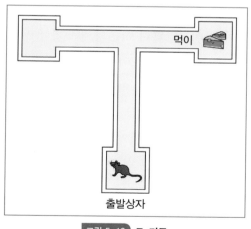

그림 5-10 **T-미로**

map)를 획득한다고 주장했다. 이를 뒷받침하는 한 증거가 반응학습(response learning) 대 장소학습(place learning)에 대한 연구에서 얻어진다.

[그림 5-10]과 같은 T-미로에서 먹이가 항상 오른쪽 가지 끝에 있다고 하자. 쥐는 선택지점에서 항상 우회전하게 된다. 쥐가 이 과제를 잘 학습하고 난 후, T-미로를 180° 돌려

놓아서 출발상자가 이젠 그림에서 남쪽이 아니라 북쪽에 있게 한다. 그러면 쥐는 선택지점에서 오른쪽(서쪽)으로 돌까 아니면 왼쪽(동쪽)으로 돌까? 조건형성 관점은 쥐가 T-미로에서 '우회전 반응'을 학습했으므로 미로가 남북으로 뒤집혔어도 여전히 우회전할 것으로 예측한다. 하지만 실험결과, 과반수의 쥐들이 먹이가 놓여 있곤 하던 공간상의 특정 '장소'를 향해 좌회전을 했다. 이는 쥐가 T-미로에서 특정 반응을 학습한 게 아니라 미로가 어떻게 생겼으며 먹이가 어디에 있는가를 학습했음을 의미한다. 이런 결과는 동물이 조건형성만이 아니라 더 복잡한 종류의 학습을 할 수 있다는 것을 보여 준다.

3) 관찰학습

조건형성 실험에서 동물은 어떤 반응을 직접 수행함으로써 학습한다. Pavlov의 개는 종소리에 뒤따르는 먹이를 먹으면서 침을 흘리고, 스키너 상자에서 비둘기는 원반을 쪼아서 먹이를 받는다. 하지만 인간은 모든 것을 직접 경험함으로써 배우지는 않는다. 인간뿐 아니라 다른 동물도 실제 반응의 수행 없이 다른 개체의 반응을 보고서 배울 수 있는데, 이를 관찰학습(observational learning) 또는 대리학습(vicarious learning)이라 한다.

관찰학습의 대표적인 예로서, Bandura 등(Bandura et al., 1961)은 어른이 커다란 오뚝이 인형을 공격하는 모습을 아이들에게 보여 주었다. 그러고는 아이들을 여러 인형이 있는 방에 들여놓았더니 어른의 행동과 유사한 공격행동이 나타났다. 반면에, 인형에게 공격적이지 않게 행동한 어른을 본 아이들은 그런 공격행동을 거의 하지 않았다([그림 5-11]). Bandura 등(1963)은 아동이 TV에서 공격행동을 보이는 어른도 역시 잘 모방함을 보여 주었다. TV에서 나오는 폭력이 아동의 공격행동을 부추기는가에 대해서 한때 논쟁이 있었으나 이젠 TV와 영화에 나오는 폭력장면과 아동의 공격행동 사이에 관련이 깊다는 증거가 압도적으로 많다고 인정되고 있다.

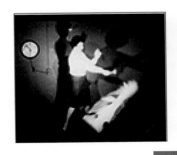  

그림 5-11 **어른의 공격행동을 관찰한 아동의 행동**

출처: Bandura, Ross, & Ross (1961).

5.
행동에 대한 학습심리학적 설명

선혈이 낭자한 영화 장면에 어떤 사람은 눈을 감아버리지만 어떤 사람은 꿈쩍도 하지 않는다. 왜 그리도 다를까? 전자는 섬세하고 겁 많은 성격이고, 후자는 둔감하고 겁 없는 사람일 수 있다. 또는 후자도 처음부터 그런 게 아니라 폭력적인 컴퓨터 게임을 많이 하다 보니 영화에서 피가 흐르는 장면 같은 건 아무렇지도 않게 된 것일 수 있다.

사람 행동의 원인에 대한 설명은 크게 두 가지로 나눌 수 있다. 하나는 그 사람이 그렇게 생겨먹었기(그런 '성격'이기) 때문이라는 것인데, 이는 사람의 내부에서 원인을 찾으려는 것이다. 다른 하나는 그 사람의 과거가 이러저러했기 때문이라는 것인데, 이는 사람의 외부, 즉 살아온 환경(에서 겪은 경험)에서 원인을 찾으려는 것이며, 이것이 곧 학습심리학적 관점이다. 어느 설명이 옳을까? 사람마다 입장이 다르겠지만, 인간 행동을 반드시 하나의 관점에서만 설명해야 하는 것은 아니다. 여러 관점 또는 수준에서의 설명이 모두 통합될 때 행동의 원인에 대한 설명은 그만큼 더 완전해진다.

일반적으로는 아주 이상해 보이지만 학습심리학 관점에서는 당연해 보이는 예를 보자. 개에게 전기충격을 주자 깨갱거리고 싫어하는 게 아니라 꼬리를 흔들고 좋아하며 침을 흘린다고 하자. 이 개는 '자학적 성격'을 가진 개일까? Pavlov는 고전적 조건형성을 통해 그런 개를 실제로 만들어 냈다. 개에게 가벼운 전기충격을 주고 곧이어 먹이를 주면 개는 전기충격에 움찔하고 깨갱거리지만 뒤이어 주어지는 먹이를 받아먹는다. 이런 시행을 거듭하다 보면 결국 개는 전기충격(이제는 CS가 된)이 주어질 때 깨갱거리는 대신에 먹이에 대한 반응, 즉 침을 흘리고 좋아하는 반응(CR)을 나타내게 된다. 그런 학습 내력을 모르는 사람은 이 개를 미친 개라고 생각할 수 있다.

이처럼 학습심리학은 유기체가 해온 경험, 즉 그의 주변 환경에서 일어났던 일에서 현재 행동의 원인을 찾기 때문에 그만큼 객관적인 설명을 한다. 더 나아가서 행동을 변화시키려면 주변 환경을 변화시킴으로써 다른 경험을 하게 만들라는 처방을 내놓는다. 예컨대, 금연을 하고 싶다면 그냥 금연하려는 의지에만 기대지 말고 금연하기 쉬운 환경을 만들어야 한다. 담배 피우는 지인들을 멀리하고, 금연 결심을 공개하여 남들이 자신의 노력을 도울 수 있게 하며, 그 약속을 깰 경우 무거운 처벌이 주어지게 할 수 있다. 자신의 '성격'이 마음에 들지 않는다면, 마음에 들지 않는 '행동'을 하나씩 고쳐나가 보라. 자신의 의지에만 기대지 말고 환경을 변화시킴으로써 말이다. 여러 행동을 하나씩 고쳐나가다 보면 나중에는 자신의 성격이 '개조'되어 있을 것이다.

6.
기억에 대한 현대 심리학적 관점

지금까지 우리는 학습과정을 살펴보았다. 학습한 내용은 기억했다가 필요할 때 끄집어낼 수 있어야 유용할 것이다. 현대 심리학에서는 정보처리 접근에 기반하여 기억을 세 단계로 구분한다. 즉, 우리는 두뇌에 정보를 집어넣은(부호화) 다음, 그것을 유지하고 있다가 (저장), 나중에 끄집어낸다(인출). 이러한 처리의 면이 아니라 구조의 면에서 Atkinson과 Shiffrin(1968)은 [그림 5-12]에서처럼 감각기억, 단기기억, 장기기억이라는 세 가지 저장소를 구분했다. 입력되는 정보는 순간적으로 감각기억에 등록되며, 여기서 단기기억으로 들어가고, 이어서 일부가 장기기억으로 들어갔다가 나중에 필요시에 인출된다.

앞의 두 접근은 모든 기억에 다 적용되는 것으로 생각되었다. 하지만 대략 40년 전부터 기억체계가 하나가 아니며 상이한 유형의 정보들은 상이한 기억체계에 의해 처리된다는 사실이 밝혀졌다. 대부분의 학자들은 다중 기억체계의 존재를 인정하는데 이에 관해서는 나중에 다룰 것이며, 여기서는 Atkinson과 Shiffrin(1968)의 구분을 중심으로 기억과정을 살펴볼 것이다.

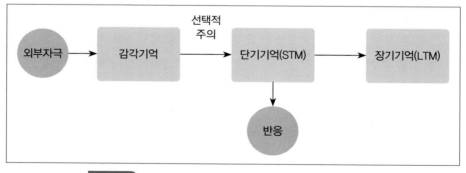

그림 5-12 기억에 대한 Atkinson과 Shiffrin(1968)의 정보처리 모형

7. 감각기억과 단기기억

1) 감각기억

외부세계에서 입력되는 정보는 감각기관에 '등록'되어 짧은 기간 유지되는데, 이를 감각기억(sensory memory)이라 한다. 기억과정의 최초 단계인 이 감각기억에서 시각정보는 몇 분의 1초, 청각정보는 대략 2초 정도 지속된다. 그러면 얼마나 많은 정보가 감각기억에 들어 있을까? 시각적 감각기억인 영상기억의 용량을 Sperling(1960)이 연구하였다. [그림 5-13]과 같이 세 줄의 글자와 숫자로 이루어진 화면을 0.05초 동안만 참가자들에게 보여 주고 가능한 한 많이 기억해 내라고 하면(전체보고법) 대개 4개 정도의 항목만 보고된다. 반면에, 화면이 사라진 직후 그 세 줄 중 한 줄만을 임의적으로 지정하여 기억해 내게 하면(부분보고법) 어느 줄이 지정되는가에 관계없이 거의 모두 보고된다. 어느 줄을 보고해야 할지 미리 알 수 없으므로 이런 결과는 화면상의 모든 정보가 영상기억에 저장되었음을 의미한다. 다만 그 정보의 지속시간이 매우 짧아서 서너 개의 항목을 보고하는 동안 나머지 항목은 모두 사라지고 마는 것이다.

Sperling의 연구는 감각기억의 용량이 대단히 크다는 것을 시사하는데, 그 모든 정보를 우리가 의식할까? 감각기억 속에 있는 일부 항목에 주의를 집중하면 그것이 의식에 떠오르는 사이에 나머지 항목들은 대개 사라져 버린다. 즉, 감각기억에 들어있는 항목의 일부만이 주의에 의해 선택되어 단기기억(short-term memory)으로 보내진다. 우리가 의식하고 있는 정보는 단기기억 속에 있는 것이라 할 수 있다. 처음 듣는 전화번호를 외우고 있다가 통화가 끝나면 전혀 기억나지 않기 마련이다. 그 전화번호는 단기기억 속에만 있다가 장기기억으로 넘어가지 못하고 사라진 것이다.

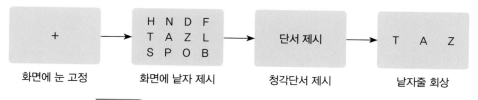

그림 5-13 감각기억에 대한 Sperling(1960)에 사용된 자극판의 예

2) 단기기억의 지속시간

단기기억은 얼마나 짧을까? 단기기억 속의 정보는 우리가 거기에 주의를 주고 있는 한 무한정 지속될 수 있다. 처음 듣는 전화번호를 마음속으로 계속 되뇌고 있으면 사라지지 않는다. 따라서 단기기억의 지속시간을 측정하려면 되뇌기(rehearsal, 시연)를 차단해야 한다. 이를 위해 Peterson과 Peterson(1959)은 참가자들에게 F, C, V 같은 3개의 자음을 주고 회상하라는 신호가 들릴 때까지 다른 과제를 하도록 지시하였다. '다른 과제'란, 실험자가 제시하는 세 자리 숫자로부터 3을 계속 빼는 것이었다. 기억할 자음들을 제시한 때부터 회상 신호가 주어질 때까지의 시간 간격은 3~18초로 다양했는데, [그림 5-14]에서 보듯이 그 시간 간격이 길수록 회상은 점점 나빠져서 18초쯤에는 대부분의 정보가 사라졌다. 정보를 되뇌지 못하게 한 결과, 단기기억의 지속시간은 채 30초도 되지 않음이 밝혀졌다.

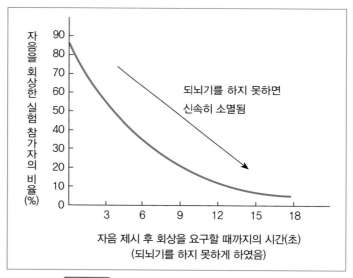

그림 5-14 **단기기억의 지속기간을 보여 주는 그래프**

3) 단기기억의 용량

단기기억에는 몇 개의 항목이 들어갈 수 있을까? 다음의 글자들을 한 번 읽고 덮은 다음, 글자가 제시된 순서대로 가능한 한 많이 적어 보라.

P   T   Z   O   J   R   S   M   F   L   B

이런 식의 검사를 기억폭(digit span) 검사라고 하는데, 대부분의 사람은 여기서 5~9개의 항목을 회상한다. 단어, 숫자 등 거의 모든 종류의 정보에 대한 기억폭은 평균 7(±2)개인데, 휴대전화가 보급되기 전의 일반 전화번호나 우편번호 등은 이 용량을 넘지 않는다.

이 용량을 넘어서는 정보가 들어오면 단기기억에 이미 있던 항목이 새로운 항목에 밀려나서 상실되거나 새 항목이 그냥 사라진다. 이 용량 제한을 극복하는 한 방법은 개별 정보를 더 큰 단위로 덩이짓기(chunking, 청킹, 군집화)하는 것이다. 예컨대, '1 9 4 5 0 8 1 5'라는 수열은 여덟 항목이지만 광복절로 생각한다면 한 덩이가 되어 단기기억 용량을 하나만 소비하게 된다. 따라서 기억을 증진시키는 한 방법은 덩이짓기를 잘 하는 것이다.

4) 작업기억

Atkinson과 Shiffrin(1968)의 모형에 따르면 정보는 반드시 단기기억을 거쳐야 장기기억에 들어간다. 하지만 우리가 의식적으로 주의를 기울이지 않은 정보가, 즉 단기기억을 거치지 않은 정보가 장기기억으로 직접 들어갈 수 있음이 발견되었다. 또한 단기기억 내에서 일어나는 일이 항목들의 단순한 유지가 아니라 적극적인 정보처리라는 사실이 밝혀졌다. 따라서 Baddeley(1992)는 단기기억을 대체하는 개념으로 작업기억(working memory)을 제안했는데, 이는 [그림 5-15]에서 보듯이 세 가지 성분으로 구성된다. 첫째, 조음 루프(또는 음운 루프)가 언어이해와 청각적 되뇌기를 위해 청각정보를 잠시 유지한다. 둘째, 시공간 잡기장이 시공간적 정보를 잠시 유지한다. 셋째, 중앙관리자(central executive, 중앙집행기)가 주의통제, 판단 과정, 미래 행동 계획의 수립, 언어이해와 추론활동 등을 주관하고, 정보를 장기기억으로 전이시키거나 그로부터 인출하는 기능을 한다.

전화번호를 듣고서 적으려고 연필과 종이를 찾는다고 하자. 전화번호를 단기기억 속에 유지하는 것과 연필과 종이를 찾는 것은 서로 다른 정신적 조작이며 동시에 수행되어야 한

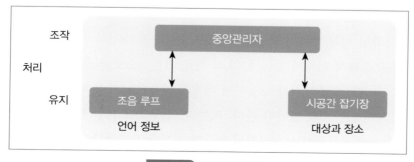

그림 5-15 작업기억 모형

다. 작업기억 모형에 따르면 중앙관리자가 연필과 종이를 찾는 작업을 하는 동안 전화번호는 조음 루프 속에 유지된다.

여기서 유의할 점은 단기기억이나 작업기억은 정보처리가 일어나는 장소가 아니라 정보처리 과정을 가리킨다는 사실이다. 언어이해나 문제해결 같은 인지적 활동을 하려면 다양한 요소를 재빨리 계속 결합시켜야 한다. 작업기억은 그런 과정에서 필요한 요소들에 정신적 자원을 일시적으로 특별히 집중하는 과정을 가리킨다. 어떤 물체를 더 잘 보기 위해 그것에 밝은 조명을 비추는 것처럼 작업기억은 정신적 대상, 즉 기억 표상에 더 밝은 정신적 조명을 비추어 준다.

8.
장기기억

단기기억/작업기억에서 효과적으로 처리된 정보는 비교적 영구적인 장기기억(long-term memory)으로 넘어간다. 단기기억의 지속시간을 넘어서 몇 분 이상 지속되는 모든 기억은 장기기억으로 간주된다.

장기기억의 용량은 어느 정도일까? 한 추정치에 따르면 보통 어른은 10억 비트의 정보를 저장하고 있으며 저장용량은 이것의 1,000~1,000,000배에 이른다(Landauer, 1986). 두뇌의 시냅스 수를 근거로 한 추정치에 따르면, 2003년 당시 전 세계의 모든 컴퓨터의 기억 용량도 한 사람의 두뇌 용량에는 훨씬 못 미치는 수준이었다(Wang et al., 2003). 이렇게 거대한 용량을 갖고 있으니 좋을 것 같지만 거기엔 문제가 뒤따른다. 즉, 그렇게나 많은 기억 중에서 어떻게 특정 기억을 콕 집어 찾아낼 수 있을까?

1) 인출단서의 중요성

초등학교 3학년 때의 짝이 누구였는지 기억나는가? 먼 과거의 이 기억을 엄청나게 많은 장기기억 항목 중에서 어떻게 찾아낼까? 그 답은 기본적으로 인출단서(retrieval cue)를 사용해서라는 것이다. 인출단서가 무엇이며 어떻게 작용하는지 이해하려면 기억이 어떤 방식으로 저장되어 있는지를 알아야 한다. 이는 기억 구조에 관한 문제로서 복잡한 주제인데, 여기서는 기억 정보들이 상호연결된 연합망 조직으로 저장되어 있다는 것이 주된 학설 중 하나라는 점만 알아두자.

정보의 연합망이란 무엇일까? 당신이 초등학교 3학년 때의 짝을 기억해 낼 때 오로지 그 짝의 이름만 떠올랐는가? 아닐 것이다. 그 짝의 얼굴과 옷, 목소리, 성격, 성적 등 그 짝과 연결된(즉, 연합된) 다른 정보도 함께 떠올랐을 것이다. 혹시 그 짝이 당신의 첫사랑이라면 많은 정서적 정보('추억'이라고 부르는)도 함께 떠올랐을 것이다. 어떤 정보가 장기기억에 저장될 땐 그 정보와 관련된 다른 정보들이 꼬리표처럼 연합되어 저장되고, 나중에 그 표적 정보를 인출하고자 할 때 접속할 수 있는 통로 또는 기점으로 작용한다. 따라서 인출단서란 특정 기억을 탐색할 때 사용 가능한 모든 자극을 가리킨다. 아직도 초등학교 3학년 때의 짝이 기억나지 않는다면 그와 관련된 인출단서를 모조리 찾아보라. 친구들에게 그 짝에 대해서 물어보는 것도 인출단서를 구하는 한 방법이다.

여러분은 어쩌면 이 책을 읽으면서 시험문제가 객관식일지 주관식일지에 대해서 걱정하고 있을지도 모르겠다. 대개 객관식보다는 주관식 문제가 더 어렵게 느껴지는데, 그 주된 이유는 객관식 시험에서는 답이 보기 중에 있기 때문에 인출단서가 직접 주어지지만 주관식 시험에서는 인출단서를 스스로 생성해서 답을 찾아가야 한다는 것이다.

2) 맥락의 중요성

장기기억을 인출할 때 작용하는 중요한 원리 중 하나가 부호화 특수성 원리(encoding specificity principle)인데, 이는 부호화 맥락과 인출 맥락이 일치할 때 기억이 가장 효율적

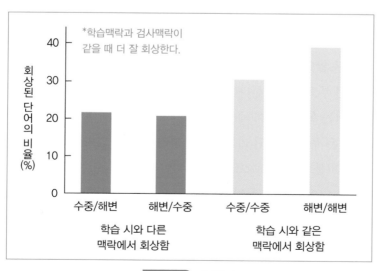

그림 5-16 **맥락효과**

출처: Gooden & Baddley (1975).

이라는 것이다. 다시 말하면 학습할 때의 환경과 인출할 때의 환경이 똑같을 때 회상이 잘된다. 대학교 다이빙 클럽의 학생들에 대한 유명한 실험에서 한 집단은 해변에서, 다른 집단은 잠수한 상태에서 단어 목록을 학습시켰다. 그다음 각 집단을 또다시 두 집단으로 나누어 각각 해변이나 수중에서 회상 검사를 실시했다. 그러자 [그림 5-16]과 같이 해변에서 학습하고 검사를 받은 집단과 수중에서 학습하고 검사를 받은 집단이 학습 시와 검사 시의 맥락이 달랐던 다른 두 집단보다 50%나 더 우수한 수행을 보였다(Gooden & Baddeley, 1975). 학습 내용은 물이나 잠수와는 전혀 무관한 것이었음에도 불구하고 말이다.

여러분이 거실에서 책을 읽다가 형광펜을 가지러 2층의 자기 방으로 간다고 하자. 그런데 방에 들어오니 무얼 가지러 왔는지 생각이 나지 않아서 다시 거실로 돌아가 책을 드는 순간 형광펜을 가지러 갔었다는 생각이 든다. 가끔씩 왜 이런 일이 일어날까? 거실에서 방으로 감으로써 독자는 다른 맥락으로 이동한 것인데, 방이란 맥락에는 형광펜이 필요하다는 생각으로 이끄는 단서가 거의 없다. 거실로 돌아가면 그 생각을 부호화했던 맥락으로 다시 들어가서 생각이 나게 된다. 여기서 알 수 있듯이 맥락도 사실상 인출단서의 하나로 볼 수 있다.

3) 정서의 역할

연인과 말다툼을 할 때 그의 좋은 점이나 즐거운 추억이 떠오르는가? 아니다. 기분이 나쁜 상태에서는 나쁜 기억만 떠오르게 마련이다. 우리는 좋거나 나쁜 사건에 대해서 사건 자체만이 아니라 그에 수반되는 정서도 함께 저장한다. 한 연구에 따르면, 현재 우울증에 빠진 사람은 자기 부모가 거부적이고 처벌적이며 죄의식을 불러일으킨다고 회상하는 반면, 과거에 우울증을 앓았지만 지금은 정상 기분인 사람은 우울증을 앓아본 적이 없는 사람과 마찬가지로 자기 부모를 평가한다(Forgas et al., 1984). 독일 축구팀이 월드컵에서 승리한 날 행해진 실험에서는 독일인들이 세상을 장밋빛으로 본다는 결과가 나왔다(Schwarz et al., 1987). 이런 연구들은 우리가 어떤 기분인가에 따라 판단과 기억이 변할 수 있음을 보여 준다. 기억은 상당히 기분 부합적(mood-congruent)이다.

우리는 자신에게 일어나는 모든 일이 아니라 중요한 일만 주로 기억하는데, 그 '중요한' 일은 거의 반드시 정서를 동반한다. 우리의 뇌에는 정서적 흥분이 기억 저장 과정을 조절하게 만드는 체계가 작동하고 있다(McGaugh, 2003). 따라서 흥미나 공포를 유발하는 일은 굳이 기억하려고 하지 않아도 잘 기억된다.

정서는 개인의 내적 상태인데, 다른 내적 상태도 부호화와 인출에 큰 영향을 미칠 수 있다. 예컨대, 술에 취한 상태에서 돈을 숨겨둔 사람이 술이 깨고 나면 돈을 어디에 숨겼는지 기억이 나지 않다가 다시 술에 취하면 기억이 날 수가 있다. 이처럼 (정서도 포함하여) 알코올이나 약물 등으로 인해 내적 상태가 변했을 당시에 학습한 것이 다시 그 내적 상태로 돌아가게 되면 기억이 잘 나는 현상을 상태 의존적 기억(state-dependent memory)이라 한다.

4) 장기기억: 재구성된 이야기

기억이란 동영상을 재생하듯이 사건을 일어난 그대로 반복하는 게 아니다. 오히려 기억은 몇 가지 중요한 사항만 뼈대로 하여 잊어버렸거나 사소한 부분을 메워서 만들어낸, 즉 재구성된 이야기이다. 선구적인 기억연구자 Bartlett(1932)은 아메리카 인디언 설화인 '유령들의 전쟁'의 일부를 참가자들에게 읽혔다. 두 젊은 물개 사냥꾼 중 한 명이 '사람들을 상대로 전쟁을 하기 위해 강을 거슬러 올라가는' 전사 무리에 마지못해 합류한다. 다툼이 일어나고 많은 사람이 죽는다. 그다음 이야기는 이러하다.

> …… 그 젊은이는 전사들 중 한 사람이 말하는 소리를 들었다. "빨리, 집으로 가자. 저 인디언이 총에 맞았어." 그러자 그는 '앗, 이들은 유령이구나.'라고 생각했다. 그는 아프지 않았는데도 그들은 그가 총에 맞았다고 말했다.
>
> 그래서 카누는 다시 에글룩 쪽으로 돌아갔고 그 젊은이는 뭍에 올라 자기 집으로 가서 불을 피웠다. 그러고는 모든 사람에게 이렇게 이야기했다. "봐라. 난 유령들을 따라서 싸우러 갔다. 우리 편도 많이 죽었고, 우리를 공격한 편도 많이 죽었다. 그들은 내가 총에 맞았다고 말했지만, 난 아프지 않았다."
>
> 이 이야기를 전부 한 다음에 그는 조용해졌다. 태양이 떠오르자 그는 쓰러졌다. 그의 입에서 무언가 시커먼 것이 흘러나왔다. 그는 얼굴이 일그러졌다. 사람들은 깜짝 놀라 일어나서 울기 시작했다.
>
> 그는 죽은 것이었다.

이제, 책을 덮고 쉬도록 하자. 그리고 몇 시간쯤 후에 혹은 내일이나 며칠 후에 백지에다가 방금 읽은 이야기를 기억해 내어 써보라.

다 썼는가? 자신이 기억해 낸 이야기와 앞의 이야기를 비교해 보라. Bartlett은 참가자들에게 다른 문화에서 나온 이해하기 힘든 이 이야기를 제시하고는 다양한 시간 간격 후에 여러 차례에 걸쳐 재생하게 했다. 그 결과, 회상된 이야기는 더 짧으면서 참가자의 개인적 관점과 좀 더 일치하는 방향으로 변해갔다. 기억 오류는 시간이 갈수록 증가했는데, 참가자들은 자기 기억의 일부만 정확하며 나머지는 자신이 지어냈다는 것을 깨닫지 못했다.

이러한 재구성적 기억 과정은 도식(schema)의 영향을 받는다. 도식이란 우리가 일상적으로, 즉 반복적으로 경험하는 서로 관련된 내용들이 하나의 통합된 전체로 저장된 거대 단위의 기억을 가리킨다. 예컨대, 외국에서 식당에 가면 어떤 방식으로 음식을 주문하고 먹는지 몰라서 곤란할 때가 있다. 이는 우리가 한국에서는 식당에서의 음식 주문에 대한 도식을 갖고 있지만 외국에서는 그렇지 못하기 때문이다. Bartlett의 연구에서 참가자들은 그 이야기가 잘 이해되지 않았기 때문에 시간이 가면서 자신이 가진 도식에 꿰맞추는 방식으로 이야기를 왜곡하여 기억하게 되었다.

5) 목격자 증언과 오정보 효과

장기기억의 재구성적 특징 때문에 기억의 왜곡이 생길 뿐 아니라 잘못된 기억을 의도적으로 심어 넣기도 가능하다. 범죄 목격자의 기억이 왜곡된다면 심각한 결과가 생길 수 있다. Loftus와 Palmer(1974)는 한 실험에서 참가자들에게 교통사고 동영상을 보여 준 다음 몇 가지 질문을 했다. 그 결과 "두 차가 꽝하고 충돌했을 때 얼마나 빠르게 달리고 있었나요?"라는 질문을 받은 이들은 "쿵 하고 부딪혔을 때", "접촉했을 때", "서로 쳤을 때" 등의 용어를 쓴 질문을 받은 이들보다 차량의 속도가 더 빨랐던 것으로 추정했다. 일주일 후, 참가자들에게 차의 창문이 깨졌는지 물어보자 "꽝 하고 충돌" 질문을 받았던 사람들이 그렇다고 답할 가능성이 더 높았다. 실제로 동영상에서 창문은 깨어지지 않았는데도 말이다.

이처럼 미묘하게 틀린 정보를 듣고서 잘못된 기억을 회상하게 되는 오(誤)정보 효과(misinformation effect, 또는 거짓정보 효과)는 많은 연구에서 입증되었다. 시간이 지나면서 기억이 희미해지면 회상 시에 기억의 빈 부분들이 그럴듯한 추측과 가정으로 채워지는데, 그렇게 채워진 부분은 회상을 반복함에 따라 기억으로 흡수되어 마침내 실제로 일어난 일인 것처럼 느껴지기 마련이다(Roediger et al., 1993). 이 효과는 고의적인 것이 아니기 때문에 실제 기억과 잘못된 기억을 구분하기가 거의 불가능하다. 법정에서 목격자에 대한 유도 심문이 허락되지 않는 중요한 이유가 이것이다.

더 나아가서, 일어나지 않은 일을 거듭 상상하기만 해도 거짓 기억이 만들어질 수 있다. 한 연구(Garry, Manning, & Loftus, 1996)에서는 대학생들에게 아동기에 일어나는 사건, 예컨대 주먹으로 유리창을 깨트리거나 119에 장난전화하기를 상상하게 했더니 참가자의 거의 1/4이 그 사건이 실제로 일어났었다고 회상했다. 이런 현상을 '상상 팽창(imagination inflation)'이라 하는데, UFO에 납치되었다거나 전생에 겪었던 일같이 실제로 일어나지 않은 사건이 진짜처럼 기억나는 것은 이에 해당할 것이다.

 기억 응고화

오래된 기억과 최근 기억 중 어느 것이 더 강할까? 물론 최근 기억일 것이다. 사고나 뇌손상으로 기억상실증이 일어날 때, 어느 기억이 더 쉽게 상실될까? 더 약한 오래된 기억일 것 같지만 아니다. 최근 기억이 더 쉽게 상실된다. 자동차 사고로 정신을 잃었던 사람이 사고 순간을 기억하지 못하는 경우가 종종 있다. 심하면 사고 직전 며칠간의 기억을 못할 수도 있다. 더 강한 기억이 더 쉽게 상실되다니 이 무슨 역설인가?

학습이 끝나면 학습한 내용이 다 저장되었다고 생각하기 쉽다. 하지만 학습 직후에도 기억 저장은 계속 진행된다. 비유하자면 학습 직후의 기억은 방금 반죽하여 부어놓은 콘크리트와 같다. 즉, 아직 굳지 않은 상태여서 충격을 받으면 쉽게 파괴되지만 시간이 가면서 점점 더 강하게 안정화된다. 기억이 불안정한 상태에서 점차로 강하게 확립되는 과정을 기억 응고화(memory consolidation, 또는 기억 공고화)라고 한다.

우리는 공부 시작 시의 맑은 정신이나 공부 동안의 주의집중이 학습에 큰 영향을 줌을 알고 있다. 하지만 학습 후에 일어나는 일이 기억에 영향을 미친다고는 대개 생각하지 못한다. 기억 응고화 이론을 지지하는 많은 연구는 학습 직후에 약물 투여 등의 처치를 가하면 기억이 손상되거나 향상될 수 있음을 보여 주었다.

학습 후에 기억이 잘 저장되도록 무언가를 할 수 있을까? 열심히 공부하고 나면 단것이 먹고 싶어질 때가 많다. 아마도 뇌가 에너지원인 포도당을 필요로 하기 때문일 것이다. 쥐에게 학습을 시킨 후 포도당을 투여하면 기억이 향상된다는 연구결과(Korol & Gold, 1998)가 있다. 이를 인간에게 일반화시키면, 공부 도중이나 직후에 단것을 먹는 것이 기억 저장에 도움이 될 것이다. 체중 증가라는 부작용이 생길 수도 있지만 말이다.

9.
망각

러시아의 신문기자였던 S는 완벽한 기억력을 가졌던, 즉 망각(forgetting)을 할 수 없었던 사람이다. 그는 다른 기자들처럼 무언가를 받아 적을 필요가 없었고, 15년 전에 학습했던 목록도 기억해 낼 수 있었다. 앞서 보았듯이 단기기억 용량은 7±2 항목인데, S는 3초 간격으로 제시되는 70개의 단어나 숫자를 제시된 순서대로 또는 역순으로도 암송할 수 있었다. 하지만 이런 기억능력은 일상생활에 방해가 되기도 했다. 예컨대, 대화 중에 단어 하나하나가 과거의 이미지를 불러오고 그것들이 서로 충돌해서는 혼란에 빠져 대화를 이해하지 못하는 일이 생기곤 했다(Luria, 1968).

사람들은 그저 기억력이 좋기만 바라지만 사실 중요한 것은 쓸모없는 정보는 폐기하고 필요한 것만 잘 기억하는 능력이다. 우리의 장기기억 용량이 대단히 크기는 해도 무한하지는 않기 때문이다. 그런데 우리가 굳이 망각하려 애쓰지 않아도 망각은 자연스레 일어난다. 왜 망각이 일어나는가를 정보처리의 틀 속에서 살펴보자.

1) 부호화 실패 또는 저장 실패

부호화하지 못한 정보는 장기기억에 들어가지도 않기 때문에 당연히 기억할 수 없다. 앞서 본 바와 같이 감각기억에 등록된 많은 정보 중에서 선택적 주의를 받은 것만 단기기억/작업기억으로 들어가게 되고 그중 또 일부만 장기기억으로 넘어간다. 예컨대, 100원짜리 동전의 앞면을 지금 보지 않고 그릴 수 있는가? 아마도 100이란 숫자 외에 세부사항은 그리지 못할 것이다. 그런 세부사항은 중요하지 않기 때문에 사람들은 그것을 부호화하지 않는다. 어떤 정보(예: 어제 저녁식사를 했던 장소)는 자동적으로 부호화되기도 하지만 어떤 정보(예: 지금 이 책의 내용)는 애써 노력해야 부호화되고 저장될 수 있다. 기억을 잘하기 위한 첫 단계는 주의를 집중하여 부호화를 잘하는 것이다. 특히 시험에 대비해서는 말이다.

2) 소멸

잘 부호화된 정보도 시간이 지나면 사라진다. Ebbinghaus(1885)는 기억의 지속시간을 연구하기 위해 무의미 철자(알파벳을 섞어 만든 무의미한 '단어')들의 목록을 학습하고, 20분

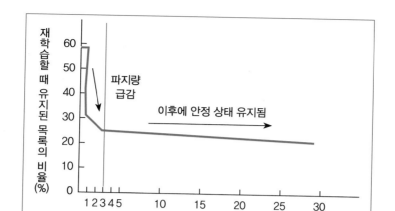

그림 5-17 Ebbinghaus(1885)의 망각곡선

에서 30일에 걸친 다양한 시간 간격을 두고 회상 검사를 하였다. 그 결과 [그림 5-17]에서와 같이 기억에 대한 최초의 체계적인 심리학적 연구결과인 망각곡선이 얻어졌다. 학습한 내용의 대부분이 빨리 망각되다가 사나흘 후부터 안정됨을 알 수 있다. 학창시절에 배운 스페인어 어휘의 망각곡선을 살펴본 현대의 연구에서는 학습 후 대부분이 망각되지만 3년 후까지 남아 있는 어휘는 25년 이상 후에도 계속 기억에 남아 있었다(Bahrick, 1984).

이러한 시간의 흐름에 따른 망각의 한 원인은 물리적 기억 흔적이 서서히 소멸(또는 쇠잔)한다는 것이다. 왜 소멸하는가는 기억의 신경생물학적 토대가 밝혀짐에 따라 설명이 되고 있다. 그런데 기억 흔적이 온전히 남아 있다 하더라도 다음과 같이 다른 이유로 인출이 되지 않을 수 있다.

3) 인출 실패

어떤 사람의 이름이 기억날 듯하면서 나지 않다가 성씨를 들으면 곧바로 기억이 날 때가 있다. 어떤 정보가 혀끝에 맴돌기만 하고 회상되지 않는 것을 설단 현상(tip-of-the-tongue phenomenon)이라 한다. 정보가 저장되어 있음은 분명하지만 끄집어낼 수가 없기 때문에 설단 현상은 인출 실패의 예이다. 사실상 망각은 기억의 소멸보다는 인출 실패 때문인 경우가 많다.

인출 실패는 인출단서가 없어서 생기기도 하지만 다른 많은 학습이 누적되어 생기기도 한다. 분명히 알고 있는 이름이 왜 때로는 생각나지 않을까? 문제는 그것이 당신이 알고 있는 유일한 이름이 아니라는 것이다. 많은 다른 이름이 그 특정 이름을 인출하는 데 부정적인 영향을 미칠 수 있는데, 이처럼 기억들이 서로 방해 또는 경합하는 것을 간섭 (interference)이라 한다. 과거에 습득한 정보가 새로 학습한 정보의 인출을 방해하는 것을 순행 간섭, 새로운 학습이 과거에 학습한 정보의 인출을 방해하는 것을 역행 간섭이라 한다. 휴대폰을 바꾸면서 새 번호를 받았는데 자꾸 옛 번호가 생각나서 새 번호를 기억하기 힘들다면 순행 간섭이 일어난 것이다. 시간이 좀 지나서 새 번호가 익숙해지자 옛 번호가 잘 기억나지 않는다면 역행 간섭이 일어난 것이다. 이러한 간섭은 학습 내용이 유사할 때 더 잘 일어난다. 따라서 시험공부를 할 때 한 과목을 하고 나서는 전혀 성격이 다른 과목을 공부해야 간섭을 줄일 수 있다.

10.
다중 기억체계

지금까지 기억이 단일한 체계인 것처럼 이야기해 왔지만 사실은 그렇지 않다(Squire, 1992). 기억의 신경생물학적 기반에 대한 연구에서 아마도 가장 유명한 사례인 H. M.이라는 사람은 약물로도 억제할 수 없는 심한 뇌전증(간질)을 앓고 있었다. 정상적인 생활이 불가능해지자 결국 발작의 병소가 있는 양쪽 측두엽을 2/3 정도 제거하는 수술을 받았다. 그 결과, 발작은 거의 사라져서 수술은 성공인 듯했다. 그의 성격, 지능, 감각, 운동 등 대부분의 능력이 그대로였는데, 곧 심각한 문제가 발견되었다. 새로운 일을 기억하지 못하는 것이었다. 예컨대, 어떤 사람을 처음 만나 대화하다가 그 사람이 화장실에라도 다녀오면 H. M.은 그와 방금 전까지 대화하고 있었음을 까맣게 잊어버리고 처음 만나는 것처럼 행동했다. 반면, 수술 이전부터 오래 알았던 사람들은 잘 기억하고 있었다. 신문도 읽고 나면 금방 잊어버리기 때문에 같은 신문을 읽고 또 읽어도 그에게는 계속 새로웠다. 그는 1950년대에 수술을 받았는데, 그 후 계속 그 시대에 살고 있었으며 최근에 세상을 떠났다. 이처럼 사고나 뇌수술 등 특정 시점 이후 새로이 일어나는 일을 기억하지 못하는 것을 순행 기억상실증(anterograde amnesia), 그 이전의 일을 기억하지 못하는 것을 역행 기억상실증(retrograde amnesia)이라고 한다. 영화나 소설에서 많이 나오는, 자신의 과거를 잃어버린 사람은 역행 기억상실증을 겪고 있는 것인데, 사실상 그런 현상은 대단히 드물며 대부분의 임상적인 기억 장애는 순행 기억상실증이다.

그런데 시간이 좀 지나자 H. M.이 어떤 면에서는 정상적인 기억 능력을 갖고 있음이 밝혀졌다. 예컨대, 그는 수술 후 테니스를 새로 배웠는데 실력이 정상 속도로 향상되었다. 하

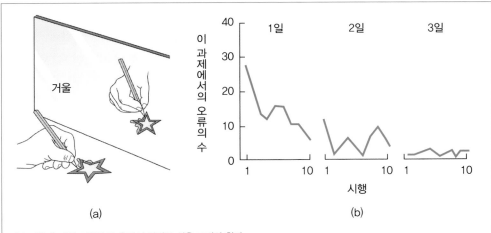

(a) 거울에 비친 도형의 두 윤곽선 사이로 선을 그려야 한다.

(b) 이 과제는 처음엔 매우 어려워서 도형의 두 윤곽선을 침범하는 오류를 범하기 쉽지만 훈련할수록 능숙해진다. 이 그 래프는 3일간의 훈련 동안 H. M.의 수행 증진을 보여 준다.

그림 5-18 **거울 보고 따라 그리기 과제**

출처: Milner (1965).

지만 테니스를 친 적이 있는지 물어보면 그는 전혀 없다고 대답했다. 수술 후 그의 집이 이 사를 했는데 물론 그는 새로 이사한 집으로 가는 길이나 주소를 기억하지 못했다. 새 집에 서는 방, 가구, 물건의 배치가 모두 달라졌기 때문에 그가 어떤 어려움을 겪었을지는 쉽게 상상할 수 있다. 하지만 시간이 가면서 그는 점차로 그 집에 익숙해져서 아무런 어려움 없 이 이 방에서 저 방으로 돌아다니고 원하는 물건(일정한 위치에 있다면)을 찾을 수 있었다. H. M.은 여러 기억검사에서 점진적인 향상을 나타냈는데, 그중 하나가 [그림 5-18]에서와 같은 거울 보고 따라 그리기(mirror-tracing) 과제이다. 하지만 H. M.은 그런 과제들에서도 역시 그런 검사를 받았다는 의식적 기억은 전혀 없었다.

  H. M.은 새로운 기억을 형성할 수 있다고 해야 할까 없다고 해야 할까? 연구자들이 H. M. 사례로부터 깨닫게 된 것은 기억체계가 단일하지 않다는 사실이다. H. M.에게서 제거 된 측두엽에 의존하는 기억과 그와 무관한 기억이라는, 최소한 두 종류의 기억체계가 있는 것으로 보인다. H. M. 및 유사 사례에 대한 연구로부터 기억의 유형을 구분하는 다중 기 억체계(multiple memory systems) 이론들이 나왔는데, 현재 기억의 종류는 대체로 서술기 억 대 절차기억 또는 외현기억 대 암묵기억이라는 이분법으로 정리된 상태이다. 서술기억 (declarative memory)이란 사실과 사건에 대한 기억이며 절차기억(procedural memory)이란 무언가를 어떻게 수행하는가에 대한 기억이다. 자전거 타는 법을 말로 설명하기는 서술 기억을 사용하는 것이며, 자전거를 실제로 타는 행동은 절차기억을 사용하는 것이다. 외

현기억(explicit memory)이란 의식적으로 정보를 재생할 수 있는 능력을, 암묵기억(implicit memory)이란 의식적 노력 없이도 정보가 이용 가능해지는 것을 가리킨다. 암묵기억의 한 예가 [그림 5-18]에서 본 거울 보고 따라 그리기이다. 이러한 구분에 따르면 H. M.은 암묵기억이나 절차기억은 정상인 반면, 외현기억이나 서술기억의 장애를 겪고 있다.

11.
기억을 잘하려면

기억에 관한 심리학적 연구를 대략 살펴본 결과, 기억을 잘하려면 어떻게 해야 할까? 물론 기억술이라는 방법이 있긴 하지만 이는 사실상 정보의 부호화, 저장, 인출 과정을 향상시키는 방법 이상은 아니다. 게다가 대개의 기억술은 단순한 목록이나 사건 등을 기억하는 데는 유용하지만 실생활에서는 쓸모가 많지 않으며 심리학개론 공부같이 복잡한 정보를 학습하고 기억하는 데는 큰 도움이 되지 않는다. 결국 기억을 잘하려면 '노력을 들여서' 정보를 잘 부호화하고 저장하고 인출할 수 있게 만들어야 한다. 기억에 왕도는 없다. 하지만 지금까지 살펴본 바로부터 몇 가지 유용한 팁을 끄집어낼 수는 있다.

첫째, 표적 정보에 인출단서를 많이 붙여 놓아라. 기억술은 사실상 인출단서를 독특하게 생성하는 방법인 경우가 많다. 여러 자극 중에서 특히 두드러지는 것을 인출단서로서 표적 정보에 연합시켜 놓으면, 나중에 그것을 떠올리기가 쉽고 따라서 표적 정보도 탐색하기 쉬워진다.

둘째, 기억할 정보를 그냥 외우지 말고 자신에게 의미 있는 것으로 만들어라. '의미 있는 것으로 만든다.'는 말은 자신의 기존 지식체계에 통합시킨다는 것으로서, 다시 말하면 '정보의 연합망'의 일부로 만들라는 것이다. 그렇게 된 항목은 그것과 연결된 가지가 많고 따라서 인출단서가 그만큼 많다.

셋째, 정보에 정서를 덧붙여라. 자신에게 정서적으로 중요하거나 재미가 있는 정보는 저절로 외워진다. 중·고등학교 때 공부가 재미없었다면 그 내용이 잘 외워지지 않았던 것은 당연하다. 지금도 재미없는 것들을 기억해야 한다면, 일부러 그것을 '재미있게' 만들 필요가 있다.

넷째, 과학습(overlearning)을 하라. 망각하지 말아야 할 정보가 무엇인지 파악해서 필요 이상으로 학습하여 나중에 저절로 생각나게 만들어야 한다.

다섯째, [그림 5-17]에서 본 Ebbinghaus의 망각곡선을 염두에 두고, 한 번 학습한 내용이 많이 사라지기 전에 재학습을 하라.

　이런 방법들 외에도 여러 가지 이야기를 할 수 있겠지만 노력 없이 저절로 학습되는 길은 없다. 정서적 중요성을 가진 것 빼고는 말이다.

요약　　학습은 경험으로 인한 행동(잠재력)의 변화라고 정의된다. 인간을 비롯한 모든 동물에게 기본적으로 존재하는 연합학습은 두 사건 사이의 관련성을 배우는 것으로서 고전적 조건형성과 조작적 조건형성으로 나뉜다. 더 고등동물일수록 연합학습의 원리들로는 설명하기 힘든 인지학습이 점차로 강한 힘을 발휘한다. 사람이 왜 특정 행동을 하는가는 여러 관점에서 설명할 수 있는데, 학습심리학은 그 사람이 어떠한 환경에서 어떠한 경험을 해왔는가라는 측면에서 설명을 한다.

　　학습된 정보는 기억 속에 저장되었다가 필요할 때 인출된다. 기억과정은 정보처리적 관점에서 감각기억, 단기기억(또는 작업기억), 그리고 장기기억으로 나눌 수 있다. 이 세 가지는 정보의 저장 시간과 용량이 서로 다르다. 기억은 사진 같은 것이 아니며 우리가 가진 도식에 의존하는 것으로서 재구성적 특징을 지니기 때문에 맥락이나 정서 등의 영향을 받아 왜곡되기 쉽다. 뇌손상 환자들의 기억에 대한 연구로부터 밝혀진 중요한 사실은 장기기억이 단일 체계가 아니라 최소한 두 가지의 서로 독립적인 체계로 이루어져 있다는 것이다.

연습문제

1. 치과병원에 가서 충치 치료를 받고 난 후, 치과병원이 아닌 곳에서도 드릴 소리가 들리면 기분이 나빠진다. 이를 고전적 조건형성으로 설명하자면, CS는 _____이고 US는 _____이다. 그리고 치과병원이 아닌 곳에서도 기분이 나빠지는 반응이 나오는 것은 _____ 현상의 한 예이다.

2. 이론적으로는 고전적 조건형성과 조작적 조건형성을 구분하지만 실생활에서는 이 둘이 대개 서로 얽혀서 함께 일어난다. 예컨대, 주인이 개에게 호루라기 소리를 들려주고 먹이를 주기를 거듭하면 개는 멀리 있다가도 호루라기 소리가 들리면 주인에게로 달려오게 된다. 여기서 호루라기 소리와 먹이를 짝짓는 것은 _____ 조건형성이지만, 개가 호루라기 소리에 주인에게로 달려오는 행동은 먹이로 강화되기 때문에 _____ 조건형성이 동시에 일어난다.

3. 어떤 아이들은 부모가 자기의 요구를 들어줄 때까지 떼를 쓰며 '울화행동'을 나타낸다. 사람들은 그런 행동을 아이의 고집스러운 성격 탓으로 돌릴 때가 많지만, 학습심리학적 관점에서는 부모가 자신도 모르게 아이의 울화행동을 만들어 내었을 수 있다. 즉, 아이가 처음엔 약간만 떼를 써도 요구를 들어주다가 점차로 심하게 떼를 써야 요구를 들어주게 되면 이는 아이의 울화행동을 _____하는 것이다.

4. 조작적 조건형성이 행동과 강화 사이에 인과관계가 없어도 일어날 수 있다는 사실은 기우제 같은 _____이 왜 일어나는가를 설명해 준다.

5. CS와 US가 시간적으로 가까이(예: 0.5초) 제시되어야 고전적 조건형성이 가능하다는 전통적인 학습이론과 달리 CS와 US가 시간적으로 멀리(예: 30분) 떨어져 있어도 고전적 조건형성이 일어

날 수 있음을 보여 준 특수한 형태의 학습이 _____학습이다.

6. 연합학습의 원리들로 설명하기 힘든 종류의 학습을 _____학습이라 한다.

7. Atkinson과 Shiffrin(1968)의 정보처리모형에 따르면 기억은 _____, _____, 그리고 _____의 세 가지로 구분된다.

8. 장기기억은 비디오카메라로 사건을 녹화하는 것과는 전혀 다른 것으로서 Bartlett(1932)은 미국 인디언 설화를 이용하여 장기기억의 _____적 특징을 보여 주었다.

9. 장기기억 속에 정보가 저장되어 있어도 인출이 되지 못하는 경우가 있다. 과거에 습득한 정보가 새로 학습한 정보의 인출을 방해하는 것을 _____이라 한다.

10. 기억은 단일 체계가 아니라 최소한 두 가지의 서로 독립적인 체계로 구분할 수 있다. 사실과 사건에 대한 기억을 _____라 하며, 무언가를 어떻게 수행하는가에 대한 기억을 _____라 한다.

📖 참고문헌

Atkinson, R. C., & Shiffrin, R. M. (1968). Human memory: A control system and its control processes. In K. Spence (Ed.), *The psychology of learning and motivation* (Vol. 2). New York: Academic Press.

Baddeley, A. D. (1992). Working memory. *Science, 255,* 556-559.

Bahrick, H. P. (1984). Semantic memory content in permastore: 50 years of memory for Spanish learned in school. *Journal of Experimental Psychology: General, 111,* 1-29.

Bandura, A., Ross, D., & Ross, S. A. (1961) Transmission of aggression through imitation of aggressive models. *Journal of Abnormal and Social psychology, 63,* 575-582.

Bandura, A., Ross, D., & Ross, S. A. (1963) Imitation of film-mediated aggressive models. *Journal of Abnormal and Social psychology, 66,* 3-11.

Bartlett, F. C. (1932). *Remembering: A study in experimental and social psychology.* Cambridge, UK: Cambridge University Press.

Breland, K., & Breland, M. (1966) *Animal Behavior.* New York: Macmillan.

Christopher, A. B. (1988). Predisposition versus experiential models of compulsive gambling: An experimental analysis using pigeons. Unpublished Ph.D. dissertation, West Virginia University, Morgantown, WV.

Ebbinghaus, H. (1885/1964). *Memory: A contribution to experimental psychology* (trans. by H. A. Ruger & C. E. Bussenius). New York: Dover.

Forgas, J. P., Bower, G. H., & Krantz, S. E. (1984). The influence of mood on perceptions of social interactions. *Journal of Experimental Social Psychology, 20,* 497-513.

Garcia, J., Kimeldorf, D. J., & Koelling, R. A. (1955). Conditioned aversion to saccharin resulting from exposure to gamma radiation. *Science, 122,* 157-158.

Garry, M., Manning, C. G., & Loftus, E. E. (1996). Imagination inflation: Imagining a childhood event inflates confidence that it occurred. *Psychonomic Bulletin & Review, 3*, 208–214.

Gooden, D. R., & Baddeley, A. D. (1975). Context-dependent memory in two natural environments: On land and under water. *British Journal of Psychology, 66*, 325–331.

Guttman, N., & Kalish, H. I. (1956). Discriminability and stimulus generalization. *Journal of Experimental Psychology, 51*, 79–88.

Korol, D. L., & Gold, P. E. (1998). Glucose, memory, and aging. *The American Journal of Clinical Nutrition, 67*, 764S–771S.

Köhler, W. (1927). *The mentality of apes* (2nd ed.). New Work: Liveright.

Landauer, T. K. (1986). How much do people remember? Some estimates of the quantity of learned information in long-term memory. *Cognitive Science, 10*, 477–493.

Loftus, E. F., & Palmer, J. C. (1974). Reconstruction of automobile destruction: An example of the interaction between language and memory. *Journal of Verbal Learning & Verbal Behavior, 13*(5), 585–589.

Luria, A. M. (1968). In L. Solotaroff (Trans.), *The mind of a mnemonist*. New York: Basic Books.

McGaugh, J. L. (2003). *Memory and Emotion*. Columbia University Press. New York: New York.

Milner, B. (1965). Memory disturbance after bilateral hippocampal lesions. In B. Milner & S. Glickman (Eds.), *Cognitive processes and the brain; an enduring problem in psychology* (pp. 97–111). Princeton, NJ: Van Nostrand.

Pavlov, I. P. (1927). *Conditioned reflexes*. London: Clarendon Press.

Peterson, L. R., & Peterson, M. J. (1959). Short-term retention of individual verbal items. *Journal of Experimental Psychology, 58*, 193–198.

Roediger, H. L., III, Wheeler, M. A., & Rajaram, S. (1993). Remembering, knowing, and reconstructing the past. In D. L. Medin (Ed.), *The psychology of learning and motivation: Advances in research and theory* (Vol. 30). Orlando, FL: Academic Press.

Schwarz, N., Strack, F., Kommer, D., & Wagner, D. (1987). Soccer, rooms, and the quality of your life: Mood effects on judgments of satisfaction with life in general and with specific domains. *European Journal of Social Psychology, 17*, 69–79.

Skinner, B. F. (1948) Superstition in the pigeon. *Journal of Experimental Psychology, 38*, 168–172.

Sperling, G. (1960). The information available in brief visual presentations. *Psychological Monographs, 74*(48).

Squire, L. R. (1992). Memory and the hippocampus: A synthesis from findings with rats, monkeys, and humans. *Psychological Review, 99*, 195–231

Thorndike, E. L. (1898) Animal intelligence: An experimental study of the associative processes in animals. *Psychological Review Monograph Supplement, 2*.

Tolman, E. C., & Honzik, C. H. (1930). Insight in rats. *University of California Publications in Psychology, 4*, 215–232.

Wang, Y., Liu, D., & Wang, Y. (2003). Discovering the capacity of human memory. *Brain and Mind, 4*, 189–198.

06

언어와 사고

개요

환경 정보의 지각과 기억은 언어와 사고의 과정을 거치면서 보다 정교한 인지적 표상을 구성하게 된다. 시각이나 청각의 과정은 환경과 인간의 마음을 연결하는 다리를 놓아 준다면, 기억의 과정은 마음에 정보를 유지하고 구성하는 기능을 제공한다. 기억에 저장된 정보는 언어가 적용되면서 보다 의미 있는 표상으로 정교화되며, 개인의 기억된 내용을 다른 사람과의 소통에도 사용하게 된다. 사고는 기억의 저장 혹은 표상된 지식을 사용하여 개인이 복잡한 세상에서 발생하는 다양한 문제에 대하여 효율적으로 적응하는 능력을 제공한다.

언어는 지각된 대상이나 사건에 대한 추가적이며 독립적인 의미를 제공하는 표상 체계이다. 언어는 고유한 구조를 지닌다. 말소리 수준인 음운, 단어 수준인 형태소, 문장 수준인 통사, 그리고 소통 수준인 화용적 의미 등을 포함하고 있다. 언어의 고유한 구조는 인간에게 사물이나 사건을 대신 기억하는 상징이나 기호, 그리고 실제 세계를 연결하게 하는 참조 수단을 제공하며, 사람들의 생각 내용을 소통하여 공유하게 한다. 사고는 기억의 저장된 지식 내용과 언어를 사용하여, 일상의 문제를 해결하고, 사건을 인과적으로 추리하고, 상황에 대한 판단과 결정하는 기능을 제공한다. 사고는 특히 지각된 기억인 심상과 그 심상의 의미인 언어를 종합적으로 사용하기도 한다. 언어와 사고는 인지를 구성하는 중요한 요소이며 밀접한 상호 관계를 맺고 있다.

이 장은 인지를 구성하는 이전 장의 지각과 기억에 더하여 언어와 사고를 다루고 있다. 먼저 언어의 본질이 무엇이며, 언어가 이해되는 과정은 무엇이고, 언어가 전달되기 위한 산출이 진행되는 과정은 무엇인지를 살펴볼 것이다. 또한 사고는 과연 무엇인가 하는 질문에서 시작하면, 사물의 의미를 제공하는 개념과 범주의 본질은 무엇이며, 사건의 논리적 추리가 발생하는 과정은 무엇이고, 여러 상황에서 발생하는 판단과 결정의 과정은 무엇이며, 일상의 문제에 봉착하면 사람들은 어떻게 문제를 해결하며 왜 문제가 해결되는 과정이 쉽지 않은지를 살펴볼 것이다. 마지막으로 인지의 언어와 사고는 어떤 관계를 형성하고 있는지를 언어 상대성 가설을 기반으로 살펴보고 문화에 따른 차이도 기술할 것이다.

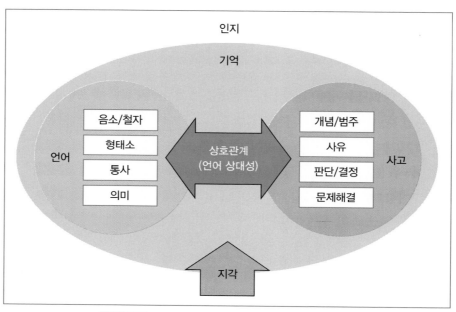

그림 6-1 　**인지 체계 내에서의 언어와 사고의 구조 및 관계**

　　인지(cognition)는 환경과 인간을 연결하는 지각과 더불어 지각된 정보의 내용을 저장하는 기억에 기반하여, 언어와 사고를 구성요소로 하는 심적 구성체이다. 언어와 사고의 관계는 인지의 과정을 보다 세련되고 정교화하게 한다(Carroll, 2004; Eysenck & Keane, 2005).

　　이 장은 언어, 사고, 그리고 언어와 사고의 관계를 다루고 있다. 언어(language)는 사물이나 사건의 상징이며 자신의 사고 내용을 언어적 형상으로 구현하며, 그 구현된 표상을 타인에게 전달하고 전달 받는다. 언어는 음소와 철자, 형태소, 통사, 그리고 의미의 구성요소를 위계적으로 구성하고 있으며, 복잡한 담화 혹은 텍스트로 이해되고 산출된다. 언어와 더불어 사고는 흔히 인간이 다른 생명체와 구분되는 정신적 과정으로 알려져 있다. 사고는 특히 지각과 기억에 근거하여 사물이나 사건에 대한 개념과 범주, 논리적 사유, 판단과 결정, 그리고 문제해결 등의 과정으로 구성된다고 가정한다. 언어와 사고는 심리학자들이 두 체계로 분류하고 있지만 이 둘은 서로 밀접한 상호 의존적인 관계가 있다고 가정한다. 특히 사용되는 언어가 사고를 결정한다는 언어 상대성 가설이 등장하면서 문화와 인지에 대한 관계 또한 인지를 구성하는 주요 요인으로 등장하였다(이재호, 최상진, 2003).

1.
언어의 이해와 산출

언어가 인간에게 미치는 영향은 무엇인가? 우리가 배고픔을 느낄 때 그 상태를 자신만 아는 경우와 다른 이에게 알려야 하는 경우가 발생할 수 있다. 자신의 배고픔에 대한 의식적인 자각에는 굳이 언어가 필요하지 않지만, 다른 이에게 자신의 배고픔을 전달해야 하는 경우는 전달 수단이 필요할 것이다. 이 경우, 가장 효과적이고 직접적인 전달 방법은 무엇일까? "배고파."라고 발성하는 것이다. 음식에 대한 생각도 마찬가지이다. 어떤 음식을 먹을지 결정하는 경우, 음식에 대한 상상이 도움이 될 수는 있겠지만 '떡볶이'라는 언어적 표현이 음식을 심상하고 결정하는 데 보다 유용한 단서로 제공될 수 있다. 이들 사례는 모두 언어의 기능이며 혜택인 것이다.

1) 인간과 언어

인간이 다른 생명체와 차별화되는 보편적인 수단은 인간이 언어를 사용할 수 있다는 명제를 강조하는 데 있다. 언어는 지각된 사실이나 자신의 추상적인 생각을 단순한 상징으로 표현하게 하며, 타인에게 자신의 생각이나 감정을 효율적으로 소통하는 기능을 제공한다(Solso et al., 2005). 신생아는 태어나면서 울음소리를 낸다고 하지만, 그것이 웃음인지 울음인지 고함인지 탄성인지는 신생아만 안다. 하지만 이 알 수 없는 애매한 발성은 언어, 즉 말을 하기 위한 가장 기본적인 준비 작업이다. 믿기지 않겠지만, 이 발성이 없으면 언어도 없다. 적어도 신생아가 탄생 후 6개월 이전까지는 이 애매한 발성이 언어의 형상으로 들리지는 않는다. 생후 6개월 전후부터는 '마', '맘' 등의 말소리 같은 형상으로 들리기 시작하며, 생후 12개월이 지나면서 '엄마~~', '가가~~' 등의 단어 형상 소리가 표현되는 것으로 들리게 된다. 보다 정확한 단어들의 형상은 적어도 18개월 이상의 기간이 필요하며, 생후 3~4년을 넘어서면 정상적인 문장의 표현도 가능해진다. 인간의 언어는 발달 과정을 통해 단순한 소리에서 복잡한 말소리로 변화하는 과정이 진행된다.

(1) 언어의 본질

과연 언어의 본질은 무엇인가? Hockett(1960)은 인간의 언어가 16가지나 되는 특성이 있다고 기술하였다. 그 가운데, 여기서는 네 가지의 가장 중요한 특성만을 소개하고자 한다. 즉, 치환성(displacement), 임의성(arbitrariness), 의미성(semanticity), 생산성(productivity)이 그것이다(Lund, 2007).

- 치환성: 언어는 화자와 청자의 물리적 한계를 극복하게 한다. 즉, 언어는 시간과 공간적으로 접근할 수 없는 사물이나 사건을 표현할 수 있다. 예를 들어, 1988년 서울 올림픽에서 일어난 사건을 2020년에도 말이나 글로 표현할 수 있다. 언어는 시공간을 초월하여 사용된다.
- 임의성: 언어는 언어가 표현하고자 하는 사물이나 사건과 어떤 연관성도 없다. 단지 상징적으로 참조하거나 지시할 뿐이다. 우리가 사용하는 언어의 표현은 모두 편의를 위해서 사용하는 소리, 상징 혹은 기호에 불과하다. 예를 들어, '사과'는 실제 사과가 지니고 있는 물리적 형태, 속성, 맛, 기능 등과 아무런 연관이 없다. 그렇지만 언어적 '사과'는 실제 존재하는 물리적 사과를 참조하고 의미하는 데 사용된다.
- 의미성: 언어는 임의적 상징들에 사용자로부터 의미를 부여 받은 것이다. 언어는 청자와 화자가 서로 약속한 것으로, 둘 간에는 '사과'에 대한 공유된 표상이 존재한다. 예를 들어, 화자가 '사과'라고 하면 청자는 그 '사과'가 무엇을 의미하는지를 알 수 있다. 언어의 의미가 공유되었기 때문에 그 의미를 매개로 하여 소통이 가능하다.
- 생산성: 이는 언어의 창조적 특성을 의미한다. 한국어는 24개의 자모를 소유하고 있으며, 영어의 알파벳 수는 26개이다. 그러나 이들 자모는 언어적 규칙 혹은 문법적 규칙에 의해서 조합되면, 수십만 단어를 만들 수 있으며, 그 단어들을 조합하면 무한대의 문장을 만들 수 있다. 언어의 신비가 여기에 있다. 예를 들어, 그 많은 소설에서 같은 의미나 표현을 지닌 문장을 찾기란 쉽지 않다.

(2) 언어의 구조

언어의 본질은 언어가 지니는 구조를 통해서 보다 잘 이해된다. 언어의 구조는 언어

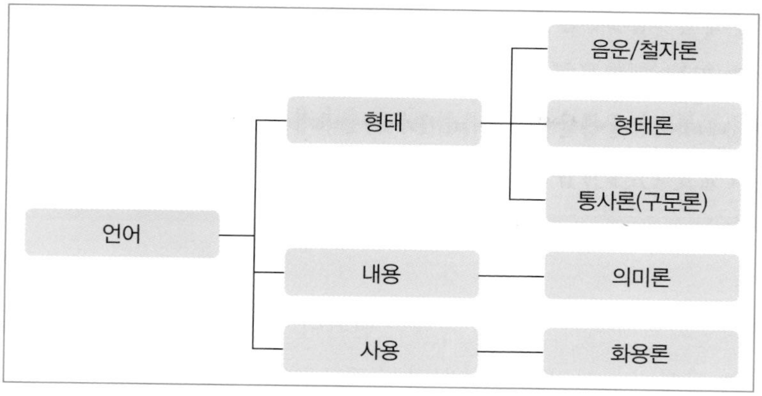

그림 6-2　언어의 위계적 구성요소

학에서 주요하게 다루는 주제이며, 언어학의 맥락에서 언어의 구조는 형태(form), 내용(content), 사용(use)의 측면으로 분류된다. 먼저 언어의 형태는 음운론(phonology), 형태론(morphology), 통사론(syntax)으로 세분화되었고, 언어의 내용은 의미론(semantics)으로 분류되었으며, 언어의 사용은 화용론(pragmatics)으로 세분된다([그림 6-2]). 여기에서는 언어의 형태를 중심으로 다루고자 한다.

언어의 형태는 일반적으로 문법(grammar)이라고도 불리며 언어의 규칙을 담고 있는 체계이다. 언어의 형태인 음운과 철자, 형태소, 통사 등은 위계적으로 구성되어 있다고 본다.

- 음운과 철자: 이들은 감각 양상에 따라 그 체계가 구분된다(예: 자음과 모음). 청각적 언어에서는 음운 구조가 연관되며, 시각적 언어에서는 철자 구조가 연관된다. 두 구조는 모두 단어를 구성하는 하위 요소가 된다. 국어는 24개의 기본 자모로 구성되었는데, 이 중 자음은 14개이고 모음은 10개이다. 발음이 가능한 모든 음운은 자음 19개(5개 이중자음)와 모음 21개(10개 단모음과 11개 이중모음)로 모두 40개의 음운으로 구성된다. 영어의 자모 수는 26개이며, 음운 수도 약 40개이다.
- 형태소: 말의 소리나 글의 철자를 구성하는 요소들이 모여 새로운 단위의 언어를 구성하게 하는 규칙이다(예: 어근, 접두사, 접미사). 형태소는 음소들이 모여서 구성되며 경우에 따라 언어의 의미가 나타나기도 한다. 언어학에서는 형태소가 언어의 의미가 나타나는 가장 작은 단위로 본다(예: 접두사, 접미사, 어간).
- 통사: 이는 형태소의 완전한 형태인 단어들의 연결에 관한 규칙이다. 단어들이 통사의 규칙에 따라 나열되면 하나의 문장이 구성된다(예: 주어+목적어+술어). 예를 들어, '사과는 둥글다.'에서 '사과'는, 음운과 철자 수준에서 'ㅅ+ㅏ)+(ㄱ+ㅗ+ㅏ)'로 표현되며,

음절 수준에서 '사+과'로 표현된다. 이 수준에서는 언어의 의미를 찾을 수는 없다. 그러나 '사과'라는 단어 수준에서 상황은 달라진다. 사과라는 사물의 의미가 참조되기 시작한다. 그리고 단어들이 모이면 또 다른 의미를 지닌 언어 단위로 표현될 수 있다. 문장이 그것이다. 단어 수준의 '사과'는 문장 수준에서는 '사과는 둥글다.' 등으로 표현이 된다.

각 단어는 문장의 수준에 들어서면 복잡한 변환이 일어난다. 단어의 품사가 달라진다는 것이다. 품사는 단어에 통사적 기능이 부과된 것으로, 품사에는 내용어(content word)와 기능어(function word)가 있다. 내용어에는 명사, 동사, 형용사, 부사 등이 있으며, 기능어에는 대명사, 전치사(조사), 관사, 관계사 등이 있다. 내용어와 기능어의 차이를 살펴보면, 내용어는 일반적 의미를 지니고 있지만, 기능어는 그 자체로 일반적 의미는 없지만, 문장에서 내용어가 연결될 수 있도록 하는 문법적인 기능을 지니고 있다. 즉, 문장이란 이들 내용어와 기능어가 일련의 규칙적인 순서로 표현된 것이다.

다시 통사로 돌아오면, 단어들의 어순에 관한 규칙을 제공하는 기능을 통사(syntax)라고 정의할 수 있는데, 통사는 문장의 계열적인 단어에 품사, 즉 문법 범주(word class, 품사)를 부여하고, 각 품사의 순서를 분석하는 규칙들을 적용한다. 통사 규칙이 적용되면, 단어가 지니는 일반적 의미가, 문장 속 단어들의 관계를 통해 단어들 전체가 표현하는 의미로 발현된다. 한 단어가 단어로만 사용되는 경우와 문장에 포함되는 경우를 생각해 보자. 그 단어에 대한 의미는 달라진다. 예를 들어, 단어 수준인 '사과'는 이 사과가 지니는 사전적 의미만을 지닌다. 그러나 '사과는 둥글다.'라고 하면 사과의 의미 중 둥근 모양의 의미가 부각된다. 만약 '그 사과는 매우 둥글다.'라고 할 경우, '그'라는 대명사는 수많은 사과 중 이 문장에서 지시하고 있는 특정한 사과가 있음을 표현하고, '매우'는 둥근 형태를 더욱더 강조하는 의미를 부여한다. 이처럼 단어가 문장에 포함되면 다른 단어의 상호관계 속에서 새로운 의미가 생성된다. 이것이 바로 문장의 통사적 규칙들이 지니고 있는 힘인 것이다.

심리학은 언어학에 비해서 언어의 심적 본질인 과정(processing)을 강조하였다. 예를 들어, 언어학자들은 '사과'라는 단어가 지니는 음운이나 철자의 규칙, 문장에서의 문법적 기능 등에 관심을 가졌다. 그러나 심리학은 이와 달리 과연 그런 언어학적 이론이 심리학적으로 증명될 수 있는가 하는 의문을 가진다. 언어의 '구조'보다 언어의 '과정'을 강조하는 것이다(이정모, 1989; 이정모, 이재호, 1998). 언어가 지각되는 동안에 어떤 과정을 수반하는가? 언어가 기억에 저장되는 동안에 기억에 어떤 영향을 미치는가? 그리고 기억의 언어적 표상은 어떠한가? 언어의 심리학 연구는 언어의 이해 과정, 언어의 산출 과정, 언어의 표상 등에 관한 연구가 주류를 이루었다. 그래서 심리언어학 혹은 언어심리학(psycholinguistics, psychology of language)이란 새로운 영역이 언어학과 심리학을 수렴하게 하였다.

2) 언어의 이해

심리학에서는 언어의 구조에 주목하기보다, 언어가 일종의 정보로서 이해되고 산출되는 과정에 관심을 가진다. 언어가 처리된다는 것은, 말이나 글에 나타난 언어가 지각 과정과 기억 과정을 거쳐 저장이 되는데, 이렇게 저장된 언어에 대하여 의미를 해석한다는 것을 뜻한다. 예를 들어, '사과'라는 단어가 시각(글)이나 청각(말)으로 지각되면 이 단어에 대한 기억을 형성하게 된다. 이 단어에 대한 기억은 작업기억에서 이루어지며, 이 과정에서 장기기억에 저장된 사과와 연관되는 지식이 활성화된다. 이것을 두고 우리는 사과에 대한 이해를 했다고 하는 것이다. '사과'에 대해 이해한다는 것은, '사과'의 속성('둥글다'), 범주('과일'), 유형('부사'), 기능('맛있다') 등의 장기기억 저장 지식이 활성화되면서 '사과'에 대한 새로운 일화기억이 장기기억에 저장된다는 것을 의미한다.

앞서 보았듯이 '사과'라는 물리적 단어가 입력되어 '사과'라는 기억에 저장되면 이는 심적 단어가 된다. '사과'라는 단어에 대한 심적 표상이 되는 것이다. 이를 어휘(lexical)라고 하는데, 이 어휘는 어휘집(lexicon)이라는 기억 저장고에 저장되어 있다고 가정한다. 만약 다음에 '사과'가 지각되면 기억에서 '사과'에 해당하는 심적 단어인 어휘가 어휘집에서 활성화된다. 이 어휘에는 언어적 정보가 함께 저장되어 있다. 언어학에서 가정하는 단어를 구성하는 문법적 정보와 의미는 그 요소들이 된다. 언어학은 언어의 구조를 음운(혹은 철자), 형태소, 통사, 의미 수준으로 분류하고 있다. 단어, 즉 '사과'가 입력되면 음운 수준에서 자모의 발음(ㅅ+ㅏ+ㄱ+ㅗ+ㅏ), 음절 수준에서 '사+과', 형태소 수준에서 '사과'(형태소), 통사 수준에서 '사과'(명사), 그리고 의미 수준에서 '사과'(과일) 등의 정보가 어휘집에서 활성화되는 것이다.

'사과'의 어휘적(lexical = mental word) 이해는 화자의 글말에서 얻어진 지각 정보를 통하여 기억의 어휘집에 저장된 어휘 지식이 활성화되는 과정이다. 이 어휘집에 저장된 정보인 어휘 지식은 단어의 이해에 중요한 역할을 한다. 이 때문에 청자는 어휘집에 없는 단어가 있는 단어에 비해서 이해가 어렵고, 어휘집 단어

'사과'라는 단어는 사진의 사과 같은 심상을 인출한다.

그림 6-3 **사과의 심상**

라 하더라도 친숙한 정도에 따라 이해의 용이함이 달라진다. 그러므로 이해의 과정은, 지각된 사과 혹은 기억에서 스스로 활성화된 사과에 연결된 다른 정보가 활성화되는 속도의 함수이다. 이해가 쉽다는 의미는 어휘의 활성화가 쉽다는 의미이며, 활성화가 쉬워지기 위해서는 친숙도가 높아야 한다. 이를 위해서 단어에 대한 경험이 요구된다. 예컨대, 우리에게 친숙한 '사과'는, 그렇지 않은 '망고'에 비해서 기존의 활성화 수준이 높다.

단어가 어휘로 표상되듯이, 문장이 지각되어 기억에 저장되면 그 또한 이에 상응하는 심리적 표상이 필요하다. 이를 명제(proposition)라고 한다. '나는 사과를 먹는다.'라는 문장이 지각되면 기억에는 '먹다(나, 사과)'의 명제로 표현된다. 이 명제는 '술부(논항, 논항)'으로 구성되며 그 단위는 의미이다. 논항의 수는 술부의 동사에 의해서 결정되는데, 보통 자동사 혹은 타동사에 따라 1~3개로 구성된다. 한편, 물리적 문장이 심리적 명제로 표현되는 과정에서 내용어와 기능어의 표현은 달라진다. 기능어는 물리적 문자들의 관계에서만 그 역할을 보유하지만, 의미가 중심이 되는 심적 표상에서는 기능어는 포함되지 않는다.

문장은 단어에 비해서 그 표현 기술의 다양성을 가진다. 그러나 문장만으로는 사람의 마음이나 세계를 완전하게 표현할 수 없으며, 의도하는 바를 온전히 표현하기 위해서는 담화(narrative, discourse)나 텍스트(text) 수준의 언어 표현이 필요하다. 그런데 여기서 문제가 발생한다. 언어학에서는 언어를 음운과 철자, 형태소, 통사, 의미 수준으로만 분류하고 있다. 문장을 넘어서는, 즉 복잡한 문장들의 관계에 대한 규칙은 없다. 언어학자 Chomsky의 이론은 문장 수준에서 작별을 고한다(이정모, 이재호, 1998).

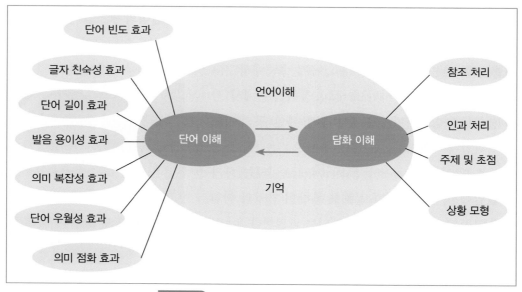

그림 6-4 단어와 담화의 이해에 작용하는 요인

(1) 단어 이해

비록 언어학에서는 형태소 수준을 언어의 최소 단위로 보지만, 언어의 참조 대상이나 사건의 완전한 의미는 형태소가 연결된 단어 수준에서 구성된다. 어휘는 단어가 기억에 표상된 상태를 말하는데, 물리적 단어가 심적 단어로 전환되어 기억에 표상되기 위해서는 여러 요인이 영향을 미친다(Just & Carpenter, 1987). 이는 어휘의 이해 과정이 수행되는 특징을 반영하는 것으로, 다음에서 이들 요인을 살펴보도록 하자.

- **단어 빈도 효과**: 일반적으로 단어의 사용 빈도가 높은 단어가 낮은 단어에 비해서 단어의 지각이 빠르며, 기억도 잘된다. 단어의 빈도 효과는 단어의 친숙성 효과에도 연관이 있다. 이는 단어의 기억 어휘의 활성화 수준 효과로, 기억된 어휘가 활성화되는 수준이 높을수록 이해가 잘 된다는 것이다.

- **글자 친숙성 효과**: 'KBS'와 'kbs', 그리고 'SBS'와 'sbs'를 비교해 보면, 전자들이 후자들에 비해서 지각과 기억이 빠르다는 것이다. 이는 물리적 글자체의 활성화 수준 효과로, 물리적 글자체의 활성화 수준이 높을수록 어휘 처리가 잘 된다. 글자 자체의 물리적 특징은 대문자나 소문자 이외에도 다양하다.

- **단어 길이 효과**: 일반적으로 단어의 길이가 짧은 단어가 긴 단어보다 지각과 기억이 촉진된다. 예를 들어, 'apple'이 'characteristic'보다 쉽게 이해된다.

- **발음 용이성 효과**: 발음이 쉬운 단어는 어려운 단어보다 지각과 기억이 잘된다. 이를 발음 용이성 효과라고 한다. 단어 길이 효과와 발음 용이성 효과는 발음의 생성을 담당하는 작업기억의 조음루프 작동과 연관된다.

- **의미 복잡성 효과**: 의미가 단순한 단어들이 복잡한 단어보다 지각과 기억이 잘된다는 것이다.

- **단어 우월성 효과**: 낱자가 단어 내에 제시되면 단어에 포함된 낱자 지각이나 기억이 촉진된다. 예를 들어, '사과' 단어에서 'ㅅ'을 재인하는 속도는 'ㅅ'만 제시하고 'ㅅ'에 대한 재인을 하는 속도보다 빠르다. 이는 단어의 의미가 낱자의 지각에 하향적으로 상호작용한다는 증거이다. 단어 수준의 지각에서 단어의 처리 속도는 매우 중요하다. 단어가 빠르게 처리되면 단어의 이해와 기억이 촉진될 가능성이 높기 때문이다.

- **의미 점화 효과**: 단어는 홀로 제시되는 경우보다는 문장이나 글 속에 제시되는 경우가 흔하다. 단어 우월성 효과에서 단어가 낱자의 지각에 영향을 미치는 것처럼, 다른 단어, 문장 및 담화 등의 맥락(context) 역시 어휘처리에 영향을 미친다. 예를 들어, '사과'를 본 다음에 '과일'이란 단어를 제시했을 때 반응하는 시간은, '인형'을 본 다음

에 '과일'을 제시했을 때의 반응시간보다 짧다. 이를 의미 점화 효과(semantic priming effect)라 한다. 의미 점화 효과는 단어 제시 맥락이 어휘처리에 영향을 미친다는 증거로, 뒤집어 생각하면 어휘 정보가 어휘들의 의미적 관계로 표상되어 있다는 점을 시사한다.

(2) 담화 이해

하나의 단어 혹은 어휘는 한 사물이나 사건을 표현할 수는 있지만, 사물의 복잡한 정보나 사건의 관계에 대해서 기술하기에는 한계가 많다. 통사는 단어의 문법적인 기능을 부여하는 한편, 문장에서 표현되는 순서를 제한한다. 예컨대, '사과는 둥글다.'라는 표현은 직관적으로 적절하다고 판단된다. 하지만 '둥글다 사과는'의 문장은 어색하게 느껴진다. 문장에는 어순(word order)이란 규칙이 있기 때문이다(김성일, 이재호, 1995; 이재호 외, 2002). 그 규칙은 '문장 = 주어 + 술어'의 순으로 구성된다. 문장의 어순에 적절하지 않으면 문장이 어색하게 보인다. 어순에 적절한 문장은 부적절한 문장에 비해서 문장의 이해가 빠르거나 기억이 잘되며, 문장이 복잡한 경우가 단순한 경우에 비해 이해나 기억이 잘된다는 연구도 있다(Harley, 2001).

그런데 언어는, 단어나 문장의 단위를 조합하여 표현되지만, 일반적인 사고나 대화 상황에선 많은 단어와 문장을 복합적으로 사용한다. 예를 들어, 텍스트, 신문, 웹페이지, 소설, 만화 등은 단순히 단어나 문장을 넘어서 문단이나 텍스트의 단위를 사용하는 것이다. 이렇게 하나 이상의 문장으로 구성된 글말을 담화 혹은 텍스트라고 한다. 복잡한 언어는 이해도 복잡할 것 같지만, 많은 문장을 읽을수록 이해가 잘되고 심지어 다음에 나타날 문장을 예측할 수도 있다. 분명 단어나 문장의 복잡성은 증가하지만 이해의 어려움은 비례하지는 않는 것이다.

- 문장 1: 건널목을 건너던 수현이는 빙판에 미끄러졌다.
- 문장 2: 그는 다리에 찰과상을 입었다.

앞에 제시된 두 문장의 글을 읽으면서 일어나는 이해의 과정을 살펴보자. 각 문장은 단어로 구성되며, 문장의 문법에 따라 통사처리를 하게 된다. 개별 문장의 이해만으로 두 문장의 전체적 의미를 이해하기는 어렵다. 문장 1과 문장 2는 '수현'이라는 주인공의 두 가지 행위를 기술하고 있는데, '수현-그'의 연결관계와 '미끄러졌다-찰과상을 입었다'의 연결관계를 파악해야 한다. 전자의 연결관계는 참조관계라고 하며, 두 요소를 연결하는 과정을 담화 이해의 참조처리(reference process)라 한다. 후자의 연결 관계는 인과관계라고 하며, 담화이해의 맥락에서는 인과처리(causal process)라고 한다. '찰과상은 미끄러지면 발생할 수 있다.'는 지식과 믿음이 있는 경우에 가능하다. 두 요소는 다른 문장에 있지만 둘 간의 인과적 지식으로 연결을 구성할 수 있다. 문장 그리고 문장 간의 이해는 지식이 필요충분조건이다(Kintsch, 1998).

참조처리를 통해서는 먼저 제시된 문장의 행위자('수현')가 계속적으로 제시됨으로써 문장은 다르지만 동일한 행위자로 연결시킨다. 문장 2의 경우는 대명사라는 대용어를 사용하여 이전 문장의 행위자를 표현하고 있다. 만약 문장 2의 행위자가 생략되거나 '수현'이라는 행위자가 반복적으로 사용되면, 두 문장의 연결을 위한 부담이 증가하게 된다(이재호, 1993). 한편, 인과처리는 먼저 제시된 문장의 행위동사와 다음 문장의 행위동사의 연결을 의미한다. '미끄러졌다.'와 '찰과상을 입었다.'의 관계는 '빙판 때문에 다쳤다.'라는 인과적 연결이 가능하다. 두 행위 간의 인과적 연결은 명확한 이해를 결정하는 요인이 된다(이정모, 이재호, 1998).

문장 간의 참조적 관계나 인과적 관계는 담화의 텍스트가 지니는 연결 기제이며, 이들 단서가 많아질수록 문장 간의 연결 강도가 높고 이해가 잘된다. 그렇지만 모든 단어나 문장을 기억할 필요는 없다. 앞의 예문을 예로 들면, 조사나 불필요한 단어는 기억에서 사라지게 되며 최종적으로는 '수현의 사고'라고 요약될 것이다. 수많은 단어가 문장으로 요약되면서 기능어는 탈락하고 내용어만 남게 된다. 그리고 문장들의 요약된 내용은 다시 문장 간의 관계로 확대되어 문장들의 내용을 요약하게 된다. 앞의 예시를 예로 들면 '수현, 건널목, 빙판, 미끄럼, 찰과상' 등으로 요약되는 것이다. 이들 담화 이해에는 축약, 탈락, 일반화, 추상화 등의 인지적 사고 과정이 작용하게 된다. 즉, 담화의 의미 내용을 압축하여 전체적 의미를 파악하는 과정이 수행된다. 여기서 압축된 단어나 문장은 담화에서 중요한 역할을 하고 있다는 데 주목할 필요가 있다. 이들 문장이나 단어는 담화의 주제(theme)인 것이다(van Dijk & Kintsch, 1983).

담화의 이해는 단어나 문장 자체의 이해 및 의미를 넘어서며 문장 간의 이해, 요약에 의한 주제, 이해자의 지식 등이 함께 작용한다. 같은 글말의 담화도 개인에 따라 매우 다양한 표상이 가능하다. 이를 담화의 상황 모형(situation model)이라 한다(Kintsch, 1998). 이해는 글말이 표현하고자 하는 실제 세계나 가상 세계의 언어적 표현을 심적 표상으로 기억에 구현하는 과정이며, 이해의 결과가 실제 세계에 대응하는 심적 모형이 만들어지는 것이다. 이 모형의 성공적 과정은 개인의 기억 지식과 환경의 글말 정보의 조화이며 이를 응집성(coherence)이라 한다. 담화에서 성공적인 글말의 이해는 응집적인 상황 모형을 구성하는 것으로 개념화될 수 있다(이정모, 2001).

3) 언어의 산출과 소통

'언어의 이해' 부분이 먼저 기술된 이유는 언어의 습득과 이해가 언어의 산출을 선행하기 때문이다. 그러나 언어의 이해나 산출의 독자적인 과정은 의사소통이라는 틀에서 통합된다. 언어의 이해를 위해서는 언어가 습득되어야 하며 언어가 이해되기 위해서는 언어의 산출이 선행되어야 한다. 언어의 이해와 산출이 청자와 화자 간에 양방향적으로 수행되어야 비로소 의사소통이 가능해진다. 여기에서는 글쓰기의 과정과 Grice(1975)의 의사소통에 작용하는 화용적 협동원리에 대해서 살펴본다.

(1) 글 산출

말하기와 글쓰기의 글말 산출은 이해의 과정과 더불어 의사소통을 구성하고 있다. 언어의 심리학 연구에서는 이해보다 산출의 연구가 상대적으로 적은데, 이들 과정의 연구가 매우 어렵기 때문이다. 말하기 연구는 실험실 연구보다는 자연적 상황의 말실수 연구가 선행되기도 하였다. 글말의 이해만큼 글말의 산출 또한 언어처리의 중요한 구성요소임은 부인할 수 없다. 여기서 Hayes와 Flower(1980)의 글 산출 이론을 소개하려고 한다([그림 6-5]). 이 이론에 따르면 산출의 과정은 계획(planning) 과정, 변환(translating) 과정, 그리고 개관(reviewing) 과정으로 구성된다(Haberlandt, 1997).

- 계획 과정: 글쓰기의 첫 단계는 '무엇을 어떻게 쓸 것인가?'에 대한 계획을 수립하는 단계이다. 계획 수립은 글의 형식과 내용에 관한 지식이 포함되며, 지식수준에 따라 계획의 차이를 보이게 된다. 지식이 적은 아동은 단순히 지식을 나열하는 전략을 사용하지만, 지식이 많은 전문가는 '어떻게 하면 좀 더 쉽게 쓸 수 있을까?'라는 질문을 추가하며, 글의 내용을 위계적으로 구성하고, 목표는 보다 세분화시킨다.
- 변환 과정: 글쓰기의 가장 중요한 단계이다. 변환하기 단계는 '의미 만들기'와 '의미 표현하기'의 두 과정이 포함된다. 글의 의미 만들기 과정에는 생각들을 융통적으로 생성하는 사고 전략이 필요하며, 다양한 관점에서 접근해야 한다. 이 과정에서 유추가 유용한 전략이 될 수 있다. 의미 표현하기 과정은 기억의 지식 내용을 구체적 문장으로 표현하는 과정이다. 이 과정에서 전문가와 초심자의 차이가 반영된다. 예를 들어, 전문가는 한 문장의 단어가 평균 11.2개이지만 초보자는 7.3개에 불과하다.
- 개관 과정: 문장으로 표현된 글을 교정하는 단계이다. 개관하기의 목표는 '자신의 글이 얼마나 잘 되었는지', '문제는 없는지' 등을 살펴보는 것이다. 이 단계에도 전문가

의 역할이 중요하다. 전문가는 교정 비율이 34%이지만 초보자는 12%에 불과하다. 그리고 글의 문제점을 찾아내는 비율도 전문가 74%, 초보자는 42% 정도에 불과하다. 또한 교정에서 전문가는 글 전체의 논의 명료성이나 구조에 초점을 두지만, 초보자는 개별 단어나 구 수준에서 교정한다.

글쓰기의 계획 단계-변환 단계-개관 단계는 말하기에 비해서 매우 복잡하며 반복적이고 순환적으로 진행된다. 글말의 산출은 의사소통의 과정을 거쳐야 이해의 과정으로 진행될 수 있다.

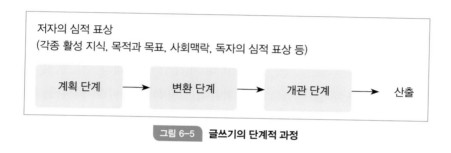

그림 6-5 글쓰기의 단계적 과정

(2) 의사소통

언어의 이해와 산출은 한 사이클로 종결되는 것이 아니다. 연속적으로 주고받기를 한다. 이 과정을 의사소통(communication)이라고 한다. 언어의 소통에는 큰 전제가 필요하다. 언어의 화자와 청자가 언어 의미와 맥락을 서로 공유하여야 한다. 즉, 같은 언어를 사용하며, 언어의 의미가 동일해야 하고, 같은 대화 맥락을 유지해야 한다. 언어의 소통은 개인적 행위를 넘어서는, 둘 이상의 개인이 상호작용하는 사회적 행위이다. 언어의 소통, 즉 사용에 작용하는 요인과 규칙은 화용론(pragmatics)이라 한다(Green, 1996).

Grice(1975)는 원활한 의사소통을 위해서는 청자와 화자 간에 협동원리(cooperative principle)가 필요하다는 주장을 하였다. 이 원리는 네 가지 규칙에 의해서 구현된다. 즉, 양 (quantity), 질(quality), 관계(relation), 예절(manners)이 그것이다([그림 6-6]).

- 양의 규칙: 화자는 청자에게 필요한 만큼의 정보를 제공해야 한다. 필요한 정보의 양은 대화의 맥락이나 상호 간의 지식 공유에 의존한다. 예를 들어, "학생, 무슨 공부하나요?"라는 질문을 받았다고 하자. 그 질문자가 버스 옆자리에 앉았던 분이면 "심리학이요."라고 답하면 된다. 그러나 심리학 교수였다면 심리학이라고 답하기는 어렵다.

심리학보다 더 세분된 정보를 제공해야 한다.

- 질의 규칙: 화자는 청자에게 진실된 정보만을 말해야 한다. 화자가 발화하는 정보는 현재 담화에 사실적인 정보만을 제공해야 한다. 만약 사실이 아닌 거짓 정보를 청자에게 제공한다면 협동원리를 위배하는 것이다.

- 관계의 규칙: 화자는 청자에게 현재 진행 중인 대화에 적절한 정보만을 제공해야 한다. 예를 들어, 심리학 강의에서는 모든 담화가 심리학 관련 정보만을 교환해야 한다. 만약 이 상황에서 "화재가 발생했다."라고 발화한다면 그 다음의 대화는 지속되기 어렵다.

- 예절의 규칙: 화자는 청자에게 명확하게 말해야 한다. 즉, 애매모호한 정보를 말해서는 안 된다. 이 규칙은 발화의 내용에 사용되는 언어 표현의 명확성을 요구한다.

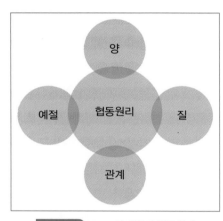

그림 6-6 **Grice의 화용적 협동원리**

이 네 가지 규칙은 대화 장면에서 의식적으로 사고하며 적용하는 것이라기보다는 자동적이며 암묵적으로 적용된다. 또한 Grice의 협동원리 규칙들은 언어가 지니는 언어 자체의 특성이기보다는 언어의 사용 맥락에서 적용되는 화용적 원리이며 규칙인 것이다(Harley, 2001). 언어의 기능인 의사소통은 언어가 지니는 자체 구조, 즉 문법 지식, 언어가 지칭하는 의미 지식, 그리고 언어가 사용되는 사회적이고 문화적인 화용적 맥락이 협응적으로 적용되었을 때 성공적인 이해가 가능하다(이재호, 최상진, 2003).

2.
사고의 과정들

일상에서 흔히 '생각'이란 단어를 많이 사용하지만 생각이 무엇인지 정의하기란 쉽지 않다. 생각과 가장 유사한 심리학 용어가 '사고'이다. 사고의 심리학적 정의도 쉽지는 않다. 우선 심리학의 사고하는 과정이란 바로, 일상의 생각하는 과정을 의미한다고 보아도 무방하다. 사고의 시작은 문제가 발생하면서부터이다. 문제라는 것은 간격 혹은 균열이 발생함으로써 시작된다. 문제의 해결은 목표 지향적인 사고 과정이라고 할 수 있다. 궁금증이나 호기심은 문제해결의 시작을 제공한다. 예컨대, 휴대폰을 분실한 상황을 가정해 보자. 여러분은 스스로에게 '어쩌다 휴대폰을 분실하였지?', '어떻게 휴대폰을 찾을 수 있나?' 등의 질문을 하게 될 것이다. Lund(2007)는 사고의 특성에 관하여 다음과 같이 정리하였다.

- 사고는 인지적이다. 즉, 사고는 정보의 정신적 처리과정을 수반한다.
- 사고는 지식의 조작을 포함한다. 사고에는 심적 자료 혹은 지식의 정보가 있어야 한다.
- 사고는 해결책을 지향한다. 사고는 목표 지향적 문제해결의 과정인 것이다.

사고는 사람들이 모두 의식적으로 느껴지는 과정만이 아니다. 많은 사고는 의식하 과정으로 일어난다고 하였다. 일반적으로 사고는 지식에 해당하는 개념과 범주(concept and category), 지식의 조작에 해당하는 논리 추리(reasoning), 판단과 결정(judgment and decision making), 지식의 간격이나 목표를 지향하는 정신적 절차나 과정인 문제해결(problem solving) 등의 과정으로 구성된다(이정모, 2001).

1) 개념과 범주

사고의 시작과 가능은 사물이나 사건에 대한 의미인 지식을 보유하는 것에서 시작한다. 세상의 지식은 개념(concept)으로 불리며 그 지식의 구성 차원을 범주(category)라 한다. 개념과 범주가 없으면 사고는 혼란에 빠지게 된다. 예를 들어, '사과'라는 단어를 보면 나는 그것이 무엇인지를 안다는 표현을 하게 될 것이다. 사과에 대한 개념을 알고 있다는 것이다. 언어적으로 '사과'는 실제 먹는 사과와는 아무 관련이 없다. 그러나 언어 단서는 기억에서 무엇인지를 인출하게 된다. 예를 들어, '사과'는 과일의 한 종류이며, 사과에는 '부사'나 '홍옥' 같은 하위 종류가 있으며, 사과를 입에 물었을 때 느껴지는 미각적 기억도 떠오르고, 개인이 이런 자각적 의식을 할 때 안다고 표현하게 된다. 이것은 사람들이 '사과'에 대한 개념적 표상을 구성하고 있기 때문이다. '사과'의 개념은 '감자'의 개념과 다르다. 사과는 과일의 범주에 포함되지만, 감자는 채소의 범주에 포함되기 때문이다.

(1) 개념과 지식

개념과 범주는 속성(attribute) 단위에 근거한 의미적 표상을 구성하고 있다. 그 속성은 단일한 차원이 아니다. 지각적 차원, 기능적 차원, 공간적 차원이 복합적으로 적용된다

(Medin, Lynch, & Solomon, 2000). 예를 들어, '사과'와 '자동차'를 비교해 보자. 우선 색, 크기, 모양 등의 지각적 속성이 다르다. '사과'는 '과일'이지만 '자동차'는 '탈것'이라는 기능적 속성에서도 차이를 보이며, 서로 위치하는 물리적 공간 역시 다르다.

개념과 범주는 대상과 행위가 지각적, 기능적, 공간적 차원에서 얼마나 유사한지에 따라 분류하여 표상한다. '사과'를 '생선'과 '부사'와 비교하여 같은 대상끼리 분류하라고 한다면, 당연히 '사과'와 '부사'를 유사한 사물로 판단할 것이다. 우리는 수많은 대상과 행위에 대한 개념을 범주화하여 표상한다. 따라서 유사한 대상과 아닌 대상을 체계적으로 분류할수 있다. 그리고 개념과 범주는 서로 상보적인 관계가 있다. 개념은 대상이나 행위의 의미적 표상이지만 범주는 개념을 세트로 분류함으로써 의미적 유사성과 차별성에 대한 정보를 제공한다. 개념이 구성되기 위해서는 범주가 구성되어야 하며, 범주가 구성되면 개념의 표상이 명확해진다. 개념은 이전에 경험한 대상에 대한 친숙성을 제공하고 새로운 대상에 대해 범주를 형성하는 기반이 된다. 개념의 지식과 범주화는 우리의 인지 체계를 효율적으로 구성할 수 있고, 기억의 부담을 줄여서 보다 많은 대상에 대한 기억을 할 수 있게 하는 인지의 경제성을 제공한다. 사물이나 사건에 대한 인지적 효율성과 경제성을 제공하는 개념은 바로 세상에 대한 지식인 것이다(Barsalou, 1992).

(2) 지식의 표상

사물이나 사건의 개념을 기억체계에 저장한 것을 심적 표상이라고 한다. 심적 표상 (mental representation)은 무선적으로 열거되기보다 속성 차원에 근거하여 범주적으로 구성되는데, 범주의 복잡성은 위계적 구조(hierarchical structure)를 형성한다([그림 6-7]). 즉, 많은 '사과'는 사과의 유형(예: 부사, 홍옥, 국광 등)으로 범주되며 사과, 포도, 복숭아 등의 유사한 개념들은 상위 개념인 '과일'로 추상화된다. '사과'는 하위 개념과 상위 개념의 중간에 위치하기에 기본 수준(basic level)의 개념으로 불린다. 기본 수준은 우리가 흔히 표현하는 일상적 개념으로 볼 수 있다. 하위 위계의 개념은 사물의 구체적 특성을 지니며, 상위 위계의 개념은 사물의 추상적 특성을 지닌다(이정모, 이재호, 2000).

개념들은 위계적 구조와 더불어 전형성(typicality)에 따라 표상되어 있다. 예를 들어, '과일'의 범주를 기억 인출한다고 하자. '과일'에는 '사과', '복숭아', '키위' 등이 있지만 일반적으로 '키위'보다는 '사과'가 먼저 떠오를 것이다. 이는 사과가 다른 과일의 속성을 가장 많이 공유하고 있기 때문에 과일을 대표할 수 있다는 것이다. 한 범주에서 가장 전형적인 사물이나 사건을 원형(prototype)이라고 한다.

개념의 위계성과 전형성은 고정된 표상이 아니다. 과일의 지식에 따라서 범주의 위계 수

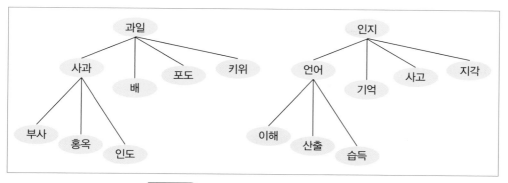

그림 6-7 **과일과 인지 개념의 위계적 범주 표상**

준이 달라진다. 과일의 전문가는 구체성에 근거하여 하위 범주 수준을 사용하며 초보자는 전문가보다 추상적인 수준에 근거하여 상위 수준을 사용한다. 또한 문화도 영향을 미칠 수 있는데, 예컨대 우리 문화에서는 사과가 전형적인 과일이지만 열대지방에서는 키위가 전형적일 것이다. 뿐만 아니라 대화 상황, 즉 공간적 특성에 따라서도 전형성은 달라진다. 상황 맥락이 제공되지 않는 일반적인 조건에서는 사과가 전형적인 과일이지만, 여름이라는 맥락에서는 수박이 전형적인 과일이 된다. 개념의 위계성과 전형성은 개념의 지식수준, 문화나 맥락, 개념의 구성의 목표에 따라 표상이 융통적으로 변화된다(Barsalou, 1992).

2) 추리, 판단결정

개념은 사물이나 사건에 대한 의미적 표상이며 지식이다. 언어의 경우 어휘만으로 사물이나 사건을 표현하기 어렵듯이, 개념만으로는 사고를 원활하게 수행할 수 없다. 개념들의 관계를 표현할 때 비로소 세상 사물이나 사건의 추리, 문제를 해결하는 것이 가능해진다.

추리(reasoning)는 일반적으로 주어진 전제의 가정에 근거하여 결론을 추정하는 경우에 적용되는 사고의 과정이다. 연역추리(deductive reasoning)와 귀납추리(inductive reasoning)로 구분되는데, 연역추리는 일반적 혹은 보편적 전제 사실들에 근거하여 결론을 도출하는 사고이며, 귀납추리는 확증되지 않은 구체적 사실로부터 결론을 유도해 내는 일종의 가설검증적 사고이다. 연역추리는 보편적 전제에 근거하기 때문에 하향적 추리로 불리며, 귀납추리는 관찰된 사실에 근거하여 보편적 결론을 유도하기 때문에 상향적 추리로 간주된다. 데카르트식 철학이나 논리학에서는 인간이 정형화된 논리에 근거하여 합리적 추리를 한다고 가정한다. 하지만 실제로 사람들의 추리 과정은 합리적이지 않은 경우가 많다(이정모, 2001). 심리학에서는 사람들이 추리하는 과정을 연구함으로써 합리적이거나 혹은 비합리적인 추리를 하는 이유를 밝히고자 한다.

(1) 추리의 방향

① 연역추리

연역추리는 조건추리, 삼단추리 등을 포함한다. 그중에서 조건추리의 사례를 중심으로 추리의 과정과 추리의 합리성에 대해 알아보기로 한다. Wason(1966)의 카드선택 과제(card selection task)가 대표적인 실험 예이다. Wason은 이 실험 과제를 사용하여 사람들이 추리를 하는 과정에서 어떤 오류를 범하는지를 명확하게 밝혀주었다. 이 카드의 문제는, [그림 6-8]에서 보면 '만약 앞면이 모음이면 뒷면은 짝수이다.' 이 논법이 참인지, 즉 논리적으로 타당한지를 확인하기 위해서 다음의 4개 카드 중에 어떤 카드를 선택해야 할까?

그림 6-8 **Wason의 실험에서 사용된 카드: 논리적 과제**

선택 과제의 논법을 논리적으로 나타내면, '만약 P이면 Q이다.'로 표현된다. 여기서 'P'는 전건이라 하며, 'Q'는 후건이라 한다. 전건과 후건의 논법과 긍정과 부정 논법을 조합하면 네 가지 조합 논법을 구성할 수 있다. 그러나 이 중 타당한 결론은 전건긍정 논법과 후건부정 논법이다(전건긍정은 '만약 P이면 Q이다. P이다. 따라서 Q이다.'이고, 후건부정은 '만약 P이면 Q이다. Q가 아니다. 따라서 P가 아니다.'이다). 전건긍정이나 후건부정의 논법은 타당한 결론을 내리게 한다. 그러므로 논리적으로는 사람들이 두 논법이 타당하다고 결론을 내릴 확률이 동일해야 한다. 그러나 실제 사람들의 일상적 논리 추리는 그런 예측이 빗나가는 경우가 많다는 것이다. 전건긍정의 논법은 타당한 결론을 쉽게 내리는 경향을 높이지만, 반면에 후건부정의 논법은 타당한 결론을 유도하는 적용 가능성이 적다.

Wason의 실험에서 다음의 결과를 얻었다. 이 실험에서 128명의 참가자 중 5명만이 정답인 'E'와 '7'을 선택하였고, 많은 참가자는 'E'와 '4'를 선택하였다. 여기서 'E'를 선택한 것은 전건긍정의 논법에 근거한 선택이었다. 그러나 '7'을 선택하지 않고 '4'를 선택한 것은 후건부정의 논법을 잘 적용하지 못한 결과이다.

[그림 6-9]는 동일한 카드의 선택 과제이지만 문제를 '논리적'으로 제시하지 않고, 일상적인 '실제적' 맥락의 예를 적용하는 방식을 보여 준다. '앞면이 맥주이면 뒷면은 18세 이상

| 맥주 | 콜라 | 22세 | 16세 |

그림 6-9 **Wason의 실험에서 사용된 카드: 실제적 과제**

이어야 한다.' 이 논리가 타당한지를 검증하기 위해 다음 카드 중에서 어떤 카드를 선택해야 할까?

여러분은 실제적 카드가 앞의 논리형 카드에 비해서 쉽게 답할 수 있을 것이다. 즉, '맥주'와 '16세' 카드 선택이 비교적 쉬워 보인다. 실제적 카드에서 참가자의 선택 정확성은 92%에 달하였다. 앞면이 맥주인 경우에는 뒷면이 22세인지 아니면 16세인지에 따라 결론의 타당성이 달라진다. 반면에, 뒷면이 16세인 경우에는 앞면이 맥주인지 콜라인지에 따라서 결론의 타당성이 달라진다. 타당한 결론은 '앞면이 맥주이면 뒷면이 22세이다.'인 전건긍정 논법과 '뒷면이 16세이면 앞면은 맥주가 아니다.'의 후건부정 논법이다.

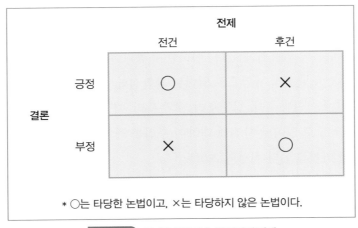

그림 6-10 **전제와 결론의 논법 타당성 관계**

여기에서 눈여겨보아야 할 점은, 사람들은 일반적으로 논리형 논법의 실험에서처럼 긍정적인 논법을 부정적인 논법보다 선호하며 타당한 결론을 추리한다는 것이다. 즉, 결론을 틀린 것을 반증하기보다는 맞는다고 확증하는 경향이 높다. Wason의 논리형 과제에서는 전건긍정인 'E'와 '4' 카드를 선택하는 경향이 전건긍정과 후건부정인 'E'와 '7' 카드를 선택하는 경향보다 높았다. 이는 사람들이 전건긍정에 대한 확증 논법을 후건부정의 반증 논법보다 선호한다는 증거이다. 그러나 실제형 논법으로 전환하면 그 양상은 달라졌다. 논법의 내용에 대한 경험 지식이 작용하면 논리적 논법을 사용하지 않아도 연역추리를 할 수 있다는 것이다. 즉, 맥주는 18세 이상인 사람들이 마셔야 한다. 이는 긍정논법이다. 반면, '16세는 맥주를 마시면 안 된다.'는 부정 논법이다. 사람들은 16세는 맥주를 마시면 안 된다는 부정 논법이 타당한지 검증되어야 한다는 사실을 쉽게 알 수 있었다.

② 귀납추리

귀납추리는 관찰된 경험이나 확증된 전제가 아닌 경우 지식을 확장하거나 불확실한 상황을 예측하기 위해 적용되는 추리이다. 예를 들어, '어떤 부인이 첫아이는 아들, 둘째도 아들, 셋째도 아들을 낳았을 때, 그다음 아기의 성별이 무엇인가?'라는 질문을 받았다고 하자. '아들' 혹은 '딸' 중 어떤 아기가 태어날 확률이 높은가? 아들을 계속 생산할 것인가? 아니면 지금까지 아들을 생산하였으니 이번에는 딸을 생산할 것인가?

주관적 확률에 따르면, 아들과 딸이 태어날 확률은 50:50이므로 이번에는 딸이 태어날 것이라고 답할 수 있을 것이다. 반면, 그 부인이 이전에 아들만 낳았기 때문에 이번에도 아들을 낳을 것이라 판단할 수도 있다. 그러나 이론적 확률이론에 따르면, 태어날 아기의 성별은 결정할 수 없다. 출산은 매번 독립 시행이기 때문에 한 번 아기를 낳을 때마다 특정 성별의 아기가 태어날 확률은 50:50이다. 그러나 주관적 확률은 두 사건의 발생 가능성에 개인의 경험이나 믿음이 작용하게 된다. 이러한 유형의 추리가 귀납추리이다. 귀납추리는 과거와 현재의 사건을 관찰하여 앞으로 일어날 불확실한 사건에 대한 추리를 해야 하는 경우이다. 귀납추리에는 인과추리, 범주추리, 유추추리, 가설검증 등의 사고 과정이 포함된다. 이들 사고는 앞으로 일어날 사건에 대하여 추리를 해야 하기 때문에 판단과 결정의 과정이 많은 영향을 미치게 된다(이정모, 2001).

(2) 판단과 결정

우리는 선택해야 하는 대안들이 하나인 경우에 선택 여부를 결정해야 하며, 대안들이 많은 경우에도 여러 대안을 모두 선택하지 못하고 한 대안만 선택해야 하는 경우를 맞게 될 수 있다. 두 가지 경우 모두 대안의 선택을 판단하고 결정해야 하는 사고의 과정이 발생하게 된다. 예를 들어, '내가 선택해야 할 직업은 무엇인가?', '지금 현 시점에서 아파트를 구입해야 하는지?' 등의 상황을 들 수 있다. 개념과 범주의 관계와 마찬가지로 판단과 결정의 과정도 엄격하게 구분되기는 어려운 사고의 과정이다. 판단은 환경 상황을 수량, 서열, 범주에 근거하여 평가하는 과정이며, 결정은 판단된 과정의 결과로 생성된 가능한 대안들 중, 특정 가치에 적합한 결정 대안을 선택하는 과정이다(이정모, 2001).

판단과 결정이 어려운 이유는 결정된 대안이 과연 타당한 것인지에 대한 확신을 지니기

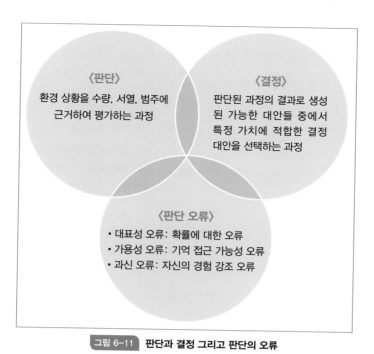

그림 6-11 **판단과 결정 그리고 판단의 오류**

가 어렵기 때문이다. 판단과 결정의 과정에는 많은 사고의 전략을 사용하게 된다. 이들 전략의 사용은 성공적인 판단과 결정을 초래할 수도 있지만 많은 경우에는 오류를 범하게 된다. 이러한 오류의 내용들은 다음과 같다.

- 대표성 오류: 과거에 일어난 확률을 알고 있는 경우에 미래에 일어날 확률 판단에 오류를 범하는 경우이다. '도박사 오류'라고도 불린다. 도박사는 같은 슬롯머신에서 계속 동전을 넣는 경향이 강한데, 동전을 많이 넣었기 때문에 이길 확률이 높다고 판단하게 된다. 계속적인 시행이 도박사에게 주관적인 확률 규칙을 만들게 하는 것이다. 그러나 도박에서 이길 확률은 대부분 무선적으로, 도박사가 동전을 넣을 때마다 이길 수 있는 확률이 매 시행마다 거의 동일하다.
- 가용성 오류: 가용성 오류란 자신이 경험한 한정된 표집 빈도의 기억에 근거하여 전체 사건 빈도를 추정하는 오류이다. 자신이 다니는 학과에 강원도 출신이 10명이고, 경기도 출신이 5명이라면, 강원도민의 수가 경기도민의 수보다 많다고 판단하는 오류를 범하기 쉽다.
- 과신 오류: 자신이 믿는 방향으로 판단을 결정하는 오류이다. [그림 6-13]의 두 논법을 비교해 보라. 두 논법 모두 논리적으로 타당한 논법이지만 소크라테스의 논법은 타당하다고 쉽게 판단하는 반면, 히틀러의 논법은 판단을 내리는 데 시간이 걸리거나

틀렸다고 답변하게 된다. 논리적 판단은 논리적 오류가 있는 경우에만 틀렸다는 판단을 해야 하지만, 자신의 지식이나 신념과 일치하는지에 따라서 논리적 타당성에 대한 판단을 내리는 경향은 달라진다(이정모 외, 2009).

전건긍정 논법	맞는 논법	만약 P이면 Q이다. P이다. 따라서 Q이다.
	틀린 논법	만약 P이면 Q이다. Q이다. 따라서 P이다.
후건부정 논법	맞는 논법	만약 P이면 Q이다. Q가 아니다. 따라서 P가 아니다.
	틀린 논법	만약 P이면 Q이다. P가 아니다. 따라서 Q가 아니다.

그림 6-12 전건긍정과 후건긍정의 올바른 논법과 틀린 논법

여러분은 우리의 판단과 결정이 논리적이고 합리적인 기준에 근거해야 한다고 생각할 것이다([그림 6-12]). 그러나 실제 판단과 결정 상황에서는 그렇지 않은 것 같다. 자신의 기억, 태도, 믿음, 경험 등은 판단과 결정에 많은 영향을 미친다. 일반적인 사람의 판단과 결정 과정은 객관화된 합리성에 근거하기보다는 주관적인 편향에 근거하는 경향이 있다([그림 6-13]).

믿을 만한 논법	못 믿을 논법
모든 사람은 도덕적이다. 소크라테스는 사람이다. 고로 소크라테스는 도덕적이다.	모든 사람은 도덕적이다. 히틀러는 사람이다. 고로 히틀러는 도덕적이다.

그림 6-13 믿을 만한 논법과 못 믿을 논법의 예

글상자
6-1 **문제해결이 어려운 이유: 기능적 고착**

사람들은 자신의 생각을 자신의 마음대로 잘할 수 있다고 여긴다. 방사선 문제는 사람들에게 일상적인 사고가 그렇게 유연하지 않다는 증거를 제공한다. 물론 문제가 어렵거나 처음 접하는 상황에서는 모든 것이 어려울 수 있다. Duncker(1945)의 유명한 실험인 양초문제를 살펴보자.

문제 상황은 [그림 6-14]에 있듯이 탁자 위에 성냥, 압정 상자, 압정 등이 놓여 있다. 여기서의 문제해결 과제는 양초를 벽에 붙여 촛불이 켜지게 하는 것이다. 여러분은 이 문제를 어떻게 해결할 것인가? 이 문제의 핵심은 양초를 벽에 붙이는 방법에 있다. 여러분은 쉽게 이 문제를 해결하였는가? 만약 문제해결이 어려웠거나 해결하지 못했다면 다음 설명을 들어보자. 양초문제의 핵심은 각 소품들의 기능적 특성에 있다. 압정 상자는 압정을 담는 기능이 있고, 압정이 압정 상자에 담겨 있다. 이것이 일반적인 사람들이 표상하고 있는 소품에 대한 일반적 지식인 '도식(schema or frame)'이다. 이 문제의 해결을 위한 도움자여야 하는데 이 상황에서는 방해자 역할을 한다. 도식적 틀을 벗어나는 방법은 '압정 상자 = 압정 담는 기능'에서 탈피해 '상자 = 촛대 받침'의 기능도 가능하다는 지식을 도출해야 한다.

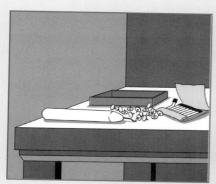 

그림 6-14 **Duncker의 양초문제(좌측 그림)와 해답(우측 그림)**

Duncker의 실험에서는 참가자의 43%만이 정확하게 문제를 해결하였다. Duncker의 양초문제의 해결이 어려운 이유는 우리가 가진 도식적 지식을 있는 그대로 적용하여 문제해결을 시도하기 때문이다. 이는 일반적 지식에 고정된 해결방식으로 문제를 해결하려는 경향을 의미하며, 이를 가리켜 '기능적 고착(functional fixedness)'이라 한다. Duncker는 이 양초문제의 조건을 변화시켜 압정 상자와 압정을 분리시킨 다음 동일한 실험을 실시하였다. 이 실험에서는 모든 참가자, 즉 참가자의 100%가 성공적으로 문제해결을 하였다.

3) 문제해결

지금까지 개념과 범주 그리고 사유, 즉 논리적 사고 판단과 결정 등의 사고 과정을 살펴보았다. 일반적으로 사고는 대상이 있어야 한다. 그렇기에 사고는 목적 지향적 행위인 것이다. 예를 들어, 배고픔의 경우, 배고픔에 대한 정의나 개념이 우선적으로 필요하며, 배가 고프면 음식을 먹어야 한다는 논리적 사유를 하게 된다. 그러면 어떤 음식을 먹어야 하는지 혹은 여러 음식 중에서 어떤 음식을 선택해야 하는지 등의 판단이 요구 된다. 배가 고파서 음식을 먹기까지 발생하는 모든 사고의 과정은 문제해결로 정의될 수 있다. 만약 배가 고파서 선택한 음식을 먹을 수 있다면 문제는 손쉽게 해결된 것이다. 그러나 문제해결은 배가 고파 음식을 먹어야 하지만 그럴 수 없는 경우에 발생한다. 예를 들어, 음식이 없다든지, 음식은 있지만 돈이 부족하든지 등의 문제가 생길 수 있다. 문제해결(problem solving)은 성취 목표를 설정하고 목표를 성취하기 위한 방안을 모색하며 다양한 전략 중에서 목표에 적절한 전략을 선택하는 심적 과정으로 정의된다.

(1) 문제해결의 이론

문제해결이 사고의 한 유형으로 분류된다면 과연 그 과정은 어떻게 진행되는가? 이는 문제해결 연구에서의 주요 연구 문제이다. 문제해결에 대한 관심은 형태주의 심리학에서 시작되었다. 형태주의 심리학자인 Duncker는 사람들이 문제를 해결하는 과정을 밝히기 위해서 많은 연구를 수행하였고, 고전적인 이론은 Wallas(1926)에 의해서 제안되었다. 그는 특히 창의성의 문제해결에 관심을 가졌으며 문제해결의 4단계 이론을 제안하였다. 준비 단계-보존 단계-조명 단계-검증 단계가 그것이다.

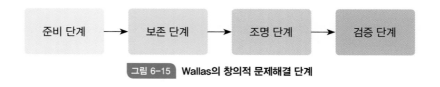

그림 6-15 Wallas의 창의적 문제해결 단계

(2) 문제해결의 과정

주어진 문제 공간에서 해결을 시도하는 행위들을 하는 때에, 일상에서의 일반적 문제를 해결하는 경우가 거의 대부분일 것이다. 그러나 다른 사람이 생각하지 못한 방식으로 문제를 해결하는 등, 그 생각 자체가 새로운 발견인 경우가 있다. 흔히 이러한 문제해결을 창조적 문제해결이라고 부른다. Wallas(1926)에 따르면 창조적 문제해결은 4단계로 일어난

다. 이 모형은 다음과 같이 구성된다([그림 6-15]). 준비 단계에서는 문제를 구성하고 초기 해결 시도를 하게 된다. 보존 단계에서는 목표 문제를 떠나 다른 문제에 전념하게 되며, 조명 단계에서는 성취하고자 하는 목표 문제를 해결한다. 해결된 문제를 검증하면 최종 해결이 결정된다.

　Wallas의 창조적 문제해결 단계는 경험적 자료에 근거한 것은 아니다. 그러나 이런 과정을 적용할 수 있는 유명한 실례가 있다. 우리는 물리학자 Newton이 사과나무 아래에서 만유인력의 법칙을 발견했다는 일화를 알고 있다. Wallas의 창조적 문제해결 단계에 근거하여 추정해 보자. 먼저 Newton은 연구실에서 물리적 법칙을 찾기 위해서 가능한 해결책을 모두 시도하였을 것이다. 그러는 동안 물리학에 대한 많은 지식을 축적하게 되었겠지만 시도는 성공하지 않았다(준비 단계). 그러자 Newton은 실험실을 떠나 휴식을 취하기 위해서 적당한 휴식처를 찾았을 것이다. 그곳이 마침 사과나무가 있는 곳이었고, 그 아래에서 책을 보면서 다른 생각들을 하였을 것이다(보존 단계). 그 순간 사과가 나무에서 떨어지는 것을 관찰하게 되어, 그 사건이 물리학의 법칙에 관한 지식을 활성화시키는 단서가 되었고, 갑자기 새로운 생각을 구성하게 되었을 것이다(조명 단계). 그는 급하게 실험실로 돌아와서 그 사건에 대한 물리학적 해석을 하였을 것이며, 만류인력에 관한 실험을 하였을 것이다(검증 단계).

　Newton은 만유인력이라는 위대한 법칙을 발견하였지만 일반적으로 창조적 사고를 하기란 쉬운 일이 아니다. 창조적 사고라는 것 자체가 원래 일반 사람들이 생각하지 못하는 문제해결이기 때문이다. 따라서 창조적 사고를 하려는 사람은 새롭지만 흔치 않는 관계성을 찾아내야 한다. Sternberg와 Lubart(1996)는 창조성의 이론을 발전시키면서 이에 대한 여섯 가지의 측면을 제시하였다. 지적 과정, 지적 스타일, 지식, 성격, 동기, 환경 맥락 등이 그것이다. 이들 조건을 모두 충족하기란 쉽지 않은데, 일반인들이 창조적 사고를 하는 데 있어 가장 큰 장애는 자신의 사고 틀을 있는 그대로 사용하려는 경향을 가진다는 점이다(〈글상자 6-1〉의 '기능적 고착' 참조). 우리가 가진 세상에 대한 일반화된 도식이나 개념에 비해 문제의 상황은 매우 다양하기 때문에, 일반화된 도식 및 개념이 기능적 고착에서 보인 것처럼 창조적 사고를 방해할 가능성이 있다는 것이다.

　요약하면 사고는 인간의 일상적 생각하기의 의미로 사용된다. 심리학의 사고 과정은 인지의 하위 개념으로 사용되고 있다. 심리학은 사고(thinking 혹은 thought)라는 개념이 개념이나 범주의 지식 체계가 논리적 사고인 의사결정이나 판단을 위한 연역 또는 귀납추리를 사용하여 문제해결을 진행하는 심적 과정으로 정의하고 있다. 이 장에서 보았듯이 인간의 지식은 고정되기보다는 상황에 따라 유연하며, 논리적이기보다는 비논리적이며, 믿음에 의한 오류가 가능하다는 특징이 있음을 알 수 있다. 지식의 소유만으로 모든 문제해결이 원만하게 해결되지는 않는다는 문제해결의 특수성도 살펴보았다. 그러면 이러한 사고가 언어와 어떤 관계가 있는지의 문제가 남아 있다. 언어와 사고의 관계는 지각과 기억을 포함한 인지 체계의 여러 구성 요소 간의 관계에 대한 중요한 시사점도 제공한다.

3.
언어와 사고의 관계

지금까지 언어와 사고의 심리학을 분리하여 다루었다. 언어가 기억의 표상과 소통의 기능을 제공한다면, 사고는 효율적인 인지 과정을 수행하는 기능을 지닌다고 보겠다. 언어는 유형에 따라 발음이나 철자, 문법 구조, 참조 의미 등이 매우 다르다. 예를 들어, 한국어는 '나는 사과를 먹었다.'라고 표현하지만 영어에서는 'I ate an apple.'이라고 한다. 동일한 행위도 전혀 다른 상징으로 표현되며, 영어에는 '눈(snow)'의 어휘가 1개이지만 에스키모인은 그 수가 4개 정도 되며 한국어에도 함박눈, 진눈깨비, 싸락눈 등의 다양한 눈 명칭이 있다. 영어는 '쌀(rice)'을 기술하는 어휘가 1개인 반면, 필리핀인은 무려 13개의 쌀의 어휘를 가지고 있다.

1) 언어 상대성 가설

Whorf와 Sapir는 언어와 인지의 관계에 대한 유명한 가설을 제안하였다. Whorf는 화학을 전공한 보험회사 직원이었고, Sapir는 언어학자 특히 인디언 언어를 연구하는 학자였는데, Whorf는 사고와 언어의 관계에 관심을 갖게 되어 Sapir에게 언어에 대한 지식을 전수받았다. 이들은 언어가 인간의 인지, 즉 사고를 결정한다는 언어 결정론과 사용되는 언어에 따라서 인간의 사고도 달라진다는 언어 상대성 가설을 제안하였다. 이는 인간이 사용하는 언어에 따라서 인간의 사고가 결정된다는 가설이다. 이를 입증하는 증거는, 한 언어의 의미를 다른 언어로 완전하게 번역하기가 불가능하다는 것이다(Eysenck & Keane, 2005; Hunt & Agnoli, 1991).

예컨대, 뉴기니아 원주민인 다니족은 색채를 구분하는 데 두 가지 어휘만을 사용한다. 즉, 밝고 따뜻한 색('mola')과 어둡고 차가운 색('mili')을 나타내는 어휘만을 사용하는 것이다. 예를 들어, 노란색, 연두색, 검정색, 보라색을 본다고 하면, 다니족의 사람들은, 노랑과 연두는 '몰라(mola)'라는 어휘로 표현하며, 보라와 검정은 '밀리(mili)'라는 어휘로 표현할 것이다. Whorf와 Sapir의 언어 상대성 가설에 따르면 이들의 색 표현 어휘가 두 가지뿐이 기 때문에 그들이 색채에 대한 사고를 할 때, 두 유형의 색상에 대한 사고만이 가능하다.

　언어 상대성 가설의 강한 입장이란 언어가 인간의 지각, 기억, 사고의 모든 인지를 결정 한다는 것이며, 반면에 약한 입장이란 언어가 인지의 일부에 영향을 미친다는 입장이다. Miller와 McNeill(1969; Harley, 2001)은 언어 상대성 가설을 세 수준으로 분류하였다. '언어 → 사고', '언어 → 지각', '언어 → 기억' 중, 언어가 사고를 결정한다는 입장은 강한 입장으 로 볼 수 있으며, 언어가 지각을 결정한다는 입장은 중간 수준으로 볼 수 있고, 언어가 기 억에만 영향을 미친다면 약한 입장으로 본다. 언어 상대성 가설은 언어와 인지의 관계에 대한 강한 입장에 해당한다. 과연 어떤 입장이 타당할까? 어휘와 문법 차이를 중심으로 살 펴보고자 한다.

2) 단어 차이

　언어와 사고의 관계는 언어 상대성 가설(linguistic relativity hypothesis)이 제안되면서 많 은 학자의 관심을 끌게 되었다. 언어와 사고가 서로 관계를 가진다는 주장은 얼핏 뭐 그렇 게 중요한가 하는 생각이 들게 만들지 모른다. 그러나 인간의 사고를 기본적으로 자연스 러운 심적 작용으로 본다면, 사고에 비해서 진화적으로 후기에 나타난 언어가 사고에 영 향을 미친다는 사실은 굴러온 돌이 박힌 돌에 도전하는 양상인 것이다. 예를 들어, 우리가 눈으로 보는 '사과'와 '포도'가 같은 사물로 보인다고 여기는 사람은 없을 것이다. 그런데 눈으로 보는 사과와 포도를 두고 눈으로 볼 수 없는 '과일'이란 단어를 사용하면 어떻게 될 까? 두 사물을 같은 사물로 사고하게 되는 건 아닐까? 언어로 표현된 '과일'이 눈으로 보는 사과와 포도를 같은 사물로 보게 만든다면 이는 거의 마술이다. 눈으로 보는 지각 세계가 언어라는 추상적인 상징에 의해서 결정된다는 것이다. 언어 상대성 가설이 주장하는 바가 이것이다.

　언어의 사고, 즉 지각 효과에 관한 연구는 색채 언어의 어휘 차이에서 시작되었다. 지각 적으로 같은 색채도 언어에 따라 어휘의 쓰임 여부가 다르다([그림 6-16]). 즉, 어떤 언어는 다른 언어보다 색채의 명칭을 많이 가지고 있으며 색채를 분류하는 범주 방식도 차이가 있 다는 것이다. 언어가 사고에 영향을 미친다는 주장은 색채의 언어 명칭이 사고에 영향을 미친다는 주장으로 환원되며, 빛의 스펙트럼에 색채 명칭을 부여하는 사고에도 영향을 미

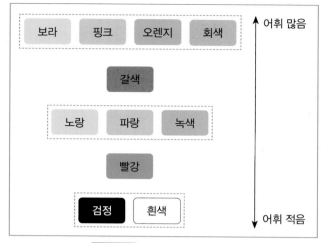

친다는 주장을 가능하게 한다.

Berlin과 Kay(1969)는 98개나 되는 다양한 언어에서 색채 언어가 사용되는 양상을 연구하였다. 그 결과, 만약 어떤 언어가 두 가지 색채 명칭만 사용한다면 밝음과 어두움 같은 흰색과 검정색의 명칭을 사용하였고, 세 가지 명칭을 사용한다면 흰색과 검정색에 빨강이 추가되었다. 나아가 만약 여섯 가지 명칭을 사용한다면 노랑, 파랑, 초록색이 추가되었다. 이 연구는 색채 명칭의 사용이 색채의 기본색인 초점색 사용에 일치한다는 사실을 발견한 것이다. 사람들이 흔히 사용하는 색을 초점색이라 부르는데 이 초점색은 비초점색에 비해서 지각이나 기억이 용이하다고 알려졌다.

Heider(1972)는 색채 명칭이 둘뿐인 다니족과 영어권의 색채 지각 차이를 연구하였다. 다니족은 인도네시아의 작은 부족인데 앞서 설명하였듯 이들은 밝고 따뜻한 색은 '몰라(mola)', 어둡고 찬 색은 '밀리(mili)'로 부른다. 언어가 사고에 그것도 지각에 영향을 미친다면 색채 언어가 둘인 다니족은 색채 언어가 많은 영어권에 비해서 초점색 같은 기본색에 대한 지각에서 차이를 보일 것이다. 그러나 Heider는 색채 언어의 수가 색채 지각에 영향을 미친다는 증거를 얻지 못하였다. 다니족은 색채 언어가 부족함에도 불구하고 영어권의 초점색을 비초점색보다 지각을 잘하였던 것이다. 이는 언어의 색채 명칭 자체가 색채 지각에 영향을 미치지 않는다는 증거이다. Berlin과 Kay 및 Heider의 연구는 이후 연구에 큰 영향을 미쳤다.

그러나 Davidoff 등(1999)은 Heider의 연구와 비슷한 방법을 사용하였지만 다른 결과를 얻었다. Heider는 다니족 언어만을 연구하였고 영어권 참가자와 직접적인 비교를 하지는 않았는데, Davidoff는 영어권 참가자와 파푸아뉴기니의 베린모어를 연구하였다. 베린모어와 영어의 차이는 영어는 '파랑'과 '초록'을 구분하는 명칭이 있는 반면에, 베린모어는 영어에는 없는 'nol'과 'wor' 명칭이 있다. 두 언어의 참가자는 각각 30초 동안 어떤 색채를 기억한 후 그 색을 두 개의 비슷한 보기 중에서 고르도록 지시받았다. 그 결과 영어 참가자는 파랑-초록 판단에서 우위를 보인 반면, 베린모어 참가자는 'nol-wor' 판단에서 우위를 보였다. 이는 색채 언어가 색채 범주에 강한 영향을 미친다는 증거이다.

Bowerman과 Choi(2001)는 언어 간의 유사성도 있지만, 미묘한 차이가 존재한다는 증거를 제시하였다([그림 6-17]). 영어는 '놓다(put on)'와 '넣다(put in)'만으로 사물들의 공간적 관계를 기술하지만 한국어는 더 세분화된 동사 범주를 지니고 있다는 것이다. 바구니에 물건을 놓을 때는 '넣다'라고 표현하지만, 반지를 손가락에 넣을 때는 '끼다'라는 표현을 쓴다. 그리고 물건을 놓을 때도 그 공간의 위치가 수평인지 수직인지에 따라 다르게 표현한다.

예를 들어, 탁자 위에 물건을 놓을 때는 '놓다'라고 하지만, 벽에 물건을 놓을 때는 '붙이다'라는 표현을 사용한다. 그러나 영어에는 '끼다'와 '붙이다'를 기술하는 동사가 없다. 이는 한국어는 영어에 비해서 공간적 표현에 대한 어휘의 범주를 세분화하고 있다는 의미로 받아들여지며, 아동의 언어 발달에서도 관찰된다. 영어는 명사가 우선적으로 발달되지만, 한국어는 상대적으로 동사가 우선적이다. 흔히 서양의 사고는 분석적이고, 동양의 사고는 전체적이라고 한다. 명사는 구체적인 사물을 표현하는 언어이지만, 동사는 사물의 움직임이나 사물과 사물의 추상적 관계를 표현하는 언어이다. 한국어와 영어의 어순 차이는 명사와 동사의 배열 순서에 기인하며 문화적 사고에서 비롯하는지는 흥미를 유발한다.

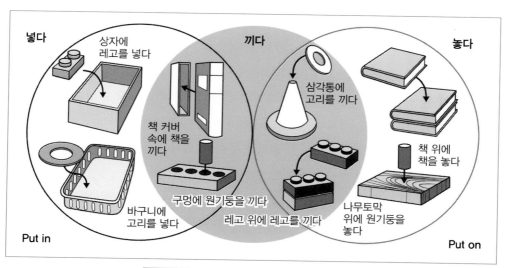

그림 6-17 한국어와 영어의 공간적 범주화의 차이

출처: Bowerman & Choi (2001).

3) 문장 차이

언어는 구조적으로 음운과 철자, 형태소 그리고 통사와 의미로 구성되어 있다. 언어의 어휘가 사고에 미치는 영향은 어휘 수와 유형의 차이를 통해서 살펴보았다. 언어의 또 다른 구성요소인 통사의 영향에 관해서는 어순(word order)에서 찾을 수 있다. 언어는 특정한 대상을 상징하는 의미적 기호로도 사용되지만 세상을 기술하기 위해서는 어휘만으로는 제한이 있다. 지구상에는 수천 가지 이상의 다양한 언어가 존재하지만 이들이 표현하는 언어의 형식적 구조는 몇 가지로 분류될 수 있다. 예를 들어, 한국어는 '주어-목적어-동사'의 어순을 지니고 있지만, 영어는 '주어-동사-목적어'의 어순을 가진다. 언어의 종류는 많지만 언어에 사용되는 어순은 네 가지에 불과하며, 특정한 어순이 사용되는 비율은 〈표 6-1〉과 같다(Greenberg, 1963).

표 6-1 문장의 어순에 따른 언어의 사용빈도 및 언어의 유형

어순	비율	언어의 유형
SOV(주어-목적어-동사)	44%	한국어, 일본어, 터키어
SVO(주어-동사-목적어)	35%	영어, 중국어, 독일어
VSO(동사-주어-목적어)	19%	히브리어, 마오리어
VOS(동사-목적어-주어)	2%	-
OVS(목적어-동사-주어)	0%	-
OSV(목적어-주어-동사)	0%	-

〈표 6-1〉에서 'S'는 주어이며, 'V'는 동사(서술어), 'O'는 목적어이다. 지구상 언어에서 주어가 문장의 처음에 위치하는 빈도는 약 80%를 넘어선다. 그 이유는 무엇일까? 일반적으로 대부분의 행위는 행위자에 의해서 시작되며 피행위자에게 작용하게 된다. 의사소통을 효율적으로 하기 위해서는 행위의 순서에 근거하여 어순을 결정하는 것이 보다 자연스럽다는 인지적 사고가 작용한 것이다. 그렇지만 주어를 제외한 동사와 목적어의 순서는 언어 간에 차이가 크다. 또한 품사의 유형도 언어에 따른 차이가 크다. 영어에는 전치사, 접속사, 관사가 있지만, 한국어에는 조사, 관형사 등이 있다. 이는 언어의 복잡한 구조 차이가 문화적 배경의 영향력과 밀접한 관계를 시사하며, 과연 언어의 문법과 구조의 차이가 사고에 미친 효과가 무엇인지에 대한 궁금증을 증폭시키게 한다.

4) 언어 상대성 가설의 평가: 약한 가설

Piaget(1950)는 언어 발달이 인지 발달의 결과라고 믿는 대표적인 학자이다. 그는 아동이 언어를 정확하게 사용하려면 사물이나 사건에 대한 개념 발달이 우선되어야 한다는 주장을 하였다. 비록 아동이 단어를 개념에 선행하여 먼저 사용할 수 있지만, 언어의 의미를 완전히 파악하지 못한 상태일 수 있다는 것이다. Piaget에 따르면, 성인 언어의 특징은 사회적이지만, 개념이 발달되지 못한 아동은 자기중심적 언어를 지닐 가능성이 높다.

Hunt와 Agnoli(1991)는 뉴기니아의 키리위나어로부터 '모니카(monika)'라는 단어를 예로 인용하였다. 그 단어를 영어로 번역하면 '모든 사람이 다 아는 진실이지만 아무도 말하지 않는 것'으로 번역된다. 한국어에도 '한(恨)'이나 '정(情)' 같은 문화적 언어가 있다(이재호, 최상진, 2003). 두 단어는 정서의 범주로 표현된다고 하지만 슬픔, 기쁨, 분노, 공포, 혐오 등 어떤 정서와도 대응되기 어렵다. 다른 언어권의 사람들이 이 언어에 대한 정확한 이해를 할 수 있는가? '모니카'나 '한' 같은 문화적 어휘는 언어만으로는 정확한 번역이 어렵다고 보겠다.

그러면 언어 상대성 이론의 평가는 어떠한가? 분명 사고와 언어의 진화에서는 사고가 우선한다. 언어가 만들어지기 전에 사고가 없었다고 단정하기 어렵기 때문이다. 그렇지만 언어가 사고에 영향을 미칠 가능성 역시 완전히 부정할 수는 없다고 보겠다. 사고가 지각이나 기억 혹은 문제해결의 인지를 반영한다고 볼 때 언어가 구체적인 지각보다는 추상적인 기억이나 애매한 정보의 지각 및 기억에 인지의 효율성을 제공할 가능성이 높다. 언어의 상대성 이론에서 언어가 사고를 결정한다는 강한 주장보다는, 언어가 사고에 영향을 미친다는 비교적 약한 주장이 더욱 설득력을 얻고 있다(Boroditsky, 2003; Eysenck & Keane, 2005; Hunt & Agnoli, 1991).

언어와 사고의 관계는 다음의 사례를 살펴보면 분명해진다. [그림 6-18]처럼, 동물의 짖는 소리가 언어에 따라 다른 이유는 무엇일까? 동물의 짖는 소리가 다른가, 인간의 감각기관에 차이가 있는가, 아니면 언어가 다르기 때문인가? 다음 쪽의 〈글상자 6-2〉를 참고하기 바란다.

그림 6-18 '멍멍'일까? 'bowwow'일까?

글상자
6-2 **고양이 소리는 '야옹'인가, '뮤'인가?**

언어 명칭이 그림 기억에 영향을 미친다는 고전적인 실험이 있었다. Carmicheal 등(1932)은 참가자에게 일련의 무의미한 그림들을 보여 주면서, 각 그림에 명칭을 추가하였다. 예를 들어, [그림 6-19] 가운데 행의 '원그림'에 각각 '커튼' 혹은 '다이아몬드' 명칭을 추가한 뒤 참가자에게 자신이 기억하고 있는 사물을 그려보라고 지시하였다. 인출된 재생산 그림의 모양은 놀라운 변신을 하였다. 참가자들은 기억에서 생성한 그림은 지각된 그림보다는 그림의 언어적 명칭에 훨씬 더 가까운 그림을 그렸던 것이다. 이는 언어적 명칭이 그림을 기억하는 데 영향을 미친다는 증거이다.

이 실험은 애매한 그림을 지각된 심상으로 인출하기보다는 부호화 시에 추가된 언어적 단서가 지각된 그림의 저장과 인출에 영향을 미쳤을 가능성을 보였다. 즉, 그림에 대한 언어적 명칭의 부여는 이후 그림 기억에 강력한 영향을 미친다는 증거이다. 참가자는 그림을 기억에서 인출하는 동안에 그림에 대한 일화적 기억은 약해지고 언어적 단서가 강하게 작용했을 가능성이 높다. 이는 기억의 과정과 언어의 단서가 서로 의존하는 방식으로 그림의 인지적 사고를 수행한다는 증거이다.

우리에게 고양이 소리가 어떻게 들리는가? 한국인의 '야옹' 아니면 미국인의 '뮤', 어떤 소리인가? 여러분이 직접 고양이를 옆에 두고 소리를 들어보기 바란다. '야옹'으로 생각하면 그런 유사한 소리로 들리며, '뮤'로 생각하면 그런 유사한 소리로 들릴 것이다. 소리 그 자체는 지각적이며 아날로그적이지만 언어는 그런 아날로그에 면도칼 같은 마술을 부리게 된다. 언어의 디지털적 힘이 지각의 아날로그적 현상에 경계를 분명하게 만들어 준다고 볼 수 있겠다. 언어가 인지에 영향을 미친다는 증거이기도 하다.

재생산된 그림과 명칭	원그림 명칭	재생산된 그림과 명칭
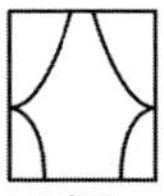 커튼		 다이아몬드
 초승달		 알파벳 C
 병		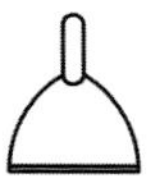 발 받침대
 숫자 2		 숫자 8

그림 6-19 **Carmicheal 실험에 사용된 실험재료와 언어 명칭에 따른 그림 생성 결과**

요약   이 장은 언어, 사고 그리고 언어와 사고의 관계를 살펴보았다. 이들 과정은 인지를 구성하는 주요 구성요소라는 점에서 그 중요성이 있다. 언어는 자신, 세상, 사고의 내용을 명료한 표상으로 만들어 주며, 그 표상들을 타인에게 소통하는 기능이 있다. 언어의 구조는 언어학의 연구에서 제공되었지만, 심리학은 언어의 구조보다는 언어의 이해와 산출 과정을 강조하며 두 과정에 작용하는 요인들을 밝히는 연구가 주를 이루었다.

사고는 사물과 사건의 개념적 표상을 만들고, 의사결정과 판단을 하게 하며, 목표 지향적 문제해결을 논리적인 연역과 귀납의 논리 과정으로 수행하는 과정으로 정의하였지만, 개념 지식의 유연성, 결정 판단의 오류, 논리보다 비논리적 믿음의 영향력, 그리고 기능적 고착 같은 고정관념적 사고의 현상을 심리학 연구를 통하여 발견하였다.

언어와 사고는 서로 독립적인 과정이기도 하지만, 상호 간에 영향을 미치는 상호의존적 특징을 지니고 있다. 언어 상대성 가설은 이런 논의를 증폭시켰다. 언어의 결정론은 사고의 패턴을 결정하는 언어 간의 차이를 설명하는 주장으로 심리학 연구에 자리 잡았다.

종합하면 인간의 언어는 다른 동물과 구분하는 기준이 되었으며 인간이 보다 사고를 정교화하게 하는 데 영향력을 미칠 가능성을 심리학 연구에서 확인하였다. 인간의 사고 또한 합리성을 넘어서 창의적 문제해결에 중요한 영향을 미칠 가능성을 확인하였다. 언어와 사고의 연구는 인지 체계의 역동성을 이해하는 단초가 되었고, 문화의 영향력을 재고하게 되었다.

연습문제

1. 언어학에서 분류하는 언어의 구조에서 형태에는 _____, _____, _____, _____ 등이 있다.

2. 언어 이해에서 언어의 단어가 저장된 단어의 심적 표상을 _____이라 하며, _____라는 기억 저장소에 저장되었다고 가정한다.

3. 단어가 홀로 제시되는 경우보다 문장이나 글 속에서 제시되는 경우에 단어가 낱자의 지각에 영향을 미치는 효과를 _____효과라 하며 문장이나 담화 등의 _____ 역시 어휘처리에 영향을 미친다.

4. 담화 이해는 참조 관계, 인과 관계, 주제 등의 상황 모형이 개인의 지식과 글말 정보와의 조화를 _____이라 한다.

5. Grice의 협동원리에는 _____, _____, _____, _____ 등이 있다고 하였다.

6. 인간의 사고 유형에는 크게 _____, _____, _____, _____ 등이 포함된다.

7. 지식의 표상은 _____구조와 _____차원이 중요하다.

8. 판단의 오류에는 _____오류, _____오류, _____오류 등이 있다.

9. 언어와 사고의 관계를 극명하게 주장한 언어 상대성 가설은 언어가 인지를 결정한다는 _____
과 사용되는 언어가 인간의 사고도 다르게 한다는 _____가설을 포함한다.

10. 일반적 지식의 고정된 해결방식을 문제해결에 적용하려는 경향을 _____이라 한다.

📖 참고문헌

김성일, 이재호(1995). 통사적 제약과 화용적 제약이 문장의 표상과 기억접근에 미치는 효과. 인지과학, 6, 97-116.

이재호(1993). 대명사의 성별단서와 선행어격이 참조해결의 즉각성에 미치는 효과. 인지과학, 4, 51-86.

이재호, 이정모, 김성일, 박태진(2002). 한국어 어휘의 언급순서가 문장 기억의 표상에 미치는 효과: 첫 언급, 최신, 및 의미편향 효과의 상호작용. 한국심리학회지: 실험 및 인지, 14, 409-427.

이재호, 최상진(2003). 문화적 개념의 인지 표상과 활성화 과정: 한(恨)의 담화분석과 온라인 점화효과. 한국심리학회: 사회 및 성격, 17, 1-16.

이정모(1989). 글 이해의 심리적 과정의 한 모델. 이정모 외 공저, 인지과학(pp. 215-268). 서울: 민음사.

이정모(2001). 인지심리학: 형성사, 개념적 기초, 조망. 서울: 아카넷.

이정모, 강은주, 김민식, 감기택, 김정오, 박태진, 김성일, 신현정, 이광오, 김영진, 이재호, 도경수, 이영애, 박주용, 곽호완, 박창호, 이재식(2009). 인지심리학(제3판). 서울: 학지사.

이정모, 이재호(1998). 글 이해의 심리적 과정. 이정모, 이재호 공편, 인지심리학의 제 문제 II: 언어와 인지. 서울: 학지사.

이정모, 이재호(2000). 대상과 행위의 개념적 표상 차이: 명명과제의 점화효과 비교. 한국심리학회지: 실험 및 인지, 12, 201-214.

Barsalou, L. W. (1992). *Cognitive psychology*. Hove, UK: LEA.

Berlin, B., & Kay, P. (1969). *Basic color terms: Their universality and evolution*. Berkeley and Los Angeles: University of California Press.

Boroditsky, L. (2003). Linguistic Relativity. In L. Nadel (Ed.), *Encyclopedia of Cognitive Science* (pp. 917-921). London, UK: MacMillan Press.

Bowerman, M., & Choi, S. (2001). Shaping meanings for language: universal and language-specific in the acquisition of spatial semantic categories. In M. Bowerman & S. C. Levinson (Eds.), *Language acquisition and conceptual development* (pp. 475-511). Cambridge: Cambridge University Press.

Carroll, D. W. (2004). *Psychology of language* (4nd ed.). CA: Brooks/Cole.

Davidoff, J., Davies, I. R. L., & Roberson, D. (1999). Is colour categorisation universal? New evidence from a stone-age culture. *Nature, 398*, 203-204.

Duncker, K. (1945). On problem-solving (L. E. Lees, trans.). *Psychological Monographs, 58* (5, Whole No. 270). Ch. VII.

Ellis, H. C. (1973). Stimulus encoding processes in human learning and memory. In G. H. Bower (Ed.), *The Psychology of Learning and Motivation* (Vol. 7). NY: Academic Press.

Eysenck, M. W., & Keane, M. T. (2005). *Cognitive psychology: A student's handbook* (5th ed.). Hove, UK: LEA.

Green, G. M. (1996). *Pragmatics and natural language understanding* (2nd ed.). Hilsdale, NJ: Lawrence Erlbaum.

Greenberg, J. H. (1963). Some universals of grammar with particular reference to the order of meaningful elements. In J. H. Greenberg (Ed.), *Universals of language* (pp. 58–90). Cambridge, Mass.: MIT Press.

Grice, H. P. (1975). Logic and communication. In P. Cole & J. L. Morgan (Eds.), *Syntax and semantics* (pp. 41–58). NY: Seminar Press.

Haberlandt, K. (1997). *Cognitive psychology* (2nd ed.). Boston: Allyn and Bacon.

Harley, T. A. (2001). *The psychology of language: From data to theory* (2nd ed.). UK: Psychology Press.

Hayes, J. R. (1989). *The complete problem solver* (2nd ed.). Hillsdale, NJ: Erlbaum.

Hayes, J. R., & Flower, L. (1980). Identifying the organization of writing processes. In L. Gregg & E. R. Steinberg (Eds.), *Cognitive processes in writing* (pp. 3–30). Hillsdale, NJ: Erlbaum.

Heider, E. R. (1972). Universals in color naming and memory. *Journal of Experimental Psychology, 93*(1), 10–20. https://doi.org/10.1037/h0032606

Hockett, C. D. (1960). The origin of speech. *Scientific American, 203*(3), 88–96. https://doi.org/10.1038/scientificamerican0960-88

Hunt, E., & Agnoli, F. (1991). The Worfian hypothesis: A cognitive psychology perspective. *Psychological Review, 98*(3), 377–389.

Just, M. A., & Carpenter, P. A. (1987). *The psychology of reading and language comprehension.* Boston: Allyn and Bacon, Inc.

Kintsch, W. (1998). *Comprehension: A paradigm for cognition.* New York: Cambridge University Press.

Kunda, Z. (2000). *Social cognition: Making sense of people.* Cambridge, Mass.: MIT Press.

Lund, N. (2007). 언어와 사고(이재호, 김소영 공역). 서울: 학지사.

Medin, D. L., Lynch, E. B., & Solomon, K. O. (2000). Are there kinds of concepts? *Annual Review of Psychology, 51,* 121–147.

Piaget, J. (1950). *The Psychology of intelligence.* London: Routledge.

Pinker, S. (1994). *The language instinct.* NY: Morrow.

Solso, R. L., MacLin, M. K., & MacLin, O. H. (2005). *Cognitive psychology* (7th ed.). Boston: Allyn and Bacon.

Sternberg R. J., & Lubart, T. (1996). Investing in creativity. *American Psychologists, 51,* 677–688.

van Dijk, T. A., & Kintsch, W. (1983). *Strategies of discourse comprehension.* N. Y.: Academic Press.

Wallas, G. (1926). *The art of thought.* NY: Harcourt Brace.

Wason, P. C. (1966). Reasoning. In B. M. Foss (Ed.), *New horizons in psychology.* Harmondsworth, UK: Penguin.

07

/ 동기와 정서 /

매일매일을 살아가며 우리는 다른 사람들의 행동은 물론 자신의 행동을 관찰하며 산다. 가까운 주변의 가족과 친구들은 물론 TV 뉴스 속에서 접하는 숱한 사건사고 속 인물들의 행동을 관찰할 뿐만 아니라, 이따금 우리 스스로 행한 행동을 들여다보며 타인의 행동과 자신의 행동을 이해하려 노력한다. 타인과 자신의 행동을 이해하기 위해서는 무엇보다도 그 행동의 원인 또는 이유를 알아야 한다. 이때 우리는 항상 "왜?"라는 질문을 하고 "～때문에"라는 답을 찾는다. 그리고 우리는 평생 스스로 이러한 질문과 답을 주고받으면서 타인과 자신의 행동에 대한 나름대로 개인적 이론을 지니게 된다.

심리학에서는 사람들이 어떤 행동을 하게 되는 원인과 이유를 '동기(動機, motivation)'라 부르고, 이에 대한 이론, 즉 동기이론을 발전시켜 왔다. 심리학은 인간의 모든 행동에는 이유가 있다고 본다. 어머니가 자식을 돌보는 행동은 모성본능 때문이라거나, 며칠을 굶은 사람이 애타게 먹을 것을 찾는 행동은 신체 내부의 생물학적 평형이 깨어져 생존에 위협을 느끼며 생물학적 평형을 회복하려는 추동(推動, drive) 때문이라거나, 위험을 무릅쓰고 에베레스트 등정을 시도하는 행동은 자기 성취 욕구 때문이라고 설명한다.

다른 사람들의 행동의 이유, 즉 동기를 이해하는 것은 그 사람들과 살아가는 우리로서는 필수적이다. 누군가 나에게 소리를 지르며 다가오는데 그 이유를 알 수 없다면 그 상황에 대처할 수 없게 될 것이며, 그 결과를 예측할 수 없을 것이다. 매일처럼 수많은 타인과 함께 살아가는 우리로서는 행동의 동기를 이해하는 것은 반드시 필요한 능력이다. 동기에 대한 이해는 이처럼 개인의 적응과 생존에 필수적일 뿐만 아니라 사회적 또는 공공의 이익과 그 유지를 위해서도 필요하다.

한편, 정서는 행동의 동기로 작용하기도 하지만, 행동의 결과로서 나타나기도 한다. 우리는 화가 나서 공격적인 행동을 하기도 하지만, 공격적인 행동을 했기 때문에 화가 날 수도 있다. 다른 사람의 정서적 상태를 알 수 있다면, 그 사람의 행동을 이해할 수도 있고 예측할 수도 있다. 정서는 어떤 상황이나 사람에 대한 인식이나 태도를 결정짓는 원인이 되기도 하지만, 인식과 태도가 정서에 영향을 주기도 한다.

이 장에서는 바로 이러한 동기와 정서에 대해 공부할 것이다. 이 장의 전반부는 동기를, 후반부는 정서를 다루고 있다. 전반부에서 동기에 대한 정의와 이론들을 살펴보고 생리적 동기와 심리적 동기를 나누어 여러 동기의 유형들을 살펴볼 것이다. 후반부에서는 정서의 정의와 역할, 기능들을 살펴보고 정서와 인지, 정서와 행동 간의 관계에 대한 연구와 이론들을 공부하고, 여러 문화에 걸쳐 관찰되는 보편적 정서와 문화적 차이를 공부하게 될 것이다.

1.
동기란 무엇인가

1) 동기의 정의와 기능

'동기(motivation)'란 용어는 흔히 인간의 행동을 설명하기 위해 사용된다. 일찍이 2,500
여 년 전 아리스토텔레스는 우리가 관찰하는 세상의 현상들을 설명하기 위해서는 네 가지
의 원인(four causes)을 고려해야 한다고 했다([그림 7-1]). 동인(動因, efficient cause), 질료인
(質料因, material cause), 형상인(形相因, formal cause), 그리고 목적인(目的因, final cause)이
다. 동인이란 결과를 있게 한 초기 조건이며, 질료인은 결과를 구성하는 재료 조건을, 형상

인은 결과가 지니는 모습과 양상을, 목적인은 그 결
과가 궁극적으로 지향하는 목적을 말한다. [그림
7-1]에서 보는 것처럼 석공이 돌을 쪼아 조각을 하
는 행동에는 네 가지 원인이 작용한다. 석공이 머
릿속에 그리고 있는 조각의 최종 모습은 형상인이
며, 재료인 돌은 질료인, 신전에 놓이게 될 목적인,
그리고 석공이 돌을 쪼아 조각을 하는 행동을 하게
하는 동인이 있다. 동인은 종교적 믿음이 될 수도
있고, 대가로 얻게 될 금전적 보상일 수도 있다.

심리학에서는 인간의 행동을 설명하기 위해 '동
기'라는 개념을 도입한다. 이 장의 전반부에서는

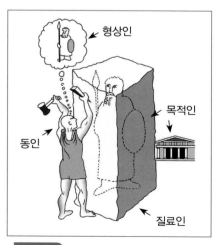

그림 7-1 **아리스토텔레스가 구분하는 세상
현상을 이해하기 위해 분류한 4개 원인**

'동기'라는 개념의 정의와 이러한 개념 정의를 통해서 우리가 할 수 있는 것들에 대해서 살펴볼 것이다.

(1) 동기의 정의

다른 사람들의 행동을 관찰할 때, 우리는 일상적으로 "왜?"라는 질문을 하게 되고 그 대답을 찾으려 한다. 가까이는 가족과 친구들의 행동은 물론, 매일같이 접하는 뉴스 속 사건사고들에 대해서 그 원인과 이유를 찾으려 한다. 즉, 우리가 관찰하는 행동의 이유나 원인인 '동기'를 찾으려 한다.

과연 '동기'란 무엇인가? 많은 심리학책이 인용하는 동기의 정의는 "어떤 목표를 지향하는 행동을 일으키고, 그 행동의 방향을 잡아주고, 유지하는 힘의 총합"(Lindsley, 1957)이다. 동기란 쉽게 말하면 '어떤 행동을 하게 한 이유나 원인'을 말하며, 심리학적 정의들을 요약하면 '어떤 행동을 일으키고, 그 행동의 방향과 강도를 결정하고 유지시키는 힘'으로 이해하면 된다. 동기의 개념은 수학과 물리학에서 말하는 벡터(vector)의 개념으로 비유하면 이해하기 쉽다. 벡터란 크기와 방향을 지닌 양의 개념이다. 즉, 동기는 벡터처럼 행동의 방향과 강도를 결정짓는 요인이나 조건 또는 과정으로 이해할 수 있다.

(2) 동기의 기능

동기에 대한 이해를 통해 우리가 알 수 있는 것은 무엇일까? 동기에 대한 심리학적 연구는 사람들의 행동을 설명하고자 하는 것이다. 동기에 대한 질문 자체가 "그가(또는 내가) 그 행동을 왜 하는가?"이다. 즉, 우리는 동기에 대한 심리학자들의 연구를 통해 사람들이 어떤 행동을 왜 하는지를 이해할 수 있으며, 이는 자신은 물론 타인과 사회를 이해하는 첫걸음이 되기도 한다. 심리학자들이 동기를 연구하는 이유, 즉 그 동기는 다음과 같이 다섯 가지로 요약할 수 있다.

첫째, 동기는 인간을 비롯한 유기체와 유기체의 행동 간의 관계를 이해할 수 있게 해 준다. 유기체는 생명보존에 필요한 생물학적 조절 기제를 지니고 있다. 예를 들어, 자다가 새벽에 잠에서 깨는 이유를 생각해 보자. 새벽에 문득 잠에서 깬 이유는 하루 전날 다이어트한다고 저녁을 굶었다가 배가 고파서일 수도 있고, 혹은 전날의 과음으로 인해 갈증을 느꼈기 때문일 수 있다. 또는 이불을 걷어차고 자다가 추워서 깬 것일 수도 있다. 각각의 경우 식욕, 갈증, 체온조절과 관련된 생리적 기제가 결핍상태를 감지하고 신체의 생물학적 균형을 회복시키기 위해 잠에서 깨게 한 것이다.

둘째, 개인 내 혹은 개인 간 행동의 차이를 이해하기 위해서 동기라는 개념을 사용한다.

평소 유머러스하고 말도 잘하는 남학생이 왜 특정 여학생 앞에만 가면 긴장하고 얼굴을 붉히며 어눌해지는 것일까? 두 학생 모두 비슷한 스타크래프트 게임 실력을 지녔는데 왜 한 학생은 다른 학생에 비해 다른 사람들이 볼 때 훨씬 더 잘하는가? 만약 개인 내 또는 개인 간 행동 수행의 차이가 일어난 원인이 능력, 기술, 연습 등으로 인한 차이가 아닌 경우, 그 차이를 일으킨 것은 동기일 수 있다.

셋째, 동기개념을 자신이나 타인의 행동에 대한 의도나 의미를 추론하기 위해서도 사용한다. 오랫동안 사귀어 온 연인이 어느 날 "나 내일 선보러 나가."라고 말했다면, 누구나 당혹감을 느끼는 동시에 그 말에 담긴 의도나 의미를 추론하고자 할 것이다. 상대방의 말이 '이제 나와의 관계를 정리하고 싶다.'는 것을 의미하는지, 아니면 '이제 더 이상 기다릴 수 없으니 자신에게 당당하게 청혼해 달라.'는 의미인지 그 이유를 알아낼 필요가 있기 때문이다. 한편으로는 선보러 나가는 행동이 당사자 본인이 원한 행동인지, 아니면 부모님의 강요에 의한 행동인지 그 이유에 대해서도 알고 싶을 것이다. 이처럼 사람들은 자신이나 상대방의 행동에 대해—특히 그 행동이 예상 밖의 행동이거나 자신에게 불쾌감을 주는 행동인 경우—그 행동을 촉발시켰을 것으로 예상되는 이유에 대해 추론을 하고 이를 통해 그 행동의 이유를 이해하고 설명하려고 한다.

넷째, 어떤 행동에 대한 책임을 부과하기 위해 동기의 개념을 사용한다. 책임은 법과 종교, 윤리의 바탕이 되는 개념이다. 누군가 다른 사람의 이익을 해치는 행동을 한 경우, 그의 행동이 그 자신의 내적, 자발적 의도에 의한 것이고, 아울러 그 행동에 대해 그가 충분히 통제할 수 있었다고 여겨질 경우에 한해 책임을 묻게 된다. 반면, 그 행동이 우발적이거나 자발적인 의도 없이 일어났거나, 외부의 강압에 의해 통제력을 상실한 채 어쩔 수 없이 행한 행동일 경우 그의 책임은 경감된다. 2019년 고유정 전남편 살해 사건에서 경찰과 검찰은 고유정의 전남편 살인이 계획적이고 의도적 범행이라고 주장하는 반면, 고유정 측은 우발적 살인이라고 주장한 것도 이와 같은 이유 때문이다. 때문에, 범죄심리학자들을 비롯한 다양한 영역의 심리학자들은 동기라는 개념을 통해 특정 행동을 일으킨 다양한 잠재적 원인과 그로 인한 행위자의 책임의 경중을 파악하고자 한다.

마지막으로, 어려운 난관을 극복하거나 꾸준히 노력하는 행동을 설명하기 위해 동기라는 개념을 사용한다. 일상적으로 자주 보기 힘든 행동을 이해하고자 할 때 동기를 통해 설명하는 것이다. 예컨대, 매우 궁핍한 경제적 상황과 사회적 여건에도 불구하고 이를 악물고 성공한 기업가나, 막대한 부를 사회에 환원한 사업가, 개인적인 부와 명예를 포기하고 일생동안 행려병 환자를 돕게 된 의사가 있을 수 있다. 생명의 위협을 무릅쓰고 지하철로 뛰어들어 취객을 구하고 목숨을 잃은 도쿄의 의인 이수현 씨의 행동, 희생과 봉사로 점철된 마더 테레사의 삶 등 어떻게 그럴 수 있었는지 그러한 질문들에 대한 답을 구하고 그 행동을 이해하기 위해 동기라는 개념이 사용되는 것이다.

2. 동기이론들

1) 본능이론

심리학 초기의 동기이론들은 주로 인간의 선천적인 본능(instinct)과 관련된 것들이다. 본능이론은 동물이 본능에 따라 사냥하고 위험으로부터 도피하고, 자기의 영역을 표시하며, 군집생활을 이루는 등의 행동을 하는 것과 마찬가지로 인간 역시 이러한 선천적인 본능에 따라 행동을 한다고 보았다. 선천적인 본능이란 주로 생물학적 욕구로서 섭식 욕구, 갈증 해소의 욕구, 수면 욕구, 성적 욕구 등을 말한다.

본능이론을 체계화한 가장 대표적인 심리학자는 McDougall(1908)이다. 그는 인간의 행동을 설명하는 본능을 부모의 자녀 돌보기, 동정심, 투쟁, 자기주장, 호기심, 굴복, 음식 찾기, 짝짓기, 혐오, 건설성, 도피, 간청, 사교성 등으로 그 유형을 구분했고, 이런 본능들을 통해 인간의 행동을 설명하고자 했다.

그러나 본능이론은 몇 가지 한계점으로 인해 비판을 받게 되었다. 우선, 본능이론에는 이론가들 간에 본능의 유형 및 개수에 있어 합의된 견해가 없었다. 예를 들어, McDougall은 10여 개의 본능을 제시하였으나, Bernard는 무려 5,759개의 본능을 제시하였다. 또한 이른바 본능이라고 알려졌던 것들이 추후 연구를 통해 단지 후천적으로 학습된 것에 불과한 행동으로 밝혀지게 된 것도 본능이론의 한계점으로 지적되었다. 예를 들어, 인간의 배우자 선택은 단순히 짝짓기 본능에 의해서만 일어나는 것이 아니라 후천적인 학습을 통해 형성된 개인의 심리적 요인(예: 성격, 가치관, 이성관, 미적 기준 등) 또는 사회문화적 요인(예: 부모나 주변의 의견, 상대방의 사회경제적 능력 등)에 더 많은 영향을 받는다.

2) 추동감소이론

추동감소이론은 Hull(1943)에 의해서 본능이론보다 더욱 생물학적 체계를 갖춘 이론으로 제안되었다. 그는 인간의 행동을 몇 개의 기본적 추동들(예: 배고픔, 갈증, 성욕, 고통 회

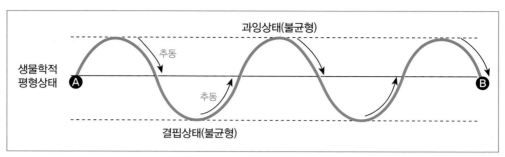

그림 7-2 생물학적 항상성 기제와 추동의 작용과정에 대한 모형

피)로 설명할 수 있으며, 인간의 모든 행동은 추동(drive)에 의해 발생된 긴장을 감소시켜 생물학적 항상성(biological homeostasis)—신체 내부의 생물학적 기제들이 유기체의 생리적 상태를 적절한 수준으로 유지하려고 노력하는 과정—을 회복시키는 방향으로 일어난다고 보았다([그림 7-2]). 즉, 그는 '추동에 의해 촉발된 긴장 상태'를 모든 행동의 동기로 보았다.

추동이란 개념은 심리학에서는 주로 '생물학적 추동'으로 간주된다. 생물학적 추동이란 유기체로 하여금 생물학적 항상성을 깨트리는 결핍이나 과잉으로부터 불균형이 발생하고, 이 불균형 상태로 인해 발생한 욕구(need)를 충족시키도록 하는 에너지 상태 및 긴장상태를 말한다(Woodworth, 1918). 추동감소이론은 인간을 포함하는 유기체들은 이러한 추동을 감소시켜 생물학적 항상성을 회복하는 방향으로 행동한다고 주장한다. 예를 들어, 갈증이라는 추동은 신체 내 수분 부족으로 인한 수분에 대한 욕구로부터 발생하고, 우리로 하여금 물을 마시는 행위를 하도록 부추기며, 물을 마심으로써 이 '갈증' 추동이 감소하게 된다. 또한 어떤 사람이 오랫동안 굶었을 때 '음식'에 대한 욕구가 발생하고, 이 욕구는 '배고픔' 추동을 일으키고, 이 추동에 의해 긴장상태가 일어나고, 이렇게 촉발된 긴장상태를 감소시키려는 것이 동기가 되어 이 사람으로 하여금 음식을 먹는 행동을 하게 한다는 것이다([그림 7-3]).

그러나 추동감소이론은 두 가지 이론적 문제를 지닌다. 첫째, 인간의 생물학적 추동과 관련된 행동의 원인에 대해 적절한 설명을 제공하기는 하였으나, 본능이론과 마찬가지로 복잡하고 다양한 인간의 사회적 행동을 설명하는 데는 여전히 큰 어려움이 있었다. 예를 들어, 다양한 현실적 어려움을 극복하고 남을 돕는 헌신적인 행동을 하는 경우 그 이유를 생물학적 추동감소로 설명할 수가 없다.

둘째, 추동감소이론은 일부러 높은 긴장 상태를 즐기려는 행동들(예: 번지점프나 익스트림 스포츠)을 설명할 수 없다. 추동감소이론에서는 인간의 행동이 단지 긴장상태를 감소시

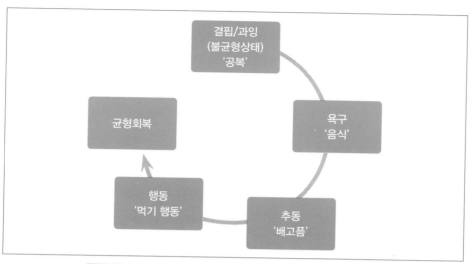

그림 7-3 배고픔으로 인한 추동 발생과 생물학적 항상성 회복 과정

키려는 방향으로만 일어난다고 보았는데, 암벽등반이나 오지탐험, 익스트림 스포츠처럼 의도적으로 모험과 스릴을 추구하고 긴장을 유발하는 행동을 하는 사람들은 어떻게 설명할 것인가? 추동감소이론으로 설명될 수 없는 이러한 행동을 설명하기 위해 등장한 이론이 각성이론이다.

3) 각성이론

사람들은 생리적 긴장을 감소시키려는 방향으로 행동할 뿐 아니라, 때로는 생리적 흥분이나 각성(arousal)상태를 높이려는 방향으로 행동하기도 한다. 예를 들어, 지루하고 졸릴 때 각성을 위해 커피를 마신다든지, 지쳐 있을 때 새롭고 낯선 곳으로 여행을 가고, 무언가 스릴이 필요해 놀이기구를 타러 간다거나, 기분전환을 위해 친구들과 백화점 구경을 가고 스포츠 게임에 몰두하기도 한다.

Hebb(1955)의 각성이론에서는 사람들은 '적절한 수준의 흥분상태'를 유지하기 위해 필요한 특정 행동을 한다고 설명하고 있다. 대개 각성수준이 너무 낮으면 권태를 느끼거나 잠이 오고, 반대로 각성 수준이 너무 높으면 불안과 긴장이 온다. 예를 들어, 각성상태가 너무 낮은 경우 사람들은 "뭐 재미있는 일 없을까?", "좀 더 색다르고 짜릿한 일 없을까?" 하면서 새롭고 흥미로운 자극을 찾아 주변을 탐색한다. 그러나 반대로 자극이 너무 크면 지나치게 각성이 높아지고 이로 인해 긴장상태가 유발되어 불면증에 걸리거나 수행수준이 떨어지게 된다.

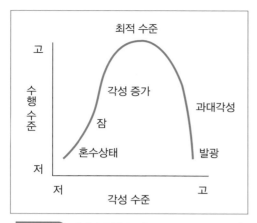

그림 7-4 **각성과 수행 수준(Yerkes-Dodson 법칙)**

각성에는 최적의 수준이 있으며 사람들은 자신의 최적 각성 수준(optimum level of arousal)을 유지하려는 동기를 가진다. 다시 말해, 흥분과 각성이 낮을 때는 더 높은 각성 수준을 추구하는 방향으로 행동하며, 흥분과 각성이 높을 때는 이를 감소시키려는 방향으로 행동을 함으로써 최적의 흥분과 각성상태를 유지하려 한다는 것이다.

[그림 7-4]에서 보는 바와 같이, 각성 수준이 높아질수록 사람들의 수행 수준은 점차 증가하는 양상을 보이며 최적의 각성 수준 상태에서 가장 높다. 그러나 최적 각성 수준을 넘어가 과대 각성 수준 상태로 들어가게 되면 수행 수준은 급격히 감소하게 된다. 예를 들어, 공부를 하고 있을 때 각성 수준이 너무 낮으면 졸음이 와서 집중이 잘 안 되지만, 각성 수준이 너무 높아져도 흥분되고 주의가 산만해져서 학습효과가 떨어지게 되는 현상을 떠올려 볼 수 있다.

각성이론에 따르면, 우리는 생물학적 항상성을 유지하려는 시스템 이상의 존재이며, 때로는 생리적 흥분과 각성 수준을 높이려는 행동을 하기도 한다. 놀이동산에서 롤러코스터나 바이킹과 같은 놀이기구를 타거나 스카이다이빙이나 다양한 익스트림 스포츠를 즐기는 것도 바로 이처럼 높은 수준의 흥분과 각성을 즐기려는 동기 때문이다. 새로운 기록에 대한 도전 정신은 에드먼드 힐러리로 하여금 위험을 무릅쓰고 에베레스트를 최초로 등정하게 하고, 우리의 엄홍길로 하여금 히말라야 8,000m급 16좌를 완등하게 했다. 힐러리나 엄홍길과 같은 사람 외에도 끊임없이 이전에 없던 더욱 강렬한 음악을 추구했던 그룹 퀸의 프레디 머큐리나, 전혀 새로운 색과 형태를 추구하며 미술의 새로운 트렌드를 열어가는 예술가, 고층건물을 맨 손으로 오르거나 고층건물들 사이를 외줄타기로 건너는 사람들은 끊임없이 새롭고 낯선, 때로는 위험한 감각 경험을 추구하는 경향을 보인다. 심리학에서는 이러한 경향을 감각 추구 성향(sensation seeking)이라 부른다.

이처럼, 각성이론은 추동감소이론이 설명하지 못하는 행동들(예: 자극이나 흥미추구행동 등)에 대한 설명을 가능하게 한다. 그러나 인간행동의 동기를 '추동감소의 추구'에서 '일반적인 각성상태(낮은, 최적, 또는 높은 각성이라는 추동)의 추구'로 설명했다는 점에서 각성이론은 추동감소이론을 대체하는 새로운 이론이라기보다 추동감소이론의 확장이론으로 평가받고 있다.

4) Maslow의 욕구위계이론: 동기의 위계

H. Murray나 Carl Rogers, Abraham Maslow와 같은 인본주의 심리학자들은, 인간의 행동이 기계적 '자극-반응 조건화'의 산물이라는 행동주의 심리학이나 성적 에너지 리비도를 주된 에너지로 하는 심리역동체계의 작동에 의해 결정된다는 정신분석심리학에 반발하며, 인간을 자유의지와 자아실현 의지를 지닌 주체적 존재로 보았다.

많은 사람들이 존경했던 법정 스님이나, 김수환 추기경, 마더 테레사 같은 인물들이 갖는 공통점은 무엇일까? 심리학자 Maslow의 이론에 따르면, 이분들은 인간 행동을 있게 하는 여러 동기적 욕구 중에서도 가장 상위에 있는 자아실현 동기를 평생의 삶 동안에 실현한 인물들이다.

Maslow(1971)는 인본주의적 관점에서 인간의 자유의지를 중시했고, 겉으로 드러나는 행동 자체보다는 내적 정신과정을 중시하며, 인간을 스스로 자신을 통제할 능력을 가지고 있는 자유로운 행위자로 보고 있다. 그는 본능이나 추동과 같은 생물학적 동기만으로는 인간의 폭넓은 행동 스펙트럼을 설명할 수 없다고 보고, 자아실현 동기를 최상위로 하는 동기의 위계이론을 제안했다. 자아실현 욕구(동기)를 정점으로 하는 욕구(동기)위계이론을 제시하며, 그 아래 단계로 사회적 동기로서의 심리적 동기와 생명 보존을 위한 생리적 동기와 안전에 대한 동기를 포함하는 기본 동기를 위계적 형태로 제시했다([그림 7-5]).

Maslow의 욕구위계이론(또는 동기위계이론)에 따르면 인간은 생리적 욕구, 안전 욕구, 소속·애정 욕구, 자기존중 욕구, 자아실현 욕구 등 다섯 가지 위계의 욕구를 가지고 있는데, 이들 욕구 간에는 위계가 존재하며 각 위계에 따른 욕구에 의해 행동이 동기화된다. 이 중 생리적 욕구와 안전에 대한 욕구는 개체의 생물학적 생존을 위한 기본 동기(basic

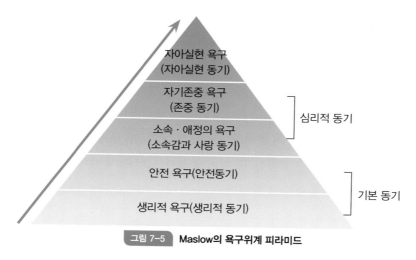

그림 7-5 **Maslow의 욕구위계 피라미드**

motivations)로, 소속·애정 욕구와 자기존중 욕구는 사회적 환경 속에서의 적응과 생존을 위한 사회적 동기로서 심리적 동기(psychological motivations)로 구분한다.

욕구위계이론을 위계별로 설명하면 다음과 같다(Maslow, 1971).

먼저 욕구위계이론의 가장 하위단계에는 충족되지 않으면 생물학적으로 생명을 유지할 수 없는 배고픔이나 갈증, 체온조절 및 종족 보존을 위한 성적 욕구와 같은 기본적인 생리적 욕구가 자리한다. Maslow에 따르면, 위계의 각 단계에 있는 욕구가 충족되기 위해서는 그 아래 단계의 욕구가 먼저 '어느 정도' 충족되어야 한다. 생리적 욕구가 어느 정도 충족되고 나면, 그다음에는 외부 환경 속의 다양한 위협으로 생명을 보호하기 위한 안전 욕구가 우리의 행동에 영향을 미친다. 생명을 유지하기 위한 최소한의 신진대사와 관련된 생리적 욕구와 외부 위협으로부터 생명을 보호하려는 안전에 대한 욕구는 생명과 관련된 만큼 '기본 동기'라고 한다.

생명과 관련된 기본 동기들이 어느 정도 충족되어 생명 위험에 대한 염려가 사라지면, 다음에 작동되는 동기는 사회적 동기인 소속·애정 욕구, 즉 어딘가에 소속되고 다른 사람들과 함께 모이고 다른 사람들에게 사랑받고 싶어 하는 욕구가 우리의 행동을 동기화한다. 인간은 사회적 동물이다. 기본 동기가 물리적 자연환경 속에서 대부분의 생물체들이 지니는 동기라면, 사회적 동기는 군집을 이루며 사는 고등 포유류 및 인간을 포함하는 영장류들에게서 나타나는 동기이다. 소속·애정의 동기가 어느 정도 충족되면, 사람들은 자신이 속한 집단이나 사회 또는 대인관계 속에서 주어진 역할과 자신의 역량으로 타인들에게 인정받고, 그것을 통해서 자신의 존재 의미와 가치를 인정받고 타인으로부터 존중받는 자존감을 경험하고 싶은 자기존중 욕구가 작용하게 된다. 자기존중 욕구 역시 소속·애정 욕구와 함께 사회적 동기에 해당되며, '심리적 동기'로 분류된다.

한편, Maslow는 기본 동기와 심리적 동기가 어느 정도 충족되면, 사람들은 자아실현 (self-actualization)의 욕구를 지니게 되며, 이 욕구가 욕구의 위계상 가장 상위 단계에 위치한다고 보았다. 자아실현의 욕구란 자기 내면의 모든 잠재력과 능력을 있는 그대로 인식하고 실현하고자 하는 동기를 말하며, 자아를 실현하기 위해서는 몇 가지 전제조건이 필요하다. 첫째는 자기 자신과 사회의 구속으로부터 자유로워야 하며, 둘째, 욕구위계에서 하위에 있는 생리적 욕구와 안전의 욕구에만 집착해서는 안 된다. 셋째, 가족 및 타인들과 친밀감을 느끼며, 남과 사랑을 주고받을 수 있어야 한다. 그리고 마지막으로 자신의 강점과 약점, 그리고 선악에 대한 유연하고 현실적 지식을 갖추어야 한다. Maslow는 마지막 단계인 자아실현의 욕구단계에 극히 소수의 사람들만이 도달하게 된다고 보았고, 이렇게 자아실현의 욕구에 의해 동기화되는 사람을 자아실현자라고 하였다.

추가적으로 욕구위계이론의 몇 가지 특징을 살펴보면 다음과 같다.

첫째, 상위단계의 욕구로 올라가기 위해 하위단계의 욕구가 완전히 충족될 필요는 없다. Maslow는 하위단계의 욕구가 '어느 정도' 충족이 되면 상위단계의 욕구로 올라갈 수 있다고 보았다.

둘째, 상위단계의 욕구로 가기 위해 모든 하위단계들을 반드시 거쳐야 하는 것은 아니다. 예를 들어, 우리가 잘 알고 있는 빈센트 반 고흐나 이중섭 같은 화가는 평생 동안 가난으로 고통을 받았음에도 훌륭한 예술작품을 통해 자아실현을 성취했다. '변신', '심판', '유형지에서' 등으로 유명한 소설가 프란츠 카프카는 평생 외톨이였다. 그는 다른 사람들과의 감정적인 거리를 날카롭게 인식하고 글 쓰는 데에만 몰두했다. 부모는 물론 자신이 사랑하는 사람으로부터의 애정도 받지 못해 기본적인 사회적 동기도 충족시키지 못했지만, 그는 자신의 문학작품들을 통해 자아를 실현한 것으로 볼 수 있다. '에베레스트산 최초 등정'하면 우리는 에드먼드 힐러리를 떠올린다. 하지만 그의 등정은 셰르파 텐징 노르가이와 함께였다. 그는 힐러리와 함께하기 전 이미 여섯 번의 등정 시도에 참여했었고 힐러리와 함께 한 일곱 번째 시도에서 에베레스트 등정에 성공했다. 둘 중 누가 먼저 정상에 올랐느냐는 질문에 "에베레스트 산에 두 번째로 올랐다는 것이 부끄러운 일이라면, 나는 앞으로 부끄러운 마음으로 살 것이다."라는 그의 답은 널리 회자된다. 텐징이 죽자, 힐러리는 정상을 앞에 두고 앞서 가던 텐징이 헐떡이며 뒤따르던 자신에게 정상을 양보했노라고 고백한다. 모든 생명의 위험에도 불구하고, 그리고 세계 최초라는 명예, 그로 인한 존중감을 포기하면서까지 셰르파라는 직무에 충실했던 텐징이야말로 진정한 자아실현자라 할 수 있을 것이다.

셋째, 욕구단계에 있어 일시적인 퇴행이 가능하다. 자녀를 둔 여성사업가의 경우를 예로 들어 보자. 그녀는 사회적 성공을 통해 자긍심과 타인의 존경을 얻는 자존감의 단계에 있다. 어느 날 가정과 자녀에게 문제가 생겨 그녀의 소속·애정의 욕구가 위협받게 될 때, 그녀는 자기존중 욕구가 아닌 소속·애정이라는 하위단계의 욕구로 일시적으로 퇴행할 수 있다. 그렇다고 하더라도 이후에 문제가 해결되면 그녀는 다시 자기존중 욕구에 의해 동기화가 가능하다.

3.
동기의 유형

심리학자들은 동기의 유형을 크게 생물학적 생존을 위한 생물학적 동기와 사회적 환경에서의 행동을 지배하는 심리적 동기로 분류해 왔다.

생물학적 동기는 신체적 건강과 행복을 제어하기 위해 뇌구조들과 호르몬, 그리고 주요 신체기관들을 작동시키는 생물학적 조건으로 배고픔이나 포만, 갈증, 섹스 등과 관련된 욕구이다. 심리적 동기는 개인적 성장, 사회성 발달, 그리고 심리적 행복을 촉진시킬 수 있는 환경과의 상호작용들을 추구하려는 예방적 욕망의 기초가 되는 내재적 또는 타고난 심리적 과정과 관련된 욕구이다.

1) 생물학적 동기

Cannon(1932)은 『신체의 지혜(the wisdom of the body)』라는 책을 통해 인간을 비롯한 유기체는 생명을 보존하기 위한 신체 내적 지혜를 선천적으로 지니고 있다고 주장하였다. 그는 그와 관련하여 항상성이란 개념을 강조했다.

Cannon에 따르면 유기체 내부에 생리적 조절기제가 있어 체내수분, 영양분의 수준을 일정한 상태로 유지할 수 있는데, 그는 이런 생물학적 항상성 조절 기제를 항상성 기제라고 하였다. 동질정체의 기능은 뇌기관인 시상하부(hypothalamus)가 주로 담당한다. 시상하부는 항상성 유지 기능을 하기 위해 뇌의 어떤 영역보다도 많은 혈관을 갖고 있으며 혈액의 화학적 상태에 대한 정보에 민감하다.

항상성 조절 기제는 부적 피드백 체계(negative feedback loop system)이다. 즉, 생물학적 기본 욕구와 관련된 신체기관으로부터 오는 피드백 신호를 생물학적 평형 수준에 비교해, 차서 넘치거나 또는 부족하면 그것을 비우거나 또는 채우는 기제를 발동시키는 식으로 작동한다. 특정 온도 이상으로 올라가면 바이메탈(bi-metal)이 늘어져 스위치

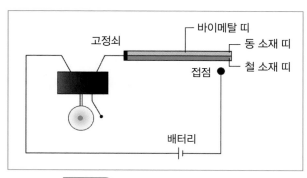

고정쇠

바이메탈 띠

동 소재 띠

철 소재 띠

접점

배터리

그림 7-6 **화재경보기의 부적 피드백 체계**

가 켜지는 화재경보기를 생각하면 이해하기 쉽다([그림 7-6]).

각 신체기관으로부터 올라오는 배고픔이나 포만, 갈증, 더위와 추위, 성적 충동 등의 신호를 받아들이는 센서들은 모두 시상하부에 몰려 있다.

시상하부는 서로 인접해서 상호연결되어 센서 역할을 하는 20여 개의 신경핵들로 이루어진 집합체이다. 이 신경핵들은 각각 분리되어 있으면서 독립적인 기능들을 수행한다. 이 20여 개의 신경핵들에 대한 자극을 통해서 시상하부는 섭식, 마시기, 짝짓기 행동(각각 기아와 포만, 갈증, 그리고 섹스 동기와 연결되는)과 관련된 조절 기능을 담당한다. 예를 들어, 외측 시상하부(lateral hypothalamus: LH)는 장기로부터 오는 신호를 탐지해서 배고픔 신호 스위치를 켜서 음식물을 찾아 먹는 행동을 추동하고, 복내측 시상하부(ventromedial hypothalamus: VMH)는 장기로부터 오는 신호를 탐지해서 반대로 포만 신호 스위치를 켜서 먹는 행동을 중지시키도록 한다. 즉, 시상하부는 자연적 보상(예: 음식, 물, 섹스 파트너)과 관련된 체계인 셈이다. 시상하부는 한편으로 내분비계와 자율신경계의 조절에도 관여한다. 이 두 체계를 조절함으로써 시상하부는 외부 환경에 최적으로 적응하기 위한 신체 내부의 조건들(예: 심장 박동, 호르몬 분비 등)을 조절하게 된다.

(1) 섭식행동의 동기

배고픔과 섭식행동은 두 가지 생리적 과정에 따라 이루어진다. 첫째는 항상성 기제에 따라 작동하는 단기 식욕 과정(예: 혈당과 칼로리의 조절)이며, 둘째는 대사조절과 저장된 에너지(예: 체내지방의 양)와 관련하여 작동하는 장기 에너지균형 과정이다. 따라서 배고픔과 섭식행동에 대한 생물학적 이해를 위해서는 이 두 가지 과정에 대한 이해가 필요하다 (Weingarten, 1985).

먼저 첫 번째 모형인 단기 식욕 과정에 따르면 유기체는 자신이 즉각적으로 사용할 수 있는 에너지(혈당)를 끊임없이 감지한다. 이 과정은 항상성 기제에 근거를 두고 있기 때문에 유기체는 혈당수준에 따라 배고픔을 느끼고 섭식을 시작하거나 포만감을 느끼고 섭식을 종결한다.

두 번째 과정인 장기 에너지균형 과정은 유기체에 저장된 에너지(체내지방의 양)를 근거로 단기 식욕 기제를 보충하기 위한 과정으로 사용된다. 이 과정은 체내에 저장된 지방의 양이 어떻게 배고픔과 섭식에 대한 이차적인 조절 역할을 하는지를 보여 준다.

단기 식욕 모형: 단기 섭식 조절　　단기적인 식욕은 공복에 따른 체내 단서들에 의해서 촉발된다. 단기적인 배고픔의 단서들은 식사의 시작, 식사량, 그리고 식사의 종결을 조절

한다. 당질평형가설에 따르면 혈당수준은 배고픔을 지각하는 데 결정적 요인이다. 혈당이 떨어지면 사람들은 배고픔을 느끼고 섭식행동을 시작한다. 그 구체적인 생리적 과정은 [그림 7-7]과 같다.

세포는 에너지를 생산하기 위해 포도당을 필요로 하는데 세포가 포도당을 일정 수준 이하로 소모하게 되면 그에 대한 생리적 욕구가 일어난다. 혈당수준을 감시하는 신체기관은 간으로, 혈당이 낮아지면 간은 배고픔이라는 심리적 경험을 일으키는 데 관여하는 뇌중추인 외측 시상하부(LH)에 신호를 보내 유기체로 하여금 섭식행동을 시작하게 한다. 그래서 외측 시상하부를 기아중추(hunger center)라고 하기도 하는데 이 부위에 대한 전기자극은 동물들을 과식하게 만들며 이 부위에 지속적으로 전기자극을 가하는 경우 지속적인 섭식행동을 하게 함으로써 비만이 되게 한다.

기아중추인 외측 시상하부(LH)와 반대로 섭식행동의 종결에 관여하는 뇌 중추는 복내측 시상하부(VMH)이다. 세포의 혈당수준이 높아지게 되면 간은 포만감이라는 심리적 경험을 일으키는 데 관여하는 복내측 시상하부(VMH)에 신호를 보내 유기체로 하여금 섭식행동을 중지하게 한다. 이 때문에 복내측 시상하부(VMH)를 포만중추(satiety center)라고 한다. 이 부위에 대한 전기자극은 동물들의 섭식행동을 중지하게 한다. 그리고 이런 포만중추 기능을 하는 복내측 시상하부(VMH)를 손상시키면 섭식행동을 중지할 수 없어 동물

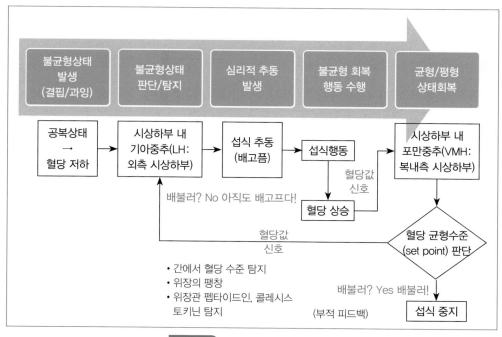

그림 7-7 섭식행동의 단기 조절 모형

들은 평상시 체중의 2~3배가 될 때까지 섭식행동을 하며 만성적인 과식자가 된다.

또한 섭식행동은 체온, 위의 팽창, 입 등과 같은 말초적 신체단서에 의해 반응하기도 한다. 예를 들어, 낮은 체온은 배고픔을 자극한다. 위의 팽만감 정도도 섭식행동에 영향을 주는 요소로, 위에 음식이 가득 차면 포만감을 느끼고, 위가 60%쯤 비면 약간의 배고픔을 느끼며, 90% 이상 비면 강한 배고픔을 느낀다.

장기 에너지균형 모형: 장기 섭식 조절　단기 식욕 모형의 포도당처럼 체내지방도 에너지를 생성한다. 신체가 혈당수준을 감지하듯 지방세포들도 체내지방의 수준을 정확하게 감지한다. 지방평형가설에 따르면, 체내지방이 균형수준 이하로 떨어질 때 지방세포가 혈류로 호르몬(예: 그렐린)을 분비하여 음식물 섭취를 늘리고 체중 증가 동기를 촉진한다. 반대로 체내지방이 균형수준 이상으로 증가하면 지방세포는 혈류 내로 호르몬(예: 렙틴)을 분비하여 음식물 섭취를 줄이고 체중 감소 동기를 촉진한다. 이렇듯 지방은 혈당에 비해 상대적으로 안정적이고 지속적인 에너지의 원천이기에 장기 섭식 조절에 관여하고 있다.

비만인 사람과 정상인과의 가장 중요한 신체적 차이는 지방세포수의 차이이다. 비만인 성인은 정상인의 3배 이상 되는 지방세포수를 갖고 있다. 비만인 사람이 식이요법을 하면 지방세포수는 감소하지 않고, 단지 지방세포의 크기가 줄어든다. 그리고 줄어든 지방세포가 일정기준의 크기가 될 때까지 배고픔을 느낀다.

그런데 이 지방세포의 수는 생후 2세경 이전에 이미 결정된다. 유전도 영향을 미치지만 생후 첫 몇 달간의 급유도 중요하다. 예를 들어, 쥐가 젖을 떼기 이전에 과식을 시키면 지방세포수가 많아지는데, 성숙된 후에 과식을 시키면 지방세포의 크기가 커지기는 해도 그 수가 증가하지는 않는다.

앞에서 살펴본 섭식행동과 관련된 생물학적 기제 외에, 환경요인도 섭식행동에 영향을 미친다. 다음으로 섭식행동에 있어 환경이 미치는 영향에 대해 살펴보자.

섭식행동에 있어 환경적 영향　섭식행동에는 앞서 살펴본 생물학적인 단기적·장기적 조절 기제 외에 외적 환경적 자극이 영향을 미친다. 환경적 자극에는 음식과 맛의 다양성, 사회적 촉진 및 상황적 압력과 같은 사회심리적 요인 등이 포함된다.

먼저 음식과 맛의 다양성이 섭식행동을 증가시킬 수 있다. 개인이 다양한 종류의 음식을 접하면 섭식행동은 증가된다. 예를 들어, 뷔페처럼 다양한 음식이 있을 때 사람들은 여러 음식을 먹게 된다. 각각의 새로운 음식은 새로운 맛을 경험할 수 있게 해 주기 때문이다. 그리고 한 종류의 음식(예: 아이스크림)이라 할지라도 다양한 종류, 다양한 맛을 지닌 아이스크림들이 있는 경우에도 섭식행동은 증가된다.

　다음으로 다른 사람과 함께 있을 때 수행이 증가하는 사회적 촉진현상도 섭식행동의 환경적 요인으로 작용한다. 예를 들어, 사람들은 혼자 있을 때보다 다른 사람과 함께 식사를 할 때, 그리고 그 수가 많을수록 더 많이(혼자 있을 때 먹는 양의 50% 이상까지), 더 오랫동안 먹는 것으로 밝혀졌다. 특히 이 현상은 다른 사람들이 가족이나 친구처럼 편안하고 친한 사람일수록 두드러지게 나타났다.

　이 외에도 집단동일시에 대한 상황적 압력이 섭식행동에 영향을 미친다. 이 현상은 특히 소규모집단에서 쉽게 일어날 수 있다. 사회심리학적으로 볼 때 어느 집단이나 어떤 행동이 적절한 행동인가에 대한 암묵적 규준이 있으며 집단은 그 구성원들로 하여금 그런 암묵적 규준에 맞게 행동하도록 요구하는 경향성이 있다. 예를 들어, 역도 팀에서는 많은 음식섭취와 체중 증가를 규준으로 삼는 반면, 응원단에서는 다이어트와 체중 감소를 규준으로 삼는다.

　한편으로 여성들이 생각하는 몸매 이미지(body image)에 대한 표상이 다이어트와 섭식장애에 영향을 미칠 수 있다. 한 연구에서는 여대생들에게 현재 체중, 그들이 생각하는 이상적인 체중, 그리고 남자들이 이상적이라고 생각할 것 같은 체중을 적도록 했다(Fallon & Rozin, 1985). 결과는 매우 흥미롭다. 여성들은 그들의 현재 체중이 이상적 체중보다 훨씬 더 나가며, 남성들이 좋아할 것이라고 생각하는 체중보다도 더 많이 나간다고 생각하는 것으로 나타났다. 게다가 여성들은 자신들의 몸매를 실제보다 더 크게 보고 있다는 것이다(Thompson & Dolce, 1989; [그림 7-8]).

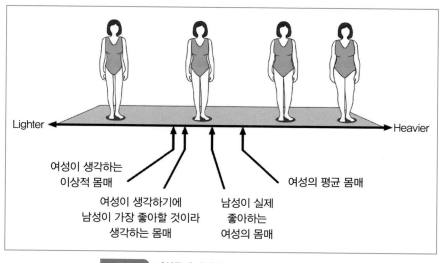

그림 7-8　**여성들이 생각하는 자신의 몸매 이미지 표상**

재밌는 것은 남성들에게 유사한 질문을 했을 때, 이상적인 체중과 실제 체중 간의 차이가 그리 크게 나타나지 않았다는 것이다. 게다가 여성들의 이상적 체중은 여성들 스스로 선택한 이상적 체중보다 더 높게 평가했다는 것이다. 이러한 결과는 왜 여성들이 다이어트에 더 집착하고 섭식장애에 더 잘 걸리는지를 설명해 준다.

글상자 7-1 **마약이나 약물 중독처럼 폭식과 비만도 중독일까?**

많이 먹어서 배가 이미 꽉 찼음에도 눈앞의 먹음직스러운 아이스크림과 초콜릿 시럽이 듬뿍 올려진 도넛을 또 먹게 되는 것은 무엇 때문일까? 비만인 사람들은 비만으로 다양한 건강 및 심리적 문제를 경험하면서도, 기름지고 단 음식만 보면 왜 먹고 싶은 유혹을 떨치지 못하는 것일까? 최근 신경과학 연구는 비만이 게임이나 약물 중독과 같은 뇌 작용을 보이며, 따라서 비만한 사람들의 식탐은 지방과 단 음식 중독으로 봐야 하며, 비만 치료는 단순히 식생활 습관의 교정만으로는 불충분하며 약물 중독 치료처럼 뇌질환 치료 차원에서 이루어져야 한다는 주장이 제기되고 있다(Kenny et al., 2013).

기능성 자기공명영상(fMRI)을 이용한 한 연구에서는 [그림 7-9]처럼 우리의 뇌는 시상하부의 LH와 VMH를 기아/포만 중추로 하는 식욕촉진회로(파란색 실선)와 식욕억제회로(파란색 점선)가 있어서, 충분히 먹으면 혈관 등에서 식욕 억제 호르몬(렙틴, 인슐린 등)을 VMH에 전달하여 먹기를 그만두게 한다고 하였다. 따라서 이 두 개의 식욕관련 회로들만 제대로 작동하면 적절한 식생활을 유지하여 비만에 빠지지 않을 수 있다.

하지만 어떤 사람들, 즉 비만인 사람들은 설탕으로 가득 찬 맛있는 도넛을 섭취하게 되면 선조체에서 뇌 속의 아편이라고 부르는 엔돌핀이 분비되며 행복감을 느끼게 되고, 도넛의 설탕과 관련된 시각(색과 모양, 질감), 후각(냄새), 미각(맛) 정보는 복측 중뇌피개 영역으로 전달되어 도파민을 분비하게 되고, 이 도파민은 뇌의 편도체와 전전두엽으로 전달되어 쾌락을 느끼게 하며, 전전두엽은 이 단 음식을 더 먹도록 의사결정을 하게 한다. 결과적으로 비만인 사람들은 단 음식을 먹으면 먹을수록 그 단맛에 취해 더 많이 먹게 되는 것이다.

마약과 게임 중독자들의 뇌는 정상인들에 비해서 더 적은 도파민 수용체를 지니고 있고, 따라서 도파민 수준이 낮은 것으로 알려져 있다. 하지만 마약이나 게임을 하는 동안 도파민이 과다 분비되고 도파민 수준이 높아져서 쾌감을 느끼게 된다는 사실은 신경과학 연구에서 이미 밝혀졌다(Volkow et al., 2011). 중독자들은 도파민이 만든 쾌락 때문에 마약이나 게임에서 빠져나오지 못하고 더욱 깊게 빠져든다.

그렇다면 비만인 역시 정상인보다 더 적은 도파민 수용체를 갖고 있는 걸까? 그래서 기름지고 설탕 범벅의 음식 섭취가 도파민 분비를 촉진하여 도파민 수준을 증가시키고, 결과적으로 도파민이 주는 쾌감에 중독돼 과도한 설탕과 지방이 담긴 음식의 섭취를 중단하지 못하는 악순환에 빠지는 것일까? fMRI 스캔 연구는 정상 체중인 사람에 비해 비만인 사람들이 더 적은 도파민 수용체들을 지녔음을 보여 주었고, 또 다른 연구는 강박적인 폭식이 뇌의 보상체계를 자극하여 감소된 도파민 기능을 보상해 주는 것일 수 있다는 것을 보여 주었다. 즉, 비만인 사람들은 기름지고 당 덩어리인 음식들, 패스트푸드와 같은 정크푸드를 먹으면 먹을수록 뇌의 보상체계가 주는 쾌감으로 인해 더 많이 먹게 되어 더 살이 찌게 되고, 그럴수록 도파민 수용기는 줄어들어 같은 쾌감을 느끼려면 더 많은 음식을 먹어야 하는 악순환에 빠지게 된다는 것을 설명해 준다.

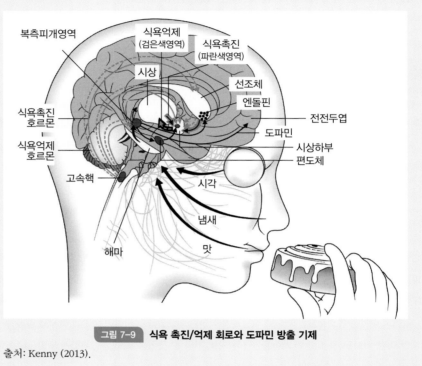

그림 7-9 **식욕 촉진/억제 회로와 도파민 방출 기제**

출처: Kenny (2013).

(2) 성행동의 동기

우리는 오랫동안 배고픔이나 갈증의 욕구를 충족시키지 않으면, 즉 음식물을 섭취하지 않거나 물을 마시지 않으면 죽게 된다. 그러나 성적 욕구를 충족시키지 않았다 해서 죽지는 않는다. 배고픔이나 갈증은 심할 경우 고통스럽지만, 성적 추동의 각성은 쾌감을 준다. 배고픔이나 갈증은 개체의 생존을 위한 생물학적 항상성을 유지하려는 욕구이지만, 성적 추동은 항상성과는 무관하다. 성적 욕구를 충족시켰다 해서 신체적으로 회복되는 평형 조건이 있는 것도 아니다. 배고픔, 갈증, 체온 유지 등의 생리적 욕구는 개체 수준의 생존을 위한 기본 동기이지만, 성적 욕구는 종(種) 수준, 또는 유전자 수준의 동기이다. 즉, 종의 번식과 유전자의 보존 및 전파를 위한 기본 동기이다.

또한 성적 동기는 쾌감뿐만 아니라, 번식과 사회적 유대를 포함하는 다양한 목적을 위해 작용하기도 한다. 성적 동기는 상대가 필요하다는 점에서 사회적 동기이기도 하다. 성과 관련되어서는 문화마다 다른 규칙과 제재들이 있으며, 모든 사회가 성적 활동을 규제하며, 규제의 범위와 양상은 사회적 특성에 따라 다양하다. 예를 들어, 동성애는 전통적으로 미국과 아랍 문화권에서는 억압되어 왔지만, 일부 아시아-태평양 섬나라들에서는 수용적이다. 친척들 간의 결혼이나 성기나 가슴의 노출과 관련된 법률도 문화마다 다르다.

성행동의 생리적 조절　　인간을 제외한 많은 동물의 성행동은 암컷의 배란기에만 일어난다. 배란기에 암컷은 페로몬을 분비하고, 이 향은 수컷의 성적 접근을 부추긴다. 또한 수컷에게 남성호르몬인 테스토스테론을 주입하면 성행동은 증가하게 된다. 인간의 성행동도 호르몬의 영향을 받기는 하지만 동물처럼 그것에 의해 전적으로 결정되지는 않는다. 성호르몬에는 남성의 성적 동기유발에 관여하는 안드로겐(예: 테스토스테론)과 여성의 성적 동기유발에 관여하는 에스트로겐이 있다. 성호르몬의 방출은 시상하부에 의해 통제된다. 이런 성호르몬의 기능과 작용은 남녀 모두 연령이 증가할수록 감소하는데, 20대 후반부터 서서히 감소하여 40세가 되면 20세의 절반 정도 수준이 된다.

　남성과 여성의 성욕에 대한 경험과 반응은 매우 다르다(Basson, 2002). 남성의 경우, 여성에 비해 생리적 각성(예: 발기 반응)과 성욕 사이의 상관이 높다. 그리고 여성과는 다른 성적 반응단계를 거친다. 남성의 경우 성적 각성을 일으키는 자극(예: 성 파트너로부터의 자극)이 있을 때 3단계의 성 반응 주기—욕망, 각성, 오르가슴—를 거치고 급격한 해소기에 이르러 종결된다(Masters & Johnson, 1966; [그림 7-10]).

　반면, 여성의 경우 남성과 달리 생리적 각성과 심리적 욕구 사이의 상관이 낮은 편이다.

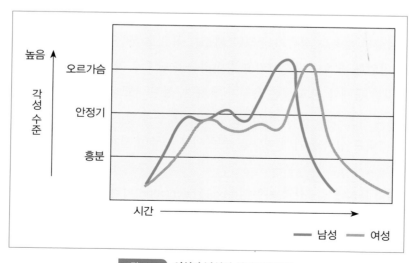

그림 7-10　**여성과 남성의 성적 반응주기**

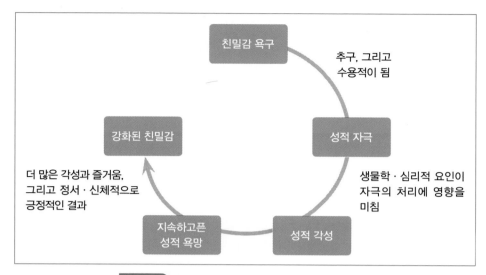

그림 7-11 **친밀감 기초 모형에 기반한 여성의 성 반응 주기**

출처: Basson (2001), pp. 395-493: 정봉교 외 역(2011)에서 재인용.

예를 들어, 여성의 생리적 각성과 성욕 사이의 상관은 낮거나 존재하지 않는다. 그래서 여성의 성욕은 그들의 생리적 각성(예: 호르몬 증가나 질 윤활 현상, 생식기의 충혈 등)으로 그들의 성욕을 예측하거나 설명할 수 없다. 오히려 여성의 성욕은 정서적 친밀감과 같은 관계성 요인에 의해 보다 잘 예측된다(Basson, 2002).

또한 여성은 남성과는 다른 성적 반응단계를 거치는데 이를 잘 설명한 모형이 친밀감 기초 모형이다([그림 7-11]). 이 새로운 모형에 따르면 여성의 성욕은 성적 파트너에 대한 정서적 친밀감에서 유발된다. 즉, 여성이 성욕을 느끼는 것은 생리적 각성상태가 아닌 정서적 친밀감이다. 이런 맥락에서 여성의 성적 동기와 성행동은 생리적 욕구 이상의 의미를 담고 있다. 여성의 성욕은 성욕의 급격한 해소를 목표로 하는 남성과 달리 성적 파트너와의 장기적인 친밀한 관계로 발전시키고 강화하는 수단으로 작용한다. 이렇듯 여성의 경우 누군가와 친밀한 관계가 되고 싶은 욕구가 생기면, 성적 파트너로부터 많은 자극을 경험하게 되는 것은 그 이후이다. 시각(외모), 청각(목소리), 후각(향취), 촉각(접촉) 등 잠재적 파트너의 신체적 매력은 성적 동기에 영향을 주는 외부 자극이 되게 된다.

성적 지향성과 동성애　성적 지향성(sexual orientation)이란 '이성에게 성욕을 느끼는가 아니면 동성에게 성욕을 느끼는가?'를 나타내는 개념이다. 성적 지향성은 명확히 구분된 개념이라기보다는 연속선상의 개념으로 볼 수 있다. 다시 말해, 성적 지향성은 배타적 이성애로부터 양성애 지향성을 거쳐 배타적 동성애 지향성에 이르기까지 연속선상에 놓여 있다는 주장이다.

특히 이런 성적 지향성은 대체로 청소년기에 확립되는데 대부분의 청소년은 이성애 지향성을 갖지만 남성의 4%와 여성의 2% 정도는 동성애 지향성을 갖고 있는 것으로 알려져 있다(이 비율은 양성애 지향성을 포함한다면 좀 더 높아질 수 있다). 동성애에 대한 지금까지의 연구들에 따르면 성적 지향성은 개인의 의도적인 선택이라기보다는 주어진 운명에 가깝다(Money, 1988). 사람들이 왜 동성애적 지향성 또는 이성애적 지향성을 발달시키는지에 대해 검증된 연구들은 없으며 아직 가설수준에 머무르고 있다.

예를 들어, 동성애가 지배적이고 강압적인 어머니와 지나치게 유약한 아버지로부터 발생하거나(Bell, Weinberg, & Hammersmith, 1981), 연상의 동성의 성적 유혹에 노출됨으로써 발생한다(Money, 1988)는 주장이 있다. 그리고 Freud의 정신분석학에서는 남근기 때 오이디푸스 콤플렉스나 엘렉트라 콤플렉스의 해결과정에서 동성 부모와의 동일시를 통한 성역할 습득의 실패로 동성애를 설명한다. 비교적 최근에는 태아가 자궁에서 처음 노출된 호르몬(남성호르몬인 안드로겐 또는 여성호르몬인 에스트로겐)의 유형과 사춘기 성적 지향성의 관계에 대한 연구가 진행되고 있다.

성적 동기의 진화적 기초: 진화심리학 진화심리학자들은 성행동이 유전자에 의해 강력하게 제한되어 있고, 유전자는 합리적 사고만큼이나 개인의 짝짓기 방략을 결정한다는 가정에서 출발한다. 이들의 주장에 따르면 성적 동기와 행동은 분명한 진화적 기능과 기초를 가지고 있는데, 이는 생식을 통해 자기종족을 보존하고 유지하며 이를 통하여 자신의 유전적 효율성을 극대화하는 것이다. 이를 전제로, 진화심리학에서는 남성과 여성이 그들의 성적 동기와 짝짓기 방략 기저에 있는 특유의 심리적 기제를 발전시켰을 것이라고 가정한다(Buss & Schmitt, 1993).

남성은 젊고 매력적인 배우자를 원하고, 여성은 능력 있고 지위가 높은 배우자를 원한다. 여성과 비교했을 때, 남성은 단기적 성적 동기를 가지고, 성관계에 있어 덜 엄격한 기준을 부여하며, 젊음과 같은 접근성 단서에 가치를 두고, 배우자의 정숙도를 높이 평가한다. 반면, 남성과 비교해서 여성은 남성의 자원에 대한 신호(자신을 위한 지출, 풍요로운 생활방식의 제공 등)와 그를 뒷받침할 만한 야망, 사회경제적 지위, 장래성 있는 직업 등에 가치를 둔다.

남성은 여성배우자를 선택할 때 신체적 매력과 젊음이 중요하다고 생각하고, 여성은 남성배우자를 선택할 때 경제적 수입과 잠재력이 중요하다고 생각한다. 진화심리학에서는 자신의 외모에 대해 정말 많이 생각하는 여성이 지위가 높은 남자를 선호하는 것과 자신의 부와 지위에 대해 많이 생각하는 남자가 여성의 젊음과 외모에 대한 기준이 높은 것은 마치 '끌어당기기'와 같다(Buston & Emlen, 2003)고 본다.

그러나 남성과 여성이 만일 지위와 매력 이외의 요인들(예: 가족에 대한 헌신, 성적 정조 등)에 가치를 둘 때, 지위가 높거나 매력적인 배우자보다는 그런 특성을 가진 배우자를 더 선호할 수 있다. 사실 진화적인 관점(가족이나 자기종족의 유지와 보존)에서 보더라도 자녀에게 훌륭한 부모가 되고자 한다면, 그 사람에게 있어 가족에 헌신하고 성적 정조를 지킬 수 있는 가정적인 배우자가 다른 요인보다 최선일 것이다.

또한 한 연구에서는 여성들에게 높은 신체적 매력을 지닌 남성과 적절한 수준의 신체적 매력을 지닌 남성 중 어떤 이를 배우자로 선택할 것인가를 물었는데, 보다 많은 여성이 후자를 좀 더 매력적으로 평가했으며 배우자로 선택했다. 그 이유는 후자가 전자에 비해 가족에 대해 더 헌신적이고 부부간의 정조를 지킬 것이라고 보았기 때문이었는데, 이러한 사실 역시 앞의 견해와 일치한다.

2) 심리적 동기

기본 동기, 즉 생물학적 동기와 안전에 대한 동기가 자연환경 속에서 살아남기 위한 동기라면, 심리적 동기는 사회적 환경 속에서 적응과 생존을 위한 동기이다. 기본 동기는 거의 모든 동물에게서 발견할 수 있는 동기라면, 심리적 동기는 군집을 이루거나 사회를 구성하며 살아가는 영장류, 특히 인간에게서 발견되는 고등한 동기이다. Reeve(2018)는 Edward Deci와 Richard Ryan의 자기결정이론의 내재적 동기와 외재적 동기를 구분한 후, 내재적 동기에 의해 촉발된 행동 수행의 질을 결정하는 자율성, 유능성, 관계성을 타고난 심리적 욕구로 보았으며, David C. McClelland의 성취동기이론에서 구분하는 성취욕구, 권력욕구, 친화욕구를 생후 개인의 발달과정에서 습득되는 암묵적 동기로 구분하였다. 여기에서는 주요 개념들만 살펴보도록 하겠다.

(1) 내재적 동기와 외재적 동기

Deci와 Ryan은 인본주의적 관점과 사회적 맥락에서 인간 행동의 동기를 설명하려고 한다. 이들은 인간은 진화론적 본능이나 생물학적 추동이 관련된 행동 이외에도 사회적 환경 속에서 적응하며 삶을 유지하기 위한 행동의 동기에 관심을 가졌다. 이들은 사람들이 사회적 환경에서 보이는 다양한 행동이 단순히 외적 보상과 같은 유인(incentive) 때문이거나 단순한 생리적 각성(흥분과 스릴)을 추구하기 위해서만은 아니라고 본다. 그보다는 사회적 관계를 고려하여 자신의 능력에 따라 자신의 행동을 자율적으로 스스로 결정하고, 이처럼 자신에게 부여하는 주체적 동기로서의 내재적 동기에 따라 수행의 결과와 질이 달라질 수 있음을 주목하고 자기결정이론(Self-Determination Theory: SDT)을 제시한다.

자기결정이론은 내재적 동기(intrinsic motivation)와 외재적 동기(extrinsic motivation)을 구분한다. 사람들은 자신이 무엇을 하는지보다 왜 하는지 그 이유가 더 중요하다고 본다. 우리가 어떤 행동을 하는 이유는 노력의 정도와 수행의 수준, 그리고 그 일을 얼마나 오랫동안 계속할 수 있는지, 즉 지속성에 중요한 영향을 미친다. 내재적 동기는 우리로 하여금 과제 수행이 가져다 줄 구체적이고 실질적인 보상 때문이 아니라, 과제 자체가 주는 즐거움 때문에 그 과제에 참여하도록 한다. 반대로 외재적 동기는 돈이나 성적 또는 칭찬과 같은 다른 구체적이고 실질적인 보상 때문에 어떤 일에 참여하게 만든다.

일반적으로 외재적 동기가 아닌 내재적 동기로 어떤 일을 할 때, 더 열심히, 더 오래 일할 수 있는 것은 물론 훨씬 질 높은 결과를 만들어 내는 경향이 있다. 여러 연구에서 목표 과제에 보상을 제공했을 때(즉, 외재적 동기를 증가시켰을 때), 오히려 내재적 동기를 감소시키고, 결과적으로 과제 수행의 질이 떨어지는 것이 관찰되기도 했다.

자기결정이론에 따르면 다른 사람이나 외부의 조건(외재적 조건) 때문에 하는 일은 스스로 좋아서 자발적으로 하는 일보다 잘할 수 없다. 공자가 논어 '옹야편(雍也篇)'에서 "알기만 하는 사람은 좋아하는 사람만 못하고, 좋아하는 사람은 즐기는 사람보다 못하다(知之者不如好之者, 好之者不如樂之者)"라고 말한 것도 바로 어떤 일을 함에 있어서 좋아하고 즐기는 행위, 즉 내재적 동기가 중요함을 시사한다.

그럼 다음으로 내재적 동기가 나타나는 세 가지 조건에 대해 살펴보자.

내재적 동기와 세 가지 조건　　자기결정이론은 인본주의의 영향을 받아 책임, 성장, 자아실현을 강조하고, 개인을 생물학적 생존뿐만 아니라 성장하고 발전하기 위해 최고의 방법을 추구하는 적극적인 유기체로 본다. 이처럼 성장을 실현하고 긍정적인 변화를 가져오는 동기를 '자기실현 경향성'이라고 불렀다. 사람은 진화론적 본능이나 생물학적 추동에 이끌려 행동하기보다는, 또는 단순히 외적 보상과 같은 유인(incentive)에 이끌려 행동하기보다는 자기실현을 위해 끊임없이 노력하고 분투한다.

따라서 사람들은 자기실현 경향성을 가지고 행동하는데, 이때 세 가지 기본적이고 보편적인 심리적 욕구가 작용한다. 즉, 자율성(autonomy), 유능감(competence), 관계성(relatedness)이다(Deci & Ryan, 1985; Ryan & Deci, 2000). Murray와 Maslow 같은 인본주의 심리학자들은 자아실현 경향성(Maslow, 1954), 안정성, 돈, 영향력, 인기, 건강, 자기존중감, 자기존경과 기쁨 등을 포함하는 다양한 모든 심리적 욕구에 대해 연구해 온 결과 자율성, 유능성, 관계성 이 세 가지 욕구가 가장 중요한 것임을 밝혀냈다(Sheldon, Elliot, Kim, & Kasser, 2001). 그리고 이러한 욕구는 집단주의 문화나 개인주의 문화나 무관하게, 혹은 전통주의 가치이건 평등주의 가치이건 상관없이 모든 문화에 걸쳐 보편적으로 중요한 것으로 연구되었다(Deci & Ryan, 2008; Sheldon, et al., 2001).

'자율성'은 자신의 행동과 자기조절을 스스로 선택할 수 있고, 타인 또는 운명의 장난 같은 감정과 달리 자신의 행동과 계획에 대해 스스로 결정할 수 있는 자유로운 감정을 말한다. 즉, 자기 삶을 자기가 주도하고 싶어 하는 욕구가 자율성이다. 사람들은 주변 사람이나 상황의 압박 때문에 어떤 일을 해야 하고, 또 반드시 해야 한다는 압력이나 강요를 받는 대신 무엇을 추구해야 할지 자유롭게 선택할 수 있다고 느낄 때, 그 일을 좋아하고 즐길 수 있게 된다.

'유능감'은 자신의 능력을 연습하고 확장하고 표현하는 기회와 경험을 갖게 하는 자신의 행동에서 유능함을 느끼고 싶어 하는 감정이다. 사람은 누구나 자신이 능력 있는 존재이기를 원하고 기회가 될 때마다 자신의 능력을 향상시키기를 원한다. 이 과정 속에서 너무 쉽지도 너무 어렵지도 않은 과제를 추구하고 통달함으로써 유능감을 느끼고 싶어 한다. 유능성의 지각은 자기 혼자서 일할 때도 경험할 수는 있지만, 이러한 유능감을 표현하기 위해서는 사회적 상호작용이 필요하기 때문에 타인이나 집단과의 상호작용이 필요하고, 그들로부터의 긍정적인 피드백과 자율성이 유능성의 욕구를 충족시키며 결과적으로 내재적 동기를 증진시키는 효과를 가져온다.

'관계성'은 가족이나 친구 또는 직장 동료나 상사와 같이 주위의 사람들과 의미 있는 관계를 맺고자 하는 욕구이다. 관계성은 사람들을 돌보고 또 사람들로부터 돌봄을 받음으로써 타인과 연결되어 있다고 느끼는 감정이다. 관계성은 가정, 학교, 직장, 또는 동호회나 마을 같은 공동체에 대한 소속감에서 나올 수 있다. 관계성에 대한 욕구 충족은 유능성이나 자율성 욕구 충족에 비해 내재적 동기를 확보하는 과정에서 다른 조건들을 보조하는 역할을 한다. 일반적으로 다른 사람의 지시나 부탁, 강요 등과 같이 외재적 조건들로 동기화된 행동은 자기 스스로 좋아서 하는 것이 아니므로 행동 그 자체에 대한 흥미를 느끼지 못해 외재적 조건들이 제거되었을 때는 그 스스로 그 행동을 다시 시작하려는 경향을 보이지 않는다. 그러나 자신에게 그 일을 부탁한 사람이 자기가 좋아하는 친구나 연인일 경우, 즉 의미 있는 타인일 경우 그 사람과 관계를 더 안정적으로 유지하기 위한 수단으로 생각해 그 일 자체에 관심을 갖게 되고 나아가서 흥미를 가질 수도 있다. 이는 관계성이 타인과 연결되어 있다고 느끼는 감정이기 때문이다.

어떤 활동이든 친구와의 여행의 예처럼 그 사람으로 하여금 자유를 느끼게 하거나(자율성), 자신이 여행에서 어떤 기여나 능력발휘를 할 수 있다고 느끼게 하거나(유능감), 혹은 정서적으로 친밀함(관계성)을 느끼게 해 준다면 그 사람은 내재적 동기를 경험하기 쉽다. 즉, 어떤 일이든 심지어 따분해 보이는 일이나 공부라 할지라도 이런 세 가지 조건을 경험할 수 있다면 그 일에 대해 '흥미롭다', '재미있다' 혹은 '그것을 즐긴다'라고 볼 수 있으며 내재적 동기를 경험한다고 볼 수 있다(Reeve, 2011).

예를 들어, 일반적으로 학구열이 높고 학업적 성취가 높은 사람들은 그렇지 않은 사람들에 비해 새로운 것을 배우는 일에 대한 긍정적인 태도와 도전과 좌절에도 불구하고 자기조절을 잘해 나갈 수 있는 능력을 지니고 있으며, 학습한 내용의 의미를 찾아내고 음미하고 즐기려는 노력, 자율성과 도전의식, 유능감과 효능감, 다른 사람에게 지원을 받는다는 인식(관계성) 등과 같은 심리적 특성을 더 많이 지니고 있는 것으로 알려져 있다(Peterson & Seligman, 2004).

한편, 유능감, 자율성, 관계성 욕구를 모두 충족시킨 사람은 여러 외적 동기 유발 요인들을 능동적으로 자신의 정체성과 가치관으로 내면화(internalize)하거나 통합하는(integrate) 경향이 있고, 사회적 기대나 규칙 또는 규제들을 외적 압력이 아닌 그 스스로 견지하고 있는 가치나 규칙으로 포함시킨다.

내재적 동기의 긍정적 측면　　　내재적 동기는 외재적 동기와 달리 사람들에게 지속성, 창의성과 주관적 안녕감의 향상에 기여를 한다(Reeve, 2011).

첫째, 과제에 대한 지속성(persistence)의 경우 내재적 동기가 높으면 높을수록 과제를 지속하고자 하는 경향성이 높아진다. 여러 연구에 따르면 내재적으로 동기화된 지속성은 운동 프로그램을 계속하는 것, 학교에 출석하여 학업을 꾸준히 하는 것 등 특정 행동의 지속과 관련된 것으로 밝혀졌다.

둘째, 창의성(creativity)은 일반적으로 감시를 받거나, 평가되거나, 지배를 받거나 혹은 보상을 받는 것과 같은 통제적 사건(외재적 동기)에 의해서 손상이 된다. 이와 대조적으로 창의성은 내재적 동기에 의해 향상되는데, Amabile(1985)은 창의성에 있어 내재적 동기의 중요성을 강조하면서 "사람들은 외적 압력에 의해서보다 일 자체의 흥미, 즐거움, 만족 및 도전에 의해 일차적으로 동기화될 때 가장 창의적일 수 있다."고 주장하였다.

마지막으로 내재적 동기는 개인의 주관적 안녕감(subjective well-being)을 높인다. 내재적 목표(예: 삶에서의 유능성, 관계성, 자율성)를 추구하는 것은 외재적 목표(재정적 성공, 사회적 인정, 신체이미지 등)를 추구하는 것보다 더 나은 기능을 하도록 하고, 더 높은 심리적 안녕을 가져온다. 더구나 내재적 삶의 목표를 추구하는 것은 자아실현, 높은 수준의 활동성과 낙천성, 낮은 불안 및 우울, 높은 자기존중감, 깊이 있고 진실한 대인관계 등과 관련이 있는 것으로 밝혀졌다(Kasser & Ryan, 2001).

(2) 성취동기

조지 맬러리는 1921년과 1922년에 1, 2차 에베레스트(8,848m) 등정에 참여했지만 두 번 모두 실패했다. 첫 등정에서는 8,255m, 2차 등정에서는 8,326m까지 올랐다. 1924년에 다시 3차 등정에 참여했지만 정상을 200m 남긴 곳에서 동료 대원 오델에게 마지막으로 목격된 후 실종됐다. 그의 시신은 1999년 그의 시신을 찾기 위해 조직된 BBC 다큐멘터리팀에 의해서 실종된 지 75년 만에 발견되었다. 1, 2차 등정을 마치고 3차 등정을 준비하는 그에게 『뉴욕타임스』 기자가 "왜 에베레스트 산에 오르고 싶어 합니까?" 하고 물었을 때 그는 "산이 거기 있기에(Because it's there)."라는 짤막한 세 단어로 답했다. 이 세 마디 말은 이후 어떤 외적 보상이나 조건도 없이 일 자체가 주는 성취감을 얻기 위해 생명의 위협도 무릅쓰고 도전을 멈추지 않는 사람들의 행동을 설명하기 위한 유명한 인용구가 되었다. 조지 맬러리의 이 말은 McClelland와 Murray가 주장하는 심리학의 성취동기(achievement motive 또는 need for achievement)의 핵심적 의미를 가장 짧은 말로 가장 정확히 설명하는 것이기도 하다.

우리는 때로 어떠한 목표를 세우고 성취한 후에, 보다 높은 목표를 성취하려는 열망을 갖는다. 물론 남다른 성취는 자연스럽게 보상을 수반하겠지만 이것이 1차적인 목표라고 볼 수는 없다. 세계기록에 도전하는 육상선수나 엄청난 연구업적을 지닌 과학자들이 진정으로 원하는 것은 올림픽 금메달이나 노벨상이 아니라 자신이 원하는 목표를 이루었다는 성취감일 것이다.

그런데 이런 성취동기에는 개인차가 존재한다. 먼저 성격심리학자인 Murray는 우리 모두에게는 성취동기라는 것이 있고 이런 성취동기에는 개인차가 존재한다고 보았다. McClelland는 이러한 성취동기의 개인차를 측정하기 위해 주제통각검사(Thematic Apperception Test: TAT)를 사용하였다. 투사법 유형에 속하는 TAT 검사는 피검사자들이 애매모호한 그림을 보고 만들어 낸 이야기 속에 자신의 가치관, 관심 및 동기를 무의식적으로 투사할 것이라는 가정을 갖고 있다(McClelland, 1961).

McClelland를 비롯한 여러 동기심리학자들은 TAT 검사를 활용하여 성취동기와 다른 변인 간의 관계에 대한 연구를 하였다. 예를 들면, 성취동기가 높은 사람은 낮은 사람에 비해 사회적으로 높은 지위를 차지하기 위한 경향이 강한 것으로 나타났다. 보다 구체적으로는 성취동기가 낮은 아들보다 성취동기가 높은 아들이 자기 아버지보다 높은 신분을 달성할 가능성이 더 높은 것으로 나타났다. 30대에 성취동기가 높게 측정된 사람이 낮게 측정된 또래에 비해 40대에 더 많은 봉급을 받는 것으로 나타나기도 하였다(McClelland et al., 1976).

그렇다면 성취동기가 높은 사람은 보다 높고 어려운 목표를 세울까? 연구결과에 따르면 그렇지 않다. 연구에서, 성취동기가 높은 사람은 너무 어렵다고 생각되는 과제를 만나면 성취동기가 낮은 사람에 비해 쉽게 포기하였다(Feather, 1961). 이 점으로 볼 때 성취동기가 높은 사람은 그렇지 않은 사람에 비해 단순히 높은 목표를 선호하는 것이 아니라 목표선택에 있어 효율성을 강조한다는 것을 알 수 있다. 성취동기가 강한 사람들이란 즉, 최소한의 노력으로 최대한의 효과를 얻으려는 욕구가 강한 사람들인 것이다.

한편, 성취동기가 높은 사람이 또래에 비해 더 많은 봉급을 받는 것은 어떻게 설명될 수 있을까? 앞의 연구결과대로 성취동기가 강한 사람들이 또래보다 더 많은 월급을 받는 것은, 그들이 자기가 일을 잘한다는 구체적인 피드백을 중요하게 여기기 때문일 수 있다. 월급은 자신이 성취하고 달성한 정도를 가장 구체적으로 피드백해 주는 수치로서, 성취동기가 강한 사람들은 피드백을 얻기 위해 보다 많은 월급을 받을 수 있는 일에 도전할 확률이 높고, 그 결과 또래보다 월급을 더 받을 가능성도 높아질 것이다. 요컨대, 성취동기가 높은 사람은 자신의 성취감을 자주 경험하기 위해 비교적 현실적이고 효율적인 목표를 세우려고 하고, 자신의 성취 및 달성 정도를 쉽게 확인할 수 있는 목표를 선호한다는 것이다.

반면, 성취동기가 낮은 사람들은 실패에 대한 책임을 회피하려는 동기가 성공하고자 하는 동기보다 높다. 따라서 그들은 실패할 염려가 거의 없는 아주 쉬운 과제를 선택해서 자존감을 보호하고자 한다. 아니면 정반대로 실패가 확실히 예상되는 아주 어려운 과제를 선택함으로써 실패로 인한 자신의 책임을 회피하려 하기도 한다. 아주 어려운 과제는 다른 사람들도 많이 실패한 데다가 기본적으로 어렵기 때문에 실패해도 별로 자존심 상할 이유가 없을뿐더러 변명이나 합리화를 통해 타인의 비난을 면할 수 있기 때문이다.

Atkinson의 연구(Atkinson & Litwin, 1960)는 이와 같은 사실을 뒷받침해 준다. 연구에 따르면 성취동기가 높은 사람의 경우는 중간 정도의 어려운 과제를 선택할 가능성이 높고, 성취동기가 낮은 사람의 경우는 매우 쉽거나 매우 어려운 과제를 선택할 가능성이 높다. 다시 말해, 성공하려는 동기가 더 높은 사람들은 쉬운 과제는 성공이라고 할 수가 없고, 어려운 과제는 성공하기 어려우므로 중간 정도의 난이도를 지닌 과제를 선택하는 경향성이 있다. 반면, 성취동기가 낮은 사람은 비현실적으로 높은 목표를 세워 스스로 성취감을 경험하기 힘들게 만들거나, 아니면 정반대로 누구라도 쉽게 달성할 수 있는 쉬운 목표를 세워 매우 낮은 수준의 성취감을 경험하려는 경향성을 보인다.

성취동기에 따라 성공이나 실패를 경험한 후 과제를 선택하는 경향성이 달라진다는 연구결과도 있다(Weiner, 1972). 성취동기가 높은 사람의 경우에는 과제에서 실패를 경험한 후 동기가 더 증진되었고(더 잘해서 실패를 성공으로 극복하기를 원함), 성공을 경험한 후에는 동기가 감소되었다(이미 그 과제 달성을 통해 자신의 능력을 증명하였으므로, 동일 또는 유사 과제를 더 계속할 흥미나 이유가 없음). 이와 정반대로 성취동기가 낮은 사람의 경우에는 실패를 경험한 후에 동기가 더 감소되었고(그 과제로 인해 계속될 수 있는 실패에 대한 두려움에 압도됨), 성공을 경험한 후에는 동기가 더 증가되는(단 성공을 경험했던 과제와 동일하거나 유사한 수준과 내용의 과제를 계속하고 싶어 함. 다시 말해, 새로운 도전을 하지 않고 잘하는 것만 계속하려고 함) 것으로 나타났다.

그러면 성취동기의 강도에 있어 이런 개인차는 어디서 오는 것일까? 여러 연구에 의하면, 부모의 양육방식이 성취동기에 중요한 역할을 하는 것으로 밝혀졌다. 대개 부모들은 자녀에게 수행의 기준을 설정해 주고, 그들이 자신의 힘으로 이를 성취할 수 있다는 믿음을 심어주려고 한다. 높은 성취동기를 지닌 아동의 부모는 낮은 성취동기를 지닌 아동의 집단에 비해 자신의 자녀가 보통의 아동들에 비해 더 높은 수행을 보일 것이라고 기대하며, 평상시에도 자녀들에게 높은 기준을 설정해 주고 자녀를 심리적으로 더 많이 지지해 주고 아동의 성취에 대해 따뜻한 칭찬을 해 줌으로써 자녀 스스로 하는 일에 자신감을 갖게 해 준다.

글상자 7-2 원대하고 높은 꿈이 과연 성공에 도움이 될까?

우리는 어릴 적부터 주변에서 "원대한 꿈과 이상을 가져라.", "어릴 때부터 꿈은 크게 가져야 한다." 등의 말을 많이 듣고 성장한다. 이런 사실을 보면 사람들은 "원대하고 높은 꿈과 목표를 지닐수록 사회적으로 성공할 것이다."라는 신념을 지니고 있는 듯하다.

그렇다면 과연 그런 신념대로 "정말 원대하고 높은 꿈을 지닐수록 높은 성취동기를 지닐 것이고, 그 결과 성공할 가능성이 높아질까?"

지금까지의 성취동기에 대한 연구를 보면 그렇지 않다. 연구들에 따르면 성취동기가 높은 사람들은 높고 원대한 꿈처럼 지나치게 이상적이고 비현실적인 목표를 세우기보다는, 오히려 그보다 낮지만 현재 자신이 도전할 만한 구체적이고 현실적인 목표를 세우는 것으로 밝혀졌다.

자, 이제 성취동기와 목표 수준 간의 연관성과 관련해 현재 자신이 지닌 목표를 살펴보고, 그 목표가 과연 여러분의 성취동기를 자극하고 높이는지 그렇지 못한지를 검토해 보자.

홍미로운 점은 아버지들의 행동양식에서도 차이가 발견되었다는 사실이다. 높은 성취동기를 지닌 아동의 아버지는 자녀에 대해 따뜻하고 친절하였으며, 아동들이 스스로 수행할 수 있게 뒤에 차분히 앉아 있었다. 그들은 자녀가 스스로 판단하고 수행할 수 있게 도왔다. 반면, 낮은 성취동기를 지닌 아동의 아버지들은 독재적인 행동양식을 보였다. 그들은 매우 강압적인 지시를 내렸으며, 아동들의 수행이 잘 진행되지 않으면 꾸중을 하거나 신경질적인 반응을 나타냈다. 이렇게 권위적인 아버지의 행동양식은 아동이 스스로 뛰어난 수행을 해나가는 것을 지나치게 통제하고 억압함으로써 실패에 대한 두려움을 증진시키는 경향이 있었다.

4.
정서란 무엇인가

"나는 그야말로 홀린 듯이 그녀의 검은 눈을 쳐다보고 있었다네……. 그 생동하는 입술, 발갛게 상기된 볼이 내 마음을 여지없이 사로잡았네……. 나는 마치 몽유병 환자처럼 저물어 가는 세계 속으로 꿈결처럼 빨려 들어갔고, 불이 밝혀진 홀에서 울려 나오는 음악소리도 내 귀에는 거의 들리지 않을 지경이었네."

"오늘 어머니가 세상을 떠나셨다. 어쩌면 어제였는지도 모른다. 양로원에서 전보가 온 것이다. '모친 별세, 명일 장례' 이것만으로는 알 수가 없다. 어쩌면 어제였는지도 모른다."

"나는 커피를 마셨다. 커피를 마시고 나니 담배가 피우고 싶었으나 어머니의 시신 앞에서 담배를 피워도 좋은지 어떨지 몰라 주저했다. 생각해 보니 조금도 꺼릴 이유는 없었다."

앞의 세 글이 주는 느낌이 어떠한가? 첫 번째 글은 독일의 위대한 문호 괴테의 소설 『젊은 베르테르의 슬픔』에서 감수성으로 충만한 베르테르가 로테를 처음 본 순간 경험한 정서와 감정이 요동치는 과정을 묘사한 글이고, 두 번째 글은 카뮈의 『이방인』의 첫 문장이며, 세 번째 글은 주인공 뫼르소가 자신의 어머니 시신 앞에서 한 생각이다. 매우 무미건조하고 감정이라고는 배어 있지 않은 독백이다. 소설 속 베르테르는 로테와의 사랑을 이룰 수 없어 권총 자살로 생을 마감하고, 카뮈 소설의 주인공 뫼르소는 사소한 시비로 살인을 하고 사형을 선도 받는다. 베르테르는 이루지 못할 사랑으로 인한 좌절감으로 권총의 방아쇠를 당기고, 뫼르소는 누구도 이해할 수 없는 이유 '태양' 때문에 방아쇠를 당긴다.

　동기가 사람의 행동 방향과 강도를 결정짓듯이 정서 또는 감정도 사람으로 하여금 어떤 행동에 이르게 하는 힘을 갖는다. 단지 동기는 항상 행동의 선행조건이지만, 정서는 때로 행동의 결과일 수도 있다는 점이 다르다. 이제 이러한 정서와 우리의 행동 간의 관계에 대해서 알아보도록 하자.

1) 정서의 정의와 기능

(1) 정서의 정의

　우리말에서 '정서', '감정', '기분' 등과 같은 용어를 서로 중첩된 의미로 사용하듯이, 영어에서도 'feeling', 'emotion', 'affect', 'mood' 등의 단어가 혼용되어 사용되고, 심리학 안에서도 이 단어들의 번역이 혼용되고 있다. 'mood'에 대한 번역으로 '기분'이라는 단어가 사용되는 데는 대체로 이견이 없는 듯하지만, 'emotion'과 'affect'에 대한 번역으로는 '정서'와 '감정' 또는 '정동'이라는 말로 번역하는 데 혼동이 있다. 심리학에서는 대체적으로 'emotion'을 '정서'로 번역한다. 'affect'를 정신의학에서는 '정동(情動)'으로 번역하지만, 일부 심리학자들은 '감정'이라고 번역하기도 한다. 그런데 'affect'를 '감정'이라고 하면 'feeling'에 대해서는 번역할 마땅한 용어가 없다. 하지만 정서(emotion)에 대한 정의들이 "～한 feelings'라는 방식을 취한다.

　예를 들어, Barrett(2017)은 정서를 '일반적으로 생리적, 인지적 요소 둘 다를 지니며 행동에 영향을 주는 feelings'으로, Reeve(2018)는 '신체적 각성, 목적지향, 사회적 지향과 주관적 경험으로서의 feelings을 지닌' 것으로 정의한다. 즉, 심리학자들은 'feeling'을 정서(emotion)보다 넓은 개념으로 받아들이고 있음을 알 수 있다. 그리고 심리학의 주된 관심은 정서(emotions)와 기분(mood)이며, 'affect'는 정신의학 및 이상심리학에서 일부 용어로 사용되므로 그대로 '정동'이라는 용어를 사용하는 것이 타당할 것 같다. 'feeling'은 감각자극과 연결된 초기 주관적 경험이나 현상에 대한 자각을 포함하는 총체적 느낌을 말한다. 감각 및 지각과 연결된 초기 주관적 경험과 자각은 우리말에서는 흔히 '감(感)'이라고 하지만, feeling이 정서적 측면도 포함하고 있다는 점에서 '정(情)'을 추가하여 우리가 흔히 사용하는 일반적인 용어인 '감정'이라는 단어를 사용하는 것이 타당하다. 정리하면, 감정(feeling), 정서(emotion), 정동(affect), 기분(mood)으로 번역하는 것이다. 이 장에서 다루는 것은 정서(emotion)이다.

　그러면 감정, 정서, 정동, 기분은 어떻게 다른가? 감정은 나머지 셋을 포함하는 포괄적이고 일반적인 용어이다. 정서는 분명하고 구체적인 자극(외적/내적)에 의해 촉발되는 감정이며, 정동에 비해서는 상대적으로 짧은 시간 동안 지속되고, 신체적 각성과 생리적 변화를 수반하며, 구체적인 명칭으로 분류할 수 있고, 그 수가 많다. 얼굴 표정이나 몸짓과 같은 표현으로 표출되며 결과적으로 행위를 유발한다. 기분은 그 원인이 구체적이지 않고 분명하지 않으며, 정서에 비해서 오랜 시간 지속되고, 정서가 다양한 범주로 분류되는 데 비해 기분은 주로 쾌(긍정적)/불쾌(부정적) 차원으로 분류될 뿐이다. 정동은 사람들이 경험하는 보다 폭넓은 감정들로 정의되며, 정서가 의식 수준에서 경험된다면 정동은 무의식 수준에서 일어나며, 그것의 실제 의식적인 경험은 정서나 기분의 형태로 이루어진다.

동기를 연구하는 심리학자들은 정서도 동기의 일종이라 보기도 한다. 'motivation(동기)'이라는 단어가 'move'의 의미를 지닌 'motus'라는 라틴어를 어원으로 하는 것과 마찬가지로 'emotion(정서)'도 'to move'라는 의미를 지닌 라틴어 'movere'를 어원으로 한다. 즉, 정서도 동기처럼 우리로 하여금 어떤 행동을 하게 하는 원인으로 작용하기도 하므로 정서도 곧잘 행동의 동기가 된다(Damasio & Carvalho, 2013). Zimbardo(2012)도 '정서는 일상 속 상황에 주의를 기울이고 반응하도록 도와주고 우리의 의도를 다른 사람들과 소통하게 해 주는 특별한 동기의 한 범주'라고 본다.

정서는 두 가지 방식으로 동기(motivation)와 관련된다. 첫째는 모든 다른 동기들(예, needs, cognitions)과 같이 정서는 행동에 활력을 주고 방향을 결정해 준다. 예를 들어, 분노는 특정한 목표(goal)와 목적(purpose)을 성취하기 위해(이것들이 행동의 방향을 결정) 주관적, 생리적, 호르몬 및 근육 자원들(이것들이 행동에 활력, 필요한 에너지를 제공)을 활성화시킨다. 둘째로 정서는 개인적 적응이 얼마나 잘 이루어지고 있는지를 지시해 주는 실시간으로 작동되는 상태 판단 시스템으로 작용한다. 예를 들어, 기쁨(joy)은 사회적 수용(social inclusion)과 목표로의 진전에 대한 신호가 된다면 고통(distress) 정서는 사회적 배척(exclusion)과 실패에 대한 신호가 된다. 대부분의 정서 연구자들은 정서가 동기의 한 유형으로 기능한다는 데 동의한다. 그러나 몇몇 연구자들은 여기에서 더 나아가 정서 자체가 일차 동기체계(primary motivational system)라고 주장한다(Izard, 1991; Tomkins, 1962, 1963, 1984).

Darwin은 정서가 생존과 번식의 문제에 대한 진화적 적응들을 반영(Darwin, 1872)한다고 보았다. 즉, 정서는 진화적 산물로서 환경이 촉발하는 문제에 적응적인 해결을 할 수 있도록 진화해 왔으며, 따라서 신체적, 생리적 변화를 수반한다. 정서는 또한 단순한 신체적, 정신적 상태가 아니라 주관적, 생물학적, 목적지향적, 사회적 현상(Izard, 1993)이면서 동시에 인지적 평가나 신체적, 생리적 변화, 그리고 표정 및 신체 행위로의 표현 산출 과정들을 포함하는 복잡한 정신과정이다(Frijda, 1986; Lazarus, 1991).

(2) 정서의 기능

정서는 동물들의 환경 적응에 도움에 된다. 자신의 정서를 드러내는 것은 신체적 특징(예: 키)을 보여 주는 것(키를 크게 보이는 행동)이 적응에 도움을 주는 것과 동일한 기능을 한다. 개가 자신의 영토에서 침입자에게 이빨을 드러내는 행위는 침입자에게 공격의 신호를 주고, 결과적으로 물러나게 하는 데 도움이 된다. 이러한 정서적 표현은 기능적이며, 따라서 어떤 종이 지닌 정서적 표현 양식은 자연 선택의 결과라 할 수 있다.

표 7-1 **정서에 대한 기능적 분류**

정서	자극 상황	정서적 행동	정서의 기능
공포	위협	달아나기, 날아가기	보호
분노	장애	깨물기, 때리기	파괴
기쁨	잠재적 짝	구애하기, 짝짓기	번식/생식
슬픔	중요한 사람의 상실	도움을 청하려 울기	모임
수용	집단 구성원	치장하기, 나누기	친교
혐오	섬뜩한 대상	토하기, 밀어내기	거부
예기/예측	새로운 영역	조사하기, 발견하기	탐색
놀람	갑작스럽고 새로운 대상	멈추기, 경계하기	정향

출처: Plutchik (1970).

① 대처 기능

동물들이 보여 주는 정서는 난데없이 나타난 것이 아니다. 다 나름의 이유가 있다. 기능적 관점에서 보면 정서는 동물들이 생존과 적응에 꼭 필요한 필수적인 문제 해결에 도움을 주는 방식으로 진화해 왔다(Ekman, 1993). 동물들은 살아남기 위해 그들의 주변 환경을 탐색해야 하고, 해로운 먹이는 토해내야 하며, 그룹 속의 다른 동물들과 관계를 맺고 유지해야 하고, 돌발상황에 즉시 주목해서 부상을 피해야 하며, 번식도 해야 하고, 돌봄을 받기도, 주기도 해야만 한다. 이 모든 행동 하나하나가 관련된 정서를 수반하며, 각각의 정서와, 관련된 행동들 모두 변화하는 물리적 · 사회적 환경에 대한 적응을 촉진한다. 즉, 정서와 정서적 행동은 동물에게 그들 삶의 안녕을 위협하는 중요한 도전과제에 대처할 생득적이고 자동화된 방식을 제공해 준다.

② 사회적 기능

대처 기능 외에도 정서는 다음과 같은 사회적 기능을 지닌다(Izard, 1989).

소통 기능　　정서적 표현은 강력한 비언어적 메시지이다. 이를 통해 우리의 느낌을 타인과 소통한다. 유아는 스스로 말로 소통할 수 없는 것을 얼굴과 목소리, 그리고 일반적인 정서적 행동을 통해 비언어적으로 소통한다. 갓 태어난 신생아도 기쁨과 흥미, 혐오를 표현할 수 있고, 두 달 정도가 되면 슬픔과 분노를, 6개월경에는 공포를 표현할 수 있다(Izard, 1989). 유년기를 통해서 흥미, 기쁨, 슬픔, 혐오, 분노 등의 정서적인 얼굴 표정을 거의 100% 표현할 수 있게 된다(Izard & Harris, 1995).

사회적 상호작용 기능　　사람들은 자신의 정서를 드러냄으로써 상호작용 방식을 결정한다. 한 쪽이 어떤 정서적 표현을 하게 되면, 그 정서적 표현은 상대방에게 상응하는 선택적인 행동 반응을 하도록 촉진할 수 있다. 또한 정서적 표현은 앞으로 가능한 행동에 대한 정보를 전달해 주는 기능을 한다. 이런 이유로 사회적 상호작용 맥락에서 정서는 다양한 사회적 기능을 수행하게 된다. 이러한 기능에는 정보('이 표정이 지금 내가 지금 경험하고 있는 느낌이야.'), 사전 경고('내가 지금 어떤 행동을 하려고 하는지 알지?'), 지시적('나는 네가 이렇게 해 주기를 원하는 거야.') 기능 등이 포함된다(Ekman, 1993). 이처럼 정서적 표현은 결과적으로 사회적 상호작용을 부드럽게 하고 조정해 주는 역할을 한다.

사회적 상호작용의 개시와 촉진, 관계의 생성과 유지, 폐지　　많은 정서적 표현은 생물학적으로 동기화되기보다는 사회적인 이유로 동기화된다. 이러한 주장은 조금 이상하게 들릴 수 있다. 사람들은 기쁨을 느낄 때 웃음 짓고, 슬플 때 찡그린 표정이 되는 것이 일반적이기 때문이다. 그럼에도 불구하고 사람들은 종종 그들이 실제로는 기쁘지 않을 때도 미소를 짓기도 하며, 사회적 상호작용을 부드럽게 촉진하기 위해서도 웃는 표정을 짓기도 한다.

영장류의 미소를 연구하는 동물생태학자들은 침팬지가 자기보다 힘센 침팬지의 적대적 행동을 모면하기 위해, 때로는 우호적 상호작용을 유지하거나 증대시키기 위해 의도적으로 웃는 표정을 짓는 것을 발견했다(van Hooff, 1972). 힘센 놈들을 달래기 위한 영장류의 웃는 표정(이빨을 드러내는 것)처럼, 어린 아동들도 낯선 사람에게 접근할 때 웃는 표정을 지으며, 역으로 아이들도 웃지 않고 있는 낯선 사람보다는 웃는 표정을 하고 있는 사람에게 더 쉽게 접근하는 것이 관찰된다. 성인도 사회적 상황에서 당황스러운 상황에 부딪혔을 때 곧잘 웃음으로 그 상황을 모면하려 한다(Kraut & Johnston, 1979). 미소는 "난 당신에게 우호적이야, 당신과 친구가 되고 싶어."라고 말하는 듯한 문화-보편적인 인사 행위이다(Eibl-Eibesfeldt, 1972; van Hooff, 1972). 이러한 예시들은 미소가 정서적으로 동기화된다기보다는 사회적으로 동기화되기도 한다는 것을 잘 보여 준다.

2) 정서의 종류와 차원

(1) 정서의 종류

정서는 크게 기쁨이나 즐거움과 같은 '긍정적 정서'와 분노나 두려움과 같은 '부정적 정서'로 구분될 수 있다. 그렇지만 얼굴표정에서 부정적 정서는 긍정적 정서보다 더 분명하게 표현된다. 부정적 정서는 진화적 관점에서 볼 때 긍정적 정서에 비해 생존가치와 더 밀접하게 연결되어 있기 때문이다.

정서 유형에 관한 연구로 유명한 Ekman(1993)은 인간에게 여섯 가지의 기본적인 정서가 존재한다고 보았다. 분노(anger), 혐오(disgust), 공포(fear), 행복(happiness), 슬픔(sadness), 놀라움(surprise)이 그것이다. Tomkins의 경우에는 선천적인 반응양식으로서 흥미(interest), 놀라움(surprise), 즐거움(joy), 공포(fear), 수치심(shame), 혐오(disgust), 분노(anger)와 고뇌(anguish)의 여덟 가지의 '기본 정서'가 있다고 보았으며 이런 기본 정서들이 결합된 정서를 '혼합 정서'라고 하였다. 그에 따르면, 우리가 일상생활에서 주로 경험하는 정서는 혼합 정서의 영역에 속한다. 예를 들어, 사랑이란 혼합 정서는 흥미, 놀라움, 그리고 즐거움이 혼합된 정서인 것이다.

정서 종류에 대한 분류는 비교적 문화보편적인 양상을 보인다. 예를 들어, 동양의 고전인『중용(中庸)』에서는 정서를 네 가지, 즉 희(喜), 노(怒), 애(愛), 락(樂)으로 구분하였고, 예기(禮記)에서는 7정(七情)이라 하여, 희(喜), 노(怒), 애(愛), 구(懼), 애(哀), 오(惡), 욕(欲)의 일곱 가지로 구분하였다. 비록 문화 간에 약간의 차이가 있기는 하지만 기본적인 정서들의 분류는 동서양에 있어 비교적 일치하는 것을 알 수 있다.

(2) 정서의 차원

Wundt는 내성법(introspection)을 통한 정서연구에서 감정을 쾌-불쾌, 긴장-이완, 흥분-우울 등의 세 가지 차원에 따라 나눌 수 있다고 주장하였다. 이 세 가지 차원이 이루는 3차원 공간상의 어떤 위치로서 각 정서를 규정할 수 있다는 것이다. 그의 이런 주장은 이후 학자들에게도 영향을 주었다.

〈표 7-2〉에서 알 수 있듯이 쾌-불쾌 차원과 흥분-이완차원(활동성 수준 혹은 각성수준

차원)은 정서에서 여러 심리학자 사이에 가장 보편적으로 인정되는 차원이다. 예를 들어, 쾌-흥분 영역에는 환희, 쾌-이완 영역에는 편안함, 불쾌-흥분 영역에는 분노, 불쾌-이완 영역에는 권태감 등이 놓인다.

표 7-2 심리학자별 정서의 차원 분류

연구자	제1차원	제2차원	제3차원	제4차원
Wundt (1902)	쾌-불쾌	긴장-이완	흥분-우울	–
Titchener (1910)	쾌-불쾌	–	–	–
Schlosberg (1954)	쾌-불쾌	긴장-이완	관심-거부	–
Osgood 등 (1957)	평가(好-惡)	활동성	역능(강-약)	–
Davivz (1970)	쾌락적 질	활동성	역능(강-약)	관계성
Bush (1973)	쾌-불쾌	활동성	역능(강-약)	–
Russell & Mehrabian (1974, 1977)	쾌-불쾌	각성 수준	역능(우세-열세)	–
Averill (1975)	쾌-불쾌	활동성	역능(통제)	체험의 깊이
Russell (1978)	쾌-불쾌	각성 수준	역능(통제, 우세-열세)	체험의 깊이

출처: 이수원 외(2002)에서 재인용.

5.
정서이론들

1) 생리학적 정서이론

정서가 생존과 번식의 문제를 해결하기 위한 적응과정으로서의 진화적 산물이라는 Darwin의 생물학적이고 진화론적인 생각은 이후 심리학자들에게 정서 문제를 생각할 때 신체적 변화를 떼어 놓고 생각할 수 없다는 생각을 하게 했다. 문제는 신체적 변화가 먼저 일어나고 그 변화에 대한 해석으로 정서가 일어나느냐, 아니면 신체적 변화에 정서적 경험이 동시에 발생하느냐 하는 것이다. 마치 달걀이 먼저냐, 닭이 먼저냐 하는 순서의 문제가 초기 정서이론의 쟁점이 된다는 것은 참 흥미롭다.

(1) James-Lange 이론
Darwin의 영향을 받은 William James는 1884년 외부 자극과 상황에 대한 반응양식으로 진화해 온 생리적 방어기제가 작동해 신체 내부에 변화를 일으키고 이 신체적 변화를 알아차리며 주관적인 정서를 경험하게 된다고 주장했다. 그는 흔히 우리가 'James의 곰'이라고 부르는 비유를 든다. 일반적으로 곰과 맞부딪치게 되면, '곰을 보고 무서워하고 그래서 도망간다.'고 생각하지만, James의 주장은 곰(정서를 유발하는 상황 자극)과 마주치면 '일단 도망가고(신체적 변화), 그래서 무섭다(정서 지각)는 것을 경험한다.'는 것이다.

> 상식적으로 우리가 재산을 잃으면 비참해져서 울고, 곰을 만나면 놀라서 도망간다. 경쟁자에게 모욕을 당하면 화가 나서 때리게 된다. 내가 지금 제시하려는 가설에 따르면 이 순서가 잘못되었다는 것이다. 하나의 심적 상태는 다른 심적 상태에 의해 즉각적으로 유도되는 것이 아니며, 신체적 징후가 먼저 두 심적 상태 사이에 발생하게 될 것이다. 좀 더 이성적으로 말하면 우리는 울기 때문에 비참한 것이고, 때리고 나니 화가 나는 것이며, 몸이 떨려서 두려운 것이다(William James, 1884).

James가 이러한 주장을 포함한 논문을 발표한 1년 뒤인 1885년, 덴마크 내과의사인 Carl Lange 역시 James와 유사한 생각을 발표한다. 단지 James가 정서에 수반하는 생리적 변화에 논의의 초점을 맞췄다면, Lange는 의식적 정서, 즉 정서의 의식적 경험에 초점을 맞췄고 더 과학적인 방식으로 이론을 체계화했다. 그래서 우리는 이들의 이론은 두 사람의 이름을 함께 붙여 James-Lange 이론이라고 부르는 것이다.

(2) Cannon-Bard 이론

미국의 생리학자 Walter Cannon과 그의 제자 Philip Bard는 1910년대에 James-Lange 이론에 대한 반론을 제기한다. 반론의 요점은 다음과 같다.

첫째, 자율신경계의 반응은 너무 늦어서 매우 **빠른** 정서적 경험을 설명할 수 없다는 것이다. 즉, 흔히 정서적 반응은 생리적 반응보다 **빠르다.** 예를 들어, 당혹함에 대한 자율신경계의 반응으로 얼굴이 붉어지는 데 15~30초가 걸리지만, 우리는 당황스러운 상황에 부딪히는 순간 즉각적으로 당혹함을 느끼게 된다. 어떻게 얼굴이 붉어지는 것을 자각하고 나서야 당혹함을 경험한다는 말인가?

둘째, 사람들은 자신의 신체에서 일어나는 자율신경계의 활동 변화(예: 심장박동)를 정확하게 탐지하는 것이 쉽지 않다. 그런데 어떻게 신체적 변화에 대한 탐지가 즉각적인 정서 경험의 지표가 될 수 있겠는가?

셋째, 인위적으로 생리적 변화를 일으켜 보면 꼭 관련된 정서적 경험만 일어나는 것은

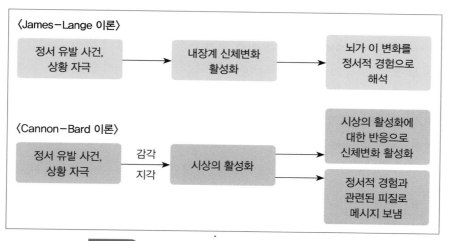

〈James-Lange 이론〉

| 정서 유발 사건, 상황 자극 | → | 내장계 신체변화 활성화 | → | 뇌가 이 변화를 정서적 경험으로 해석 |

〈Cannon-Bard 이론〉

정서 유발 사건, 상황 자극 → 감각 지각 → 시상의 활성화 → 시상의 활성화에 대한 반응으로 신체변화 활성화 / 정서적 경험과 관련된 피질로 메시지 보냄

그림 7-12 James-Lange 이론과 Cannon-Bard 이론의 비교

아니라는 점이다. 스페인 심리학자 Gregorio Marañon(1924)은 몇 명의 피험자들에게 교감신경계를 활성화시키는 에피네프린 호르몬(아드레날린이라고 더 많이 알려진)을 주사했다. 주사 후 신체적 변화가 일어난 뒤 피험자들에게 어떻게 느끼는지를 물었을 때 피험자들은 단순히 약물에 의한 신체적 변화에 대해서만 이야기했다. "내 심장이 매우 빨리 뛰는군요." 일부는 "마치"와 같은 단어를 사용해 "나는 마치 내가 두려운 것처럼 느껴지는군요."라고 말하는 수준이었다.

넷째, 다양한 정서적 경험에 상응하는 고유한 자율신경 활동들이 있을 만큼, 우리가 지각하는 신체변화가 다양하지 않다는 점이다. 다양한 정서에 수반하는 신체반응은 비슷하지만, 다양한 정서 각각의 주관적인 경험은 모두 다르다. 공포(fear)와 격분(rage)은 둘 다 심장박동을 증가시키지만, 우리는 그 두 정서를 어렵지 않게 구분할 수 있다.

Cannon과 Bard는 이러한 반론에 기초해 새로운 이론을 제시했다. 요점은 "하나의 자극이 뇌 안의 자율신경계와 정서적 경험을 동시에 촉발한다."는 것이다(Bard, 1934; Cannon, 1927). 그들은 정서를 유발하는 상황 자극이 발생하면, 우리의 감각기관이 이를 받아들여 뇌 안의 시상(thalamus)으로 전달하고, 시상이 한편으로는 자율신경계를 활성화시켜서 신체 변화를 일으키고 다른 한편으로는 대뇌피질로 신경 신호를 보내 정서적 경험을 하게 한다는 것이며, 이 두 과정이 동시에 일어난다는 것이다.

(3) James-Lange 이론을 지지하는 증거들

그러면 James-Lange 이론은 그저 역사적 가설일 뿐, 아무런 심리학적 타당성을 지니지 못하는 것일까? 그렇지 않다. 최근의 뇌 연구들을 통해서 지지 증거를 얻어가고 있다(〈글상자 7-3〉).

　Antonio Damasio와 동료들(2000)은 기본 정서 각각은 서로 다른 뇌 활동 패턴을 야기한다는 것을 보여 주었고, 이는 James-Lange 이론을 지지한다. 그들은 특정 기본정서를 유발시키기 위해 실험 참가자들에게 그 정서와 관련된 기억을 회상하라고 요구했고, 관련된 목표 정서가 주관적으로 '느껴지기(feeling)' 시작하면 연구자에게 말해달라고 지시했다. 실험을 진행하는 동안 뇌의 체성감각피질(somatosensory cortex) 영역에 대해 양전자 방출 단층촬영(Positron Emission Tomography: PET)을 진행했다.

　이 영역은 피부, 근육, 내부 신체기관들에서 오는 감각정보들을 처리하는 곳으로 피험자가 정서를 경험하는 동안 이 영역이 활성화되었다. 흥미로운 것은 피험자들이 정서를 느끼기(feeling) 전에 체성감각 정보들이 이 영역에서 처리되고 있었다는 점이다. 이러한 결과는 정서 경험에 있어서 내적 생리적 피드백의 중요성을 잘 보여 주는 것으로 "우리가 어떤 정서를 주관적으로 경험하기 전에 생리적 변화가 일어난다."는 James-Lange 이론의 전제를 지지해 준다.

글상자 7-3　정서와 뇌
"서로 다른 정서는 서로 다른 뇌 영역을 활성화시키는가?"

　이러한 생각은 신경과학자 Damasio와 동료들(2000)의 뇌영상 연구를 통해 입증되었다. 그들은 피험자들에게 특정 정서(슬픔, 행복, 분노, 공포) 관련 기억을 회상하게 하고 PET를 사용해 뇌영상을 관찰했다.

　오른편 네 개의 PET 영상은 39명의 실험참여자들의 반응의 평균 영상이다. 슬픔, 행복, 분노, 공포 정서에 따라 다르게 나타나는 활성·탈활성화 패턴을 보여 준다. 이 영상들은 분명히 네 개 정서 각각이 서로 다른 영역에서 서로 다른 양상의 뇌 활성화 패턴을 야기한다는 것을 잘 보여 준다.

　특히 흥미로운 것은 피험자들의 정서적 기억이 목표 정서를 '느끼기(feeling)' 전에 자율신경계 활동과 생리적 각성을 촉발시킨다는 점이다.

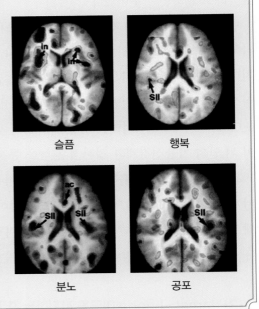

슬픔　행복

분노　공포

(4) 표정 피드백 가설

최근의 다른 연구들도 신체 내부의 신호들에 대한 지각이 정서의 주관적 경험에 기여하는 중요한 요소라는 James의 주장을 지지하고 있다(Dalgleish, 2004; Laird & Lacasse, 2014). 예를 들어, Hugo Critchley와 동료들(2004)의 실험에 참여한 사람 중에서 자신의 신체 내부 신호에 매우 민감한 사람들은 둔감한 사람들에 비해 불안이나 다른 부정적 정서를 더 쉽게 경험했다.

이러한 현상에 대한 기본적인 설명은 안면 근육이 피드백 신호를 뇌로 보내고, 뇌는 이 정보들을 이용해 정서적 경험을 활성화시키며, 결과적으로 정서를 강화하거나 감소시키는 등의 조절을 한다는 것이다(Izzard, 1990; [그림 7-13]). Ekman과 Davidson(1993) 역시 의도적으로 행복한 미소를 짓는 것만으로도 실제 좋은 일에 대한 반응으로서의 행복한 미소를 자발적으로 짓게 될 때 일어나는 뇌 활동을 일으킨다는 것을 보여 주었다.

많은 사람이 더 젊게 보이기 위해 보톡스 주사를 맞는다. 보톡스 주사는 주사를 놓은 안면 근육을 마비시킴으로써 더 젊게 보이게 한다. 일단 마비가 일어나면 그곳의 안면 근육들은 더 이상 뇌로 신호를 보내지 않게 된다. 몇몇 연구에서 보톡스 주사가 정서적 경험을 완전히 제거하지는 못하지만 둔감하게 만드는 효과를 발견했다(Davis & others, 2010; Havas & others, 2010). 한 연구에서는 보톡스 주사로 안면 근육을 마비시키면 타인의 정서적 표현

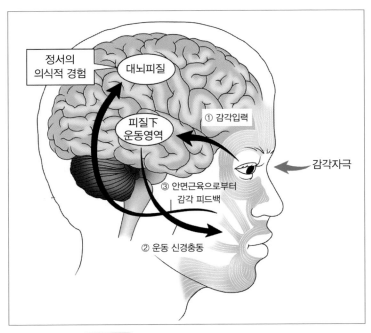

그림 7-13 표정 피드백 가설을 보여 주는 그림

Strack과 동료들(1988)의 연구에서, 피험자들에게 만화를 읽게 하면서, 치아 사이에 볼펜을 물고 있게 하거나(좌측 그림), 입술 사이에 물고 있게 했다(우측 그림). 흥미롭게도 치아 사이에 펜을 물고 있는 사람들이 만화가 더 웃기고 재미있다고 생각했다. 왜일까?

그림 7-14 웃는 표정만 지어도 좋아지는 기분

을 알아차리는 능력이 감소된다는 것을 발견했다(Neal & Chartrand, 2011). 왜 그럴까? 우리는 타인의 표정을 따라 하는 경향이 있는데, 보톡스 주사로 안면 근육이 마비되어 따라 할수 없게 되었기 때문이라는 설명이다. 어쨌든 우리가 전혀 의식하지 못하는 사이에 안면 근육에서 뇌로 전달되는 신호는 타인의 정서적 표현을 더 잘 이해하게 하는 것이다.

2) Schachter와 Singer의 정서의 2요인 이론: 인지적 명명이론

Schachter와 Singer(1962)는 생리적 각성이 정서에 있어서 핵심적인 중요 개념이라는 James의 생각에는 동의하면서도, 서로 다른 정서들과 관련된 생리적 각성이 유사하다는 Cannon의 생각에도 동의한다. 따라서 생리적 각성만으로는 정서적 반응을 일으킬 수 없을 것이라는 생각을 하고, 그 사이에 개입될 수 있는 과정이 있을 것이라 생각한다.

예를 들어, 조깅을 산뜻하고 기분 좋게 마치고 집에 돌아왔을 때 그렇게 원하던 직장에 합격했다는 통보를 받았다고 상상해 보자. 조깅 뒤의 각성이 남아 있는 상태에서 그 멋진 소식을 들었을 때가 낮잠 자다 깨서 들었을 때보다 훨씬 흥분되지 않을까? 이처럼 동일한 정서유발 자극에 대해서도 생리적 각성 수준에 따라 정서의 강도가 달라질 수 있다. 또 다른 예로 우리는 2002년 한일 월드컵 당시 축구 경기를 관람하는 동안 생리적 각성이 극단적으로 오른 상태에서도 경기가 끝난 후 주변 사람들과 함께 축제 분위기를 즐겼지만, '훌리건(hooligan)'이라 불리는 영국의 관람객들은 동일한 각성 상태에서 공격과 파괴적인 행동을 표출하곤 한다. 이렇듯 동일한 생리적 각성 수준도 함께하고 있는 사람들의 행동에

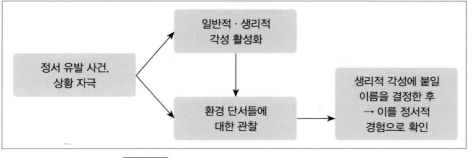

그림 7-15 **Schachter와 Singer의 인지적 명명이론**

따라 어떻게 우리는 축제 기분을, 홀리건은 분노의 감정을 느낀 것일까?

Schachter와 Singer는 "정서를 유발시킬 자극으로 인해 생리적 각성이 발생하면, 우리는 주어진 상황에 대해서 인지적으로 '평가(appraisal)'하고, 이 평가에 기초해 생리적 각성 상태를 인지적으로 '명명(labeling)'한다."는 이론을 제안한다. 따라서 이 이론은 '인지적 명명 이론(cognitive labeling theory)' 또는 '정서의 2요인 이론(two factor theory of emotion)'으로 불린다.

Schachter와 Singer(1962)는 자신들의 이론을 검증하기 위해서 매우 교묘한 실험을 실시했다. 다소 복잡하니 실험 절차 단계별로 살펴보기로 하자.

- 1단계: 남성 피험자들을 대상으로 교감신경계의 각성(심장박동 가속, 거친 호흡, 떨림 등)을 유발하는 에피네프린을 주사한 집단과 비교를 위한 통제 집단에는 식염수를 주사했다. 그리고 각 집단의 절반에게는 에피네프린이 일으키는 효과를 말해 주고(정보 조건), 나머지 절반에게는 말해 주지 않았다.
- 2단계: 1단계 절차가 끝나고 나서 사람들을 한 명씩 실험을 위한 방으로 들여보낸다. 이 방 안에는 연구자를 돕기 위한 배우 역할을 하는 사람들이 먼저 들어와 있다. 배우들은 조건에 따라 두 가지 연기를 하게 되는데, 행복(euphoria) 조건에서는 종이를 접어 비행기를 만들어 날리는가 하면, 콧노래를 흥얼거리는 등 기분이 좋은 듯한 연기를 하고, 분노(anger) 조건에서는 종이를 찢어 버리는가 하면, 기분 나쁜 듯 헛기침을 해대는 등, 화가 난 연기를 한다. 배우들이 연출하는 상황은 실험에 참여하는 피험자들이 상황을 해석하고 평가하는 데 사용될 수 있는 단서를 제공해 준다.
- 가설: 에피네프린의 효과에 대해서 사전에 듣지 못한 조건(무정보 조건)에서 에피네프린 주사를 맞은 사람들은 정보 조건과 동일한 생리적 각성 상태에 놓이게 되지만, 감정은 그들이 들어가는 방 안에서 배우들이 연출해 내는 상황에 따라 달라지게 될 것

이다. 즉, 피험자들은 자신의 생리적 각성(심장이 뛰고 호흡이 거칠어지는 등) 상태를 연기자들이 연출해 내는 상황(행복감/분노)을 단서로 해석하여 거기에 맞는 정서의 이름을 붙일 것이라는 점이다.

- **결과**: 에피네프린의 효과에 대해서 사전에 듣지 못한 조건(무정보 조건)의 경우, 행복감이 연출된 방에 들어간 피험자는 자신이 행복한 정서를 경험하고 있다고 평가했으며, 분노가 연출된 방에 들어간 피험자는 자신이 화가 난 것이라고 평가했다. 그러나 미리 주사가 일으킬 효과에 대한 정보를 받은 피험자들은 정서보다는 생리적 각성 자체에만 주목하는 것으로 보였다. 즉, 자신이 경험하게 될 효과 자체에만 주목하고 정서 자체에는 신경 쓰지 않았다.

표 7-3 Schachter와 Singer의 인지적 명명이론을 실험한 조건과 결과

집단의 종류		부작용에 대한 정보제공	증상	즐거운 연기를 하는 실험보조자와 함께 있는 상황	화가 난 연기를 하는 실험보조자와 함께 있는 상황
실험 집단	아드레날린: 옳은 정보 집단	가쁜 호흡과 얼굴 상기	흥분 증상	감정경험 없음 (약의 부작용으로 평가)	감정경험 없음 (약의 부작용으로 평가)
	아드레날린: 틀린 정보 집단	다리저림과 두통	흥분 증상	즐거운 감정경험 (즐거워서 흥분했다고 감정의 종류 평가)	화난 감정경험 (화가 나서 흥분했다고 감정의 종류 평가)
	아드레날린: 무정보 집단	정보제공 없음	흥분 증상	즐거운 감정경험 (즐거워서 흥분했다고 감정의 종류 평가)	화난 감정경험 (화가 나서 흥분했다고 감정의 종류 평가)
통제 집단	플라시보 집단	—	증상 없음	—	—

- **해석**: 무정보 조건에서 에피네프린 주사를 맞은 피험자들이 보여 준 결과는 매우 흥미롭지만, 이 실험의 결론은 한 가지 문제점 때문에 한계가 있다. 즉, 에피네프린 주사를 맞고 증상에 대해 틀린 정보를 받았던 조건의 피험자들이 아무런 정보 없이(무정보 조건) 에피네프린 주사를 맞은 피험자들 못지않게 연출된 상황에 영향을 받았기 때문이었다.

Schachter와 Singer는 이 실험을 통해 개인이 어떤 종류의 감정을 경험하는가는 자신이 처한 상황에 대한 인지적 평가와 해석에 달려 있다는 사실을 검증하였다. 그러나 이후 사회심리학 실험에 따르면, 개인이 경험하는 감정의 종류는 상황에 대한 인지적 평가에 의존

하는 정도가 Schachter와 Singer가 예상했던 것만큼 강력하지 않은 것으로 나타났다. 예를 들어, 자신을 물려고 덤벼드는 개가 있을 때 설령 주위사람이 아무리 태평스럽게 웃고 있는 상황이라 해도 우리는 즐거운 감정을 느끼기보다는 공포감정을 경험할 것이다.

3) Zajonc의 정서우선성 가설

Schachter와 Singer(1962)의 인지적 명명이론은 정서적 경험이 상황에 대한 인지적 평가나 해석에 의해 이루어진다고 보았다. 즉, 정서가 인지에 의해 결정된다는 것이다. 이와 같은 견해는 인지주의 입장에 있던 귀인이론가들과 유사하다. 예를 들어, 교통사고가 났을 때 그 사고의 원인을 나의 부주의로 돌린다면 자책감이라는 감정을 경험하게 될 것이며, 반대로 원인을 상대 운전자에게 돌린다면 분노감정을 경험하게 될 것이다. Lazarus(1984)도 인간의 정서란 타인과의 관계적 의미에서 이해되어야 하며, 따라서 인지적 평가과정이 정서경험의 필수적인 요건이 된다고 주장하였다.

이에 비해 Zajonc(1984)는 인지가 전혀 개입되지 않는 정서적 과정도 존재할 수 있다고 주장하면서 단순노출효과(mere exposure effect)를 그 예로 들었다. 그는 실험에서 대학생들에게 여러 사람의 얼굴사진을 슬라이드로 제시하였다. 실험자는 사람들의 얼굴이 보이는 횟수를 0회에서 25회까지 조작하고 학생들에게 각각의 얼굴을 얼마나 좋아하는지 그 매력도를 평정하게 하였다. 그 결과, 단순히 많이 본 사람의 얼굴이 더 선호된다는 것이 밝혀졌다([그림 7-16]). 즉, 특정 자극에 대한 인지적 평가나 해석이 없이 단순히 자주 접하는 경우라 할지라도 그 자극에 대한 호감(정서경험)을 형성하게 된다는 것이다. 이 실험을 근거로

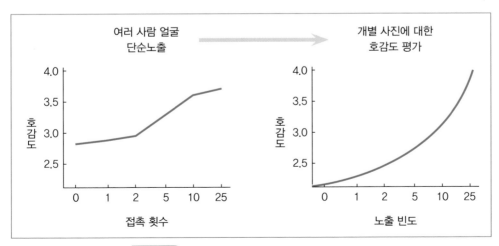

그림 7-16 단순노출효과: 접촉 횟수와 호감도와의 관계

그는 인지가 전혀 개입되지 않은 순수한 형태의 정서경험이 존재할 수 있다고 보았다.

또한 Zajonc는 정서체험이 인지적 해석 후에 온다는 주장을 진화론적 관점에서도 비판하였다. 인류 진화의 역사에서 인지는 정서보다 덜 중요했으며, 정서반응은 종종 인지적 해석 이전에 나타나고, 인지와 정서가 뇌의 다른 부위에서 진행되는 것을 볼 때(인지는 대뇌피질 부위, 정서는 시상하부와 변연계) 인지와 정서는 종종 독립적으로 기능하는 별개의 두 체계라는 것이다.

더 나아가 Zajonc는 자극에 대한 자각(인지)이 전혀 없는 경우에도 그 자극에 대한 정서가 인지적 판단에 영향을 미칠 수 있음을 검증하였다. 실험에서 실험자는 피험자들에게 웃는 얼굴과 찡그린 얼굴을 4msec라는 매우 짧은 시간 동안 제시하고 뒤이어 중립적인 한자에 대한 호오도를 측정했다. 이때 점화자극으로 웃는 얼굴을 제시받았던 피험자들은 점화자극으로 찡그린 얼굴을 제시받았던 피험자들에 비해 후속적으로 주어진 한자에 대한 인지적 판단에 좀 더 긍정적인 판단을 내렸다.

이 실험에서 얼굴 표정의 정서가는 중립적 한자에 대한 인지적 판단에 큰 영향을 미치고 있다. 즉, 피험자들은 점화자극의 정서가와 일치되는 방향으로 인지적 판단을 내렸던 것이다. 정서우선성 가설(affective primacy hypothesis)에 따르면 전혀 의식할 수 없는 상태로 정서자극(얼굴표정)이 주어지는 경우에도 그로 인한 정서가가 이후 인지적 판단과제에 영향을 미칠 수 있다(Murphy & Zajonc, 1993). 자각할 수 없는 자극으로 인한 정서경험도 인지적 판단에 영향을 미칠 수 있다는 것이다([그림 7-17]).

이 실험에서 더 흥미로운 점은 얼굴표정을 의식할 수 없는 수준으로 짧게 보여 준 경우에는 표정이 보여 주는 정서로 인한 효과가 나타난 반면, 얼굴표정을 의식할 수 있는 수준

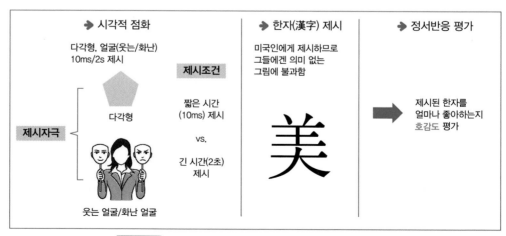

그림 7-17 정서우선성 가설에 의한 한자의 선호도 평가 실험절차

짧은 시간(10ms) 제시조건

➡ 웃는 얼굴을 먼저 본 사람은 중국 한자를 더 좋아한다고 반응

➡ 화난 얼굴을 먼저 본 사람은 중국 한자를 덜 좋아한다고 반응

정서적 점화 ➡

긴 시간(2초) 제시조건

➡ 정서적 점화효과가 나타나지 않음

그림 7-18 정서우선성 가설에 의한 한자의 선호도 평가 결과

으로 길게 보여 준 경우에는 표정이 보여 주는 정서로 인한 효과가 나타나지 않았다는 점이다([그림 7-18]).

이와 같은 결과에 대해 연구자들은 의식적인 자각수준 이하에서 발생한 정서는 확산되는 특성을 지니기 때문에 자각수준 이하로 제시된 정서적 점화(예: 짧게 제시된 웃는 얼굴 표정)가 다른 자극의 판단(예: 특정 한자에 대한 호감)에까지 영향을 미친 것이라 보고 있다. 즉, 비의식적 정서(의식적 자각수준 이하에서 경험한 정서)는 특정한 목표 대상이 있는 것이 아니기 때문에, 극단적인 경우 마치 액체와 같이 관련되지 않은 자극에까지 스며들고 퍼지고 섞여 그 자극에 대한 판단에 영향을 줄 수 있다는 것이다.

반면, 정서적 점화를 의식적인 수준에서 제시받게 되면(예: 길게 제시된 웃는 얼굴표정) 그 자극에 대해 인지적 평가가 추가적으로 개입되어 다른 자극의 판단(예: 특정 한자에 대한 호오도 판단)에 대한 영향력이 감소하는 것으로 보인다. 이런 그들의 주장은 의식적인 판단

표 7-4 정서이론들의 요약 비교

이론	정서에 대한 설명	예
James-Lange	정서는 정서유발 자극에 대한 신체적 반응을 자각함으로써 발생한다.	위협에 직면한 후 심장이 뛰는 것을 관찰하고, 그제서야 공포를 느낀다.
Cannon-Bard	정서유발 자극이 생리적 반응과 주관적 정서경험을 동시에 일으킨다.	공포를 느낌과 심장이 뛰기 시작하는 것이 동시에 일어난다.
Schachter-Singer	정서경험은 두 개의 요인, 즉 일반적 각성과 의식적인 인지적 명명 과정을 거쳐 일어난다.	우리는 맥락에 따라, 신체적 각성을 공포 또는 기분 좋은 흥분으로 해석한다.
Zajonc; LeDoux	일부 정서적 경험은 의식적 평가 없이도 즉각적으로 일어날 수 있다.	숲속에서 어떤 소리를 듣게 되면, 그것을 '위협'이라 명명하기도 전에 자동적으로 깜짝 놀란다.

과정이 개입된 경우(의식적 상태)에 이루어지는 처리과정과, 아무런 자각이 없는 상태(비의
식적 상태)에서 의식적인 노력을 기울이지 않고 이루어지는 처리과정이 질적으로 다를 수
있음을 보여 준다.

4) 정서과정 모델

정서는 외부나 내부에서 발생한 변화에 대한 반응으로의 행위를 준비하는 복잡한 정신
과정이다. Atkinson과 Hilgard(2015)의 『심리학개론』에서는 Lazarus(1991)와 Rosenberg
(1998)의 과정 모델을 조합하여 [그림 7-19]와 같은 과정 모델을 제시하고 있다.

이 모델은 정서 촉발 상황에 부딪혔을 때부터 정서반응이 표출될 때까지 여섯 가지 과
정이 일어난다고 설명한다. 첫째는 인지적 평가 과정(①)으로 현 상황이 자신에게 갖는 의
미와 가치에 대한 개인적 평가가 이루어지는 것으로, 이 평가가 정서적 반응들을 촉발시키
며, 정서적 반응은 주관적 경험, 사고와 행위의 지향성, 신체 내적 변화, 표정 변화 등을 포
함한다. 주관적 경험(②)은 개인적 경험을 특징짓는 감정적 상태 및 정동적 상태이며, 사고
와 행위의 지향성(③)은 특정 방향으로 생각하고 행동하게 하는 경향성(욕구/충동)이다. 신
체적 변화(④)는 심장박동과 땀샘 활동의 변화와 같은 자율신경을 포함하는 생리적 반응
들이며, 얼굴표정의 변화(⑤)는 뺨, 이마, 코, 눈썹, 입술 등과 관련된 근육들의 수축과 이
완으로 만들어진다. 이러한 정서적 반응 과정들은 마지막으로 얼굴을 붉히며 수줍어하거
나, 기뻐서 껑충껑충 뛰게 하고, 상황에 따라서는 폭력적이고 공격적인 행동을 하는 정서
대응 행동(⑥)을 하게 한다.

예를 들어, 복권에 당첨되었다면, 당첨상황에 대한 인식과 당첨 사실에 대하여 자신에
게 엄청난 행운이라는 해석(인지적 평가)을 하게 되고, 이어 자율신경체계와 내분비계가 파
도에 휩쓸리듯 심장이 요동을 치고 호흡이 가빠지며(신체적 변화) 폭발할 듯한 기쁨이 뇌를

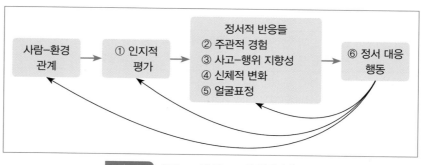

그림 7-19 Atkinson과 Hilgard의 정서과정 모델

횝쓴다(주관적 경험). 얼굴이 활짝 펴지며 놀랍고 기쁜 표정을 짓게 되고(얼굴표정), 당장이라도 깡충깡충 뛸 준비상태(사고-행위 지향성)가 되고, 이어서 소리를 지르고 이리저리 깡충깡충 뛰어다니며(정서 대응 행동) 기뻐하게 될 것이다.

6. 정서와 문화

1) 정서의 표현

생물학자 Darwin은 정서표현의 진화를 주장하였다. 위기에 처했을 때 혹은 좋은 일이 생겼을 때(예: 먹이를 발견했을 때) 그것을 동종의 다른 동물에게 알리는 것은 그 종의 보존에 유리한 일이다. 그는 이런 주장의 근거로 인간의 정서표현이 ① 하등 동물(특히 유인원)과 유사하다는 점, ② 성인과 유아가 유사하다는 점, ③ 출생 시부터 선천적 시각장애를 지닌 아동과 정상 시각을 지닌 아동이 유사하다는 점, ④ 여러 문화권에 속하는 사람들 간에 유사하다는 점 등을 들었다. 그가 내세운 근거들은 이후 여러 학자의 체계적 연구를 통해 확인되었다.

예를 들어, Ekman은 한 실험에서, 기본 정서 중 여섯 가지 정서를 표현하는 미국 남자

그림 7-20 미국인의 여섯 가지 얼굴표정

배우의 얼굴표정 사진을 뉴기니아의 포어족 주민들에게 보여 주었다. 포어족은 그 연구가 있기 몇 년 전까지만 해도 문명사회와 완전히 고립된 채 석기시대 방식의 생활을 하고 있던 부족이었고, 연구자들이 선택한 피험자들은 포어족 주민들 중에서도 백인과의 접촉이 거의 없었던 사람들이었다. 그들은 영화나 TV를 본 적조차 없었고 이들 피험자 중에서 40%는 아동이었다. 그럼에도 불구하고, 실험에서 포어족 피험자들은 미국 배우의 얼굴표정을 매우 정확히 읽을 수 있었다.

뿐만 아니라, 포어족의 표정을 미국인 대학생들 역시 정확히 이해할 수 있었다. 연구자들은 포어족 피험자 중 일부에게 어떤 사건(예: "그의 자녀가 죽었으며 그는 매우 슬픔을 느낀다.")을 상상하여 그 상황에서의 표정을 지어보도록 한 후, 포어족의 얼굴표정이 담긴 사진을 미국의 대학생들에게 보여 주었다. 그 결과 포어족의 얼굴표정에 담긴 정서에 대한 미국인의 응답 역시 정확하였다(Ekman & Friesen, 1971).

또 다른 연구에서는 헝가리, 일본, 폴란드, 미국, 그리고 베트남 성인의 얼굴표정에 대한 판단을 비교하였는데, 문화에 따른 차이는 없는 것으로 드러났다(Biehl et al., 1997). 그러나 일본인들은 분노를 나타내는 얼굴표정 인식능력이 다른 네 나라 사람들에 비해 떨어지는 것으로 밝혀졌다. 이와 더불어, 혐오감을 나타내는 얼굴표정을 인식하는 능력은 베트남인들이 가장 떨어졌다. 이런 사실은 얼굴표정을 통한 정서표현과 정서인식의 양상이 기본적으로는 선천적이고 보편적인 양상을 보이지만 문화적인 영향도 있을 수 있음을 보여 준다. 다음에서는 이러한 정서표현에 대한 문화적 차이를 살펴보도록 하자.

2) 정서표현에 있어 문화적 차이

앞에서 살펴본 바와 같이, 일반적으로 기본 정서에 대한 정서표현은 여러 문화에 걸쳐 보편양상을 보이고 있다. 그러나 정서표현을 관리하는 방식은 문화에 따라 다르다.

문화에 따라 문화구성원들에게 표현을 지지하는 정서가 있고, 반대로 표현을 억제하는 정서가 있다. 아울러 특정 정서의 표현이 허용되는 상황이 있고 억제되어야 하는 상황이 있다. 이런 규칙을 정서표현 규칙(emotional display rule)이라고 한다(Mesquita & Leu, 2007). 가장 대표적인 연구로는 Markus와 Kitayama(1991)의 연구가 있다. 그는 문화에 따른 자기구성개념과 정서 간의 관계에 대해 다룬 연구에서 동양과 서양 문화의 정서표현 규칙을 문화심리학의 입장에서 다루었다.

그는 정서를 문화에 따라 자아초점적 정서(ego-focused emotion)와 타인초점적 정서(other-focused emotion)로 구분하였다. 자아초점적 정서란 서구문화의 지배적인 자기개념인 개별적 자기구성개념(independent self-construal)과 관련된 정서로서, 개인의 자율성과 독립성을 유지하기 위해 경험되고 표현되는 정서이다. 이에 속하는 대표적인 정서로는 분노, 자랑, 좌절 등이 있다. 이에 비해 타인초점적 정서는 한국을 비롯한 동양 문화의 지배적인 자기개념인 관계적 자기구성개념(interdependent self-construal)과 관련된 정서로서, 대인관계의 신뢰감을 촉진하고, 집단구성원과의 조화나 협동을 유지하기 위해 경험되고 표현하는 정서이다. 이에 속하는 대표적인 정서로는 동정심, 일체감, 수줍음 등이 있다.

그는 서양 문화권에서는 개인의 자율성을 증진할 수 있는 자기초점적 정서표현을 지지하는 반면, 개인의 자율성을 위협할 수 있는 타인초점적 정서표현은 억제하는 정서표현 규칙이 있다고 보았다. 이에 비해 동양 문화권에서는 집단구성원 간의 조화와 협력을 증진시킬 수 있는 타인초점적 정서표현을 지지하는 반면, 그런 규범을 위협할 수 있는 자아초점적 정서표현을 억제하는 정서표현 규칙이 존재한다는 것이다.

그 밖의 다른 연구에서도 이와 비슷한 결과들이 나왔다. 이와 관련하여 3개 문화권의 정서표현 방식을 비교한 예를 살펴보자(Gerrig, 2013).

먼저, 철저한 계급사회 생활을 하는 아프리카 세네갈의 월로프족은, 높은 계급에 속한 사람에게서 '위엄'과 '권위' 외의 다른 얼굴반응 및 정서표현을 엄격히 제한한다. 반면, 낮은 계급에 속한 사람들에게는 이런 규칙이 적용되지 않아 정서표현이 자유로운데, 이 때문에 높은 계급에 속하는 사람들이 낮은 계급의 사람들에게 자신들의 '위엄과 무관한 정서', '자유로운 정서'를 대신 표현해 달라는 부탁을 하는 경우도 있다. 실제로 충격적인 사고를 목격한 사례에서, 높은 계급의 여인은 그 충격에 대해 침묵하고, 낮은 계급의 여인만 큰 소리로 비명을 지른 경우가 있었는데, 이는 높은 계급에 속하는 여인이 자신의 감정표현을 외부로 드러내서는 안 되었기 때문에, 낮은 계급의 여인이 높은 계급의 여인의 충격까지 암묵적으로 대신해서 표현하고 있었던 것이다(Irvine, 1990).

이는 한국 전통사회 문화에서도 비슷하다. 유교 문화권에 속하며 체통을 중시했던 한국 전통사회에서 양반계급의 자유로운 정서표현은 하층민 계급에 비해 제한적이었으며, 여성에 대해서는 남성보다도 더욱 엄격한 잣대가 적용되었다. 이를 고려할 때, 양반탈과 각시탈을 쓰고 익살맞은 행동으로 웃음을 주는 전통탈춤은 세네갈의 경우와 마찬가지로 양반계급과 여성의 제한된 정서를 대리적으로 표현하고 충족시키기 위해 승화된 문화요소로 볼 수 있을 것이다.

두 번째로, 시리아의 장례식장 경우를 살펴보자. 시리아에서는 조문객들이 장례식장에 들어서면 한 무리의 여성들이 통곡을 시작한다. 이후 통곡을 멈추고 대기하고 있다가 또 다른 조문객들이 방문하면 또다시 통곡하기 시작한다. 상주가 3일 밤낮을 계속 통곡하기가 어렵기 때문에 상을 당하게 되면 자신을 대신해 울어 줄 여성들을 고용하는 것이다.

마지막으로, 통증과 관련된 정서표현 규칙에 있어 동서양의 문화적 차이를 살펴보자. 한 연구에서는 통증 표현행동의 적절성에 대한 미국인과 일본인의 태도가 대조적인 것으로 나타났다(Hobara, 2005). 두 나라의 참여자들에게 통증행동과 관련된 설문을 실시하였는데 그 설문지 문항에는, 예를 들어 "여성은 어떤 상황에서도 통증을 참아낼 수 있어야 한다.", "남자는 아플 때 울어도 된다."와 같은 정서표현 규칙과 관련된 문항이 포함되어 있었다. 결과에서, 일반적으로 일본인은 통증에 대한 공개적 표현을 미국인에 비해 억압하는 것으로 나타났다. 이처럼, 일반적으로 정서표현 규칙은 문화에 따라 차이를 보일 수 있다.

그러나 문화보편적인 정서표현 규칙 역시 존재한다. 가장 대표적인 것이 "남자는 울면 안 되고, 여자는 화내면 안 된다."는 정서표현 규칙이다. 앞에서 소개한 통증 관련 설문지 연구 결과에서 역시, 일본과 미국 두 문화권이 공통적으로 남성보다는 여성의 통증표현에 보다 허용적인 것으로 나타났다. 비록 문화에 따라 허용되는 정도가 차이는 나지만, 기본적으로 남성은 약한 모습보다는 강한 모습을 보여야 한다는 성적 고정관념으로 인해 여성에 비해 슬픔과 관련된 표현이 억제된다. 반면, 여성은 강한 모습보다는 약한 모습을 보여야 한다는 성적 고정관념으로 인해 여성의 경우 남성에 비해 분노와 관련된 표현이 억제되는 경향이 있다.

요약

이 장에서는 동기와 정서라는 심리학에서 가장 일반적이며 보편적인 주제에 대해 다루었다.

동기를 주제로 다룬 부분에서는 첫 번째로 동기의 정의와 기능에 대해 살펴보았다. 동기란 어떤 행동을 하게 한 이유나 원인이라고 정의하였고, 동기개념이 심리학연구에 왜 필요한지와 관련하여 동기개념의 필요성에 대해 살펴보았다.

두 번째로, 동기연구를 한 여러 학자를 통해 제기되었던 다양한 이론적 접근에 대해 살펴보았다. McDougall의 본능이론, Hull의 추동감소이론, Hebb의 각성이론, Maslow의 동기위계이론 등을 차례로 살펴보았다.

세 번째로 동기의 유형에서, 먼저 인간이 지닌 생물학적 동기로서 섭식행동의 동기와 성행동의 동기를 살펴보았다. 섭식행동의 동기에서는 먼저 단기섭식조절기제, 장기섭식조절기제 등을 알아보았고, 섭식행동의 환경적 영향을 검토한 후 이런 요인들을 종합하여 배고픔 조절의 통합모형을 검토하였다. 성행동의 동기에서는 성행동의 생리적 조절, 성적 지향성과 동성애, 그리고 진화심리학의 입장에서 성적 동기에 대해 살펴보았다.

다음으로 인간이 지닌 심리학적 동기로서 성취동기, 내재적 동기와 외재적 동기에 대해 살펴보았는데, 먼저 성취동기와 관련하여 성취동기의 높고 낮음에 영향을 미칠 수 있는 다양한 요인과 연구 결과들에 대해 살펴보았다. 다음으로 내재적 동기와 외재적 동기에서는 두 개념의 차이, 그리고 내재적 동기가 일어날 수 있는 몇 가지 조건에 대해 살펴보았다. 내재적 동기가 외재적 동기에 비해 지닐 수 있는 긍정적 측면들에 대해서도 알아보았다.

정서 부분에서는, 정서에 대한 정의를 살펴보면서 동기가 삶을 작동하는 기제였다면 정서는 삶과 관계시키는 기제라고 보았다. 이와 관련하여 정서의 대표적인 이론인 James-Lange 이론, Cannon-Bard 이론, Schaheter와 Singer의 인지적 명명이론, 그리고 Zajonc의 정서우선성 가설을 살펴보았고, 이를 통합한 정서평가 모형을 살펴보았다.

마지막으로 정서표현 규칙에 있어 문화적 영향과 문화에 따른 정서표현 규칙의 차이에 대해 알아보았다.

동기와 정서를 다룬 이 장의 내용은 다른 심리학의 여타 분야와도 밀접한 관련성을 갖고 있기에 주요 이론에 대한 충분한 이해가 필요할 것이다.

 연습문제

1. Hull의 추동감소이론에 따르면 인간의 모든 행동은 추동에 의해 발생된 긴장을 감소시켜 _____을 회복시키는 방향으로 일어난다고 보았다.
2. Hebb의 각성이론에 따르면 사람들이 활동할 때 각성에는 최적의 수준이 있으며, 사람들은 자신의 _____을 유지하도록 동기화된다.

3. Maslow는 동기의 인본주의적 관점을 더욱 발전시켜서 동기의 단계를 상정하는 _____ 이론을 제시하였다.

4. 단기섭식조절은 섭식행동을 시작하게 하는 기아중추인 _____ 과 섭식행동을 중지하게 하는 포만중추인 _____ 의 상호조절작용에 의해 일어난다.

5. _____ 란 개인이 이성에게 성욕을 느끼는가 아니면 동성에게 성욕을 느끼는가를 나타내는 개념으로 동성애를 이해하는 데 중요한 개념이다.

6. _____ 에서는 유전적 효율성의 극대화를 위해 성적 동기와 짝짓기 방략 기저에 있는 특유의 심리적 기제를 발전시켰을 것이라고 가정한다.

7. 성취동기에 대한 연구를 한 심리학자인 McClleland는 성취동기에 있어 개인들 간의 차이를 측정하기 위해 Murray가 개발한 검사인 _____ 를 사용하였다.

8. 내재적 동기가 외재적 동기와 비교하여 지닐 수 있는 긍정적인 세 가지 측면이 있다. 첫째, 과제의 지속성, 둘째, 창의성, 그리고 _____ 의 증진이다.

9. Schachter의 인지평가이론에 따르면 신체적 변화가 감정경험의 주요한 조건인데, 단 이때 경험하는 감정의 종류는 신체적 변화의 차이가 아니라 상황에 대한 _____ 와 해석에 달려 있다고 보았다.

10. 문화에 따라 문화구성원들에게 표현을 지지하는 정서가 있고, 반대로 억제하는 정서가 있다. 아울러 특정 정서의 표현이 허용되는 상황이 있고, 억제되어야 하는 상황이 있는데 정서표현과 관련된 이런 규칙을 _____ 라고 한다.

참고문헌

이수원 외(2002). 심리학. 서울: 정민사.

Amabile, T. M. (1985). Motivation and creativity: Effects of motivational orientation on creative writers. *Journal of Personality and Social Psychology, 48*, 393-399.

Atkinson, J. W., & Litwin, G. H. (1960). Achievement motive and test anxiety conceived as motive to approach success and motive to avoid failure. *Journal of Abnormal and Social Psychology, 60*, 52-63.

Atkinson, R. C., Atkinson, R. L., & Hilgard, E. (2015). *Introduction to Psychology* (16th ed.). rvised by Bem, D. J., Nolen-Hoeksema, S., Frederiksen, B. L., Loftus, G. R., & Wagenaar, W. A. Wadsworth Pub Co.

Bard, P. (1934). On emotional expression after decortication with some remarks on certain theoretical views: Part 1. *Psychological Review, 41*(4), 309-329.

Barrett, L. F. (2017). *How emotions are made: The secret life of the brain*. Houghton Mifflin Harcourt.

Basson, R. (2002). A model of women's sexual arousal. *Journal of Sex & Marital Therapy, 28*(1), 1–10.

Bell, A., Weinberg, M., & Hammersmith, S. (1981). *Sexual preferences*. Bloomington, IN: Indiana University Press.

Biehl, M., Matsumoto, D., Ekman, P., Hearn, V., Heider, K., Kudoh, T., & Ton, V. (1997). Matsumoto and Ekman's Japanese and Caucasian Facial Expressions of Emotion (JACFEE): Reliability data and cross-national differences. *Journal of Nonverbal Behavior, 21*(1), 3–21.

Buss, D. M., & Schmitt, D. P. (1993). Sexual Strategies Theory: An evolutionary perspective on human mating. *Psychological Review, 100*(2), 204–232.

Buston, P. M., & Emlen, S. T. (2003). Cognitive Processes Underlying Human Mate Choice: The Relationship between Self-Perception and Mate Preference in Western Society. *Proceedings of the National Academy of Sciences of the United States of America, 100*, 8805–8810.

Cannon, W. B. (1927). The James–Lange theory of emotions: A critical examination and an alternative theory. *The American Journal of Psychology, 39* (1/4).

Cannon, W. B. (1932). *The wisdom of body*. New York: W. W. Norton.

Critchley, H., Stefan, W., Rotshtein., & Ohman, A. (2004). Neural Systems Supporting Interoceptive Awareness. *Nature Neuroscience, 7*(2), 189–195.

Dalgleish, T. (2004). Cognitive Approaches to Posttraumatic Stress Disorder: The Evolution of Multirepresentational Theorizing. *Psychological Bulletin, 130*(2), 228–260.

Damasio, A. R., & Carvalho, G. B. (2013). The nature of feelings: Evolutionary and neurobiological origins. *National Review of Neuroscience, 14, 143–152.*

Damasio, A. R., Grabowski, T. J., Bechara, A., Damasio, H., Ponto, L. L., Parvizi, J., & Hichwa, R. D. (2000). Subcortical and cortical brain activity during the feeling of self-generated emotions. *National Neuroscience, 3*(10), 1049–1056.

Darwin, C. R. (1872). *The expression of the emotions in man and animals*. London: John Murray.

Deci, E. L., & Ryan, R. B. (1985). *Intrinsic motivation and self-determination in human behavior*. New York: Plenum Press.

Deci, E. L., & Ryan, R. M. (2008). Facilitating optimal motivation and psychological well-being across life's domains. *Canadian Psychology, 49*(1), 14–23.

Dolce, J. J., & Thompson, J. K. (1989). Interdependence Theory and the Client Therapist Relationship: a Model for Cognitive Psychotherapy. *Psychology Faculty Publications, 2103.*

Eibl-Eibesfeldt, I. (1972). *Love and hate: The natural history of behavior patterns*. Trans. G. Strachan. Holt, Rinehart & Winston.

Ekman, P. (1993). Facial expression and emotion. *American Psychologist, 48*(4), 384–392.

Ekman, P., & Davidson, R. J. (1993). Voluntary smiling changes regional brain activity. *Psychological Science, 4*(5), 342–345.

Ekman, P., & Friesen, W. V. (1971). Constants across cultures in the face and emotion. *Journal of Personality and Social Psychology, 17*(2), 124–129.

Fallon, A. E., & Rozin, P. (1985). Sex differences in perceptions of desirable body shape. *Journal of

Abnormal Psychology, 94(1), 102–105.

Feather, N. T. (1961). The relationship of persistence at a task to expectation of success and achievement related motives. *The Journal of Abnormal and Social Psychology, 63*(3), 552–561.

Frijda, N. H. (1986). Studies in emotion and social interaction. The emotions. Cambridge University Press; Editions de la Maison des Sciences de l'Homme.

Gerrig, R. J. (2013). 심리학과 삶(이종한, 박권생, 박태진, 성현란, 이승연, 채정민 공역). 서울: 시그마프레스.

Hebb, D. O. (1955). Drives and C. N. S.: Conceptual nervous system. *Psychological Review, 62,* 245–254.

Hobara, M. (2005). Beliefs about appropriate pain behavior: Cross–culturaland sex differences between Japanese and Euro–Americans. *European Journal of Pain, 9,* 389–393.

Hull, C. L. (1943). *Principles of behavior.* New Work: Appleton–Century–Crofts.

Irvine, J. T. (1990). Registering affect: Heteroglossia in the linguistic expression of emotion. In C. A. Lutz & L. Abu–Lughod (Eds.), *Language and the politics of emotions* (pp. 126–161). Cambridge, UK: Cambridge University Press.

Izard, C. E. (1989). The structure and functions of emotions: Implications for cognition, motivation, and personality. In I. S. Cohen (Ed.), *The G. Stanley Hall lecture series: Vol. 9. The G. Stanley Hall lecture series* (pp. 39–73). American Psychological Association.

Izard, C. E. (1990). Facial expressions and the regulation of emotions. *Journal of Personality and Social Psychology, 58*(3), 487–498.

Izard, C. E. (1991). *The psychology of emotions.* New York, NY: Plenum Press.

Izard, C. E. (1993). Four systems for emotion activation: Cognitive and noncognitive development. *Psychological Review, 100,* 68–90.

Izard, C. E., & Harris, P. (1995). Emotional development and developmental psychopathology. In D. Cicchetti & D. J. Cohen (Eds.), Wiley series on personality processes. *Developmental psychopathology, Vol. 1. Theory and methods* (pp. 467–503). John Wiley & Sons.

James, W. (1884). What is an Emotion? *Mind, 9,* 188–205.

Kasser, T., & Ryan, R. M. (2001). Be careful what you wish for: Optimal functioning and the relative attainment of intrinsic and extrinsic goals. In P. Schmuck & K. M. Sheldon (Eds.), *Life goals and well-being: Towards a positive psychology of human striving* (pp. 116–131). Hogrefe & Huber Publishers.

Kenny, P. J., Voren, G., & Johnson, P. M. (2013). Dopamine D2 receptors and striatopallidal transmission in addiction and obesity. *Current Opinion in Neurobiology, 23,* 535–538.

Kraut, R. E., & Johnston, R. E. (1979). Social and emotional messages of smiling: An ethological approach. *Journal of Personality and Social Psychology, 37,* 1539–1553.

Laird, J. D., & Lacasse, K. (2014). Bodily influences on emotional feelings: Accumulating evidence and extensions of William James's theory of emotion. *Emotion Review, 6*(1), 27–34.

Lazarus, R. S. (1984). On the primacy of cognition. *American Psychologist, 39*(2), 124–129.

Lazarus, R. S. (1991). *Emotion and adaptation.* Oxford University Press.

Lindsley, D. B. (1957). Psychophysiology and motivation. In M. R. Jones (Ed.), *Nebraska Symposium on Motivation* (Vol. 5, pp. 44–105). Lincoln: University of Nebraska Press.

Marañón, G. (1924). Contribution à l'étude de l'action émotive de l'adrenaline. Revue *Française d' Endocrinologie, 2*, 301–325.

Markus, H. R., & Kitayama, S. (1991). Culture and th self: Implications for cognition, emotion, and motivation. *Psychological Review, 98*(2), 224–253.

Maslow, A. H. (1954). *Motivation and Personality*. New York: Harper & Row.

Maslow, A. H. (1971). *Motivation and personality* (3rd ed.). New York: Harper & Row.

Masters, W. H., & Johnson, V. E. (1966). *Human sexual response*. Boston: Little, Brown.

McClelland, D. C. (1961). *The achieving society*. Princeton, NY: Van Nostrand.

McClelland, D. C. (1976) *The achieving society*. New York: Irvington Publishers.

McDougall, W. (1908). *Introduction to social psychology*. London: Methuen.

Mesquita, B., & Leu, J. (2007). The cultural psychology of emotion. In S. Kitayama & D. Cohen (Eds.), *Handbook of cultural psychology* (pp. 734–759). New York: Guilford.

Money, J. (1988). *Gay, straight, and in-between: The sexology of erotic orientation*. Oxford University Press.

Murphy, S. T., & Zajonc, R. B. (1993). Affect, cognition, and awareness: Affective priming with optimal and suboptimal stimulus exposures. *Journal of Personality and Social Psychology, 64*(5), 723–739.

Neal, D. T., & Chartrand, T. L. (2011). Embodied emotion perception: Amplifying and dampening facial feedback modulates emotion perception accuracy. *Social Psychological and Personality Science, 2*(6), 673–678.

Peterson, C., & Seligman, M. E. P. (2004). *Character strengths and virtues: A handbook and classification*. Oxford: Oxford University Press.

Plutchik, R. (1970). Emotions, evolution, and adaptive processes. In M. Arnold (Ed.), *Feelings and emotions*. New York: Academic Press.

Reeve, J. (2011). 동기와 정서의 이해(정봉교, 윤병수, 김아영, 도승이, 장형심 공역). 서울: 박학사.

Reeve, J. (2018). *Understanding Motivation and Emotion* (7th ed.). Hoboken, NJ: John Wiley & Sons.

Rosenberg, E. L. (1998). Levels of analysis and the organization of affect. *Review of General Psychology, 2*(3), 247–270.

Ryan, R. M., & Deci, E. L. (2000). Self-determination theory and the facilitation of intrinsic motivation, social development, and well-being. *American Psychologist, 55*(1), 68–78.

Schachter, S., & Singer, J. E. (1962). Cognitive, social, and physiological determinants of emotional states. *Psychological Review, 69*, 379–399.

Sheldon, K. M., Elliot, A. J., Kim, Y., & Kasser, T. (2001). What's satisfying about satisfying events? Comparing ten candidate psychological needs. *Journal of Personality and Social Psychology, 80*, 325–339.

Strack, F., Martin, L. L., & Stepper, S. (1988). Inhibiting and facilitating conditions of the human smile: A nonobtrusive test of the facial feedback hypothesis. *Journal of Personality and Social Psychology, 54*(5), 768–777.

Tomkins, S. S. (1962). *Affect, imagery, consciousness: Vol. I. The positive affects*. New York, NY: Springer.

Tomkins, S. S. (1963). *Affect, imagery, consciousness: Vol. II. The negative affects*. New York, NY: Springer.

Tomkins, S. S. (1984). *Affect theory*. In K. R. Scherer & P. Ekmand (Eds.), *Approaches to emotion*. Hillsdale, NJ: Erlbaum.

van Hooff, J. A. (1972). A comparative approach to the phylogeny of laughter and smiling. In R. A. Hinde (Ed.), *Non-verbal communication*. Cambridge University Press.

Volkow, N. D., Wang, G. J., Fowler, J. S., Tomasi, D., & Telang, F. (2011). Addiction: Beyond dopamine reward circuitry. *Proceedings National Academy Science, USA, 108* (2011), 15037–15042.

Weiner, B. (1972). *Theories of motivation*. Chicago: Rand McNally.

Weingarten, H. P. (1985). Stimulus control of eating: Implications for a two-factor theory of hunger. *Appetite, 6*, 387–401.

Woodworth, R. S. (1918). *Dynamic psychology*. New York: Columbia University Press.

Zajonc, R. B. (1984). On the primacy of affect. *American Psychologist, 39*, 117–123.

Zimbardo, P. G., Johnson, R. L., & McCann, V. (2012). *Psychology: Core Concepts* (7th ed.). Pearson.

08

전생애 발달

　　사람은 생명이 만들어진 순간부터 죽을 때까지 변화한다. 누워 지내던 갓난아이가 앉고 서고 걷게 되며, 옹알이를 하던 아기가 말을 하고, 하나 둘도 모르던 아이가 복잡한 수셈을 하게 된다. 그렇게 해서 점점 많은 능력을 기르고 잘 쓸 수 있게 되는가 하면, 더 나이가 들면 그 능력들 중 일부는 감소되는 새로운 변화가 일어난다. 발달심리학은 그러한 변화가 어떤 모양으로 나타나며, 왜 일어나는지, 어떤 힘들이 작용하여 그런 변화를 가져오고 변화의 결과에 영향을 주는지, 어떻게 하면 건강한 발달을 촉진하고 불건강한 발달을 막을 수 있는지 등을 연구한다. 그 궁극 목표는 건강한 발달의 촉진과 불건강한 발달의 예방, 즉 발달의 최적화이다. 이와 같은 목표를 달성하기 위해 발달학자들은 모든 사람에게 똑같이 일어나는 전형적인 발달적 변화패턴[또는 규준적 발달(normative development)]과 그런 변화패턴에서 나타나는 개인차[또는 개별적 발달(ideographic development)]를 모두 연구한다(Shaffer & Kipp, 2014).

　　이 장에서는 전형적인 발달적 변화패턴에 초점을 두며, 먼저 발달이 무엇이고 어떠한 특성이 있는지, 어떤 방법으로 발달을 연구하는지를 살펴본 후 각 발달시기마다 완수해야 하는 주요 발달 주제를 알아볼 것이다. 각 발달시기에 대한 엄격한 기준은 없지만 여기서는 태아기(수정~출생), 영아기(출생~2세), 유아기(2~7세), 아동기(7~12세), 청소년기(12~18세), 성인기(19세 이후)로 나누며, 성인기는 성인 진입기(19~25세), 초기 성인기(25~35세), 중기 성인기(35~65세), 후기 성인기(65세 이후)로 나눈다.

1.
발달이란 무엇인가

1) 발달의 정의 및 특성

발달이란 정자와 난자가 합쳐져 수정이 된 순간부터 사망할 때까지, 나이가 들어가면서 일어나는 '모든 신체적·심리적 변화'를 말한다. 발달은 연속성과 변화 둘 다를 포함하는 과정이다. 발달을 가져오는 것은 유전자에 내재된 프로그램에 따라 일어나는 변화인 '성숙(천성, nature)'과 환경적 경험에 의해 일어나는 '학습(양육, nurture)'이다. 따라서 인간 유전자에 의해 일어나는 인간 특유의 공통적인 발달이 있다. 하지만 같은 인간 유전자를 갖고 있더라도 사람마다 다른 개인적 유전자 차이에 의해 서로 다른 발달 모습을 보여 주기도 한다. 또한 각 개인마다 다른 환경적 경험도 발달의 개인차를 가져온다.

'발달(development)'이란 용어는 발달적 변화라고 이해하면 될 것이다. 발달적 변화는 성숙과 퇴화가 모두 포함된 과정이다. 어렸을 때라고 전적으로 성숙만 일어나는 것이 아니고 어떤 부분은 퇴화되는데 성숙의 양이 퇴화를 훨씬 능가하는 것이며, 노년기는 퇴화의 양이 성숙을 넘어서지만 노년기라고 해서 성숙이 없는 것은 아니다.

발달에는 몇 가지 특성이 있다. 첫째, 발달은 일정한 패턴을 가지고 일정한 순서로 연속적으로 일어나며, 앞의 발달적 변화를 기초로 하여 뒤의 발달이 이루어지는 누적적 과정이다. 그래서 발달을 벽돌을 쌓아 건물을 짓는 과정에 비유하기도 한다. 가장 처음의 벽돌(예: 애착)이 안정되게 놓인 뒤에 그 위에 올려진 다음 벽돌(예: 자율성 또는 주도성)이 다시 잘 놓일 수 있게 되며, 나중에 제대로 된 튼튼한 건물(예: 건강한 성격을 가진 어른)이 될 수 있다고 보는 것이다. 둘째, 발달은 각 발달 영역이 서로 영향을 주고받으며 이루어지는 총체적 과정이다. 예를 들면, 이행운동의 발달은 아동의 시지각 발달을 촉진하며 공포정서를 발달시킨다. 안정애착의 발달은 탐색행동을 하게 만들어 인지발달을 촉진한다. 셋째, 특정 발달이 많이 일어나는 특정 시기(민감기, sensitive period)가 있기는 하지만, 이후의 경험에 의해서 발달 결과가 달라질 수 있는 가소성(plasticity)이 있는 과정이 발달이다. 예를 들어, 오른손잡이였던 아이가 팔을 다쳐서 왼손을 쓰기 시작하면 왼손의 기능이 좋아진다. 어릴수록 가소성이 더 크며 나이가 들수록 작아진다. 넷째, 아이가 어떤 문화, 어떤 시대에 살았는가도 발달에 영향을 준다. 발달은 어떤 경험을 하느냐에 따라 달라지는데 아이가 살고 있는 시대나 문화는 아이의 환경이 되고 경험이 달라지게 만들기 때문이다(송길연 외, 2012). 확대 가족 안에서 부모가 양육을 하고 형제가 많았던 1960년대 이전 시대와, 핵가족 안에서 부모가 맞벌이를 하며 형제가 없거나 적고 다른 사람에 의해 양육되는 요즘 아이들은 같은 6세 나이의 아이더라도 많이 다를 것이다. 마찬가지로, 현재 같은 시대에 살고 있는 6세 아이더라도 대한민국에 살고 있는 아이와 아프리카 사막 지대에서 살고 있는 아이의 발달은 서로 다를 것이다.

2) 발달 연구방법 및 설계

발달연구는 심리학에서 사용하는 여러 가지 자료수집 방법 및 관계를 찾는—관찰법과 실험법 같은—방법(2장 참조)을 모두 사용한다. 하지만 아직 언어적 이해가 부족하고 표현을 할 수 없는 신생아와 영아 연구에서는 지각선호법을 이용하여 연구한다. 지각선호법은 아이들이 익숙한 것보다는 새로운 것에 더 관심을 갖고 오래 보는 것을 이용한 방법으로, 시각적 선호법이라고도 한다.

발달연구는 심리학에서 일반적으로 사용하는 방법들 외에 나이가 들어감에 따라 일어나는 변화를 보는 발달설계가 필요하다. 연령변화에 따른 발달적 변화를 알아보기 위해 사용하는 접근법에는 횡단적 설계, 종단적 설계, 계열적 설계, 미시발생적 설계가 있다. 이 중에서 횡단적 설계, 종단적 설계, 계열적 설계가 단지 연령변화에 따른 발달적 변화를 기술하기 위한 것이라면 미시발생적 설계는 연령에 따른 변화과정을 설명하기 위해 사용하는 방법이다.

(1) 횡단적 설계

횡단적 설계(cross-sectional design)는 한 시점에서 여러 연령 집단을 동시에 조사하여 그 자료의 평균치를 가지고 발달곡선을 그려서 연구하는, 연령에 따른 발달측면의 변화를 알아보는 방법이다. Wichstrøm(1999)은 12,000명 이상의 노르웨이 청년들을 대상으로 12~20세 사이에 나타나는 우울 증상의 변화를 횡단적으로 연구했다. 이 횡단연구 결과로 청소년기 소녀의 우울증 증상이 13~15세 사이에 급격히 증가함을 알아냈다. 횡단적 설계는 빠른 시간 내에 결과를 얻을 수 있지만, 그렇게 해서 얻은 발달곡선이 한 개인의 진정한 발달 변화를 보여 주는 발달곡선이 아니라는 중요한 문제점을 가지고 있다. 이들 연령집단이 동시대의 서로 다른 출생집단(cohort) 사람들이기 때문에, 각 연령집단을 한 번만 조사해서 나온 결과를 연결하여 나타낸 발달곡선은 어떤 개인의 진정한 발달변화를 나타낸다고 볼 수 없기 때문이다.

(2) 종단적 설계

종단적 설계(longitudinal design)는 한 사람이나 하나의 집단을 일정 기간 동안 여러 시점에서 계속해서 조사하여 발달적 변화를 알아보는 방법이다. 몇 년에 걸쳐 하기도 하지만 수십 년 동안 이루어진 장기종단연구들도 있다. Keith와 동료들(1983)은 엄마의 IQ와 가정환경의 질이 아동의 IQ와 어떤 관련이 있는지를 2~4세까지의 112명의 아동과 어머니를 대상으로 종단연구를 실시해서 알아보았다. 이들은 엄마의 IQ, 2세, 3세, 4세 때 각 아동의 IQ, 가정의 질(HOME으로 측정한)을 측정하여 상관관계를 알아보았다. 2세 때 아동의 IQ를 가장 잘 예언하는 것은 엄마의 IQ였고, 이 결과는 유전가설이 제안한 것과 같다. 그러나 아동이 4세 때 측정한 IQ는 가정환경이 가장 잘 예언했다. 이런 결과들은 가정환경이 아동의 지적발달에 매우 중요한 요인이라는 걸 말해 준다. 이렇게 동일한 사람과 집단을 계속해서 여러 시점에 조사한 결과를 가지고 발달곡선을 알아내기 때문에 이것은 참가한 사람들의 진정한 발달곡선이다. 하지만 종단적 설계의 약점은 얻은 결과를 다른 사람에게 일반화하는 데 어려움이 있다는 것이다. 또한 시간과 비용이 많이 들고 반복해서 사용한 도구 등에 대한 학습효과, 중도에 탈락한 사람들로 인한 표본의 대표성 상실 등이 약점이 된다.

(3) 계열적 설계

횡단적 설계와 종단적 설계는 모두 장단점이 있다. 두 접근의 좋은 점을 합친 것이 계열적 설계(sequential design)이다. 계열적 설계는 여러 연령 집단을 일정 기간 동안 여러 번에 걸쳐 조사하여 나온 결과를 가지고 발달적 변화를 알아보는 방법이다. 계열적 설계의 예를 들기 위해 10~16세 사이의 성 고정관념의 발달을 연구한다고 가정해 보자. 처음에 2016년에 10세인 아동(2006년생 동시대 집단) 표본의 성 고정관념과 12세인 아동(2004년생

글상자 8-1	HOME

가족환경이 아동의 지능에 주는 영향을 조사하기 위해서는 그 환경을 평가할 수단이 있어야 한다. 가족환경처럼 복잡하고 다면적인 것들, 특히 같은 가족 안에서 아동에 따라 가족환경이 다를 수 있을 때, 어떻게 측정할 수 있는가?

이 문제의 해결을 위해 Caldwell과 Bradley(1984)는 HOME(Home Observation for Measurement of the Environment)으로 알려진 측정도구를 만들었다. HOME은 아동의 가정생활의 다양한 측면을 표집한다. 여기에는 ① 사는 공간의 조직화와 안전, ② 부모가 제공하는 지적 자극, ③ 아동이 자신의 책을 갖고 있는지 여부, ④ 부모-자녀 상호작용의 양, ⑤ 아동에 대한 부모의 정서적 지원 등이 들어간다. 〈표 8-1〉은 원래 HOME에서 사용된 항목들과 하위척도의 예를 보여 준다. 원래 HOME은 출생~3세까지 아동의 가족환경을 평가하도록 설계된 것이었는데, 이후 다양한 HOME 버전들이 학령전기 아동, 학령기 아동, 청소년에 적용하기 위해 개발되었다(Totsika & Sylva, 2004).

표 8-1	HOME에 있는 표본 항목과 하위척도의 예(영아용)

Ⅰ. 어머니의 정서적 및 언어적 반응성

  1. 방문하고 있는 동안 어머니가 적어도 두 번 아이에게 자발적으로 목소리를 낸다.

  2. 어머니가 아이가 내는 소리에 대해 언어적 반응을 한다.

Ⅱ. 제한과 처벌의 회피

  4. 방문하고 있는 동안 어머니가 아이에게 소리치지 않는다.

  5. 어머니가 아이에게 성가심이나 적개심을 드러내서 표현하지 않는다.

Ⅲ. 물리적 및 시간적 환경의 구성

  7. 어머니가 집에 없을 때, 세 명의 정규적인 대리인 중 한 사람에 의해 돌봄이 제공된다.

  8. 아이를 병원에 정기적으로 데려간다.

Ⅳ. 적절한 놀이 자료의 구비

  10. 아이는 밀거나 당기는 장난감이 있다.

Ⅴ. 어머니의 자녀에 대한 개입

  14. 어머니가 자기 일을 하면서 아이에게 "말한다".

Ⅵ. 다양한 일상적 자극의 기회

  16. 어머니가 일주일에 적어도 세 번 이야기책을 읽어 준다.

출처: Caldwell & Bradley (1984).

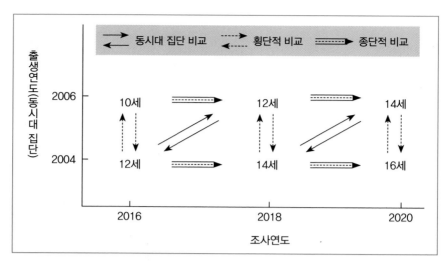

2004년과 2006년에 태어난 두 개의 아동표집이 4년에 걸쳐 종단적으로 관찰되었다. 이 설계를 사용하여 연구자는 다른 해에 태어난 같은 나이의 아이들을 비교하면서 동시대 집단 효과를 측정할 수 있다. 이 설계 안에서의 종단적 비교와 횡단적 비교는 연구자가 동시대 집단 효과를 배제하고 아동의 발달적 변화의 강도와 방향을 명확하게 말할 수 있게 해 준다.

그림 8-1   **계열적 설계의 예**

동시대 집단) 표본의 성 고정관념을 검사한다. 그리고 나서 2018년과 2020년에 두 집단의 성 고정관념을 재검사한다. 그 설계는 우리가 2006년 동시대 집단을 10~14세까지 추적하고, 2004년생 동시대집단을 12~16세까지 추적조사하게 해 준다([그림 8-1]).

이 계열적 설계는, 다른 설계를 통해서는 얻을 수 없는 이점을 가지고 있다. 첫째, 다른 해에 태어난 같은 연령의 아동들의 성 고정관념이 같다면 적어도 이 연령대 동시대 집단들 사이에서 동시대 집단 효과가 영향을 주지 않았다는 점을 알아낼 수 있다. 둘째, 횡단적 비교와 종단적 비교가 모두 가능하다. 만약 두 비교에서 연령적 경향이 비슷하다면 이것은 진정한 발달변화를 의미할 것이다. 마지막으로 경제 효율적인 측면에서, 종단연구로는 6년의 시간이 필요한 연구결과를, 계열설계를 사용해 4년 만에 알아냄으로써 시간과 비용을 절감할 수 있다.

(4) 미시발생적 설계

미시발생적 설계(microgenetic design)는 일반적으로 인지발달에서 변화를 촉진하는 것으로 알려진 과정을 설명하려는 시도로, 주로 인지발달 연구자들이 사용하는 방법이다. 이것은 특정 발달적 변화를 가져오는 경험이 무엇인지를 알아보기 위해, 아동이 그 발달적 변화를 하려는 준비가 되었다고 생각한 시점에 그 경험을 반복해서 제공한 뒤, 촉진하고자 했던 행동변화가 일어나는지를 보는 것이다. 이 설계를 사용하는 연구는 몇 시간, 며칠, 몇

주 동안 집중적으로 연구하여 새로운 인지능력을 증진시키기 위해 아동들의 사고와 전략이 어떻게 변화하는지를 자세히 알아낼 수 있다(Shaffer & Kipp, 2014). 미시발생적 설계를 사용한 연구는 산수, 마음이론, 운동, 기억, 유추 추리, 전략사용, 의식적 또는 무의식적 추리 등을 포함하고 있다.

미시발생적 설계는 다른 설계가 발달적 윤곽만을 제공하는 데 비해 발달 동안의 실제 변화과정을 관찰하여 알아낼 수 있다는 장점이 있다. 하지만 많은 수의 아동을 그런 방식으로 연구하는 것 자체가 어렵고 비용과 시간이 많이 든다. 또한 잦은 관찰 빈도가 연습효과를 가져올 수 있다. 가장 큰 약점은 집중적 자극을 받는 상황이 실제 세계에서 정상적으로 일어나는 경험들이 아닌데다가 그 행동변화의 시간이 오랫동안 지속되지 못한다는 것이다. 미시발생적 설계를 사용하는 연구자들의 목적은 변화의 촉진 그 자체가 아니라, 연구하려고 하는 변화가 일어나고 있는 아동들을 연구해서 이런 변화들이 일어나는 방식과 원인을 더 명확하게 기술하는 것이다.

이제 다음에서부터 우리는 인간의 발달과정을 태내기, 영유아기, 아동기, 청소년기로 나누어 각 발달시기별로 주요한 발달주제와 함께 살펴볼 것이다. 예를 들어, 태내기에서는 태내 환경을, 영유아기에는 신체운동, 언어, 애착 등의 발달을 살펴보며, 아동기에는 인지, 도덕판단, 또래관계 등의 발달을, 청소년기에는 신체변화, 자아정체감 등의 발달에 관하여 살펴볼 것이다.

사실, 앞에서 예를 든 발달주제들은 모든 시기에 걸쳐 발달하지만(예: 신체발달, 인지발달 등), 여기에서는 각 시기마다 가장 중요한 발달주제와 연관 지어 서술할 것이다.

2. 태내기

태내기는 수정에서 출생까지의 기간을 말하며 약 266일(38주)이다. 이 기간 동안 아기는 난자와 정자가 합쳐진 하나의 수정란에서 약 2,000억 개의 세포로 이루어진 아기가 된다(Shaffer & Kipp, 2014). 태내기는 전생애 중에서 발달이 가장 빠르게 일어나는 시기로서, 이 시기에는 각 기관이 형성되고 기능하기 시작하는데 우리는 초음파 영상과 아이의 심장박동 소리, 태동 등으로 알 수 있다. 태내기 동안에는 신체의 기관이 형성되기 때문에 이 시기 동안 임신한 엄마가 독성 물질이나 질병 등에 노출되면 아기에게 기형이나 기능이상이 생길 수 있다.

1) 태내발달

하나의 정자세포가 난자의 막을 뚫고 들어오면 생화학적 반응이 일어나 다른 정자들을 들어오지 못하게 막는다. 일정 시간이 흐르면 정자세포는 분열하기 시작하여 자기의 유전물질을 방출하며, 난자 또한 유전물질을 방출한다. 아버지의 정자와 어머니의 난자가 제공한 유전물질이 결합하면서 새로운 세포핵이 형성되는데, 접합체(zygote)라 부르는 이 작은 세포체는 처음부터 성별을 갖는다. 인간의 정자와 난자는 각각 23개의 염색체를 갖는다. 염색체는 유전자를 담고 있으며, 유전자는 모든 생물학적 발달의 청사진을 제공한다. 정자는 X염색체를 가진 것도 있고 Y염색체를 가진 것도 있는데, 난자가 Y염색체를 가진 정자에 의해 수정되면 그 접합체는 남성이 되고, 난자가 X염색체를 가진 정자에 의해 수정되면 여성이 된다.

수정 후 2주 동안을 접합체기(period of the zygote)라 한다. 이 시기 동안 단일 세포인 접합체는 2, 4, 8, 16개의 세포로 계속 분열하는데, 이후 무수한 세포로 분열한다. 각 세포는 정자로부터 한 세트 23개의 염색체와, 난자로부터 한 세트 23개의 염색체를 담고 있다. 접합체기 동안 접합체는 자궁벽에 착상한다.

접합체가 자궁벽에 착상하면 발달의 새로운 단계가 시작된다. 배아기(period of the embryo)는 3주부터 약 8주까지 지속되는 시기로서 이 시기 동안 접합체는 계속 분열하고 그 세포들은 분화하기 시작한다. 이 단계의 접합체를 배아라고 하는데, 배아는 이미 심장이 뛰고 팔, 다리 같은 신체부위를 갖는다. XY염색체를 가진 배아는 테스토스테론이라는 호르몬을 생산하기 시작하여 생식기관을 남성화하는 반면, XX염색체를 가진 배아는 그렇게 하지 않는다. 테스토스테론이 없으면 배아는 여성으로서의 발달을 계속한다.

태아기(period of the fetus)는 9주부터 출생까지 지속되는 시기로 이 시기의 배아를 태아라 한다. 태아는 골격과 근육을 갖고 있어서 움직일 수 있다. 태아기의 마지막 3개월 동안 태아의 크기는 빠르게 증가한다. 태아는 지방층 및 소화기계와 호흡기계를 발달시킨다. 뇌는 신체에서 가장 복잡한 기관인데 태내기 동안에 발달하는 가장 민감한 구조이다. 최종적으로 뇌가 되는 세포들은 처음 3~4주경에 매우 빠르게 분화하며 이 과정은 6개월까지 대체로 완성된다. 먼저, 뇌세포는 주로 세포체로 구성되어 있다. 뇌의 특정 영역으로 이동한 후에 축색과 수상돌기가 생성된다. 처음부터 뇌세포가 특정 정보를 다루도록 만들어지는 게 아니라 이동한 영역에 맞게 발달하는 것이다. 다음으로는, 뇌세포의 축색을 둘러

싸는 지방덮개를 형성하는 수초화(myelinization) 과정이 시작된다. 수초는 뇌세포를 절연시켜서 축색을 따라 이동하는 신경신호의 누출을 막는다. 대뇌피질의 수초화는 성인기까지도 계속된다.

태아기 동안 뇌는 빠르고 복잡한 성장을 겪는다. 그러나 출생 시의 뇌 무게는 성인 뇌 무게의 25%밖에 되지 않는다. 따라서 뇌 발달의 75%는 자궁 밖에서 이루어진다고 말할 수 있다.

2) 태내환경

우리는 자칫 유전자가 수정의 순간부터 발달에 영향을 주는 반면, 환경은 출생 후부터 영향을 준다고 생각하기 쉽다. 그러나 이는 사실이 아니다. 자궁은 수많은 방식으로 발달에 영향을 주는 환경요인이다. 예를 들어, 태반은 어머니와 배아(혹은 태아)의 혈류를 물리적으로 연결하고 물질을 교환하도록 해 주는 기관이다. 따라서 여성이 임신 중에 섭취하는 음식은 태아발달에 영향을 준다. 임신 초기 6개월 동안의 음식물 결핍은 아기의 신체적인 문제(Stein et al., 1975)와 정신적인 문제를 갖도록 하는 원인이 될 수 있다.

음식물뿐만 아니라 임신 중인 여성이 섭취하는 거의 모든 것이 태반을 통해 태아발달에 영향을 줄 수 있다. 그것들 중에는 납이나 수은 같은 환경독소가 포함되며, 일반적인 것 중에서는 특히 음주와 흡연이 문제가 된다. 태아 알코올 증후군(fetal alcohol syndrome)은 어머니가 임신 중에 다량의 알코올을 섭취해서 일어나는 발달장애이며, 특히 머리모양과 크기 및 뇌구조에서의 선천적인 기형 위험성이 증가한다. 태아 알코올 증후군 아동은 흔히 지적장애를 보이며, 다른 아동보다 학업성취에서 더 많은 문제를 갖는다(Streissguth et al., 1999). 태아 알코올 증후군보다 발달의 문제가 적긴 하지만 어머니가 임신 중 알코올을 섭취한 경우는 아기가 알코올 효과(alcohol effect)를 보일 수 있다. 알코올 효과에는 저체중 출산, ADHD가 될 위험 증가, 인지발달 지연, 학업성취 지연이 포함된다. 이와 유사하게, 흡연하는 어머니의 아기는 출생 시 저체중이며(Horta et al., 1997), 아동기에 이르렀을 때 지각과 주의에서 문제를 가질 가능성이 더 높다(Fried & Watkinson, 2000).

어머니의 질병도 아기에게 영향을 준다. 당뇨병은 아기가 무거운 체중으로 태어나게 만들고, 풍진은 심장기형과 같은 문제를 가져온다(Brown et al., 2000). 에이즈나 매독, 임질, 헤르페스 같은 성병은 자연분만 시 아기에게 전염될 가능성이 높기 때문에 자연분만보다 수술을 통해 분만하는 방법을 선택해야 한다(Carrington, 1995).

아기에게 어떤 특성이 유전되었는지, 그리고 아기가 처해 있던 태내환경이 어땠는지는 모두 아기가 어떤 기질을 갖고 태어나는지에 영향을 준다. 우리가 통제할 수 있는 것은 유전자가 아니라(앞으로는 가능해질지 모르지만) 태내환경이다. 이런 점에서 볼 때, 태교에 힘썼던 우리 조상들이 얼마나 지혜로웠는지를 알 수 있다.

3.
영유아기

영아기는 출생 후부터 24개월까지의 발달시기이며, 유아기는 그 이후부터 6~7세까지를 말한다. 영유아기 동안 아이들은 키가 커지고 몸무게가 늘어날 뿐만 아니라 운동 능력도 크게 발달한다. 이러한 신체발달과 운동능력의 발달은 인지발달, 정서발달, 사회성발달과 같은 심리적 발달을 촉진한다.

1) 신체운동발달

출생 후 신체발달이 가장 빠른 시기가 영아기이다. 그래서 이 시기를 1차 성장급등기라 한다. 아이들은 4~6개월경에 출생 시 몸무게의 2배가 되며, 생후 1년쯤에는 거의 3배가 된다. 키도 빠르게 자라 2세경에는 성인 키의 절반 정도가 된다. 이후에는 신체 성장 속도가 줄어들어 아동기에는 전에 비해 조금밖에 자라지 않는 것으로 보인다. 그러다 청소년기가 되면서 다시 성장이 급격히 일어나며 2차 성장급등기로 들어가게 된다. 청소년기 동안 아이들은 1년에 10~20cm까지 키가 자라기도 한다. 10대 후반에는 성인 정도의 키가 된다.

신체발달이 일어나는 것과 함께 운동발달도 일어난다. 먼저 신생아는 출생 후 한 달 정도까지의 아기를 말하는데, 우리가 생각하는 것보다 환경에 적응할 수 있게 해 주는 능력을 더 많이 갖고 태어난다. 신생아는 자극이 충분히 가까울 때 그 자극에 곧잘 반응한다. 신생아는 움직이는 물체를 눈으로 따라갈 수 있고(시각추적), 이전에 본 자극과 못 보았던 자극을 구별(시각기억 및 시각변별)할 수 있다. 또한 신생아는 사회적 자극에 대해 특별히 조율된 것처럼 보인다. 예를 들어, 신생아에게 빈 원반, 얼굴 특징이 뒤섞인 원반, 표준적인 얼굴의 원반을 제시한 다음 신생아의 반응을 연구했다(Fantz, 1961). 1개월 영아는 얼굴 형태에 대해 작지만 일관적인 자발적 선호를 보였다. 원반이 신생아의 시야를 가로로 이동할 때 신생아는 머리와 눈을 모두 움직여 원반을 추적했다. 더욱이 신생아는 다른 원반

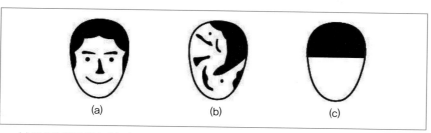

(a) 정상인 얼굴배열. (b) 뒤죽박죽인 얼굴. (c) 전반적인 밝기가 다른 두 자극과 같은 통제자극

그림 8-2 Fantz(1961)가 사용한 얼굴자극

들보다 표준적인 얼굴의 원반을 더 오랫동안 추적했다(Johnson et al., 1991). 이는 다른 자극보다 사람얼굴과 유사한 자극을 더 선호하는 성향을 가지고 태어났음을 말해 준다. 이러한 현상은 아기가 자신을 돌보는 이의 얼굴을 보는 것을 더 좋아하고, 그것이 돌보는 이로 하여금 아기를 더 잘 보살피게 만들어 생존 가능성을 높여준다고 해석된다.

　신생아기를 지난 영아는 즉시 두 눈을 사용할 수 있다. 그러나 신체의 다른 부분들을 사용하는 것을 배우는 데는 상당한 시간이 지나야 한다. 운동발달은 잡기, 쥐기, 기기, 걷기와 같은 신체활동을 수행하는 능력이 나타나는 것이다. 영아는 소수의 반사 능력을 갖고 태어나는데, 반사(reflexes)란 특정한 감각자극 양식에 의해서 촉발되는 특정한 운동반응 양식이다. 예를 들어, 찾기 반사(rooting reflex)는 신생아가 뺨에 닿는 모든 물체를 향해서 입을 가져가는 경향성이며, 빨기 반사(sucking reflex)는 입에 들어오는 모든 물체를 빠는 경향성이다. 이 두 가지 반사는 신생아가 어머니의 젖을 찾아서 먹도록 해 주는데, 이 행동은 신생아의 생존을 위해서 매우 중요하다. 출생 시 존재하는 이 반사들은 아기가 더욱 정교한 운동 행동을 수행하게 되면서 초기 몇 달 내에 사라지는 것으로 보인다. 이와 같이 반사반응이 사라지는 현상은 대뇌피질의 뉴런이 수초화되어 그동안 행동을 통제하던 뇌간에서 대뇌의 운동피질 영역으로 통제 중추가 바뀌기 때문이다.

　이 정교한 행동의 발달은 두 가지의 일반적인 경향성을 갖는다. 첫째는 두미(cephalo-caudal) 방향으로 신체운동 기술이 머리로부터 발까지의 방향으로 나타나는 경향성이다. 영아는 처음에 머리, 다음에 팔과 몸통, 다리의 순서로 통제력을 얻는 경향이 있다. 엎드려 놓은 어린 아기는 머리를 들 수 있고 팔에 의지함으로써 가슴도 들 수 있겠지만, 다리에 대한 통제력은 거의 없다. 둘째는 중심말단(proximodistal) 방향으로 신체운동 기술이 몸의 중심으로부터 말단까지의 방향으로 나타나는 경향성이다. 아기는 팔꿈치와 무릎보다 먼저 몸통을 통제하는 것을 배우고, 손과 발보다 먼저 팔꿈치와 무릎을 통제하는 것을 배운다.

　신체운동 기술은 일반적으로 이 경향성에 맞추어 순서대로 나타나지만, 엄격한 시간표에 따라서 나타나지는 않는다. 그 시기는 오히려 아기의 목표에 도달하려는 동기, 체중, 근육발달, 일반적 활동수준 등의 많은 요인에 의해 영향을 받는다. 체중이 많이 나가는 아기는 적게 나가는 아기보다 뒤집기가 어려워서 늦게 뒤집을 수 있다. 아기들은 하체가 돌아가면서 상체가 따라 돌아가서 뒤집기를 하게 된다. 경험이 많고 유능한 양육자는 적절한 시기가 되면 아기의 한쪽 다리를 다른 쪽 다리 옆으로 올리게 해 주어서 뒤집는 걸 촉진하기도 한다. 한 연구에서 아기 침대 위에 시각적 자극을 주는 모빌이 매달려 있던 아기들이 그렇지 않았던 아기들보다 6주 먼저 물체에 손을 뻗어 닿기 시작했다고 한다(White & Held, 1966).

2) 언어발달

아기들의 놀라운 능력 중 하나가 말을 배우는 능력이다. 언어는 복잡한 인지적 기술임에도 불구하고, 아기들은 큰 노력 없이 말하고 이해하는 것을 배운다. 우리는 학교에 가기 전부터 친구나 가족과 복잡한 대화를 할 수 있다. 그러면 아동들은 어떻게 공식적인 훈련 없이도 언어의 복잡성을 숙달하게 되는가?

언어발달에서는 다음과 같은 세 가지 특성에 주의를 기울일 필요가 있다. 첫째, 아이들은 놀랄 만한 속도로 언어를 배운다. 평균적으로 1세의 영아는 10개 정도의 어휘를 갖는데, 4세 정도 되면 1만 개까지 늘어난다. 둘째, 아이들이 말하기를 배울 때 거의 잘못을 저지르지 않으며, 잘못도 보통 문법적 규칙에 따르다가 그렇게 된다. 10개 단어로 된 문장에서 단어들을 재배치하는 방식은 몇 백만이 넘을 수 있는데, 이들 중 단지 몇 개의 배열만이 문법적으로 의미가 있다(Bickerton, 1990). 셋째, 아이들의 언어발달에서 능동적인 숙달보다는 수동적인 숙달이 더 빠르다. 즉, 모든 언어발달 단계에서 아이들은 그들이 말할 수 있는 것(표현언어)보다는 듣는 말에 대한 이해(수용언어)를 더 잘한다.

(1) 말소리 구별

태어났을 때, 영아들은 인간 언어에서 나타나는 모든 대비되는 소리들을 구별할 수 있는 것으로 보인다. 그러나 첫 6개월 내에 그런 능력을 잃어버리고 부모와 마찬가지로 그들 주변에서 말해지는 언어에 포함된 대비 소리들만을 구별할 수 있게 된다. 예를 들어, 영어에서는 lead와 read에서처럼 l과 r이 구별된다. 그러나 이 소리는 일본어에서는 구별되지 않으며 하나의 음소에 속한다. 일본 성인들은 이 음소의 차이를 들을 수 없으나, 미국 성인은 구별할 수 있으며, 일본의 영아들도 구별할 수 있다.

한 연구에서 연구자들은 'la-la-la' 또는 'ra-ra-ra'를 말하는 목소리를 녹음했다(Eimas et al., 1975). 영아에게 젖꼭지를 물리고 빨 때마다 녹음한 'la-la-la' 소리를 들려주었다. 빨 때마다 소리가 들리면 아이들은 즐거워하며 그 소리를 듣기 위해 빨기를 계속한다. 얼마 후에는 흥미를 잃고 빠는 빈도가 처음의 절반 수준으로 떨어진다. 이 시점에서 실험자는 소리를 'ra-ra-ra'로 바꾸어 들려주었고, 일본 영아들은 열심히 다시 빨기 시작했다. 이는 그들이 'la' 소리와 새로운 'ra' 소리의 차이를 들을 수 있다는 것을 나타낸다. 이런 연구들은 우리가 성인이 되어 왜 외국어 배우기가 힘든가를 설명하는 데 도움이 된다. 우리는 배우고자 하는 언어에서 결정적으로 중요한 말소리를 들을 수 없을 뿐 아니라, 적절히 발음하는 것은 더 어렵다. 우리의 뇌가 모국어에 너무 전문화되어 버린 것이다.

영아는 말소리를 구별할 수는 있으나 발음할 수 없으며, 초기 옹알이(cooing), 울음, 웃음 등과 같은 소리에 의존하여 소통한다. 4~6개월 사이에는 말소리를 옹알거리기 시작한다. 듣게 되는 말소리 언어와는 관계없이 모든 영아들은 동일한 옹알이 순서를 거친다. 예를 들어, d나 t 소리가 m이나 n보다 우선한다. 심지어 소리를 듣지 못하는 영아들도 전혀 듣지 못한 옹알이 소리를 내고 정상 영아와 같은 단계를 거친다(Ollers & Eilers, 1988). 이런 점이 바로 옹알이가 듣는 소리를 단순히 모방하는 것이 아니며, 자연적인 언어발달의 한 부분이라는 증거가 된다. 그러나 옹알이가 계속되기 위해서는 스스로 그 소리를 들을 수 있어야 한다. 사실 옹알이가 늦게 나타나거나 멈추면 청각에 문제가 있는지를 검사해야 한다.

(2) 언어 이정표

영아들은 10~12개월 사이에 첫 단어를 말한다. 18개월이 되면 50개 정도의 단어를 말할 수 있고, 그 몇 배를 이해할 수 있게 된다. 걸음마기의 유아들은 보통 동사를 배우기 전에 명사를 배우며, 일상생활의 구체적인 대상의 이름을 우선 배운다(예: 의자, 우유). 이때쯤 어휘가 폭발적으로 증가한다. 평균적으로 아이들이 학교에 갈 때쯤에는 1만 개 정도의 어휘수를 보인다. 5학년이 되면 평균 4만 단어, 대학교에 갈 때면 평균 20만 개 정도의 어휘를 보인다. 이렇게 놀랄 정도의 빠른 어휘 학습과정은 나중에 매우 노력을 해야 배우게 되는 수학이나 쓰기 같은 개념이나 기술과 아주 극적인 대비가 된다.

24개월경에는 아이들이 "우유 더." 또는 "공 던져."와 같은 두 단어 문장을 만들기 시작한다. 이런 말을 전보식 말이라고 하는데, 기능적인 형태소는 빠지고 대부분 내용어들만으로 이루어지기 때문이다. 비록 내용어들로만 되어 있지만 두 단어 문장은 문법적이라고 할 수 있는데, 아이들이 배워야 하는 언어의 통사규칙과 일치하는 방식으로 어순을 이루기 때문이다.

(3) 문법규칙의 출현

아이들이 문법규칙을 쉽게 획득한다는 증거는 문장을 만들 때 하는 오류에서 나온다. 영어의 경우, 두세 살짜리들은 'I ran', 'You ate'에서처럼 자주 사용되는 불규칙 동사의 올바른 과거형을 사용한다. 하지만 같은 아이들이 4~5세가 되면 불규칙 동사의 틀린 형태, 즉 'I runned', 'You eated'처럼 그들이 들어본 적도 없는 표현을 사용한다(Prasada & Pinker, 1993). 이는 아이들이 그 언어의 문법적인 규칙을 획득하면서 과잉 일반화하는 경향 때문으로 보인다. 이런 오류는 언어획득이 단순히 성인의 말을 모방하는 것이 아니라, 자신의 주변에서 듣는 말에서 문법적 규칙을 획득하고 이 규칙을 사용하여 들어본 적이 없는 동사의 형태를 사용한다는 것을 의미한다.

세 살경에는 아이들이 기능어를 포함한 완전한 문장을 산출하게 되며, 다음의 2년 동안에 문장은 더욱 복잡해지고, 4~5세가 되면 여러 언어획득 과정이 완료된다.

3) 애착과 기질

여러분은 한 무리의 새끼 오리가 어느 나이 든 남자의 뒤를 졸졸 쫓아가는 사진을 본 적이 있을 것이다([그림 8-3]). 그 사람이 동물행동학자인 Konrad Lorenz이다. 동물행동학자인 그는 알에서 새로 부화한 새끼 오리나 거위가 그것이 처음 접하게 되는 움직이는 대상(그것이 인간이든 어미든)을 충실하게 따르는 것을 발견하고 이를 각인(imprinting)이라고 이론화하였다(Lorenz, 1952).

영국의 정신분석가인 John Bowlby는 이런 연구뿐만 아니라 고립되어 양육된 붉은털 원숭이와 보육원 아동 연구 등을 통하여 어떻게 인간 영아가 양육자에게 애착을 형성하는지를 이해하려고 하였다(Bowlby, 1969, 1973, 1980). 갓 태어난 새끼는 생존하기 위해 양육자와 가까이 있어야 한다. Bowlby는 새끼 거위가 태어나는 순간부터 뒤뚱거리며 어미를 따라가고 원숭이는 어미의 털 난 가슴에 매달린다는 것에 주목했다. 그는 인간의 아기도 유사한 요구를 갖지만 새끼 거위나 원숭이보다 신체적으로 훨씬 덜 발달되었기 때문에 뒤뚱

그림 8-3 Lorenz와 새끼 오리들

거리며 걷거나 매달릴 수 없다고 보았다. 그래서 인간 아기는 다른 책략을 사용한다. 즉, 따라가는 대신 양육자가 자신의 가까이에 머물도록 하는 것이다. 아기가 울거나, 꾸르륵거리거나, 목울음소리를 내거나, 눈을 맞추거나, 미소를 지을 때 대부분의 성인은 반사적으로 아기에게 다가가는데, Bowlby는 이것이 양육자에게 가까이에 있으라는 신호를 보내는 것이라고 주장했다.

Bowlby는 아기가 처음에는 이런 신호들을 신호를 받는 범위 내의 아무에게나 보내지만, 처음 6개월 동안에 누가 가장 자주, 가장 즉시 반응하는지에 대한 정신적 계산을 하기 시작하고, 곧 자신의 신호를 가장 좋은 반응자 또는 일차 양육자에게 보내기 시작한다고 말한다. 이 사람은 곧 영아의 정서적 중심이 된다. 영아는 일차 양육자가 있는 자리에서는 안전함을 느끼며 자신의 주위환경을 눈, 귀, 손가락, 입으로 탐색하면서 주위를 기어 다닌다. 그러나 일차 양육자가 너무 멀어지면 영아는 불안전하게 느끼기 시작하며, 각인된 새끼 거위와 같이 자신과 일차 양육자 사이의 거리를 좁히기 위해 양육자에게 기어가든지 양육자가 자신에게 다가올 때까지 울거나 하는 행동을 한다. 실제로 영아의 안전감을 위협하는 것, 예컨대 낯선 이가 갑자기 나타나는 것은 영아를 양육자에게 다가가도록 할 것이다. Bowlby는 인간 영아는 진화에 의해 빨고 잡도록 하는 신체 반사만큼이나 기본적인 사회적 반사를 갖고 태어나기 때문에 이 모든 일이 일어난다고 믿었다. 인간 영아는 일차 양육자와 애착(attachment), 즉 정서적 유대를 형성하는 성향이 있다.

애착의 근본적인 중요성을 가정한다면, 애착의 기회를 박탈당한 영아가 다양한 사회적, 정서적 결함을 겪는다는 것은 자명하다(O'Connor & Ruter, 2000; Rutter, O'Connor, & the English and Romanian Adoptees Study Team, 2004). 이에 더해 애착이 일어날 때에도 더 성공적이거나 덜 성공적인 방식으로 일어날 수 있다(Ainsworth et al., 1978). Mary Ainsworth는 아동의 애착유형을 결정하기 위해 '낯선 상황'이라고 알려진 행동검사를 개발했다. 검사는 아동과 그의 일차 양육자(보통, 아동의 어머니)를 실험실에 오게 한 다음 떠남(일차 양육자가 잠깐 동안 방을 떠남)부터 돌아옴(일차 양육자가 돌아옴)까지 일련의 에피소드를 조성하여 일차 양육자가 있는 조건과 없는 조건에서 낯선 이와 여러 번 상호작용하게 한다. 그리고 제3의 관찰자가(보통 숨겨진 카메라에 의해서) 영아를 관찰하고 이렇게 잠재적으로 스트레스가 심한 사건에 대해 영아의 반응을 평가한다. 연구는 영아의 반응이 다음과 같은 네 가지(안전, 회피, 저항, 혼란) 애착유형 중 하나에 해당하는 경향이 있음을 보여 주었다.

- 대략 60%의 미국 영아가 '안전 애착' 유형을 보여 준다. 만일 이 영아가 양육자가 방을 떠날 때 괴로워한다면, 양육자가 돌아오면 즉시 영아에게 가서 가까이 있음으로써 빠

르게 진정된다. 만일 영아가 양육자가 방을 떠날 때 괴로워하지 않으면, 쳐다보거나 반기는 것으로 양육자가 돌아온 것을 알았음을 표시한다. 이런 영아는 자신의 양육자를 환경을 탐색하기 위한 안전기지(safety base)로 간주하는 것으로 보인다.

• 대략 20%의 미국 영아가 '회피 애착' 유형을 보인다. 이 영아는 양육자가 방을 떠날 때 일반적으로 괴로워하지 않고 양육자가 돌아왔을 때에도 그가 돌아온 것을 알았음을 표현하지 않는다.

• 대략 15%의 미국 영아가 '저항 애착' 유형을 보인다. 이 영아는 양육자가 방을 떠날 때 거의 항상 괴로워하며, 양육자가 돌아오면 즉시 가까이 간다. 하지만 그다음에 영아는 양육자가 달래려고 시도할 때 벗어나려고 등을 구부리거나 꿈틀대면서 자신을 진정시키려는 양육자의 시도를 거절한다.

• 대략 5% 이하의 미국 영아가 '혼란 애착' 유형을 보인다. 이 영아는 일관된 반응패턴을 보이지 않는다. 양육자가 방을 떠날 때 영아는 괴로워할 수도 있고 그렇지 않을 수도 있으며, 양육자가 돌아올 때 가까이 갈 수도 있고 가지 않을 수도 있다. 이 영아의 반응은 종종 모순된다. 예를 들어, 영아는 양육자에게 접근할 때 두려운 것처럼 보일 수 있거나, 양육자가 떠날 때 조용하다가 갑자기 분노할 수도 있거나, 단순히 얼어붙고 혼란스러워 보일 수 있다.

이러한 애착유형의 어떤 측면은 모든 문화에 걸쳐 일관적이지만(안전 애착 유형이 가장 일반적), 애착 유형의 다른 측면은 문화마다 다르다. 예를 들어, 부모가 독립성을 강조하는 서구 문화에서는 저항 애착 유형보다 회피 애착 유형이 더 많이 나타나지만, 어머니가 보통 집에서 아기를 키우는 경우가 많은 동양 문화에서는 회피 애착 유형보다 저항 애착 유형이 더 많이 나타난다.

(1) 작동모델

양육자에게 애착하는 능력 자체는 선천적으로 타고난 것일 수 있지만, 애착의 질은 영아, 일차 양육자, 그리고 그들 간의 상호작용에 의해 영향을 받는다. 영아는 일차 양육자의 반응성을 기억하고 있으며 이 정보를 애착의 내적 작동모델을 만드는 데 사용하는 것으로 보인다. Bowlby는 일차 양육자의 반응성에 대한 영아의 기대와 느낌이 내적 작동모델이라고 보았다. 상이한 애착 유형을 갖는 영아는 상이한 작동모델을 갖는 것으로 보인다. 안전 애착 유형을 가진 영아는 자신의 일차 양육자가 반응할 것이라고 확신하는 것으로 보이고, 회피 애착 유형을 가진 영아는 자신의 일차 양육자가 반응하지 않을 것이라고 확신하는 것으로 보인다. 저항 애착 유형을 가진 영아는 자신의 일차 양육자가 반응할 것인지 아닌지 확신하지 못하는 것으로 보인다. 혼란 애착 유형을 가진 영아는 자신의 양육자에 대해서 혼란스러워하는 것으로 보인다.

만일 상이한 작동모델이 영아로 하여금 상이한 애착 유형을 갖도록 한다면, 무엇이 영아로 하여금 상이한 작동모델을 갖도록 하는가? 애착은 두 사람 사이의 상호작용이며, 따라서 일차 양육자와 영아 모두 작동모델의 성격을 결정하는 데 역할을 한다. 상이한 아동은 상이한 기질(temperaments), 즉 정서적 반응성의 특징적 양식을 갖고 태어난다(Thomas & Chess, 1977). 매우 어린 아동도 두려움, 과민성, 활동성, 긍정적 감정, 그리고 다른 정서적 특성들에 대한 성향이 다양하다. 이런 차이는 시간이 지나도 안정적이다. 예를 들어, 갑작스러운 움직임, 큰 소리, 낯선 이와 같은 새로운 자극에 두려워하는 반응을 하는 영아는 4세가 되었을 때 더 억제되고, 덜 사교적이고, 덜 긍정적인 경향이 있다(Kagan, 1997). 어릴 때 부정적이고 충동적인 아동은 청소년기에 행동문제와 적응문제를 갖고 성인기에 더 빈약한 관계를 맺는 경향이 있다(Caspi et al., 1995). 기질의 이러한 차이는 생물학적 특성의 차이가 나이가 들어도 잘 변하지 않는 데에서 나오는 것으로 보인다. 예를 들어, 10~15%의 영아는 억제된 기질을 산출하는 고도로 반응적인 변연계를 갖는다. 이런 연구들은 일부 영아는 생의 처음 순간부터 자신의 일차 양육자가 방을 떠날 때 불안전하게 느끼는 경향이 있고 양육자가 돌아올 때 달래기 어렵다는 것을 제시한다.

그러나 양육자의 행동 또한 영아의 작동모델과 애착 유형에 중요한 영향을 미친다. 안전 애착된 영아의 어머니는 자녀의 정서적 상태를 나타내는 신호에 특히 민감한 경향이 있고, 자녀의 안심에 대한 요구를 잘 탐지하며 특히 그 요구에 반응적인 경향이 있다(Ainsworth et al., 1978). 연구들은 어머니가 어떻게 반응하는가의 차이는 아마도 자기 아기의 정서적 상태를 읽을 수 있는 어머니의 능력 차이에 주로 기인할 것이라고 본다. 신호에 매우 민감한 어머니가 덜 민감한 어머니보다 안전 애착 자녀를 가질 가능성이 거의 두 배 이상이라고 한다(van Ijzendoorn & Sagi, 1999).

4.
아동기

아동기는 6, 7세에서 11, 12세까지의 기간을 말한다. 이 시기는 산업화된 국가에서는 더 많은 것을 배울 준비를 하고 학교에 다니는 나이이다. 아이는 좀 더 큰 사회적 요구, 즉 시간에 맞춰 학교에 가고, 과제를 하고, 준비물을 가져오며, 사회규칙을 따르고, 또래 및 선생님과 관계를 맺고 협조하며 어울려 사는 것을 배워야 한다. 비산업화된 국가에서 자라는 아동기의 아이들은 부모들이 먹을 것을 구하고 살아가기 위해서 하는 일을 보고 따라 하며 놀이를 하는데, 이 일들은 결국 그들이 살아가는 데 중요한 기술이 된다. 어떤 환경에서 살아가든 아동기 아이들은 살아갈 준비를 하기 위해 주변에서 일어나는 일이나 요구하는 것들에 관심을 갖고 지식을 획득하며 협동하고 자신을 맞추어 가는 게 중요해진다.

이런 일들은 자기 마음대로 하고 싶고 놀고 싶은 아이 자신의 개인적 요구와 부딪치기 때문에 어른의 지혜로운 양육과 지도가 필요하다. Erikson은 이 시기가 근면성을 기를 수 있는 시기이고 그 일에 실패하면 열등감을 갖는다고 말한다. 다행히 6~9세 사이는 자기 통제력이 커지는 시기여서 아이가 이런 일들을 받아들이고 맞춰가기가 전보다 쉽다.

1) 인지발달

(1) Piaget의 이론

20세기 전반 스위스의 발달심리학자 Jean Piaget는 아동의 지능에 관한 연구를 하는 과정에서, 같은 연령집단의 아동들은 같은 오류를 범했는데 그들이 그다음 연령집단이 되면 그 오류가 같이 사라지는 것을 발견했다. 아동이 범하는 오류의 유사성과 연령 특수성은 Piaget로 하여금 아동이 성장함에 따라 인지발달의 몇 단계를 통과할 것이라고 추측하도록 했다. 인지발달(cognitive development)은 정신능력의 변화과정을 의미한다. Piaget는 아동이 4단계의 시기를 순차적으로 통과한다고 주장했다. 그는 4단계의 시기를 감각운동기, 전조작기, 구체적 조작기, 형식적 조작기라고 불렀다(Piaget, 1954a). 〈표 8-2〉는 Piaget의 인지발달 4단계와 그 특징을 요약한 것이다.

Piaget의 4단계 중 첫째는 감각운동기(sensorimotor stage)로 출생부터 시작해서 영아기 동안 계속되는 발달단계이다. 감각운동이란 단어가 암시하듯이, 이 단계의 영아는 외부 세계에 대한 정보를 얻기 위해서 감각능력과 운동능력을 사용한다. 영아는 눈, 입, 손 등을 사용하여 환경을 활발하게 탐색함으로써 도식(schemas)을 구성하기 시작한다. 여기서 도식은 세상에 대해 자신이 해석한 기초 지식(또는 이론)이라고 생각하면 된다.

이론을 갖는 것의 중요한 장점은 새로운 상황에서 일어날 일을 예측하고 통제하는 데 그것을 사용할 수 있다는 것이다. 만일 영아가 동물인형을 잡아당겨서 그것이 가까이 온다는 것을 알게 된다면, 그런 관찰은 물리적 대상이 어떻게 작용하는가에 대한 영아의 이론에 통합되어 이후에 딸랑이나 공과 같은 다른 물건을 가까이 하고 싶을 때 그 모형을 사용

표 8-2 Piaget의 인지발달 4단계

단계	특징
감각운동기 (출생~2세)	활동과 감각을 통해 세상을 경험하는 도식을 발달시키고, 의도적으로 행동하기 시작하게 되며, 대상영속성을 이해하게 되는 시기
전조작기 (2~6, 7세)	상징과 내적인 이미지를 사용하여 사고하게 되는 시기. 그러나 그 사고는 비체계적이며 자기중심적이어서 물리적 속성의 보존을 이해하지 못함. 이 단계의 끝에 가면 타인의 마음에 대한 기초적인 이해를 하게 됨
구체적 조작기 (6, 7~11세)	물리적 사물과 사건에 대해 체계적이고 논리적인 사고를 할 수 있게 되는 시기. 단, 구체적인 사물과 행위에 대해서만으로 한정됨(예: 물리적 속성의 보존개념 이해)
형식적 조작기 (11세 이후)	순전히 추상적이고 가설적인 수준에서도 체계적이고 논리적으로 사고할 수 있는 능력을 발달시키는 시기

할 수 있다. Piaget는 이 과정을 동화(assimilation)라고 하였다. 동화는 영아가 새로운 상황에 자신의 도식을 적용할 때 일어난다. 그러나 영아가 개의 꼬리를 잡아당기면 개는 반대 방향으로 달아날 것이다. 세상에 대한 이 영아의 이론("물건을 잡아당기면 가까이 온다.")은 때때로 오류를 일으켜, 영아는 새로운 경험에 비추어 자신의 도식을 조정해야 한다("내가 잡아당길 때는 물건만 가까이 오는구나."). Piaget는 이 과정을 조절(accommodation)이라고 하였다. 조절은 영아가 새로운 정보에 비추어 자신의 도식을 수정할 때 일어난다. Piaget는 인지발달을 영아가 세상에 대해 이해함에 따라 자신의 도식을 발달시키고, 적용하고, 조절하는 진행과정이라고 믿었다.

Piaget는 영아가 물리적 세계에 대해 기본적으로 이해하지 못하기 때문에, 그에 대한 이해를 새롭게 획득해야 한다고 주장했다. 예를 들어, 여러분은 양말 한 켤레를 넣어 두고 나서 서랍을 닫아도 양말이 그 안에 존재한다는 것을 안다. 그래서 만일 잠시 후 서랍을 열었을 때 서랍이 비어 있다면 여러분은 상당히 놀랄 것이다. 그러나 Piaget에 따르면, 영아는 대상영속성(object permanence) 개념을 갖고 있지 않기 때문에 놀라지 않을 것이다. 대상영속성은 대상이 눈에 보이지 않더라도 그것이 계속 존재한다는 인식이다. Piaget는 영아가 출생 후 몇 달 동안 대상이 눈에 보이지 않는 순간 그것이 존재하지 않는 것처럼 행동하는 것을 발견했다.

최근의 연구들은 영아가 다른 방식으로 검사될 때 Piaget가 생각했던 것보다는 더 일찍 대상영속성을 보여 준다고 주장한다.

영아기 다음의 긴 기간을 아동기(childhood)라 부르는데 약 24개월 이후에 시작해서 11세경까지 지속되는 발달단계이다. Piaget에 따르면, 아동기는 두 단계로 구성된다. 첫째는 전조작기(preoperational stage)인데, 약 2세에 시작하여 7세경에 끝나는 발달단계이다. 다음은 구체적 조작기(concrete operational stage)로서, 약 7세경에 시작해서 11세경에 끝나는 발달단계이다.

전조작기는 그 명칭에서 알 수 있듯이, 다음 단계의 특징인 구체적 조작을 못한다는 의미에서 붙여진 이름이다. 한 연구에서 Piaget는 아동에게 한 줄의 컵을 보여 주고 각 컵에 달걀을 하나씩 넣으라고 하였다. 전조작기 아동은 이것을 할 수 있었고, 그다음에 달걀과 컵의 개수가 같다는 데 동의했다. 그 후 Piaget는 그 아동이 보는 자리에서 달걀을 꺼내어 컵보다 그 간격을 더 띄어서 긴 줄로 늘어놓았다. 전조작기 아동은 달걀의 줄이 컵의 줄보다 더 길기 때문에 달걀이 더 많다고 하면서 틀리게 주장하였다. 이와 반대로, 구체적 조작기 아동은 달걀을 더 긴 줄로 펼쳐놓았을 때에도 달걀의 수는 변치 않는다고 옳게 보고하였다. 그들은 펼쳐놓기와 같은 조작이 대상의 외관을 변화시켜도 그 양(quantity)은 변하지 않는 속성이라는 것을 이해하였다(Piaget, 1954b). Piaget는 이런 통찰을 보존(conservation) 개념이라고 불렀다. 보존 개념은 대상의 외관 속성이 변하더라도 그 대상의 양적인 속성은 변하지 않는다는 개념이다.

Piaget는 전조작기 아동의 오류를 설명해 주는 몇 가지 경향성을 그 시기의 아동들이 갖고 있다고 주장했다. 예를 들어, 중심화(centration)는 대상의 다른 속성들을 제외하고 한 가지 속성에만 초점을 맞추는 경향성이다. 성인은 한 번에 몇 가지 속성을 동시에 고려할 수 있지만, 전조작기 아동은 달걀의 줄의 길이에 초점을 맞추면서 동시에 달걀 사이의 간격을 고려하지 못한다. Piaget는 또한 전조작기 아동이 가역성(reversibility)에 대해 생각하

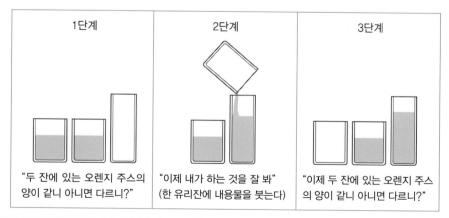

1단계	2단계	3단계
"두 잔에 있는 오렌지 주스의 양이 같니 아니면 다르니?"	"이제 내가 하는 것을 잘 봐" (한 유리잔에 내용물을 붓는다)	"이제 두 잔에 있는 오렌지 주스의 양이 같니 아니면 다르니?"

어린 아동들도 두 컵에 담긴 주스의 양이 같다고 말할 수 있지만, 실험자가 어느 한 컵의 길이를 좁고 길게 하면 어린 아동들은 주스의 양이 달라졌다고 주장한다.

그림 8-4 액체 양의 보존 개념에 관한 실험 예

지 못한다고 주장했다. 다시 말하면, 아동은 달걀의 줄을 길게 만든 조작을 되돌릴 수 있다는 것, 즉 달걀을 다시 가깝게 놓아 줄을 더 짧게 만들 수 있다는 것을 고려하지 못한다.

성인인 우리는 사물 자체와 우리가 사물을 보는 방식 사이를 구별한다. 즉, 자동차는 빨간색일 수 있지만 해질 무렵에는 회색으로 보일 수 있다는 것을 안다. 그러나 전조작기 아동은 이런 구분을 그렇게 쉽게 하지 못한다. 그래서 전조작기 아동은 대체로 타인도 자신이 보는 것과 같은 세상을 본다고 생각한다. 이를 자기중심성(egocentrism)이라 하는데, 다른 관찰자에게는 세상이 다르게 보일 수 있다는 것을 이해하지 못하는 것이다. 3세 아동에게 탁자의 반대편에 있는 사람이 무엇을 볼 것인지 물으면, 보통 그 사람이 자신이 보는 것을 똑같이 본다고 주장한다.

아동은 발달함에 따라 보이는 세상이 꼭 실제 세상과 같은 것이 아니라는 것을 깨닫기 시작하게 된다. 예를 들어, 구체적 조작기 아동은 찰흙으로 만든 공을 동그랗게 하거나, 길게 하거나, 납작하게 할 때, 그중 한 형태가 다른 형태보다 더 크게 보일지라도 찰흙의 양은 같다는 것을 이해할 수 있다. 또한 물을 넓고 낮은 비커에서 좁고 높은 비커로 옮겨 부으면 좁은 비커 속의 물의 높이가 더 높다는 사실에도 불구하고 물의 양은 같다는 것을 이해할 수 있다([그림 8-4]).

구체적 조작기의 아동은 다양한 물리 문제를 풀 수 있다. 그러나 약 11세에 시작하여 성인기 동안 지속되는 발달단계인 형식적 조작기가 되어서야 난이도가 비슷한 물리 이외의 문제들을 풀 수 있다. 아동기는 형식적 조작기가 시작될 때 끝나며, 이 단계로 이동한 사람은 (Piaget는 어떤 사람들은 형식적 조작기까지 이르지 못할 수도 있다고 주장했다) 자유, 사랑, 일어날 사건, 일어나지 않을 사건 같은 추상적인 개념들에 대해 체계적으로 추론할 수 있다. 즉, 세상에는 자유나 사랑과 같은 단어에 해당하는 대상의 실체가 없지만, 형식적 조작기에 있는 사람은 그런 개념들에 대해서 체계적으로 사고하고 추론할 수 있다. 참조물이 없는 추상적인 개념들을 생성하거나, 고려하거나, 추리하거나 혹은 조작하는 능력이 바로 형식적 조작기의 특징이다.

감각운동기부터 시작해서 형식적 조작기로의 인지발달은 복잡한 과정이며 이에 대한 Piaget의 견해는 매우 선구적이다. 그의 견해의 많은 부분이 지지되지만, 지난 몇십 년 동안 심리학자들은 Piaget의 주장이 검증되어야 할 두 가지 중요한 사항을 지적했다. 첫째, Piaget는 아동이 유치원을 졸업하고 1학년이 되는 것과 같은 방식으로 한 단계를 졸업하고 나서 다음 단계가 시작된다고 생각했다. 즉, 아동은 유치원에 다니거나 혹은 1학년에 다니는 것이지 둘 다 다니지는 않는다. 현대 심리학자들은 발달에 대하여 Piaget가 믿었던 것보다 더 연속적이며 덜 단계적으로 진행된다고 본다. 단계 사이를 이동하는 아동은 어느 날은 더 성숙한 행동을 하고 다음날은 덜 성숙한 행동을 한다. 즉, 인지발달은 졸업과 같기 보다는 계절의 변화와 같다. 봄에서 여름이 될 때 날마다 더 더워지지만, 4월도 며칠은 덥 고 6월도 며칠은 선선하다.

Piaget의 주장이 검증되어야 하는 두 번째 사항이 있다. Piaget는 단계적 이동이 나타나 는 연령을 상술했지만, 현대의 연구는 Piaget가 생각했던 것보다 훨씬 더 일찍 많은 능력을 획득한다는 것을 보여 준다. 예를 들어, Piaget는 영아가 시야 밖으로 옮겨진 대상을 적극 적으로 찾지 않기 때문에 대상영속성 개념이 없다고 주장했다. 그러나 연구자들이 영아에 게 '아는 것을 나타내도록'(움직여서 찾는 것이 아니라) 허용하는 실험절차를 사용할 때는, 4 개월 된 영아도 대상영속성 개념을 나타낼 수 있다고 한다(Baillargeon & De Vos, 1991).

(2) Vygotsky의 이론

Piaget가 인지발달은 아동이 대상과 상호작용한 결과라고 주장한 데 비해, 러시아의 심 리학자인 Lev Vygotsky는 인지발달이 아동이 속한 문화의 구성원과 상호작용한 결과라고 믿었다. Vygotsky는 언어와 계산체계 같은 문화적 도구가 아동 자신의 사고를 표현하는 방법일 뿐만 아니라 아동이 사고하는 방법이라고 보았다.

예를 들어, 영어에서 20 이상의 수는 십의 자릿수(twenty) 다음에 한 자릿수가 오며, 그 명칭은 논리적 양식을 따른다(twenty-one, twenty-two, twenty-three 등). 우리나라에서는 11부터 19까지도 유사하게 구성되지만(십일, 십이, 십삼 ……) 영어에서 11과 19 사이의 수 의 명칭은 십의 자릿수와 한 자릿수의 순서가 거꾸로 되어 있거나(sixteen, seventeen) 완전 히 임의적이다(eleven, twelve). 이 두 체계 규칙성의 차이는 그것을 배워야 하는 아동들에 게 큰 차이를 가져온다. 우리나라 아동에게 '십-이'라고 불리는 12는 10과 2로 분해될 수 있지만, 'twelve'라고 부르는 미국 아동에게는 그렇게 분명하지 않다. 한 연구에서 여러 나 라 아동을 대상으로 실험자에게 어떤 수만큼의 벽돌을 건네도록 요구했다. 어떤 벽돌은 하나씩이었고 어떤 벽돌은 10개씩 함께 붙여 놓았다. 아시아의 아동들은 실험자에게 26개 의 벽돌을 건네도록 요구받았을 때, 10개씩 묶인 벽돌 2줄과 6개의 벽돌을 건네는 경향이 있었으나, 아시아 이외의 아동은 26개를 따로 세는 더 서투른 책략을 사용하는 경 향이 있었다(Miller et al., 1995). 이런 결과는 계산체계의 규칙성이 아동이 두 자리 숫자가 분해될 수 있다는 사실을 발견하는 것을 촉진하거나 방해할 수 있다는 것을 시사한다.

Vygotsky는 아동이 어느 연령에서나 넓은—그러나 제한된—범위의 상위 기술을 획득 할 수 있다고 믿었다. 이렇게 학습자가 독립적으로 성취할 수 있는 것과 보다 능숙한 사 람의 조언이나 격려를 받아 성취할 수 있는 것 사이의 차이 범위를 아동의 근접발달영역

(Zone of Proximal Development: ZPD)이라 부른다. 그는 교사와 상호작용하는 아동이 이 범위의 위쪽을 향한 기술을 획득하는 경향이 있는 반면에, 그렇지 않은 아동은 바닥 쪽의 기술을 획득하는 경향이 있다고 주장했다. 부모는 근접발달영역에 대해서 직관적으로 이해하는 것 같다. 부모는 아동의 기술 범위 위쪽을 향해 지시하는 경향이 있다. 아동이 좀 더 유능해지면 부모는 아동이 더욱 높은 수준의 문제에 대해 생각하도록 격려한다. 타인으로부터 학습하는 능력은 발달하는 데 시간이 걸리는 기본적인 의사소통 기술을 필요로 한다. 최소한 의사소통은 두 사람이 같은 주제에 초점을 맞출 것과 그 주제에 대한 서로의 반응에 초점을 맞출 것을 요구한다. 아기는 성인의 눈을 볼 수 있지만, 공동 주의라고 알려진 현상인 영아가 성인의 눈이 향하는 공간의 지점을 보기 시작하는 것은 약 9~15개월이 되어서이다. 거의 같은 시기에 영아는 또한 자신의 반응을 평가하기 위해 성인을 보기 시작한다. 이것은 사회적 참조라고 알려진 현상이다. 이 두 가지 경향성의 출현은 영아가 자신의 종 내에서 더욱 유능한 구성원(자기보다 더 잘 아는 사람으로 부모, 교사, 형제, 또래 모두 포함)에게서 배우도록 준비시킨다.

인지성장을 촉진시키는 사회적 협력이 갖는 하나의 특징은 발판화(scaffolding)이다. 이는 보다 더 능숙한 협력자가 풋내기 학습자로 하여금 문제에 대해 더 잘 이해할 수 있도록, 어떤 도움을 주는 것이 적절한지를 결정하는 것을 의미한다(Wood, Bruner, & Ross, 1976). 발판화는 공적인 교육에서뿐만 아니라, 보다 능숙한 사람이 아동의 현재 가진 능력에 맞추어 자신의 가르침을 조정하는 상황 모두에서 이루어진다.

2) 도덕발달

Piaget는 아동들과 구슬놀이를 하면서 그들이 어떻게 게임의 규칙들을 알게 되며, 그 규칙을 위반한 아동에게 어떻게 해야 한다고 생각하는지를 질문했다. Piaget는 아동의 도덕적 사고가 시간이 흐르면서 다음의 두 가지 중요한 방식으로 체계적으로 변화한다고 보았다(Piaget, 1932/1965).

첫째, Piaget는 아동의 도덕적 사고가 현실주의에서 상대주의로 변화하는 경향이 있음을 발견했다. 매우 어린 아동은 교사나 부모와 같은 권위자에 의해 내려진 도덕 규칙을 세상에 대한 현실적이고 신성불가침한 진리로 간주한다. 어린 아동에게 옳고 그름은 고정된 것이어서 사람들이 생각하거나 말하는 것에 의존하지 않는다. 아동은 성숙함에 따라 어떤 도덕규칙(예: 아내는 남편에게 복종해야 한다)은 만들어 낸 것이지 발견한 것이 아니며, 따라서 사람들이 그것을 받아들이거나, 바꾸거나, 버리는 데 동의할 수 있다는 것을 깨닫기 시작한다.

둘째, Piaget는 아동의 도덕적 사고가 결과에서 의도로 변화하는 경향이 있음을 발견했다. 어린 아동은 행위의 도덕성을 행위자의 의도가 아니라 결과에 의해 판단하는 경향이 있다. 예를 들어, 엄마를 도우려다 컵 15개를 깬 소년과 과자를 훔치려다 컵 1개를 깬 소년의 이야기를 들려주면, 어린 아동은 15개를 깬 소년이 더 나쁘다고 말하는데 나이 든 아동은 1개의 컵을 깬 소년이 더 나쁘다고 말한다.

미국의 심리학자 Lawrence Kohlberg는 Piaget의 이론을 더욱 정교하게 발전시켰다(1963, 1986). 그에 따르면, 도덕추리는 크게 3단계를 통해서 발달한다. 그는 다음과 같은 일련의 도덕적 딜레마에 대한 사람들의 반응에 기초하여 이론을 세웠다.

유럽의 어느 마을에 특수한 종류의 암으로 거의 죽음에 임박한 여인이 있었다. 의사들의 생각으로는 여인을 구할 수 있는 약이 한 가지 있는데, 그것은 라듐의 일종으로서 같은 마을에 사는 한 약사가 최근에 발견해 낸 것이다. 그 약은 원가가 비싼 데다가 약사가 원가의 10배나 되는 값을 요구하고 있었다. 그는 라듐 제조에 200달러를 들이고는 조그만 약 한 알에 2,000달러를 요구했다. 앓고 있는 여인의 남편인 하인츠는 자신이 알고 있는 모든 사람을 찾아가 돈을 빌리려 했으나, 약값의 절반밖에 안 되는 1,000달러밖에 빌릴 수 없었다. 그는 약사를 찾아가 아내가 죽어가고 있으니 약을 싸게 팔거나 아니면 후에 갚게 해달라고 부탁했다. 그러나 약사는, "안 됩니다. 나는 이 약을 발견했고 이걸로 돈을 벌려 합니다."라고 말했다. 그래서 하인츠는 절망한 나머지 약국을 부수고 들어가 자기 아내를 위해 약을 훔쳤다. 과연 하인츠는 그처럼 행동해야만 했는가?(Kohlberg, 1963).

아동의 반응에 근거해서 Kohlberg는 대다수의 아동이 행위의 도덕성이 행위자의 결과에 의해서 주로 결정되는 도덕 발달 단계인 전인습적 단계(preconventional stage)에 있다고 결론지었다. 부도덕한 행위는 곧 처벌받는 행위이며, 따라서 처벌받을 가능성이 가장 낮은 행동을 선택하는 것이 옳다고 보는 것이다.

Kohlberg는 대략 청소년기에 이르면 행위의 도덕성이 사회적 규칙에 동조하는 범위에 의해서 주로 결정되는 도덕 발달 단계인 인습적 단계(conventional stage)로 이동한다고 주장했다. 이 단계의 청소년은 모든 사람이 자신의 문화에서 일반적으로 수용되는 규범을 지지하고, 사회의 법에 복종하고, 시민의 의무와 책임을 완수해야 한다고 믿는다. 그는 하인츠가 도둑질(즉, 법을 어김)을 함으로써 자신과 가족에게 가져올 불명예와 아내를 죽게 내버려 두었을 때(즉, 의무이행에 실패함) 느낄 죄책감을 비교해서 평가해야 한다고 믿는다.

끝으로, Kohlberg는 일부 성인들이 후인습적 단계(postconventional stage)로 이동한다고 믿었다. 후인습적 단계란 행위의 도덕성이 생명과 자유와 행복추구의 권리와 같은 핵심 가치를 반영하는 보편적 원리들에 의해 주로 결정되는 도덕 발달 단계이다. 행동이 이러한 원리를 위반할 때 부도덕하며, 만일 법이 그런 원리들을 위반하도록 요구한다면 그 법은 지키지 말아야 한다. 따라서 여인의 생명은 항상 약사의 이윤보다 중요하므로 약을 훔치는 것은 도덕적 행동일 뿐 아니라 도덕적 책임이라고 믿는다.

Kohlberg는 각 단계가 이전 단계보다 더욱 정교한 인지기술을 필요로 하기 때문에, 사람들이 이 단계들을 순서대로 통과할 것이라고 믿었다. 연구들은 Kohlberg의 일반적인 주장을 지지한다. 그러나 연구들은 또한 이 단계들이 Kohlberg가 생각했던 것만큼 잘 구별되는 것은 아니라고 주장한다. 예를 들어, 한 사람이 상황에 따라서 전인습적, 인습적, 후인습적 사고를 사용할 수 있는데, 이것은 발달하는 사람이 특정한 경우에 사용하거나 사용하지 않을 수 있는 인지기술을 획득하는 것이지 단계에 도달하는 것은 아니라는 것이다.

Kohlberg의 이론에 대한 비판은, 아동의 도덕추리 수준이 그 자신의 도덕행동과 일반적인 상관관계는 있지만, 그것이 특별히 강하지는 않다는 것이다. 이것은 도덕행동에는 도덕적 판단 외의 다른 요인들도 영향을 줄 것이라는 걸 의미한다.

3) 또래관계

발달에서 중요하게 생각한 관계는 전통적으로 부모-자녀 관계였다. 하지만 최근 또래관계가 발달에 주는 영향도 크다는 것이 밝혀지고 있다. 어린 영유아들의 사회화 대행자는 부모와 어린이집 교사 등 주로 성인들이다. 성인들은 사회의 권위, 힘, 전문가 의견을 대표한다. Piaget와 같은 발달론자들은 성인만큼이나 또래들도 아동과 청소년들의 발달에 기여한다고 믿는다. 그들은 아동기에는 두 개의 사회적 세계가 있다고 주장한다. 하나는 성인-아동 교류를 포함하고, 다른 하나는 또래들 사회를 포함하는 것이다. 이러한 사회 시스템은 서로 다른 방식으로 아동의 발달에 영향을 준다.

유치원이나 학교에 입학할 때가 되면, 대부분의 아동들은 여가시간의 대부분을 또래친구들과 보낸다. 또래들은 아동과 청소년 발달에서 어떤 역할을 하는가?

발달학자들은 또래를 '사회적으로 동등한 사람들' 또는 적어도 행동 복잡성 수준에서 비슷하게 행동하는 사람들로 여긴다(Lewis & Rosenblum, 1975). 부모와의 접촉과 비교해 왜 또래끼리의 접촉이 중요해지는지에 대해서는 몇 가지 주장들이 있다.

아동의 입장에서 부모와의 상호작용은 불균형적이다. 왜냐하면 부모는 아동보다 더 많은 힘을 갖고 있으며, 아동은 아래 위치에 있고 종종 성인의 권위에 따라야만 하기 때문이다. 이와 반대로, 또래들은 전형적으로 같은 지위와 힘을 가지며, 서로 잘 지내면서 공동의 목표를 달성하려면 각각 다른 사람의 관점을 인정하고, 협상하고, 타협하며, 서로 협력하는 것을 배워야 한다. 그러므로 또래와의 동등지위적 접촉은 부모나 성인과의 불균형적 분위기에서는 얻기 어려운 사회적 능력 발달에 기여하는 경향이 있다.

서로 다른 연령의 아동들 간의 상호작용 또한 발달에 중요하다(Hartup, 1983). 물론 서로 다른 연령들 간의 상호작용은 한 아동(주로 더 나이 든 아동)이 다른 아동보다 더 많은 힘을 갖고 있는, 어느 정도 불균형적 상호작용이 되기 쉽다. 그러나 그런 상호작용 역시 아동들로 하여금 사회적 능력을 발달시키도록 돕는다.

이러한 또래 상호작용은 초등학교 전반에 걸쳐 점차 정교해진다. 6~10세 아동들은 공식적인 규칙에 따르는 게임(예: T-볼게임)에 열성적으로 참가한다(Hartup, 1983; Piaget, 1965).

아동 중기에 또래 상호작용 방식이 변화하는 또 하나의 측면은 아동들 간의 접촉이 종종 또래집단 내에서 일어난다는 점이다. 또래집단이란 정기적으로 상호작용하며, 소속감을 제공하고, 구성원들이 공동 목표를 달성하기 위해 함께 협동하는 위계적 조직을 발전시키는 집단이다(Hartup, 1983).

청소년 초기에는 또래들과 보내는 시간이 다른 사회화 대행자들과 보내는 시간보다 더 많아진다. 초기의 청소년들은 전형적으로 패거리(cliques)를 만드는데, 이들은 보통 4~8명의 좋아하는 활동이 비슷한 동성의 구성원들로 이루어지며, 하나 이상의 패거리에 가입하기도 한다. 청소년 중기쯤에는 소년 패거리와 소녀 패거리가 자주 상호작용하기 시작하여 마침내 이성 패거리가 만들어진다. 종종 비슷한 규준과 가치를 갖는 여러 패거리들이 연합하여 동아리(crowds)라고 알려진 더 크고 느슨하게 조직된 집단이 되기도 한다.

패거리와 동아리는 청소년들이 그들의 가치를 표현하고 가족으로부터 분리된 정체감을 만들기 시작하는 새로운 역할을 시도하도록 허용한다. 뿐만 아니라 낭만적 관계를 이루는 길도 열어준다(Brown, 1990; Connolly, Furman, & Konarski, 2000; Davies & Windle, 2000). 소년 소녀 패거리들이 상호작용하기 시작하면서 성별 분리는 보통 청소년 초기에 깨지게 된다. 이성 패거리와 동아리가 이루어짐에 따라 청소년들은 가벼운 사회적 상황에서 이성 구성원들을 알게 될 기회가 많아진다. 마침내 이성 간의 우정이 발달하고 커플이 생기게 된다. 청소년들의 사회적 정체감 확립을 돕고 소년 소녀들을 함께 맺어주는 목표에 기여해 온 동아리는 이 시점부터 종종 붕괴되기 시작한다(Brown, 1990; Collins & Steinberg, 2006).

(1) 또래 수용과 인기

또래 수용(peer acceptance)은 한 아동이 또래들에 의해 가치 있고 호감 가는 동료로 보이는 정도를 말한다. 보통 각 아동을 다음의 범주로 분류할 수 있다. ① 많은 또래들이 좋아하며 좋아하지 않는 아이가 거의 없는 인기 있는 아동(popular children), ② 많은 또래들이 싫어하며 좋아하는 아이가 거의 없는 거부된 아동(rejected children), ③ 좋아하는 아이로도 싫어하는 아이로도 매우 적게 지명 받은 아이로서 또래들 눈에 거의 띄지 않는 무시된 아동(neglected children), ④ 많은 또래들이 좋아하지만 또한 많은 또래들이 싫어하기도 하는 논란이 많은 아동(controversial children). 이 네 가지 유형의 아동들을 합치면 초등학교 학생들의 2/3를 차지한다. 나머지 1/3은 평균지위 아동(average-status children)들이며, 이 아동들은 중간 정도 수의 또래들이 좋아(또는 싫어)한다(Coie, Dodge, & Coppotelli, 1982).

무시된 아동과 거부된 아동 모두 또래의 수용이 낮고 잘 받아들여지지 않는다는 공통점이 있다. 그러나 무시된 아동들은 학교에서 새로운 학급이나 새로운 놀이집단에 들어가면 거부된 아동들보다는 더 호감 가는 사회적 지위를 획득하는 경향이 있다(Coie & Dodge, 1983). 거부된 아동들은 이후 시기에 일탈된 반사회적 행동이나 다른 심각한 적응문제를 보일 위험에 직면한 아동들이다(Dodge & Pettit, 2003).

또래 인기는 많은 요인에 의해 영향을 받는다. 유쾌한 기질이나 학업기술을 갖는 것도 도움이 되겠지만, 훌륭한 사회인지적 기술을 보여 주고 사회적으로 유능한 방식으로 행동하는 것이 더 중요하다. 여기서 바람직한 사회적 행동의 정의는 문화마다 다르고 시간이 흐름에 따라 변한다.

5.
청소년기

청소년기는 아동기 중기 이후인 11, 12세부터 성인기가 되기 전인 18세까지를 말한다. 일반적으로 사춘기가 시작되면 청소년기가 시작되는 것으로 본다. 청소년기에는 신체발달이 급격히 이루어지는 청소년기 성장급등(adolescent growth spurt)이 일어나며 몸의 크기와 모양이 극적으로 변한다. 이와 함께 성적으로도 성숙하게 된다. 사춘기는 성적 성숙이 일어나 2차 성징이 나타나는 시기를 말하며, 여아가 남아보다 약 2년 정도 먼저 시작된다. 청소년들은 몸도 급작스럽게 많이 크지만 생각이나 행동도 많이 달라진다. 이들의 사고는 구체적인 사물과 현상을 뛰어넘어 추상적으로 논리적 사고를 할 수 있는 형식적 조작기에 들어간다. 그 결과 현실을 넘는 이상적인 세계를 생각할 수 있게 되어 세상에 대해 비판적이며 부모나 교사에게 저항적이 되기도 한다. 또한 전보다 더 또래들과 보내는 시간이 많아지고 부모에게 덜 의존하게 된다. 이성 친구에게 관심이 많아지기도 한다. '나는 누구인가?'라는 질문에 대한 답을 찾는 자아정체감 발달이 일어나는 시기이기도 하다.

1) 청소년기의 연장

산업사회에서 청소년기가 연장되는 현상들이 나타나고 있다. 점차 사춘기 시작이 빨라지는 현상은 청소년기를 앞으로 연장되게 만든다. 또한 좋은 직업을 얻기 위한 교육기간의 연장은 청소년기를 뒤로 연장시키는 결과를 가져온다. 이 뒤로 연장된 시기를 성인기진입기라고 부른다. 청소년기의 연장은 청소년기 경험에 대한 준비나 경험의 내용에 영향을 주어 다른 발달 결과를 가져올 수 있다. 이르게 시작되는 청소년기는 청소년으로 하여금 아직 준비가 덜 된 상태로 청소년기를 맞게 해서 더 힘들게 그 시기를 보내게 만들 수 있다. 이미 성적으로 성숙되어 있는 상태에서 전보다 더 긴 청소년기를 보내는 것은 청소년들이 성인기 지위를 획득하기 전에 허락되지 않는 성인 행동(술, 담배, 성행동)을 하게 만든다.

2) 성발달

(1) 성징의 출현

청소년기의 시작인 사춘기는 여아에겐 초경이, 남아에겐 몽정이 일어나는 것으로 시작된다. 그런데 실제로 성발달은 사춘기 이전부터 시작된다. 이 시기에 테스토스테론과 에스트로겐이라는 성호르몬의 분비는 각각 남아와 여아에게 남성적 성징과 여성적 성징의 발현을 가져온다. 여아의 경우 초경이 시작되기 전 약 9세에서 11세경에 '젖가슴 봉오리'가 생기며 유방발달이 시작되고 질이 커지고, 자궁벽에 강한 근육이 발달하며, 치구, 음순, 음핵 등의 성기관도 성숙하기 시작한다(Tanner, 1990). 서구사회의 여아나 우리나라의 여아 모두 보통 약 12세경이면 초경을 시작한다. 초경이 임신이 가능하다는 걸 의미하기는 하지만, 어린 여아들은 배란 없이도 생리를 하며 초경 이후에도 얼마간 임신을 할 수 없는 상태로 있을 수 있다. 남아의 경우 성적 성숙은 11~12세경에 고환이 커지는 것으로 시작된다. 뒤이어 음모가 나타나고 음낭이 성장하며 음경도 길고 굵어지고, 13~15세경에 정자가 생산된다(Pinyerd & Zipf, 2005). 음경이 완전히 발달하고 정자를 생산할 수 있게 되면서 남아들은 임신을 시킬 수 있게 된다. 이후 남아들은 후두가 자라면서 목소리가 저음으로 변하는 변성이 일어난다.

아동들의 영양상태가 좋아지고 의학적 치료가 발달하여 성장을 방해하는 병에 덜 걸리게 되면서, 사춘기의 시작은 우리의 조부모 세대보다 현저하게 빨라지고 있다. 보건교육포럼(2010)의 초·중·고 여학생의 초경 현황 연구 발표에 따르면 우리나라 여자 청소년의 평균 초경연령은 1970년대 14.4세, 1998년 13.5세, 1999년 12.8세, 2005년 12.3세, 2010년 12.0세로 점점 빨라지고 있다. 2010년 당시 65세 이상인 사람들은 평균 초경연령이 16.8세로 2010년 평균 초경연령이 그보다 약 5년 정도 빨라졌다. 2014년의 서울시 발표에 따르면 11.7세로 더 낮아졌다. 이런 현상은 전 세계의 산업화된 국가에서 일어나는 현상으로 '시대적 경향(secular trend)'이라고 한다.

(2) 성에 대한 태도

청소년의 성에 대한 태도는 전보다 더 개방적이 되고 있다. 대다수 청소년들은 애정이 있는 성관계는 수용할 수 있다고 여기고 있으며 남자와 여자에게 다르게 적용되는 성행위에 대한 이중기준을 거부하고 있다. 이러한 태도의 변화와 함께 호르몬 변화가 야기한 사춘기의 성욕 변화는 더 많은 성경험을 하게 만든다. 이른 성경험의 결과는 10대 임신과 성병 감염 같은 부정적 결과를 가져오기도 한다. 10대 엄마들은 건강한 생활을 하지 못할 가능성이 높고 양육을 잘할 수 없기 때문에 이들이 낳은 아이들은 발달상 어려움을 갖게 되는 경우가 많다. 한편 10대 엄마는 학업을 지속하거나 상급학교로의 진학을 하기 어려워져 낮은 사회경제적 지위에 머물게 되기 쉽다(Shaffer & Kipp, 2014). 김만지(2002)는 12~19세인 806명의 여자 청소년을 대상으로 성관계에 대한 태도를 조사했다. 여자 청소년 중 찬성하는 편이 29.7%, 반대하는 편이 68.8%로 나타났다. 성관계를 가진 이유는 '호기심 때문에'가 27.5%, '사랑해서'가 20.0%, '순간적인 충동 때문에' 15.0%, '상대방의 요구를 거절 못해서' 15%로 우리나라 여자 청소년은 사랑 이외의 다른 이유로 성관계를 하는 경우가 훨씬 많았다.

3) 형식적 조작사고

아동기에는 구체적 대상과 사물에 대해서 논리적 정신조작이 가능하나 청소년기에는 추상적 대상에 대해서도 논리적으로 사고할 수 있는 형식적 조작기에 도달한다. 청소년은 체계적이고 명제적인 논리를 사용해 문제를 해결하고, 귀납추리와 연역추리를 할 수 있다. 또한 청소년은 구체적인 현재의 현실을 벗어나 가능한 이상적인 세상, 미래를 생각할 수 있게 된다. 이러한 인지발달은 청소년기에 일어나는 신경계의 성숙이 바탕이 되어 발생한다.

형식적 조작사고는 청소년의 성격 및 행동에 영향을 준다. 긍정적인 면에서 본다면 자신의 삶에서 무엇을 할 수 있는가에 대해 생각할 수 있게 되며, 안정된 정체성을 형성하게 되고, 타인의 심리적 견해와 그들의 행동 원인을 더 잘 이해할 수 있게 된다. 또한 보다 어려운 개인적 의사결정을 내릴 때 여러 행동 대안을 비교해 보고, 그러한 결정이 자신뿐만 아니라 다른 사람들에게 어떠한 결과를 가져오게 될지도 미리 고려해 보게 된다. 그렇게 인지적 성장은 다른 측면의 발달적 변화를 가능하게 하는 바탕이 된다.

부정적 측면에서 본다면 형식적 조작사고는 청소년기의 고통스러운 경험을 가져오기도 한다. 현실에 대한 가설적 대안을 상상할 수 있기 때문에 부모와 다른 권위에 순종하기만 하지 않고 세상의 모든 점에 대해 의문을 품기 시작한다. 그리고 현재의 불완전한 상태에 대해 권위자들(예: 부모, 정부)이 책임을 져야 한다고 생각하여 반항적이 될 수 있다. Piaget(1970a)는 세상이 '꼭 이렇게 되어야 한다(ought to be).'는 이상적 사고방식을 형식적 조작사고의 파생물로 보았으며 '세대 차'의 주요 원인이라고 주장하였다(Shaffer & Kipp, 2014). 청소년들은 또한 지적발달의 결과로 전조작기와는 다른 새로운 자기중심성을 발달시킨다. 이때의 자기중심성은 '상상 속 청중(imaginary audience)'과 '개인적 우화(personal fable)'라는 두 가지 자의식 형태로 나타난다. 상상 속 청중은 스스로에게 관심이 집중된 청소년이 다른 사람들도 자신에게 관심을 가지고 있다고 생각하고 행동하는 것이다. 아침밥은 굶어도 머리는 정성들여 매만지고 등교하는 청소년들의 행동이 좋은 예가 될 수 있을 것이다. 개인적 우화는 자신을 매우 독특한 존재라고 믿는 것이다. 그래서 때로는 다른 사람에게 일어나는 사고나 죽음이 자신에게는 일어나지 않을 것이라고 믿기도 한다. 그것이 피임방법을 쓰지 않는 성관계나 오토바이 폭주같이 무모하고 위험한 행동을 하게 만들기도 한다. 일부 학자들은 청소년이 보이게 되는 '상상 속 청중'과 '개인적 우화' 현상이 자기중심성 때문이라기보다는, 오히려 조망수용능력이 향상되어 타인을 의식하게 되었기 때문으로 보기도 한다.

4) 자아정체감 발달

청소년기 자기중심성을 갖게 된 청소년들은 더 자기반성적이 된다. 형식적 조작기로의 지적발달은 이들을 더 똑똑하게 만들고 보이지 않는 것에 대해서도 생각을 할 수 있게 만든다. 청소년들은 자신과 다른 사람과의 상호작용을 전보다 더 마음속으로 되짚어 본다. 이처럼 자신에 대해 생각할 수 있고 체계적으로 문제를 해결할 수 있는 능력을 가지게 된 청소년은 자아개념을 더 분화시키고 자아정체감을 발달시킨다.

(1) 자기개념과 자아존중감의 발달

자기개념(self-concept)은 자기에 대한 지각이며 유아기에 자신이 별개의 독립적인 개인이라는 사실을 인식하면서부터 발달한다. 이러한 지각은 신체적 특징, 성격, 기질, 역할, 사회적 지위라는 면에 대해 이루어진다. 자기개념은 자신에 대해 갖고 있는 태도체계이며 자기정의 또는 자기상의 총체이다(Harter, 1990). 자기개념은 행동을 동기화하고 방향감을 주기 때문에 청소년기에 좋은 자기개념을 갖는 것은 매우 중요하다(정영숙 외, 2009). 자신의 능력이 뛰어나다고 믿는 학생은 그렇게 믿지 않을 때보다 잘하기 위해 더 노력할 것이기 때문이다.

청소년기 자기개념에 대한 일부 연구는 청소년기 초기에 자아존중감이 가장 낮다고 보고하였다(Marsh, 1998). 자아존중감은 자기개념을 구성하는 특질들을 평가한 것에 기초하여 자기 자신의 가치를 평가하는 것인데, 청소년기에 부딪히는 적응에 어려움과 자신에 대한 보다 현실적인 평가 때문에 청소년기 초기에 평가가 낮아진다고 설명하고 있다. 자아존중감의 시간적 안정성은 아동기와 청소년기에 가장 낮고 청소년 후기와 성인초기에 훨씬 더 강해진다(Trzensniewski, Donnellan, & Robins, 2003). 또한 아동기에서 청소년기로의 과도기 경험에서 개인차가 크게 나타나 어떤 아동들은 자아존중감이 낮아지는 반면, 다른 아동들은 변화가 크지 않거나 심지어 높아지기도 한다. 청소년기에 들어가면서 여러 스트레스 요인을 경험하는 아동들에게서 자아존중감의 감소가 일어날 가능성이 높다. 이런 학생들은 상급학교 진학과 사춘기 변화에 대처해야 하고 데이트를 시작하고, 새로운 도시로 이사하고, 부모의 이혼과 같은 가족의 전환을 동시에 경험하고 있는 학생들이다(Gray-Little & Hafdahl, 2000). 여아들의 경우 신체와 외모에 만족하지 않을 가능성이 높고 다른 사람과의 관계를 유지하고 인정을 받는 데 관심이 더 많다. 그래서 남아들보다 가족이나 또래들과의 사소한 다툼에 대해 걱정을 더 많이 한다. 또한 남아보다 2년 정도 빨리 사춘기를 맞는 여아가 상급학교 진학과 사춘기 타이밍이 일치하게 되어 남아보다 스트레스를 받을 가능성이 더 높다. 이런 점이 청소년기에 여아의 자아존중감이 남아보다 더 크게 하락하는 이유를 설명해 줄 수 있다(Robins et al., 2002).

자아존중감 발달은 생물학적 발달과 인지발달의 영향을 받는다. 또한 가정환경, 부모와

의 상호작용, 또래관계, 우리가 살고 있는 문화와 같은 사회적 요인도 자아존중감 발달에
영향을 준다. 민주적 양육과 균형 잡힌 부모, 그리고 또래의 지원은 자아존중감을 높여준
다(Scott, Scott, & McCabe, 1991; DuBois et al., 2002). 문화적으로는 집합주의 사회의 청소년
들이 개인주의 사회의 청소년들보다 전반적 자존감이 낮은 경향이 있다(Harter, 1999).

(2) 자아정체감 발달

Erik Erikson(1963)은 그의 전생애 성격발달이론에서 청소년기에 성취해야 할 발달과
업이 정체감(identity)에 대한 확고하고 응집된 인식을 형성하는 것이라고 했다. 정체감이
란 '나는 누구인가? 거대한 사회 질서 속에서 나의 위치는 어디인가?'에 대한 느낌이다.
Erikson은 정체감을 객관적 측면과 주관적 측면으로 나누어 설명한다. 객관적 측면은 집
단 정체감과 국가 정체감 같은 것으로 이루어진다. 즉, "나는 ○○대학 학생이다.", "나는
한국인이다."라고 말할 때 지칭되는 것이다. 집단 정체감이나 국가 정체감이라는 것은 어
떤 집단(또는 국가)의 역사, 전통 및 가치관 등에 자기 자신을 귀속시킴으로써 그러한 귀속
감 내지 소속감을 통해서 '나는 어디의 아무개다.'라고 느끼고 주장하는 바를 가리킨다.

정체감의 주관적 측면은 개별적 정체감(individual identity)이라고 불리는 것으로서,
Erikson은 이것을 다시 두 개로 나누어 설명한다. 하나는 개인적 정체감이고 다른 하나는
자아정체감이다. 개인적 정체감(personal identity)이란 쉽게 말하자면 한국인으로서의 아
무개가 아니라 '김 아무개로서의 나'라고 하는 존재에 대한 인식을 가리키는 것이다. 이러
한 의미에서, 개인적 정체감이란 어떤 개인이 놓인 상황과 시대에 따라, 그가 여러 가지로
다소 다른 모습으로 존재할지라도 여전히 '김 아무개로서의 나'임에는 틀림없음을 인식하
고 있는 측면을 일컫는다. Erikson의 말을 빌리자면, 개인적 정체감이란 '자기 자신의 동질
성과 지속성에 대한 느낌(feeling of sameness and continuity of self)'이다.

그런데 자아정체감(ego-identity)이란 개인적 정체감보다 더 넓은 의미를 함축하고 있다.
이는 자기 자신이 시공을 초월해서 언제나 동질적이고 연속적인 존재라고 하는 사실 자체
를 인식하는 것 그 이상을 말한다. Erikson의 표현을 빌리자면 '자아정체감이란 개인의 자
아가 그의 인격체계, 즉 원초아(id)와 자아(ego) 그리고 초자아(superego)의 세 체계를 통합
하는 방식에 있어서 동질성과 연속성이 유지되고 있다는 사실을 자각'하는 것이다. 또한
동시에 '자기 자아의 통합방식이 개인적인 존재 의미의 동질성과 연속성을 유지해 나가는
데 유효하다는 것도 자각하는 것'이다. 즉, 자아정체감이란 대인관계, 역할, 목표, 가치 및
이념 등에서 자기가 지니는 고유성, 다시 말해 '자기다움'에 대하여 자각하는 것이며, 이에
부합되는 자기통합성 및 일관성을 견지해 나가기 위한 '의식적이고 무의식적인 노력'이라

할 수 있다(서봉연, 1992).

그는 자아정체감을 결정할 때 느끼는 혼란과 불안을 자아정체감 위기(identity crisis)라 불렀다. James Marcia(1966, 1980)는 자아정체감 지위를 분류하는 구조화된 면접법을 개발했다. 그리고 청소년들이 다양한 대안들을 탐색하고, 직업, 종교적 이데올로기, 성적 취향 및 정치적 가치에 확고하게 헌신할 것인지 여부에 기초해서 자아정체감 지위를 '자아정체감 혼미, 자아정체감 유실, 자아정체감 유예 및 자아정체감 성취'의 네 가지로 나누었다.

- 자아정체감 혼미(identity diffusion): '혼미'로 분류된 사람들은 자아정체감 문제인 직업 계획이나 세계관에 대해 생각하거나 해결하려고 하지 않았고 미래 삶의 방향을 계획하지 못했다. 예 "나는 종교에 대해 많은 생각을 해 보지 않았어요. 나는 내가 믿는 것이 무엇인지 정확히 모르는 것 같아요."

- 자아정체감 유실(identity foreclosure): '유실'로 분류된 사람은 자아정체감에 전념하지만 실제로 자신에게 가장 잘 맞는 것이 무엇인지를 결정하는 '위기'를 경험하지 않고 전념하였다. 이들은 위기를 경험하지 않은 채 바로 부모나 기타 권위에 의해 주어진 대상의 가치관을 선택의 여지없이 그대로 받아들여 거기에 동조하고 있는 상태이다. 그러므로 유실상태는 외적 상황이 바뀌거나 외적 충격이 오면 외견상 유지되던 정체감이 붕괴될 위험을 내포하고 있는 상태이다. 예 "나의 부모님은 침례교도이고, 그래서 나도 침례교도예요. 그것이 바로 내가 자라온 방식이고요."

- 자아정체감 유예(identity moratorium): 이 지위에 있는 사람은 자아정체감 위기를 경험하고 있으며 삶의 전념에 대해 적극적으로 의문을 제기하고 그 답을 찾고 있다. 이 상태에 있는 사람들은 여러 가지 대상에 적극적인 참여를 보이나 참여의 안정성과 만족이 결핍되어 있으며 대개는 위기를 경험하고 있다. 즉, 위기를 경험하면서 선택적 참여를 위해 여러 대안들에 능동적인 노력을 기울이고 있다. 일종의 역할실험의 상태인 것이다. 예 "나는 내 신념들을 평가하고 있으며 나에게 옳은 것을 결정할 수 있길 바라요. 나는 천주교식 양육으로부터 얻은 답들을 좋아하지만 어떤 가르침에 대해서는 의심을 품고 있어요. 나는 유니테리언파의 교리가 내 의문에 답하는 데 도움이 되는지를 알아보려고 하고 있어요."

- 자아정체감 성취(identity achievement): 자아정체감을 성취한 사람들은 특별한 목표, 신념 및 가치에 대해 개인적으로 전념함으로써 자아정체감 문제를 해결했다. 이 상태의 사람들은 이미 위기를 경험하고 비교적 강한 참여를 보인다. 따라서 안정된 참여를 할 수 있게 되며 상황의 변화에 따른 동요 없이 성숙한 정체감을 갖게 된다. 예 "내 종

교와 다른 종교에 대해 많은 탐색을 한 후, 나는 마침내 내가 믿는 것과 믿지 않는 것을 알게 되었어요."

Erikson은 자아정체감 위기가 청소년기 초기에 일어나고 15～18세에 해결된다고 보았다. 그러나 12～24세 남성의 자아정체감을 연구한 Philip Meilman(1979)의 연구에서 12～18세 남성 대다수가 자아정체감 혼미나 유실상태에 있었으며, 21세 이후가 되어서야 참가자 대다수가 유예상태에 도달하거나 안정된 자아정체감을 성취하였다. 자아정체감 형성은 어려운 일이고 시간이 걸린다. 그래서 청소년기 후기인 대학교 시기에야 많은 남성과 여성이 혼미나 유실지위에서 유예지위로 옮겨가고 그다음에 자아정체감을 획득한다(Kroger, 2005).

Marcia(1980)는 자신이 제시한 이 네 지위를 거쳐 정체감 발달이 일어난다고 주장했으나 몇 가지 변형을 인정한다. 그중 하나가 정체감을 획득한 청소년이 때로는 몇 년 후에 더 낮은 상태로 퇴행한 듯 보이기도 한다는 점이다. 이는 개인이 청소년기에만 정체감 발달과정을 경험하지 않고 일생 동안 한 번 이상 정체감 발달과정을 되풀이할 수 있다는 것을 의미한다. 즉, 생의 한 시점인 청소년기에 정체감을 획득한 적이 있는 사람이 이후의 성인기 어느 시점에서 다시 정체감을 획득하기 전에 또다시 유예단계나 정체감 혼미단계를 경험할지도 모른다(Stephen, Fraser, & Marcia, 1992). 이런 현상은 애초 Erikson(1956, 1959)이 다음과 같이 말한 것과 일치한다.

"자아정체감의 형성은 대체로 당사자인 개인이나 그가 속한 사회가 분명히 의식하지 못하는 상태로 진행되며 점성적 원리(epigenic principle)에 따라 전생애에 걸쳐 이루어진다. 그러나 자아정체감의 문제가 심각하게 부각되는 것은 청년기인데, 이 시기에는 이전 단계와는 달리 정체감 위기가 나타난다. 왜냐하면 자아정체감이란 성장과정에서 얻어지는 여러 가지 경험과 동일시로 구성되지만, 청년기에 이르면 이전의 기술이나 동일시들은 그 유용성이 제한되기 때문이다. 다시 말해, 이 시기에 새로운 양상으로 대두되는 심리성적 충동들의 내적 변혁과 자기와 외부세계를 예리하게 통찰할 수 있는 고도의 인지능력, 외적으로 부과되는 새로운 사회적 역할로 인해서 이전에 가졌던 자기상, 역할, 대응방식, 능력, 가치 및 이념 등에 대해 심각한 회의와 고민이 일어나게 된다. 그래서 이 시기 청년들은 새로운 자기규정이나 자기준거화를 위해 다각적으로 자기탐색을 시도한다. 이것이 정체감 확립의 유예기이고 이 유예기를 거쳐야만 확고한 자아정체감이 형성된다."

국내의 자아정체감 연구

　김영화와 김계현(2011)의 한국 대학생 433명을 대상으로 한 자아정체감 연구는 이 중 15.2%인 66명만이 정체감 성취상태였으며, 정체감 혼미상태는 14.8%(64명), 정체감 유실상태 14.3%(62명), 정체감 유예상태 12.7%(55명)인 것으로 보고하였다([그림 8-5]). 나머지 43.0%(186명)는 정체감 혼미/유실/유예상태가 서로 뒤섞이거나 어느 하나의 상태로 판단하기 어려운 '미분화 상태'에 있는 것으로 보고되었다.

　자아정체감 성취 정도는 1학년(136명 중 18명), 2학년(106명 중 14명), 3학년(123명 중 17명)에서 보다 4학년(68명 중 17명)에서 성취비율이 높다. 그러나 4학년의 자아정체감 성취가 아래 학년보다 거의 두 배에 달하긴 해도 그 비율은 여전히 25%에 지나지 않는다([그림 8-6]). 나머지 사람들 중 일부는 대학졸업 후에 자아정체감 성취단계에 도달하고 일부는 여전히 자아정체감 성취단계에 도달하지 못할 것으로 보아야 한다.

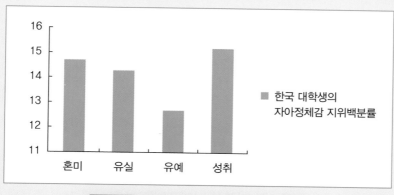

그림 8-5　**한국 대학생의 자아정체감 지위 백분율**

출처: 김영화, 김계현(2011).

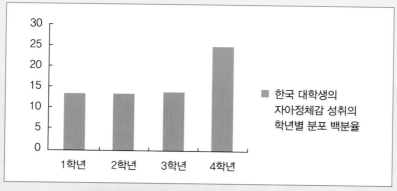

그림 8-6　**한국 대학생의 자아정체감 성취의 학년별 분포**

출처: 김영화, 김계현(2011).

Kroger(2005)는 자아정체감을 성취하기 위해 가치, 계획, 일의 우선순위에 의문을 갖는 과정을 '위기'로 기술하지 않는다.

자아정체감 형성을 위해 탐색하는 일은 모두에게 힘든 일이지만 일부 청소년들에게는 더 많이 고통스러운 일일 수 있다. 그래서 Erikson은 그 기간을 견디어 내지 못하는 청소년들은 긍정적 자아정체감을 형성하지 못하고 부정적 자아정체감을 받아들여 '비행청소년'이나 '실패자'가 될 수도 있다고 말했다. 정체감 혼미 상태인 많은 청소년은 매우 냉담하고 미래에 대해 절망적으로 느끼며, 때로 자살하기도 한다(Chandler et al., 2003).

6.
성인기

자기 자신의 삶에 대한 결정을 스스로 하고 문제를 해결하고 책임을 지는 사람이 성인이다. 그래서 청소년기를 지나 경제적 독립과 심리적 독립을 모두 이루었을 때 성인이 되었다고 말할 수 있다. 즉, 성인이란 부모에 의존하는 것에서 벗어나 경제적·심리적 독립을 이루고 성인다운 삶의 주제에 관심을 갖는 사람이며, 신체적, 지적, 정서적, 사회적 영역 및 영적 영역과 같은 모든 영역에서 성숙한 이를 말한다(정영숙 외, 2009).

성인기는 초기 성인기, 중기 성인기, 후기 성인기로 나눈다. 오늘날 젊은이들은 결혼, 경제적 독립 같은 성인생활의 중요한 지표를 이전 세대보다 느리게 보여 주는데, 이 때문에 성인기 진입단계라는 새로운 이행단계가 생겨났다. 성인기 진입기는 성인기가 시작되기 전인 19~25세를 말한다. 청소년기는 끝났지만 아직 성인으로 책임을 지지는 않는 단계이다. 이 시기에는 여러 대안을 더 많이 탐색하며 그 결과로 진로나 직업을 바꿀 수 있다. 산업국가에서 점점 높아지고 있는 직업 분야의 교육수준과 세계화 현상 등은 성인기 진입단계를 확장시키는 결과를 가져왔다. 특히 젊은이의 노동요구가 적어진 사회에서 유예기간이 연장되는 현상이 나타나고 있다. 일반적으로 초기 성인기는 25~35세를 말하며 이 시기에는 직업을 갖고 결혼을 하여 가정을 이룬다. 중기 성인기는 35~65세를 말하며 중년기라고도 한다. 이 시기에는 직업에서 전문성을 갖게 되며 자녀를 낳아 기르고 은퇴를 하게 된다. 생의 마지막 단계인 후기 성인기는 65세 이후를 말하며 노년기라고도 한다. 이 시기에는 여러 영역에서 기능이 감소되며 노인들은 이에 대처하는 전략을 사용하게 된다. 또한 죽음을 맞을 준비를 한다. 현재는 산업국가의 평균기대수명이 25~30년 늘어났기 때문에 산업국가에서는 성인기가 연장된 결과를 가져왔다. 특히 노년기가 늘어나게 되어 어떻게 잘 늙어 갈 것인지 성공적 노화에 대한 관심이 높아지고 있다.

최근에 일어난 급격한 사회적 변화들은 사람들이 살아가면서 겪는 인생주기에도 변화를 가져왔다. 전보다 결혼연령이 늦어져 부모가 되는 연령도 늦춰졌으며, 일부 사람들은 평생 미혼인 채 살아가고, 기혼상태임에도 자녀를 갖지 않는 경우 역시 증가하고 있다. 이는 최근 결혼 적령기에 관한 인식이 유연해지고 결혼을 필수사항으로 여기는 인식이 많이 없어졌기 때문이며, 자녀를 낳는 것도 부부의 선택 사항으로 받아들이게 되었기 때문이다. 또한 핵가족과 맞벌이 가정이 증가하면서, 노인이 되어 자식의 부양을 받으며 살던 전형적인 삶의 형태가 현실적으로 어려워지고 있다. 결혼과 출산에서의 변화로 무자녀 노인 가정도 많아지는 추세이다. 또한 평균수명이 증가하면서 노년기 역시 연장되었는데, 이로 인해 와병 노인들의 수나 와병 기간도 증가하는 추세이다. 이러한 측면들을 고려할 때, 노인 부양의 문제는 가정을 넘어 국가 정책이나 사회 정책의 중요 영역이 되고 있다.

1) 능력변화와 적응

성인기 단계 동안에 일부 능력들은 계속 유지되거나 좋아지지만 다른 능력들은 감소한다. 노화의 상당 부분이 이러한 능력감소의 결과를 가져오는데 노화는 초기 성인기부터 시작된다. 노화에는 1차 노화와 2차 노화가 있다. 1차 노화는 생물학적 노화라고도 하며 유전의 영향으로 인해 일어나는 것으로 나이가 들면서 기관과 체계의 기능이 쇠퇴하는 것을 말한다. 생물학적 노화는 DNA와 체세포 수준, 신체기관과 조직 수준에서 일어난다. DNA와 체세포 수준의 노화는 유전자의 프로그램, 세포분열 횟수, 돌연변이, 자유라디칼에 의해 일어난다. 신체기관과 조직수준의 노화는 내분비계나 면역계의 기능저하로 인한 노화가 해당된다. 1차 노화는 모든 사람들에게 영향을 주며 건강이 좋은 사람에게서도 일어난다. 2차 노화는 환경적 영향에 의해 일어나는 쇠퇴를 말한다. 유전적 결함, 영양이 충분치 않은 빈약한 식사, 운동 부족, 물질남용, 환경오염, 심리적 스트레스가 2차 노화를 가져오는 환경요인이다. 1차 노화와 2차 노화 모두 나이가 들면서 일어나기 때문에 분명히 구별하기 어렵다. 1차 노화와 달리 2차 노화는 노화를 가져오는 환경요인들을 줄임으로써 조절이 가능하다.

(1) 신체적 변화

성인기에는 감각마다 시기에 차이는 있지만 이들 능력이 저하되기 시작한다. 나이가 들면 눈이 잘 안 보이고 가는귀가 먹게 되며 음식 맛도 전보다 잘 느끼지 못하게 된다. 이러한 감각의 변화는 왜 오는 걸까? 감각능력의 감퇴는 대체로 감각기관과 감각수용기의 노화가 원인이 된다. 시각과 청각은 다른 감각보다 빠른 30대부터 변화가 오기 시작한다. 수정체의 변성과 모양근의 신축성 감소가 눈의 초점을 맞추는 능력을 저하시키고 빛에 눈부심 현상을 가져온다. 시각 수용기 세포인 추상체와 간상체의 감소는 색채변별과 야간시각능력 저하를 가져온다. 또한 45세 이후에는 먼 거리에 있는 물체는 잘 보이나 가까운 거리에 있는 물체는 잘 안 보이는 노안이 온다. 이러한 시각능력의 감퇴는 노인들을 불편하게만들고 안전을 위협한다. 그 결과 노인들은 위축되고 활동의 제약을 받게 된다. 그래서 나이가 들면 밝은 햇빛에서는 빛에 민감해진 눈을 보호하기 위해 선글라스를 착용하는 것이좋다. 또한 되도록 밤에는 운전을 하지 않을 것을 권한다.

나이가 들면 높은음 소리를 잘 듣지 못하게 되며 여러 사람이 말할 때 소리구별이 어려워지는 노인성 난청이 온다. 환경소음은 노인성 난청을 빨리 오게 만든다. 작업장이나 일반 환경에서의 환경소음이 난청을 유발한다. 미각과 후각은 비교적 늦게 변하여 60세경부터 네 가지 기본 맛인 단맛, 짠맛, 신맛, 쓴맛에 대한 민감도가 떨어지고 냄새 탐지와 냄새구별 능력이 떨어진다.

각 체계나 기관의 기능변화도 시작된다. 심혈관계 기능은 점진적으로 저하되는데, 심장기능이 변화하고 혈관 벽에 플라그가 형성되어 혈관이 탄력성을 잃게 된다. 혈액 순환이어려워져서 세포에 보내지는 혈액량도 감소한다. 호흡능력 또한 점진적으로 감소하여 25세 이후 10년에 10%씩 폐활량이 감소하며(Mahanran et al., 1999) 이에 따라 호흡률이 증가한다. 근골격계의 변화도 점진적으로 일어나 운동속도와 유연성이 감소된다. 골격은 약해지고 부러지기 쉬워진다. 흉선의 쇠퇴로 흉선의 T세포를 성숙시키고 분화하는 능력이 저하되어서 면역력도 점진적으로 감소한다. 생식력의 저하는 여성은 35세 이후 가속화되고남성은 40세 이후 시작되는데, 나이가 들수록 임신과 임신유지가 어려워지며 염색체 이상이 있는 아이를 낳을 가능성이 높아진다. 피부는 탄력이 떨어지고 주름이 생기며 여성에서 이런 현상이 남성보다 빠르게 진행된다. 모발은 35세 이후 세고 가늘어진다. 신경계는 50세부터 신경세포가 소멸되며 뇌실이 확대되고 뇌 무게가 감소한다. 그러나 성인기 동안에도 새로운 시냅스가 생기고 새로운 신경세포가 생겨서 부분적으로 신경세포 손실을 보완한다(정영숙 외, 2009).

운동기술은 20대 초반에서 30대 중반 동안 정점에 도달했다가 쇠퇴하기 시작한다. 이러한 운동능력의 쇠퇴는 생물학적 노화의 결과라기보다는 나이가 들면서 운동량이 적어지는 생활패턴 탓이 더 크다. 그래서 적당한 운동을 하는 성인들은 나이가 들어도 운동능력을 유지하며 심지어 자기 연령보다 더 젊은 수준의 운동능력을 갖게 되기도 한다.

(2) 인지적 변화

나이가 들면 신경계의 변화로 인해 지각 능력이 저하된다. 빠르게 스쳐 지나가는 자극을 처리하는 역동적 시지각(dynamic visual perception) 능력이 감소되어 50세가 넘으면 TV 화면의 뉴스내용을 정확하게 파악하지 못하게 된다. 나이가 들면 주의능력 또한 감소한다. 장시간 주의집중이 어려워지고 방해자극이 있는 상태에서 목표자극을 찾아내는 선택적 주의력이 감소하며, 한꺼번에 두 가지 이상의 일에 주의를 기울이는 일을 할 때, 필요한 주의양분능력이 감소된다. 그래서 중년 이후에 운전을 하며 핸드폰으로 전화를 하는 것은 더 큰 위험이 될 수 있다. 또한 영화를 볼 때 자막을 읽으며 장면을 보는 일이 전보다 더 어려워진다.

나이가 들면 민첩함이 줄어들고 반응속도가 느려진다. 특히 단순한 과제에서는 반응속도 차가 크지 않지만 복잡한 과제 수행 시에는 나이에서 오는 차가 커진다. Belsky(1999)는 감각자극이 입력되고 운동반응이 일어나기까지의 정보처리 경로를, 크게 사고단계와 행동단계로 나누었다. 그는 복잡한 과제 수행 시, 반응하기 전에 결정하는 사고과정이 개입하게 되는데 이것 때문에 노인들의 반응속도가 느려진다고 추론하고 있다. 이것은 사고과정을 담당하는 중추신경계의 문제가 반응속도를 느리게 함을 시사한다.

나이가 들면 지능은 어떻게 변할까? 초기에 이루어진 횡단적 접근의 연구들은 나이가 들면 지능이 현저히 떨어진다고 보고하였다. 그러나 이후에 이루어진 종단적 연구들은 중기 성인기까지 지능의 상당 부분이 유지되다가 후기 성인기에 가서야 지능이 저하된다고 보고한다(Schaie, 1998). 지능에는 유동성 지능과 결정성 지능이 있다. 기본적인 정보처리 기술에 더 많이 의존하는 유동성 지능은 문화의 영향을 덜 받으며, 대신 뇌의 상태와 개인의 독특한 학습에 의해 영향을 받는 것으로 보인다. 반면, 결정성 지능은 축적된 지식과 경험, 뛰어난 판단, 사회적 관습의 숙달에 의존하는 기술을 말한다. 유동성 지능은 20대 이후 계속 감소되나 경험에 의해 쌓인 지식으로 이루어지는 결정성 지능은 중년기에 절정에 이르며 80대까지도 감소하지 않았다(Kaufman, 2001). 노인들은 이런 유동성 지능의 감퇴를 결정성 지능이 보완해 주고, 유동성 지능보다 결정성 지능을 더 필요로 하는 활동으로 옮겨감으로써 자신의 인지능력 감퇴로 인한 수행감소를 조절한다. 노년기에 인지기능의 개인차가 훨씬 큰데(Hultsch, MacDonald, & Dixon, 2002), 이전 시기와는 달리 인지기술을 증진시키거나 손상시키는 활동들을 스스로 선택할 수 있는 자유가 증가한 것에 따른 차이로 설명될 수 있다.

2) 후형식적 사고

Piaget는 그의 인지발달이론에서 청소년기의 형식적 조작사고가 가장 높은 수준의 사고 단계라고 주장한다. 그러면 청소년기 이후의 성인기 사고는 이전의 형식적 조작사고와 같은가? Piaget는 사고가 환경에 적응하는 과정에서 변화한다고 하였다. 이에 따르면 생활의 복잡성과 책임이 청소년기와 다르다는 점을 고려할 때 성인기 사고는 청소년기와는 달라져야 한다. 현실에서 실제로 일어나는 문제들은 매우 다양한 상황들 속에서 일어나고 관련된 사람과 요인들도 많기 때문이다. 연구들은 성인기에 Piaget의 형식적 조작사고를 벗어나 후형식적 사고를 하게 된다는 것을 발견했다. 후형식적 사고는 하나의 정답이 존재하지 않는 실제 삶의 여러 상황에서, 상황에 따라 여러 입장을 고려하며 달라지게 되는 합리적이고 유연한 실용적인 사고를 말한다. 형식적 사고가 문제 해결적 사고라면, 후형식적 사고는 문제 발견적 사고라 할 수 있다. 후형식적 사고에 대한 이론은 Perry의 '인식적 인지'에 대한 이론과 Labouvie-Vief의 실용적 사고와 인지 정서적 복잡성 이론이 있다.

Perry의 인식적 인지는 우리가 어떻게 특정 사실, 신념, 생각을 가지게 되었는지에 대해 우리가 생각하는 것을 말한다. Perry는 대학생을 연구하여 인식적 인지가 이원적 사고에서 상대적 사고로 변하며 성숙한 사람은 상대적 사고 전념을 하게 된다는 걸 알아내었다. 이원적 사고는 정보나 가치를 옳은 것과 그른 것, 선한 것과 악한 것, 너와 나로 구분하는 것이다. 즉, 진실이나 진리가 생각하는 사람이나 그 사람의 상황과 별개인 추상적 기준에 비교하여 결정되는 것으로 본다. 상대적 사고는 많은 주제에 대해 다양한 의견이 있음을 알고 절대적 진리가 있을 수 없으며 상황에 따라 상대적인 여러 개의 진리가 존재한다고 생각하는 것이다. 상대적 사고자는 자신의 믿음도 주관적인 것이며 가능한 여러 개의 믿음 중 하나임을 깨닫는다. 가장 성숙한 단계인 상대적 사고 전념은 서로 반대되는 두 관

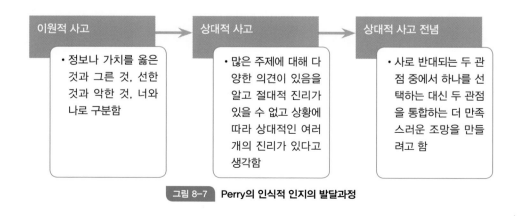

그림 8-7 Perry의 인식적 인지의 발달과정

점 중에서 하나를 택하는 대신 두 관점을 통합하는 보다 만족스러운 조망을 만들려고 애쓴다. 이 수준까지 도달하는 대학생은 거의 없다. 이 수준에 도달한 성인들은 자신의 지식과 이해를 높이려고 새로운 관점을 적극적으로 찾는다. 무엇이 이러한 사고 전환을 가져오는가? Perry 이론에 의해 이루어진 연구는 이원적 사고에서 상대적 사고로 변화하는 데 대학교육이 중요하며 가장 높은 수준인 상대적 사고전념으로의 변화에는 대학원 교육이 필요하다는 것을 인정하였다.

　Labouvie-Vief는 성인기에는 청소년기 가설적 사고에서 벗어나 실용적 사고로 바뀐다고 말한다. 실용적 사고란 논리가 실제생활의 문제를 해결하는 도구가 되는 사고구조다. 자신의 생각을 되돌아보며 숙고하는 능력이 향상된 성인은 정서와 인지를 통합하는 데 익숙해지며 그 과정에서 인지와 정서의 모순을 잘 이해하게 된다. 그는 다양한 사회경제적 지위에 있는 10~80세의 사람들 수백 명을 대상으로 연구한 결과를 분석하여 청소년기부터 중년기를 거치면서 사람들이 인지 정서적 복잡성을 갖게 됨을 발견하였다. 인지 정서적 복잡성은 긍정적 느낌과 부정적 느낌을 이해하게 되고 이것들을 하나의 복잡하고 체제화된 구조로 통합하는 능력이다. 그래서 인지 정서적 복잡성이 높은 사람은 사건과 사람을 관대하고 열린 마음으로 본다(Labouvie-Vief, 1996). 진실이 존재함을 아는 것, 논리를 현실과 통합하는 것, 인지 정서적 복잡성은 모두 초기 성인기에 진행되는 사고의 질적 변화이다(정영숙 외, 2009).

발달이란 정자와 난자가 합쳐져 수정된 순간부터 사망할 때까지 나이가 들어가면서 일어나는 모든 신체·심리적 변화이며, 연속성과 변화 모두를 포함하는 과정이다. 발달과정의 특징은 연속적이고 누적적이며 총체적인 과정이다. 발달연구를 위한 설계에는 횡단적 설계, 종단적 설계, 계열적 설계, 미시발생적 설계 등이 있다.

태내기는 인간발달의 최초 시기로 어머니의 음주, 흡연, 질병 등이 아기의 발달에 영향을 준다. 영유아기는 출생 후부터 6, 7세까지의 발달시기이며, 이 시기의 신체운동발달은 두미 방향과 중심말단 방향으로 발달한다. 영유아는 일반적으로 4~6개월경 옹알이를 시작하여 1세경에는 첫 단어를, 2세경에는 전보식 말을 하고, 3세경부터는 기능어를 포함한 완전한 문장을 산출한다. 영아는 자신의 1차 양육자에게 애착을 형성하며, 애착유형에는 안전애착, 회피애착, 저항애착, 혼란애착 등의 네 가지 유형이 있다. 1차 양육자와 영아 모두 애착의 내적 작동모델의 성격을 결정하는 데 일정한 역할을 한다.

아동기는 6, 7세에서 11, 12세까지이며, 이 시기에 아동의 정신능력이 크게 발달하는데, Piaget는 이를 감각운동기, 전조작기, 구체적 조작기, 형식적 조작기의 4단계론으로 주장하였다. Vygotsky는 아동 자신이 속한 문화의 구성원과 상호작용한 결과로 인지발달이 이루어진다고 주장하였는데, 그는 근접발달 영역을 확장함으로써 인지발달의 수준이 높아지며, 그런 인지발달을 촉진시키는 사회적 협력의 특징을 발판화라고 하였다. 아동기 도덕적 사고의 발달을 연구한 Kohlberg는 하인츠 딜레마에 대한 아동들의 판단을 근거로 도덕판단 발달을 1단계인 전인습적 단계, 2단계인 인습적 단계, 3단계인 후인습적 단계로 나누었다.

청소년기는 12세에서 18세까지를 말하며 사춘기의 시작이 곧 청소년기의 시작을 의미한다. 청소년기에는 추상적 대상에 대해서도 논리적 사고가 가능한 형식적 조작기에 도달하며, 이 형식적 조작기 사고는 사회인지 발달을 촉진하는 한편, 새로운 자기중심성을 갖게 만들어서 청소년들의 '상상 속 청중'과 '개인적 우화' 현상이 나타나기도 한다. 청소년기에 발달하기 시작하는 자아정체감에는 정체감 혼미, 정체감 유실, 정체감 유예, 정체감 성취의 네 가지 지위가 있다.

성인기는 19세 이후를 말하며 성인 진입기(19~25세), 초기 성인기(25~35세), 중기 성인기(35~65세), 후기 성인기(65세 이후)로 나눈다. 노화는 초기 성인기부터 시작되며 1차 노화와 2차 노화가 있다. 감각능력의 감퇴는 노인들을 불편하고 위험하게 하며 위축시킬 수 있고, 각 체계나 기관의 기능변화는 혈액순환, 호흡, 운동능력, 생식력, 외모의 변화를 가져온다. 신경계의 변화는 특히 인지능력과 관련되는데 주의, 기억, 민첩성에서 감퇴를 가져온다. 유동성 지능은 20대 이후 계속 감퇴하나 결정성 지능은 나이가 들어서도 유지되는 경향이 있다. 나이 든 사람들은 인지적 능력 감퇴에 적응하기 위해 자신이 잘하는 능력을 필요로 하는 활동으로 옮겨간다.

성인기의 후형식적 사고는 하나의 정답이 존재하지 않는 실제 삶의 여러 상황에서 상황에 따라 여러 입장을 고려하며 달라지는 합리적이고 유연한 실용적 사고를 말한다. Perry의 인식적 인지이론은 이원적 사고에서 상대적 사고로, 다시 상대적 사고 전념으로 발달한다고 말한다. 이러한 사고 변화에 대한 수준 이상의 교육이 중요하다. Labouvie-Vief는 성인기에는 실용적 사고를 하게 되며 인지 정서적 복잡성을 갖게 된다고 주장한다. 인지 정서적 복잡성은 긍정적 느낌과 부정적 느낌을 이해하게 되고 이것들을 하나의 복잡하고 체제화된 구조로 통합하는 능력으로 이것이 높은 사람은 관대하고 열린 마음을 갖게 된다.

연습문제

1. 발달이란 일생에 걸쳐 일어나는 모든 신체적 · 심리적인 변화를 말하며, _____적이고, _____적이며 _____적인 과정이다.

2. 발달연구를 위한 설계는 연령에 따른 발달적 변화를 알아보려는 연구접근법이다. 이에는 크게 네 가지가 있는데, _____설계, _____설계, _____설계, _____설계 등이 있다.

3. 태내기는 인간발달의 최초 시기인데, 이 시기에는 어머니가 섭취하는 모든 것들이 아기의 발달에 영향을 준다. 특히 음주는 _____ 증후군을, 흡연은 _____ 및 지각과 주의문제를 야기한다.

4. 영유아기는 출생 후 6, 7세까지를 말한다. 출생 시의 반사능력이 사라지면서 신체운동 발달은 _____방향과 _____ 방향으로 발달한다.

5. Piaget는 인지발달을 아동이 외부환경과 상호작용한 결과라고 주장하면서 그 발달단계를 _____(약 0~2세까지), _____(약 2~6, 7세까지), _____(약 7~11세까지), _____(약 11세 이후)의 4단계론을 주장하였다.

6. 아동기 도덕적 사고의 발달을 연구한 Kohlberg는 도덕발달을 _____ 단계, _____ 단계, _____ 단계로 나누었다.

7. 청소년기는 11, 12세에서 18세까지를 말하며 추상적 대상에 대해서도 논리적인 사고가 가능한 _____ 조작기에 도달한다. 그러나 또한 새로운 자기중심성을 갖게 만들어 _____청 중과 _____ 우화 현상이 나타나기도 한다.

8. 청소년기에는 자기의 고유성, 즉 '자기다움'에 대한 지각과 이에 맞는 통합성과 일관성을 유지해 나가려는 노력을 하게 되는데, 이를 _____이라 한다. 이에는 네 가지 지위가 있는데 _____, _____, _____, _____ 등이다.

9. 성인기는 19세 이후의 긴 기간을 말하는데, 특히 신경계의 변화는 인지능력과 관련되며 _____, _____, 민첩성에서의 감퇴가 나타난다.

10. 성인기에는 유연성과 실용성이 특징인 _____사고를 나타낸다.

📖 참고문헌

김만지(2002). 여자청소년의 성에 대한 태도 및 성관계 경험에 대한 조사연구. **사회복지 통권, 154**(가을호), 170-186.

김영화, 김계현(2011). 자아정체감 지위에 따른 대학생의 진로결정문제, 진로준비행동의 차이: 자아정체감 성취와 조기완료의 비교를 중심으로. **청소년상담연구, 19**(1), 169-182.

서봉연(1988). 한국 청년들의 Identity Crisis에 관한 분석적 연구. **심리학의 연구문제, 3**, 129-160.

서봉연(1992). 자아정체감의 형성과 발달. 청소년심리학. 한국청소년연구원.

정영숙, 주미정(2009). 내적 통제성과 후회 경험이 노인의 주관적 안녕감에 미치는 영향. **한국심리학회지: 발달, 22**(4), 15-36.

Ainsworth, M. D. S., Blehar, M. C., Waters, E., & Walls, S. (1978). *Patterns of attachment: A psychological study of the strange situation.* Hillsdale, NJ: Erlbaum.

Baillargeon, R., & De Vos, J. (1991). Object permanence in young infants: Further evidence. *Child Development, 62,* 1227-1246.

Belsky, J. K. (1999). *The psychology of aging* (3rd ed.). Pacific Grove, CA: Brooks/Cole.

Bickerton, D. (1990). *Language and species.* Chicago University Press.

Bowlby, J. (1969). *Attachment and loss: Vol 1. Attachment.* New York: Basic Books.

Bowlby, J. (1973). *Attachment and loss: Vol 2. Separartion.* New York: Basic Books.

Bowlby, J. (1980). *Attachment and loss: Vol 3. Loss: Sadness and depression.* New York: Basic Books.

Brown, A. M. (1990). Development of visual sensitivity to light and color vision in human infant: A critical review. *Vision Research, 30,* 1159-1188.

Brown, A. S., Cohen, P., Greenwald, S., & Susser, E. (2000). Nonaffective psychosis after prenatal exposure to rubella. *American Journal of Psychiatry, 157,* 438-443.

Caldwell, B. M., & Bradley, R. H. (1984). *Manual for the home observation for measurement of the environment.* Little Rock: University of Arkansas Press.

Carrington, D. (1995). Infections. In M. J. Whittle & J. M. Connor (Eds.), *Prenatal diagnosis in obstetric practice* (2nd ed., pp. 100-113). Oxford, England: Blackwell.

Caspi, A., Henry, B., McGee, R. O., Moffitt, T. E., & Silva, P. A. (1995). Temperamental origins of child and adolescent behavior problems: From age three to age fifteen. *Child Development, 66,* 55-68.

Chandler, M. J., Lalonde, C. E., Sokol, B. W., & Hallett, D. (2003). Personal persistence, identity development, and suicide. *Monographs of the Society for Research in Child development, 68* (No. 2, Serial No. 273).

Coie, J. D., & Dodge, K. A. (1983). Continuities and changes in childeren's social status: A five-year longitudinal study. *Merrill-Palmer Quarterly, 19,* 261-282.

Coie, J. D., Dodge, K. A., & Coppotelli, H. (1982). Dimensions and types of social status: A cross-age perspective. *Developmental Psychology, 18,* 557-570.

Collins, W. A., & Steinberg, L. (2006). Adolescent development in interpersonal context. In W. Damon & R. M. Lerner (Series Eds.), & N. Eisenberg (Vol. Eds.), *Handbook of Child Psychology: Vol. 3.*

Social, emotional, and personality development (6th ed., pp. 1003-1067). New York: Wiley.

Connolly, J., Furman, W., & Konarski, R. (2000). The role of peers in the emergence of heterosexual romantic relationships in adolescence. *Child Development, 71,* 1395-1408.

Crain, W. (2011). 발달의 이론(송길연, 유봉현 공역). 서울: 시그마프레스.

Davies, P. T., & Windle, M. (2000). Middle adolescents' dating pathways and psychological adjustment. *Merrill-Palmer Quarterly, 46,* 90-118.

Dodge, K. A., & Pettit, G. S. (2003). A biopsychosocial model of the development of chronic conduct problems in adolescence. *Developmental Psychology, 39,* 349-371.

DuBois, D. L., Burk-Braxton, L., Swenson, L. P., Tevendale, H. D., Lockerd, E. M., & Moran, B. L. (2002). Getting by with a little help from self and others: Self-esteem and social support as resources during early adolescence. *Developmental Psychology, 38,* 822-839.

Eimas, P. D. (1975). Speech perception in early infancy. In L. B. Cohen & P. Salapatek (Eds.), *Infant perception: From sensation to cognition.* Orlando, FL: Academic Press.

Erikson, E. H. (1956). The problem of ego identity. *Journal of American Psychoanalyst Assoc., 4,* 56-122.

Erikson, E. H. (1959). *Identity and Life Cycle.* New York: Norton.

Erikson, E. H. (1963). *Childhood and Society* (2nd ed.). New York: Norton.

Fantz, R. L. (1961). The origin of form perception. *Scientific American, 204, 66-72.*

Fried, P. A., & Watkinson, B. (2000). Visuoperceptual functioning differs in 9-to12-year-olds prenatally exposed to cigarettes and marijuana. *Neurotoxicology and Teratology, 22,* 11-20.

Gray-Little, B., & Hafdahl, A. R. (2000). Factors influencing racial comparisons of self-esteem: A quantitative review. *Psychological Bulletin, 126,* 26-54.

Harter, S. (1990). Issues in the assessment of the self-concept of children and adolescents. In A. LaGreca (Ed.), *Through the eyes of a child* (pp. 292-325). Boston: Allyn and Bacon.

Harter, S. (1999). *The cognitive and social construction of the developing self.* New York: Guilford.

Hartup, W. W. (1983). Peer relations. In P. H. Mussen (Eds.), *Handbook of child psychology, Vol. 4: socialization, personality, and social development* (pp. 103-196). New York: Wiley.

Horta, B. L., Victoria, C. G., Menezes., A. M. Halpern, R., & Barros, F. C. (1997). Low birthweight, preterm births and intrauterine growth retardation in relation to maternal smoking. *Pediatrics and Prenatal Epidemiology, 11,* 140-151.

Hultsch, D. F., MacDonald, S. W. S., & Dixon, R. A. (2002). Variability in reaction time performance of younger and older adults. *Journal of Gerontology, 57B,* 101-115.

Johnson, M. H., Dziuraeiec, S., Ellis, H. D., & Morton, J. (1991). Newborns' preferential tracking of face-like stimuli and its subsequent decline, *Cognition, 40,* 1-19.

Kagan, J. (1997). Temperament and the reactions to unfamiliarity. *Child Development, 68,* 139-143.

Kaufman, A. S. (2001). WAIS-III IQs, Horn's theory, and generational changes from young adulthood to old age. *Intelligence, 29,* 131-167.

Keith, J. (1985). Age in anthropological research. In R. H. Binstock & E. Shanus (Eds.), *Handbook of aging and the social sciences* (2nd ed.). New York: Van Nostrand Reinhold.

Kohlberg, L. (1963). Development of children's orientation towards a moral order (Part I). Sequencing in the development of moral thought. *Vita Humana, 6,* 11–36.

Kohlberg, L. (1986). A current statement on some theoretical issues. In S. Modgil & C. Modgil (Eds.), *Lawrence Kohlberg.* Philadelphia: Falmer.

Kroger, J. (2005). Identity statuses. In C. B. Fisher & R. M. Lerner (Eds.), *Encyclopedia of applied developmental science* (Vol. 1, pp. 567–568). Thousand Oaks, CA: Sage.

Lavouvie-Vief, G. (1996). Emotion, thought, and gender. In C. Maggai & S. H. McFadden (Eds.), *Handbook of emotion, adult development, and aging.* San diego: Academic Press.

Lewis, M., & Rosenblum, M. A. (1975). *Friendship and peer relations.* New York: Wiley.

Lorenz, K. (1952). *King Solomon's ring.* New York: Crowell.

Mahanran, L. G., Bauman, P. A., Kalman, D., Skolnik, H., & Pele, S. M. (1999). Master athletes: Factors affecting performance. *Sports Medicine, 28,* 273–285.

Marcia, J. E. (1966). Development and validation of ego identity status, *Journal of Personality and Social Psychology, 3,* 551–558.

Marcia, J. E. (1980). Identity in Adolescence. In J. Adelson (Ed.), *Handbook of Adolescent Psychology* (pp. 159–187). New York: Wiley.

Marsh, H. W., Craven, R., & Debus, R. (1998). Structure, stability, and development of children's self-concept: A multicohort–multioccasion study. *Child Development, 69,* 1030–1052.

Miller, K, F., Smith, C. M., & Zhu, J. (1995). Preschool origins of cross-national differences in mathematical competence: The role of number-naming systems. *Psychological Science, 6,* 56–60.

O'Connor, T, G., & Ruter, M. (2000). Attachment disorder following early severe deprivation: Extension and longitudinal follow-up. *Journal of the American Academy of Child and Adolescent Psychiatry, 39,* 703–712.

Ollers, D. K., & Eilers R. E. (1988). The role of audition in infant babbling. *Child Development, 59,* 441–449.

Meilman, P. W. (1979). Cross-sectional age changes in ego identity status during adolescence. *Developmental Psychology, 15*(2), 230–231.

Piaget, J. (1954a). *The construction of reality in the child.* New York: Basic Books.

Piaget, J. (1954b). *The child's concept of number.* New York: Norton.

Piaget, J. (1965). *The moral judgment of the child.* New York: Free Press. (Originally published in 1932).

Pinyerd, B., & Zipf, W. B. (2005). Puberty-timing is everything. *Journal of Pediatric Nursing, 20,* 75–82.

Prasada, S., & Pinker, S. (1993). Generalizations of regular and irregular morphology. *Language and Cognitive Processes, 8,* 1–56.

Robins, R. W., Trzensniewski, K. H., Tracey, J. L., Gosling, S. D., & Potter, J. (2002). Global self-esteem across the life span. *Psychology and Aging, 17,* 423–434.

Rutter, M., O'Connor, T, G., & the English and Romanian Adoptees Study Team (2004). Are there biological programming effects for psychological development? Findings from a study of Romanian adoptees. *Developmental Psychology, 40,* 81–94.

Scott, W. A., Scott, R., & McCabe, M. (1991). Family relationship and children's personality: A cross-cultural, cross-source comparison. *British Journal of Social Psychology, 30,* 1–20.

Schaie, K. W. (1998). Variability in Cognitive Functioning in the Elderly. In M. A. Bender, R. C. Leonard, & A. D. Woodhead (Eds.), *Phenotypic Variation in Populations*. New York: Plenum.

Shaffer, D. R., & Kipp, K. (2014). 발달심리학(송길연, 장유경, 이지연 공역). 서울: 박영스토리.

Stein, Z. A., Susser, M. W., Saenger, G., & Marolla, F. (1975). *Famine and human development: The Dutch hunger winter of 1944-1945*. New York: Oxford University Press.

Stephen, J., Fraser, E., & Marcia, J. E. (1992). Moratorium Achievement, (Mama) Cycles in Life Span Identity development: Value Orientations and Reasoning Systems' Correlates. *Journal of Adolescence, 15*, 282-300.

Streissguth, A. P., Barr, H. M., Bookstein, F. L., Sampson, P. D., & Carmichael Olson, H. (1999). The long-term neurocognitive consequences of prenatal alcohol exposure: A 14-year study. *Psychological Science, 10*, 186-190.

Tanner, J. M. (1990). *Focus into man* (2nd ed.). Cambridge, MA: Harvard University Press.

Thomas, A., & Chess, S. (1977). *Temperament and development*. New York: Brunner/Mazel.

Trzensniewski, K. H., Donnellan, M. B., & Robins, R. W. (2003). Stability of self-esteem across the life span. *Journal of Personality and Social Psychology, 84*, 205-220.

van IJzendoorn, M. H., & Sagi, A. (1999). Cross-cultural patterns of attachment: Universal and contextual dimensions. In J. Cassidy & P. R. Shaver (Eds.), *Handbook of attachment: Theory, research and clinical applications* (pp. 713-734). New York: Guilford Press.

White, B. L., & Held, R. (1966). Plasticity of motor development in the human infant. In J. F. Rosenblith & W. Allinsmith (Eds.), *The cause of behavior* (pp. 60-70). Boston: Allyn and Bacon.

Wichstrøm, L. (1999). The emergence of gender difference in depressed mood during adolescence: The role of intensified gender socialization. *Developmental Psychology, 35*(1), 232-245.

Wood, D., Bruner, J. S., & Ross, G. (1976). The role of tutoring in problem-solving. *Journal of Child Psychology and Psychiatry, 17*, 89-100.

09

성격 이론

개요

  성격심리학은 개인을 특징짓는 지속적이며 일관된 행동양식인 성격에서의 개인차를 설명하는 일반적인 법칙과 이론들을 학습하는 학문이다. 성격심리학을 학습하고 나면, 개인의 독특하며 일관성 있는 사고, 감정, 행동에서의 패턴을 설명하고, 그 개인이 주어진 상황에서 어떠한 행동을 할 것인지 예측하고 설명할 수 있다.

  이 장에서는 먼저 성격이란 무엇인지 성격에 대한 이론가들의 정의를 간단히 살펴볼 것이며, 다음으로 성격을 설명하는 각 이론가들의 이론을 설명할 것이다. 성격에 대한 다섯 가지 주요한 관점은 정신분석이론 및 분석심리학, 특성이론, 인본주의 이론, 사회학습이론, 인지이론으로, 여기에서는 이 관점에 따른 대표적인 이론가들의 성격이론을 살펴볼 것이다. 그에 따라 각 이론가들이 성격을 설명하기 위해 사용하는 개념과 용어와 더불어, 이를 바탕으로 각 이론이 성격의 구조와 발달을 어떻게 이해하고 설명하는지 소개하고, 각 이론가들에 따라 성격의 부적응을 어떻게 이해하는지 논하고자 한다. 마지막으로 성격심리학의 발달에 있어서 각 이론의 공헌점과 더불어 각 이론이 갖는 한계점에 대하여 살펴보았는데, 성격에 대한 다양한 조망과 접근을 종합적으로 이해하는 것의 필요성에 대하여 논하고, 끝으로는 성격을 측정하는 다양한 방법으로 구조화된 검사와 투사검사에 대하여 소개하였다.

1.
성격이란 무엇인가

심리학에는 사람을 설명하고 이해하기 위한 개념들이 대단히 많다. 그중에서 어떤 사람이 다른 사람과 다르게 생각하고 느끼며 행동하는 이유를 설명하기 위한 개념이 성격 (personality)이다. 성격의 정의는 학자마다 다르다. Allport(1937)는 '환경에 대한 개인의 독특한 적응을 결정하는 개인 내의 정신 신체적 체계들의 역동적 조직'으로 정의하였고, Pervin과 John(1997)은 '감정, 사고, 행동의 일관된 패턴을 설명해 주는 그 사람의 특징들' 로 성격을 정의한다. 일반적으로 성격은 한 개인의 사고, 감정, 행동의 (시간과 상황에 따라) 일관되고 지속적이며 독특한 패턴에 기여하는 심리적 속성이라고 할 수 있다.

민경환(2002)은 성격의 정의들을 정리하여 다음과 같은 공통점을 찾아냈다(송길연, 이지연, 2008에서 재인용).

- 성격은 내적 속성이다. 성격은 내적 속성이기 때문에 직접 관찰될 수 없으며 간접적으로 측정될 수 있다. 그래서 사람들은 다른 사람의 행동을 관찰하여 그 사람의 성격을 추론하고, 심리학자들은 성격검사를 실시하여 얻은 반응을 가지고 피검사자의 성격 특성을 추론한다.
- 성격은 정신 신체적 체계들(인지, 감정, 행동)의 통합된 과정이다. 즉, 인지, 감정, 행동이 통합되어 전체로서 작용하는 것이다. 오늘날의 연구자들은 인지와 감정과 행동이 통합되는 양식에 관심을 갖고 성격을 연구한다.
- 개인은 고유한 성격을 갖고 있다. 성격은 개인에 따라 다르며 이러한 성격의 고유성을

인정하고 이해하는 것이 그 사람에 대한 이해에 필요하다.
- 성격에는 일관성이 있다. 성격은 시간이 흘러도 안정적이며 상황이 바뀌어도 상당히 일관적인 면을 갖고 있다. 이러한 일관성을 전제로 해서 성격검사를 만든다.
- 성격은 역동적이다. 성격은 내적 역동성과 외적 역동성을 가지고 있다. 내적 역동성은 Freud의 정신분석이론에서 볼 수 있으며, 외적 역동성은 성격과 상황과의 관계에서 표출되는 역동성이다. 성격은 그 자체로 역동적이어서 고정되어 있지 않고 변하며 움직인다.

성격심리학은 인간 전체에 관심을 갖고, 인간행동의 원인을 환경이나 생물학적 요인보다는 개인의 성격에서 찾으며, 인간행동의 보편적 법칙을 찾기보다는 개인 간의 차이에 초점을 둔다는 점에서 다른 심리학 영역과 다르다(민경환, 2002). 한편, 홍숙기(2000)는 성격심리학이 일차적으로 사람이 어떻게 그리고 왜 서로 다른가라는 개인차에 관심을 두며, 전인(全人, whole person)의 여러 측면이 어떻게 서로 밀접하게 관계되는가를 이해하려 한다고 주장한다.

글상자 9-1 기질은 유전에 의해, 성격은 환경에 의해서만 영향 받을까?

성격이 변하는지, 변하지 않는지에 대한 논쟁은 아주 오래 지속되어 왔다. 일반적으로 성격은 유전과 환경의 상호작용을 통해 발달한다고 알려져 있다. 인성(personality)은 기질(temperament)과 성격(character)으로 나누는데(Cloninger, 1987), 일반적으로 기질은 유전에 영향을 받아 변하지 않는 것으로 보며, 성격은 환경과 후천적 노력을 통해 발달하는 것으로 알려져 있다. 하지만 기질도 환경에 영향을 받아 변할 수 있다. Kagan과 Snidman(1991)의 연구에 따르면, 생후 4개월에 행동억제 기질을 보였던 아동 중 일부는 8세에는 다른 기질을 보이기도 하였다. 단, 생후 4개월에 억제 기질의 양 극단에 있던 아동들만 8세에도 여전히 같은 기질을 보이는 것으로 나타났다. 즉, 기질도 환경의 영향을 받아 변할 수 있다는 것이다. 한편, 후천적으로 형성되는 것으로 알려져 있는 성격도 일부 유전에 의해, 즉 기질에 영향을 받아 형성된다. 국내 성인 대상 연구(민병배, 오현숙, 이주영, 2007)에서, 위험회피 기질은 자율성, 연대감 등의 성격요인과 −.69와 −.39의 부적 상관을 보였고, 사회적 민감성 기질은 연대감 성격요인과 .42의 정적 상관을 보였는데, 이는 성격이 기질에도 영향을 받는다는 것을 시사하며, 특정 기질이 성숙한 성격에 유리할 수 있음을 보여 주는 결과이기도 하다. 뿐만 아니라 Zwir 등(2019)이 972명의 핀란드, 독일, 한국인의 유전자형과 표현형을 연구한 결과, 유전적 요소는 기질뿐만 아니라 성격에도 영향을 미치는 것으로 나타났다. 기질과 성격요인 모두 유전과 환경의 상호작용에 의해 형성된다고 볼 수 있는 것이다.

2.
성격에 대한 이론

성격이란 내적이면서 중심과정이기 때문에 연구자의 인간관이 연구주제나 연구방법, 자료해석 등에 매우 큰 영향을 준다. 전통적으로 다음의 다섯 가지 유형의 접근들이 성격 연구를 주도하였다. 이들은 정신분석이론 및 분석심리학, 특성이론, 인본주의 이론, 사회 학습이론, 인지이론들이다. 이들을 각각 자세히 살펴보기로 하자.

1) 정신분석이론 및 분석심리학

(1) Freud의 정신분석이론

정신분석이론(정신역동이론)에서는 성격은 마음 내부의 무의식적인 갈등으로 인해 형성된다고 보고, 마음 내부의 무의식적인 갈등이 관찰된 행동과 증상으로 나타난다고 보았다. 정신분석이론의 창시자인 Sigmund Freud(1856~1939)는 그에게 오는 신체적 증상을 호소하는 환자들 중 많은 수가 심리적인 원인으로 고통받고 있다는 사실을 발견하였다. 이러한 신경증의 원인을 규명하고 치료방법을 개발하려고 하였던 Freud의 노력은 정신분석학이라는 방대한 지식체계로 발전하였다. Freud는 신경증 환자들을 분석하고 치료하면서 얻은 통찰을 바탕으로 정상인들을 포함하는 보편적 성격이론을 만들었다. Freud 이론의 주요 개념들을 살펴보자.

Freud 이론의 기본 가정   Freud 이론의 중추를 이루는 두 가지 가정은 심리적 결정론(psychic determinism)과 무의식이다. 심리적 결정론이란, 물리적 세계와 마찬가지로 마음에서 일어나는 모든 현상이 우연히 일어나는 것이 아니고 모든 생각, 감정, 행동에는 원인이 있으며 그 원인이 되는 선행사건에 의해서 결정된다는 가설이다. 이 원리에 따른다면 어떤 심리적인 현상이든 우연적으로 일어난 것은 없다. 즉, 정신병리든 꿈이든 말실수든 모두 선행 현상과의 인과관계 속에서 해석될 수 있다는 것이다. Freud 이전에는 심리적 현상의 선행 사상을 찾을 수 없는 경우 이를 포기하거나 신에게 귀인시켰고, 따라서 인간 이해나 정신병리의 치료에 발전이 없었다. Freud는 이러한 심리적 현상의 선행 사건으로 '무의식'의 역할에 주목하였다. Freud는 마음속에서 일어나는 현상 중 아주 많은 부분이 무의식에 속하기 때문에, 원인이 되는 선행 사건으로서의 무의식을 발견하면 회복 및 치료가 가능하다고 보았다.

추동의 개념　　　Freud(1923)는 인간의 무의식에는 추동(drive)이 존재한다고 보았다. 추동이란 자극에 대한 반응으로 나타나는 신체적 흥분상태가 '소망'의 형태로 마음속에 표상된 것으로, 일종의 중추신경계의 흥분상태를 말한다(민경환, 2002). 예를 들면, 오랫동안 물을 마시지 못해 갈증 상태가 되면 물을 먹고 싶다는 강한 바람이 긴장과 흥분상태를 유발하는데, 이것이 바로 추동으로 작용할 수 있는 것이다. 이는 특정한 자극양상에 미리 정해진 방식으로 반응하는 유전적으로 이어받은 행동양식인 본능(instinct)과 구별되는 개념이다. 추동은 정신적 에너지로서, 물리적 세계에서의 에너지와 마찬가지로 에너지 보존의 법칙에 따라 움직인다고 보았다. 내부에 추동, 즉 정신적 에너지가 축적되면 점점 긴장상태가 증가하게 되는데, 궁극적으로 추동은 조용한 내적 상태(긴장감소)를 추구하기 때문에 외부로 표출되고자 하는 욕구를 가지게 된다. 하지만 이러한 추동의 표현이 막히거나 오랜 시간이 지나도록 추동이 사라지지 않으면, 결국 저항이 가장 작은 곳을 통해 표현된다. 이를테면 히스테리 환자들의 신체 증상은, 억압된 정서적 추동이 긴장 감소를 위해 가장 저항이 작은 통로를 통해 표출된 형태로 볼 수 있다. Freud는 추동을 삶 혹은 성적 추동(Eros)과 공격 및 죽음 추동, 즉 타나토스(Tanatos)로 구분하였다. 이 중 성적 충동에는 리비도(libido)라는 심리적 에너지가 수반된다. 리비도는 생존, 번식, 쾌락과 관련된 추동으로서, 보다 포괄적으로 삶의 에너지로 이해되기도 하며, 궁극적으로 성격발달의 핵심으로 작용한다. Freud의 주된 관심은 성적 충동에 있었으며, 사람들이 성적 충동을 만족시키려는 욕구(원초아)와 이를 억제하려는 사회적 압력(초자아) 간의 갈등을 어떻게 해결해 가느냐(자아)를 연구하는 데 일생을 바쳤다. Freud는 이러한 역동이 곧 성격을 구성한다고 보았다.

마음의 구조　　　Freud(1923)는 마음이 원초아(id), 자아(ego), 초자아(superego)의 세 가지 요소로 이루어져 있다고 가정하였다. 원초아는 태어날 때부터 존재하며, 정신적 에너지의 저장소로서 자아와 초자아가 분화되어 나오는 모체이다. 원초아는 기본적인 생물학적 충동들, 즉 먹고 마시고 고통을 피하고 성적 쾌락을 얻으려는 욕구들로 구성되어 있다. 원초아는 이런 충동들을 현실과의 타협 없이 즉각적으로 만족시키고, 추동의 누적으로 인한 긴장을 방출함으로써 긴장을 감소시키고자 하는 '쾌락원리(pleasure principle)'—추동의 즉각적 만족, 긴장의 즉각적 방출을 통한 긴장 감소—를 추구하는 존재이다. 대개 원초아의 이러한 즉각적인 만족 추구는 삶의 현실에서는 대부분 이루어질 수 없는데, 원초아는 충족되지 못한 추동의 감소를 위해 '일차과정(primary process)', 즉 현실과 비현실을 구분하지 못한 채로 과거의 욕구 충족과 연합되었던 대상의 심상(image)에 의존하여 긴장 감소를 추구하기도 한다. 건강한 경우 원초아의 충동과 현실 사이에서 타협할 수 있는데, 그런 역할을 하는 것이 자아이다. 자아는 원초아로부터 분리되어 구강기를 지나 항문기를 거치며 서서히 발달하는 요소로, 원초아의 욕구를 '현실적으로' 충족시키는(원초아의 봉사자) 성격의 집행자이다. 자아는 '이차과정(secondary process)'―마음속 심상을 현실의 대상과 일치시켜 긴장을 해소하는 과정―에 의존하여 긴장을 추구하며, '현실원리(reality principle)'―최소한의 고통으로 최대한의 쾌감을 얻을 때까지 본능만족을 지연하는 원리―를 따른다. 마지막으로, 사회의 가치와 도덕이 내면화되어 남근기 이후 서서히 형성되는 초자아는 '도덕원리(moral principle)'를 따른다 하여 도덕적 자아라고도 부른다. 초자아는 현실보다는 이상, 쾌락보다는 완성을 추구한다. 초자아는 충동의 즉각적 만족을 추구하는 원초아와 종종 갈등을 빚는데 이 둘 사이를 중재하는 것이 바로 자아이다. 자아의 분화는 6~8개월 이내에 시작되며 2~3세까지 수립된다. 초자아의 분화는 5~6세까지 별로 이루어지지 않다가 10~11세가 되어야 확립된다.

심리성적 발달단계　　Freud(1923)에 따르면, 성적 만족을 체험하게 되는 신체부위는 발달해 가면서 변화한다고 한다. 우선 생후 1년 반까지는 '구강기(oral stage)'라 하여 입이나 입술, 혀 등이 유아가 성적 쾌감을 느끼는 주된 기관이 된다. 이 시기는 입에 넣거나 빨고 무는 행위를 통해 외부 물건을 자신의 일부로 내사하는 능력을 발달시킨다. 다음에 3세까지는 '항문기(anal stage)'로서 쾌감을 느끼는 부위가 입에서 항문으로 옮겨 가는데, 이때는 배변과 관련된 행위들이 관심의 초점이 되며, 대소변을 참거나 배출하는 것을 통해 자기통제 능력을 향상시킨다. 다음의 3~5세 사이는 '남근기(phallic stage)'라 부르는데 아동의 관심과 쾌감부위가 자신의 성기로 집중된다. Freud는 이 시기가 아동의 성격형성에 특히 중요하다고 주장한다. 이 시기에는 이성의 부모에게 성적인 애착을 느끼고 동성의 부모에게는 경쟁의식을 느끼는 소위 오이디푸스 콤플렉스(혹은 엘렉트라 콤플렉스)가 형성되는데, 이 콤플렉스의 적절한 해결이 성 정체감 형성, 초자아 형성 및 성인기의 정신건강과 인간관계에 영향을 미친다고 보았다. 남근기가 지나면 사춘기 이전까지 이른바 '잠복기(latency stage)'가 일정 기간 지속되어, 이 시기의 아동은 성적 관심을 떠나 자신이 속한 사회가 요구하는 것들을 학습하며 지적 활동을 통해 자아기능을 확대 및 발달시킨다. 자아기능이 어느 정도 확립되면 완전한 성적 존재로서의 자아를 경험하게 된다. 즉, 이 시기를 '성기기(genital stage)'라 하며 성적으로 성숙하고 이성에 대한 성적 충동을 갖게 된다(〈표 9-1〉).

이러한 심리성적 발달에서는 각 단계마다 아동들의 욕구가 어떻게 처리되느냐에 따라 그 단계에 '고착'된 성격을 형성할 수도 있고 다음 단계로 이행할 수도 있다. 고착은 욕구 충족이 안 되어 좌절을 경험할 때 혹은 욕구에 과한 충족이 되어 다음 단계로 진행되기를 꺼려하는 탐닉이 나타날 때 모두 발생하는데, 좌절 시에는 다음 단계로 나아가길 두려워하고, 탐닉 시에는 다음 단계로 나아갈 동기를 잃게 된다. 한편, 다음 단계로 이행한 후에도 스트레스 상황과 마주치면, 능동적으로 대처하는 대신 앞의 단계로 '퇴행'하는 행동을 보이기도 한다. 스트레스 상황에서 폭식하거나 변을 잘 가리던 아이가 동생이 생기면 갑자기 오줌을 싸는 경우가 각기 구강기와 항문기로의 퇴행을 보이는 예에 속한다.

표 9-1 Freud의 심리성적 발달단계

단계	연령 (쾌락부위)	심리발달	발달적 의미	고착 시 관련된 성격 특성	에너지의 방향
구강기	0~18개월 (입, 입술, 혀)	쾌락원리에 따른 원초아	외부 물건을 자신의 일부로 내사하는 능력을 획득하며, 이는 이후 부모의 동일시 및 부모 가치의 내사 능력의 토대가 되는 과정이다.	수다, 의존성, 알코올 탐닉 혹은 비만	자기 (자기애적-동성애적 성향)
항문기	18개월~3세 (항문, 요도)	배변훈련의 결과로 사회화	보유와 축출의 즐거움을 통해 자기 통제 능력을 향상시키고 숙달감을 획득한다. 이는 이후 자기 정체성 형성에 도움을 주는 과정이다.	질서, 통제, 단정함	
남근기	3~5세 (남근, 음핵)	동성 부모에 대한 경쟁심 형성하며 초자아 발달	오이디푸스 콤플렉스를 해결하는 과정에서 성 정체감을 인식하고 초자아를 형성해 나간다.	허영, 질투, 경쟁심	
잠복기	5~13세	이성 부모에 대한 애착을 포기하고, 기술습득과 학습을 이루는 시기	심리성적 갈등 없이, 지적활동을 통하여 자아 기능을 확대 및 발달시키며, 이는 이성애적 성향을 갖게 되는 성기기로 나가기 위한 토대가 된다.		
성기기	13세 이후 (성기)	생리적으로 성적 활동에 참여	우정 등의 동성애적 성향을 띠던 잠재기에서 벗어나 건강한 자아기능을 토대로 '이성애적 성향'을 띠며 완전한 성적 존재로서 자아를 경험하게 된다.	남자: 남자다움과 정력 과시, 허세 여자: 남자관계 복잡하고 유혹적	타인 (이성애적 성향)

부적응의 개념과 치료　　　Freud의 이론에서는 인간의 정신 에너지인 리비도를 적절하게 충족시키지 못하여 무의식에 억압되어 있거나, 성격구조를 이루고 있는 세 가지 요인, 즉 원초아와 자아, 초자아가 균형을 이루지 못하는 경우에 심리적 부적응이 발생한다고 보았다. 자아가 원초아와 자아, 초자아 사이의 균형을 유지하기 위한 다양한 시도가 성공적이지 못할 때 불안이 발생하며, 자아는 다양한 '방어기제'를 사용하게 된다. Freud는 자유연상, 전이, 꿈분석 등의 기법을 이용하여 이러한 방어를 걷어 내고 자아를 강화함으로써 자유를 얻게 하는 것이 바로 치료과정이라고 하였다.

Freud 이론의 평가　　　Freud 이론은 성격 및 정신병리 이론으로서 자유연상과 전이의 해석 등의 치료기법을 개발하는 등 심리학과 정신의학의 방향에 지대한 영향을 미쳤으며, 인간의 정신세계를 무의식까지 확장하는 등의 혁명적인 인간관을 바탕으로 사회과학과 인문학, 예술 등에도 포괄적인 영향을 미쳤다. 즉, Freud 이후의 사람들은 Freud 이전의 사람들과는 달리 인간을 보기 시작했다고 말할 수 있다. 그러나 Freud 이론은 비판도 많이 받고 있는데, 크게 몇 가지만 열거해 보자. 첫째, 생애 초기경험의 지나친 강조는 현재의 상황이나 조건들이 갖는 중요성을 소홀히 생각하게 만든다. 또한 무의식에 대한 지나친 강조 때문에 현재 삶에서의 현실의식의 역할이 경시되고, 성 충동을 강조한 나머지 다른 동기나 목표들이 간과되곤 한다. Freud 이론은 이러한 극단주의적인 약점들을 내포하고 있다는 비판을 받는다. 둘째, Freud 이론은 과학적 이론의 측면에서 많은 취약점을 갖고 있다. Freud 이론의 대부분의 개념들은 경험적인 검증이 불가능하여 과학이론으로서의 자격요건을 못 갖추고 있다. 셋째, Freud 이론은 이미 일어난 현상의 사후 설명에는 강하지만, 미래에 일어날 사건의 예언에는 약하다는 지적도 받고 있다. 넷째, Freud 이론이 토대를 두고 있는 표본집단이 주로 빅토리아 시대의 중상류층 여성들에 국한되었다는 점에서 그 보편성에 대한 회의적인 시각이 있다. 특히 문화적 전통이 많이 다른 동양사회나 성이 상당히 자유로운 오늘날의 세상에서 Freud 이론이 여전히 설득력을 갖기는 어려울 것이다.

(2) Erikson의 심리사회이론

Erik Erikson(1902~1994)은 Freud와 같이 성격이 일련의 단계를 거치며 발달한다는 데는 동의했다. 하지만 다음의 두 가지 점에서는 의견을 달리했다. 첫째, Freud는 생애 초기 몇 년 안에 성격발달이 완성된다고 보았으나, Erikson은 성격이란 태어나고 성숙하며 죽을 때까지의 일생에 걸쳐 진화한다고 믿었다. 그는 전생애 발달(life-span development)

이라는 개념을 제안한 최초의 인물 중 하나라고 할 수 있다. 둘째, 원초아를 강조하고 사회적 역할을 고려하지 않은 Freud와는 달리, Erikson은 자아와 사회적 역할을 강조했다. Erikson은 사람은 태어나 살아가면서 발달시기마다 주어진 사회적 역할이 있고, 그 역할을 잘 수행하는가 하지 못하는가에 따라 긍정적 성격특성을 획득하기도 하고 부정적 성격특성을 획득하기도 하는데, 이러한 사회적 역할의 수행에서 중요한 마음의 구조는 자아라고 보았다. 즉, Erikson은 생애 초기경험이 성격형성에 중요하긴 하지만, 청소년기 이후의 사회적 역할 변화와 그에 적응하는 과정에서도 성격발달이 일어나므로, 전생애적 관점에서 성격발달을 이해해야 한다고 주장하였다. 이러한 그의 이론을 심리사회적 성격발달이론이라 한다(〈표 9-2〉).

표 9-2 **Erikson의 심리사회적 발달단계**

	심리사회적 갈등	자아특성
노년기(65세 이상)	자아통합 대 절망	지혜
중년기(35~65세)	생산성 대 침체	배려
초기 성인기 (20~35세)	친밀감 대 소외감	사랑
청소년기(12~20세)	정체감 대 역할혼미	성실
학령기(6~11세)	근면성 대 열등감	유능
학령전기(3~5세)	주도성 대 죄책감	목표
초기 아동기(2~3세)	자율 대 수치와 의심	의지
유아기(0~1세)	신뢰 대 불신	희망

자아정체감   Erikson이 특히 강조한 것은 청소년기의 자아정체감 형성이다. Erikson 스스로가 덴마크 아버지에게서 태어나, 재혼한 유대인 아버지 밑에서 스칸디나비아인의 외모를 한 유대인으로 자라면서 극심한 정체감 혼란을 겪었고, 이를 통해 정체감의 획득과 유지가 성장을 위한 핵심과제라는 것을 몸소 깨달은 사람이었다(김교헌, 2015). 청소년기에 강하고 완전한 정체감을 형성하기 위해서는 이전 단계를 거치며 자기에 대해 형성된 견해를 통합해야 하며, 이 견해는 타인이 자신을 보는 관점과 통합되어야 한다고 보았다. 즉, 사회현실과 교류하면서 생기는 전반적인 자기감이 바로 자아정체감인 것이다. 자아정체감을 획득하게 되면, 자신이 누군가에 대한 일치된 감정을 경험하는데, 정체감 형성에 실패하면 자기감에 대한 방향성의 부재, 즉 역할 혼미를 겪게 된다. 이는 다음 단계의 발달에도 부정적 영향을 미친다. 이를테면 자신이 누군지 혼란을 겪으면 성인 초기단계에서 친밀한 관계

를 유지하기 어려우며, 나아가 전체 사회에 대한 폭넓은 관심으로 확대되어 생산성을 발휘하는 데에도 어려움을 보일 수 있다.

심리사회적 위기　　Erikson의 이론에서 사람들은 각 발달단계 동안 특정한 심리사회적 위기(psychosocial crisis)를 경험한다. 위기란 전환점, 즉 성장잠재력이 크지만 동시에 매우 취약한 기간이라는 점에서, '위기'이지만 동시에 '결정적으로 중요한 시기'라는 의미를 갖는다. 각각의 위기 속의 갈등은 서로 반대되는 심리적 특성(하나는 분명히 적응적이고, 다른 하나는 덜 적응적인 특성) 중 어느 것을 더 우선적으로 획득하는지와 관련된다. 중요한 것은, 이 갈등의 성공적인 타협은 적응적 특성만을 획득하는 것이 아니라는 점이다. 적응적 특성과 덜 적응적 특성을 모두 균형적으로 발달시키되, 다만 적응적 특성을 더 많이 획득하는 것이 중요하다(예: 신뢰 > 불신). 왜냐하면 바람직하게 보이는 특성을 너무 많이 갖는 것도 문제가 될 수 있기 때문이다. 이는 마치 세상을 반쪽만 보는 것과 같다. 무엇을 신뢰해야 하는지도 중요하지만, 무엇을 신뢰하지 않아야 하는가를 아는 것도 중요하며, 세상에서 벌어지는 (믿을 수 없는) 위험과 불안을 예상하는 것도 환경에 적응하고 삶을 효과적으로 영위하는 데 중요한 요소이다. 만약 부정적 측면을 최소한으로 통합하되 긍정적 측면을 더 많이 획득하면, 그 사람은 갈등과 관련되는 미래 사건에 대해 긍정적 정향성을 가지고 위기를 벗어나 다음 단계로 나아갈 수 있는 동력을 얻게 된다. 예를 들어, 유아기에 주 양육자로부터 일관되고 예측 가능하며 반응적인 양육을 받으면 세상이, 특히 관계가 예측 가능하다는 믿음, 즉 신뢰를 획득하게 된다. 그리고 불신보다 신뢰가 우세하면 '희망', 다시 말해 세상에서 소망을 이룰 수 있다는 믿음을 갖게 되어 자신의 자율성을 발휘해 나갈 수 있다.

점성설의 원리　　Erikson은 모든 발달은 출생 시에 이미 모든 변화가 준비된 순서에 따라 이루어진다는 점성설의 원칙을 이론에 적용하였다. 발달의 순서가 미리 정해져 있다는 것은 다음과 같은 의미를 갖는다. 첫째, 앞서 언급한 각 단계마다의 심리사회적 위기 해결은 장차 찾아올 위기의 해결을 준비함을 의미한다. 예를 들면, 청소년기의 자아정체감 형성은 이후의 친밀한 관계를 맺을 능력의 기초가 된다. 이를테면 친밀감을 경험하기 위해서는 타인에게 자기 자신을 드러내는 자기노출과 상대의 노출을 수용하고 희생하는 것이 필요한데, 이는 강한 정체감을 형성해야 가능한 것이다. 둘째, 위기가 단번에 그리고 영원히 해결되는 것이 아니며, 이전 단계의 갈등해결은 인생의 새로운 단계마다 재현되고 다시 형성됨을 의미한다. 유아기의 '신뢰 대 불신'의 이슈는 유아기에 종결되는 것이 아니라, 인생의 새로운 단계마다 지속적으로 영향을 미친다. 〈표 9-2〉의 그림에서 가장 아랫부분을 차지하는 유아기의 '신뢰 대 불신'의 이슈는 그 윗단계, 즉 인생의 모든 단계에 지속적으로 영향을 미치게 된다. 예를 들면, 유아기에 '신뢰'의 가치를 획득하는 것은 그 이후 단계에서 자신의 신체를 자율적으로 조절하기를 시도하기 혹은 낯선 사람과의 상호작용에서나 낯선 과제에서 더 주도적으로 참여하는 등의 주도성 발달에 지속적으로 영향을 미치는 것이다.

부적응의 개념　　Erikson은 발달단계별로 성취해야 할 과업을 이루지 못하고 위기에 빠질 때 부적응이 발생한다고 보았다. 대표적인 경우로 유아기에 신뢰감이 잘 형성되지 않을 때 편집증, 급성우울증과 같은 증상이 생길 수 있으며, 청소년기에 자아정체감을 확립하지 못하면 심한 무력감, 절망감, 무가치감 등의 우울증을 경험할 수 있다.

Erikson 이론의 평가　　Erikson 이론은 전생애를 통해 성격발달이 형성된다고 보았다. 또한 사회적 역할을 중시하여 사회심리학이 발전하는 시발점이 되었으며, 자아를 강조하여 자아심리학의 발전에 기여하였다는 점에서 공헌점이 있다. 반면, 개인의 사례사와 관찰을 통해 도출된 Erikson의 이론은 과학적 연구나 실증적 연구를 통해 검증되지 않았다는 점이 한계로 지적되고 있다.

(3) Adler의 개인심리학

Freud와는 달리 Alfred Adler(1870~1937)는 인간을 완성을 추구하는 목적론적 존재이자 사회적 관심을 가진 존재로 보고, 생물학적 충동과 내적 갈등보다는 '개인적 목표 추구'와 '사회적 관심'과 더불어 자아의 역할을 강조하였다(Adler, 1929). 또한 Adler는 인간을 '창조적 자아'를 가진 존재로 보았다.

기본적 열등감　　인간은 불완전하게 태어나 자기보다 더 크고, 더 강하고, 더 힘센 성인과 자신을 비교하여 자신이 열등하다고 생각하게 된다. Adler는 이러한 면에서 열등감을 '인간이라면 누구나 느끼는 보편적인 것'이라고 하였다. 또한 (무의식의 추동이 인간의 욕구로 작용한다고 주장한 Freud와 달리) 이러한 기본적 열등감이 바로 개인의 성장과 발달을 위한 동기이자, 자기완성을 위한 추진력이며 발전의 원동력으로 작용한다고 하였다.

우월추구　　Adler는 인간은 태어날 때부터 기본적 열등감을 극복하고, 유능성을 높이기 위한 선천적 경향성을 타고 나는데 이것이 바로 '우월추구'라고 하였다. Adler는 열등감과 우월추구가 서로 끊임없이 순환을 이루며 이어져 간다고 하였다. 또한 유능성을 높이기 위한 우월추구가 건강한 자아의 핵심이며, 이러한 우월추구가 전생애에 걸쳐 모든 행동의 동기로 작용한다고 하였다.

생활양식　　Adler(1929)는 우월성을 현실에서 실현하는 것은 개인의 노력에 달려 있고, 우월성을 추구하는 방식도 개인마다 다르다고 하였는데, 이러한 우월성을 추구하는 방식이 바로 생활양식이다. Adler 이론에서는 이러한 생활양식을 곧 성격이라고 할 수 있다. 부모와의 관계, 형제자매 간의 관계나 출생순위와 성별 등도 개인의 생활양식에 영향을 미친다. 생활양식은 긍정적 생활양식과 부정적 생활양식으로 나뉜다. 높은 사회적 관심과 활동성을 가지고 자신과 타인의 욕구를 동시에 충족시키는 사회적 유용형은 긍정적 생활양식을 가진 경우에 해당된다. 반대로, 부모가 지배적이고 통제할 때 나타나는 지배형, 부모가 자녀를 지나치게 과잉보호할 때 나타나는 의존적인 기생형, 그리고 부모가 자녀를 방임할 때 나타나는 소극적인 회피형은 모두 부정적 생활양식을 가진 경우에 해당된다.

사회적 관심　　Adler(1929)는 우월성 추구가 이기적 목표만을 추구하는 것에 머무르지 않고 개인적 우월을 넘어서 사회적 관심과 연결될 때 건강한 성격이 형성된다고 보았다. 사회적 관심은 각 개인이 이상적인 공동사회의 목표를 달성하고자 사회에 기여하고 봉사하는 생활태도를 말한다. Adler는 인간은 누구나 태어나면서부터 타인과 관계를 맺고 사회에 기여하고자 하는 잠재력인 사회적 관심을 가지고 있다고 보았다.

부적응의 개념과 치료　　개인의 열등감을 보상하기 위한 우월성 추구에서 실패하면 열등 콤플렉스(병적 열등감)가 발생한다. 과도하게 높은 목표를 추구하거나 자신의 삶에만 관심이 있고, 융통성이 없고, 독단적인 생활양식도 신경증의 원인이 된다고 하였다. 개인심리학에서는 부적응을 치료하기 위해서 우선 최초의 기억, 꿈분석, 출생순위 등을 통하여 생활양식을 파악해야 하며, 이를 통해 잘못된 생활양식을 교정하고 공동체감 수준을 진단하여 타인에게 관심을 갖고 '나' 중심성과 열등감을 극복하도록 돕는다.

Adler 이론의 평가　　Adler의 이론은 인간이 창조적인 힘을 가지고 있어서 자기 인생을 스스로 만들어 가는 존재로 보았다는 점, 그리고 사회적 요인에 관심을 두고 가족 간의 구도와 상호작용이 인간의 성격형성에 중요하다고 하였다는 점에서 공헌점이 있으나, 인간의 성격을 지나치게 단순화했다는 한계가 있다.

(4) Jung의 분석심리학

Carl Gustav Jung(1875~1961)은 무의식을, 충동의 창고이거나 의식에서 쓸어낸 쓰레기 장이라든지 병적인 유아기적 욕구로 가득 찬 웅덩이가 아니라고 보았다. 그는 무의식을 마음을 성숙하게 하는 창조의 샘이며, 의식된 마음에 활력을 주고 그 기능을 조절하여 의식과 무의식이 통일된 전체 정신을 실현시킬 수 있는 원동력으로 보았다. 인간이란 평생토록 무의식에 억압된 과거 경험의 지배를 받는 비관적인 존재가 아닌, 평생에 걸쳐 무의식 속에 숨겨져 있는 자신의 잠재력인 자기(self)를 찾아 이를 실현하려고 노력하는 미래지향적인 존재임을 강조하였다.

집단 무의식   Jung은 인간은 태어날 때 집단 무의식을 가지고 태어난다고 하였다. 집단 무의식이란 조상 대대로 과거로부터 물려받은 잠재적 기억 흔적의 저장소로 많은 세대를 거쳐 반복된 경험들이 축적된 것으로서, 이미 태어날 때부터 마음의 토대를 이루고 있는 무의식의 심층을 말한다. 따라서 집단 무의식은 인간이면 누구에게나 있는 보편적인 특성을 담는다. 진화와 유전이 신체적 청사진을 제공한다면, 집단 무의식은 정신적 청사진을 제공한다. 집단 무의식은 강한 정서, 정동 혹은 강한 흥분상태를 띠고 있으며, 신화적이고, 원초적 심상으로 구성되어 있다. 집단 무의식에서 바로 '자아'가 탄생하기 때문에 집단 무의식은 '자아를 생산하는 영역', 즉 '모성'을 지칭하기도 한다. '원형(archetype)'은 이 집단 무의식을 구성하는 요소를 지칭한다.

원형   의식과 무의식을 막론하고 정신은 심리적 복합체, 즉 콤플렉스로 이루어져 있는데, 그중 집단 무의식을 구성하는 콤플렉스를 원형이라고 한다. 원형은 인류 의존적이고 보편적이며 공통적인 것으로, 원형이 커지면 그 주위로 관련된 정보나 경험이 축적되어 콤플렉스를 형성하게 된다. 대표적 원형으로, 모성원형, 부성원형 그리고 자아원형이 있다.

콤플렉스와 자아 콤플렉스   콤플렉스란 강력한 정서에 기인하는 정신의 기본단위이다. 기존 원형의 토대 위에 외부의 경험적 사실을 내가 어떻게 수용했나를 복합적으로 구성한 것이 곧 콤플렉스라고 할 수 있다. 예를 들어, 모성원형 주위에 모성과 관련된 경험이 축적되면 모성 콤플렉스가 형성되는 것이다. 자아 콤플렉스(ego complex)의 경우 자아와 관련된 경험, 즉 의식의 파편들이 자아원형 중심으로 덩어리를 형성하면 '힘'이 생기고 점차 물속(무의식)에서 땅이 솟아오르듯이 의식으로 솟아오르게 된다. 많은 콤플렉스 중 자아 콤플렉스만이 이러한 의식성을 가지고 있어서 의식화가 가능하다. 자아가 의식화되기 시작하는 3~4세 시기의 아이들은 '난 어떻게 태어났어?'와 같은 존재에 대한 궁금증을 보이기 시작하며, '싫어, 안돼'와 같은 부정어를 사용하며 주변 영역과의 차별화를 시도하면서 자신의 고유 영역을 주장하기 시작한다. 마침내 자아분화가 확립되는 5~6세경이 되면 '개체 고유의 특성'을 담을 수 있게 되고, 드디어 부모로부터 독립을 시작한다. 하지만 분리 자체가 불안과 두려움을 유발하여 다시 '전체'가 되고 싶어 하는 근원적인 욕구가 생긴다. 남자아이들은 '지구를 지키는 용사'가 되어 '괴물 무찌르기' 놀이를 하며 '괴물', 즉 '모'로부터 분리된다. 이 과정에서 모성에 대한 '부정, 반항, 거부'가 이뤄지지 않으면 모성 콤플렉스가 생긴다. 모성에 사로잡힌 남자아이들은 조숙성을 보이거나 남다른 섬세함 또는 직관력을 가지기도 한다. 반대로, 여자아이들은 '모성'으로부터 분화되기보다 '동화'되는 것이 우선이다. 모성과 동화되기 위해 여자아이들은 살림살이 놀이를 하기도 하며, 여자아이들이 보이는 '조숙성'은 '모성'에 동화된 데서 생기는 것이다. 이는 남자아이들이 작은 자아 영역을 유지하는 것에서 오는 '어리바리한 특성'을 보이는 것과 대비되는 특성이다.

자아의 정립　　자아가 정립되면 자아 스스로의 의지력과 방향성을 가지게 되어, 이 의지력으로 고도의 집중력과 수행능력을 발휘하는 것이 가능하다. 따라서 이 시기에 부모의 말을 너무 잘 듣는 아이는 자아의 본성을 억압하는 건강하지 못한 경우이다. 이 시기의 아이들은 자아가 팽창과 위축이 반복되기 때문에 정서변동이 심하며, 자아 분화 과정에서 발생하는 불안으로 인해 또래에 의존하려고 하거나 짜증이 많아지게 된다. 한편, 자아 콤플렉스가 발달하면 첫째, 자아는 자신의 몸을 의식하게 된다. 이는 자아가 도구, 즉 '신체'를 갖는 것을 의미하며, 자아가 신체적 일체감을 맛봄으로써 자아의 분화와 개체화 과정은 더욱 촉진된다. 또한 자아가 사회적 기능을 할 수 있는 자아체계로 바뀌면서 '이중적 분열구조'로 나뉘게 된다. 사회적으로 용납되는 나인 '페르소나'와 사회적으로 용납되지 않는 나, 보여 주지 않고 드러내지 말아야 하는 나인 개인 무의식('그림자')으로 나뉘는 것이다.

페르소나와 그림자　　페르소나(persona)란 고대 그리스에서 연극할 때 쓰는 '가면'이란 뜻을 가지며, '외적 인격'을 의미한다. 자아는 성장하면서 집단에 의해 요구되는 가치관과 태도, 생각, 행동규범, 역할을 마치 자신의 것인 양 착각하고 그것을 자신의 인격으로 삼는 데 그것이 바로 페르소나이다. 개인은

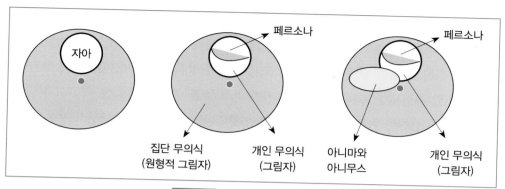

집단 무의식
(원형적 그림자)

페르소나

개인 무의식
(그림자)

페르소나

아니마와
아니무스

개인 무의식
(그림자)

자아

그림 9-1 **자아의 형성과 분화 과정**

한 가지 페르소나만 갖지 않으며, 상황에 따라 혹은 역할에 따라 여러 종류의 페르소나를 번갈아 쓰면서 살아간다. 이것은 바깥 세계에 적응할 때 반드시 필요한 수단이고, 이런 페르소나가 형성이 안 되면 집단 안에서 소통하고 적응할 수 없다. 하지만 페르소나 형성이 지나쳐도 문제다. 개인성(혹은 개인적 특성)이 희생되기 때문이다. 페르소나 형성이 지나칠 경우 자신을 훨씬 (사회에서) '의미 있는 사람'이라고 느낄 수 있으나, '이 모습이 진짜 내가 아닌데……' 하는 느낌, 공허감을 경험하게 된다. 이것이 페르소나 형성의 딜레마이다. 한편, 사회에 적응하기 위해 내세우는 인격에 의해 수용받지 못하고 배척되어 무의식에 억압된 성격측면은 개인 무의식, 즉 그림자(shadow)를 형성한다. 그림자란 자아로부터 배척되어 무의식에 억압된, 자아와 비슷하면서도 자아와는 대조되는 성격이나 자아가 가장 싫어하는 열등한 성격측면을 말한다(이부영, 1999).

아니마와 아니무스   자아의 정립과정에서 사회적 이슈 때문에 발휘되지 못한 부분, 즉 개인적 특성은 페르소나에 대응하는 무의식의 내적 인격을 형성하는데, 이것이 바로 아니마와 아니무스이다. 남성 무의식의 내적 인격으로 여성적 속성을 띠는 '아니마(anima)'는 주로 남성의 페르소나 때문에 소홀히 하기 쉬운 감성과 예감 능력으로 나타난다. 스트레스 상황에서 남성들이 변덕스러운 기분과 짜증 섞인 잔소리를 내뱉는 것은 아니마의 발현이다. 반면, 여성 무의식의 내적 인격으로 남성적 속성을 띠는 '아니무스(animus)'는 여성들이 소홀히 하기 쉬운 생각하는 힘(logos)과 지혜로 나타나는데, 갈등 상황에서 여성들이 논리적으로 따지고 들거나 융통성 없이 행동하는 모습은 아니무스의 발현이라고 할 수 있다. 페르소나는 자아와 외부세계를 이어준다면, 아니마와 아니무스는 자아와 내면세계를 연결해 주는 징검다리 역할의 중요한 기능을 담당한다. 무의식의 더 깊은 전체 정신의 중심, 즉 자기(self)로 인도하는 매개자 역할을 하는 것이다.

자기　자기(Self)란 의식과 무의식이 하나로 통합된 전체 정신이다. Jung은 자기를 자기실현의 종착점이자 시발점이며 인격성숙의 목표이자 이상이라고 보았다. 자기는 의식의 중심인 '자아'를 훨씬 넘어서는 엄청난 크기의 전체 정신 자체이자, 이것의 중심이며 핵이라 할 수 있다(이부영, 2002). Jung은 자기가 고등 종교에서 최고의 신, 최고의 진리라고 생각하는 것의 상징이라고 보았다. 한마디로 인간의 무의식 속에서 하나님과 같은 신상(神像)을 발견한 것이다. Jung은 불교에서 '모든 사람이 부처다.'라고 말하는 것은 음양이 합쳐 도를 이루어 밝고 어두운 심리적 대극의 합일을 이룬 전체 정신을 의미한다고 보았다.

자기실현(개성화)　Jung은 인생의 전반부에는 집단성에서 분화되어 '개체 고유의 기초'를 확립하고 그 토대 위에 사회에서 요구하는 이상적 특성이 담기는 페르소나를 형성하며 분화되는 데 집중해야 하고(외향화 과정), 인생의 후반부에는 자아의 정신적 노력을 통해 페르소나와 그림자로 분화된 자기를 다시 통합하는 과정(내향화 과정)으로 나가야 한다고 하였다. 이것이 바로 자기실현 과정이다. 자기실현(self actualization)은 사회적 존재로 살아가면서 잃어버렸던 개체(individual)로서의 특성(대개 그림자 속에 남아 있음)을 되찾기 위해 그림자를 자아 안으로 통합하는 것이다. 이를 내향화, 개성화, 전인격화 혹은 개체화(individuation) 과정이라고도 한다. 자기실현 과정을 통해 기대치와 성취욕구를 낮추고 자기 자신을 있는 그대로 받아들이며, 이는 무의식이 '존재 자체를 지지'하는 느낌을 경험하게 된다. 완전한 인간이 아니라, 온전한 인간을 지향한다.

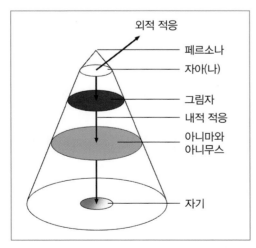
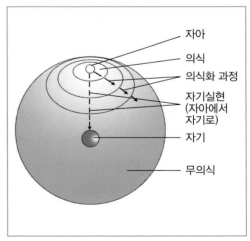

그림 9–2 **자기실현의 과정**

출처: 이부영(2002).

적극적 명상　　적극적 명상이란 개인이 무의식 속에서 일어나는 내용을 경계하거나 비판하지 않고, 오히려 그러한 생각과 감정을 적극적으로 의식 수준으로 떠오르게 하여 그것과 대화하는 방법이다. Jung은 이러한 적극적 명상으로 자기실현을 이룰 수 있다고 하였다.

부적응의 개념과 치료　　Jung은 자아가 분화되어 개체화되는 데 실패하거나, 자아가 개체화되더라도 적절한 시기에 페르소나를 형성하지 못하거나 페르소나와 지나치게 동일시되는 것이 부적응을 일으킨다고 하였다. 또한 자아 발달과정에서 잃어버렸던 개체로서의 특성, 즉 그림자를 다시 자아 안으로 통합하는 데 실패함으로써, 개체로서의 특성을 발견하고 수용하지 못하는 것이 부적응의 원인이라고 보았다. 따라서 적극적 명상을 통하여 그림자의 내용을 이해하고 그것을 의식화하는 것이 필요하다.

Jung 이론의 평가　　Jung의 분석심리이론은 무의식의 개념을 확대하여 인류 조상들의 경험의 축적물인 집단 무의식을 제안함으로써 인간의 본성에 대한 이해를 넓혀주었다. 또한 Freud나 Adler가 소홀히 한 중년의 성격변화에 주목하여 중년심리를 이해하려고 노력하였다. 무엇보다 인간을 자신이 가진 잠재력, 즉 자기를 실현해 나가는 자율적이고 능동적인 존재로 봄으로써 인본주의와 실존주의 이론에 영향을 미쳤다. 반면, Jung 이론의 핵심 개념은 Jung 자신의 주관적 경험과 직관의 산물이며, 구체적이지 않고 추상적이어서 명확하게 이해하기 어렵다는 한계가 있다.

2) 특성이론

일반 사람들은 타인의 성격을 기술하기 위해서 그의 특성을 나타내는 형용사를 종종 사용한다(예: ○○는 내향적이다. ○○는 정직하다). 특성이론도 사람들의 행동을 기술하거나 설명하기 위해 특성들을 사용한다. 그러나 과학적 특성이론은 사람을 ○○형, □□형으로 불연속적으로 분류하는 대신, 해당 특성 차원의 연속선상에서의 위치로 표현하는 양적인 접근을 한다. 예를 들면, 어떤 사람을 내향성 또는 외향성인 사람으로 분류하기보다는 내향성−외향성의 연속 차원에서 어느 위치에 놓이는지를 숫자로 표시하는 것이 보다 정밀한 기술방법이다. 이 관점에서 사람들 사이의 차이는 질적이라기보다는 양적이다. 한편, 특성이론에서는 한 특성이 오직 한 사람에게만 존재하느냐, 아니면 모든 사람에게 동일한 방식으로 존재하느냐에 따라 '개체 기술적 접근'과 '법칙 정립적 접근'으로 나눈다. 전자에 따르면, 특성 차원에서 사람들을 의미 있게 비교하기 어려운 반면, 후자의 접근을 따르는 경우 사람들 사이의 특성 비교가 가능하다.

(1) Allport의 특성이론

특성의 개념적 기초를 세운 사람은 Gordon Willard Allport(1897~1967)였다. 그에 따르면, 특성이란 많은 자극에 대해 유사하게 반응하도록 만들고 일관성 있는 적응행동 및 표현행동을 하게 하는 경향성이다. 예를 들어, 공격특성은 여러 상황자극에 대해서 공격행동이 일관성 있게 나타나도록 한다. Allport는 특질을 곧 성격의 기본적인 구성요소라고 하였으며, 크게 공통특질과 개인특질의 두 가지 유형으로 나누었다.

공통특질과 개인특질　　Allport(1966)의 공통특질은 특정 문화와 환경에 속해 있는 대부분의 사람들에게 일반적으로 나타나는 특질로, 집단이 공유하기 때문에 개인 간 비교가 가능하다. 후대 학자들이 요인분석과 표준화된 측정도구를 통해 개인 간 차이를 비교한 것이 바로 이 공통특질이다. 반면, 개인특질은 개인만이 가지고 있는 독특한 특질로, 개인에게 고유하여 개인 간 비교가 불가능한 특질이다. Allport는 이 개인특질에 보다 초점을 두고, 통계적 방법보다는 개인의 독특한 흔적(일기, 사례사, 편지)을 분석하는 개체 기술적 접근을 하였다. 개인특질은 후에 기본성향(개인의 생활 전반에 걸친 행동과 사고에 영향을 미치는 특질), 중심성향(개인의 행동을 기술하는 5~10가지 정도의 비교적 폭넓은 일관된 특질), 이차적 성향(상황에 따라 달라지는 행동특성으로 가깝고 친한 사람만 알아챌 수 있는 성향)으로 나누어 설명된다.

기능적 자율성　　이는 현재의 동기는 과거 경험이나 동기와 무관하게 자율적인 기능을 가지고 있다는 것이다. 즉, 인간은 과거와는 관련이 없는 새로운 현재의 동기를 가지고 행동하게 된다는 것은 '스스로 건강할 수 있는 능력이 있다.'는 것을 지각하고 자신의 생활양식을 의도적으로 창조한다는 것을 의미한다. Allport는 어린 시절의 동기로부터 독립되어 기능적·자율적으로 형성되어 가는 과정을 성격의 성숙과정으로 보았다.

부적응의 원인 및 치료　　Allport는 부적응의 원인을 고유자아(어떤 동기를 유지하고 포기할 것을 결정하는 자아)가 제대로 발달하지 못하는 것과 기능적 자율성을 발휘하지 못하기 때문이라 보고, 고유자아가 적절히 발달하도록 하는 것을 치료적 목표로 삼았다.

(2) Cattell의 특질이론

양적 접근을 택하는 특성이론가들은 '요인분석'이라는 통계적 기법을 사용하여 사람들을 분류하는 특성 차원의 수를 찾아낸다. 이처럼 요인분석을 통해 성격에서의 개인차를 설명하는 특성들을 찾아내고자 한 성격심리학자로는 Cattell과 Eysenck가 있다. Raymond Berhard Cattell(1905~1998)은 성격에 어떤 차원이 존재하는가를 찾기 위한 탐색적 목적으로 요인분석을 실시하여 자료분석 결과를 토대로 성격요인을 밝힌 반면, Eysenck는 자신이 먼저 성격의 구성요인을 개념화한 뒤 이를 자료분석을 통해 검증하고자 하는 목적으로 요인분석을 실시하였다.

Cattell은 개인의 행동을 성격과 주어진 상황에 의해 결정되는 함수관계[R=f(P,S)]로 설명하였다. 대부분의 특질이론가들이 행동에 영향을 주는 상황의 역할을 강조하지 않았지만, 그는 상황이 성격특질과 결합하여 행동에 영향을 주는 방식을 설명하려고 하였다(김완일, 김옥란, 2015, p. 221). Cattell은 안정성과 영속성에 따라 특질을 표면특질과 근원특질로 구분하였다.

표면특질과 근원특질　　Cattell(1956)은 성격을 묘사하는 단어들 간의 상관이 .60 이상 되는 것을 동일한 특성으로 보고, 이렇게 외현적으로 한데 묶이는 특질을 표면특질이라고 보았다. 반면, 표면특질을 결정하는 인과적 실체인 기저변인을 근원특질이라고 하였다. 바로 이 근원특질이 성격의 기저에서 행동에 영향력을 발휘하며, 이들이 상호작용하여 표면특질을 만들어 낸다고 하였다. 성격을 구성하는 핵심이 되는 특질이 바로 근원특질인 것이다. Cattell은 이론적인 기반 없이 가능한 한 많은 자료를 투입하여 요인분석 방법을 사용함으로써 16개의 근원특질을 확인하였는데, 이것이 바로 객관적 성격검사로 잘 알려진 '16PF(16 Personality Factor)'라는 검사도구의 구성요인이다.

역동특질　　Cattell은 개인의 행동을 유발하는 근원특질의 추진력으로 작용하는 역동특질에 대해서도 이야기하였다. 역동특질은 크게 생물학적 조건에 기원을 둔 '체질특질'과 사회적·물리적 환경의 영향에서 파생된 '환경특질'로 구성된다. 체질특질은 행동을 일으키는 에너지의 원천이나 추진력으로, 기본적 동기로 작용하는 에르그가 포함되는데, Cattell은 이 에르그가 행동의 원천으로 작용한다고 보았다. 환경특질에는 사회적·물리적 경험을 토대로 형성되는 감정이 포함된다. 태도는 개인의 욕구나 흥미가 외적으로 표현되는 것이기에 태도 역시 역동특질을 구성하는 요인이다.

부적응의 원인 Cattell은 에르그가 충족되지 않거나 기능 발휘가 제대로 되지 않는 것을 부적응의 원인이라고 보았다.

(3) Eysenck의 특질이론

Cattell과 달리 Hans Eysenck(1916~1997)는 이론적 근거가 있는 가설로부터 출발하여 요인들을 추정하고 요인분석 방법을 통해 가설을 확인하였다. Eysenck(1990)는 주요한 특성 차원들로 외향성 차원과 신경증 차원의 두 차원을 제시하였다. Eysenck는 이 두 가지 성격 차원이 유전적 영향을 받는 것으로 믿었고 그렇게 추출된 요인들의 생리적 기반을 탐색하는 접근법을 택하는 까닭에 성격이론가들로부터 높은 평가를 받고 있다. 최근의 뇌영상 기법을 사용한 연구들은 외향적인 사람들의 뇌각성 수준이 상대적으로 낮아서 적절한 각성수준을 유지하기 위해 더 많은 자극을 추구하는 경향이 있음을 보여 준다.

3요인 모델 Eysenck(1973)는 초창기에 외향성과 신경증의 2요인 모델을 제안하였다. 외향성은 각성에 대한 역치가 높아서 높게 각성되지 않아 최적의 수준을 유지하기 위해 자극을 추구하는 특성을 말하며, 신경증 요인은 정서적 자극에 대한 역치 수준이 낮아 쉽게 불안정해지기 쉬운 특성을 말한다. Eysenck는 이후에 2요인 모델에 정신병 성향요인을 추가하여 3요인 모델을 제시하였다. 정신병 성향요인은 다른 사람에게서 심리적으로 이탈하려 하고 다른 사람에게 관심을 보이지 않는 경향성이다.

5요인 모델 학자들마다 상이한 수와 내용의 성격특성을 추출해 내는 현상은 요인분석 방법은 물론이고 특성이론 자체에 대한 회의를 가져올 우려가 있었다. 다행히 최근 들어 많은 연구에서 몇 개의 특성 차원이 언어와 문화의 경계를 뛰어넘어 일관성 있게 확인되었다(McCrae & Costa, 1999). 5개의 특성 차원들로 구성되어 있어 '빅 파이브(Big Five)'라는 애칭으로 불리는 외향성(Extraversion), 신경증성(Neuroticism), 경험에 대한 개방성(Openness to Experience), 우호성(Agreeableness), 성실성(Conscientiousness)이 바로 그것이다. 최근 여기에 '정직성/겸손성'이 제6요인으로 추가되기도 하였다(Ashton et al., 2004).

부적응의 원인 정신병리를 정상적 성격의 연장으로 이해하고, 5요인 중 몇 가지가 경직되고 극단적으로 표현되는 것이라고 보았다. 예를 들어, 연극성 성격장애는 신경증과 외향성이 극단적으로 높은 것으로, 분열형 성격장애는 신경증과 개방성이 높고 외향성이 극단적으로 낮은 것으로 본다.

특질이론의 평가　　특질이론은 성격이 안정된 내적 자질로 구성되고, 내적 자질은 행동으로 반영된다는 성격 전반에 대한 가장 기초적인 접근이다. 인간의 성격을 과학적으로 체계화하여 개인 간 비교가 가능하게 하였으며, 성격에 대한 경험적 연구를 촉발했다는 평가를 받는다. 하지만 성격의 형성과정, 원인, 작용 기제 등의 개인 내적인 기능이나 역동적 측면에 대해서는 설명하지 못한다는 비판을 받고 있다.

3) 인본주의 이론

1960년대에 들어서면서 일부 성격심리학자들은 Freud의 비관적인 인간관, Skinner의 기계론적인 인간관에 대해 불만을 품기 시작했다. 이들은 건강한 사람들이 자립과 자기실현을 추구하는 방식에 초점을 맞추었으며, 개인 각자가 보고하는 주관적 경험과 감정을 통해 인간을 연구해야 한다고 주장하였다. 이들을 인본주의 심리학자라고 부르며, 대표적인 연구자들로는 Maslow와 Rogers가 있다.

(1) Maslow의 자아실현이론

Abraham Harold Maslow(1908~1970)는 인간은 자신의 행동을 유발하는 욕구를 선천적으로 가지고 태어난다고 하였다. 또한 인간이 선천적으로 가지고 태어나는 욕구는 위계를 가지고 있다고 하였다.

욕구위계　　7장에서 살펴본 것처럼 Maslow(1970)는 인간이 위계화된 욕구에 의해 동기화된다고 제안하였다. 욕구위계는 다음의 특징을 갖는다. 첫째, 하위욕구는 상위욕구보다 더 원시적이고 더 요구적이고 더 강력하며, 상위욕구로 갈수록 욕구의 강도가 차츰 약해진다. 둘째, 더 높은 욕구는 진화적으로 개인발달에서 늦게 나타난다. 셋째, 기본적 욕구들은 그것이 충족되는 결정적 시기가 있다. 따라서 기본적 욕구들이 어릴 때 충족되면 건강한 성격구조가 형성되어, 하위욕구로부터 자유로워지고, 높은 이상이나 가치를 위해 나아갈 수 있다. 넷째, 하위욕구가 충족되어야 상위욕구의 충족을 위해 노력할 수 있다. 가장 상위동기인 자기실현은 오로지 다른 욕구로부터 자유로워질 때만 고려할 수 있는 마지막 욕구이며, 만약 상위수준의 욕구를 충족하려고 애쓰는 동안 하위수준의 욕구가 발달하기 시작하면, 하위수준의 욕구는 상위수준의 욕구에서 손을 떼게 만든다. 자기실현의 욕구가 긍정적 존중의 욕구에 의해 길을 잃을 수 있는 것이다. 마지막으로, 상위욕구로 올라갈수록 충족비율이 감소한다. 자기실현의 욕구를 충족한 사람의 비율이 가장 적은 것이다.

5단계 욕구위계　　욕구 피라미드(7장의 [그림 7-5] 참조)의 기초는 생존에 반드시 필요한 공기, 물, 음식을 포함하는 기본적 욕구인 '생리적 욕구'이다. 생리적 욕구가 만족되면 그 다음의 욕구인 '안전에 대한 욕구'가 나타난다. 이는 생존에 필수적이긴 하지만 전 수준보 다는 덜 요구적이며, 은신처나 주거, 포식자로부터의 보호와 같은 안전과 보호에 대한 욕 구이다. 이러한 안전감을 달성하면 타인과의 상호작용을 통해 사랑하고 사랑받기를 원하 는 사회적 욕구인 '사랑과 소속에 대한 욕구'에 관심을 갖게 된다. 이러한 사회적 욕구가 만 족되면, 자기평가와 외부평가를 포함하는 '존중의 욕구'를 추구하고, 이를 달성한 후에는 궁극적으로 가장 높은 단계인 자기실현 욕구', 즉 자신의 잠재력을 충족시키는 과정을 추 구하게 된다는 것이다.

자기실현 욕구　　Maslow는 자기실현 욕구가 인간 동기의 정점으로서 자신이 잠재적으 로 지니고 있는 것을 충분히 발현하려는 경향성이라고 하였다. 자기실현 욕구는 결핍을 채 우기 위한 욕구가 아니라 성장을 추구하는 욕구이다. 하지만 이는 하위욕구가 충족될 때 까지는 주도적으로 나타나지 않는다고 하였다. 실제, 자기실현 욕구는 10% 정도만 충족된 다. 자기실현이 어려운 이유는 첫째, 모든 욕구 중 가장 약하며, 둘째, 자기실현을 하려면 자신에 대해 잘 알아야 하고 사회적으로 요구하는 인간이 되기보다 새로운 도전을 받아들 여 사회에 용감하게 맞서야 하지만 이것이 때로는 안전의 욕구를 위협하기 때문이다. 자기 실현적인 사람은 이런 두려움을 극복하고 자신의 가능성을 최대한 발현하는 사람이다.

절정경험　　자기실현 동기가 충족될 때 느끼게 되는 일시적인 경험으로, 지금 경험하 는 활동에 너무 열중해서 활동 자체가 자신인 것처럼 느끼며, 자신에 대해 생각하기보다는 경험하고 있는 무엇이든지 최대한 온전하게 경험하는 것을 말한다. Maslow는 절정경험을 통해서 개인의 창조적 에너지를 발산하고, 존재의 의미를 느끼며, 인생의 목표의식을 갖 고, 조화와 통합의 느낌을 얻게 된다고 하였다.

자기실현자의 특성　　Maslow는 건강하고 창의적인 사람들을 연구하여 자기실현자의 특성을 연구하였다. 예를 들어, 에이브러햄 링컨, 토머스 제퍼슨, 엘리노어 루즈벨트 등 이 포함되었다. Maslow는 이 인물들이 다음의 성격을 공유한다고 하였다. 이들은 자의식 적이고 자기수용적이며, 개방적이고 자발적인 한편, 자애롭고 남을 보살피며, 자기감에서 안정되어 있었다. 뿐만 아니라 자기중심적이기보다는 문제중심적인 관심을 갖고 있었고, 피상적인 다수의 관계보다는 소수의 심층적인 관계를 가졌다. 또한 이들은 일상의 의식을 뛰어넘는 영적이거나 개인적인 절정경험(peak experience)을 하고 이에 따라 행동하였다. Maslow에 따르면 이러한 특성들이 성숙한 성인의 자질, 즉 성격이었다.

부적응의 원인　　　Maslow는 다섯 가지 선천적인 욕구가 적절하게 충족되면 건강한 성격발달이 이루어지는 반면에, 각 단계별로 욕구가 결핍, 좌절되거나 위협을 받으면 건강하지 않은 성격이 발달할 수 있다고 보았다.

(2) Rogers의 인간중심이론

동료 인본주의 심리학자인 Carl Rogers(1902~1987)는 Maslow의 생각 대부분에 동의하였다. Rogers(1961)는 사람들이 근본적으로 선하며 자기실현 경향성을 갖고 태어난다고 믿었다. 성장을 저해하는 환경에 의해 방해받지 않는 한, 우리 모두는 성장과 자기실현을 할 준비가 되어 있는 존재이다.

현상학적 이론　　　Rogers(1961)는 성격과 행동을 이해하려면 의식하는 주체가 경험하는 '주관적 체험세계'를 파악해야 한다고 보았다. 따라서 똑같은 외부현실도 개인이 그것을 어떻게 지각하고 경험하여 받아들이는지에 따라 개인마다 경험하는 현실이 달라지기 때문에, 개인의 행동을 잘 이해하기 위해서는 그 사람이 주관적으로 현실을 어떻게 체험하는지 이해해야 한다고 하였다. Rogers는 자기와 자기개념도 이런 현상학적인 개념으로 설명하였다.

자기　　　자기(Self)는 성격구조의 중심이다. 자기란 '개인의 전체적인 현상적 장에서 분화된 부분으로서, 자신의 특성으로 받아들인 모든 것'을 의미한다. 즉, 나 자신이 누구인지에 대한 조직화되고 일관성 있는 지각의 패턴이자 세트이며, 자신의 특성으로 받아들인 나와 관련된 모든 경험의 총체라 할 수 있다. 아동은 다른 사람과 상호작용을 하면서 자신의 전체적인 경험의 장에서 '나'와 '나 아닌 것'을 구분하기 시작하는데, 예를 들어 부모가 "너는 머리가 좋은 아이야."라고 말하는 것을 받아들이면 그것이 곧 '자기'가 된다. 즉, 자기는 여러 경험과 타인의 피드백을 토대로 구성된다. 또한 실제적 자기(actual self), 이상적 자기(ideal self), 당위적 자기(should self) 등의 여러 가지 자기개념이 생길 수 있다.

자기실현 경향성　　　Rogers(1980)는 모든 유기체는 자신의 고유한 잠재 가능성을 바람직한 방향으로 발현하고자 하는 '실현 경향성'을 가지고 있으며, 이것이 바로 인간 행동의 가장 기본적인 동기라고 하였다. 실현 경향성은 신체적 · 심리적 요인 모두를 망라하고 있는데, 가장 대표적인 것이 바로 자기실현 경향성이다. 자기실현 경향성이란 자신을 유지하거나 향상시켜 주는 방식으로 자신이 가진 모든 능력을 발달시키려는 경향성 또는 동기를 말한다.

유기체 평가과정　　인간은 부모나 타인과의 상호작용을 통해 자기를 실현하는 과정에서 자신의 경험을 평가하게 된다. 인간은 실현 경향성을 충족시켜 주는 경험은 긍정적 가치로 평가하여 더욱 추구하는 반면, 그렇지 못한 경험은 부정적 가치로 평가하고 회피하는데, 이것을 유기체 평가과정이라고 말한다.

가치의 조건　　유기체 평가과정에도 불구하고 자기실현이 이루어지기 어려운 이유는, 인간은 중요한 사람들로부터 사랑과 인정을 받고 싶어하는 '긍정적 존중의 욕구'를 가지고 있기 때문이다. 인간은 긍정적 존중을 받기 위해 자기실현의 욕구를 포기하게 된다. 만약 부모가 자녀에게 부모 자신의 가치의 조건(특정한 행동을 할 때에만 긍정적 존중을 하는 것)에 따라 조건적 · 긍정적 존중을 제공하면, 자녀는 가치조건을 학습하여 그에 맞추어 행동하게 된다. 그리고 가치조건을 만족시키는 방식으로 행동할 때만 우리 자신을 사랑하고 수용한다. 이것이 조건적 자기존중이다. 타인의 수용을 얻기 위해 자신의 행동이나 가치, 목적을 바꾸는 것은 자기실현을 방해한다. 유기체는 가치조건에 맞지 않는 경험을 자신의 것으로 받아들이지 않거나 혹은 자신의 실제 특성이 아닌 것을 자신의 것으로 받아들여 왜곡된 자기개념을 갖게 된다. 이렇게 형성된 자기개념은 자기일관성을 유지하기 위해 자기개념에 맞는 경험만 받아들이려 하며, 자기개념에 맞지 않는 경험은 방어, 부인, 왜곡을 하게 되는데 이 과정에서 '불일치'가 발생한다. 이로 인해 유기체가 경험할 수 있는 경험의 폭이 제한되며, 결국 성장과 실현의 잠재력이 줄어들게 된다.

불일치 지각에 대한 방어　　불일치 지각은 불안을 유발하기 때문에 방어가 나타나게 된다. '왜곡'은 실제 경험내용과 다르게 지각하는 것으로, 예를 들면 시험 실패에 대하여 '시험문제가 적절하지 않아서'라고 실제와 다르게 지각하여 공부를 잘한다는 자기개념을 손상시키지 않는 경우이다. '부정'은 위협적인 경험의 존재 자체를 부정하고 인식하지 않으려고 함으로써 자기개념을 유지하려는 것이다. 예를 들어, 자신의 남자친구가 자신에게 마음이 떠났다는 증거를 무시함으로써 자기개념을 손상시키지 않는 경우이다. '탈동일시'는 위협받는 영역에서 자신을 떼어놓아 자신은 더 이상 그 영역과 상관없다고 주장하여 자

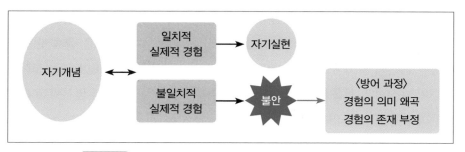

그림 9-3 **유기체의 평가과정과 가치조건에 따른 불일치 발생과 방어**

기개념을 보호하려는 경우이다. 이를테면 시험 실패 후에 "그 시험은 중요하지 않아."라고 말하는 경우이다. '구실 만들기'는 성공이 통제의 범위를 벗어나는 경우 내가 피하고자 하는 '실패'를 초래할 가능성이 있는 그 조건을 스스로 만들어서 자존감을 위협받지 않고자 하는 경우이다. 이를테면 시험통과에 자신이 없는 경우 시험불안이라는 증상을 만들어 실패의 오명을 제거하고자 하는 경우이다. 이러한 방어는 실제 노력을 기울여 중요한 성취를 이룰 수 있는 영역에 대해 더 이상 관심을 기울이지 않게 하는 부작용을 낳는다.

자기실현의 세 가지 조건(치료)　　　Rogers는 내담자의 이상적 자기(자기개념)와 유기체의 실제경험(실제 자기)에 대한 불일치가 줄어드는 것을 치료적 목표로 했다. 즉, '가치의 조건화'를 뒤집어 분열된 자기를 재통합하는 것이 목표이다. 인간은 누구나 자기실현을 이룰 수 있는 잠재력을 가지고 있으므로 치료를 위한 필요충분조건은 다음의 세 가지라고 하였다. 첫째는, 일치성이다. 이는 치료자 스스로 자신의 경험에 개방되어, 자기개념과 유기체 경험의 일치를 추구하는 모습을 보여 주는 일종의 모델링 작업이다. 치료 중에 치료자를 이상화하는 내담자에게 이상화된 자기이미지를 치료자로서의 자기개념으로 받아들이지 않고 내담자에 대한 자신의 감정을 감추지 않고 표현하는 것이다. 둘째는, 공감적 이해로 내담자의 현상학적인 장을 이해하는 과정이다. 이는 자신의 가치관이나 선입견을 버리고 내담자의 내면으로 들어가 온전히 내담자의 시각에서 바라보는 것으로, 이를 통해 상담자는 내담자가 어떤 현상학적 장에 있는지를 이해하게 된다. 셋째는, 무조건적인 수용이다. 무조건적 수용이란 가치의 조건화를 제거하는 것으로 상담을 통해 어떠한 조건 없이 내담자가 자기경험을 방어나 왜곡하지 않고 있는 그대로 받아들여 있는 그대로의 자기를 경험할 수 있도록 돕는다.

충분히 기능하는 사람　　　이런 사람은 방어가 감소하고 경험에 대한 개방성이 증가하며,

자신의 감정을 있는 그대로 느끼고, 상황에 적절하게 대처한다. 또한 타인의 가치보다 자기 자신의 평가를 중요시하고 자신을 믿고 의지한다. 이는 실존적 삶을 살게 하는데, 이를테면 경험을 기존의 자기 구조에 맞도록 변형하거나 왜곡하지 않고 언제나 신선하고 새롭게 지각하며 자신이 무엇을 할 것인가를 알고 삶에 충실하게 된다. 이런 사람은 타인과 다른 자신만의 고유한 삶을 영유하며, 주어진 환경에서 창의적으로 살아가게 된다.

인본주의 이론의 평가　인본주의 심리학은 인간을 자유와 존엄성을 지닌 긍정적인 존재로 부상시켰다. 무엇보다 상담이론이라고 해도 무방할 정도로 Rogers의 이론은 상담자와 내담자 관계의 중요성을 강조하고, 상담자가 지녀야 할 기본 철학과 태도를 제시하였다는 공헌점이 있다. 반면, 개념들이 모호하고 주관적이며, 인본주의 심리학이 개인주의－자신의 감정에 충실하고 그에 따라 행동하며, 자신에 대해 솔직하고, 자신을 만족시키는－를 부추겼다는 비판을 받기도 한다. 한 가지 더 살펴보면, 인본주의는 인간이 사악해질 수도 있다는 잠재성을 인식하지 못한다는 한계점을 가진다. 지구온난화, 인구 과밀, 테러리즘, 핵무기의 확산 등에 직면해 있는 우리로서는 인본주의 심리학의 기본 가정(예: '인간은 본질적으로 선하기 때문에 매사가 잘될 것이다.') 때문에 그러한 문제에 대해 무관심해질 수 있다는 것이다.

4) 사회학습이론

앞에서 살펴본 성격이론들(정신분석이론, 특성이론)은 개인 내적인 요소를 강조하는 것들이었다. 그러나 우리가 갖고 있는 성격 중 많은 요소는 또한 우리가 받아온 사회화와 학습의 결과라는 것을 아무도 부인하기 어려울 것이다. 성격의 학습이론적 측면은 Skinner의 행동주의 이론에서 절정을 이루게 된다. Skinner의 행동주의 이론에서는 성격이 전적으로 외적 환경에 의해서 결정된다고 본다. Skinner(1953)는 인간의 행동이 '강화'와 '벌'에 의해 조성되는 것으로 설명하였다. 즉, 보상이 주어지면 행동경향성이 증가하고, 벌이 주어지면 행동경향성이 감소한다. 그는 인간의 성격형성도 이러한 강화와 벌에 의한 조성과정을 거쳐 이루어진다고 보았다. 인간은 자신의 행동결과가 효과가 있을 때 그 행동을 지속하고, 효과가 없을 때 그 행동을 하지 않게 된다. 따라서 Skinner는 행동결과의 효과에 따라 일관성 있는 성격과 행동이 형성된다고 보았다. 그는 자극에 대한 반응경향의 집합이 성격이라고 보았으며, Skinner를 비롯하여 초기 행동주의자들은 인지과정을 배제하고 자극과 반응을 통한 성격형성을 주장하였다.

> **글상자 9-2** **자기개념과 성격은 어떻게 서로 영향을 미치는가?**
>
> 　자신의 행동, 특성, 기타 여러 특징들에 대해 여러분이 알고 있는 지식이 바로 '자기개념'이다. 이러한 자기개념은 어떻게 형성될까? 첫 번째, 구체적인 자기 내러티브(self-narrative, 일화적 기억)로 형성된다. 우리는 우리가 언제 태어나서 어떠한 어려움을 겪어 왔는지 혹은 어떠한 최고의 순간을 지나치며 성장해 왔는지에 대한 일련의 이야기를 만들어 내는데, 이것이 바로 자기 내러티브로서 자기개념을 구성하게 된다(McLean, 2008). 두 번째는 우리가 우리 자신의 성격을 어떻게 이해하는지, 즉 추상적인 성격특성에 대한 지식(의미적 기억)으로 형성된다. 우리가 어떤 사물을 판단할 때 사물의 속성을 파악하고자 하는 것과 마찬가지인 것이다.
>
> 　이렇게 형성된 자기개념은 잘 변하지 않는다. 우리가 한번 어떤 사실에 대한 나름의 견해를 가지면 그것을 바꾸기 쉽지 않은 것처럼 말이다. 즉, 우리는 자기개념에 부합하는 증거를 찾으려고 애쓰면서 여러 상황에 걸쳐 일관성 있는 행동을 보인다(Lecky, 1945). 이러한 일관성 있는 행동은 곧 우리의 성격을 변하지 않게 만든다.

　그러나 이후의 학자들은 개인 내적인 요소와 환경적인 요소 간의 상호작용적 입장을 취하게 된다. 즉, 성격이 전적으로 환경의 지배를 받아 결정된다는 것에도 반대하고, 또한 환경과 무관하게 전적으로 개인 내적인 요소에 의해 결정된다는 입장도 거부한다. 그런 입장을 대표하는 이론가로 Bandura가 있다. 이들 사회인지이론가들은 개인과 환경 간의 호혜적 상호작용에 개인이 가지고 있는 인지적 요인(예: 목표, 개인적 구성개념과 부호화 방략, 목표, 기대나 자기효능감 등)이 개입하여 개인이 어떤 행동을 할 것인지를 결정하게 만든다고 보았다. 이들은 사회심리학, 인지심리학, 학습이론에서 밝혀진 사실들에 근거하여 개인의 경험과 반응을 설명하며, 개인이 일상생활에서 만나는 상황을 어떻게 생각하고 반응하는지의 관점에서 성격을 본다.

(1) Bandura의 사회학습이론

　Watson과 Skinner의 학습이론들이 '직접경험을 통한 학습'을 다루는 데 비해 Albert Bandura(1925~)의 사회학습이론은 '간접경험을 통한 학습'을 다룬다. 사회학습이론은 다른 사람이 한 행동과 그 행동이 가져온 결과들을 관찰하고 기억했다가 필요할 때 행동화한다는 것이다. 그래서 직접강화 없이도 다른 사람을 통해 대리학습이 가능하다. 그러므로 이렇게 알게 된 것을 행동화하려면 동기가 생겨야 하는데 행동 결과로 얻을 수 있는 것에 대한 기대가 동기와 관련된다.

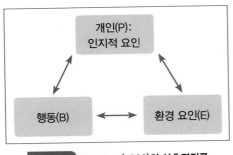

그림 9-4 Bandura(1986)의 상호결정론

상호결정론　사회학습이론에서는 인간의 내부과정(동기, 충동, 욕구 등)만으로 또는 외부 환경적 요인만으로 인간행동을 설명하는 데는 한계가 있다고 보고, 상호결정주의적 입장을 취한다. Bandura는 인간의 행동이 개인의 특질(P)과 그 사람이 처한 환경(E) 그리고 그 사람의 행동(B)의 세 가지 요소가 상호작용하여 후속행동이 나타난다고 보았는데, 이것이 바로 상호결정론이다. 따라서 사람은 수동적이 아니라 능동적이며 사람이 가지고 있는 인지적 요인인 기대, 자기효능감이 우리가 어떤 행동을 하고 어떤 사람이 될 것인지에 영향을 준다고 보았다.

관찰학습　사회학습이론에서는 처벌이나 보상과 같은 외적 강화물이 인간행동에 미치는 직접적인 역할은 많지 않다고 본다. 예를 들어, 우리의 행동은 외부에서 주어지는 단순한 강화에 의해 결정되기보다는 머릿속에서 추론되고 예상되는 결과에 의해 규제되기도 한다. 따라서 직접적인 강화가 없어도 행동습득이 가능하며, 본보기나 관찰을 통해 학습이 이루어질 수도 있다. 이렇듯 타인의 행동을 관찰함으로써 새로운 행동을 습득하는 것을 관찰학습이라고 한다. 관찰학습은 주의, 기억, 운동재생, 동기화로 이루어진다. 예를 들면, 타인의 행동을 주의 깊게 관찰하고, 타인의 행동을 기억에 저장한 뒤, 운동재생과정에서 관찰한 행동을 실제로 해 보고 그 행동에 동기화되면 후속행동을 수행하고 지속한다. 직접적 강화뿐만 아니라, 대리강화와 자기강화는 동기화에 기여하는 요소이다.

대리강화와 자기강화　대리강화란 타인의 행동에서 관찰된 대리적인 결과(보상과 처벌)에 의해 행동이 규제되는 것을 말한다. 즉, 직접적인 보상이 없어도 타인이 받는 대리 보상이나 처벌이 관찰자의 행동을 촉진시키거나 억제할 수 있다는 것이다. 자기강화란 개인이 자기 자신에게 주는 강화를 뜻하는 것으로, 자신의 행동에 따른 결과에 자기 스스로 지배되는 것을 말한다. 성인은 누가 시키지 않아도 스스로 목표를 설정하고 이 목표를 달성하거나 달성하지 못한 결과에 따라 자신을 통제하게 된다. 자기행동을 규제하는 과정은 자기관찰 과정, 판단 과정 그리고 자기반응 과정의 3단계 과정을 거쳐 일어난다. 즉, 개인은 자신의 행동을 관찰하고 내재적으로 결정한 기준에 의해 자신이 이루어 낸 성과를 평가한다. 그런 다음, 평가결과에 따라 자기 처벌을 하거나 보상을 준다. 이러한 자기강화의 역사가 개인 간의 성격차이를 만들어 내는 것이다. 따라서 사회학습이론에서는 인간이 환경에 새로운 의미를 부여하고 재배치하는 것과 같이 창조적이며 자기생성적인 모습을 가진다는 것을 강조한다.

자기효능감　　Bandura(1986)는 개인의 행동을 설명하는 데 대리강화와 자기강화의 개념을 제시하였고, 최근에는 이런 개념을 통합하여 자기효능감(self efficacy)이라는 개념을 제시하였다. 자기효능감이란 특정한 시기에 특정한 유형의 과제를 잘 수행할 수 있을지에 관한 자신의 능력을 판단하는 것이다. 이는 자신에 대한 전반적인 지각이나 감정을 나타내는 자존감(self esteem)과는 다르다. 예를 들면, 자신이 이번에 맡게 된 과제(특정 시기, 특정 유형)를 잘 해낼 것이라는 믿음은 자기효능감이고, 일반적으로 자신의 학업능력이 우수하다고 생각하는 것은 자존감이다. Bandura는 개인이 자기효능감을 얻게 되는 근원을 다음의 네 가지로 들었다. 첫째는, 과거의 실제 경험(성공과 실패)이다. 특히 성공의 이유를 내부에서 찾을 수 있을 때―과제가 어려웠는데도 자신의 노력에 의해 성공적으로 달성하였다면―자기효능감이 커진다. 둘째는, 대리경험이다. 같이 공부하는 친구가 성공적으로 과제를 수행해 내는 것을 보면 자기효능감이 커진다. 셋째는, 자신이 중요하게 생각하는 사람의 언어적인 설득이다. 시험에 실패하여 실의에 빠져 있을 때 교사나 부모가 해 주는 격려와 지원은 자기효능감을 키워 준다. 넷째는, 생리적 각성을 들 수 있다. 불안할 때 식은땀이 나고 가슴이 울렁거리면 더더욱 불안감이 증가한다. 따라서 적절한 이완훈련을 통해 편안한 마음을 가지고, 과제에 대한 지나친 집착을 억제함으로써 평온하고 침착한 상태를 유지하는 것이 자기효능감을 키워 준다. 이와 같은 자기효능감의 차이도 개인 간의 성격차이를 나타내는 근원이 된다.

통제소재　　사회인지적 이론에서 중요한 연구주제 중 하나가 개인적 통제에 대한 것이다. 자신의 삶을 통제하는 것이 자신이라고 생각하는지 다른 외부 요인이라고 생각하는지는 우리가 특정 상황에서 어떤 행동을 할지를 결정하는 인지적 요인이다. 이것을 통제소재라 한다. 연구들은 외부 통제자보다 내부 통제자들이 더 높은 성취를 보이고, 더 건강하며, 우울감을 덜 느낀다고 보고한다. 또한 욕구지연을 잘 하고 다양한 스트레스에도 잘 대처하는 것으로 나타난다. 그리고 이러한 특성들은 다시 학교와 사회에서의 성공을 가져올 가능성이 커지고 내부 통제를 느낄 가능성이 커진다(신현정, 김비아, 2008에서 재인용). 사람들이 느끼는 통제감과 효능감의 정도는 그 사람이 주어진 상황에 어떤 반응을 할지를 결정한다. 자신의 긍정적이거나 부정적인 수행결과를 능력, 운, 노력 중 어디에 귀인

(attribution)할 것인지에 따라 이후의 행동이 달라질 수 있다. 좋은 성적이 노력의 결과라고 생각하는 학생(내부 통제자)은 좋은 성적을 얻기 위해 계속 노력할 것이다. 반면, 운에 달려 있다고 믿는 학생(외부 통제자)은 열심히 노력하지 않을 가능성이 높다.

부적응의 원인 및 치료   Bandura는 기능장애적 학습, 좋지 못한 모델에의 노출이 부적응 행동의 원인이라고 보고, 치료적 요인으로 모델링의 역할과 자기효능감(인지적 측면)을 강조하였다.

사회인지이론의 평가   사회인지이론은 사람을 능동적 행위결정자로 보고, 인간의 인지능력과 행동이 사회적 기원을 갖고 있음을 강조하였다. 반면, 성격의 중요한 구성요소인 동기, 정서를 무시하며, 개인적 구성개념과 능력이 형성되는 방식에 대한 설명이 모호하다는 비판을 받는다.

5) 인지이론

1) Kelly의 개인적 구성개념이론

George A. Kelly(1905~1966)는 자기 자신, 세상 그리고 미래에 대해 생각할 수 있는 인간 역량을 강조하였다(Kelly, 1955). 세상을 바라보는 개인의 주관적 인식을 강조하였다는 점에서 그의 이론은 현상학과도 맞닿아 있으나, 개인이 사람과 사물을 범주화하고 매일의 사건을 통해 의미를 구성하는 구체적 인지과정을 연구하였다는 점에서는 인지이론과 맞닿아 있다. Kelly는 모든 사람들은 미래를 예측하려는 과학자이며, 적극적으로 사고하고 계속해서 환경과 삶을 재구성한다고 보았다.

개인적 구성개념   사람들이 자신의 경험을 해석하거나 설명, 예언하기 위해 사용하는 아이디어나 사고를 개인적 구성개념이라고 한다. 사람들은 자신의 구성개념이 일상생활에서 벌어지는 일들을 예언하고 설명하리라는 기대에 따라 행동하기 때문에, 개인의 행동을 이해하기 위해서는 개인적 구성개념을 이해해야 한다고 하였다. Kelly는 세상을 해석하는 데 사용하는 개인적 구성개념의 집합 혹은 개인적 구성개념 체계가 바로 성격이라고 보았다. 다른 사람의 성격을 안다는 것은 그들이 개인적인 경험을 해석하는 방법, 즉 그들의 구성개념을 안다는 것이다.

역할구성개념 레퍼토리 검사　　개인적 구성개념을 파악하기 위해 사용한 검사로, 사용하는 방법은 다음과 같다. 개인마다 중요한 의미를 가지고 있으리라 생각하는 20~30명의 사람을 작성한 뒤, 그중 3명씩 묶어서 이 중 2명의 인물이 어떤 중요한 점에서 비슷하고, 나머지 1명의 인물과 어떤 점에서 다른가를 말하도록 한다. 이를 통해서 개인이 다른 사람을 범주화하고 변별하기 위해 사용하는 개인적 구성개념 체계를 진단할 수 있다.

구성적 대안주의　　Kelly(1955)는 세상에 객관적 진실이나 절대적 진리란 존재하지 않으며, 단지 사건을 해석하려는 노력이 있을 뿐이라고 보았다. 따라서 세상을 다르게 해석하기 위해 대안적 구성개념을 선택할 수 있다. 사람들이 좀 더 기능적인 방식으로 사건을 재해석하기 위해서는 외부 현실을 잘 예측하는 구성개념은 유지하고, 현실을 정확하게 예측하는 데 실패한 구성개념은 버리거나 바꿀 수 있어야 한다고 하였다. 따라서 나이를 먹고 성장함에 따라 구성개념 체계는 확장되고 복잡해진다.

구성개념의 속성　　구성개념은 편의범위, 편의초점, 투과성을 가진다. 편의범위란 구성개념이 적용 가능한 사건의 범위를 말하며, 편의초점은 구성개념이 가장 적절하게 적용될 수 있는 사건의 범위를 말한다. 예를 들어, 성실 대 불성실의 구성개념은 학생에게는 적절하게 적용되나 예술가에게는 다르게 적용된다. 구성개념은 그 영역 내에서 해석되지 않은 요소들을 편의범위 내로 받아들이고 새로운 사건을 해석하는 데 개방적일수록 투과적이라고 본다.

부적응의 개념과 치료　　Kelly는 부적응을 개인적 구성개념의 기능장애로 설명하였다. 구성개념이 반복해서 부정확한 예측을 함에도 불구하고 그 체계를 바꾸지 않고 유지하려고 할 때 심리장애가 생긴다고 보았다. 예를 들어, 불안이란 자신의 구성개념 체계 내에서 이해할 수 없는 일이 발생할 때 느끼게 되는 감정이다. 반면, 적응적인 사람은 현상을 정확하게 잘 예언해 주는 구성개념을 가지고 있으며, 자신의 구성개념을 평가하여 현상을 혹은 타인을 제대로 지각하는지 검증하는 것을 꺼리지 않고, 만약 자신의 구성개념이 타당성이 없다고 느껴질 때는 구성개념을 버리거나 변경할 수 있는 사람이다. 또한 역할 레퍼토리가 잘 발달되어, 다양한 사회적 역할을 잘 이해하고 수행한다. 따라서 구성개념 체계의 변화를 꾀하는 것이 치료적 목표이며, 이를 위해 Kelly는 새로운 사람의 모습을 구체적으로 그려보고 그 사람인 양 행동하는 고정역할 시연을 통해 새로운 구성개념 체계를 경험하도록 하는 고정역할치료를 제안하였다.

3.
성격이론의 종합 고찰

지금까지 살펴본 성격에 대한 다양한 관점들은 성격에 대한 가정과 견해 및 평가방법에서 〈표 9-3〉과 같이 각기 다른 견해를 가지고 있다.

표 9-3 주요 성격이론의 비교

성격이론	주창자	성격에 대한 견해	평가방법
정신분석	Freud	성격은 마음 내부의 무의식적 갈등이며, 쾌를 추구하는 충동(원초아), 현실 지향적인 집행자(자아), 내면화된 이상적인 것들의 집합(초자아)으로 구성되며, 원초아의 성적 충동(리비도)을 만족시키려는 욕구와 그것을 억제하려는 사회적 압력 간의 갈등을 어떻게 해결해 가느냐가 성격을 결정한다. 관찰된 행동은 그 역동의 지표이다.	자유연상, 투사법, 꿈
후기 Freud 및 분석심리학	Erikson	성 충동이 아니라 발달시기마다 주어진 사회적 역할수행에 대한 자아의 수행 성공 여부에 따라 전생애에 걸쳐 성격특성이 결정된다.	투사법, 치료회기
	Adler	기본열등감에 대한 대처방식이 곧 개인의 생활양식이 되며, 생활양식이 곧 성격을 반영한다.	
	Jung	사회적 인격과 개인 내적 인격 간의 갈등과 조화를 통하여 성격이 형성된다. 무의식에 갇힌 개인 내적 인격에 대한 의식화 노력을 통하여 개성화, 즉 자기실현을 이룰 수 있다.	
인본주의	Rogers, Maslow	기본 욕구를 만족하면, 사람들은 자기실현을 향한 노력을 경주하는 과정에서 개성적인 성격특성을 형성할 수 있다. 무조건적인 긍정적 존중의 환경에서 우리는 자기자각 및 실제적이고 긍정적인 자기개념을 발달시킬 수 있다.	질문지, 치료회기
특성	Allport, Cattell, Eysenck	인간은 유전적 소인이 영향을 미치는 안정적이고 지속적인 특성을 가지고 있으므로, 요인분석이라는 통계기법을 사용하여 사람들을 분류하는 보편적인 몇 가지 특성 차원(예: 신경증, 외향성 등)들을 찾아내어, 해당 특성 차원의 연속선상에서의 양적 위치로 표현할 수 있다.	성격검사
사회학습	Bandura	특질과 사회맥락은 상호작용하여 성격을 형성하며, 이 과정에서 인지가 중요한 역할을 한다.	유사 상황에서의 과거행동이 현재 상황의 행동을 예측한다.
인지	Kelly	세상을 해석, 설명, 예언하는 데 사용하는 개인적 구성개념 체계가 곧 성격을 구성한다.	역할구성개념 레퍼토리 검사

하지만 어떠한 면에서 서로 관련이 없어 보이는 접근들일지라도, 이들 간의 유사성도 어렵지 않게 발견할 수 있다. Jung의 개성 개념은 Rogers의 자기실현의 개념과 맞닿아 있으며, Rogers의 현상학적 관점은 Kelly의 인지이론과 맞닿아 있다. 이 책에서 다루지 않았으나, 진화론적 관점은 Freud의 관점과 맞닿아 있고 Freud의 정신분석이론에서의 무의식은 최근 인지신경과학을 통해 재발견되고 있다. 즉, 일부 쟁점은 몇몇 이론에서 반복된다. 하지만 그럼에도 불구하고 어느 하나의 이론도 완벽하게 인간의 성격을 설명하지는 못한다. 각 이론이 초점을 맞추는 부분이 다르고 각각의 이론들은 인간발달의 상이한 시기에 따라 혹은 개인의 발달사적 차이에 따라 적용 가능한 범위와 유용한 정도가 달라질 것이다. 중요한 것은 다양한 조망과 접근을 이해함으로써, 인간의 행동과 성격을 가장 적절하게 설명할 수 있는 성격이론을 적절히 선택하여 적용하는 것일 것이다.

4. 성격의 측정

성격은 보이지 않는 내적 구성개념이어서 관찰이나 검사를 해야 알 수 있다. 성격을 구성하는 것이 무엇인지, 그것이 어떤 식으로 생각이나 감정, 행동으로 나타나는지에 대해서는 다양한 입장과 이론이 있으며, 그에 따라 성격을 알아보는 방법도 달라진다. 예컨대, 성격이 자신이 알 수 있는 의식적 요소들로 이루어져 있다고 생각하는 학자들은, 다양한 질문으로 이루어진 '구조화된 성격측정 질문지'를 사용하여 성격을 알아본다. 반면에, 자신이 의식하지 못하는 부분들이 성격의 구성요소라고 보는 입장에서는 무의식적 성격부분을 알아볼 수 있는 '투사적 기법'을 사용한다.

1) 구조화된 성격검사

구조화된 성격검사는 성격을 나타내는 여러 문항으로 구성된 질문지다. 사람들은 검사의 질문에 "예", "아니요"로 답하거나 척도에서 자신에게 해당되는 부분에 응답한다. 이렇게 반응하여 나온 결과를 통계적으로 처리하여 결과를 해석한다.

(1) 진단용 검사

미네소타 다면적 성격검사(MMPI)　　　임상적 진단을 하기 위한 구조화된 검사로 가장 대표적인 검사는 1942년에 미네소타 대학의 심리학자 S. R. Hathaway와 정신의학자 J. C. Mckinley가 공동으로 연구 개발한 '미네소타 다면적 성격검사(Minnesota Multiphasic Personality Inventory: MMPI)'이다. MMPI는 자기보고형 검사로서 다양한 종류의 정신병리적 징후를 진단하기 위해 만들어졌다. 우리나라에서는 2005년도에 한국판 MMPI-2와 청소년용 MMPI-A가 개발되어 사용되고 있다. MMPI-2는 567문항으로 이루어져 있고 검사연령은 19~78세이며, MMPI-A는 478문항으로 이루어져 있고 검사연령은 13~18세다. MMPI는 피검사자의 10개의 타당도 척도를 통하여 성실성, 비전형성, 방어성 등의 검사태도를 알아볼 수 있으며, 9개 임상척도 및 사회적 내향성 척도의 상승패턴을 분석하여 병리적 측면과 함께 인지, 정서, 행동 및 대인관계 등의 성격적 측면에 대한 포괄적인 해석을 하게 된다. 단, 이 검사는 진단을 목적으로 만들었기 때문에, 규준집단이 정신과 환자로 이루어져 있다. 따라서 정상인에게 사용하는 데 제한점이 있다.

(2) 일반 성격검사

MMPI가 정상인의 성격특성을 알아보는 데는 제한점을 가지기 때문에 정상인의 성격특성을 알아보기 위한 검사들이 개발되었다. 인본주의 이론이나 특질이론의 성격평가 방법이라 할 수 있다.

NEO–Personality Inventory(NEO–PI) Costa와 McRae가 개발한 181문항의 성인 대상(20~90세) 검사이다. 이 검사는 신경증 성향, 외향성, 경험에 대한 개방성, 우호성, 성실성 등 5개 성격영역을 측정하며, 각 성격영역은 6개 하위척도로 이루어져 있다. 이 5개 영역을 'Big 5'라고도 말한다. 피검사자는 각 문항에 5점 척도로 응답한다. 수정판 NEO-PI-R은 5개 차원에 각 6개 개별특성을 합쳐 총 30개의 개별특성들을 측정한다. 예를 들면, 외향성 차원에 온정성, 사교성, 주장성, 활동성, 자극추구성, 긍정정서를 측정한다. 한국판 NEO-PI-R로는 안창규와 채준호(1996)가 번안하고 타당화한 성인용 검사가 개발되어 사용되고 있다.

기질성격검사(TCI) 최근 널리 사용되는 검사 중 하나가 Cloninger(1986, 1987) 교수가 개발한 기질성격검사(Temperament Character Inventory: TCI)이다. 이 검사는 유전적 요인과 환경적 요인의 상호작용의 산물인 성격의 표현형을 바탕으로 구분된 외향성 차원과 신경증 차원을 다시금 유전적, 생물학적 기초를 가진 성격특질로 이해하고자 하였다. 뿐만아니라 요인분석이라는 통계적 기법에 의존하여 성격특질을 밝히고자 한 Eysenck의 모델이나 Big 5 모델(Costa & McCrace, 1995)에 대한 비판에서 시작하여 이와 구분되는 독자적인 심리생물학적 인성 모델을 발달시켜 이를 기질 및 성격 모델로 확장하여 검사를 개발하였다. TCI에서는 기존의 인성검사들과 달리, 인성을 이루는 큰 구조로서 기질과 성격을 구분하여 측정함으로써 인성발달에 영향을 미친 유전적 영향(기질)과 환경적 영향(성격)을 구분하여 인성발달 과정을 이해한다. TCI를 통해 측정되는 네 가지 기질 차원은 자극추구, 위험회피, 사회적 민감성, 인내력 차원이고, 세 가지 성격차원은 자율성, 연대감, 자기 초월의 차원이다. 이러한 일곱 가지 기질과 성격의 차원은 서로 상호작용하면서 한 개인의 성격특성과 정서장애 및 행동장애에 대한 취약성에 영향을 미친다. 한국판 TCI는 부모가 평정하는 유아용(JTCI 3~6), 아동용(JTCI 7~11) 및 청소년용(JTCI 12~18)과, 자기보고식 검사인 성인용(TCI-RS) 검사가 개발되어 있다(민병배, 오현숙, 이주영, 2007).

2) 투사검사

투사검사(Projective Test)는 일련의 애매모호한 표준화된 자극들을 제시하여, 그에 대한 반응을 분석함으로써 성격의 내면을 파악한다. 투사검사를 만든 이들은, 사람들이 자신의 세상을 바라보는 방식, 대인관계 방식, 대처 방식, 흥미와 관심사, 충동 등을 애매모호한 자극에 투사한다고 가정한다. 투사검사에는 로르샤하 잉크반점검사, 주제통각검사 등이 있다. 투사검사는 채점체계가 있지만 검사자의 주관적 해석이 개입할 여지가 있다. Freud의 정신분석이론, Adler나 Jung의 정신분석이론의 성격 평가 방법이다.

(1) 로르샤하 잉크반점검사

로르샤하 잉크반점검사(Rorschach Inkblot Test)는 1921년 정신과 의사인 Rorschach가 만들었다. 로르샤하 검사는 10개의 대칭적인 잉크반점카드로 이루어져 있는데 5개는 무채색 카드(I, IV, V, VI, VII)이고, 2개는 검정색과 붉은색 혼합카드(II, III), 3개는 여러 색으로 된 카드(VIII, IX, X)이다. 10개의 카드는 한 번에 하나씩 정해진 순서대로 제시되며 피검사자에게 그림이 무엇처럼 보이는지 설명하게 한다. 검사자는 피검사자가 잉크반점을 무엇으로 보는지(내용), 어떤 부분을 보는지(위치), 왜 그렇게 보는지(결정요인)를 분류체계에 따라 분석하여 심리적 자원, 스트레스 대처, 대인관계, 사고 양식, 정서, 지각 양식 등의 포괄적인 성격에 관한 정보를 알아낸다. 로르샤하 잉크반점검사는 자기보고식 검사에서 알아낼 수 없는 의식하지 못하는 성격부분을 포착하게 해 준다. 그러나 검사자의 주관이 개입할 여지가 있다는 점과 행동에 대한 예측력을 입증하는 증거가 적다는 점은 비판받고 있다.

로르샤하 검사의 예

주제통각검사의 예

그림 9-5 **투사검사의 도판**

(2) 주제통각검사

주제통각검사(Thematic Apperception Test: TAT)는 30장의 그림카드와 1장의 백지카드로 이루어져 있다. 이 검사는 인물들이 그려져 있는 모호한 그림에 대해 피검사자가 만들어 내는 이야기에 근거하여 피검사자의 심리 저변에 깔려 있는 동기, 관심사, 사회를 바라보는 방식을 알아내는 투사적 성격검사이다. 이야기를 만들 때 피검사자는 주요 인물을 찾아내고 인간과 세상에 대한 자신의 관점을 그림의 세부사항에 투사한다. 검사자는 TAT의 카드를 제시하여 공통적으로 반복되는 주제와 주제들의 관계를 본다. TAT 그림들은 성공과 실패, 경쟁과 질투, 부모-자식 간의 갈등, 친밀한 관계에 대한 감정, 공격욕과 성욕 같은 주제들을 응답으로 나오게 한다. TAT는 성취동기, 지배동기 같은 동기를 알아보는 데 유용하다. 그러나 이 검사도 해석자의 주관과 이론이 개입되어 편파가 생길 가능성이 있다는 점에서 비판받고 있다.

(3) 집-나무-사람 검사

집-나무-사람 검사(House Tree Person: HTP)는 백지에 연필로 집과 나무, 사람을 그리게 하고 그림을 그린 후 이에 대하여 20개 질문에 답하게 한다. 집은 피검사자의 집, 즉 가정생활과 가족관계에 대한 연상이나 지각을 반영하고, 나무는 피검사자 자기에 대해 가지고 있는 보다 무의식적이고 심층적인 감정을 반영한다. 사람은 자기를 나타내는 일에 자기 및 자기와 환경의 관계에 대하여 좀 더 의식적인 견해를 반영하는 것으로 본다.

요약　　성격의 정의는 학자들마다 약간씩 다르지만 일반적으로 그 사람에게 독특하며 일관성이 있는 사고, 감정, 행동에서의 패턴을 설명해 주는 것으로 본다. 전통적으로 성격연구를 주도한 다섯 가지 유형의 접근들이 있는데, 첫째는 정신분석이론 및 분석심리학이며, 다음이 특성이론, 인본주의 이론, 사회학습이론, 인지이론이다.

　　정신분석이론에서는 성격의 심리적 과정을 마음 내부의 무의식적인 갈등으로 간주하고, 관찰된 행동은 그 역동의 지표라고 보아 그 의미를 밝히는 것을 과제로 삼는다. Freud의 심리성적 이론에서는 성적 충동이 핵심개념인데, 성적 충동에는 리비도라는 심리적 에너지가 수반되며, 이를 만족시키려는 원초아(id)의 욕구와 그것을 억제하려는 초자아(superego)의 사회적 압력 간의 갈등을 자아(ego)가 어떻게 해결해 가느냐가 성격을 결정한다고 보았다. Freud는 성적 만족을 체험하는 신체부위가 발달함에 따라 변화한다고 보아 구강기(0~18개월), 항문기(18개월~3세), 남근기(3~5세), 잠복기(5~13세), 생식기(사춘기 이후) 등의 5가지 심리성적 발달단계를 주장하였다. 이러한 발달단계마다에서 아동들의 욕구가 어떻게 처리되느냐에 따라 그 단계에 고착된 성격을 형성할 수도 있고 다음 단계로 이행할 수도 있다고 보았다.

　　Erikson은 정신분석이론이라는 점에서는 Freud와 같지만, 성 충동이 아니라 자아와 사회적 역할을 강조하는 점에서 다르다. 그는 전생애적 관점에서 성격발달을 이해하려고 했다는 점에서 심리사회적 성격발달이론이라고 한다. 그는 전생애를 8단계로 나누고 각 시기마다의 심리사회적 주제를 설정하고, 각 시기마다 각 단계의 심리사회적 주제를 잘 수행하는가 하지 못하는가에 따라 긍정적 성격특성 또는 부정적 성격특성을 획득한다고 보았다. 특히 그는 청소년기의 자아정체감 형성이 성인기 이후의 발달에 중요한 영향을 준다고 주장하였다.

　　Adler는 Freud와는 달리 인간을 완성을 추구하는 목적론적 존재이자 사회적 관심을 가진 존재로 보고, 생물학적 충동과 내적 갈등보다는 '개인적 목표 추구'와 '사회적 관심'과 더불어 자아의 역할을 강조하였다. 즉, 인간은 태어날 때부터 가지고 있는 '기본적 열등감'을 극복하기 위한 '우월추구'라는 전생애에 걸친 동기를 가지고 있는데, 우월성을 추구하는 개인 방식의 차이가 곧 생활양식이자 성격이라고 보았다. 또한, 우월 추구가 사회적 관심과 연결될 때 건강한 성격이 형성된다고 보았다.

　　Jung은 Freud와는 달리, 무의식을 충동의 창고이거나 의식에서 쓸어낸 쓰레기장으로 보지 않고, 마음을 성숙하게 하는 창조의 샘으로 보았다. 또한 무의식을 의식된 마음에 활력을 주고 조절함으로써 의식과 무의식이 통일된 전체 정신을 이루게 하는 원동력이라고 보았다. 즉, 자아가 분화되어 개체화되는 과정에서 잃어버렸던 개체로서의 특성, 즉 그림자를 다시 자아 안으로 통합함으로써 건강한 성격이 발현될 수 있다고 보았다.

　　특성이론은 사람들의 성격특성을 해당 특성 차원의 연속선상에서의 위치로 표현하는 양적인 접근을 한다. 특히 요인분석이라는 통계기법을 사용하여 사람들을 분류하는 특성 차원들의 수를 찾아내고자 한다. 그들 중 Cattell은 16개의 성격특성 요인들이 있다고 주장했으며, Eysenck는 주요한 특성 차원들로 내향성–외향성 차원과 안정성–불안정성 차원을 제시하였다.

인본주의 이론은 개인 각자가 보고하는 주관적인 경험과 감정을 통해 인간의 성격을 연구해야 한다고 주장하였는데 Maslow와 Rogers를 들 수 있다. Maslow는 인간은 가장 하위욕구인 생리적 욕구부터 가장 상위인 자기실현 욕구까지 욕구위계에 의해 동기화되는데, 자기실현을 이룬 사람들은 자기수용적이고 개방적이며 문제중심적인 특성들, 즉 성숙한 성격을 나타낸다고 하였다. Rogers는 개인의 성장을 촉진시키는 세 가지 요인으로 일치성, 공감적 이해, 무조건적 수용을 주장하고 이것들이 인간관계의 성장에 도움을 준다고 주장하였다. 인본주의 심리학자들은 이상적인 자기와 실제 자기가 차이가 적을수록 긍정적인 자기상을 발달시켜 자기실현에 이를 수 있다고 하였다.

사회인지이론은 개인과 환경 간의 상호작용에서 개인이 가진 인지적인 요인들이 개입하여 각 개인의 성격을 결정한다고 주장하는데, 이러한 입장에는 대표적으로 Bandura가 있다. Bandura는 사회학습이론을 통해 상호결정론을 주장했는데, 개인(P)–행동(B)–환경(E) 요인 모두가 서로에게 영향을 주어 다른 요인들을 변화시킨다고 보았다. 따라서 사람은 수동적이 아니라 능동적이며, 개인이 갖고 있는 인지적 요인인 기대, 자기효능감이 어떤 성격특성을 가진 사람이 될 것인지에 영향을 준다고 주장하였다.

성격은 이론이나 관점에 따라 다양한 방법으로 측정된다. 성격이 의식적인 요소들로 구성되었다고 보는 학자들은 구조화된 성격측정 질문지를 사용하여 성격을 알아보는 데 반해, 자신이 의식하지 못하는 요소들이 성격의 구성요소라고 보는 학자들은 투사적 기법을 사용한다.

연습문제

1. 성격은 일반적으로 그 개인에게 _____하며 _____ 있는 사고, 감정, 행동패턴을 설명해 주는 것이다.

2. 성격연구를 주도한 다섯 가지 유형의 접근들이 있다. 마음 내부의 무의식적인 갈등을 강조하는 ① _____ 이론, 의식적 마음과 무의식적 마음의 상호작용을 강조하는 ② _____ 이론, 성격특성을 해당 특성차원의 연속선상에서의 위치로 표현하는 양적인 접근인 ③ _____ 이론, 개인의 주관적인 경험과 감정을 중시하는 ④ _____ 이론, 개인과 환경 간의 상호작용에서 개인의 인지적 요인을 중시하는 ⑤ _____ 이론들이다.

3. Freud는 개인이 발달함에 따라 성적 만족을 체험하는 신체부위가 변화한다고 주장하면서, ① _____(0~18개월), ② _____(18개월~3세), ③ _____(3~5세), ④ _____(5~13세), ⑤ _____(13세 이후) 등의 5개 심리성적 발달단계를 주장하면서 각 단계마다에서 고착된 성격을 형성할 수도 있고 다음 단계로 이행할 수도 있다고 하였다. Freud

는 인간의 마음이 ① _____(id), ② _____(ego), ③ _____(superego)의 세 가지 요소로 이루어져 있다고 보았으며, ①은 _____ 원리를, ②는 _____ 원리를, ③은 _____ 원리를 따른다고 보았다.

4. Erikson은 성충동 대신 자아와 사회적 역할을 강조하면서 전생애적 관점에서 성격발달을 주장했다. 그는 전생애를 8단계로 나누고 각 시기마다의 심리사회적 주제를 설정했는데, 구강기에는 _____ 대 _____, 항문기에는 _____ 대 _____, 남근기에는 _____ 대 _____, 잠복기에는 _____ 대 _____, 생식기에는 _____ 대 _____, 초기 성인기에는 _____ 대 _____, 중년기에는 _____ 대 _____, 노년기에는 _____ 대 _____이라는 주제를 설정하였다.

5. Adler는 인간이 태어날 때부터 가지고 있는 ① _____을 극복하고 유능성을 높이기 위한 선천성 경향성을 ② _____라고 하였다. 이러한 ③ _____ 방식의 개인 간의 차이가 곧 생활양식이며, 이것이 곧 성격이라고 하였다. Adler는 ④ _____가 개인적 우월을 넘어서 ⑤ _____과 연결될 때 건강한 성격이 형성된다고 하였다.

6. Jung은 무의식을 두 가지로 나누었는데, 태어날 때부터 가지고 태어나는 ① _____과 성장하면서 집단에 의해 요구되는 가치관, 태도, 생각을 자신의 인격으로 삼게 되는 페르소나 형성에 의해 배척된 무의식에 억압된 성격 측면인 ② _____이 그것이다. Jung은 사회적 존재로 살아가면서 무의식에 억압한 개체로서의 특성을 자아 안으로 통합하는 과정을 ③ _____이라고 하였다.

7. 특성이론은 성격특성을 해당 특성차원의 연속선상에서의 위치로 표시하는 양적인 접근을 취했는데, 특히 _____분석이라는 통계기법을 사용하여 성격을 분류하였다. 최근 5개의 특성차원을 확인하여 'Big 5'라 했는데, 여기에는 ① _____－_____, ② _____－_____, ③ _____－_____, ④ _____－_____, ⑤ _____－_____ 등의 5개 차원이 있다.

8. 인본주의 이론은 개인의 주관적인 경험과 감정을 통해 인간의 성격을 연구해야 한다고 주장하며, Maslow와 Rogers가 대표적인 학자들이다. Maslow는 인간의 가장 하위 욕구인 _____ 욕구부터 가장 상위 욕구인 _____ 욕구까지 욕구위계를 설정하여 하위 욕구가 충족되어야 그 다음의 상위 욕구를 충족하기 위해 동기화된다고 보았다. Rogers는 개인의 성장을 촉진시키는 세 가지 요인으로 ① _____, ② _____, ③ _____을 주장하고 이것들이 인간관계의 성장에 도움을 준다고 주장하였다.

9. 사회인지 이론은 개인과 환경 간의 상호작용에서 개인이 가진 _____적 요인들이 개입하여 각 개인의 성격을 결정한다고 주장한다. Bandura는 사회학습 이론을 통해 상호결정론을 주장했는데, _____(P)－ _____(B)－ _____(E) 요인들 모두가 서로에게 영향을 주어

다른 요인들을 변화시킨다고 보았다. 따라서 사람은 능동적인 존재이며 개인이 갖고 있는 인지적 요인인 ＿＿＿＿＿＿와 ＿＿＿＿＿＿이 어떤 성격특성을 가진 사람이 될 것인지에 영향을 준다고 주장하였다.

10. 성격이 의식적인 요소들로 구성되었다고 보는 학자들은 ＿＿＿＿＿＿된 성격측정 질문지를 사용하여 성격을 측정하고자 하는 반면, 자신이 의식하지 못하는 요소들이 성격의 구성요소라고 보는 학자들은 ＿＿＿＿＿＿적 기법을 사용한다.

📖 참고문헌

김교헌(2015). 성격심리학: 성격에 대한 관점. 서울: 학지사.

김완일, 김옥란(2015). 성격심리학. 서울: 학지사

민경환(2002). 성격심리학. 서울: 법문사.

민병배, 오현숙, 이주영(2007). 기질 및 성격검사 매뉴얼. 서울: 마음사랑.

송길연, 이지연(2008). 사회성격발달. 서울: 센게이지러닝

신현정, 김비아(2008). 심리학. 서울: 시그마프레스

안창규, 채준호(1997). NEO-PI-R 의 한국표준화를 위한 연구. 한국심리학회지: 상담과 심리치료, 9(1), 443-473.

이부영(1999). 그림자. 서울: 한길사.

이부영(2002). 자기와 자기실현. 서울: 한길사.

홍숙기(2000). 성격심리(상). 서울: 박영사.

Adler, A. (1929). *The practice and theory of individual psychology*. New York: Harcourt, Brace & World.

Allport, G. W. (1937). *Personality: A psychological interpretation*. New York: Holt, Rinehart and and Winston.

Allport, G. W. (1966). Traits revisited. *American psychologist, 21*, 1–10.

Ashton, M. C., Lee, K., & Goldberg, L. R. (2007). The IPIP-HEXACO scales: An alternative, public-domain measure of the personality constructs in the HEXACO model. *Personality and Individual Differences, 42*(8), 1515–1526.

Bandura, A. (1986). *Social foundation of thought and action: A social-cognitive theory*. Englewood Cliffs, N.J: Prentice-Hall.

Cattell, R. B. (1956). Validation and interpretation of the 16PF Questionnaire. *Journal of Clinical Psychology, 12*, 205–214.

Cloninger, C. R. (1986). A unified biosocial theory of personality and its role in the development of anxiety states. *Psychiatric Developments, 3*(2), 167–226.

Cloninger, C. R. (1987). A systematic method for clinical description and classification of personality variants: A proposal. *Archives of general psychiatry, 44*(6), 573–588.

Costa, P. T., Jr., & McCrae, R. R. (1995). Domains and facets: Hierarchical personality assessment using the Revised NEO Personality Inventory. *Journal of Personality Assessment, 64*(1), 21–50.

Eysenck, H. J. (1973). Personality and the maintenance of the smoking habit. In W. L. Dunn (Ed.), *Smoking behavior: Motives and incentives* (pp. 113–146). Washington, DC: Winston.

Eysenck, H. J. (1990). Genetic and environmental contributions to individual differences: The three major dimensions of personality. *Journal of personality, 58*(1), 245–261.

Freud, S. (1923). *Introductory lectures on psychoanalysis* (J. Riviera, Trans.). London: Allen & Unwin.

Kagan, J., & Snidman, N. (1991). Temperamental factors in human development. *American Psychologist, 46*(8), 856.

Kelly, G. A. (1955). *The personal of construct theory.* New York: Norton.

Lecky, P. (1945). *Self-consistency: A theory of personality.* New York: Island Press.

Maslow, A. H. (1970). *Motivation and personality* (2nd ed.). New York: Harper & Row.

McCrae R. R., & Costa, P. T. (1999). A five-factor theory of personality. In L. A. Pervin & O. P. John (Eds.), *Handbook of personality: Theory and research.* New York: Guilford Press.

McLean, K. C. (2008). Stories of the young and the old: Personal continuity and narrative identity. *Developmental Psychology, 44*(1), 254.

McLean, K. C., & Fournier, M. A. (2008). The content and processes of autobiographical reasoning in narrative identity. *Journal of Research in Personality, 42*(3), 527–545.

Mischel, W. (1973). Toward a cognitive social learning reconceptualization of personality. *Psychological review, 80*(4), 252.

Mischel, W., & Shoda, Y. (1995). A cognitive–affective system theory of personality: reconceptualizing situations, dispositions, dynamics, and invariance in personality structure. *Psychological review, 102*(2), 246.

Pervin, L. A., & John, O. P. (1997). *Personality: Theory and research.* New York: Wiley.

Rogers, C. R. (1961). *On becoming a person: A therapist's view of psychotherapy.* Boston: Houghton Mifflin.

Rogers, C. R. (1980). *A way of being.* Boston: Houghton Mifflin.

Skinner, B. F. (1953). *Science and human behavior.* New York: Macmillan.

Zwir, I., Del-Val, C., Arnedo, J., Pulkki-Råback, L., Konte, B., Yang, S. S., … & Svrakic, D. M. (2019). Three genetic-environmental networks for human personality. *Molecular psychiatry*, 1–18.

10

정신병리와 심리치료

개요

1853년에 태어난 빈센트 반 고흐는 1,000점에 가까운 회화를 남겼고 현재까지도 많은 사람의 사랑을 받고 있다. 현대 의학이 진단하는 고흐의 정신병은 30여 가지라고 한다.

잘 알려진 것처럼 고흐의 삶은 순탄하지 않았다. 그는 조직생활에 적응하지 못하고, 인간관계도 거의 없었다. 그림만 그린다는 이유로 평생 동생인 테오에게 생계를 의존했다. 그의 그림 중 팔려나간 것도 거의 없었다. 성격도 괴팍하고, 감정 기복도 심하고, 심지어는 폭력적이기까지 했다. 가족과의 관계도 원만하지 않았다.

파리에서 활동하던 고흐는 1888년에 아를로 떠났는데, 당시 이미 충분히 유명한 고갱을 초청한다. 아를에서 새로운 빛에 눈뜬 고흐는 생기를 얻지만, 고갱이 자신을 미치광이로 그린 그림을 보고 분노한다. 고흐는 고갱을 정말 존경했고 그를 극진히 대접했는데도 말이다. 마침내 고갱과의 갈등이 폭발했고 자신을 버린 고갱에게 손수 자른 자신의 '귀'를 보내주는 것으로 작별인사를 대신했다. 하지만 이 사건 때문에 아를 주민들은 고흐를 위험인물로 낙인 찍어 경찰서장에게 탄원을 넣었다. 이에 하는 수 없이 고흐는 거의 반강제로 생 레미에 있는 정신병원에 입원한다.

이런 문제는 그가 앓았던 병 때문이라고 주장하는 사람들이 많다. 조현병, 약물중독, 납중독, 메니에르병, 급성간헐성 포르피리아증, 양극성장애(조울증)와 측두엽성 뇌전증(간질)…… 다 합하면 30개 정도 된다. 2005년에 고흐가 남긴 900여 점의 그림과 600여 통의 편지를 분석한 스위스와 이탈리아의 신경학자, 정신의학자, 심리학자들은 양극성장애와 측두엽성 뇌전증을 앓았다는 구체적인 논거까지 제시한다(Bogousslavsky, & Boller, 2005).

그들은 거의 마지막 작품이 된 〈까마귀가 나는 밀밭〉에 주목한다. 이 그림은 두 가지의 극단적인 감정을 함께 드러낸다. 폭풍우가 몰려오는 검푸른 하늘은 극단적인 좌절감을, 휘몰아치는 바람을 보여주는 노란 밀밭은 생기를, 그 사이를 날아오르는 검은 까마귀 떼는 위태로운 화가 자신을 보여주었다고 한다. 결국 그 그림의 암울한 예언은 정확히 들어맞아 고흐는 그 밀밭에서 스스로 목숨을 끊고 만다.

100년이 훨씬 지난 지금. 사람들이 고흐의 그림을 좋아하는 이유가 무엇일까? 고흐는 사람들의 고통에 주목했고, 가난하고 힘없는 사람들의 삶을 화폭에 담았다. 심지어는 눈에 보이지도 않는 자연의 힘마저 그의 붓끝으로 생생하게 표현되었다. 그래서 고흐의 그림 속에는 온갖 살아있는 것들의 생기가 넘친다. 꽃, 들판, 건물, 나무, 공기, 구름, 심지어는 밤하늘의 별들도 살아 움직이며 합창을 하는 느낌이 든다. 고흐는 자신의 방식으로 우리가 무심히 지나치는 것들, 힘없다고 무시하는 것들이 얼마나 생명력으로 넘치고 아름다운지를 보여주었다. 그래서 우리는 고흐에게 감사하고 그를 사랑하는 것이 아닐까?

이 장에서는 정신장애에 대한 객관적이고 명확한 이해를 돕기 위해 정신장애의 준거를 먼저 소개할 것이며, 이어서 정신의학 준거체계에 따른 정신장애들을 개괄할 것이다. 마지막으로 정신장애를 치료하는 심리치료 및 약물치료를 소개하고자 한다.

1.
이상심리의 정의

　우리는 보통 정신장애라 하면 심각하고 치료되기 어려운 것이라 여긴다. 정신장애를 가진 사람을 멀리하는 경향이 있을 뿐 아니라, 자신에게 질환이 있을 경우 타인에게 알려지는 것을 상당히 꺼리기도 한다. 정신장애에 대하여 일반적으로 가장 잘못된 인식은 정신장애가 사람을 분류한다는 생각이다. 하지만 정신장애는 '사람'을 분류하는 것이 아니라 '사람이 앓고 있는 질환'을 분류하는 것이다. 다른 질병과 마찬가지로 그 질환을 치료하면 얼마든지 정상적인 생활로 돌아가게 된다. 비단 정신장애로 고생하는 사람만이 아니라 정상인들도 심리적인 스트레스로 적응의 곤란을 얼마든지 경험할 수 있으며 일시적으로 정신장애를 앓을 수 있다는 점을 유념해야 한다.

　심리적으로 볼 때 심각한 적응실패로 야기되는 증상을 정신장애라고 한다. 그러나 정신장애의 개념적인 정의는 그 경계가 모호할 수 있는데, 일관되게 정신장애를 진단할 수 있는 조작적인 정의가 확정되어 있지 않기 때문이다. 정신장애를 진단하고 분류하는 사람들의 견해도 상당히 다양하여 그 견해를 통합하기란 그리 쉽지 않다.

　정신장애는 '개인의 인지, 정서 조절 또는 행동에서 임상적으로 심각한 동요'라는 특징을 갖는 증후군, 즉 증상들의 집합이다(APA, 2013). 지금까지 '이상(abnormality)'에 대하여 수없이 많은 정의가 제시되었지만, 아직까지 모든 사람에게 받아들여지는 것은 없다 (Regier et al., 2009; Boysen, 2007).

　건강한 정상심리를 가지고 있는 사람들의 특징은 다음과 같다.

- 자기 주변 일에 대해 현실적인 판단과 이해를 할 수 있다.
- 자신의 동기와 감정에 대해 스스로 인식을 한다.
- 필요에 따라 자신의 행동과 감정, 생각 등을 적절히 통제할 수 있다.
- 자신의 가치에 대해 인정하고 주위 사람들로부터 수용받고 있다고 느낀다. 아울러 다른 사람과 친밀한 관계를 맺을 수 있고, 자신의 능력을 생산적인 활동에 적절히 이용할 수 있다.

그림 10-1 심리학에 대한 관심

건강한 적응과 달리, 심리적 어려움으로 일상에 지장이 초래될 때를 이상심리 내지는 정신장애 상태라고 할 수 있다. 정신장애는 다양한 양상으로 나타나기에 이를 한마디로 정의하기는 어렵지만 다음과 같은 기준들을 고려하여 마음의 정상성을 파악할 수 있을 것이다.

1) 적응

첫째로 이상행동과 정신장애 정의에서 가장 중요한 개념은 적응(adaptation)이다. 이상행동은 개인의 적응을 저해하는 심리적 기능의 손상을 반영하는 것이다(권석만, 2011). 즉, 개인의 인지적, 정서적, 행동적, 신체생리적 기능이 저하되거나 손상되어 원활한 적응에 지장을 초래할 때 부적응적인 이상행동으로 간주될 수 있다(Wakefield, 1999). 예컨대, 공격적이고 폭력적인 행동이나 과도한 우울증과 불안함 등은 일상생활뿐만 아니라 직업적, 대인관계적 생활에서 부적응을 초래할 수 있다(예: 대인관계 갈등, 불면증, 자살시도 등). 따라서 어떠한 심리적 문제가 개인의 환경 내에서의 적응을 심각하게 방해하고 있는지는 정신장애를 이해하는 중요한 개념이 된다.

2) 통계적 기준

통계적 기준에서는 평균을 중심으로 2배의 표준편차 내에 속하는 경우를 정상범위라고 정해놓고 있다. 이는 어떤 특성의 측정치가 지나치게 평균에서 이탈되어 있을 때 이상상태로 판단되는 것이다.

이런 통계적 기준은 정확하게 경계선을 긋기만 한다면 객관적이고 정확하다는 장점을 지닌다. 그러나 통계적 기준도 경계선은 항상 표준편차의 2배수여야만 하는지, 1배수나 3배수로 할 수도 있지 않은지 등으로 정의의 타당성 여부가 문제시될 수 있다. 아울러 경계선 부근에 있는 사례의 판정 문제라든지, 인간의 모든 심리적 특성이 정상분포 한다고 가정할 수 있는지, 끝으로 방향성의 문제(예: 아주 우수한 지능이나 탁월한 예술 감각도 비정상인가?) 등도 문제점으로 지적될 수 있다.

3) 주관적 불편감

개인이 심리적 고통을 스스로 얼마나 느끼느냐에 따라 구분하려는 것이다. 이 기준은 개인의 주관적 불편감을 중요하게 여김으로써 어찌 보면 가장 내담자 중심적이고 인본주의적인 것이라고 할 수 있다. 하지만 주요 정신증적 상태(예: 조현병 등) 및 심한 성격장애를 가진 사람들은 스스로 고통을 느끼기보다는 주위 사람들에게 고통을 주어 타의에 의해 전문기관(예: 병원이나 상담기관)으로 오게 되며, 심지어는 고통을 느낄지라도 전문기관에 가는 것을 열등하다든지 낙인찍힌다("정신병자다.")는 생각에 기피할 수 있기에, 주관적 기준만으로 이상상태를 안정되게 감별하기 어렵다. 또한 사고 피해자라든지 군입대 기피자, 수감자들처럼 자신이 장애가 있다는 것을 구실로 이득을 얻으려고 할 수도 있다. 주관적 불편감은 이러한 사람들의 과장된 고통호소 때문에 타당도가 낮아지기 쉽다.

4) 사회문화적 규범

우리는 사회적 존재이기에, 규범에 적응하지 못하고 일탈된 행동을 하는 것이 이상심리의 기준이 될 수 있다. 반사회적 성격장애자의 무례한 행동, 조증 환자의 거친 행동 또는 조현병 환자의 기괴한 행동 등은 사회적 규준에 따라 이상행동을 구분한 예일 수 있다. 하지만 사회문화적 규범 기준이 갖는 한계는, 범죄나 자살 등의 일탈행동을 모두 이상행동에 포함시킬 것이냐의 문제가 있고, 문화적 상대성 차이라든지, 사회적 규범 자체가 바람직하지 못한 경우 개혁가나 선구자 등의 일탈행동도 이상행동으로 간주되어야 하는지, 사회규범에 병적으로 집착하는 경우는 과연 정상인지 등의 문제가 있다. 더욱이 사회적 변화에 따라 과거에는 이상행동이던 것이 그렇지 않게 되기도 해서(예: 동성애 등), 사회문화적 규범 역시 안정된 기준이 되지 못한다.

글상자 10-1 **문화적 상대주의**

문화적 상대주의에서 행동을 비정상이라고 규정할 수 있는 보편적 기준이나 규칙이 있는가?

없다. 행동은 문화적 규범에 상응해서 정상이 된다는 것이다(Snowden & Yamada, 2005). 문화적 상대주의를 지지하는 사람들은 문화권마다 이상에 대한 다른 정의가 존재한다고 믿는다. '생활습관'은 문화적 영향이 비정상적인 것의 정의에 미치는 좋은 예를 제공한다. 서구 국가에서는 유족들이 사랑하는 고인을 일정 기간만 아마도 몇 주 또는 몇 달 동안만 애도한 뒤에 떠나보내고 삶을 살아간다고 생각한다(Stroebe, Hansson, Schut, & Stroebe, 2008). 그러나 이와는 다른 애도 문화를 보이는 예로, 이집트에서는 유족들에게 슬픔을 깊이 느끼도록 격려한다. 즉, 상실을 충분히 곱씹고 감정적인 분출을 통해 슬픔을 공개적으로 표현하도록 지지하는 것이다(Wikan, 1991).

문화적 상대주의에 반대하는 사람들은 문화적 규범들이 정상적이거나 비정상적인 것을 지시하도록 허용될 때 위험이 발생한다고 주장한다. 특히 정신과 의사 Thomas Szas(1971)는 역사를 통틀어 사회는 개인과 집단을 통제하거나 침묵시키는 것을 정당화하기 위해 개인과 집단을 비정상이라고 규정해 왔다고 지적했다.

5) 전문적 기준

전문적 기준은 정신건강 관련 전문가(예: 심리학자 및 정신의학자 등)에 의해 수립된 것이며, 이는 앞의 기준들에 비해 좀 더 전문적인 의사결정을 할 수 있게 한다. 임상심리학자의 심리평가 결과 및 정신의학자에 의한 정신의학적 진단 등을 근거로 하며, 앞서 제시한 기준들을 모두 고려할 수 있다는 장점이 있다. 이상행동에 대해 객관적이고 논리적인 기준으로 공통된 용어를 사용하며, 다른 직종에 있는 사람에게도 효과적인 의사전달을 하게 할 수 있다. 정신의학 분야에서는 DSM-5 또는 ICD-11체계[1]가 그 예라고 할 수 있다. 그렇지만 전문적 기준에 의하면 이상행동이 아니지만, 다른 기준을 적용하면 이상행동으로 분류할 수 있는 경우가 있다는 것이 단점일 수 있다.

---

1) 현재 연구와 임상장면에서 가장 널리 사용되고 있는 정신장애 분류체계는 DSM—5와 ICD—10이다. DSM은 미국정신의학회(American Psychiatric Association: APA)에서 제작한 책자이고, ICD는 세계보건기구(World Health Organization: WHO)에서 발간한 책자이다. ICD는 『질병 및 관련 건강 문제의 국제 통계 분류(International Statistical Classification of Diseases and Related Health Problem, 10th Edition)』를 줄인 말이고, 현재는 10판까지 출간되었다. 이 책자의 주요 목적은 '인간의 질병 및 사망원인에 관한 표준분류 규정'인데, 국제적으로 질병의 유병률과 역학, 건강문제와 관리, 일반 건강문제의 실태 파악 및 임상적 진단표준의 기준 틀을 확립한 것에 있다(WHO, 1992). 간단히 '국제질병분류법'으로 줄여 부르기도 한다. ICD는 1900년 초판이 출간된 이후 현재 ICD—10판까지 개정되었고, 현재 ICD—11 베타 드래프트가 나온 상태이다.

지금까지 열거한 기준들을 고려할 때, 전문적 기준은 가장 신뢰할 수 있고 타당한 기준을 제공할 수 있다. 잠정적으로 이상행동을 정의한다면, 일반적 기준에서 크게 벗어난 한 개인이 부적응하게 되는 상태로 사회문화적·법적 문제를 초래할 수 있으며 전문적 기준에 의해 분류 가능한 것이라고 할 수 있겠다.

이제 다음에서는 심리적 이상상태를 설명하는 대표적 이론 모형을 개관할 것이다.

2. 이상행동에 대한 주요 이론

1) 정신분석적 입장

정신분석적 입장(정신역동적 입장)에서는 어린 시절의 경험과 무의식적 갈등에 의해 이상행동이 생겨난다고 본다. 즉, 무의식(unconsciousness)이 의식보다 더욱 중요하게 관여한다고 가정한다.

Freud는 이상상태가 쾌락원리에 기초한 원초아(id), 현실 원리에 기초한 자아(ego), 도덕원리에 기초한 초자아(superego) 간에 균형이 깨져서 초래된다고 주장하였다. 이러한 성격구조 간에 나타나는 갈등으로 불안이 생겨나면 이는 흔히 무의식으로 억압되는데, 갈등은 의식화되고 발산되고자 하나 갈등이 해결되지 못하는 한 개인은 의식적이든 무의식적이든 불안을 느끼게 된다는 것이다. 이러한 불안에서 벗어나기 위해 '방어기제(defense mechanism)'를 사용한다. 방어기제의 부적절한 사용에 의해 이상행동이나 정신장애가 발생하며, 이를 치유하기 위해서 자유연상, 꿈의 분석, 저항의 분석, 훈습 등의 기술을 사용한다.

자아심리학, 대상관계이론 등은 고전적 정신분석이론의 기본적인 토대를 유지한 채 이론체계를 발전시킨 반면, 개인심리학, 분석심리학, 신프로이트학파 등은 고전적 정신분석이론에 대한 비판을 바탕으로 독자적인 이론체계를 발전시켰다.

2) 행동주의적 입장

인간의 내면과 무의식을 강조한 정신분석이론과 달리, 행동주의적 입장에서는 직접적으로 관찰 가능한 인간의 행동에 연구의 초점을 둔다. 인간의 모든 행동이 환경과의 상호작용으로 학습된 것이며, 이상행동 또한 주변 환경으로부터의 잘못된 학습에 기인한다고 본다. 1950년대 후반 학습이론에 근거한 행동치료가 정신장애의 치료기법으로 소개되면서부터 이상심리학의 주요 이론으로 부각되었다. 고전적 조건형성, 조작적(도구적) 조건형성, 모방학습 등을 통해 이상행동이 습득되고 유지되는 과정을 구체적으로 밝히고자 하며, 이러한 이상행동을 제거하기 위해 소거, 강화와 처벌, 체계적 둔감법 등의 기술을 사용한다.

미국의 심리학자 John B. Watson(1930)은 다음과 같이 건강한 아이를 자신이 원하는 어떤 종류의 어른이 되도록 훈련시킬 수 있다고 자랑하기까지 했다.

> 나에게 건강한 영아 십여 명을 보내보라. 아이의 재능, 기호, 경향, 능력, 직업, 조상의 인종에 상관없이 의사, 변호사, 예술가, 상인 심지어 거지나 도둑 등 원하는 전문가로 훈련시켜 주겠다(p. 104).

3) 인본주의적 입장

인본주의적 입장에서는 인간을 자아실현 및 성장을 이뤄가려는 경향성을 지닌 존재로 가정하고 있다. 그러므로 인간의 자유의지와 존엄성 그리고 각 개인에게 주관적인 현상적 경험을 강조한다. Rogers는 건강한 사람은 자신의 경험을 자기개념 안에 동화시킬 수 있는 반면, 정신장애를 나타내는 사람은 경험과 자기 간의 불일치를 보여 자신의 경험을 왜곡시키거나 부정한다고 본다. Rogers 등 인본주의적 입장을 옹호하는 심리학자들은 정신장애를 분류하는 데에 관심이 적으며, 특정 정신장애의 원인을 따로 설명하지 않고 있다.

그림 10-2 인본주의적 입장의 잠재력 중시

4) 인지행동적 입장

이 입장은 인간이 주관적 · 심리적인 현실에 영향을 받아 세상에 능동적으로 의미를 부여한다고 주장한다. 정신장애가 조건형성이나 생물학적 요인 때문에 발생하기보다는 우리가 경험한 사건을 잘못 해석하기 때문에 혹은 우리의 잘못된 신념체계나 역기능적인 태도 때문에 생긴다고 본다. 이러한 입장에 입각해서 Ellis는 합리적 정서행동치료(REBT)를 제안하였으며, Beck은 인지치료(CT)를 제시하였다. Beck은 자기, 미래, 세상에 대한 부정적인 세 가지 사고가 우울증에서 흔히 관찰되는 기본적인 생각이라고 보았다. 그리고 이것의 기저가 되는 핵심신념을 강화시키는 자동적인 사고를 밝히고 교정함으로써 효과적인 치료가 가능하다고 주장하였다. 이러한 입장은 우울증뿐만 아니라 불안장애 등의 다양한 정서적 어려움에 관한 치료와 연구에서 인지적 요소를 강조한다. 인지행동적 입장은 사회학습이론, 행동주의 모형과 결합하여 비약적으로 발전하고 있다.

5) 생물학적 입장

최근 이상심리학에서는 이상행동이나 정신장애의 유발원인을 신체적 또는 생물학적 입장에서 규명하려는 시도가 전개되고 있다. 이러한 생물학적 입장은 정신장애를 유발하는 생물학적 원인으로 유전적 요인, 뇌의 구조적 결함, 뇌의 생화학적 이상 등을 제시한다. 유전적 요인에 대한 연구는 정신장애 환자를 대상으로 한 가계연구의 경험적 결과를 토대로 하며, 특히 유전자나 염색체 이상을 정신장애의 원인으로 간주한다. 뇌의 구조적 결함에 대한 연구는 정신장애 환자들의 뇌 구조 및 특정 영역과 관련된 기능 손상에 관심을 기울이는 것으로, 뇌를 해부학적으로 부검하거나 자기공명영상(MRI), 양전자단층촬영(PET) 등과 같은 첨단 뇌영상 촬영장비를 활용한다. 뇌의 생화학적 이상에 대한 연구는 뇌의 신경정보 전달과 밀접한 관련이 있는 신경전달물질에 관심을 기울이는 것으로, 도파민(dopamine), 세로토닌(serotonin), 노르에피네프린(norepinephrine) 등 신경전달물질의 과다 또는 결핍이 정신장애와 관련있는 것으로 본다. 정신장애 치료를 위해 약물치료, 전기충격치료 등을 사용한다.

6) 통합적 입장

1980년대 이전까지 심리학자들은 정신분석적 입장, 인본주의적 입장, 인지행동적 입장 등의 이론적 접근방법을 통해 내담자나 환자의 심리적인 문제를 해결하고자 하였다. 그러나 각 이론들의 기법 및 접근법상의 차이에도 불구하고, 공통적인 목표를 달성하기 위해 다양한 기법을 조합하는 것이 치료에 효과적이라는 것도 경험적으로 입증되기에 이르렀다. 대표적인 것으로 '스트레스-취약성 모델'과 '생물심리사회적 모델'이 있다.

(1) 스트레스-취약성 모델

스트레스-취약성(stress-vulnerability) 모델은 개인의 특성과 환경과의 상호작용으로 인해 정신병리가 발생함을 설명하기 위한 Zubin의 모형에서 비롯되었다(Zubin & Spring, 1977). 이 모델은 정신병리에 취약성을 가지고 있는 개인은 이를 촉발시키는 부정적인 스트레스 사건을 계기로 정신병리에 이르게 된다고 설명한다. 여기서 취약성이란 주요 정신질환을 일으킬 수 있는 위험요인으로, 증상의 발생시기와 관계없이 개인이 지속적으로 지니고 있는 병리적 이상을 말한다. 스트레스란 환경으로부터 주어지는 부정적인 생활사건으로, 개인이 심리적인 부담, 즉 스트레스를 느끼는 환경적 변화를 의미한다.

이 모델은 정신장애가 유전적 · 생리적 · 심리적으로 특정 장애에 걸리기 쉬운 개인적 특성과 스트레스 경험이 상호작용함으로써 발생한다고 본다. 심리사회적 스트레스는 이상행동을 유발하는 원인이지만, 모든 사람이 동일한 불행 사건을 경험한다고 해서 동일한 이상행동을 나타내는 것은 아니다. 이러한 상호작용적 입장은 보다 다양한 원인을 가정할 수 있게 하며, 아울러 왜 유사한 환경이나 생래적 조건을 가졌는데도 전혀 다른 발달과정이나 적응 양상을 보이는지에 대한 개괄적인 설명을 할 수 있게 한다. 취약성이 정신장애로 이어지려면 개인이 경험하는 환경적 여건, 특히 스트레스가 어떻게 관여하는가 또한 중요한 변수라고 가정된다. 스트레스-취약성 모델은 이론적 관점에서 매우 포괄적이지만, 실제적으로는 각 개인의 이상행동을 설명할 때 어떤 요인들이 어떻게 상호작용하고 있는지에 대한 상세한 설명을 아직까지 제공하지 못한다는 한계가 있다.

(2) 생물심리사회적 모델

이 모델은 정신장애가 생물학적 · 심리적 · 사회적 요인의 상호작용에 의해 나타난다는 점을 강조하며, 이들에 대한 다차원적인 상호작용적 접근을 강조한다. 생물심리사회적 모델은 기본적으로 체계이론에 근거하며, 다차원적 · 다요인적 · 상호작용적 접근을 시도한다. 생물심리사회적 모델은 건강심리학 분야의 형성에 중요한 이론적 근거를 제공하고 있다.

글상자
10-2 정신장애의 역사

인류의 문화가 시작되면서 이상행동의 분류에 대한 관심이 싹트기 시작했다. '의학의 아버지'로 불리는 그리스의 의학자인 히포크라테스(Hippocrates, B.C. 460~377)는 인간의 정신장애를 조증·우울증·광증의 세 가지 유형으로 분류하고, 그 원인을 혈액·흑담즙·황담즙·점액과 같은 체액으로 설명하고자 하였다. B.C. 2,600년경 이집트에서는 우울증과 히스테리의 증후에 대해 논쟁이 시작되었고, 히포크라테스는 의학에 정신적 질병의 개념을 도입하였다. 그는 정신적 질병을 급성 정신적 장애, 열을 수반하지 않는 만성 정신적 장애, 히스테리 및 스키치아병으로 분류했다. 스키치아병(scythian disease)은 오늘날 성도착증인 의상전환 장애를 의미한다. 프랑스의 의사인 피넬(Phlippe Pinel, 1745~1826)은 히포크라테스의 분류를 본받아 정신적 장애를 경조증·우울증·치매·백치의 네 가지로 분류했고, 정신적 장애는 심인성 원인이 크게 작용한다는 점을 주장했다(이현수, 1993). 그리고 1795년 '치료적 수용'이라는 개념으로 쇠사슬에 묶여 있던 환자들을 정신병원에서 풀어내고 치료적 공동체를 만들기 시작했다. 정신병(psychosis)이라는 개념은 원래 사회적 격리를 통해 정상인을 보호하려고 한 데서 탄생했다. 중세시대의 의사들은 광인의 머릿속에 '광기의 돌'이 들어 있다고 믿었다. 20세기 전까지만 해도 공통적으로 인정된 정신병은 '광인 또는 정신병자'로만 지칭되었기 때문에 정신장애의 분류 대상은 매우 제한적이었다.

그림 10-3 정신병자를 쇠사슬로부터 해방시킨 피넬(Tony Robert-Fleury의 1876년 作)

3. 정신장애의 분류

1) 분류 및 진단

이상행동을 분류하는 것은 다음과 같은 이점이 있다. 첫째, 전문가들 간에 의사소통을 원활하게 한다. 둘째, 보다 간결하게 정신장애를 기술함으로써 정신장애의 원인, 경과 및 예후 등을 예측할 수 있으며 적절한 치료법을 적용시킬 수 있다. 셋째, 연구결과들을 축적하고 교환하는 데 기여할 수 있다.

반면, 이상행동을 진단분류하는 것에는 다음과 같은 비판도 있다. 첫째, 신뢰할 수 있고 타당한 진단분류가 가능한가의 문제이다. 여러 연구들에 따르면 전문가들 간의 진단분류 일치율이 낮고, 전문가에 따라 각 장애에 대해 다른 개념을 갖고 있는 경우가 있다는 것이다. 둘째, 진단분류를 함으로써 개인에 대한 정보는 요약되지만, 개인의 독특한 정보들이 무시되는 문제가 있다. 예를 들어, 주요우울장애로 분류된 두 사람 사이에 다른 점이 많이 있는데도 주요우울장애라는 한 가지 진단명으로 묶여 동일한 상태에 있는 것으로 취급될 수 있다는 것이다. 마지막으로, 진단분류가 한 사람을 정신장애자로 분류함으로써 사회적으로 낙인시키는 결과를 가져올 수도 있다. 하지만 이런 비판에도 불구하고 전문적 기준으로서 이상행동을 정신장애로 분류하는 것은 전문가 간 업무의 효율성 증진과 연구활동 및 치료적 개입 등의 실제적 이득이 더 많기 때문에 관련 전문가들에게 폭넓게 수용되고 있다.

2) 이상행동 · 정신병리의 진단체계

이상행동을 평가하고 진단하여 장애를 분류하는 입장은 다양할 수 있다. 정신의학적 진단분류체계가 있는가 하면, 행동주의적 입장에서 정신장애를 분류하려는 움직임도 있고, 정신역동적 진단방식도 있다.

정신건강 분야에서는 정신의학적 진단모형이 폭넓게 받아들여지고 통용되고 있다. 정신장애 진단체계를 과학화하고 정신의학의 실제에서 유용한 진단개념이 되도록 하기 위해 그간 지속적인 연구가 있었다. 현재 통용되고 있는 정신장애 진단체계는 정신의학 분야뿐만 아니라 임상심리학을 비롯하여 사람의 이상행동에 관심을 둔 분야에서 두루 받아들여지고 있다.

이 장에서는 정신보건 분야의 많은 전문가들이 사용하는 진단체계인 『정신장애 진단 및 통계편람(Diagnostic and Statistical Manual of Mental Disorders: DSM)』에 초점을 두어 살펴 보려 한다. 미국정신의학회(APA)에서는 1952년, DSM 초판을 출간하였다. DSM 제5판은 DSM-5로 지칭되는데, 2013년에 출간되었다(www.dsm5.org). 이제부터 DSM-5의 주요 특 징과 진단범주 및 주요 정신장애를 살펴보도록 하자.

3) DSM-5

(1) DSM-5 주요 특징

2013년 5월에 출간된 DSM-5는 세계 39개국의 관계 전문가 1,500명 이상의 자문을 받는 등 매우 광범위한 전문가들의 의견을 모아 DSM-IV의 분류체계가 대폭적으로 개정된 것 이다. DSM-5에서 변화된 주요 내용은 다음과 같다(APA, 2013).

그림 10-4 DSM-5

다축체계 폐지 DSM-IV에서 사용하는 다축진단체계가 실제 임상현장에서 유용하지 못하며, 진단의 객관성 및 타당 성이 부족하다는 비판에 따라 다축진단체계는 폐지되었다. 다만 이는 표기 방식을 폐지한 것일 뿐 내용 전체를 폐기한 것 은 아니며, 일부(특히 축3 경우)는 진단 내에 포함시키거나 진 단별 예로 전환되었다.

차원적 평가의 도입 범주적 분류의 한계를 보완하기 위 해 차원적 평가방식을 도입함으로써, 이른바 '하이브리드 모 델'을 제안하였다. 차원적 분류는 이상행동과 정상행동의 부적응성에 대한 정도 차이일 뿐 이들 간의 질적인 차이를 인정하지 않는다.

개정판 숫자의 변경 기존의 DSM-IV-TR까지는 개정판을 로마자로 표기하였다. 그러 나 DSM-5에서는 로마자 V가 아닌 아라비아 숫자 5를 사용하였다. 이는 새로운 임상적 발 견에 따른 개정의 용이성과 디지털 정보소통문화에 맞추기 위한 의도를 내포하고 있다(예: 5.1, 5.12 등).

구성 변화 DSM-5는 제1부, 제2부, 제3부, 부록의 4개 부분으로 구성되어 있다(APA,

2013). 제1부는 DSM-5의 소개 및 편람 사용에 대한 기초 등을 나타냈고, 제2부는 각 정신장애의 진단기준과 코드를 나타내었다. 제3부는 측정과 평가, 문화적 형성, 대안적인 성격 모델, 추후연구를 위한 조건 등이 제시되었다. 특히 추후연구를 통해 다음 개정판 때 포함되어야 할 8개의 정신장애들이 제안되었다.

문화적 차이에 대한 비중 있는 고려　　　DSM-5는 문화적 차이에 대한 영향도 비중 있게 다루고 있다(Barlow, 2014). 문화권이 서로 다른 나라에서 성장한 사람들은 같은 증상도 다르게 받아들이거나 증상의 표현도 다르게 나타날 수 있기 때문이다. 따라서 임상가는 반드시 환자의 문화와 인종, 민족, 종교, 지리적 기원 등의 맥락 정보를 파악해야 보다 정확한 진단과 효과적인 치료가 가능해짐을 밝히고 있다. 예컨대, 어떤 문화권에서는 공황발작의 증상이 참을 수 없는 울음과 두통으로 나타나지만 다른 문화권에서는 호흡곤란이 일차 증상으로 나타날 수도 있기 때문이다(권준수 외, 2015).

글상자 10-3　DSM-5에서 기억해 둘 만한 개정사항

1. '조현병' 하위유형 분류 폐지
'조현병' 하위유형, 즉 망상형 또는 편집형, 해체형 또는 혼란형, 긴장형, 감별불능형 또는 미분화형, 잔류형 등의 분류가 폐지되었다.

2. '불안장애' 하위유형의 독립적 분류
'불안장애' 범주의 하위유형이었던 '강박장애'와 '외상후 스트레스장애'가 불안장애에서 분리되어 각각 '강박 및 관련 장애' 범주와 '외상-및 스트레스 사건-관련장애' 범주라는 독립적 진단범주로 분류되었다.

3. '기분장애' 하위유형의 독립적 분류
'기분장애'의 하위유형이었던 '우울장애'와 '양극성장애'가 기분장애에서 분리되어 각각 독립된 진단범주로 분류되었다.

4. '배설장애'의 독립적 분류
DSM-IV에서 '유아기, 아동기 또는 청소년기에 통상 처음 진단되는 장애'의 하위유형이었던 '배설장애'가 독립된 진단범주로 분류되었다.

5. '자폐스펙트럼장애'로 명칭 변경

DSM-IV에서 '광범위한 발달장애'의 하위유형이었던 '자폐성 장애'가 '자폐스펙트럼장애'로 명칭이 변경되어 DSM-5에서 새롭게 제시된 '신경발달장애'의 하위유형으로 분류되었다. 특히 기존의 자폐성 장애에 대한 차원적 접근이 이루어짐으로써 '아스퍼거장애', '동기 붕괴성 장애' 등이 '자폐스펙트럼장애'로 통합되었다.

6. 새로운 장애 제시

저장장애, 피부 벗기기 장애 등 아홉 가지 장애가 새롭게 제시되었다.

7. '주요 우울증 삽화'의 사별 배제 항목 삭제

DSM-IV '주요 우울증 삽화'의 진단기준에는 사랑하는 사람과의 사별 후 2개월까지 나타나는 우울 증상을 진단기준에서 제외하는 항목이 있다. 그러나 2개월이라는 기간이 어떠한 과학적인 근거를 가지고 있지 않으며, 사랑하는 사람과의 사별로 인한 상실감이 심각한 심리사회적 스트레스 요인으로 작용할 수 있다는 의견을 반영하여 DSM-5에서는 사별 배제 항목을 삭제하였다.

8. '주의력결핍 과잉행동장애'가 '신경발달장애'의 하위유형으로 분류

DSM-IV에서 '유아기, 아동기 또는 청소년기에 통상 처음 진단되는 장애'의 하위유형이었던 '주의력결핍 과잉행동장애(ADHD)'가 DSM-5에서는 '신경발달장애'의 하위유형에 속하게 되었다. 이는 ADHD가 성인기까지 지속될 수 있다는 사실을 반영하여 성인에 대한 ADHD 진단기준을 제공하기 위함이다. 그에 따라 증상의 발병시기 또한 기존의 '7세 이전'에서 '12세 이전'으로 조정되었다.

9. '치매'가 '신경인지장애'의 하위유형으로 분류

DSM-IV에서 '섬망, 치매, 기억상실장애 및 기타 인지장애'의 하위유형이었던 '치매'가 그 심각도에 따라 '주요 신경인지장애' 및 '경도 신경인지장애'로 명명되어 DSM-5에서 새롭게 제시된 '신경인지장애'의 하위유형으로 분류되었다.

10. '물질 관련 장애'를 '물질-관련 및 중독장애'로 확장

DSM-IV에서 '물질 관련 장애'는 '물질-관련 및 중독장애'로 확장되었다. '물질-관련 및 중독장애'는 크게 '물질-관련 장애'와 '비물질-관련장애'로 구분되며, 특히 DSM-IV에서의 '병적 도박'이 '도박장애'로 명칭이 변경되어 '비물질-관련장애'로 분류되었다.

또한 DSM-IV에서 '물질의존'과 '물질남용'에 대한 개별적인 진단 기준이 제시되었던 것과 달리, DSM-5에서는 물질의존과 물질남용이 매우 높은 상관관계를 가진다는 의견을 반영하여 이들을 통합하였다. 다만, 그 심각도를 세 등급, 즉 '경도(Mild)', '중(등)도(Moderate)', '고도 또는 중증도(Severe)'로 구분하도록 하였다.

(2) DSM-5 진단범주 및 주요 하위장애

DSM-5에서는 정신장애를 크게 20가지 범주로 구분하고 있다. 정신장애에 대한 분류 체계는 〈표 10-1〉과 같다.

표 10-1 DSM-5의 정신장애 분류체계

범주	하위장애
신경발달장애 (Neurodevelopmental Disorders)	1. 지적장애(Intellectual Disabilities) 2. 의사소통장애(Communication Disorders) 3. 자폐스펙트럼장애(Autism Spectrum Disorder) 4. 주의력결핍 과잉행동장애(Attention-Deficit/Hyperactivity Disorder) 5. 특정학습장애(Specific Learning Disorders) 6. 운동장애[Motor Disorders-틱 장애(Tic Disorders)]
조현병 스펙트럼 및 기타 정신병적 장애 (Schizophrenia Spectrum and Other Psychotic Disorders)	1. 분열형(성격)장애 또는 조현형(성격)장애 [Schizotypal (personality) Disorder] 2. 망상장애(Delusional Disorder) 3. 단기 정신증적 장애 또는 단기 정신병적 장애(Brief Psychotic Disorder) 4. 정신분열형 장애 또는 조현양상장애(Schizophreniform Disorder) 5. 정신분열병 또는 조현병(Schizophrenia) 6. 분열정동장애 또는 조현정동장애(Schizoaffective Disorder)
양극성 및 관련 장애 (Bipolar and Related Disorders)	1. 제I형 양극성장애(Bipolar I Disorder) 2. 제II형 양극성장애(Bipolar II Disorder) 3. 순환성장애 또는 순환감정 장애(Cyclothymic Disorder)
우울장애 (Depressive Disorders)	1. 주요 우울장애(Major Depressive Disorder) 2. 지속성 우울장애(Persistent Depressive Disorder) 3. 월경전기 불쾌장애(Premenstrual Dysphoric Disorder) 4. 파괴적 기분조절곤란 장애 또는 파괴적 기분조절부전 장애(Disruptive Mood Dysregulation Disorder)
불안장애 (Anxiety Disorders)	1. 분리불안장애(Separation Anxiety Disorder) 2. 선택적 무언증 또는 선택적 함구증(Selective Mutism) 3. 특정공포증(Specific Phobia) 4. 사회불안장애 또는 사회공포증(Social Anxiety Disorder or Social Phobia) 5. 공황장애(Panic Disorder) 6. 광장공포증(Agoraphobia) 7. 범불안장애(Generalized Anxiety Disorder)
강박 및 관련 장애 (Obsessive-Compulsive and Related Disorders)	1. 강박장애(Obsessive-Compulsive Disorder) 2. 신체변형장애 또는 신체이형장애(Body Dysmorphic Disorder) 3. 저장장애(Hoarding Disorder) 4. 발모증(Trichotillomania) 또는 모발 뽑기 장애(Hair-Pulling Disorder) 5. 피부 벗기기(또는 뜯기) 장애[Excoriation(Skin-Picking) Disorder]

외상 및 스트레스 사건 관련 장애 (Trauma- and Stressor-Related Disorders)	1. 반응성 애착장애(Reactive Attachment Disorder) 2. 탈억제 사회관여 장애 또는 탈억제성 사회적 유대감 장애(Disinhibited Social Engagement Disorder) 3. 외상후 스트레스장애(Posttraumatic Stress Disorder) 4. 급성 스트레스장애(Acute Stress Disorder) 5. 적응장애(Adjustment Disorder)
해리장애 (Dissociative Disorders)	1. 해리성 정체감 장애(Dissociative Identity Disorder) 2. 해리성 기억상실증(Dissociative Amnesia) 3. 이인증/비현실감 장애(Depersonalization/Derealization Disorder)
신체증상 및 관련 장애 (Somatic Symptom and Related Disorders)	1. 신체증상장애(Somatic Symptom Disorder) 2. 질병불안장애(Illness Anxiety Disorder) 3. 전환장애(Conversion Disorder) 4. 허위성(가장성 또는 인위성) 장애(Factitious Disorder)
급식 및 섭식장애 (Feeding and Eating Disorders)	1. 이식증(Pica) 2. 반추장애 또는 되새김 장애(Rumination Disorder) 3. 회피적/제한적 음식섭취 장애(Avoidant/Restrictive Food Intake Disorder) 4. 신경성 식욕부진증(Anorexia Nervosa) 5. 신경성 폭식증(Bulimia Nervosa) 6. 폭식장애(Binge-Eating Disorder)
배설장애 (Elimination isorders)	1. 유뇨증(Enuresis) 2. 유분증(Encopresis)
수면-각성 장애 (Sleep-Wake Disorders)	1. 불면장애(Insomnia Disorder) 2. 과다수면 장애(Hypersoninolence Disorder) 3. 수면발작증 또는 기면증(Narcolepsy) 4. 호흡 관련 수면장애(Breathing-Related Sleep Disorders) 5. 일주일 리듬-수면-각성 장애(Circadian Rhythm Sleep-Wake Disorders) 6. 수면이상증 또는 사건수면(Parasomnias) 7. 초조성 다리 증후군 또는 하지불안 증후군(Restless Legs Syndrome) 등
성기능 장애 또는 성기능 부전 (Sexual Dysfunctions)	1. 지루증 또는 사정지연(Delayed Ejaculation) 2. 발기장애(Erectile Disorder) 3. 여성 절정감 장애 또는 여성 극치감 장애(Female Orgasmic Disorder) 4. 여성 성적 관심/흥분 장애(Female Sexual Interest/Arousal Disorder) 5. 생식기(성기)-골반 통증/삽입 장애(Genito-Pelvic Pain/Penetration Disorder) 6. 남성 성욕감퇴 장애(Male Hypoactive Sexual Desire Disorder) 7. 조루증 또는 조기사정[Premature (Early) Ejaculation] 등
성별 불쾌감 (Gender Dysphoria)	1. 아동의 성별 불쾌감(Gender Dysphoria in Children) 2. 청소년 및 성인의 성별 불쾌감(Gender Dysphoria in Adolescents and Adults) 등
파괴적, 충동조절 및 품행장애 (Disruptive, Impulse-Control, and Conduct Disorders)	1. 반항성 장애 또는 적대적 반항장애(Oppositional Defiant Disorder) 2. 간헐적 폭발성 장애 또는 간헐적 폭발장애(Intermittent Explosive Disorder) 3. 품행장애(Conduct Disorder) 4. 반사회성 성격장애(Antisocial Personality Disorder) 5. 병적 방화 또는 방화증(Pyromania) 6. 병적 도벽 또는 도벽증(Kleptomania) 등

물질관련 및 중독장애 (Substance-Related and Addictive Disorders)	1. 물질관련 장애(Substance-Related Disorders) 　1) 알코올관련 장애(Alcohol-Related Disorders) 　2) 카페인관련 장애(Caffeine-Related Disorders) 　3) 칸나비스(대마)관련 장애(Cannabis-Related Disorders) 　4) 환각제관련 장애(Hallucinogen-Related Disorders) 　5) 흡입제관련 장애(Inhalant-Related Disorders) 　6) 아편류(아편계)관련 장애(Opioid-Related Disorders) 　7) 진정제, 수면제 또는 항불안제관련 장애(Sedative-,Hypnotic-, or Anxiolytic- 　　Related Disorders) 2. 비물질관련 장애(Non-Substance-Related Disorders) 　1) 도박장애(Gambling Disorder)
신경인지장애 (Neurocognitive Disorders)	1. 섬망(Delirium) 2. 주요 및 경도 신경인지장애(Major and Mild Neurocognitive Disorders) 등
성격장애 (Personality Disorders)	1. A군 성격장애(Cluster A Personality Disorders) 　1) 편집성 성격장애(Paranoid Personality Disorder) 　2) 분열성(조현성) 성격장애(schizoid Personality Disorder) 　3) 분열형(조현형) 성격장애(schozotypal Personality Disorder) 2. B군 성격장애(Cluster B Personality Disorders) 　1) 반사회성 성격장애(Antisocial Personality Disorder) 　2) 연극성(히스테리) 성격장애(Histrionic Personality Disorder) 　3) 경계선 성격장애(Borderline Personality Disorder) 　4) 자기애성 성격장애(Narcissisitic Personality Disorder) 3. C군 성격장애(cluster C Personality Disorders) 　1) 회피성 성격장애(Avoidant Personality Disorder) 　2) 의존성 성격장애(Dependent Personality Disorder) 　3) 강박성 성격장애(Obsessive-Compulsive Personality Disorder
성도착 장애 또는 변태성욕 장애 (Paraphilic Disorders)	1. 관음장애(Voyeuristic Disorder) 2. 노출장애(Exhibitionistic Disorder) 3. 접촉마찰 장애 또는 마찰도착 장애(Frotteuristic Disorder) 4. 성적 피학 장애(Sexual Masochism Disorder) 5. 성적 가학 장애(Sexual Sadism Disorder) 6. 아동성애 장애 또는 소아애호 장애(Pedophilic Disorder) 7. 성애물 장애 또는 물품음란 장애(Fetishistic Disorder) 8. 의상전환 장애 도는 복장도착 장애(Transvestic Disorder) 등
기타 정신장애 (Other Mental Disorders	1. 다른 의학적 상태에 기인한 달리 명시된 정신장애(Other Specified Mental Disorder 　Due to Another Medical Condition) 2. 다른 의학적 상태에 기인한 명시되지 않는 정신장애(Unspecified Mental Disorder 　Due to Another Medical Condition) 3. 달리 명시된 정신장애(Other Specified Mental Disorder) 4. 명시되지 않는 정신장애(Unspecified Mental Disorder)

① 자폐스펙트럼장애

자폐스펙트럼장애의 유병률은 10,000명당 0.7~72.6명의 분포를 보이며, 평균 유병률은 10,000명당 20.6명이다(Fombonne, 2009). 2016년 발표된 미국질병관리본부(Centers for Disease Control and Prevention: CDC)에 따르면 2012년 미국에서의 자폐스펙트럼장애의 유병률은 인구 1,000명당 14.6명이었으며 64명당 1명이었다(CDC, 2016). 우리나라의 자폐스펙트럼장애 아동의 유병률 전수 조사 연구에서 자폐스펙트럼장애의 유병률이 2.64%로 외국과 비슷한 수준이다(Kim et al., 2011).

아직은 가설단계에 있는 자폐스펙트럼장애의 원인에 대해서는 많은 연구가 필요하다. 자폐스펙트럼장애의 원인 중 가장 중요한 것은 유전적 요인이다. 단일한 유전자의 변이가 자폐증상을 초래할 수도 있지만, 대부분의 경우 다수 유전자 변이가 복합적으로 작용하는 것으로 알려졌다(Vijayakumar & Judy, 2016).

자폐스펙트럼장애에 유전적 요소가 크게 기여하지만, 환경적인 요인도 간과할 수 없다. 출산 시 연령이 높은 부모, 임신성 당뇨, 주산기 감염, 발프로익산 노출, 엽산 결핍, 조산, 분만 방식 등이 직간접적으로 영향을 미치는 것으로 알려져 있으며, 태아의 신경발달이 이러한 환경요인의 영향을 받을 수 있다(Tordjman et al., 2014). 후성유전학(epigenetic) 설명에 따르면 기존의 유전적 요인들이 환경적 요인들에 의해 조절되어 겉으로 드러나는 표현형이 변할 수 있다고 한다. 부모의 생식세포에서 발생한 새로운 돌연변이가 위해 환경에 노출되고 여기에 후성 유전적 변화를 거치는 경우 자폐증의 위험인자로 작용할 수 있다는 것이다(Sandin et al., 2015; Grabrucker, 2012).

자폐스펙트럼장애 아동 · 청소년은 사회/정서적 상호 교환성 결핍과 사회적 상호작용에 사용되는 비언어적 의사소통 행동의 결핍을 보인다. 자폐스펙트럼장애 아동 · 청소년은 상동화되고 반복적인 움직임, 상태 유지 경향과 변화에 대한 저항, 제한적이고 고정된 관심을 보인다.

그림 10-5 자폐스펙트럼장애를 겪는 아동

아직까지 자폐스펙트럼장애의 중심 증상을 치료하는 방법은 없으며, 여러 가지 치료법을 조합하여 사용한다. 사회성과 소통의 결핍, 상동 행동 등 자폐스펙트럼장애의 중심 증상에 대한 치료와 중심 증상에 동반되어 나타나는 정서, 행동, 발달 문제들에 대한 치료로 나눠서 생각해 볼 수 있다. 치료에서 가장 중요한 점은 조기 발견과 중재이며, 장기간에 걸쳐 생애 주기에 따라 적절한 치료가 필요하다. 치료 목표는 결핍 영역 기능의 개선과 동반 증상을 최소화하는 것이다. 사용 가능한 치료 방법으로는 약물치료, 행동치료, 특수교육, 부모교육 등이다(홍강의, 2014; Levy et al., 2009).

② 조현병 스펙트럼 및 기타 정신병적 장애

조현병은 망상, 환각, 혼란스러운 언어를 비롯하여 현실을 왜곡하는 부적응 증상들을 나타내는 심각한 정신장애이다. 조현병과 유사한 증상, 공통적인 원인적 요인을 지닌 것으로 추정되는 다양한 정신장애들을 조현병 스펙트럼 장애라고 지칭하고 있다. 심각도에 따라 스펙트럼상에 배열할 수 있다는 견해를 받아 DSM-5에서는 조현병 스펙트럼 및 기타 정신병적 장애라는 진단범주에 다양한 장애를 포함시키고 있다. 우리나라의 조현병 스펙트럼 및 기타 정신병적 장애 범주 평생 유병률은 0.2% 정도로 조사된 바 있다(보건복지부, 2016).

사례

L군은 몇 개월 전부터 말이 없어지고 혼자 무엇인가 골몰하는 듯 보였다. 밤에 잠을 설치는가 하면 사람들이 자신을 바라보는 시각이 옛날과는 다르고 나를 이상한 사람처럼 여기는 것 같다고 하였다. 그러더니 점점 더 사람들을 접하기가 싫어지고 뒤에서 나를 욕하고 흉보는 소리, 즉 환청이 들린다고 하였다. L군의 사례는 조현병 환자에게서 흔히 볼 수 있는 행동특징을 나타낸다.

조현병은 정신증에 속하는 대표적인 장애이다. 정신병은 현실 검증력이 손상되어 비현실적인 지각과 비논리적인 사고를 나타내며 혼란스러운 심리상태에 빠져드는 상태이다. 조현병의 주요 증상을 살펴보면 다음과 같다.

- 양성 증상: 통상적으로 정상인이라면 없어야 함에도 조현병 환자에게서 나타나는 증상으로 망상, 환각, 와해된 언어나 행동이 이에 속한다.
- 음성 증상: 통상적으로 정상인이라면 있는 것이지만 조현병 환자에게는 부족한 증상으로 정서적 둔마, 언어의 빈곤, 의욕의 저하, 쾌감의 감소, 대인관계의 무관심 등이 해당된다.
- 망상: 자신과 세상에 대한 잘못된 강한 믿음이다. 외부세계에 대한 잘못된 추론에 근거한 그릇된 생각으로, 분명한 반증이 있음에도 불구하고 견고하게 지속되는 신념을 망상이라 한다. 대표적인 것으로 피해망상, 과대망상, 관계망상, 애정망상, 신체망상

등이 있다.

- 환각: 현저하게 왜곡된 비현실적 지각을 말한다. 외부 자극이 없음에도 어떤 소리나 형상을 지각하거나 또는 외부 자극을 현저하게 왜곡되게 지각하는 증상이다. 종류에 따라 환청, 환시, 환후, 환촉, 환미로 구분된다.
- 혼란스러운 언어: 비논리적이고 지리멸렬하게 와해된 언어이다. '심하게 혼란스러운 행동이나 긴장증적 행동'은 적절한 목표지향적 행동을 하지 못하고, 상황에 부적절하게 나타나는 엉뚱하거나 부적응적인 행동을 말한다. 긴장증적 행동은 마치 근육이 굳은 것처럼 어떤 특정한 자세를 유지하는 경우를 포함한다.

조현병 발병 원인에 대한 생물학적 입장은 조현병을 뇌의 장애로 규정한다. 이를 바탕으로 유전적 요인, 뇌의 구조적 또는 기능적 결함, 신경전달물질의 이상 등의 관련성을 밝히는 연구가 진행되고 있다.

특히 유전적 요인이 강력한 영향을 미치는 것으로 알려져 있다. 가계연구에 따르면, 조현병 환자의 부모나 형제자매는 일반인의 10배, 조현병 환자의 자녀는 일반인의 15배까지 조현병에 걸릴 확률을 갖는다. 조현병이 특정한 단일 유전자(예: 6번, 22번 염색체) 이상과 관련된다는 가설과 여러 유전자의 복합적 관계와 더불어 환경적 요인과 상호작용이 중요하다는 가설도 있다.

뇌의 기능적 이상이 조현병과 관련된다는 주장도 제기되고 있다. 뇌영상 기술을 사용한 연구에서 조현병 환자는 전두엽피질의 신진대사가 저하되어 있다는 것이 발견되었다. 그리고 조현병에 영향을 미치는 뇌의 신경전달물질을 밝히려는 많은 연구가 진행되었는데, 가장 주목받고 있는 것은 도파민이다. 도파민 가설은 뇌의 도파민 활동이 과다할 때 조현병이 야기된다는 것이다. 하지만 주로 양성 증상을 나타내는 조현병 환자에게만 도파민 수용기의 증가가 발견되었다.

조현병 발병 원인에 대한 심리적 입장 중 인지적 입장은 조현병 환자들이 나타내는 주의 장애에 초점을 두고 있다. 주의는 인간이 지적 기능의 수행을 위해 정보를 선택하고 처리하는 데 필수적인 기능이다. 주의는 제한된 정보처리 용량을 지니며 따라서 수많은 외부 자극 중에서 적절한 정보를 선택하여 처리하고 부적절한 정보는 억제하는 기능을 가진다. 조현병이 기본적으로 사고장애이며 사고장애는 주의 기능의 손상에 기인한다고 주장한다. 이 밖에도 추론, 계획, 집행 등의 다양한 인지적 기능에서 결함을 나타내는 것으로 보고, 작업기억의 손상을 나타내는 연구들이 보고되고 있다.

정신분석적 입장은 통합된 자아가 발달하기 이전 단계, 즉 오이디푸스 단계 이전의 심리적 갈등과 결손에 의해 생겨나는 장애로 보았다. 갈등이 훨씬 더 강력하고, 적용되는 방어기제도 '부정, 투사'와 같이 원시적인 방어기제가 사용된다. 따라서 조현병 환자의 자아기능은 발달적으로 초기 단계로 퇴행한다는 갈등 모델이 제시되었다.

- 조현정동장애: 조현정동장애는 조현병 증상과 동시에 기분삽화(주요 우울 삽화 또는 조증 삽화)가 일정한 기간 동안 지속적으로 나타나는 경우를 말한다. 발병시기가 빠르고 갑작스러운 환경적 스트레스에 의해 급성적으로 시작되며, 심한 정서적 혼란을 나타내고, 병전 적응상태가 양호하며, 조현병 가족력이 없는 대신 기분장애의 가족력이 있고, 조현병에 비해 예후가 좋다는 특성이 있다.

- 조현형 장애: 조현형 장애는 조현병과 동일한 임상적 증상을 나타내지만, 장애의 지속기간이 1개월 이상 6개월 이하인 경우를 말한다. 진단되는 경우는 첫째, 조현병 증상이 나타나서 6개월 이전에 회복된 경우로서 무조건 조현형 장애로 진단된다. 두 번째는 현재 조현병 증상이 지속되고 있지만, 조현병 진단기준에서 요구되는 6개월이 경과되지 않은 경우로서 이때는 조현형 장애로 일단 진단한다.

- 단기 정신병적 장애: 단기 정신병적 장애는 조현병 주요 증상(망각, 환각, 혼란스러운 언어, 전반적으로 혼란스럽거나 긴장증적 행동) 중 한 가지 이상이 하루 이상 1개월 이내로 짧게 나타나며 병전 상태로 완전히 회복되는 경우를 말한다.

- 망상장애: 망상장애는 한 가지 이상의 망상을 최소한 1개월 이상 지속적으로 나타내지만, 조현병 진단기준에는 해당되지 않는 경우를 말한다. 망상장애를 나타내는 사람들은 망상과 관련된 생활영역 외에는 기능적인 손상이 없으며, 뚜렷하게 이상하거나 기괴한 행동을 나타내지 않는다.

- 조현형 성격장애와 약화된 정신증 증후군: 조현형 성격장애는 친밀한 인간관계를 불편해하고 인지적 또는 지각적 왜곡과 더불어 기이한 행동을 나타내는 성격장애이다. '약화된 정신증 증후군'은 정신증과 유사한 증상을 나타내지만, 증상의 심각도가 덜하고 지속기간이 짧은 경우를 말한다.

③ 우울장애

우울장애는 정신장애 중 가장 높은 유병률을 가진 질환이다(Kroenke et al., 2011). 이 중 주요우울장애의 전세계 유병률은 4.4%로, 2005년과 비교했을 때 18.4% 증가한 수치이다. 이를 인구수로 환산하면 약 3억 2천 2백만 명에 달하는 사람들이 주요우울장애를 경험하고 있다(World Health Organization [WHO], 2018). 국내의 경우 2015년 한 해 동안 우울장애를 경험한 사람은 61만 명으로 추산된다(Ministry of Health and Welfare & Samsung Medical Center, 2017). 2016년 보건복지부에서 실시한 정신장애 실태역학조사에 따르면, 주요우울장애 평생 유병률은 전체 5.0%(64세 이하: 5.1%)로 나타났다. 이처럼 주요우울장애는 여러 정신장애 중에서도 가장 흔하게 발생하는 질병이다. 질병 부담도 측면에서 보았을 때도, 주요우울장애는 개인과 국가의 삶에 매우 큰 영향을 미친다(American Psychiatric Association [APA], 2013). 우울장애는 일반적인 의료 장면에서 가장 흔히 나타나는 정신장애이면서도 초래하는 비용도 상당히 크다(Arroll, Khin, & Kerse, 2003). 2008년에 출간된 WHO의 보고서에 따르면, 주요우울장애는 모든 신체 및 정신장애들 가운데 3위에 해당하는 부담도를 보였고, 이 지수를 소득기준 중, 상위 국가로 한정하였을 때는 전체 1위에 해당하였다(WHO, 2008).

기존의 DSM-IV에서는 우울장애를 기분장애 진단범주의 하위장애로 분류하였는데, DSM-5에서는 우울장애를 독립적인 장애범주로 분류하였다. 우울장애는 슬픔, 공허감, 짜증스러운 기분과 그에 수반되는 신체적, 인지적 증상으로 인해 개인의 기능이 현저하게 저하되는 부적응 증상을 의미한다. 우울장애는 삶을 매우 고통스럽게 만드는 정신장애인 동시에 '심리적 독감'이라 불릴 정도로 흔한 장애이기도 하다. 우울장애는 조증 또는 경조증 삽화의 과거력이 없다는 점에서 양극성장애와 구별된다.

그림 10-6 화가 난 아이

파괴적 기분조절곤란 장애　　파괴적 기분조절곤란 장애는 아동 · 청소년기에 발생할 수 있으며, 핵심 증상은 만성적인 짜증과 간헐적인 분노 폭발이다. 막무가내로 분노를 표출하며 공격적이고 파괴적인 행동을 나타내는 것으로, 아동의 경우 흔히 다리를 뻗고 드러누워서 사지를 흔들며 악을 쓰며 울거나 고함을 지르거나 욕을 해대는 것을 말한다. 아동과 청소년의 경우 1년 유병이 2~5%로 알려져 있으며 양극성장애와 관련성이 높은 것으로 여겨왔으나, 두 장애는 경과, 신경학적 요인, 치료약물에 대한 반응 등에 있어서 다른 것으로 밝혀졌다. 또한 주의력결핍 과잉행동장애, 적대적 반항장애, 품행장애와의 공병률이 높은 것으로 알려져 있다. 아동기의 만성적인 짜증과 분노 폭발은 차후 성인이 되어서 다른 종류의 우울장애로 진전되는 경향이 있다.

주요우울장애　　　주요우울장애는 우울한 기분을 주된 증상으로 하는 장애로, 남성보다 여성에게 더 흔하다. 우울한 슬픔의 상태에서 좌절감, 죄책감, 고독감, 무가치감, 허무, 절망감 등과 같은 정서상태가 지속되며, 일상생활에서 무기력해지고 흥미와 즐거움이 저하되어 무의미한 생활로 침체되고 위축된다. 부정적이고 비관적인 생각이 증폭되어 죽음과 자살에 대한 생각을 자주 하게 된다. 판단력, 기억력 저하로 학업이나 직업활동에도 어려움을 겪으며 활력과 생기가 저하되어 피곤함, 수면장애까지 동반하여 심각한 고통스러운 생활이 지속될 수 있다. 남성에게 5~12%, 여성에게 10~25%로 보고되고 있으며, 흔하면서도 치명적인 장애이기에 심한 경우 100명 중 1명은 자살로 사망한다. 우울증은 일시적인 우울감과는 다르고 개인적인 약함의 표현이거나 의지로 없앨 수 있는 것도 아니다. 상당수가 전문가의 도움을 받지 못하고 우울증으로 고생하는 경우가 많아 안타까운 질환이기도 하지만, 전문가의 적절한 치료를 받는다면 상당한 호전을 기대할 수 있고 이전의 정상적인 생활로 돌아가는 것이 가능하다.

> ## 사 례
>
> 혜원 씨는 둘째 아기 출산 2주 후 그녀의 우울상태를 걱정한 모유수유 간호사에 의해 정신과 외래에 의뢰되었다. 그녀는 사실 아기를 가지는 것을 미루어 왔던 남편 그리고 낙태권유를 받았지만 종교적인 이유로 아기를 지울 수 없었다. 그녀는 걱정이 많았으며, 지친 몸으로 인해 남편과의 마찰도 잦았다. 모유수유는 원활하게 이루어지지 않았고 아기가 모유를 뱉어낸다고 생각한 그녀는 하루 종일 아기를 끌어안고 지냈으며 원하지 않았던 임신으로 인해 겪는 어려움을 걱정했다. 일 때문에 바쁜 남편은 도움이 안 되고 16개월 된 어린 딸과 아기를 돌보아야 했던 그녀는 피곤과 부족한 수면으로 하루하루가 힘들었다. 남편이 이직하게 됐으며, 내왕할 만한 친척도 친한 이웃도 없어 혜원 씨는 외로워했다.

지속성 우울장애　　　지속성 우울장애는 우울 증상이 2년 이상 지속되는 것을 말한다. 지속성 우울장애는 DSM-5에서 새롭게 제시된 진단명으로 기존의 '만성 주요우울장애'와 '기분부전장애'를 합친 것이다. 우울장애 구분에 있어서 증상의 심각성보다 증상의 지속기간이 중요해졌다. 만성적인 우울감이 주된 특징인 지속성 우울장애는 자신에 대한 부적절감, 흥미나 즐거움의 상실, 사회적 위축, 낮은 자존감, 죄책감, 과거에 대한 반추, 낮은 에너지 수준, 생산적 활동 감소 등으로 인해 사회적, 일상생활에 부적응이 더욱 심각하게 나타날 수 있다. 10년 후에도 우울장애를 앓고 있을 확률이 주요우울장애 환자들에 비해 14배나 높은 것으로 나타나고, 치료에 대한 효과도 더 나쁘며, 우울삽화를 더 자주 나타내고 자살사고도 더 자주 겪는 것으로 알려졌다. 또한 지속성 우울장애를 겪는 사람들은 주요

우울장애를 겪는 사람에 비해서 다른 정신장애(범불안장애, 외상후 스트레스장애, 강박장애 등) 공병률이 높고, 만성적 신체질환을 갖고 있는 경우가 많으며, 어린 시절의 외상 경험이 더 많다.

월경전 불쾌감장애　　월경전 불쾌감장애는 월경이 시작되기 직전의 주 동안 정서적인 불안정성을 나타낸다. 분노감, 일상 활동에 대한 흥미 감소, 무기력감과 집중곤란 등의 불쾌한 증상이 주기적으로 나타나는 경우를 말한다. 가임기 여성의 70~80%가 월경전에 압통, 더부룩함, 짜증, 정서적 불안감을 경미하게 경험한다. DSM-5에 새롭게 등장한 월경전 불쾌감장애 유병률은 여성의 3~9%로 보고되고 있고, 주요우울장애, 양극성장애, 불안장애와 공병률이 높은 것으로 알려져 있다. 또한 이 장애를 나타내는 여성들은 과거에 성적, 신체적 학대를 당한 경험이 많은 것으로 나타났으며, 이러한 결과는 외상경험이나 외상후 스트레스장애와 독립적일 수 있음이 시사된다.

④ 양극성장애

양극성장애는 조증과 우울증이라는 양 극단의 기분 변화를 보이는 기간과 정상적인 기분을 보이는 기간이 번갈아 나타나는 정신장애이다. 양극성장애는 일반적으로 '조울증(manic-depressive illness)'이라 불리고 있다.

우리나라 양극성장애 평생 유병률은 0.2% 정도라고 조사된 바 있다(보건복지부, 2016). 제I형 양극성 장애(bipolar I disorder)는 기분이 비정상적으로 고양되는 조증 상태를 특징으로 하며, 기분이 고양된 조증 상태(manic episode)가 적어도 1주 이상 분명하게 지속되어야 한다. 제II형 양극성장애(bipolar II disorder)는 조증 상태가 짧게 지속되는 경조증(hypomaic episode)을 보인다는 점에서 차이가 있다.

양극성장애는 만성적 진행을 나타내는 경우가 많으며 약물 중독 장애와 높은 공병률을 나타낸다(McMurran, Khalif, & Gibbon, 2009).

양극성장애는 시기에 따라 다른 모습으로 보인다. 때로는 우울증으로, 때로는 조증으로, 때로는 정상적으로, 때로는 기분 변화가 급변하는 오락가락하는 상태로 보이는 것이다. 각 삽화의 기간은 다양하며, 재발이 잦은

그림 10-7 양 극단의 기분 변화

사 례

중소기업에서 일하고 있는 30대 초반 미혼남 B씨는 과거에도 몇 번의 우울증과 조증 병력이 있었다. 현재는 약을 먹으며 정신과 치료를 받고 있지만 2주간의 외국여행 동안 약 복용을 스스로 중단한 상태였다. 의사가 돌아왔을 때 B씨는 지난 열흘 동안 마음이 매우 혼란스러웠다고 보고했다. "선생님, 외국 가 있는 동안 롤러코스터 타는 것 같았어요. 안절부절했고, 우울했고, 내가 쓸모없는 사람처럼 느껴졌어요. 그러다가 1시간 뒤에는 마음먹으면 어떤 것도 해낼 수 있을 것 같았어요." 라고 했다. "하지만 때로는 계속 앉아 있기가 힘들었고, 어떤 것에도 집중할 수 없었어요. 모든 것이 혼란스러웠어요." 라고 했다. 의사가 왜 그랬느냐고 물어보자, 여행 후 약을 먹지 않은 지 며칠 뒤부터 시작되었다고 했다. 그때부터 머릿속에 많은 생각들이 떠올라 밤에 잠도 거의 못 잤다고 했다.

것이 특징이다. 사람에 따라 조증 삽화로 처음 발병하기도 하고 우울 삽화로 처음 발병하기도 한다.

양극성장애에 대한 인식이 부족한 탓에 첫 발병부터 치료를 받은 경우는 드물다. 대개는 발병 후 수년의 시간이 지나고 행동 문제가 나타난 뒤에야 병원을 찾아 치료를 받는 경우가 많다.

⑤ 불안장애

불안장애(anxiety disorder) 진단범주는 극심한 공포와 불안 및 이와 관련된 행동적 양상을 지닌 다양한 증상들을 포함하고 있다. 불안장애의 불안은 그 정도가 과도하거나 발달상의 적정한 시기를 넘어서 지속된다는 점에서 발달과정 중에 경험하는 정상적인 불안과는 다르다. 그리고 오랜 기간 지속된다는 점에서(대부분 6개월 이상) 종종 스트레스에 의해 유발되는 일시적인 공포나 불안과도 차이를 보인다. 불안장애의 공포와 불안이 과도한지의 여부에 대한 일차적 판단은 문화적·상황적 요인을 고려하여 임상의가 내리게 되고, 증상이 생리적 반응이나 물질·약물 혹은 다른 의학적 상태로 인한 것이 아닐 때, 그리고 다른 정신장애로 더 잘 설명되지 않을 때에만 진단될 수 있다. DSM-IV에서는 강박장애와 외상후 스트레스장애가 불안장애 범주에 포함되었지만, DSM-5에서는 '강박 및 관련 장애' 범주와 '외상 및 스트레스 관련 장애' 범주가 새로 추가되었고, 이에 따라 강박장애와 외상후 스트레스장애가 재분류되었다. 불안장애의 평생 유병률은 남자 6.7%, 여자 11.7%, 전체 9.3%이다(보건복지부, 2016). 일년 유병률은 남자 3.8%, 여자 7.5%로 여자가 남자보다 높았으며, 광장공포증을 제외하고 모든 불안장애에서 남자보다 여자의 유병률이 더 높았다(보건복지부, 2016). 불안장애 평생 유병률은 2006년 6.9%, 2011년 8.7%, 2016년에는 9.3%로 점차 증가하고 있는 추세이다. 2011년과 2016년 조사를 비교하였을 때 가장 큰 증가의 폭을 보인 장애는 사회불안장애로, 2011년 0.5%에서 2016년 1.8%로 증가하였다. 불안장애 가운데 가장 높은 평생 유병률을 보인 질환은 특정공포증 5.9%이었고, 그다음은 범불안장애 2.3%, 사회공포증 1.8%, 외상후 스트레스장애 1.4%, 강박장애와 광장공포증 0.7%, 공황장애 0.4%였다.

분리불안장애　분리불안장애(separation anxiety disorder)를 겪는 아동은 학령전기나 학령기 이상이 되어서도 부모와 분리될 때 심하게 고통스러워한다. 부모에게 사고가 나서 잃어버릴까 봐 심하게 걱정하여 학교에 가기 싫어하거나 거부하는 행동이 자주 나타난다. 분리불안장애 아동들은 애착 대상이 가까이 있지 않거나 집을 떠나서는 잠자기도 거부하며 분리에 관한 악몽을 꾸기도 한다.

선택적 함구증　선택적 함구증(selective mutism)이란 말을 할 수 있음에도 불구하고 특정한 사회적 상황에서 지속적으로 말을 하지 못하는 장애이다. 전형적으로 집에서 부모, 형제와는 말을 잘하는데 일단 밖을 나가기만 하면 입을 꽉 다물고 말을 전혀 하지 않는 경우이다. 이러한 아동은 흔히 수줍음, 소심함을 보이며 낯설고 새로운 상황에서 쉽게 두려워하고 매달리거나 신경질적인 모습을 보이기도 한다. 가장 중요한 것은 이 아동이 말을 '안 하는 것'이 아니라 '못하는 것'임을 이해하는 것이다.

특정공포증　특정공포증(specific phobia)이란 비행기 타기, 높은 곳, 동물, 주사 등 특정한 주제에 대하여 지나치고 비합리적일 정도의 두려움이 지속되는 경우이다. 두려워하는 주제에 직면했을 때뿐만 아니라 그 상황이 예견되는 상황조차도 두려워서 회피하는 모습을 보인다.

범불안장애　범불안장애(generalized anxiety disorder: GAD)를 겪는 사람은 자신의 일뿐만 아니라 부모, 동생의 일까지 지나치게 걱정하고 일일이 참견하는 모습을 보인다. 흔히 미래의 일(예: 시험, 시간 약속 지키기, 사고, 재앙)에 대하여 과도하거나 비현실적인 정도로 걱정을 한다. 자신이 과거에 한 행동, 예를 들면 친구와 낮에 나누었던 대화 내용을 곱씹으면서 염려하기도 한다. 항상 긴장해 있기 때문에 안절부절하거나 짜증을 쉽게 내고 잠을 쉽게 자지 못하기도 하고 복통, 두통 등의 신체 증상도 자주 호소한다. 자신감이 떨어져 있고 완벽주의적이며 남한테 인정받으려는 욕구가 강한 일반적 특성을 보일 수 있다.

사회불안장애(사회공포증)　　사회불안장애[social anxiety disorder; 사회공포증(social phobia)]는 남이 자신의 행동을 주시한다는 두려움 때문에 남 앞에서 말하기, 읽기, 쓰기, 음식 먹기 등을 어려워하고 공중화장실이나 목욕탕을 혼자 못 가기도 한다. 학교생활이나 대인관계 전반에 큰 어려움을 갖게 되고 일상생활에서 위축되기가 쉬우므로 '수줍음'으로 가볍게 생각하지 말고 적절한 치료를 받게 하는 것이 필요하다.

강박장애　　강박장애(obsessive-compulsive disorder: OCD)는 과거 '불안장애'의 일종으로 분류되었으나, 최근에는 별개의 진단범주로 따로 분류되고 있다. 강박장애 증상은 '강박사고'와 '강박행동'으로 나누어진다. '강박사고'란 원하지 않는 생각이나 충동, 이미지가 반복적이고 침습적으로 떠올라 불안과 고통을 느끼는 것을 말한다. '강박행동'이란 이 불안을 완화하기 위해서 반복적으로 하게 되는 행동을 말한다. 강박장애는 그 강박사고나 강박행동이 여러 가지로 다양하다. 강박행동의 예로는 지나친 청결 행동, 의미 없는 반복적 행동, 확인행동 등이 있다.

그림 10-8　**강박적 손 씻기 행동**

그리고 강박사고의 예는 끔찍한 재앙이 일어날 것 같은 원치 않는 걱정, 성적이거나 공격적인 충동 및 이미지, 자신이나 타인을 해칠지도 모른다는 걱정, 특정단어나 음악이 계속 머리에 떠올라 다른 생각을 못하게 방해하는 경우 등이다.

⑥ 성격장애

성격이란 개인이 여러 가지의 상황에서 행동하고, 사고하고, 느끼는 특징적 방식을 의미한다(McMurran, Khalif, & Gibbon, 2009). 성격장애는 이러한 개인의 특징적 사고, 감정, 행동 방식으로 인해 장애가 발생하는 경우를 칭하는 진단적 용어이다. 주요 정신장애가 어떤 부정적 사건이 계기가 되어 급속히 발생할 수 있는 것과 달리, 성격장애는 성격적 특성의 문제 때문에 부적응적인 삶을 만성적으로 지속한다.

DSM-5에서는 성격장애를 열 가지 하위유형으로 구분하고 있으며, 크게 다음의 세 가지 군집(cluster)으로 분류하고 있다(〈표 10-2〉).

표 10-2 **성격장애의 분류체계**

〈A군: 이상하고 상식을 벗어난 증상〉

하위유형	주요 증상
편집성	전반적이고 근거 없는 의심과 불신
분열성	사회적 관계에서의 고립과 제한된 정서표현
분열형	인지 및 지각의 왜곡과 괴이한 행동

〈B군: 극적이고 감정적이며 변덕스러움〉

하위유형	주요 증상
히스테리성	과도하게 감정적이며 관심을 끌려고 함
자기애적	자신에 대한 과대평가, 칭찬에 대한 욕구, 공감 결여
경계선	대인관계, 자아상, 정동이 불안정하고 심하게 충동적
반사회적	타인의 권리를 무시하고 침범하는 것에 대한 죄책감 결여

〈C군: 불안하고 두려움, 근심스러움〉

하위유형	주요 증상
회피성	사회활동의 억제, 부정적 평가에 대한 과민성
의존적	보살핌에 대한 과도한 욕구, 순종적이고 의존적
강박적	정리정돈, 완벽성, 통제에 관한 과도한 집착

편집성 성격장애　　편집성 성격장애(paranoid personality disorder)를 지닌 사람은 근거가 확실하지 않음에도 불구하고 남들이 자신을 착취하거나 속이고 있다고 의심하는 경우가 많다. 그래서 자신의 신상에 대한 정보를 마음 놓고 털어놓지 않는데, 이것은 자신의 정보가 악의적으로 이용되지는 않나 의심하기 때문이다. 남들의 사소한 말이나 행동도 자신과 결부시켜 위협적인 것으로 지각하는 경향이 있고, 주변에서 일어나는 사건도 자신에게 불리하거나 해로운 쪽으로 잘못 해석하는 때가 많다. 남들에게서 받았다고 느끼는 모욕, 경멸들을 용서하거나 쉽게 풀지 않으며, 자신을 공격했다고 여기면 즉시 화를 내거나 반격하기 때문에 까다롭고 논쟁적이라는 인상을 준다. 또 뚜렷한 이유 없이 배우자나 사귀는 이성의 정절에 대해 의심하기도 한다.

　편집성 성격장애의 유병률은 일반 인구에서 0.5~2.5%, 정신과 입원환자에서는 10~30%, 외래정신과에서는 2~10%가 보고되고 있다.

반사회성 성격장애　　　반사회성 성격장애(antisocial personality disorder)는 생활 전반에서 남들의 권리를 무시하거나 침해하는 것을 알면서도 자신의 행동에 대해 별로 반성하지도 않고 죄의식도 느끼지 않는다. 또 자신이나 타인의 안전을 무시하는 무모성을 보인다. 이들이 보이는 행동은 사회적인 규범과는 거리가 멀고, 자신의 이득과 쾌락을 위해 남을 조정하거나 속이기 일쑤다. 불안정하고 공격적이어서 정당방위로 싸우기보다는 폭력적이고 순간적으로 폭발하는 경향이 있다. 이러한 행동들이 반복적이고 지속적으로 나타나기 때문에 사회적인 역할이나 직업적인 수행상에서 무책임함을 보인다. 자신의 행동결과에 대해 거의 자책하지 않으며 상해, 학대, 절도행위를 하고도 무관심하거나 합리화한다. 이 장애는 아동학대나 일관성 없는 부모의 보살핌, 부모의 무관심 등에 의해 형성된 행동문제에서 비롯되는 경우가 많다. 지역사회의 유병률은 남자가 약 3%, 여자가 약 1%이며 임상현장에서의 유병률은 3∼30% 정도에 이른다.

강박성 성격장애　　　강박성 성격장애(obsessive-compulsive personality disorder)의 증상은 정리정돈을 지나치리만큼 잘하고 완벽주의적이며, 대인관계에서도 마음의 통제를 많이 하기 때문에 융통성이 부족하고 개방적이지 못하는 한편, 실수를 용납하지 못하는 특징을 보인다는 것이다. 때로는 이들의 완벽주의가 업무완수에 지장을 초래하기도 한다(예: 스스로 설정한 지나치게 엄격한 기준이 충족되지 않아 과제를 끝마칠 수 없는 등). 이들은 지나치게 양심적이고 고지식하여 융통성을 발휘하지 못하고, 자신과 타인 모두에게 엄격한 도덕적인 원칙과 기준을 따르도록 강요한다. 일상생활에서 세부사항, 규칙, 절차 등의 형식에 매달리는 경향이 있어서 일의 전체 흐름을 잊어버리는 경우가 빈번하다. 의사결정에 있어서도 최선의 방법이 무엇인지를 고려하고 숙고하는 일에 많은 시간을 소비하며, 숙제를 할 때면 너무 꼼꼼하게 완벽을 기하려다가 마감일을 놓치게 되어 할 일이 계속 누적되는 경우가 많다. 강박성 성격장애의 유병률은 전체 인구의 약 1%, 정신건강진료소를 방문한 외래환자 중에서는 3∼10%로 보고되었다.

글상자 10-4 비자살적 자해

모든 자해는 자살을 의도한 것인가?

그렇지 않다. 자해는 죽고자 하는 의도의 유무에 따라 자살적 자해(suicidal self-injury)와 비자살적 자해(nonsuicidal self-injury)로 나눈다(이동귀, 함경애, 배병훈, 2016; Nock, 2010). 자살이 치명적인 방법으로 단번에 삶을 포기하려는 시도라면, 비자살적 자해는 부정적인 정서를 해결하려는 목적으로 치명적이지 않은 다양한 방법을 반복적으로 하는 부적응적인 행동으로, 자살과 비자살적 자해는 질적으로 다른 기능과 특성을 가진다(김수진, 김봉환, 2015; Muehlenkamp & Kerr, 2010). 자살은 그 심각성으로 인해 많은 연구가 이루어졌지만, 비자살적 자해는 외부에서 지속적으로 증상이 관찰되는 대부분의 정신장애와 달리 사적인 공간에서 삽화적(episodic)으로 이루어지는 행동적 특성 때문에 연구가 제한적으로 이루어져 왔다(Nock, 2010).

비자살적 자해는 '죽고자 하는 의도 없이, 사회적으로 용인되지 않은 방식으로 자신의 신체를 고의적으로 훼손하는 행위'로 정의되어 왔다(Nock & Favazza, 2009). 비자살적 자해에는 일반적으로 칼로 긋기, 불로 지지기, 긁기, 때리기, 물기, 상처 치료하지 않기 등의 행동이 포함된다(Nock, Joiner Jr, Gordon, Lloyd-Richardson, & Prinstein, 2006; Whitlock, Muehlenkamp, & Eckenrode, 2008). 피어싱이나 타투처럼 신체를 꾸미려는 목적 및 종교적 의례를 비롯해 사회문화적으로 허가되는 행동은 비자살적 자해에 해당되지 않는다(Messer & Fremouw, 2008). 그동안 비자살적 자해는 발달장애나 정신장애의 일환으로 발생하거나(Nock, 2010), 경계선 성격장애 증상(American Psychiatric Association[APA], 2000)의 하나로 고려되어 오다가, 비임상 집단인 일반인(Klonsky, May, Glen, 2013; Nock, 2010)에서도 보고됨에 따라 다른 정신장애의 진단과 상관없이 그 자체로 명백한 행동 증후군(Muehlenkamp, 2005)이나 장애(Klonsky & Olino, 2008; Nock et al., 2006)로 봐야한다는 주장이 제기되었다. 이러한 인식을 반영하여 DSM-5에서는 비자살적 자해를 추가 연구가 필요한 독립된 진단범주로 분류하였다(American Psychiatric Association[APA], 2013).

비자살적 자해는 신체적 상해(Bentley, Nock, & Barlow, 2014)를 비롯해 합병증(Klonsky & Olino, 2008)에 걸릴 위험을 증가시킬 뿐만 아니라 죄책감, 수치심과 같은 심리적 고통을 유발하고(Andrews, Martin, Hasking, & Page, 2014; Hasking, Momeni, Swannell, & Chia, 2008), 자살의 강력한 예측요인으로 나타났다(Guan, Fox, & Prinstein, 2012; Klonsky et al., 2013). 실제로 비자살적 자해를 하는 청소년의 70%가 자살시도 경험이 있고(Nock & Kessler, 2006), 비자살적 자해로 인한 자살률이 매년 증가하고 있는 것으로 나타나(Wilkinson, Kevin, Roberts, Dubicka, & Goodyer, 2011) 비자살적 자해와 자살의 밀접한 관련성이 있음을 알 수 있다. 비자살적 자해는 앞서 언급한 바와 같이 자살과 질적으로 명확히 구분되지만, 반복적인 자해는 고통에 대한 익숙함과 함께 죽음에 대한 공포를 저하시켜 자살에 이르게 할 수 있으므로(Joiner, 2005) 그 위험성이 매우 크다.

(3) DSM-5에 추가된 장애

앞서 설명된 '월경전 불쾌감장애'와 '파괴적 기분곤란장애', '지속성 우울장애' 외에도 DSM-5에 새로 추가된 장애를 살펴보면 다음과 같다.

사회적 의사소통장애   언어적 · 비언어적 의사소통 기술을 사용하는 데 있어서 지속적인 어려움을 나타내는 경우이다. 이러한 의사소통 기술의 사회적 활용은 ① 사회적 맥락에서 적절한 방식으로 의사소통을 하지 못함(예: 인사하기, 정보교환), ② 맥락이나 듣는 사람의 필요에 맞추어 대화를 적절하게 변화시키지 못함(예: 놀이할 때와 공부할 때 다르게 말하기, 아동과 어른에게 다르게 말하기), ③ 상대방 또는 여러 사람과의 대화 속에서 규칙을 따르지 못함(예: 교대로 말하기, 잘 이해하지 못했을 때 되묻기), ④ 상대방 또는 여러 사람과의 대화에서 함축적이며 이중적인 의미를 이해하지 못함(예: 추론하기, 유머, 문맥에 따라 해석하기)의 네 가지 방식에서 결함(어려움)이 있는 경우를 말한다. 따라서 다른 사람들과 언어적 · 비언어적 의사소통을 할 때 의미 있는 대화를 나누지 못하고, 상황이나 상대의 요구에 부적절하게 반응하는 등 사회적 목적을 위한 의사소통 능력이 상당히 지체된 상태를 나타낸다. 그러나 이러한 증상은 단어사용이나 문법 문제 또는 일반적인 인지능력 관련 장애와는 관련이 없다.

저장장애   저장장애(hoarding disorder)는 언젠가는 필요할지 모른다는 생각으로 가치 없어 보이는 물건들을 집 안에 산더미처럼 쌓아두는 장애이다. 저장장애를 지닌 사람들은 어떤 물건을 보관하거나 버려야 하는 것과 관련된 의사결정의 곤란, 소유물을 지나치게 세분하여 분류하는 문제, 자신의 기억에 대한 자신감 부족, 미래의 손실에 대한 과장된 평가와 같은 인지적 결함을

그림 10-9 **저장장애 겪는 사람의 저장 공간**

나타낸다. 가족, 친구, 이웃들은 쌓여진 저장물이 건강을 해치거나 화재의 위험이 된다고 불평한다. 하지만 저장장애를 지니고 있는 사람은 물건을 버리는 것에 고통이나 불안감을 느낀다.

피부 벗기기(또는 뜯기) 장애   반복적으로 피부를 벗기거나 뜯음으로써 피부를 심하게

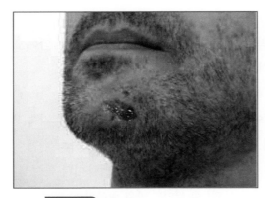

그림 10-10 피부 벗기기 장애의 심한 뜯기

손상시키는 행동을 포함한다. 이러한 행동을 그만두기 위해 나름 반복적인 시도를 하지만 매번 실패하며, 생활 전반에 걸쳐 심각한 부적응적 증상들을 초래한다. 피부 벗기기(또는 뜯기) 장애를 겪는 사람들은 이러한 행동을 주로 얼굴이나 팔, 손에 가하지만 손톱이나 발톱을 포함하여 신체의 여러 부위가 대상이 된다. 이 행동을 위해 도구(예: 핀, 핀셋)를 사용하기도 한다. 벗기기(또는 뜯기) 행동은 피부가 붓고 상처가 생기는 등 흔적을 남기는데, 이때 죄책감이나 수치심이 수반된다.

피부 벗기기(또는 뜯기) 행동은 일시적인 안도(예: 즐거운 느낌, 만족감, 긴장완화)를 부여해 주지만, 곧이어 심리적 고통이 뒤따른다.

회피적 · 제한적 음식섭취 장애　음식이나 먹는 것에 대해 전혀 관심이 없고, 먹는 것을 가급적 회피하며, 먹더라도 매우 제한적으로만 먹어서 심각한 부적응적 증상을 초래하는 경우이다. 영양부족이나 활력이 저하된 결과, 심각한 체중감소 내지는 영양결핍, 의료적 영양공급에의 의존, 심리사회적 기능의 뚜렷한 방해가 나타나기도 한다.

폭식장애　폭식행동으로 고통을 느끼지만 보상행동(예: 구토 또는 설사제, 이뇨제, 관장제 등 사용)은 나타내지 않는 경우이다. 폭식장애가 있는 사람은 신경성 폭식증과 달리 자신의 몸매에 대해서 과도하게 걱정하지 않기 때문에 과체중이나 비만인 경우가 많다. 자신의 체형이나 체중에 대해서 심한 왜곡을 보이지 않고, 날씬한 몸매를 추구하지도 않는다.

초조성 다리 증후군　수면 중에 다리의 불편하거나 불쾌한 감각 때문에 다리를 움직이고 싶은 충동을 느끼는 경우를 말하며, 하지불안증후군이라고 불리기도 한다. 잠을 자거나 휴식하는 중에 다리나 신체 일부에 무언가가 기어가는 듯한 간지러운 불쾌한 감각을 느끼게 되어 다리나 몸을 움직이고 싶은 충동을 느낀다. 이러한 증상으로 인해서 잠을 계속적으로 방해받게 된다. 그럼으로써 수면의 질은 낮아지며, 낮 동안의 기능 수준은 저하된다. 증상은 낮보다 저녁이나 밤에, 움직이지 않고 쉬고 있을 때(예: 앉아 있거나 누워있을 때) 더 자주 나타난다.

4. 상담 및 심리치료

심리적인 문제의 다양성 못지않게 부적응의 문제를 다루는 입장과 기법도 그 폭이 크다. 즉, 심리적인 문제의 원인을 무의식적인 갈등으로 보아 자신의 무의식적인 갈등을 의식화해 나가는 치료(정신분석)가 있는가 하면, 개인의 부적응 행동에 대하여 내적인 갈등은 전혀 고려하지 않고 겉으로 관찰 가능한 부적응 행동 수정에만 초점을 두는 행동치료와 인지치료까지, 무척 다양한 입장들이 존재한다.

1) 마음챙김 기반 인지치료(MBCT)

'마음챙김(Mindfulness)'은 지난 2,500년간 동양에서 행해진 정신훈련이다. 마음챙김은 본래 불교의 마음수행에 그 기반을 두고 있지만 서양의 심리학과 의학, 신경생리학이 접목되어 매우 과학적인 심신치유의 훈련과정으로 자리 잡고 있다. 1970년대 이후 Weick와 Robert(1993)가 마음챙김을 인지적 유연성(cognitive flexibility)과 새로운 것에 대한 주의(attention to novelty)로 소개하면서 불교적인 개념과 구분하기 시작하였고, 최근에는 서양의 건강의학 분야에서 큰 관심을 가지고 연구와 수련을 하고 있다. 마음챙김의 창시자인 John Kabat Zinn(2005) 박사는 마음챙김을 '의도를 가지고 지금 현재 일어나는 모든 경험에 비판단적인 태도로 주의를 기울이는 것'이라고 정의하였다. 마음챙김은 특별한 방식으로 주의를 기울이는 것이며 자신이 경험하는 사고와 감정들을 마음 안에서 일어나는 하나의 사건으로 판단 없이 관찰하고 주의를 기울이는 과정이다. 주의를 기울인다는 것은 순간순간 발생하는 내적·외적 경험을 관찰하는 것을 의미한다. 경험을 해석하지 않고 경험 자체에 주목하고 지금-여기에 자신을 존재하게 하는 방식이다. '주의'는 심리학 분야에서 치유과정에 매우 중요한 요인으로 알려져 있다.

마음챙김은 일반인의 스트레스와 스트레스로 인한 부정적 정서 및 각종 신체적 증상(각종 통증과 불편감)들에 대한 긍정적인 효과는 물론

그림 10-11 명상장면

이고, 임상장면에서의 각종 정신병리에 탁월한 효과가 있는 것으로 밝혀지고 있다. 마음챙김의 임상연구 사례를 살펴보면 불안장애, 우울증, 공황장애와 같은 정서적, 행동적 장애의 치료에 효과가 있었으며, 암 환자들의 스트레스 감소 및 약물남용, 섭식장애, 불안장애가 개선되었다고 밝히고 있다. 또한 마음챙김은 외상후 스트레스장애(PTSD)의 증상을 완화시키는 데 탁월한 효과를 나타내고 있으며 흡연, 약물, 인터넷 중독, 각종 중독의 치료에도 그 효과가 입증되고 있다. 국내의 연구를 보면 마음챙김이 노인, 중년여성 그리고 청소년들의 스트레스와 우울 감소에 영향을 미치는 것으로 보고되고 있다.

마음챙김 기반 인지치료(Mindfulness-Based Cognitive Therapy: MBCT)는 마음챙김 훈련을 통한 '인지의 재구조화'에 그 목표를 두고 있는 심리치료 프로그램이다. MBCT는 프로

글상자 10-5 가상현실노출 심리치료(VRET)

VRET(Virtual Reality Exposure Therapy)는 트라우마 치료, 각종 공포증 완화, 자폐증 치료 등 다양한 영역에서 적용되고 있다. 'Virtual Vietnam'은 외상후 스트레스장애(PTSD) 치료를 위해 VR(Virtual Reality)을 최초로 이용한 솔루션으로, 1997년에 베트남 참전 군인들의 치료를 위해 조지아 공대에서 시도했다. VR은 정글을 헤치고 나가는 상황과 군용 헬리콥터를 타고 날아가는 두 가지 시나리오를 재현해 군인들이 실제 베트남에 있는 것처럼 느끼게 한다. 심리치료에 별다른 효과를 못 보던 환자들이 시험에 참여하여 효과를 보았다. Virtual Iraq는 서던캘리포니아 대학의 정신과 전문의 Albert Rizzo 박사가 주도하여 2005년 이라크전 참전 군인들의 PTSD 치료를 위해 개발하였다. 엑스박스의 전쟁게임 'Full Spectrum Warrior'의 개발환경을 재사용한다. 오락용으로 가상의 전쟁 긴장감을 즐기기 위해서 개발된 게임이 전쟁 참상을 겪은 군인들의 후유증을 치료하기 위해 활용됐다. 미시간대 병원은 장기 입원을 하고 있는 어린이들에게 지루함을 덜어주기 위해 오큘러스 리프트(Oculus Rift)를 이용해 병원 밖을 체험시킨다. 어린이용 프로그래밍 스쿨인 GameStart School은 입원 중인 어린이가 보통 어린이와 같은 체험과 감동을 얻는 것을 목적으로 한다. Floreo는 자폐증 어린이의 스킬 개발을 지원하고 자립하는 것을 돕는 협동 시스템을 제공하는데, 지도를 맡은 사람은 렌즈에 애플 아이패드를 사용한다. VR 기반 치료는 개인 특성에 맞춰 관리, 조정이 가능해 학습능력 장애를 가진 어린이와 가족으로부터 호의적인 반응을 얻었다. 옥스퍼드대 연구팀은 고소공포증 환자에게 2주간 4~6회 VR 치료 프로그램을 받게 하고, 환자들은 가상현실 속에서 높은 건물에 올라가 사과를 따거나 고양이를 구하는 등의 과제를 수행해 고소공포증 증상을 평균 68% 감소시키는 효과를 보았다. 일본 얀센파마(Janssen Pharmaceutical)는 2016년 5월 환청이나 망상을 유사 체험할 수 있는 장치 'Virtual Hallucination'을 개발하였다. 골판지로 만든 조립식 헤드셋과 앱을 설치한 스마트폰을 사용해 보여 주는데, 영상은 상하좌우로 180도까지 머리를 움직이며 볼 수 있다. 그리고 환청을 체험하고, 네 가지 에피소드를 준비하여 환자 가족들이 질환에 대해 깊은 이해를 하는 것을 돕고 있다.

그램 참가자에게 마음챙김 기반 스트레스 감소 프로그램(MBSR)에 포함되어 있는 마음챙김의 체계적인 훈련을 하도록 함으로써 부정적인 경험과 우울 증상에 대한 지각과 태도를 점차 변화시켜 나가게 한다. 마음챙김 훈련 과정에는 마음챙김에 대한 기본 개념의 교육 외에도 호흡명상, 바디스캔, 요가, 걷기명상 그리고 정좌명상 등이 포함된다. MBCT에서 특히 중요한 것은 자신의 자동반사적이고 습관적인 인지적 반응을 알아차리는 것 그리고 부정적이고 어려운 감정들과 함께 머무르기 같은 훈련을 통해 인지를 재구조화하는 것이다. 자신이 경험하는 부정적인 사건과 이에 대한 반응(감각, 정서, 생각)을 지금까지 해왔던 것과는 다른 방식으로 관계를 맺는 연습의 과정을 거치는 것이다. 예를 들어, 부정적인 정서를 느낄 때 "나는 이러한 감정을 느껴서는 안 돼.", "나는 내가 얼마나 형편없는 생각을 하고 있는 사람인지 모르겠어!"와 같은 판단이나 회피, 자기비난 등의 자동적 반응을 알아차리는 것이다. 이러한 습관적인 반응을 하던 참가자들이 MBCT 프로그램을 통해서 비판단적인 연민과 수용의 태도로 변하는 과정을 경험하게 된다. 마음챙김 훈련이 갖는 가치는, 세상과 자신에 대하여 따뜻함과 공감적인 태도를 가지고 분명하게 다시 보려는 시도를 함으로써 우울증 환자로 하여금 더 이상 자신의 부정적인 정서와 경험에 대해 판단적인 태도를 갖지 않도록 하는 효과를 나타내는 데 있다. 이러한 MBCT의 치료적 효과를 '탈중심화(decentering)와 현재 주의자각(present-moment awareness), 수용(acceptance), 내버려 두기(letting-go)'라는 MBCT의 치료 기제로 요약·설명할 수 있다.

2) 변증법행동치료(DBT)

변증법행동치료(dialectical behavior therapy: DBT; Linehan, 1993, 2015)는 인지행동치료의 원리, 선불교의 철학 그리고 변증법 철학이라는 세 가지 주요 축을 기반으로 하는 치료 체계이다. DBT는 정서, 인지, 행동, 대인관계, 자기조절 등 전반적인 정서조절 문제(pervasive emotion regulation disorder)의 완화에 초점을 맞추고 있으며, 이에 궁극적으로는 '살 만한 삶'이라는 치료 목적을 가지고 수행된다(Linehan, 1993).

DBT는 다양한 효과 연구를 확보한 경험적으로 지지된 심리치료로, 현재 근거 기반 실천(evidence based practice)으로서 자리하고 있다. 근거 기반 실천이란 임상 효과에 대한 과학적 근거, 치료자의 임상경험 숙달 그리고 내담자나 환자 초점의 치료 서비스라는 세 가지 요소를 갖춘 임상 실천을 의미한다(APA Presidential Task Force on Evidence-Based Practice, 2006). 여기서 근거란 통제된 연구 장면에서 나타나는 임상적 변화인 효능, 전형적인 임상 장면 혹은 연구 외 장면(예: 지역사회, 개업)에서의 일반화 가능성을 보여 주는 효과를 포함한다. 또한 임상적 유용성도 중요한데, 이는 치료 순응도와 보급 용이성에 관한 치료 실행 가능성과 치료 비용 대비 효율을 의미한다(APA Presidential Task Force on Evidence-Based Practice, 2006; Chambless & Hollon, 1998).

DBT의 개발자인 M. Linehan은 미국의 여성 심리학자로 1980년대부터 자살행동 혹은 자살의도가 없는 자해행동(non-suicidal self injury: NSSI) 완화에 관한 효과적인 개입을 개발하고자 하였다. 그녀는 1987년 Bulletin of the Menninger Clinic에 「경계선 성격장애를 위한 변증법행동치료: 이론과 기법」을 소개하였다(Linehan, 1987). 그녀가 궁극적으로 목표한 것은 전반적 정서 조절 장애였으나 DSM의 기준에 맞추어 연구해야 했으므로 경계선 성격장애(borderline personality disorder: BPD)가 핵심 목표 진단이 되었다. Linehan은 기존 정신역동치료에서 BPD 개인들에게 가할 수 있는 부정적 평가를 지적하였고, 평가 없이 BPD 환자를 대하는 체계를 고민하였다(Linehan, 1993). DBT는 BPD를 위한 치료로서 Linehan과 동료들(1991)의 무선 통제 연구가 발표되었고 1993년에는 치료체계가 출판되었다(Linehan, 1993).

Linehan과 동료들은 Linehan(1993)을 바탕으로 수행하는 DBT를 표준 DBT(standard DBT)라 일컬으며, 표준 DBT의 효과를 여러 차례 검증하였다(예: Linehan et al., 1991; Linehan et al., 2006; Linehan et al., 1999). 표준 DBT는 개인 DBT, 24주간의 집단 DBT 기술 훈련, 전화 코칭 그리고 치료진 자문팀이라는 네 가지 체계로 구성된 종합 DBT (comprehensive DBT) 체계를 포함하며 DBT의 체계와 원리를 정확하게 적용한 방식을 말한다.

DBT 연구는 표준 DBT 이외에, 개인 DBT 혹은 집단 DBT 기술훈련의 개별 효과를 검증하기도 하였으며, 집단 기술 훈련의 경우 다양한 구성과 길이로 적용과 변형을 보이고 있다(Linehan, 2015). 또한 DBT는 초기 치료가 개발된 BPD의 자살 자해 행동을 넘어 섭식문제, 물질 사용 문제 등 여러 정서조절 문제에 적용되고 있으며, 외상후 스트레스장애, 기분장애, 아동 · 청소년과 장 · 노년의 치료에도 적용된 바 있다.

3) 수용전념치료(ACT)

수용전념치료(acceptance and commitment therapy: ACT)란 마음챙김, 수용, 전념과 행동 변화를 통하여 개인의 심리적 유연성을 증가시키는 행동치료의 제3의 물결이다. 사람들은 자신의 삶에서 겪는 심리적 고통이 비정상적이라고 간주하여 이를 회피함으로써 일시적으로 심리적 고통을 줄이려고 하나, 이 과정은 심리적 불편감에 대한 근본적인 대처방법이기보다는 임시방편 수단으로서 오히려 개인은 자신의 경험에 심리적으로 더 경직될 수 있다고 보았다.

수용전념치료(ACT)는 이러한 심리적 경직성에서 벗어나 개인이 심리적으로 유연하도록 돕는다. 마음챙김, 수용, 탈융합, 맥락으로서의 자기를 통해 개념화된 자기에서 벗어나도록 하고, 현재 순간에서 자기 자신을 인식한다. 또한 가치를 탐색하고 전념하여 현재에 주어진 자극을 온전히 받아들이도록 함으로써 자신의 경험을 있는 그대로 알아차리게 한다.

글상자 10-6 긍정심리학

21세기 들어 전 세계적으로 확산된 긍정심리학(positive psychology)은 정신적으로 건강한 삶의 중요성과 관련해서 중요한 시사점을 제공해 주었다(Diener& Chan, 2011). 정신건강 영역에서 긍정심리학적 시각이 확산된 점은 세계보건기구(WHO)에서 정신건강을 단순히 질병의 부재 상태가 아니라, 개인이 잠재력을 실현하고 스트레스에 효과적으로 대처하며 생산적으로 일하고 공동체에 기여할 수 있는 적극적 웰빙의 상태를 뜻한다고 재정의한 데서도 확인할 수 있다(WHO, 2005).

역사적으로 정신건강의 문제를 바라보는 시각은 크게 세 가지였다(Keyes, 2007). 첫째, 질병 모델이다. 이러한 전통 모델에서는 기본적으로 특별한 정신장애나 문제없이 살아가는 것을 심리적으로 건강한 상태로 간주한다. 둘째, 긍정적 기능 모델이다. 여기에서는 인간의 사고, 감정 및 행동이 긍정적으로 표현되고 기능하는 상태를 심리적으로 건강한 상태로 규정한다. 마지막으로, '긍정심리적 정신건강' 모델이다. 이러한 관점에서는 인간의 긍정적 성품이 실제로 발현되고 잘 기능하는 동시에 정신장애와 문제들로부터 자유로운 상태를 심리적으로 건강한 상태로 바라본다. 이런 점에서 긍정심리적 정신건강 모델은 질병 모델과 긍정적 기능 모델을 종합한 것이라고 할 수 있다. 긍정심리적 정신건강 모델에 의한 최근의 연구 결과들(Keyes, 2005)은 정신건강 수준이 높을수록 정신장애가 줄어드는 것은 사실이지만 정신장애가 없다고 해서 반드시 정신적으로 건강한 상태에 있다고 볼 수는 없음을 보여 준다. 왜냐하면, 정신장애를 지니고 있는 사람도 노력을 통해 정신적으로 건강한 상태에 도달할 수 있을 뿐만 아니라, 정신장애가 없는 사람도 사고나 감정 및 행동이 충분히 잘 기능하지 못할 수 있기 때문이다. 이처럼 정신건강과 정신장애가 동일한 특성의 양극단에 해당되는 것이 아니라 질적으로 서로 다른 특징을 갖고 있다고 보는 관점을 정신건강의 2요인 모델이라고 한다.

글상자 10-7 심리서비스 법제화

우리나라에는 수천 개의 심리상담 관련 자격증이 있으며 저마다 '전문가'라 자처하고 있다. 하지만 자격기준이 모호할 뿐만 아니라 수개월, 심지어는 일주일만 교육을 이수해도 민간 상담사 자격증 취득이 가능하다는 광고 역시 넘쳐나고 있다.

자격이 안 되는 부실한 민간 자격을 가진 이가 심리적 어려움을 겪고 있는 내담자를 상담할 경우, 내담자는 더 큰 상처와 심리적 고통을 받을 가능성이 너무나 크다. 결국 심리상담과 심리평가에서 품질을 보장할 수 없는 심리서비스가 횡행하는 상황은 개선되어야 한다.

이를 위한 방안 중 하나는 심리서비스(심리사) 관련 법제화이다. 경제협력개발기구(OECD) 국가의 자살률과 심리사의 숫자는 반비례한다. 심리사가 한 국가의 정신건강 영역에서 중요한 역할을 한다는 방증일 것이다. OECD 국가 중 심리사 법제화가 이루어지지 않은 나라는 2021년 현재 칠레와 한국을 포함한 두세 개 국가에 불과하며, 대한민국 수준의 심리사 인력을 갖춘 나라 중 심리사 법제화가 되지 않은 나라는 한국이 유일하다.

심리사법의 목적은 심리사의 자격요건을 법으로 정함으로써 국민들에게 전문적이고도 안전한 심리서비스를 제공하기 위함이어야 할 것이다. 심리서비스법은 심리사가 되기 위해서는 인간행동에 대한 이론, 연구 결과 그리고 실무가 포함된 강도 높은 심리학 교육과 수련 과정을 거쳐야 할 것이다. 이 과정에서 공감과 경청 그리고 소명 같은 기본 요소는 물론 정신병리, 상담 및 평가 실습, 발달, 인지, 학습, 성격, 윤리, 연구 방법 등을 포괄하는 전문적인 역량을 갖추게 된다.

요약　이 장에서는 정신병리에 대한 객관적인 이해를 돕기 위해 DSM-5에 근거한 주요 장애를 그 진단 준거에 해당되는 증상을 중심으로 소개하였고, 그 사례를 간략히 제시하여 독자들의 이해를 도모하였다.

대부분의 정신장애는 해당 증상으로 인해 사회생활과 직업적인 수행에 어려움을 겪게 한다. 조현병과 같이 심각하고 개인의 전 삶이 유지되기 어려운 장애도 있고, 각 증상을 가지고 힘겹게 생활하는 경우 또한 적지 않다. 우울증이나 불안장애, 성격장애 등은 유병률도 높고 관련 연구도 많으며 심리치료 개입에 주요한 대상이 되므로 심리학자로서 이에 대한 관심을 많이 갖기를 바란다.

정신의학적인 치료에서는 각 장애를 1차적으로 약물치료를 통해 증상을 완화하는 데 치료목표를 두고 환자를 돕지만, 약물치료와 함께 정신치료 작업을 병행하거나 정신과 의사의 치료관점에 따라서 정신치료를 강조하는 경우도 있다.

반면에 심리치료자의 역할은 각 내담자 또는 환자의 문제를 심리치료 혹은 상담을 통해 증상이나 문제를 해결할 수 있도록 도울 뿐만 아니라 자신의 원하는 삶을 자발적으로 유연하게 살아가도록 돕는 데 있다.

심리치료의 주요 접근마다 치료의 관점과 과정은 상당히 다양하다. 인지행동치료에서는 개인의 의지와 행동의 변화를 목적으로 이에 대해 체계적으로 접근하고자 하며, 최근에는 마음챙김과 수용을 촉진하는 치료가 근거 기반 치료로서 주목받고 있다. 각 치료에는 장점과 제한점이 존재하고 내담자의 삶에 전문적으로 개입하여 내담자 스스로가 자신의 삶에 주체가 되도록 돕는다는 점에서는 크게 다르지 않다.

연습문제

1. 고전적 정신분석적 입장(정신역동적 입장)에서는 어린 시절의 경험과 _____적 갈등에 의해 이상행동이 생겨난다고 본다. 즉, _____이 의식보다 더욱 중요하게 관여한다고 가정한다.
2. 정신장애에 대해 _____모델은 생물학적·심리적·사회적 요인의 다차원적인 상호작용 접근을 강조한다.
3. 현재 정신의학에서는 정신장애를 주로 _____에 의거하여 분류하고 진단하고 있다.
4. DSM-5는 범주적 분류의 한계를 보완하기 위해 _____평가방식을 도입함으로써, 이른바 '하이브리드 모델'을 제안하였다.
5. DSM-5에서는 정신장애를 _____가지 진단범주로 구분하고 있다.
6. _____의 주된 증상은 우울한 기분과 흥미나 즐거움의 상실, 수면장애, 주의집중의 곤란, 자살충동이나 시도 등이 적어도 2주 이상 지속되는 장애이다.

7. 양극성장애는 _____과 우울증이라는 양극단의 기분 변화를 보이는 기간과 정상적인 기분을 보이는 기간이 번갈아 나타나는 정신장애이다.

8. 불안장애 중 _____이란 비행기 타기, 높은 곳, 동물, 주사 등 특정한 주제에 대하여 지나치고 비합리적일 정도의 두려움이 지속되는 장애이다.

9. 성격장애 중 _____성격장애 증상은 정리 정돈을 지나치리만큼 잘하고 완벽주의적이며, 대인관계에서도 마음의 통제를 많이 하기 때문에 융통성이 부족하다는 것이다.

10. 핵심적인 치료기제로 탈중심화(decentering), 현재 주의자각(present-moment awareness), 수용(acceptance), 내버려 두기(letting-go)를 지니고 있는 치료접근은 _____이다.

📖 참고문헌

권석만(2011). 인간의 긍정적 성품: 긍정 심리학의 관점. 서울: 학지사.

권준수, 김재진, 남궁기, 박원명, 신민섭, 유범희, 윤진상, 이상익, 이승환, 이영식, 이헌정, 임효덕 공역 (2015). 정신질환의 진단 및 통계 편람(제5판). 서울: 학지사.

김수진, 김봉환(2015). 청소년 내담자의 반복적 자해행동의 의미탐색. 한국심리학회지: 상담 및 심리치료, 27(2), 231–250.

보건복지부(2016). 2016 정신질환실태 역학조사.

이동귀, 함경애, 배병훈(2016). 청소년 자해행동. 한국심리학회지: 상담 및 심리치료, 28(4), 1171–1192.

홍강의(2014). DSM-5에 준하여 새롭게 쓴 소아정신의학. 서울: 학지사.

American Psychiatric Association (APA). (2013). *Diagnostic and statistical manual of mental disorders* (5th ed.). American Psychiatric Publishing, Inc..

Andrews, T., Martin, G., Hasking, P., & Page, A. (2014). Predictors of onset for nonsuicidal self-injury within a school-based sample of adolescents. *Prevention Science, 15*, 850–859.

APA Presidential Task Force on Evidence-Based Practice (2006). Evidence-Based Practice in Psychology. *American Psychologist, 61*, 271–285.

Arroll, B., Khin, N., & Kerse, N. (2003). Screening for depression in primary care with two verbally asked questions: cross sectional study. *BMJ, 327*, 1144–1146.

Barlow, D. H. (Ed.). (2014). *Clinical handbook of psychological disorders: A step-by-step treatment manual* (5th ed.). New York, NY: Guilford Press.

Bentley, K. H., Nock, M. K., & Barlow, D. H. (2014). The four-function model of nonsuicidal self-injury: Implications for research directions and psychological treatment. *Clinical Psychological Science*, 1–19. doi:10.1177/2167702613514563

Bogousslavsky, J., & Boller, F. (Eds.). (2005). Understanding Van Gogh's Night: Bipolar Disorder.

Neurological Disorders in Famous Artists (Vol. 19, pp. 121–131). Karger.

Boysen, G. (2007). An evaluation of the DSM concept of mental disorder. *Journal of Mind and Behaviour, 28*(2), 157–173.

CDC (2016). Centers for Disease Control and Prevention. Autism Spectrum Disorder (ASD). Data and Statistics. http://www.cdc.gov/ncbddd/autism/data.html (Accessed June 16th, 2016).

Chambless, D. L., & Hollon, S. D. (1998). Defining empirically supported therapies. *Journal of Consulting and Clinical Psychology, 66*, 7–18. https://doi.org/10.1037/0022-006X.66.1.7

Diener, E., & Chan, M. Y. (2011). Happy people live longer: Subjective well-being contributes to health and longevity. *Applied Psychology: Health and Well-being, 3*, 1–43.

Fombonne, E. (2009). Epidemiology of Pervasive Developmental Disorders. *Pediatric Research, 65*, 591–598.

Grabrucker, A. M. (2012). Environmental factors in autism. Front. Psychiatry3:118.doi: 10.3389/fpsyt.2012.00118.

Guan, K., Fox, K. R., & Prinstein, M. J. (2012). Nonsuicidal self-injury as a time-invariant predictor of adolescent suicide ideation and attempts in a diverse community sample. *Journal of Consulting and Clinical Psychology, 80*(5), 842. doi.org/10.1037/a0029429

Hasking, P., Momeni, R., Swannell, S., & Chia, S. (2008). The nature and extent of non-suicidal self-injury in non-clinical sample of young adults. *Archives of Suicide Research, 12*, 208–218.

Kabat-Zinn, J. (2005). *Wherever You Go, There You Are: Mindfulness Meditation in Everyday Life*. Piatkus.

Keyes, C. L. M. (2005). Mental illness and/or mental health? Investigating axioms of the complete state model of health. *Journal of Consulting and Clinical Psychology, 73*, 539–548.

Keyes, C. L. M. (2007). Promoting and protecting mental health as flourishing: A complementary strategy for improving national mental health. *American Psychologist, 62*, 95–108.

Kim, Y. S., Leventhal, B. L., Koh, Y., et al. (2011). Prevalence of autism spectrum disorders in a total population sample. *American Journal of Psychiatry 168*, 904–912.

Klonsky, E. D., & Olino, T. M. (2008). Identifying clinically distinct subgroups of self-injurers among young adults: A latent class analysis. *Journal of Consulting and Clinical Psychology, 76*, 22–27.

Klonsky, E. D., May, A. M., & Glenn, C. R. (2013). The relationship between nonsuicidal self-injury and attempted suicide: Converging evidence from four samples. *Journal of Abnormal Psychology, 122*, 231–237. doi:10.1037/a0030278

Kroenke, K., Wu, J., Bair, M. J., Krebs, E. E., Damush, T. M., & Tu, W. (2011). Reciprocal relationship between pain and depression: A 12-month longitudinal analysis in primary care. *The Journal of Pain, 12*, 964–973.

Levy, R., Bicknell, K., Slattery, T., & Rayner, K. (2009). Eye movement evidence that readers maintain and act on uncertainty about past linguistic input. *Proceedings of the National Academy of Sciences, 106*(50), 21086–21090.

Linehan, M. (1987). Dialectical behavior therapy for borderline personality disorder: Theory and method. *Bulletin of the Menninger Clinic, 51*, 261–276.

Linehan, M. (1993). *Cognitive-behavioral treatment for borderline personality disorder*. New York, NY: Guilford Press.

Linehan, M. (2015). *DBT skills training manual* (2nd ed.). New York, NY: Guilford Press.

Linehan, M., Armstrong, H., Suarez, A., Allmon, D., & Heard, H. (1991). Cognitive behavioral treatment of chronically parasuicidal borderline patients. *Archives of General Psychiatry, 48*, 1060-1064.

Linehan, M., Comtois, K., Murray, A., Brown, M., Gallop, R., Heard, H., & Lindenboim, N. (2006). Two-year randomized trial and follow-up of dialectical behavior therapy vs. therapy by experts for suicidal behaviors and borderline personality disorder. *Archives of General Psychiatry, 63*, 757-766.

Linehan, M., Heard, H., & Armstrong, H. E. (1993). Naturalistic follow-up of a behavioral treatment for chronically parasuicidal borderline patients. *Archives of General Psychiatry, 50*, 971-974.

Linehan, M., Korslund, K., Harned, M., Gallop, R., Lungu, A., Neacsiu, A., & Murray-Gregory, A. (2015). Dialectical behavior therapy for high suicide risk in borderline personality disorder: A component analysis. *JAMA Psychiatry, 72*, 475-482.

Linehan, M., Schmidt, H., Dimeff, L., Craft, J., Kanter, J., & Comtois, K. (1999). Dialectical behavior therapy for patients with borderline personality disorder and drug dependence. *The American Journal on Addictions, 8*, 279-292.

McMurran, M., Khalifa, N., & Gibbon, S. (2009). *Forensic mental health*. Cullompton: Willan Publishing.

Messer, J. M., & Fremouw, W. J. (2008). A critical review of explanatory models for self-mutilating behaviors in adolescents. *Clinical Psychology, 28*, 162-178. doi:10.1016/j.cpr.2007.04.006

Muehlenkamp, J. J., & Kerr, P. L. (2010). Untangling a complex web: How non-suicidal self-injury and suicie attempts differ. *The Prevention Researcher, 17*(1), 8-10.

Nock, M. K. (2010). Self-Injury. *Annual Review of Clinical Psychology, 6*(1), 339-363.

Nock, M. K., & Kessler, R. C. (2006). Prevalence of and risk factors for suicide attempts versus suicide gestures: Analysis of the National Comorbidity Survey. *Journal of Abnormal Psychology, 115*, 616-623.

Nock, M. K., Joiner, T. E., Gordon, K. H., Lloyd-Richardson, E., & Prinstein, M. J. (2006). Non-suicidal self-injury among adolescents: Diagnostic correlates and relation to suicide attempts. *Psychiatry Research, 144*, 65-72

psychosocial predictors of suicide attempts and nonsuicidal self-injury in the Adolescent Depression Antidepressants and Psychotherapy Trial (ADAPT). *American Journal of Psychiatry, 168*, 495-501. doi:10.1176/appi.ajp.2010.10050718

Regier, J., Zwick, A., Cummings, M., et al. C. (2009) Toward recon-structing the evolution of advanced moths and butterflies (Lepi-doptera: Ditrysia): An initial molecular study. *BioMed Central Evolutionary Biology, 9*, 280-301.

Sandin, S., Schendel, D., Magnusson, P., Hultman, C., Suren, P., Susser, E., & Reichenberg, A. (2015). Autism risk associated with parental age and with increasing difference in age between the parents. *Molecular Psychiatry*. Advanced online publication. doi: 10.1038/mp.2015.70.

Snowden, L. R., & Yamada, A. (2005). Cultural differences in access to care. *Annual Review of Clinical Psychology, 1*, 143-166.

Stroebe, M. S., Hansson, R. O., Schut, H., & Stroebe, W. (2008a). *Handbook of bereavement research and practice: Advances in theory and intervention*. Washington, DC: American Psychological Association.

Szasz, T. S. (1971). The sane slave. *American Journal of Psychotherapy, 25*(2), 228–239.

Tordjman, S., Somogyi, E., Coulon, N., Kermarrec, S., Cohen, D., Bronsard, G., et al. (2014). Gene× Environment interactions in autism spectrum disorders: Role of epigenetic mechanisms. *Psychiatry, 5*, 1–17.

Vijayakumar, N. T., & Judy, M. V. (2016). Autism spectrum disorders: Integration of the genome, transcriptome and the environment. *Journal of the Neurological Sciences, 364*, 167–176.

Wakefield, J. C. (1999). Evolutionary versus prototype analyses of the concept of disorder. *Journal of Abnormal Psychology, 108*, 374–399.

Watson, J. B. (1930). *Behaviorism* (rev. ed.). Chicago: University of Chicago Press.

Weick, K. E., & Roberts, K. H. (1993). Collective mind in organizations: Heedful interrelating on flight decks. *Administrative Science Quarterly, 38*, 357–381.

Whitlock, J., Muehlenkamp, J., & Eckenrode, J. (2008). Variation in nonsuicidal self-injury: Identification and features of latent classes in a college population of emerging adults. *Journal of Clinical Child and Adolescent Psychology, 37*, 725–735. http://dx.doi.org/10.1080/15374410802359734

Wikan, U. (1991). Toward an experience-near anthropology. *Cultural Anthropology, 6*, 285–305.

Wilkinson, P., Kelvin, R., Roberts, C., Dubicka, B., & Goodyer, I. (2011). Clinical and

World Health Organization (WHO). (2005). Nutrients in Drinking Water. Water, Sanitation and Health Protection and the Human Environment. Geneva: WHO.

Zubin, J., & Spring, B. (1977). Vulnerability-a new view of schizophrenia. *Journal of Abnormal Psychology, 86*, 103–126.

World Health Organization. Depression fact sheet [Internet]. Geneva: World Health Organization; 2018 [cited 2019 Oct 11]. Available from: https://www.who.int/en/news-room/fact-sheets/detail/depression.

World Health Organization. (2008). The Global Burden of Disease 2004 update. Retrievedfrom http://www.who.int/healthinfo/global_burden_disease/GBD_report_2004update_full.pdf

11

사회와 문화

개요

사회심리학은 사회적 맥락에서의 인간행동을 다루는 심리학 분야이다. 인간은 혼자 있을 때의 행동과 다른 사람들과 함께 있을 때의 행동이 달라진다. 이 장의 전반부에서는 이러한 사회심리학의 전제에서 인간의 사회행동을 설명하기 위한 주요 이론을 소개할 것이다.

1절에서는 타인의 존재가 야기하는 행동의 변화를 사회촉진, 사회적 태만, 동조이론, 권위에의 복종 등 사회심리학의 대표적인 이론들을 통해 살펴보았다.

2절에서는 사회적 추론과 판단과정을 다루고 있는데, 사람들이 어떤 과정으로 정보를 수집하고, 타인의 존재를 받아들이며, 자신에게 일어난 사건들의 원인을 어떻게 추론하는지를 기술하였다.

3절에서는 사람들이 어떠한 대상에 대해 갖는 태도가 어떻게 형성되고 변화하는지의 경로와 과정을 살펴보았으며, 사회심리학 연구에서 태도를 측정하는 다양한 방법을 소개하였다.

마지막 4절에서는 문화가 사회적 행동에 미치는 영향의 관점에서 한국인의 사회행동에 대해 살펴보았다. 남들에게 자신을 드러내는 방식으로서의 체면과 상대방의 마음을 읽는 방식으로서의 눈치를 설명하였고, 사회행동이 이루어지는 기본 단위로서 우리와 우리 안에서의 교류양식 및 심정에 대해 기술하였다.

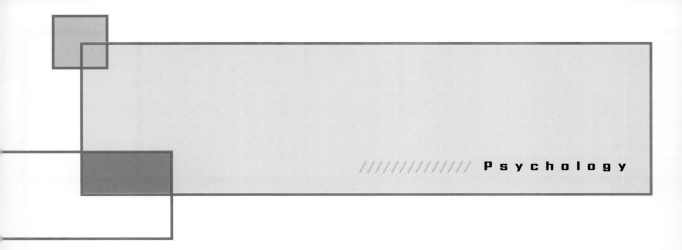

1.
사회적 맥락에서의 행동

20세기 초반, 컨베이어 벨트 시스템으로 대표되는 산업현장에서의 변화와 복잡한 국제 정세로 인한 잦은 전쟁은 인간행동의 '일관성'에 대한 의문을 제기하는 계기가 되었다. 사회심리학의 창설자라 일컬어지는 Kurt Lewin(1890~1947)은 사회적 맥락, 특히 집단상황에서의 개인의 행동을 이해하기 위해 장(場) 이론을 주창하였다. 이를 요약하면 개인의 행동은 그를 둘러싼 환경(사회적 맥락)과의 상호작용에서 이해할 수 있다는 것이다. Allport의 정의에 따르면, 사회심리학이란 "사람들의 사고, 감정 및 행동이 실제적, 가상적 타인들의 존재에 대해서 어떻게 영향 받는지를 이해하려는 시도"(Allport, 1935, p. 3)이다. 사람들은 심지어 실제로 다른 사람이 없는 경우에도 행동의 변화를 보인다. 엘리베이터에 거울을 설치하면 엘리베이터 내에서의 범죄율이 떨어지는데, 이는 거울에 비친 자신의 모습이 자의식을 자극하기 때문이다.

1) 사회촉진

Triplett(1897)는 낚시줄을 감는 과제를 수행할 때, 한 사람이 혼자 하는 조건과 여러 사람이 함께 하는 조건에서, 혼자 할 때보다 여러 사람이 할 때 낚시줄을 감는 속도가 더 빨라지는 것을 밝혔다. 이처럼 개인일 때의 수행보다 집단일 때의 수행이 더 높게 나타나는 현상을 사회촉진(social facilitation)이라 한다.

이러한 현상을 설명하기 위해 Baron(1986)은 간섭-갈등 이론을 제시하였다. 어떤 일을 할 때 타인의 존재는 과제에 대한 집중에 간섭을 일으키며 수행의 갈등을 야기한다. 과제가 숙련되어 있고 간단한 경우, 그러한 간섭은 수행에 영향을 미치지 않으며 오히려 타인에게 좋게 평가받으려는 동기가 작용하여 사회촉진이 일어난다. 반면, 과제가 어렵고 복잡한 경우에 타인의 존재는 과제의 수행을 방해하며 자신의 수행이 낮게 평가받을지 모른다는 평가불안이 작용하여 사회저해가 나타난다.

2) 사회적 태만

이에 반해 여러 사람이 함께 일을 할 때 개인의 수행이 떨어지는 현상도 나타나는데 이를 사회적 태만(social loafing)이라 한다. 예를 들어, 줄다리기를 할 때 혼자 당기는 경우보다 함께 당기는 사람이 늘어날수록 당기는 힘이 적어지는 것이다. 이 현상에 처음 관심을 가진 학자의 이름을 따 링겔만 효과라 하기도 한다.

사회적 태만이 나타나는 과제는 개인의 기여도가 집단에 묻혀 드러나지 않는 것들이다. 즉, 행위자 및 관찰자가 개개인의 기여도를 알 수 없는 상황인데, 이런 경우에는 개인이 지각하는 과제에 대한 책임감이 분산되어 개인의 수행을 낮추게 된다.

3) 동조

타인의 존재에 대한 고전적인 사회심리학 실험으로 Asch(1955)의 동조(conformity) 실험이 있다. Asch는 7~9명의 참여자를 둥근 책상에 둘러앉게 하고, 연속적으로 제시되는 두 개의 카드에 그려진 선의 길이를 맞히게 하였다([그림 11-1]).

이때 실험에 참여하는 이들은 한 명을 제외하고는 모두 협조자들인데 이들은 정답과는 틀린 대답을 하도록 지시받았으며, 한 명의 실험자는 협조자들이 모두 답(틀린 답)을 말한

그림 11-1 Asch의 선분실험

다음에 대답하도록 순서가 조정되었다.

이 상황에서 실험 참여자의 77%가 다른 사람들의 틀린 대답에 동조하였으며, 동조는 세 번에 한 번 꼴로 나타났다. 실험집단이 일시적으로 형성된 것이고 다른 사람과 다른 응답을 한다고 어떤 처벌을 받는 것이 아니었음에도 불구하고 나타난 이러한 높은 동조율은 집단의 압력이 개인의 행동에 미치는 영향을 잘 보여 주는 예이다.

동조에 영향을 미치는 요인으로는 첫째, 집단의 크기가 있다. 집단의 크기를 2명에서 15명까지 변화시키면서 동조율을 비교한 결과, 구성원의 수가 3, 4명인 경우에 동조율이 가장 높았다. 둘째로, 집단 내의 의견 일치도를 들 수 있다. 의견이 일치하지 않을수록 구성원들이 지각하는 동조압력은 저하된다. 그 외에도 개인의 개성과 독특성을 중시하는 성격을 가진 사람들은 동조압력을 적게 느낄 수 있다.

4) 권위에의 복종

동조행동은 그 행위가 합법적이고 정당화될 수 있는 상황에서는 매우 극적으로 나타날 가능성이 있다. 전쟁이나 내전 상황에서 흔히 나타나는 민간인 학살(예: 2차 세계대전 시 독일 나치의 유대인 학살)이 대표적인 예이다. Stanley Milgram(1963)은 1, 2차 세계대전 등 전쟁에서 드러난 비이성적인 인간의 행동들을 설명하기 위해 '권위'에 주목하였다. 그러한 비인간적 명령에 복종(혹은 동조)하는 데 정당화를 제공하는 것은 대개 명령을 내리는 사람의 권위라는 것이다.

Milgram은 2인 1조로 실험 참여자를 모집하여 한 사람에게는 학생, 다른 한 사람에게는 선생님의 역할을 무작위로 부여하였다. 이때 실제로 실험에 참여하는 사람은 선생 역할을 맡은 사람이고, 학생 역할은 언제나 실험 협조자가 맡도록 사전에 조정되었다([그림 11-2]).

선생님은 학생에게 외워야 할 단어를 알려주고 학생이 이를 제대로 외우지 못하면 전기쇼크를 주도록 지시받았다. 전기쇼크의 단계는 15V에서 450V까지였고, 그 강도에 따라 '약함', '매우 강함', '위험' 등의 표시가 되어 있었다. 선생은 쇼크를 받는 학생의 모습은 볼 수 없었고 인터폰을 통해 쇼크를 받은 학생의 고통스러운 비명만 들을 수 있었다.

실험과제를 수행하는 동안 학생은 사전에 약속된 대본에 따라 실수를 했고 그때마다 선생은 쇼크를 주도록 했다. 실수를 할 때마다 쇼크의 강도를 올려야 하기 때문에 그에 따라 학생의 고통에 찬 반응은 점점 커지게 된다. 선생이 쇼크 주기를 망설이거나 못 하겠다고 하면, 옆에 있던 흰 가운을 입은 실험자가 "당신에게는 아무 책임이 없고 모든 책임은 내가 진다."고 하며 계속해서 쇼크를 줄 것을 종용한다.

이러한 실험 결과, 선생 역할을 맡은 참여자들 전원이 300V까지 쇼크를 주었고 3명 중 2명꼴로 최고치(450V)까지 쇼크를 가했다. 대부분의 참여자들은 학생의 고통에 곤혹스러워하고 갈등을 느꼈으며, 때로는 항의하기도 하였지만 결국에는 모두 위험 수준까지 전압을 올렸다. 이는 개인의 가치와 판단이 실험자, 즉 상황에 대한 책임을 지는 권위 있는 존재에 의해 영향받을 수 있음을 보여 준다.

Milgram은 복종에 영향을 주는 요인들을 알아보기 위해 다양한 조건에서 같은 실

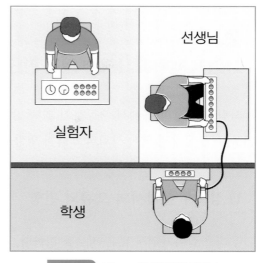

그림 11-2 **Milgram의 복종실험 배치도**

험을 수행하였는데, 일반적으로 피해자(학생)가 겪는 고통이 생생할수록 복종률이 떨어졌으며, 가해자(선생)의 권위나 전문성이 의심을 받는 경우에도 복종률은 낮았다.

5) 감옥실험

사회는 서로 다른 수많은 역할을 수행하는 개인들로 이루어져 있다. 사회적 역할은 개인의 행동을 규정하는 중요한 요인 중 하나이다. 스탠퍼드 대학교의 Zimbardo 교수는 참가자들을 죄수와 간수로 무선 할당하고 심리학과 건물 지하에 만든 감옥 세트에서 2주 동안 지내게 하였다(Zimbardo, 1972).

그 결과, 참가자들은 자신의 역할에 몰입하면서, 간수는 죄수를 학대하고 죄수는 간수들에게 반항하다가 이내 굴복하였다. 인격 모독 등 간수들의 학대가 심해지고 정신적 문제를 호소하는 죄수가 나오면서 실험은 6일 만에 종료되었지만, 이 실험은 상황이 인간에게 어떠한 영향을 미치는지 극명하게 보여 준다. 이후, 실험의 신뢰성을 의심하는 반론들이 제기되었으나 미군의 이라크 포로학대와 같은 사례나 한국의 많은 군필자들이 경험했을 병영부조리들은 Zimbardo의 감옥실험의 결과가 과장되었을지언정 허구는 아니라는 사실을 방증한다.

2.
사회적 맥락에서의 추론과 판단

사람들은 사회 속에서 행동하기 위해 많은 판단을 내려야 한다. 이러한 판단에 도달하기 위한 추론과정 역시 사회적 맥락의 영향에서 자유로울 수 없다.

1) 정보수집에서의 오류와 편향

우리는 살아가면서 많은 정보를 접한다. 그러나 그 정보들을 모두 받아들이고 기억하지는 않는다. 모든 정보를 처리하고 선택하여 받아들이는 것은 매우 힘들고 또한 불필요하다. 따라서 사람들은 주어지는 정보들을 처리하기 위해 도식을 만들어 사용한다.

도식(schema)이란 대상에 대한 지식, 지식들 간의 관계 및 구체적 사례를 포함한 사건, 사상 및 이들과의 관계에 대한 생각의 조직체이다(Fiske & Taylor, 1991). 이러한 도식은 정보를 받아들이고 그에 따른 행동전략을 선택하는 일종의 틀과 같은 역할을 한다.

도식의 속성은 다음과 같다. 첫째, 도식은 기억 및 인출을 용이하게 한다. 도식과 부합하는 정보는 쉽게 기억할 수 있고 떠올리기도 편하다. IT 업체를 다니는 젊은 남성이 여가 시간에 게임을 즐긴다면 해당 직종과 나이, 성별에 대한 도식에 부합한다. 만약 그 남성의 취미가 등산이라면 도식과 크게 관계가 없으므로 기억하기 어려울 것이다. 둘째, 도식은 정보 처리에 드는 시간을 단축시킨다. 도식에 부합하는 정보는 처리가 빠르지만 그렇지 않은 정보는 처리가 느리다. 모 대학 출신을 선호하는 기업의 인사담당자가 있다면 입사지원서의 출신 대학만으로 많은 지원자를 걸러내게 될 것이다. 셋째, 도식은 도식 사용자의 해당 도식에 대한 정서를 포함한다. 외국인 노동자에 대해 좋지 않은 인식을 가진 사람은 외국인 노동자를 만나거나 떠올리는 것만으로 불쾌한 정서를 느낄 수 있다.

이러한 도식은 많은 정보를 빠르고 효율적으로 처리해 준다는 면에서 인간의 사회생활에 많은 도움이 되지만, 또한 고정관념과 편견을 형성하고 강화하는 기제이기도 하다. 이미 형성된 도식은 쉽게 바꾸기 어려우며 이후의 정보 선택에 있어서 대단히 집요하게 작용한다. 도식을 바꾸는 데에도 대단히 큰 인지적 노력이 요구되기 때문이다.

(1) 확증적 가설검증
사람들이 가지고 있는 도식은 사회생활에서 일종의 이론 역할을 한다. 그리고 어떤 이론이 있다면 사람들은 그에 부합하는 정보를 수집하려는 경향이 있다. 이를 확증적 가설 검증(confirmatory hypotheses testing)이라 한다. Snyder와 Swann(1978)은 대학생들에게 처음 만나는 상대가 내향적인지 외향적인지를 알아보게 하였다. 대학생들은 26개의 질문 중 12개를 선택해서 상대방에게 질문해야 했는데, 상대가 내향적인가를 알고 싶은 대학생들은 내향성을 확인하는 질문을 더 많이 선택하였고, 상대가 외향적인지가 궁금한 대학생들은 외향성을 묻는 질문들을 더 많이 선택하였다.

(2) 자기실현적 예언

자기실현적 예언(self-fulfilling prophecy)은 확증적 가설검증의 결과라 할 수 있다. 현상에 대한 어떠한 이론(도식)을 갖고 있는 이들은 자신의 이론에 부합하는 정보만을 받아들이고, 맞지 않는 정보는 무시하는 경향이 있기 때문에 결국에는 자신의 이론이 옳았다는 판단에 이르게 된다.

예를 들어, 속옷을 뒤집어 입어야 경기 성적이 좋다는 징크스를 가진 야구 선수가 있다. 그 선수는 속옷을 제대로 입고 출장해서 성적이 좋았던 경우는 기억하지 않거나 우연이라고 생각하고, 속옷을 제대로 입었을 때 성적이 안 좋았던 경우만 과장해서 기억에 남긴다. 그리고 어쩌다가 속옷을 뒤집어 입지 않고 경기에 나갔을 때는 속옷 생각 때문에 경기에 집중하지 못하여 저조한 성적을 내게 된다. 그리고는 '과연 속옷을 뒤집어 입지 않아서 오늘 경기를 망쳤다.' 혹은 '속옷을 뒤집어 입어서 결과가 좋았다.'고 자신의 예언을 실현하는 방향으로 사고를 조정한다.

정보의 수집과 선택에서 나타나는 이러한 편향성은 사람들이 갖는 통제감의 욕구와 관련이 있다. 사람들은 환경과 사회 속에서 안정적으로 생활하기 위해 기본적으로 통제감을 가지려한다(Langer, 1975). 사람들은 이 통제감으로 자신을 둘러싼 환경을 지각하며 심지어 통제를 할 수 없는 상황에서도 환경과 자신에게 일어난 사건을 통제할 수 있(었)다고 믿는다(통제 착각). 통제감을 잃게 되는 경우, 사람들은 고통스러워하고, 분노와 무력감을 느끼며 우울해진다. 따라서 통제 착각은 그 논리성 유무에 관계없이 개인의 적응과 동기에 필수적인 기능을 한다. 또한 통제감의 욕구는 문화와 관계없이 나타나는 각종 미신과 징크스의 원인이기도 하다.

글상자
11-1
인지적 구두쇠

인지적 구두쇠(cognitive miser)란, 인간은 기본적으로 어떠한 대상이나 사건을 판단하는 데 드는 인지적 노력을 최소화하려는 경향이 있다는 것을 말해 주는 용어이다. 인간은 살아가면서 수많은 판단을 내려야 하는데 모든 경우에 최대한의 이성적, 합리적 사고를 통해 최선의 결과를 얻고자 한다면 거기에는 엄청난 인지적 노력이 요구되며, 다른 일을 하는 데 필요한 정신적 에너지가 남지 않게 된다. 따라서 인간은 합리적인 사고 과정을 거치지 않고 단편적인 정보만으로 대상의 옳고 그름이나 좋고 나쁨을 평가해버리는데 이러한 경향을 인지적 구두쇠라는 말로 요약할 수 있다.

그림 11-3 뭐지? 어렵다, 어려워…

사회생활에서 이루어지는 추론과 판단에는 기본적으로 이러한 경향성이 개입되어 있다고 볼 수 있다. 도식을 발달시키는 이유, 확증편향(확증적 가설검증 방략), 자기실현적 예언, 대인지각에서의 초두효과나 후광효과가 발생하는 이유 등도 추론 및 판단에 요구되는 인지적 노력을 줄이기 위한 경향에서 비롯되는 현상이다.

이러한 습성은 자동적이고 무의식적으로 일어나기 때문에 통제하기 어렵다. 또한 인간이 이러한 습성을 인식하게 될 경우 자신이 비합리적이고 비이성적인 존재라는 사실을 인정해야 하기 때문에 인지적 구두쇠와 같은 사고 과정 자체를 인식하는 것을 부정하는 경향을 보인다.

구두쇠적인 인지경향으로 형성된 생각은 좀처럼 변하지 않는다. 예를 들면, 초두효과로 형성된 어떤 대상에 대한 인상은 그 대상이 속한 집단에 대한 고정관념과 편견으로 연결되기 쉽다. 또한 이러한 생각은 시간이 지날수록 견고해지는 경향이 있다. 이는 자기실현적 예언이나 확증적 가설검증 등과 같은 선택적 지각을 통해 이미 형성된 자신의 기존 생각에 반대되는 정보들은 무시하고 기존의 생각과 일치하는 정보만 선택적으로 받아들이게 되어 결국 고정관념으로 이어지게 된다.

2) 대인지각에서 도식의 영향

사회생활에서 추론과 판단이 활발히 이루어지는 맥락으로 대인지각을 빼놓을 수 없다. 사람들은 하루에도 수많은 사람을 만나고 판단하며 그의 행동의 이유에 대해 추론한다. 모든 사람을 꼼꼼히 파악하고 판단하면 좋겠지만 바쁜 현대인에게는 그럴 시간도 에너지도 없다.

(1) 초두효과

먼저 제시된 정보가 나중에 제시된 정보보다 더 큰 영향력을 갖게 되는 것을 초두효과 (primacy effect)라 한다. 인물의 성격을 묘사하는 형용사들로 그 인물의 호감도를 판단하는 과제에서, 학생들은 긍정적 의미의 형용사가 먼저 제시되고 나중에 부정적 형용사가 뒤따르는 조건일 때 그 반대의 경우보다 해당 인물을 더 좋은 사람으로 판단하였다(Asch, 1946). 이러한 현상은 처음에 제시된 정보가 일종의 도식을 형성하고, 그 도식에 따라 나중에 제시되는 정보를 해석하기 때문이다.

초두효과는 첫인상을 설명하는 기제이다. 신입사원 면접에서 단정하고 깔끔한 차림의 지원자가 그렇지 않은 지원자보다 높은 평가를 받는 이유도 이와 같다. 일단 정보가 받아들여지고 그를 바탕으로 도식이 형성되면 그 이후에 들어오는 정보들에 대해서는 주의가 소홀해지고 도식에 부합하지 않는 정보는 걸러지게 된다.

(2) 현저성 효과

사람들은 모든 정보에 주의를 기울인다기보다는 눈에 잘 띄는, 독특한 정보에 더 주목하기 마련인데, 이를 현저성 효과(vividness effect)라고 한다. 어떤 사람과 만났을 때 그 사람이 유난스럽게 주의를 끄는 특징이 있다면 그것을 중심으로 그에 대한 인상이 형성되는 것이다. 대개 현저한 특징이 부정적인 도식과 연결되면 그 사람에 대한 인상은 나쁘게 형성되며 좋게 바꾸기 힘들다.

(3) 후광효과

후광효과(halo effect)는 어떤 하나의 특징이 좋게 평가되면 다른 특징들 또한 좋게 평가되는 현상을 말한다. 외모에서 나타나는 후광효과가 대표적이며 출중한 외모의 후광효과는 그 사람의 능력, 적응력, 사교성 등에 광범위하게 적용된다. 후광효과의 존재는 짧은 시간 내에 사람들을 판단해야 하는 현대사회가 외모 지향적인 모습을 보이는 이유이다.

이처럼 대인지각의 특성들은 우리가 왜 고정관념과 편견을 갖게 되는지를 설명한다. 대인지각에서 고정관념을 촉발시키는 정보는 인종, 피부색, 성별, 말투 등이다. 이와 같은 정보들은 다른 특징들에 비해 현저하기 때문에 쉽게 이미 형성된 도식(고정관념)을 불러온다. 자동차 사고가 났을 때 상대 차의 운전자가 여성인 경우, 여성 운전자에 대한 고정관념 (김여사)은 상대 차 운전자에 대해 쉽게 일반화된다.

3) 귀인

귀인(歸因, attribution)이란 원인을 찾아 귀속시킨다는 뜻으로, 자신의 주변에 일어나는 일들이 왜 일어나는가를 설명하기 위한 기제이다. 사람들이 귀인을 하는 이유는 주변 환경을 이해하고 그에 대한 통제감을 얻으려는 목적에서이다(Heider, 1958). 나와 내 주위에서 일어나는 일들이 왜 일어나는지 전혀 모른다면 그 사람의 일상은 불안과 초조 그 자체일 것이다.

사회심리학에서 귀인을 중요하게 다루는 이유는 귀인에 따라 이후 취하게 되는 행동이 달라지기 때문이다. 버스에서 젊은 여성에게 발을 밟힌 남성이 그 이유를 그 여성이 자신에게 관심을 표시하기 위해서라고 생각한다면 발을 밟힌 사실에는 개의치 않고 데이트 신청을 할 것이고, 그 여성이 나쁜 마음으로 자신의 발을 밟았다고 생각한다면 얼굴을 붉히며 따질 것이다.

(1) 귀인차원

귀인은 그 소재에 따라 몇 가지 차원으로 분류할 수 있다. Heider는 어떤 행동이 그 사람의 성향, 동기 등의 내적인 이유 때문에 비롯되었는지 혹은 외적인 조건 때문인지를 구분해야 한다고 보았으며, Kelly는 행동의 일관성과 특이성 등의 차원을 추가적으로 고려해야 한다고 주장하였고, Weiner는 원인이 일시적인 것인지 지속적인 것인지를 구분하는 안정성 차원을 제안하였다(〈표 11-1〉).

현재는 일반적으로 Weiner가 분류한 원인의 소재(locus), 안정성(stability), 통제 가능성(controllability)의 세 차원이 많이 사용되고 있다(Weiner, 1979). 이 중 원인의 소재 차원은 행동 또는 사건의 원인이 행위자의 태도, 능력, 정서, 의도 등 내적인(internal) 부분에 의한 것인가 혹은 날씨, 운수, 과제의 난이도 등 외적인(external) 요소인 것인가를 파악하는 차원이고, 안정성은 사건의 원인이 안정적(stable)인가 혹은 시간의 흐름에 크게 영향을 받지 않고 가변적(unstable)인가를 판단하는 차원이다. 내적인 요소 중에서도 재능, 능력, 지능, 성격과 같은 것들은 안정적이며, 노력이나 건강, 기분 같은 것들은 불안정적인 요소이다. 마지막으로 통제 가능성은 사건의 원인을 개인이 통제, 조절할 수 있는가를 파악하기 위한 차원이다. 이를테면 노력은 통제 가능(controllable)하고, 능력은 통제가 곤란(uncontrollable)하다고 할 수 있다.

표 11-1 Weiner의 귀인차원

	내부		외부	
	통제 가능	통제 불가능	통제 가능	통제 불가능
안정	①	②	③	④
불안정	⑤	⑥	⑦	⑧

예를 들어, 어떤 학생이 시험을 망친 이유를 '교수님의 깐깐한 성격 때문'으로 귀인했다면, 그 귀인의 차원은 외부적, 통제 불가능, 안정 차원, 즉 ④에 해당하고, '전날 밤에 갑자기 난 배탈'로 귀인했다면, 귀인차원은 내부적, 통제 불가능, 불안정 차원, 즉 ⑥이 된다.

(2) 귀인편향

근본귀인 오류　사람들은 어떠한 사건이 상황 때문에 일어났을 가능성이 크더라도 행위자의 내적 속성 때문에 일어났다고 생각하는 경향을 보인다. 이러한 경향은 사실 유무와 관계없이 집요하게 나타나기 때문에 근본귀인 오류(fundamental attribution error)라고도 불린다(Ross, 1977). 근본귀인 오류가 나타나는 이유는 사람들이 모든 사건을 논리적으로 분석해서 상황과 내적 속성을 구분해야 하지만 실제는 그렇지 못하기 때문이다. 그리고 많은 경우에 사람의 성격(내적 속성)은 그 사람의 행동을 일정 부분 이상 설명하기 때문에 이러한 편향은 강화되어 왔다.

자기고양적 귀인　근본귀인 오류도 자신에 대해서는 나타나지 않는다. 사람들은 자신의 성공에 대해서는 내부귀인을(예: "역시 난 능력이 뛰어나."), 자신의 실패에 대해서는 외부귀인(예: "이번은 운이 없었어.")을 하는 경향을 보인다. 자기고양적 귀인(self-serving attribution)은 사람들이 자기존중감(self-esteem)을 유지하고자 하는 동기에서 비롯된다고 여겨진다.

(3) 문화와 귀인

문화는 귀인양상에 많은 영향을 미친다. 범죄의 원인을 설명하는 경우에 개인주의 문화권의 사람들은 범죄자의 내적 속성을 중시하는 반면, 집단주의 문화권 사람들은 그가 범죄를 저지를 수밖에 없었던 상황을 보다 고려한다(Morris & Peng, 1994).

성공과 실패의 귀인에서도 문화 차이는 두드러진다. 미국인과 일본인을 대상으로 한 연구에서 미국인들은 성공을 자신의 능력 때문으로 귀인한 반면, 일본인들은 운 등의 외적 조건으로 귀인하였다(Kashima & Triandis, 1986). 또한 실패의 경우에는 개인주의 문화권에서는 외부귀인이 많이 나타났으나 집단주의 문화권(동아시아)에서는 내부귀인, 특히 노력에 귀인하는 경향이 크게 나타났다(Mizokawa & Ryckman, 1990).

글상자 11-2 팔자(八子)타령과 팔자귀인

팔자는 사주팔자의 준말로서 음양오행의 이론에 따라 태어난 해(년), 월, 일, 시의 간지(干支) 여덟 자를 뜻하는 말이며, 그에 따라 사람의 운명을 예측하는 이론을 의미하기도 한다. 한국인들은 예로부터 사주팔자를 믿고 이를 생활에 적용하며 살아왔다. 근래 들어 과학적 사고가 강조되면서 사주팔자를 미신으로 치부하는 경향도 있으나 현재도 역술 및 점복과 관련된 산업의 규모가 연 1조 원을 넘는 등 사주팔자는 한국인의 삶에서 적지 않은 비중을 차지하고 있다.

귀인의 측면에서 팔자의 위치는 오묘한 구석이 있다. 팔자는 타고 나는 것이면서(외부귀인) 동시에 자신만의 것이다(내부귀인). 또한 태어난 시점은 바꿀 수 없지만(통제 불가능), 때에 따라 운의 흐름이 바뀌기 때문에 특정 시기에 따라서 적절한 대응이 가능하다는(통제 가능) 이론을 가지고 있다. 따라서 팔자귀인은 안정적이기도 하고 불안정적이기도 하다.

이러한 팔자의 특성은 한국인들의 삶에서 일정 정도 이상의 기능을 해 온 것으로 추측된다. 예를 들면, 어떤 사람이 실패가 전적으로 자신의 책임이라 생각하면(내부귀인) 견디기 어렵다. 그러나 그 상황을 자신의 팔자에 귀인하면 그것은 자신의 탓이면서도 팔자이기 때문에 어쩔 수 없는 상황으로 변한다. 자신에게 집중될 부정적 감정을 외부로 돌려주는 셈이다.

그림 11-4 사주 보기

또한 팔자는 보다 적극적인 기능도 수행한다. 취업이나 시험을 앞둔 사람들이 종종 사주를 보는데, 이 경우에 역술가들은 현재의 운 흐름에 맞추어 '지금은 조금 더 준비할 때'라든지, '이 시기에는 무엇을 조심하라.' 등의 조언을 해 준다. 그러면 사람들은 현재의 부정적 상황이 자신의 탓이 아니라는 심리적 위안과 함께 불안한 현재를 미래를 준비하는 시간으로 활용할 근거를 갖게 되는 것이다.

이러한 점에서 팔자는 '내가 이렇게 태어났으니 그 운명대로 살 수밖에 없어.'와 같은 수동적 운명론이 아니라, '내가 이렇게 태어났지만 그 운명의 흐름을 최대한 이용해서 최대한 잘 살아보자.'는 적극적인 운명론에 가깝다.

3.
태도와 태도변화

태도(attitude)는 사람들이 어떠한 대상에 대해 갖고 있는 마음의 자세라 할 수 있다. 태도는 인지, 정서, 행동의 세 요소로 구성되어 있다(Olson & Zanna, 1993). 태도가 중요한 이유는 사람이 어떤 대상에 지닌 태도에 따라 그 사람의 이후 행동이 예측 가능하기 때문이다. 예를 들어, '푸라면'은 맛도 좋고 영양도 풍부하다는 인지적 태도와 '푸라면'을 먹으면 맛이 좋아 기분이 좋아진다는 정서적 태도를 가진 사람은 라면을 사러 가서 '푸라면'을 고를 확률이 높을 것이다.

1) 태도의 형성

태도는 일반적으로 학습을 통해 형성된다. 학습의 원리는 기본적으로 행동주의 심리학의 이론에 근거하는데, 그 종류로는 고전적 조건화, 조작적 조건화, 사회적 학습이 있다. 우선 고전적 조건화는, 어떤 자극과 그 자극 이후에 나타나는 자극이 반복되면 두 자극이 연합되어 선행 자극이 후행 자극의 예고가 된다는 것이다. 상품 광고에 유명 연예인이 등장하는 이유는 연예인의 이미지와 상품의 가치가 연합되기를 바라는 의도에서이다.

다음으로 조작적 조건화는 보상을 얻기 위해 특정 행동의 빈도가 늘어난다는 것이다. 방 청소를 하고 칭찬을 받았다면(그리고 그 칭찬이 좋았다면), 아이는 청결한 상태에 대한 긍정적인 태도를 유지하려 할 것이다. 마지막으로 사회적 학습은 다른 이들의 행동을 관찰, 모방하는 것이다. 아이들은 부모의 행동을 관찰하고 부모의 태도를 자신의 것으로 내재화하며 습득하기 쉽다. 사회적 학습의 대상은 부모, 선배, 스승 등 다양할 수 있다.

2) 태도의 측정

태도를 측정하는 방식은 크게 명시적 태도의 측정과 암묵적 태도의 측정으로 나눌 수 있다.

(1) 명시적 태도의 측정

명시적 측정은 태도척도를 사용해서 응답자의 태도에 수치를 부여하는 것이다. 태도척도 중 가장 일반적으로 적용되는 유형은 리커트(Likert) 방식이다.

문항	내용	전혀 동의하지 않는다		보통이다		매우 동의한다	
1	나는 고급스러운 집, 자동차, 옷을 소유한 사람들이 부럽다.	1	2	3	4	5	6
2	인생에서 가장 중요한 성취 중의 하나는 물질을 소유하는 것이다.	1	2	3	4	5	6

표 11-2 리커트 척도의 예(물질주의 척도)

출처: Richins & Dawson (1992)의 내용 일부 발췌.

리커트 방식은 〈표 11-2〉처럼 대상에 대한 진술문을 주고 그에 대해 동의 또는 반대하는 정도를 5~11 정도의 숫자 중에서 고르는 것이다. 응답자가 선택한 숫자를 통해 그가 대상에 대해 가진 태도의 정도를 짐작한다.

척도를 통한 명시적 태도의 측정에는 몇 가지 기본 가정이 있다. 첫째, 응답자는 자신의 태도를 정확히 인지하고 이를 솔직하게 응답한다는 것이다. 응답자가 질문을 이해하지 못하거나 솔직하게 응답하지 않을 가능성이 있는 사안에 대해서는 주의가 필요하다. 둘째, 응답자의 태도를 나타내는 숫자들 사이의 간격은 같다는 것이다(등간척도). 이는 응답자의 태도 점수를 계산하고 다른 사람 혹은 집단의 점수와 비교하기 위한 가정이다. 하지만 개인의 주관적 심리상태나 응답의 편향 등에 따라 오차가 발생할 수 있으며 양가적 혹은 복합적인 태도를 이해하기에는 무리가 따른다.

(2) 암묵적 태도의 측정

이러한 점을 보완하기 위해 암묵적 태도를 측정하기 위한 여러 방법들이 개발되어 있다. 대표적으로 생체반응의 측정치로 태도의 강도를 측정하는 GSR(Galvanic Skin Resistance)이 있다.

이는 피부에 있는 땀샘에서 분비되는 땀의 변화량을 측정하여 반응자의 정서를 추정하는 방식이다. GSR 외에도 동공의 크기변화나 근전도검사(ElectroMyoGraphy: EMG) 등이 활용되어 왔으나 해석의 문제와 함께 측정장비가 고가라는 이유로 쉽게 적용하기 어렵다는 단점이 있다.

따라서 암묵적 태도의 측정에는 응답자들의 반응

그림 11-5 생체전기반응검사(GSR) 장비

시간을 측정하는 방식이 널리 적용되고 있다. Greenwald, McGhee와 Schwartz(1998)에 의해 제안된 암묵적 태도척도(Implicit Attitude Test: IAT)는 서로 강하게 연합되어 있는 자극일수록 반응시간이 빠르다는 전제에서 태도 측정의 한 방법이 될 수 있다.

그림 11-6　근전도검사(EMG) 장비

표 11-3　암묵적 태도 측정을 위한 표정자극

백인		동남아시아인	
긍정적 단어		부정적 단어	
행복함, 평화, 즐거움, 영광스러움, 사랑, 대단함, 기쁨, 웃음		고뇌, 상처, 실패, 더러움, 악함, 지독함, 무서움, 끔찍함	

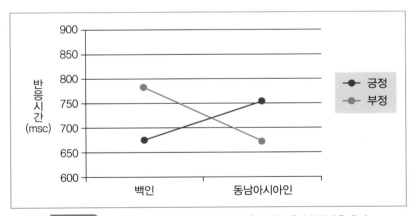

그림 11-7　인종(백인/동남아인)과 형용사세트(긍정/부정)의 상호작용 효과

　예를 들어, 인종에 대한 명시적 태도는 사회적 바람직성 등의 영향으로 쉽게 드러나기 어렵다. 백인과 동남아시아인의 사진과 긍정, 부정적 의미의 형용사를 짝지어 제시했을 때, 백인과 긍정형용사를 연관시키는 시간은 동남아시아인과 긍정형용사를 연관시키는 시간에 비해 유의미하게 짧았다는 사실은, 동남아시아인보다는 백인에 대해서 긍정적인

태도를 가지고 있다는 증거로 해석될 수 있다(한민, 2011).

3) 태도의 변화

사람들은 기존에 가진 지식이나 태도를 유지하려는 경향이 있다. 특히 태도와 행동에는 일관성이 존재하며, 사람들은 이 일관성을 유지하기 위해 기존의 태도를 변화시키기도 한다.

(1) 균형이론

Heider(1946)는 사람들은 어떤 대상에 대한 태도와 다른 사람들 간의 관계 사이의 균형을 유지하려는 동기가 있다고 보았다. 어떤 대상(O)에 대한 A와 B의 태도를 생각해 보자([그림 11-8]). +는 긍정적인 태도, -는 부정적인 태도를 의미한다. 균형 상태는 +와 -의 곱이 양수인 경우이고, +와 -의 곱이 음수인 경우는 불균형 상태이다.

예를 들면, A와 B 모두 O에 대해 긍정적인 태도를 갖거나 모두 부정적인 태도를 가진다면 A와 B 사이에는 균형이 유지된다(①과 ②). 그러나 A는 O에 대해 긍정적 태도를 갖고 B는 부정적 태도를 갖는데 A와 B의 관계가 호의적이라면, A와 B의 관계는 O에 대한 서로의 태도 때문에 균형이 깨질 수 있다(③). 사람들은 이러한 불균형을 바로잡으려 노력하는 경향이 있다. 그러나 싫어하는 사람과의 불균형(④)은 그러한 노력이 거의 나타나지 않는다.

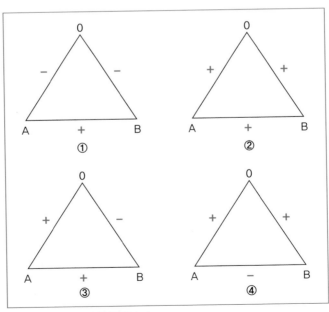

그림 11-8 **태도와 대인관계에서의 균형**

(2) 인지부조화 이론

Festinger와 Carlsmith(1959)의 유명한 실험에서, 참여자들은 매우 재미없는 과제를 30분 동안 하도록 지시받았다. 실험자는 이들에게 과제가 끝나고 나서 다음 참여자들에게 방금 한 과제가 재미있었다고 말해 줄 것을 요구하였고, 그 대가로 한 집단에게는 1달러를, 다른 집단에게는 20달러를 주었다. 나중에 이들을 대상으로 그때 했던 과제가 얼마나 재미있었는가를 물어본 결과, 1달러를 받았던 집단이 20달러를 받았던 집단보다 더 재미있었다고 응답하였다.

글상자 11-3 **군중심리학**

그림 11-9 **Gustave Le Bon**

사회심리학은 동조, 권위에의 복종 등 집단 상황에서 개인들의 행동을 설명하는 여러 이론을 제시해 왔지만 이 분야의 실험들은 대부분 5~6명의 소집단을 전제로 이루어져 왔다. 군중심리를 이해할 필요가 있다는 것을 최초로 언급한 사람은 Gustave Le Bon이라는 프랑스 학자이다. 그는 군중의 특징으로 무의식성과 피암시성, 그리고 충동성, 변덕, 과민함을 꼽고 있다. 군중은 무계획적이고 자신도 모르는 욕구에 의해 움직이며 누군가의 어떠한 메시지에 의해 조종받기 쉽다는 것이다.

Le Bon은 프랑스 대혁명(1789) 이후의 혼란기 때 프랑스에서 살며 누구보다 가까이에서 군중의 힘을 목격하였다. 루이 16세와 마리 앙트아네트를 처형하면서 민주화를 이루어 냈던 프랑스 시민들은 불과 10년 후 왕보다 한걸음 더 간 '황제'를 옹립했다(나폴레옹, 1769~1821). 1789년 대혁명으로부터 1871년 파리 코뮌까지 프랑스는 두 번의 쿠데타(1804, 1852)와 두 번의 혁명(1830, 1848), 네 번의 전쟁을 거치며 왕정복고와 혁명을 반복한다.

혼돈의 시대 한복판에서 Le Bon은 군중(群衆)을 시대의 흐름을 바꾸는 중심 세력으로 보았던 것이다. Le Bon은 군중의 비합리적이고 충동적인 면을 지적한 동시에, 사회변화의 동력으로 작용하는 군중의 힘과 가능성에 주목했다. 결국 Le Bon이 강조하는 것은 이러한 군중을 이해해야 한다는 점이다. 군중이 무식하고 멍청하니까 그들을 무시하자가 아니라, 그런 엄청난 잠재력을 가지고 있는 군중이 어떤 욕구를 갖고 어떤 이유에 의해 움직이게 되는지를 이해해야 한다는 것이 군중심리학의 본질이다.

Le Bon은 후대 학자들에 의해 사회심리학과 정치심리학의 아버지로 일컬어지고 있다. 군중의 집단 무의식에 대한 그의 생각은 Freud와 Jung의 정신분석학으로 이어졌으며, 미국 사회심리학의 아버지 Allport에게도 영향을 미쳤다. 문화심리학의 관심사 및 연구주제와도 관계가 깊은데, Le Bon의 '군중심리학'을 이어받아 『군중의 시대』를 쓴 사회심리학자 모스코비치는 사회적 표상이론(social representation theory)으로 문화심리학 연구의 한 방향을 제시하기도 하였다.

20달러를 받은 사람들은 자신들이 재미없는 과제를 한 대가로 충분한 돈을 받았기 때문에 과제가 재미없었다는 기존의 태도를 바꿀 이유가 없었고, 1달러를 받은 사람들은 겨우 1달러 때문에 자신들이 태도를 바꾸었다는 것(실제로는 재미없었지만 다른 사람들에게 재미있었다고 말한 것)이 인지적 불편을 야기했기 때문이다. 이러한 결과는 강화의 원리, 즉 보상이 클수록 강한 태도가 획득된다는 기존 심리학의 가정과 반대되는 결과라는 점에서 크게 주목받았다.

인지부조화 이론(cognitive-dissonance theory)은 행동과 일치하는 태도를 유지하고자 하는 인간의 일관성에 초점을 맞추고 있다. 사람들은 기존의 인지적, 정서적 태도와 일치하는 행동을 하고자 한다. 기존의 태도와 다른 행동을 했을 경우, 사람들은 인지적 불편감을 경험하고 이러한 불편감을 해소하기 위해 기존의 태도를 이미 한 행동에 일치하는 방향으로 바꾼다.

(3) 설득에 의한 태도변화

타인의 설득에 의해 인지적, 정서적 태도가 변화하여 행동에까지 이어지는 경우도 있다. 이때는 설득하는 사람의 신뢰성, 전문성, 호감 등이 영향을 미치며, 메시지가 전달되는 방식(틀 효과, 정서 연합, 역하자극의 이용 등)에 따라서도 설득의 효과가 달라질 수 있다.

4.
한국인의 사회행동

기존의 사회심리학은 인간의 심리가 보편적이라는 가정에서 주로 미국에서 수행된 연구들을 바탕으로 이론을 구성하고 있다. 그러나 문화는 인간의 행동과 경험의 질을 규정하기 때문에 문화에 따른 사람들의 심리는 보편적이지 않다는 주장도 제기되고 있다. 현재 심리학에서는 개인주의와 집단주의라는 틀로서 문화를 이해하고 있지만 세계의 다양한 문화와 그에 따른 인간 행동을 이해하기에는 한계가 있다는 비판 역시 존재한다. 따라서 문화와 인간의 행동 및 심리경험의 상호 영향을 탐구하는 문화심리학이라는 관점이 기존 심리학의 관점을 보완하고 있다. 여기서는 문화심리학의 관점에서 한국인의 사회심리를 분석한 이론들을 소개하고자 한다.

1) 우리

Allport(1958)는 집단구성원이 본질적으로 같은 의미로 '우리'라는 말을 사용할 경우에 그 집단을 내집단(in-group)으로 할 수 있다고 규정함으로써, '우리'를 내집단과 동일한 개념으로 다루었다. 그러나 내집단의 경우 집단이 자신의 선택에 의해 결정되지 않을 수도 있기 때문에(예: 가족, 고향, 모국), 적극적으로 자신을 전체 집단의 한 부분으로 관련시키고자 할 때 존재하게 되는 준거집단(reference group)의 개념과는 차이가 있다고 하였다. 이러한 관점에서 '우리'는 구성원이 자기 의사와 무관하게 출생과 더불어 결정되는 '귀속적(ascribed) 우리'와 자신의 능력, 노력, 의지 등으로 구성원이 될 수 있는 '성취적(achieved) 우리'로 구분될 수 있다.

그러나 '우리' 관계 혹은 집단을 이미 주어진 객관적 실체로만 파악하는 설명들은 '우리'가 구성원들의 적극적인 인지적 범주화와 관계의 자각을 전제로 형성되는 사회인지적 산물이라는 점을 간과하고 있으며, 따라서 그 관계와 연합된 구성원들의 인지적, 감정적, 행동적 지향성을 구체적으로 설명하지 못하고 있다. 예를 들어, 버스를 타기 위해 줄을 서 있는 사람들은 '우리'라는 인식을 공유하지 않는다. 그들은 서로 관계성이나 공통성을 확인하려 하지 않으며, 중립적인 입장에서 하나의 군집(aggregate)을 이루고 있을 뿐이다. 하지만 여기서 언급하고 있는 '우리'는 구성원들의 뚜렷한 인식과 동질감을 전제로 하고 있다.

'우리'를 이해하는 데 있어 또 한 가지 중요하게 다루어져야 할 점은 서구의 개인중심적 '우리'와 한국의 집단 중심적 '우리'가 사회적 상호작용의 측면에서, 그리고 '우리'의 구성원들이 집단에 대해 갖는 집단 정체성의 성격에서 차이를 보일 것이라는 것이다. 최상진과 최수향(1990)은 서구의 집단주의 개념은 집단을 구성하는 개인들을 자율적이고, 독립적이며, 개별적인 존재로 상정함으로써, 집단 내에서도 개인의 고유성이 소멸되지 않는 군집(collective pool)을 의미한다고 보았다. 그러나 동양문화권, 특히 한국에서는 개인이 집단 상황에서 자신의 고유성을 집단에 맞추어 변화, 순응시키고 전체에 융화됨으로써, 개인의 합으로는 포착할 수 없는 '새로운 집단성'을 창출한다.

이러한 한국적 집단주의의 성격은 '우리'라는 말의 일상적 쓰임새에서 잘 드러난다. '우리'는 일상적 맥락에서 자신이 속한 특정 집단을 수식하거나 지칭하는 경우가 많다(우리 가족, 우리 학교, 우리 회사, 우리나라). 여기서 중요한 것은 이때 사용되는 '우리'는 반드시 소유의 개념만을 나타내는 것이 아니라는 것이다. 예를 들어, 대화 중에 '우리 아내'라는 말은 지금 이야기하고 있는 '우리'가 공유하는 아내를 의미하는 것이 아니다. 이때의 '우리'는 말하고 있는 나(남편)와 그의 아내로 이루어진 우리이다. 즉, 다른 사람과의 대화 시에 '우리'

로서의 나와 아내의 관계가 등장하는 것이다. 이를 말하는 사람과 그와 함께 있는 사람들로 이루어진 '우리'로 받아들여서는 안 된다.

'우리끼리'라는 표현은 서로 간의 친밀하고 독특한 관계를 암시하는 것으로 상호 친밀감을 고조시키거나 어떤 것에 대한 배타적 공유의식을 확인시키는 뜻으로 사용된다(예: "우리끼리 얘긴데……"). 또한 "우리 사이에 네 것 내 것이 어디 있느냐?"라든가, "우리 사이에 그렇게 따지면 섭섭하지."라는 표현은 우리란 분리될 수 없는 일체이며, 우리에서 분리되는 것은 '우리' 관계를 위협하는 요소임을 드러낸다. 그리하여 상호관계에 대한 기대가 실제와 어긋날 때 사람들은 "우리 사이에 어떻게 그럴 수가……"라는 표현으로 기대가 깨진 것에 대한 애석함, 섭섭함, 절망감, 배신감 등의 감정을 표출한다. 따라서 '우리'는 개인 간 혹은 개인과 집단 간의 관계뿐 아니라 구성원들 사이의 인간관계의 특성 및 그 관계를 통해 기대할 수 있는 감정적, 행동적 특성까지도 함축하는 말로 넓은 맥락에서 사용된다(최상진, 2000).

(1) 우리 관계에서의 교류양식: 심정과 심정교류

한국인의 우리는 가족을 원형으로 한다. 자연히 어머니-자녀 간의 감정을 원형으로 하는 정이 우리 관계에서 교환되는 중요한 감정이 되고, 어머니-자녀 사이의 감정교류 방식이 우리 관계에서의 중요한 교류방식이 될 것이라는 점을 짐작할 수 있다.

대인관계 맥락에서의 한국인들의 대화는 '마음'을 준거로 이루어지는 것이 많다. 이를테면, "네 마음대로 해.", "마음에도 없는 말 하지 마.", "일이 마음같지 않다.", "이 마음을 어떻게 전할까?" 등 일일이 예를 들기가 어려울 정도이다. 이는 한국인에게 마음이 대단히 중요한 개념일 뿐 아니라 마음이라는 개념과 마음이라는 말을 사용하는 맥락에 대한 도식이 상당히 세분화되어 발달해 왔음을 의미한다. 또한 한국인의 자기(self)는 자신이 어떤 마음을 가지고 있느냐에 대한 추론적 판단을 근거로 경험을 구성해 간다(최상진, 김기범, 1999a). 이를 종합해 보면, 한국인의 대인관계 및 사회적 행위는, 행위 그 자체보다 행위의 기저에 깔린 마음을 중심으로 이루어진다고 할 수 있다.

바로 그렇기 때문에 대인관계나 사회적 맥락에서 상대의 언행을 해석하는 것이 중요한 과제가 된다. 마음은 볼 수도, 만질 수도 없다. 이러한 것은 상대는 물론 당사자도 마찬가지이다. 따라서 외부로 드러난 행위와 그 행위가 나타난 정황 등으로 자신과 상대의 마음을 추론하는 도식이 발달하게 된다. 그러나 이러한 도식이 사회적 맥락의 모든 행위의 저변에 있는 마음을 추론해 줄 수 있는 것은 아니다. 따라서 마음을 해석하는 것은 대개 사안과 상황에 따라 스스로 추론(주관적 해석)해야 한다. 이때 자신과 상대의 마음을 해석하는

데 사용되는 단서가 심정(心情)이다(최상진, 김기범, 1999b).

한국의 방송이나 언론매체에는 심정이란 말이 빈번하게 등장한다(예: "자식 같던 배추 갈 아엎은 농민의 심정", "이렇게까지 하는 엄마 심정을 알겠니……"). 한국인들의 일상사와 심리경 험 방식을 담고 있는 연속극의 경우는 물론이고, 객관적 사실을 전달해야 하는 언론의 기 사에도 심정이라는 표현이 나타난다는 것은 심정이 그만큼 한국인의 심리경험의 많은 부 분을 차지한다는 방증일 것이다. 심정이란 표현은 주로 다른 이들의 마음을 공감하는 혹 은 공감시키려는 맥락에서 주로 사용된다(예: 물러날 곳 없는 벼랑 끝에 선 심정, 지푸라기라 도 잡는 심정). 심정을 통해 다른 이의 마음을 내가 직접 경험하는 것 같은 효과를 기대할 수 있다. 한국에서, 심정표현이나 심정담론은 보통 합리적 사고나 이성적 담론이 요구되는 상황보다는 가까운 사람들 사이와 같은 사적 관계에서 일반적으로 통용된다. 즉, 대인관 계 속에서 상대에 대해 갖게 되는 다양한 감정이나 마음은 모두 심정으로 발동되고 경험될 수 있다. 정의 심정, 한의 심정, 사랑, 증오의 심정 등 대부분의 감정은 심정의 형태로 전환 되고 경험될 수 있다. 이러한 맥락에서 심정은 발동된 상태의 감정이라 볼 수 있다(최상진, 김기범, 1999b).

심정의 가장 중요한 특징은 심정에는 자의식이 전제되어 있다는 것이다. 심정을 발동한 (경험하는) 사람은 자신의 마음속에서 일어난 일을 감지하고 그것을 표현한다. 즉, 심정이란 나의 마음이 주관적으로 재해석한 마음이다. 그것은 상대의 마음일 수도 있고 나의 마음일 수도 있다. 중요한 것은 그것이 '나에 의해서', '나의 관 점에서' 재해석된 것이라는 점이다. 한국인들은 가까 운 사람과의 대인관계에서 자신의 행위나 자신과 관련 된 사건에 대해 상대의 마음속에서 일어나는 심적 경 험을 자기 자신의 경험으로 치환하여 공경험(共經驗, co-experience)하는 일에 민감하며 습관화되어 있다(최 상진, 1999). 이 점에서 한국인들은 상대의 경험을 당사 자적 입장에서 주관화(subjectify)한다고 볼 수 있다(최 상진, 1997). 이 과정은 서구인들이 가장 주관적인 자기 (self)까지도 객관화(objectify)하는 것과 대비되며, 한국 인들의 심리경험 전반에 중요한 영향을 미칠 것으로 가정된다. 이렇게 주관화된 상대의 경험, 주관화된 나 의 마음이 바로 심정이다.

심정은 특히 우리 관계에서 가장 동적이면서 생생

그림 11-10 심정교류, '말하지 않아도 알아요.'

한 교류의 수단이며 매체가 된다(최상진, 1999). 이러한 심정이 교환되는 과정은 다음과 같다. 어느 한 사람, 즉 A의 마음속에 발생한 심정은 상대 B의 마음에 공감이 되고, 다시 이러한 공감을 바탕으로 생겨난 B의 A에 대한 심정이 다시 A에게 공감이 되는 방식이다(최상진, 김기범, 1999a, 1999b). 특히 가족과 같이 친밀한 관계일 경우에는 어느 한쪽의 심정이 상대의 심정으로 그대로 전이되는 일이 일어난다(최상진, 김기범, 1999b). 의사소통의 주체가 나(I)와 상대방(other)으로 명확히 구분되는 것이 아니라 나와 상대가 분리되지 않은 형태의 의사소통 양식이다.

그러나 심정교류가 항상 비언어적(이심전심) 형태로 일어나는 것은 아니다. 매우 친밀한 관계가 아닌, 일반적 대인관계에서는 보다 명확한 전달방식을 사용한다. 보통 이러한 행위들에 대한 해석은 관계 및 상황에 따라 이루어지며, 심정전달 행위의 양식과 그것을 해석하는 방식은 문화적으로 공유되고, 상징화되어 있다(최상진, 김기범, 1999b; Boesch, 1991; Zittoun, 2003).

2) 사회적 기술로서의 체면

(1) 체면의 의미와 기능

체면은 몸을 뜻하는 체(體)와 얼굴을 뜻하는 면(面)의 합성어이다. 체면은 '남을 대하기에 떳떳한 도리나 얼굴'로 정의된다. 여기서 얼굴은 내적 자기, 즉 인격이나 품성의 외적 표현인 동시에 상징이다. 도리에 어긋난 행동을 했을 때 얼굴을 들 수 없다는 말 속에는 도리를 지키지 않은 데서 오는 부끄러운 감정이 포함되어 있다. '낯 뜨겁다.', '낯 두껍다.', '얼굴을 들지 못하겠다.' 등의 표현은 일반적으로 사람의 도리를 다하지 못했을 때, 즉 도덕적 인격에 하자가 생겼을 때 사용한다. 이러한 표현들의 공통적 특징은 얼굴을 도덕성과 연계시킨다는 점이다.

한편, 몸(體)은 사회적 지위를 상징한다. 지체, 체통, 위신, 체신 등은 모두 '몸'이라는 말을 중심으로 이루어져 있으며 지위나 신분에 따른 권위, 인격, 능력을 전제하고 있다. 얼굴은 벌거벗었다는 점에서 내적 자기, 즉 내재적 인격을 나타낸다면, 몸은 의관과 장신구 등으로 지위나 신분을 상징한다는 점에서 외적 자기를 나타낸다고 해석할 수 있다(최상진, 김기범, 1998).

이러한 체면은 한국에서만 나타나는 것은 아니다. 체면은 동양 집단주의 문화권, 특히 유교 문화권의 특징이라고 할 수 있는데, 체면의 양상은 나라에 따라 각각 달리 나타난다. 동아시아 관료제에서의 체면의 문화를 비교한 정하영(2011)의 연구를 보면, 체면의 작용

범위가 중국의 경우는 친인척 및 개별적 관계에서, 일본은 혈연보다는 생활 공동체에서 주로 작용하지만, 한국의 경우에는 '우리'로 지칭할 수 있는 관계 전반에서 작용한다. 또한 중국은 투자 혹은 호혜의 형태로서 체면세우기가 행해지는 반면, 일본과 한국의 경우에는 훨씬 서열적, 즉 권위주의적인 형태의 체면 행동이 나타난다. 즉, 체면이라는 개념과 관련 행위양식은 동아시아 유교 문화권에서 공유되지만, 체면에 대한 각국의 문화적 의미는 각각 다르다는 것이다.

독특하게도 한국사회에서는 사회적 관계의 전반에서 체면이 중요하게 작용한다. 사람들은 체면 때문에 하기 싫은 일을 억지로 해야 할 때도 있고 때로는 분수에 넘치는 무리한 소비를 하게 되기도 한다. 또한 체면을 유지해야 할 필요가 많은 한국인의 요구에 맞추어 그러한 일들을 대행 내지 도와주는 체면 산업(예: 결혼식 하객 대행 등)이 등장하기도 하였다.

체면의 긍정적, 부정적 측면과는 관계없이 체면은 한국사회에서 현실적으로 작동하고 있는 중요한 사회적 현상이라는 점에서 우선 중요하게 이해될 필요가 있다. 또한 한국의 대인관계를 포함한 사회적 관계에서는 암묵적이고 비언어적이거나 언어로 표현될지라도 매우 우회적인 표현이 많이 사용된다. 여기에서 체면은 중요한 자기표현의 수단으로 작용한다. 신분이나 지위가 변화하면 옷차림에서부터 말투나 행동거지에 이르기까지 달라지는 경우가 많고, 또 다른 이들로부터 그렇게 하기를 요구받는데 이는 자신이 속하게 되는 사회적 맥락에 따라 자기를 표현하는 방법이 달라져야 한다는 것을 뜻한다. 따라서 체면은 암묵적 의사소통의 차원에서 자신을 드러내는 기술로 이해할 수 있다.

(2) 체면의 형식성과 상징성

체면과 관계된 일상 표현들, 예컨대 '체면 지킨다.', '체면 차린다.', '체면 세운다.', '체면 치레한다.' 등은 체면과 관계된 행위 및 그 과정에 대한 문화적 공유 체계가 있음을 짐작하게 한다. 체면과 그에 관계된 행위양식은 사회적 맥락에서 어떤 경우에 어떻게 행동해야 한다는 지침과 같이 작용한다.

따라서 체면 행위의 상징적 상호작용의 방식은 규범적 형식성을 갖는다(최상진, 2000). 문화적 형식성은 일반적으로 형식 그 자체에 목적이 있다기보다는 형식 속에 함축되는 의미를 바탕으로 한 기능이 보다 중요하다. 예를 들어, 윗사람에게 두 손으로 술을 따르는 행위는 상대에 대한 존경과 예의를 상징하는 것이다. 그러나 형식화된 행위들(관습) 중에는 시간이 지나면서 본래의 의미가 희석되고 오히려 형식 자체가 더 강조되는 경우도 볼 수 있다. 보통 체면은 겉치레적인, 불필요한 것으로 여겨지고 있다(윤태림, 1986). 그러나 이와 같은 시각은, 체면의 바깥으로 드러나는 형식에 치중하는 면에 초점이 맞추어진 것으

그림 11-11 **문화적 행위양식으로서의 체면**

로, 우리는 체면의 형식 이면에 숨어 있는 기능적 의미를 좀 더 이해할 필요가 있다.

체면은 일반적으로 지위가 높은 사람, 남을 통솔하는 위치에 있는 사람, 교육을 담당하는 사람, 종교적 의식을 주관하는 사람 등에게 중요시되며, 이들은 자기 자신이 체면치레 및 체면 지키기에 대한 민감성이 높을 뿐 아니라 타인들의 이들에 대한 체면 민감성 역시 높다(최상진, 유승엽, 1992). 앞의 범주에 속하는 사람일수록 사회적 맥락에서 언행을 조심하고, 거짓말을 삼가며, 신뢰성을 갖게 하는 행위양식을 취해야 하며, 다른 사람들 역시 그러한 행위양식을 그들에게 요구한다는 것이다. 물론 구체적인 행위 양식은 상대와 상황에 따라 달라질 수 있다.

먼저 상대에 따른 체면 행위양식은 상대에게 자신이 어떤 사람이냐에 따라 결정된다. 예를 들면, 한 교수는 학생 앞에서는 교수이지만 자식 앞에서는 아버지이고, 그가 속한 동호회 같은 사적 집단에서는 또 그에 걸맞는 위상을 갖게 되며 그에 따른 체면 행위양식도 달라진다. 또한 상황에 따른 체면 행위는 상대와 자신이 그 상황을 어떻게 규정했느냐에 따라 달라질 수 있다. 예컨대, 두 사람이 상사와 부하 관계일 때 그들이 모두 서로의 지위 관계가 지켜지는 것이 필요하다고 생각할 때에는 두 사람의 상하 지위에 맞는 체면 행위가 나타날 것이고, 만약 이들이 지위를 떠난 동등한 관계를 맺었다면 형식적인 체면치레와는 다른 행위양식이 나타날 것이다. 이처럼 상대와 상황에 따라 달라지는 자신의 인물 규정과 상황 맥락에 적합한 체면 행위양식을 따랐을 때, 우리는 자신이나 상대의 체면이 차려지거나 세워지고 지켜진다고, 즉 자신의 사회적 위치에 걸맞은 행동을 했다고 판단한다(최상진, 김기범, 1998).

3) 마음 읽기의 기술: 눈치

(1) 눈치의 의미와 기능

눈치는 한국인의 성격특성 또는 의식구조에 관한 기존의 연구들에서 공통적으로 언급되는 개념이다. 눈치란 상호작용하는 두 사람이 서로 자신의 의중이나 기타 내적 상태를 상대에게 직접 노출하지 않을 때, 간접적 단서나 상황으로 미루어 상대의 내심을 추론 내지 짐작하는 것이다(최상진, 2000). 눈치는 한국인의 중요한 행위양식 중 하나이다.

이러한 형태의 의사소통에서는 주고받는 모든 종류의 메시지에 대한 직관적 이해가 필수적이다. 직관은 인간이 갖고 있는 오감 이상의 모든 감각을 동원하여 의사소통 내용을 이해하는 과정이다. 이는 해석 창조 과정으로서의 의

그림 11-12 우린 아무것도 필요없다~! (KTF show 광고 '노부부' 편)

사소통, 침묵의 의사소통, 메타 의사소통으로 분류될 수 있다.

해석 창조 과정이란, 의미가 없는 것처럼 보이는 의사소통에 의미를 부여함으로써 의사소통을 능동적으로 해석하고 새롭게 의미를 창출하는 행위적 특성이며, 침묵의 의사소통은 침묵이 다양한 의미를 함축하기 때문에 직관에 따라 그 의미를 정확히 파악해야 하는 것을 의미한다. 메타 의사소통은 지금 행한 의사소통이 담고 있는 '의미의 의미'를 전달하려는 의사소통이다. 이는 메시지의 단순한 의미를 전달하려는 것이 아니라, 메시지의 단순한 의미를 통해 보다 심층적인 의미를 전달하려는 것이므로, 직관에 의한 추론 혹은 많은 눈치가 요구된다(장낙인, 1991).

한국인들은 친밀한 사적 인간관계에서 기인한 간접적이고 암묵적인 의사소통 방식을 사용한다. 또한 공적인 인간관계에서는 당사자와 피당사자 모두에게 기대되는 규격화되고 양식화된 행위규범(체면)이 존재하며 한국인들의 문화적 욕구와 관련하여 문화 전반적인 사회적 현상으로 기능하고 있다. 이러한 상황에서 한국인들에게 요구되는 능력은 간접적이고 암묵적인, 그리고 양식화된 외면적 표현 너머에 있는 상대방의 진의를 파악하는 것이 된다. 그것이 바로 눈치인 것이다.

(2) 눈치의 유형

최상진(2000)은 눈치와 관련된 사회적 상황을 다음과 같이 구분하고 있다. 의사소통에 관여하고 있는 두 사람이 있을 때 나타날 수 있는 눈치의 차원은, '보는 눈치'와 '보이는 눈치'로 구분할 수 있다. 다음으로 상호작용하는 사람들 사이의 관계와 역동에 따라 5개의 차원으로 세분화된다.

상호작용하는 두 사람 중 어느 한쪽에서만 눈치를 보거나 보이는 일방 눈치상황(I , II)

과 두 사람이 모두 상대의 눈치를 보거나 보이는 쌍방 동등 눈치상황(Ⅲ, Ⅳ), 그리고 한쪽에서는 눈치를 보이고 다른 한쪽은 눈치를 보는 쌍방 비동등 눈치상황으로 나눌 수 있다(Ⅴ). 이를 표로 나타내면 다음과 같다.

표 11-4 눈치상황의 구조

		보는 눈치	보이는 눈치
일방적		Ⅰ	Ⅱ
쌍방적	동등	Ⅲ	Ⅳ
	비동등	Ⅴ	

눈치상황은 어느 한쪽만 눈치를 보고 다른 한쪽은 눈치를 보이는 정태적 구조보다는, 동시적으로 서로 눈치를 주고받는 역동적 구조상황인 경우가 보편적이다. 따라서 어느 한 차원의 눈치 유형이 독립적으로 존재한다기보다는 계속되는 의사소통의 맥락 속에서 서로의 위치와 관점의 변화에 따라 눈치의 유형도 지속적으로 변화한다고 볼 수 있다.

눈치는 서로의 속마음을 보이고 읽는 과정이므로, 객관적인 언어사용의 맥락과는 달리 한쪽의 주관적 동기, 의도 등 심리적 과정을 다른 한편이 공감하는 과정이 수반된다. 따라서 둘 사이에 공유되는 정보를 통칭하는 간주관성(intersubjectivity)의 존재가 선행되어야 한다. 가까운 사이일수록 간주관성의 질은 농밀해지며 암묵적이고 그에 따라 암묵적이고 비언어적 방식으로 소통할 수 있는 정보의 양도 늘어난다. 따라서 한국의 가장 사적인 인간관계, 즉 정(情) 관계에서의 의사소통은 "말하지 않아도 알아요."라는 한마디로 요약할 수 있다. 반면, 두 사람의 사이가 멀수록 서로의 진의를 파악하기 위한 노력을 기울여야 하는데 대개 이러한 경우가 눈치를 '보고 보이는' 상황이다.

글상자
11-4 **한국에 사이비 종교가 많은 이유는?**

2020년 2월부터 확진자 수 30명 선에서 진정되어 가는 듯했던 코로나19 사태는 '신천지'라는 한 사이비 종교단체로 인해 전혀 새로운 국면을 맞게 되었다. 한국에는 잊을 만하면 사이비 종교가 문제를 일으키는 경향이 있다. 세월호 사건에서도 '구원파'라는 단체가 언급된 바 있고, 역사적으로 일제강점기의 백백교 사건부터 용화교, 집단 음독 자살 사건을 일으켰던 오대양, 휴거 대소동의 다미선교회, 신도 암매장 사건의 아가동산, 교주를 둘러싼 온갖 성추문의 JMS 등 굵직한 사회문제로 주목을 받았던 교단만 해도 상당한 수에 이른다.

그림 11-13 **금동미륵보살반가상**

이러한 현상은 이른바 한국인들의 뿌리 깊은 문화적 심성, 즉 '민족심리학'적 배경이 없으면 이해가 어렵다. 한국인들은 오랫동안 미래에 이 세상에 와서 사람들을 구원할 존재인 '미륵'에 대한 신앙을 가지고 있었다. 역사적으로 민초들의 삶이 힘들어지면 미륵신앙이 성행했고 이를 틈타 자신이 미륵이라고 주장하는 인물들이 나타나곤 했다. 대표적인 인물로 후고구려를 세운 궁예와 조선 숙종 때의 여환, 최근에도 국정농단 사태를 저지른 최순실의 아버지 최태민도 한때 미륵을 자처한 바가 있다.

이 외에도 우리나라 곳곳에서 발견되는 '매향(埋香)리'라는 지명은 미륵을 기다리며 향나무를 갯벌에 묻었던 의식에서 비롯된 이름이고, 운주사 와불이나 선운사 마애불처럼 세상을 바꾸려는 민초들이 의지했던 부처도 미륵이다.

미륵신앙은 곧 구세주 신앙이다. 500년 동안 유교의 나라였던 한국이 현대사회 들어 그 어느 나라보다 열성적인 기독교 신자들을 보유하게 된 것도 이와 관련이 있어 보인다. 한국인들은 이 힘들고 어려운 세상에서 나를 구원해 줄 구세주를 기다리고 있는 것이다. 사이비 종교들이 자극하는 한국인들의 욕망이 바로 이것이다. 사이비 종교는 기존 종교와 비슷한 모습으로 출발해서, 결국 교주 자신에 대한 숭배로 이어지는데 한국 사이비 종교의 지도자들은 하나같이 구세주임을 자칭한다. 따라서 법과 도덕, 가족들까지 저버리는 신도들의 비이성적인 행위들은 구세주에 대한 신앙으로 보아야 이해할 수 있을 것이다.

요약　　　사회심리학은 사회적 맥락 속에서 개인행동의 변화에 관심이 있다. 인간은 개인으로 있을 때와 집단 내에 있을 때의 행동이 기본적으로 다르다. 집단상황이 되면 개인은 하고 있던 일의 수행이 증가하기도 하고 감소하기도 하며, 타인이나 자신의 지위나 역할에 따라 자신의 견해를 수정하기도 하고 집단의 압력에 영향을 받기도 한다.

　　　사회적 맥락은 개인의 판단 및 추론과정에도 영향을 미친다. 인간은 신속하고 효율적인 정보처리를 위해 도식(schema)을 사용하는데, 한번 형성된 도식은 좀처럼 바뀌지 않으며 이후에 들어오는 수많은 정보를 선택하는 일종의 체가 된다. 즉, 도식에 부합하는 정보는 받아들이고 그렇지 않은 정보는 걸러낸다. 이러한 인간의 경향성은 확증적 가설검증, 자기실현적 예언 등으로 나타나며 부정확하고 신중하지 못한 과정으로 형성된 어떤 인식이 고정관념 및 편견으로 이어지는 기제로 작용하기도 한다.

　　　인간은 효율적인 삶을 위해 여러 가지 대상에 대해 태도를 갖게 되는데 이러한 태도는 크게 인지, 정서, 행동의 세 부분으로 이루어지며 대개는 학습을 통해 습득된다. 인간은 어떠한 대상에 대한 인지, 정서, 행동적 태도를 일치시키고자 하는 경향이 있으며 이들 사이에 부조화가 발생할 때 불편감을 느끼고 이를 해소하는 과정에서 태도의 변화가 나타난다.

　　　인간의 행동에 많은 영향을 미치는 사회적 맥락은 문화에 따라 달라진다. 문화와 인간행동의 관계를 연구하는 심리학의 분야를 문화심리학이라고 한다. 이 장에서는 한국문화에서 나타나는 사회적 개념들과 행위양식에 대해 간략히 소개하였다.

　　　우선 한국인들의 사회적 행위의 기본 전제가 되는 '우리'의 성격과 사회적 상호작용에 영향을 미칠 것으로 예상되는 '심정'과 '심정교류' 그리고 한국인들의 문화적 행위양식으로 언급되어 온 '체면'과 '눈치'를 설명하였다.

연습문제

1. 개인일 때의 수행보다 집단일 때의 수행이 더 높게 나타나는 현상을 _____이라 한다.

2. 비인간적 명령에 복종(혹은 동조)하는 데 대한 정당화를 제공하는 것은 대개 명령을 내리는 사람의 _____다.

3. _____이란 대상에 대한 지식, 지식 간의 관계 및 구체적 사례들을 포함한 사건, 사상 및 이들과의 관계에 대한 생각의 조직체이다.

4. 특정 대상에 대해 가지고 있는 도식을 근거로 정보를 받아들이기 때문에 결국에는 도식에 부합하는 현상만을 받아들이면서 그 도식에 대한 믿음을 강화하는 것을 _____라 한다.

5. 먼저 제시된 정보가 나중에 제시된 정보보다 더 큰 영향력을 갖게 되는 것을 _____라 한다.

6. _____이란 원인을 찾아 귀속시킨다는 뜻으로 자신의 주변에 일어나는 일들이 왜 일어나

는가를 설명하기 위한 기제이다. 사람들이 이것을 하는 이유는 주변환경을 이해하고 그에 대한 _____을 얻으려는 목적에서이다.

7. 사람들은 어떠한 사건이 외부적 상황 때문에 일어났을 가능성이 크더라도 행위자의 내적 속성 때문에 일어났다고 생각하는 경향을 보인다. 이러한 경향은 사실 유무와 관계없이 집요하게 나타나기 때문에 _____라고 불린다.

8. 사람들은 기존의 인지/정서적 태도와 _____하는 행동을 하고자 한다. 기존의 태도와 다른 행동을 했을 경우 사람들은 _____을 경험하고 이를 해소하기 위해 기존의 태도를 이미 한 행동에 일치시키는 방향으로 조정한다.

9. _____은 한국문화의 맥락에서 암묵적 의사소통의 방법으로 이해할 수 있으며 타인에게 자신을 드러내는 기술로 이해할 수 있다.

10. _____란 상호작용하는 두 사람이 서로 자신의 의중이나 기타 내적 상태를 상대에게 직접 노출하지 않고 간접적 단서나 상황으로 미루어 상대의 내심을 추론하는 것이다.

참고문헌

윤태림(1986). 한국인의 성격. 서울: 동방도서.

장낙인(1991). 동양의 커뮤니케이션 행태에 관한 연구. 한양대학교 대학원 박사학위논문.

정하영(2011). 동아시아 관료제 비교: 인정과 체면을 중심으로. 정부학연구, 17(3), 143–179.

최상진(1997). 한국인의 심리특성. 한국심리학회 편, 현대심리학의 이해(pp. 695–766). 서울: 학문사.

최상진(1999). 한국인의 마음. 최상진, 윤호균, 한덕웅, 조긍호, 이수원 공저, 동양심리학: 서구심리학에 대한 모색(pp. 377–479). 서울: 지식산업사.

최상진(2000). 한국인 심리학. 서울: 중앙대학교 출판부.

최상진, 김기범(1998). 체면의 내적 구조. 한국심리학회 연차대회 학술발표논문집, 559–577.

최상진, 김기범(1999a). 한국인 self의 특성: 서구의 self 개념과 대비를 중심으로. 한국심리학회지: 사회 및 성격, 13(2), 279–295.

최상진, 김기범(1999b). 한국인의 심정심리: 심정의 성격, 발생과정, 교류양식 및 형태. 한국심리학회지: 일반, 18(1), 1–16.

최상진, 유승엽(1992). 한국인의 체면에 대한 사회심리학적 한 분석. 한국심리학회지: 사회, 6(2), 137–157.

최상진, 최수향(1990). 정의 심리적 구조. 한국심리학회 연차대회 학술발표논문초록, 1–9.

한민(2011). 문화진화론적 인종도식의 영향: 한국인들의 인종에 대한 이중적 태도. 아세아연구, 54(2), 325–353.

Allport, W. G. (1935). *A Handbook of social psychology*. Worcester: Clark University Press.

Allport, W. G. (1958). *The culture of prejudice*. Garden City. New York: Dubleday & Company, Inc.

Asch, S. E. (1946). Forming impressions of personality. *Journal of Abnormal and Social Psychology, 41,*

258-290.

Asch, S. E. (1955). Opinions and social pressure. *Scientific American, 19*, 31–35.

Baron, R. S. (1986). Distraction-conflict theory: Progress and problems. In L. Berkowitz (Ed.), *Advances in experimental social psychology* (Vol. 19, pp. 1–40). New York: Academic Press.

Boesch, E. E. (1991). *Symbolic action theory and cultural psychology*. Berlin, Germany: Springer-Verlag.

Festinger, L., & Carlsmith, J. M. (1959). Cognitive consequences of forced compliance. *Journal of Abnormal and Social Psychology, 58*, 203–210.

Fiske, S. T., & Taylor, S. E. (1991). *Social cognition* (2nd ed.). New York: McGraw-Hill.

Greenwald, A. G., McGhee, D. E., & Schwartz, J. L. K. (1998). Measuring individual differences in implicit cognition: The Implicit Association Test. *Journal of Personality and Social Psychology, 74*, 1464–1480.

Heider, F. (1946). Attitudes and cognitive organization. *Journal of Psychology, 21*, 107–112.

Heider, F. (1958). *The psychology of interpersonal relations*. New York: Hohn Wiley.

Kashima, Y., & Triandis, H. C. (1986). The self-serving bias in attribution as a coping strategy: a cross-cultural study. *Journal of Cross-Cultural Psychology, 17*, 83–97.

Langer, E. J. (1975). The illusion of control. *Journal of Personality and Social Psychology, 32*, 311–328.

Milgram, S. (1963). Behavioral study of obedience. *Journal of Abnormal and Social Psychology, 67*, 371–378.

Mizokawa, D. T., & Ryckman, D. B. (1990). Attribution of academic success and failure: a comparison of six Asian-Americal ethnic groups. *Journal of Cross-Cultural Psychology, 21*, 434, 451.

Morris, M. W., & Peng, K. (1994). Culture and cause: American and Chinese attributions for social and physical events. *Journal of Personality and Social Psychology, 67*, 949–971.

Olson, J., & Zanna, M. (1993). Attitudes and attitude change, *Annual Review of Psychology, 44*, 117–154.

Richins, M. L., & Dawson, S. (1992). A Consumer Values Orientation for Materialism and Its Measurement: Scale Development and Validation. *Journal of Consumer Research, 19*, 303–316.

Ross, L. D. (1977). The intuitive psychologist and his shorcomings: Distortions in the attribution process. In L. Berkowitz (Ed.), *Advances in experimental social psychology* (Vol. 10). New York: Academic Press.

Snyder, M., & Swann, W. B., Jr. (1978). Hypothesis-testing processes in social interaction. *Journal of Personality and Social Psychology, 36*, 1202–1212.

Triplett, N. D. (1897). The dynamogenic factor in pacemaking and competition. *American Journal of Psychology, 9*, 507–533.

Weiner, B. (1979). A theory of motivation for some classroom experiences. *Journal of Educational Psychology, 71*, 3–25.

Zittoun, T. (2003). The hidden work of symbolic resources in emotions. *Culture & Psychology, 9*, 313–329.

Zimbardo, P. G. (1972). The psychology of imprisonment: privation, power and pathology. Stanford University.

12

건강과 스트레스

인공지능이 선도하는 제4차 산업혁명을 목전에 두고 우리 대부분은 적응을 위한 스트레스를 겪고 있다. 기술의 발전이 우리를 행복으로 이끌까? 아니면 실업자의 대량 생산으로 우울하고 불안한 삶을 살게 될까? 한국의 경우, 경제의 고속 발전이라는 기적의 이면에 도사리는 어두운 그늘, 즉 낮은 행복감과 높은 자살률 등으로 사회 전체가 몸살을 앓고 있다. 사람들의 관심은 이제 높은 삶의 질을 위한 행복, 웰빙(well-being), 웰니스(wellness)로 점차 이동하고 있다.

이 장에서는 스트레스의 생리적, 심리적 기제와 어떻게 스트레스를 조절하고 관리할 것인가를 공부할 것이다. 또한 건강을 구성하는 심리적 요인은 무엇이며, 어떻게 하면 행복하게 살 수 있는지를 살펴볼 것이다.

먼저 앞부분에서는 스트레스와 스트레스 자극, 스트레스를 일으키는 구체적인 사건, 스트레스의 반응체계를 다루었다. 또한 스트레스를 관리하기 위해서는 어떤 방법이 있는지를 살펴보기 위해 동서양의 여러 스트레스 관리법을 언급하였다. 이어서 뒷부분에는 건강의 심리적 요인과 건강을 위협하는 요인들을 살펴보았다. 또한 행복한 삶을 다루면서 새롭게 등장한 긍정심리학과 건강과의 관계를 다루고, 행복한 삶을 영위하기 위한 정서 및 특질의 예를 들었다. 스트레스에 대한 이해와 더불어 스트레스 관리법을 배우고 익히며, 건강하고 긍정적이며 행복한 삶을 사는 방법을 터득하는 것이 이 장의 목표이다.

옛날에 어떤 부부한테 아들 셋이 있었거든. 그 아들 셋이 다 과거에 급제해 서사를 꽂고 금 의환향했대. 부부가 너무 좋아서 동네잔치도 벌이고 덩실덩실 춤을 췄지. 그런데 아들 셋이 말에서 떨어져 즉사하고 말았대. 하도 억울해서 어머니가 저승을 찾아가서 염라대왕한테 울 며불며 물었대. 왜 하필 내 아들을, 그것도 셋이나 한꺼번에 데려가나요? 그랬더니 염라대왕 이 그 엄마 앞에 지난날을 보여 주는 거울을 비춰주더래. 이 부부가 젊어서 주막집을 운영했 는데 손님이 갖고 있는 돈이 탐나서 손님들을 죽인 후에 그 집 부엌 바닥에 감쪽같이 묻은 거 지. 그렇게 억울하게 죽은 세 남자는 다시 그 부부의 아들로 태어나서 어렸을 때부터 수재 소 리 듣고 부부한테 금쪽같은 자식으로 자라난 거지. 그러다 과거까지 급제해서 부모를 너무 기쁘게 한 다음 그 순간에 자기들이 죽어. 그렇게 복수를 한 거지. 부모의 뜻대로 마음대로 순종하며 살다가 부모가 가장 행복해할 순간에 산산조각 내버린 거야.

위의 이야기는 얼마 전 세간을 떠들썩하게 했던 한 TV 드라마에서 의과대학을 지망하는 고 3 수험생에게 과외선생이 들려주는 이야기이다. 우수한 대학에 입학시키기 위해 한국 의 부모들이 자식들을 얼마나 극심한 스트레스 상황으로 몰아넣는지를 보여 주는 단면을 잘 보여 주고 있다. 결국 드라마 속의 의과대학 지망생은 대학에 입학한 후 돌연히 사라져 서 자신의 어머니를 자살하게 만든다. 이 간담 서늘한 이야기는 우리 사회를 충격에 빠뜨 렸고 각계 전문가들이 토론의 장을 열어 기성세대의 성찰을 촉구하였다. 그 드라마 덕분 에 우리는 스스로를 돌아보고 자성하면서 변화를 시도했을까? 우리 사회는 조금이나마 이 전과 다르게 변했을까? 수험생과 학부형들이 받는 스트레스가 감소하는 방향으로 가고 있 는가? 어떻게 하면 스트레스를 줄이고 더 건강하고 행복하게 살 수 있을까? 스트레스로 인 한 질병을 예방하고 건강과 웰빙, 긍정적 태도를 가져올 수 있는 행동과 태도는 무엇일까?

이 장에서는 이런 질문들에 적절한 답을 줄 수 있는 스트레스와 건강이라는 주제를 다룰 것이다.

1.
스트레스란 무엇인가

신체생리의 항상성(homeostasis)에 과도한 부담을 주어 두려움이나 불안감을 유발하는 내적, 외적 자극을 총칭해서 '스트레스(stress)'라고 일컫는다. 스트레스는 유기체에게 위협을 주는 광범위한 내적, 외적 자극을 포함하고 있으므로 생물학적 개념인 동시에 심리적 개념, 물리적 개념, 사회환경적 개념이기도 하다. 내적 항상성을 깨뜨리는 스트레스 자극으로 작용하는 조건들은 다양하다. 우리들은 굶주림, 갈증, 성적 욕망 같은 생물적 욕구로 인해 마음이 불편해질 수 있으며, 치통처럼 견디기 힘든 통증, 참기 어려운 주변의 소음 등 과도한 물리적 자극으로 인해 괴롭고 짜증이 날 수 있다. 감염이나 빈번하게 발생하는 염증과 같은 화학적 자극으로 인해 고통을 받을 수도 있다. 심리적 스트레스도 다양하게 존재하는데, 코앞으로 다가온 시험 때문에 긴장하거나 불안할 수 있으며, 예기치 못한 이성 친구의 변심으로 분노하며 우울감에 젖을 수도 있다.

현대 산업사회에서 자주 발병하는 대다수 만성질환은 스트레스가 주된 요인인 것으로 알려져 있다. 미국의 경우 대부분의 의료기관을 찾는 환자의 75~90%가 직접, 간접적으로 스트레스를 받아 고달픈 삶을 살고 있다고 한다. 사망원인의 52%가 음주, 흡연, 약물복용, 운동 부족, 적개심, 고칼로리 음식, 문란한 성생활 등 건강하지 않은 생활습관에서 온다는 조사 결과가 발표되었고, 건강하지 못한 생활습관의 주요 원인은 스트레스인 것으로 알려져 있다(Elkin & Rosch, 1990). 2017년 통계청이 발표한 한국인의 사망원인 순위는 암(27.6%), 심장질환(10.8%), 뇌혈관 질환(8.0%), 폐렴(6.8%), 자살(4.4%), 당뇨병(3.2%), 간 질환(2.4%), 만성 하기도 질환(2.4%), 고혈압성 질환(2.0%), 운수 사고(1.8%)인 것으로 나타났다. 10~30대의 경우 자살이 1위를 차지했으며, 40대 이상의 경우에는 암이 1위를 차지했다. 이 자료를 통해 스트레스가 사망원인에 직간접적으로 작용하고 있음을 알 수 있다. 5위 안에 있는 만성질환들은 주로 스트레스와 관련된 생활습관과 관련이 있을 뿐 아니라 자살이 5위를 차지하고 있으며 10~30대의 경우 자살이 1위로 꼽힌다는 사실은 우리 사회에 스트레스가 얼마나 만연하고 있는지를 분명하게 보여 준다.

2.
스트레스를 일으키는 사건

1) 생활사건

사람들은 인생에서 중요한 사건들을 경험한 후 성장과 성숙이 지체되거나 병을 앓기도 하고, 심한 경우에는 사망하기도 한다. 스트레스를 주는 생활사건들을 조사했던 Holmes 와 Rahe(1967)는 인생에서 일어나는 주요한 긍정, 부정적 사건들이 스트레스로 작용하며, 이런 스트레스 사건들이 자주 일어날수록 질병을 앓을 확률이 높아진다는 사실을 밝혔다. 이런 생활사건들에는 재적응이 필요하며 변화에 대한 새로운 적응은 스트레스가 된다. 이런 생활사건의 대부분은 가족의 죽음, 이혼, 실직, 폭력범죄의 희생과 같은 부정적인 사건들이지만, 결혼이나 부모가 되는 경험처럼 흥분을 일으키는 사건들도 포함되어 있다. 인생의 주요 사건 목록들 중 어떤 한 사람이 앞으로 겪을 사건의 스트레스 지수를 합산하기만 해도 그 사람이 앓게 될 질병의 지표가 될 수 있다(Miller, 1996).

대학생의 경우에는 학업 및 개인 생활과 관련해서 가장 많은 스트레스를 받는 것 같다. 이동훈, 강선우(2006)가 한국 대학생을 대상으로 스트레스 개입 프로그램을 개발하는 과정에서 한국 대학생들이 주로 어떤 스트레스를 받고 있는지를 조사하였다. 〈표 12-1〉의 첫 번째와 두 번째 세로 단은 한국 대학생들에게 스트레스를 주는 일상의 사건들을 순위별로 각각 정리한 것이고, 마지막 세로 단은 미국 대학생들의 스트레스를 13위까지 정리한 것이다(Schacter, Gilbert, & Wegner, 2011, p. 720).

이 목록을 살펴보면 학업과 관련된 스트레스의 경우 성별에 상관없이 학점 및 경쟁, 경력과 관련된 미래에 대한 불안, 학교에서의 대인관계가 주요한 스트레스 자극으로 인지되고 있으며, 개인생활에서 오는 스트레스로는 남녀 모두 불투명한 미래, 재정적인 문제 및 대인관계를 높은 순위로 꼽고 있음을 알 수 있다. 그 외의 요인에서는 남녀 간에 차이가 보였는데 남학생의 경우에는 군대 문제를 큰 부담으로 느끼고 있었고, 여학생의 경우 외모나 가족과의 갈등을 더 부담스럽게 느끼고 있다. 전체적으로 볼 때 한국 대학생들은 불투명한 미래로 인해 불안감을 느끼며 대인관계에서 가장 많은 스트레스를 받는다. 이에 반해, 미국 대학생들은 강간 및 AIDS 같은 성과 관련된 질병이라든지 임신 등 성에 관련된 문제 그리고 시험 불안 등에서 주로 스트레스를 받는다(Schacter, Gilbert, & Wegner, 2011).

| 표 12-1 | 한국과 미국 대학생들의 학업관련 및 개인생활 스트레스 비교 |

	한국의 대학생		미국의 대학생
	학업관련 스트레스	개인생활 스트레스	
1	학점, 경쟁	불투명한 미래, 경력 쌓기	강간을 당함, HIV양성반응을 받음
2	경력, 미래의 성공	재정적 문제	강간의심을 받음
3	학교에서의 대인관계	친구 및 타인과의 대인관계	친한 친구의 사망
4	등록금 등 교육비	친밀한 관계	가족의 사망
5	할 일이 많음	외모와 체중조절	AIDS 외 성관계를 통해 전염되는 질병감염
6	학교 및 교과과정 정책·등록	가족문제와 부모와의 갈등	임신에 대한 걱정
7	학교환경	개인적 성취, 목표설정	기말시험
8	전공·강좌	군대문제	애인의 임신에 대한 걱정
9	교수·수업의 학습환경	건강	시험날 늦잠, 과목낙제
10	학교와의 거리, 통학의 불편함	자유시간이 없음	애인에게 속음, 오래된 연인관계 청산, 친한 친구 혹은 가족이 중병에 걸림
11	공부	타 학생과 사귀기 어려움	재정적 어려움
12	리포트·에세이		주요 리포트 작성, 시험 중 부정행위 발각
13	시험·기말시험		음주운전

2) 재앙적 사건: 외상후 스트레스장애

전쟁, 자연재해, 대규모 참사나 사건과 같은 큰 규모 재난을 겪은 사람들은 종종 과거 경험을 생생하게 기억하며 자주 공포에 질리고 슬픔으로 할 말을 잃는다. 사람들에게 남겨진 정신적인 충격을 외상(트라우마, trauma)이라고 하며, 외상 후에 일어나는 여러 가지 신체적, 심리적 증상을 총칭해서 외상후 스트레스장애(Post Traumatic Stress Disorder: PTSD)라고 한다. 외상후 스트레스장애의 주요 증상으로는 피해자가 의도하지 않았는데도 불구하고 외상적 기억이 의식에 침투하는 외상적 사건의 재경험, 또한 외상과 관련된 생각, 느낌, 대화뿐만 아니라 외상사건을 회상시킬 수 있는 자극들을 피하는 회피행동, 외상 사건의 여러 측면을 기억하지 못하거나 일상의 주요 활동에 대한 흥미 상실, 그리고 자율신경계의 지속적인 흥분으로 인한 생리적 각성 증상을 들 수 있다(김순진, 김환, 2000).

외상적 사건을 경험한 모든 사람이 PTSD 증상을 보이는 것은 아니며, 일부 사람들이 PTSD에 취약하다. 그렇다면 이들은 어떤 사람들일까? 심한 스트레스를 받은 쥐의 해마가 손상된다는 연구결과를 토대로, 인간을 대상으로 외상적 사건과 해마와의 관련성을 살펴본 연구가 있다(Gilbertson et al., 2002). 이 연구에서는 PTSD 증상을 보이는 집단과 증상을 보이지 않는 베트남 참전군인 집단, 각 집단의 일란성 쌍생아로 전쟁에 참여한 경험이 전혀 없는 집단의 네 집단으로 분류한 후 각 집단의 해마 크기를 비교하였다. PTSD 증상을 앓는 참전군인과 그들의 쌍둥이 형제들은 더 작은 해마를 가지고 있었으며, PTSD가 없는 참전군인과 그 쌍둥이 형제들의 해마는 그 부피가 더 컸다. 이러한 결과는 정신적 외상이 뇌의 구조에 변화를 일으킨다는 사실을 보여 준다.

3.
스트레스의 반응체계

Hans Selye(1956)는 최초로 스트레스를 과학적으로 연구했던 사람으로 꼽힌다. 그는 비엔나에서 태어났지만 몬트리올의 맥길 대학에서 젊고 이름 없는 조교수로서 자신의 연구를 시작하였다. 1930년대 초에 그의 동료 생화학자가 난소에서 어떤 물질을 분리해 내는 데 성공했고, 그의 동료들은 그 물질이 신체에 어떤 영향을 미치는지에 상당한 호기심을 보였다. 동료들의 호기심에 동참한 그는 그 생화학자에게 그 물질을 조금 얻어내어 그 효과를 연구하기 시작했다. 그는 매일 이 물질을 쥐에게 주사하려고 시도했으나 손놀림이 능숙치 않았던 그는 자주 주사기를 떨어뜨렸으며 그 바람에 쥐를 놓쳐 다시 잡기 위해 빗자루를 휘두르며 실험실을 이리저리 헤매는 일이 자주 발생하였다. 이런 일이 몇 달 동안 계속된 후에 그는 쥐들에게 특이한 일이 생겼음을 발견하였다. 쥐들에게는 소화성 궤양이 생겼으며 스트레스 관련 호르몬을 분비하는 부신이 눈에 띄게 커졌고 면역계 관련 조직들이 위축이 나타났다. 처음에 그는 이것이 새로 발견된 난소추출물의 효과라고 기뻐했지만 과학적 정신이 투철했던 그는 난소추출물 대신 식염수를 주사한 대조군을 설정하여 실험군과 비교해 보았다. 놀랍게도 대조군에 속한 쥐들 역시 소화성 궤양에 걸렸으며 부신이 부풀어 오르고 면역조직들이 위축을 보였다. 두 집단의 쥐들에게 공통된 것이 무엇일까에 강한 호기심을 느낀 그는 주사로 인한 물질투입이라는 불쾌한 경험이 그 요인일 것이라고 추론하고 그런 경험에 대해 쥐가 비특이성 반응을 보인 것일 거라는 이론을 세웠다. 이런 이론을 검증하기 시작한 것이 스트레스에 관한 그의 획기적인 연구의 출발이 되었다.

불쾌함에 대한 비특정적 반응을 설명하기 위해 Selye는 물리학 용어에서 빌려온 '스트레스(stress)'라는 개념을 도입하였다. 사실상 스트레스라는 용어를 처음으로 의학계에 소개한 사람은 하버드 대학의 생리학자 Cannon(1929)이었다. 우리의 전 존재를 위협하는 자극을 만나면 신체는 '투쟁-도피 반응(fight or flight response)'이라는 전형적인 반응을 보인다

([그림 12-1]). 이는 응급상황에 대비하기 위해 우리 신체에서 일어나는 심리 정서적이며 생리적인 반응이다. 어두컴컴한 밤거리에서 귀가를 서두르다가 폭력배를 만나는 상황을 상상해 보라. 폭력배들을 맞닥뜨린 순간 당신의 뇌는 '이들과 맞서 싸울 것인가, 아니면 미친 듯이 도망칠 것인가?'를 재빠르게 판단할 것이다. 당신의 머리털은 쭈뼛 섰을 것이고 심장은 세차게

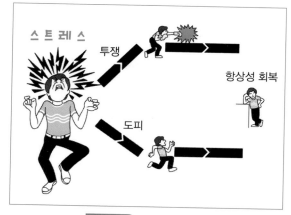

그림 12-1 **투쟁-도피 반응**

고동치며 온몸은 뻣뻣하게 긴장되고 입안의 침이 마를 것이다. Cannon은 이러한 반응이 여러 종에 걸쳐 동일하게 일어난다는 사실을 발견하고 이것이 위협에 처했을 때 보이는 신체의 일차적 반응임을 보여 주었다.

1) 신체 및 뇌의 반응

스트레스에 대항해서 당신의 신체는 교감신경계를 활성화시켜 경계하고, 각성하고, 활발해지며, 에너지를 동원한다. 교감신경계가 활성화되면 부신에서는 에피네프린(epinephrine)이, 온몸에 퍼져 있는 그 외 모든 교감신경 말단에서는 노르에피네프린(norepinephrine)이 분비된다. 교감신경계의 활성화로 인해 심장이 빨리 뛰며, 혈류가 근육 속으로 흘러 들어가고, 입안의 침이 마르며, 소화가 억제된다. 여기에 더해서 이완반응(relaxation response)과 관련된 부교감신경의 활성화를 억제한다.

말초신경계의 변화와 더불어 뇌에서도 다양한 변화가 일어난다. 자극을 받은 시상하부는 부신피질자극호르몬 분비촉진호르몬(corticotropin-releasing hormone: CRH)을 분비한다. CRH는 뇌하수체 전엽을 자극하여 부신피질자극호르몬(adrenocorticotropic hormone: ACTH)의 분비를 촉진한다. 혈류로 방출된 ACTH는 부신피질을 자극하여 에피네프린과 노르에피네프린[이들을 카테콜아민(catecholamine)이라고 함]을 분비하도록 함으로써 '투쟁-도피 반응'을 활성화시킨다. 이러한 일련의 반응을 HPA 축(시상하부-뇌하수체-부신피질 축: hypothalamic-pituitary-adrenal axis) 연쇄반응이라고 한다([그림 12-2]).

자극을 받은 부신피질에서는 코르티솔(cortisol)이 분비되는데, 이 호르몬은 단백질로부터 당의 생성을 촉진하는 물질로서 혈당을 높여 근육이 사용할 수 있는 에너지를 생성하는

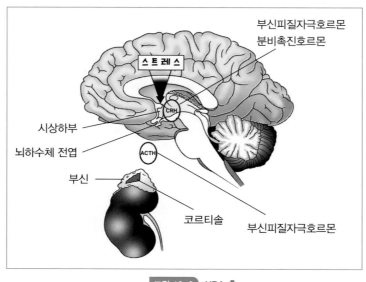

그림 12-2 **HPA 축**

역할을 한다. 이런 일련의 반응과정을 통해 당신은 위협적 자극이나 상황에 대해 적절하게 반응할 수 있는 내적 시스템을 갖추는 것이다.

2) 일반적응증후군

자극의 종류와 무관하게 각종 스트레스 자극들은 서로 유사한 일련의 생리적 반응을 유발하는데, Selye는 이런 반응에 일반적응증후군(general adaptation syndrome: GAS)이라는 명칭을 부여하였다(Selye, 1956). GAS는 스트레스 자극이 실제적인 것이든 상상적인 것이든 상관없이 당신을 불편하고 불쾌한 상태로 몰아가는 일관된 반응으로서, 다음의 경고, 저항, 소진이라는 세 단계를 거쳐 일어난다([그림 12-3]).

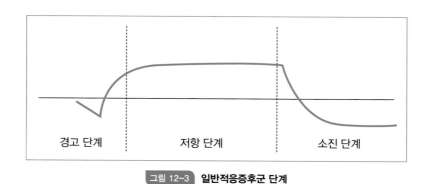

그림 12-3 **일반적응증후군 단계**

- 경고 단계(alarm): 위협적인 대상이나 상황을 만나면 생리적으로 각성되며, 신체는 에피네프린을 다량으로 분비하여 '투쟁-도피 반응'을 준비한다. 이때 체온과 혈압이 일시적으로 떨어져 스트레스에 대한 저항력이 감소하며 심장박동이 순간적으로 빨라져 쇼크 상태가 된다. 또한 HPA 축이 일부 활성화되어 코르티솔이 혈액으로 즉각 방출된다.

- 저항 단계(resistance): 스트레스 자극이 사라지지 않으면 신체는 여기에 대처하기 위한 온갖 자원들을 동원한다. 이 단계에서는 경고 단계에서 나타났던 일시적인 증상이 사라진다. 그러나 내적으로는 스트레스 과정이 계속 진행되는데, 그동안 비축했던 지방과 근육 자원들이 소모되는 동시에 성장이나 즐거움을 주는 행동은 중단된다.

- 소진 단계(exhaustion): 제한된 방어자원이 고갈되면서 신체는 더 이상 정상상태를 유지할 수 없게 된다. 경고 단계에서 나타났던 교감신경계 활성화 증상이 다시 나타나면서 땀을 흘리고 심박률이 높아진다. 스트레스 자극이 더욱 장기화되면 면역계도 손상을 입어 노화가 가속화되고 신체의 장기 및 여러 기관은 회복이 불가능할 정도로 손상되어 소화성 궤양, 우울, 당뇨병, 심혈관계 질병 및 정신질환 등 스트레스 관련 질병이 발생하며 심하면 사망으로까지 이어진다.

Selye 이론에 근거를 두고 진행된 연구들은 저항 단계 동안에 지속적으로 에너지를 생산할 수 있도록 돕는 글로코코티코이드(glucocorticoids)가 신체와 뇌를 손상시킨다는 사실을 발견하였다. 글로코코티코이드에 장기적으로 노출된 쥐는 기억을 담당하는 뇌의 해마 뉴런들이 위축되고 이에 따라 기억상실이 일어난다(Sapolsky, 1992). 80여 년 전에 행해진 Selye의 기념비적 연구 이후 스트레스에 미치는 심리적 영향에 관한 연구들이 진행되면서 그의 연구는 스트레스의 신체적, 생리적 영향을 밝힌 중요한 공헌을 하였다는 점에서 높이 평가되고 있다. 그러나 스트레스가 갖고 있는 정서적 요소와 스트레스 사건을 해석하는 개개인의 인지적 요소를 소홀히 한 점은 한계점으로 지적된다(Mason, 1971).

스트레스에 대한 남성과 여성의 신경계 반응이 유사하지만, 여성들의 경우 신경내분비적 반응이 우세한 반면, 남성들은 행동적 반응이 우세하다는 사실이 밝혀졌다. 따라서 여성의 경우 스트레스를 경험하면 투쟁하거나 도피하기보다는 '돌보거나 친구가 되는(tend-and-befriend)' 경향이 강하여 사회적 지지를 구하거나 제공하는 돌보기 중심의 반응패턴이 자주 나타나는 경향이 있다(Taylor, 2003; Taylor et al., 2000).

3) 스트레스와 심장

점심식사를 위해 길을 걷는 중이라고 가정해 보자. 공복감을 느끼며 무엇을 먹을지를 생각하면서 횡단보도를 걷는데 갑자기 차가 빠른 속도로 당신에게 다가온다. 이런 위급한 상황에 대처하기 위해 당신의 심장은 빠르게 뛰기 시작하고 에피네프린, 노르에피네프린, 글루코코티코이드가 혈류 속으로 급속하게 방출된다. 심박수와 혈압은 올라가고, 근육으로 향하는 동맥들은 확장되며 그곳으로 가는 혈류량이 증가하여 위기상황에 빠르게 대처할 수 있도록 행동을 준비한다. 이런 식의 혈압상승이 만성적으로 진행되면 심장근육에 영양을 공급하는 혈관이 막혀 관상성 심장질환(coronary heart disease)에 걸릴 가능성이 크다. 관상성 심장질환은 미국뿐 아니라 전 세계적으로 성인 사망의 주요 원인으로 작용하는 질환으로서 2017년 통계청 자료에 따르면 한국인의 두 번째 사망원인으로 꼽는다.

스트레스가 심장병의 위험을 높인다는 사실은 Friedman과 Rosenman이 1975년에 실시한 고전적인 연구(Friedman & Byers et al., 1975)를 통해 입증되었다. 35~59세에 이르는 약 3,000명의 건강한 남자들을 대상으로 9년에 걸쳐 진행된 이 연구는 성격유형과 심장병 발병과의 관계를 밝히는 전형적인 연구이다. 이 실험에서는 면접하는 동안 모든 참가자에게 일과 섭식습관에 대해 15분 동안 질문을 던졌다. 면접할 때 각 사람이 보이는 대화방식과 행동 패턴을 기록하는 가운데 연구자들은 실험 참가자들 간의 차이에 주목하였다. 그들은 매우 반동적이고 경쟁적이며, 정력적이고 참을성이 없고, 시간에 쫓기고 동기가 지나치게 높으며, 공격적인 언사를 사용하여 쉽게 화를 내는 사람, 그리고 그들과 다르게 태평하고 느긋한 사람들로 참가자들을 나눌 수 있었다. 연구가 종료되는 시점에서 놀랍게도 심장병을 앓은 사람 중 69%가 전자의 유형에 속하는 사람들이었다. Friedman과 Rosenman은 이들을 A유형(타입 A)이라고 불렀으며, 느긋하고 원만하며 심장병에 걸릴 확률이 비교적 낮은 사람들을 B유형(타입 B)이라고 불렀다. 흥미롭게도 B유형에 속한 사람들은 단 한 명도 심장병에 걸리지 않았다.

그 이후의 연구들은 A유형 사람들이 심장병에 걸릴 확률이 높아지는 것은 그들이 갖는 부정적 정서, 즉 공격적으로 반응하는 기질과 연합된 분노라는 사실을 밝히고 있다(Williams, 1998). 화를 잘 내는 사람들은 언어적 자기주장이 강하며 누군가가 말을 하다가 잠시 멈추면 즉각 끼어들어 말을 대신해 주는 성급한 사람들인 경우가 많다. 청장년층의 경우 사소한 일에 짜증을 잘 내거나 화를 잘 내는 사람들은 관상성 질병에 취약하다. Williams(1989)는 냉소적인 적개심이 심장에 특히 해롭다는 증거를 제시하였다.

스트레스로 인한 심장병 발병 확률을 높이는 요인에는 성차가 존재한다. 남성이 여성보다 심장발작 빈도가 높지만 미국의 경우 여성 사망원인의 1위를 차지하는 것이 심장질환이며 이러한 추세는 증가하고 있다(Sapolsky, 2008). 스트레스는 심장혈관질환을 낮추는 호르몬으로 알려진 에스트로겐(estrogen) 수준을 낮추는 것으로 밝혀졌는데, 이런 이유로 폐경 이후의 여성들은 심장병 발병에 더 취약하다. 관상성 심장질환의 원인에서도 성차가 존재하는데 여성의 경우에는 불안이 심장질환을 유발하는 반면, 남성의 경우에는 적개심이 그 가능성을 높인다(Consedine, Magai, & Chin, 2004).

4) 스트레스와 면역계

Selye가 GAS 모델을 제시하여 스트레스와 질병 간의 관계를 밝힌 이후 연구자들은 신체와 마음 간의 상호관계에 더욱 관심을 기울였다. 1975년 이 분야에서 극적인 전환이 이루어진 사건이 일어났다. 그 사건이란 고전적 조건형성을 면역계에 적용한 Ader와 Cohen(1975)의 논문으로서, 이들은 단순한 실험설계를 통해 신경계, 면역계, 행동이 서로 밀접하게 상호작용하고 있음을 구체적으로 보여 주었다. 이들의 연구가 발표되기 이전까지 대부분의 생리학자들은 면역계와 신경계는 서로 독립적으로 작용한다고 굳게 믿고 있었기 때문에 이 연구의 신뢰로운 결과는 생리학자들의 고정관념을 깨는 계기가 되었다.

Ader와 Cohen은 쥐에게 사카린 용액을 주입한 후 면역계를 억제하는 약을 투여하였다. 당연히 쥐의 면역계는 억제되었으며 쥐는 사카린과 면역계 억압을 관련지어 추후에 사카린 용액만을 주었을 때도 쥐에게서 면역억제 반응이 나타났다. 이런 조건반사는 일상의 학습에서 흔히 볼 수 있는 현상이지만 Ader와 Cohen은 면역계 또한 연합학습이 가능함을 보여 준 것이다. 이들의 연구를 계기로 정신신경면역학(psychoneuroimmunology)이라는 새로운 분야가 탄생하였다(Ader, 2000). 면역계와 신경계 간의 강한 연관성은 면역기능을 측정해서 행동이 면역계에 미치는 효과를 연구하도록 심리학자들을 독려하였다. 스트레스와 면역에 대한 지난 30여 년 동안의 연구결과를 메타 분석한 결과는 특히 만성적인 스트레스의 경우 면역기능을 현저하게 낮춘다는 사실을 밝히고 있다(Segerstrom & Miller, 2004).

인간을 대상으로 스트레스, 면역기능, 질병 간의 관계를 밝힌 한 연구(Kiecolt-Glaser, McGuire, Robles, & Glaser, 2002)에서는 방학이나 시험 중에 상처를 받은 학생들을 대상으로 그 회복과정을 측정하였다. 시험 스트레스가 있는 학생들은 방학 기간 중에 스트레스를 받은 학생들에 비해 상처 치유와 관련된 특정 면역기능이 저하되었으며 치료가 40% 정도 더 지연되었다. 의대생을 대상으로 면역기능과 스트레스와의 관계를 살펴본 한 연구에서는 시험 전과 후에 감염 질병이 더 많이 나타나는 경향이 있음이 드러났다(Glaser, Pearl, Kiecolt-Glaser, & Malarkey, 1994).

5) 스트레스 반응의 심리적 요소

차 속에서 공복감을 느끼며 귀가를 서두르고 있을 때 난폭운전자가 끼어들면 스트레스 반응은 생리적인 반응에만 국한되지 않는다. 고함이나 욕설을 퍼부을 수도 있고, 불쾌한 일이 반복되었던 하루를 회상하며 신세 한탄을 할 수 있으며, 안도감을 느끼며 빠르게 일어났던 공포와 불안을 진정시킬 수도 있다. Lazarus는 스트레스 반응은 스트레스 사건 자체보다는 그 사건에 대한 개개인의 해석에 따라 다르게 나타난다고 주장하였다. 고등 인지기능을 갖고 있는 인간은 상황을 나름대로 평가하는데 이는 1차 평가(primary appraisal), 2차 평가(secondary appraisal), 재평가(reappraisal)라는 세 단계를 거친다(Lazarus & Folkman, 1984). 1차 평가는 특정 상황이나 사건이 '나에게 어떤 의미가 있는가?'와 관련된 것으로서, 예를 들어, 공포영화를 볼 때 일어나는 두려움과 불안은 신체적으로 동일한 생리적 반응을 유발함에도 불구하고 스트레스가 아닌 것으로 지각한다. 2차 평가는 상황에 대한 대처자원과 관련된 것으로서 '이 상황에 대해 무엇을 할 수 있는가?'에 초점이 있다. 이 단계는 자신이 그 상황을 통제할 수 있는지 여부를 평가하는 단계이다. 재평가는 새로운 정보를 접하면서 평가가 변화하는 것으로서 이런 재평가 과정을 거치는 가운데 스트레스 반응이 감소하거나 반대로 증가하기도 한다.

자신이 동원할 수 있는 자원을 넘어서는 부담스러운 상황이나 감정을 처리하고자 인지적, 행동적 노력을 끊임없이 기울이는 것을 말하는 대처는 스트레스로 유발된 일련의 반응에 중요한 영향을 미친다(Lazarus & Folkman, 1984). 대처는 노력이 요구되는 학습된 반응으로서 사람들이 대처를 얼마나 잘할 수 있는지는 그들이 보유한 물리적, 심리적 자원과 대처 전략에 달려 있다. 대처를 통해 스트레스가 되는 정서를 조절하거나(정서 중심의 대처), 불편함을 주는 환경에 변화를 시도한다(문제 중심의 대처; Folkman et al., 1986). 문제 중심의 대처의 경우 사회적 지지를 찾거나, 문제를 제거하기 위하여 특정한 행동을 취하거나, 취해야 할 행동목록을 작성한다. 이와는 달리 정서 중심의 대처는 사건이나 상황을 부정하거나, 도피 또는 회피 반응을 보이거나, 책임을 느끼거나, 상황이나 타인을 비난하거나, 자기통제를 행사하거나, 긍정적으로 재평가한다. 사람들 대부분은 두 가지 대처방식을 모두 사용하며, 어떤 방식을 이용할 것인가는 선택할 수 있는 대처방식에 달려 있다.

1) 동양의 스트레스 관리법

(1) 명상

동양에서 전통적으로 마음을 조절, 관리함으로써 조화롭고 평온한 본래 마음 상태를 회복하는 수단으로 종종 사용되었던 명상은 최근 서양의 정신과학과 만나면서 새로운 스트레스 관리법으로 등장하고 있다(Kabat-Zinn, 2003). Davidson 등(2003)은 오랫동안 명상을 수행해 온 불교 승려들이 긍정적 정서와 관련된 좌측 전두엽의 활동이 증가한다고 보고하였다. 약 19년 동안 진행된 Schneider 등(2005)의 연구는 명상 훈련을 받은 고혈압 환자들이 다른 치료를 받은 환자들에 비해 그 기간 동안 심장혈관에 의한 사망률이 30%나 감소한 것을 보여 주었다.

마음챙김 명상은 당신이 무엇을 행하고 무엇을 생각하든 비판단적인 태도를 가지고 '지금-여기'에서 그것을 자각하면서 의식적으로 주의를 기울이는 명상으로(Kabat-Zinn, 2003) 스트레스를 효과적으로 감소시키고(Carmody & Ruth, 2008), 삶의 질을 높이며(Fernros et al., 2008), 불안과 우울을 낮추는(Toneatto & Nguyen, 2007) 효과가 있다. MBSR(Mindfulness-Based Stress Reduction)은 자기조절 능력과 자기효율성을 위한 행동 역량을 키우는 기법으로서, 만성병 환자들이 흔히 겪는 스트레스를 줄이기 위해 고안되었다(Kabat-Zinn et al., 1985). 이 프로그램은 한 개인이 안고 있는 문제에 초점을 두기보다는 그 사람이 동원할 수 있는 내적 자원을 개발하는 데 초점을 두고 있다.

(2) 태극권

태극권은 자신의 신체를 방어하고 건강을 증진시키는 방법으로서 중국에서 발달한 무술의 일종이다. 현대에서 태극권은 음양 에너지를 조화롭게 함으로써 한 개인의 내면세계뿐만 아니라 주변과 평화롭게 지낼 수 있는 수단으로 알려져 있다(Lan et al., 2002). 오늘날에는 중국뿐만 아니라 서구의 대도시에서도 아침 일찍 공원, 정원, 강가, 바닷가에서 태극권을 수련하는 광경을 흔하게 볼 수 있다. 태극권을 꾸준히 수련하면 심혈관계의 기능이 향상되며(Sun et al., 1996), 수면 패턴이 좋아지고(Irwin et al., 2008), 우울에서 벗어나며, 노인들의 낙상을 예방할 수 있다(Sjosten et al., 2008).

(3) 요가

힌두철학을 바탕으로 인도에서 발생하여 수천 년 동안 성장·발전해 온 요가는 100여 년 전에 서구문화에 유입되어 몸과 마음을 치유하고 건강을 회복시키며 웰빙 및 자아실현을 촉진시키는 수단이 되어가고 있다. 특히 전세계적으로 각광을 받고 있는 스트레칭 중심의 하타요가(hatha yoga)는 태양 에너지와 달 에너지를 결합시켜 생명에너지를 극대화하는 데 목적이 있다(Gura, 2007). 요가의 궁극적인 목적은 완전한 해방을 의미하는 '목샤(moksha)'로서 이는 삶에서 만나는 모든 고통으로부터 해방되어 브라만이라는 우주적 자아와 합일된 상태를 말한다. Raub(2002)는 요가의 생리심리적 효과를 개관하면서 요가는 심혈관 장애, 호흡장애, 손의 관절염, 손목의 통증, 다발성 경화증과 같은 만성질병의 관

글상자 12-1 1분의 투자로 머리를 맑게 합시다

의자에 앉아 장시간 컴퓨터 화면을 보거나 공부를 하는 경우 뇌를 과다하게 사용함으로써 두뇌에 흘러드는 혈액과 산소가 부족할 수 있다. 다음과 같은 자세를 취함으로써 머리를 심장의 위치보다 낮춰주어 두뇌에 빠르게 혈액을 공급하고, 뻣뻣해진 뒷목을 이완함으로써 머리를 맑게 해 줄 수 있다.

〈자세 요령〉
① 의자에 척추를 곧게 세우고 앉아서 두 발을 어깨 너비만큼 벌린다.
② 두 팔을 들어 올려 천정으로 뻗은 후 척추를 길게 늘여준다.
③ 숨을 크게 들이쉬고 내쉬면서 상체를 아래로 내린다.
④ 손은 바닥을 짚거나 자신의 역량에 따라 발목 혹은 종아리를 잡는다.
⑤ 배가 허벅지에 닿는 감각에 주의를 집중하면서 호흡한다.
⑥ 호흡 시 일어나는 배의 움직임에 주의를 기울이면서 1분 정도 유지한다.
⑦ 숨을 천천히 들이쉬면서 척추 하나하나를 세우듯 천천히 일어난다.

그림 12-4 머리가 맑아지는 1분 요가

리에 효과가 있다고 하였다. 여기에 더해서 요가는 요통과(Galantino, 2004) 두통(Schaeffer, 2000)에 효과가 있는 것으로 밝혀졌다. 한국의 경우 요가인구가 200만을 넘고 있는데 이는 스트레스 관리법으로서도 주목을 받고 있다. 일터에서의 요가수련은 긴장을 해소하고 직무 스트레스를 감소시킨다(Gura, 2007).

2) 서양의 스트레스 관리법

(1) 운동

통계청이 발표한 '2017년 생명표'에 의하면 2017년 출생아의 경우 평균 기대수명은 82.4세이고 건강수명은 64.9세이다. 이는 유병기간이 약 18년이고 노년을 질병으로 장기간 시달릴 가능성이 높음을 의미한다. 따라서 건강수명을 연장하는 일은 평균수명을 연장하는 일 못지않게 중요한 과제가 되었다. '어떻게 하면 건강하게 오래 살 수 있을까?'가 요즘의 화두이다. 이에 따라 몸을 튼튼하게 단련시키는 운동에 대한 관심이 나날이 늘고 있으며 대중매체도 건강하게 오래 사는 노인들에 대한 취재 경쟁이 뜨겁다.

근력, 근지구력, 유연성은 신체 건강을 유지하는 주요 요소들이다. 유산소 운동은 운동을 하는 동안 사용되는 산소량을 증가시키고, 심장이 박동할 때마다 심장에서 분출되는 혈액량을 증가시켜 안정기에 심장박동률과 혈압을 낮추고 심혈관계의 효율성을 높인다(Cooper, 2001). 그러나 어떤 경우에는 운동이 오히려 해를 끼칠 수 있다. 많은 산소량이 필요치 않은 짧고 강렬한 무산소 운동은 속도와 지구력을 개선시키는 효과가 있지만 관상성 동맥질환을 앓는 사람들에게는 오히려 위험할 수 있다.

대학생을 대상으로 실시한 한 연구에서, 활기찬 운동은 기분을 즉각적으로 좋게 만들며(Watson, 2000), 10분 동안 걷는 것만으로도 에너지가 생기고 긴장이 완화될 뿐 아니라 웰빙의 느낌이 2시간 동안 지속될 수 있다는 사실이 밝혀졌다(Thayer, 1993). 여성의 경우 적당한 운동을 통해 심혈관계가 건강해지고 더 오래 살 수 있으며(Oguma et al., 2002), 신체적으로 활동적인 사람들은 평균수명이 약 2년 정도 연장된다(Blair et al., 2001). 운동에 냉소적인 태도를 취하는 사람이라면 고작 2년 더 오래 살려고 수십 년을 땀 흘리면서 운동할 필요가 있을까 회의를 품기도 한다. 그러나 운동은 수명을 약 2년 늘려주는 데 그치지 않고 생활의 질을 현저하게 향상시킨다는 점을 기억할 필요가 있다.

(2) 이완과 심상훈련

하버드 의과대학 심장전문의 Herbert Benson(1996)은 이완반응(relaxation response)을

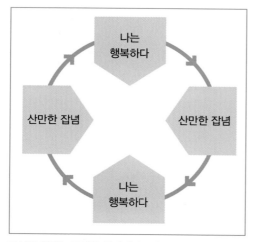

자신이 원하는 구절을 선택해서 마음을 산란하게 만드는 잡념이 떠오를 때마다 그 구절을 마음속으로 반복한다.

그림 12-5 Benson의 이완반응 방법

개발하였는데, 이완반응은 혈관을 이완시켜 혈압을 낮추며 혈소판의 응고를 약화시키고 신진대사와 혈압, 호흡, 심장박동을 안정시켜 심혈관계 질환을 예방하고 치료하는 것으로 드러났다. 100명의 암 환자 중 63%의 환자들은 이완과 심상훈련을 가장 선호하는 스트레스 관리법으로 꼽았다. 이런 훈련을 꾸준히 실시하는 환자들의 경우 삶의 질이 높아지며, 스트레스에 대해 더 효율적으로 대처할 뿐 아니라 장기간 지속되는 치료과정 중에 불쾌감을 덜 느끼며, 자신을 더 잘 조절할 수 있다고 보고하였다(Sparber et al., 2000). 아우토겐 이완훈련(autogenic training)에 대한 60여 개 연구를 메타분석한 연구에서는 이완훈련이 편두통, 고혈압, 관상성 심장질환, 천식, 통증, 불안, 우울 그리고 수면장애를 개선시키는 효과가 있다고 결론지었다 (Stetter & Kupper, 2002).

3) 상황을 통한 관리

(1) 사회적 지지

어려움에 부딪힐 때 친구나 가족을 찾아가 도움을 청하거나 하소연하면서 기분이 풀어지고 문제가 해결되는 것을 누구나 경험해 보았을 것이다. 이렇듯 타인과의 상호작용을 통해 도움을 받거나 스트레스를 완화시키는 것을 사회적 지지(social support)라고 한다. 친구와 가족 등 주변 사람들과 좋은 관계를 유지하는 것은 운동과 금연만큼이나 건강에 유익하다. 이와는 달리 사회적 관계의 양과 질이 저조할 경우에는 사회적으로 고립되어 외롭고 우울해질 뿐 아니라 사망할 확률 또한 높아진다(House, Landis, & Umberson, 1988).

대학 신입생을 대상으로 고립감과 면역력의 관계를 조사한 연구에서(Pressman et al., 2005) 입학 첫 학기에 친구들과 사귀는 데 어려움을 느끼고 사회적 관계가 협소한 사람은 감기 예방접종에 대한 면역반응이 낮게 나타났다. 고립감을 느끼는 학생들은 심리적 스트레스가 컸으며, 부정적 정서를 많이 경험하는 반면 긍정적 정서를 느끼는 정도가 낮으며, 수면의 질도 좋지 않고 혈액 내의 코르티솔 양도 높았다. 이런 경향은 사회적 관계의 폭이 좁을 때보다는 고립되어 있을 때 더욱 뚜렷하였다. 사회적 지지에 있어서 남녀 간의 성차가 뚜렷하게 나타나는데 사회적 지지가 풍부한 여성의 경우에는 스트레스에 대한 저항력이 높은 반면 남성에게 사회적 지지는 자신감을 높이는 요인이 된다(Holahan & Moos, 1985).

(2) 영성과 신앙공동체

최근 들어 정신신경면역학의 발달로 심리적 요인이 질병에 직접적인 영향을 미친다는 사실이 밝혀지면서 종교와 영성이 스트레스에 대한 적응적 대처에 긍정적인 영향을 준다는 사실을 밝히는 연구 결과들이 축적되고 있다. 종교적 신념과 스트레스 대처 간의 관계를 밝힌 한 연구에 따르면, 암을 앓고 있는 아이를 둔, 어머니의 우울 점수가 높은 30% 정도의 여성은 낮은 종교적 신념을 보이는 반면, 종교적으로 신념이 강한 어머니들은 우울의 정도도 낮을 뿐 아니라 스트레스 대처에 있어서도 긍정적인 성향을 보인다(Elkin et al., 2007).

미국 전역에 걸쳐 실시한 사망원인과 관련된 건강 인터뷰 조사(Hummer et al., 1999)는 8년에 걸쳐 21,204명을 추적 조사하여 종교모임의 참여 여부, 사회 인구통계학적 요인, 건강 및 행동패턴이 사망과 어떤 관계가 있는지를 살펴보았다. 흥미롭게도 종교모임에 전혀 참여하지 않은 사람은 일주일에 적어도 1회 이상 종교모임에 참석하는 사람에 비해 사망률이 1.87배나 높았다. 아프리카계 미국인들이 스트레스, 위기, 정신적 외상을 경험할 때 어떤 대처 전략을 이용하는지 살펴본 연구(Parks, 2007)에서도 이들에게는 영성, 종교적 의식, 주문의 힘, 꿈 등이 어려움을 극복하는 중요 수단으로 작용함을 보여 주었다.

5.
성격과 건강

세계보건기구(WHO)는 건강을 '질병이 없거나 허약하지 않는 것만이 아니라 신체적, 정신적, 사회적으로 완전히 안녕한 상태'로 정의하고 있다. 건강심리학은 질병의 발생과 치료에 미치는 심리적 요인들을 다루는 동시에 질병의 예방에도 관심을 갖는다. 건강심리학자들은 마음과 신체가 독립적으로 기능하지 않고 서로 긴밀하게 상호작용하고 있다는 전제를 받아들인다. 불과 몇십 년 전만 해도 이런 전제는 하나의 가정에 불과했지만, 신경계와 면역계의 상호관계를 밝힌 정신신경면역학의 등장으로 이는 엄연한 과학적 사실로서 수용되고 있다.

마음과 신체가 분리되어 있고 신체는 기계론적 법칙에 따라 움직인다는 심신이원론에서 출발한 서구 의학은 육안으로는 잘 보이지 않는 병원체의 침범이 질병을 유발한다는 생물의학적 모형(biomedical model)의 관점에 주로 지배를 받아왔다. 생물의학적 모형은 20세기를 거치면서 의학의 표준모델로 자리 잡았으며, 전염성 질병의 병원체를 확인하여 이에 대처하는 예방백신과 치료약을 개발하는 눈부신 성과를 이루었다. 그러나 20세기 후반에 들어서면서 의학의 표준모델이 서서히 흔들리기 시작했다.

산업화된 국가에서 보이는 사망 원인과 질병의 양상이 크게 변화해서, 폐렴이나 결핵 같은 전염성 질환 대신 암, 심혈관계 질환, 당뇨병, 고혈압 같은 만성질환들이 사람들의 건강을 해치고 사망으로 이끄는 주요 요인들로 부각되었다. 만성질환을 다루는 데 있어서 기존의 생물의학적 모델은 그 한계를 드러냈다. 이런 질병에는 특정 병원체가 아닌 일상의 생활습관이나 태도가 중요하게 작용하기 때문이다. 의료비용의 증가를 막기 위해 질병의 조기발견 및 예방, 건강한 생활습관이 의학의 주요 이슈로 부상하면서 서구 의학은 신체적 요소뿐만 아니라 심리적 요소, 사회적 요소를 포함시킨 '생물심리사회적 모델(biopsychosocial model)'을 적극 수용하고 있다(Engel, 1977). 이러한 추세를 따라 건강심리학을 비롯한 여러 건강관련 분야의 주요 패러다임으로 건강에 관한 통합적 모델이 자리를

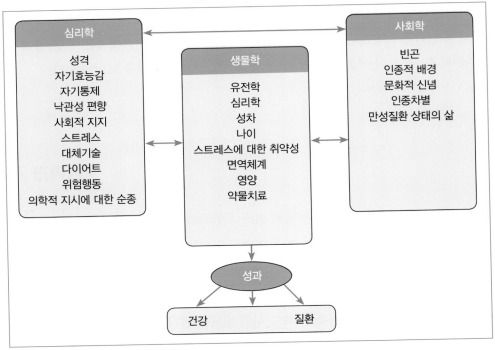

그림 12-6 건강심리학의 새로운 모형: 건강 또는 질환에 미치는 심리학, 생물학, 사회학 요소

출처: Brannon & Feist (2011), p. 22.

잡아가고 있다.

유교를 숭앙해 왔던 한국은 전통적으로 건강하고 행복한 삶을 위한 주요 덕목으로 다섯 가지 성품을 꼽아왔다. 타인에 대한 배려와 사랑(仁), 부끄러움을 아는 것(義), 겸손과 절제로서 인간관계의 도리를 다하는 것(禮), 바른 것을 취하고 그렇지 않은 것을 버리는 분별력(智), 정직하고 진실한 태도(信)가 여기에 해당한다(권석만, 2011). Martin Seligman(2009)은 3,000년 역사를 이어온 동서양의 철학자, 사상가 및 경전들이 제시하는 미덕을 조사하여 여섯 가지 공통된 미덕을 추출하였다. 여기에는 ① 지혜와 지식, ② 용기, ③ 사랑과 인간애, ④ 정의감, ⑤ 절제력, ⑥ 영성과 초월성이 포함된다. 그는 이런 미덕을 지닌 성격이 삶을 건강하고 의미 있게 만드는 주요 요인이라고 강조하였다.

1) 낙관주의

우리 주변에는 선천적으로 낙관적이어서 쾌활한 모습으로 일상을 살아가며 스트레스 상황에서도 삶을 긍정적으로 받아들이고 앞날을 희망적으로 보는 사람들이 있다. 이렇듯 낙관적인 사람들은 더 건강하고 행복할까? 실제로 연구자들은 유방암 환자들의 경우 긍정적인 사고를 하는 사람들의 생존기간이 5년 정도 길다는 사실을 보여 주었다(Greer & Watson, 1987). 이런 연구결과들을 바탕으로 선천적 낙관주의(dispositional optimism)라는 개념이 등장하였다(Scheier & Carver, 1987). 39명의 건강한 여성을 대상으로 스트레스 자극이 면역반응에 미치는 효과를 살펴본 연구(Cohen et al., 1999)는 급성 스트레스의 경우 선천적 낙관주의는 면역계 반응을 높이는 매개요인으로 작용하지만 스트레스가 만성화되면 오히려 면역반응을 낮춘다는 결과를 보고하였다. 스트레스 기간이 짧고 그 자극의 종류가 단순하며 통제 가능한 것일 때 낙관주의는 면역력을 높이는 반면, 스트레스 자극이 복잡하고 만성적으로 진행되며 통제 불가능한 것일 때에는 오히려 면역성을 낮추는 경향이 있다(Szondy, 2004).

2) 강건함

심한 스트레스에도 불구하고 질병에 걸리지 않으며 스트레스에 잘 대처하는 집단의 성격특성을 기술하기 위해 Suzanne C. Kobasa(1979)는 심리적 강건함(hardiness)이라는 용어를 사용하였다. 그녀는 스트레스에 강한 성격의 사람들은 스트레스를 견디고 대처하는 인지적 능력이 뛰어나며 일반인들에 비해 심리적으로 강인하다고 하였다. 이런 사람들은 위기가 닥치면 잘 헤쳐 나갈 수 있는 자신감이 있으며 삶에 대한 통제력도 높다. 심리적으로 강건한 사람들은 무엇이 다를까? 그들은 변화를 요구하는 위협적 상황에서 희생자가 되기를 자처하기보다는 변화의 방향을 스스로 결정하고 이를 기꺼이 감수하는 태도를 보인다. 긍정적인 자아상을 갖고 있으며 행운에 기대는 정도가 낮고 자기 고양 정도가 높은 사람일수록 심리적으로 강건하였다(Compton, Seeman, & Norris, 1991).

6.
건강을 위협하는 요인

1) 흡연

암은 한국인의 사망원인 1위를 차지하는 질병이다. 폐암은 암 발생 빈도가 위암에 이어 2위를 차지하고 있고, 사망률에서는 1위를 차지하고 있다. 한국의 경우 흡연으로 인한 폐암 발생률이 2017년을 기준으로 남자는 38.1%, 여자는 6.0%로 기록되고 있으며 이는 2016년에 비해 남자는 1.3% 감소하는 반면, 여자는 1.6% 증가한 수치이다. 청소년 흡연율도 감소 추세를 보이다가 2016년 이후 소폭 증가하는 경향을 보이고 있다. 이렇듯 여성과 청소년에서 나타나는 흡연인구의 증가로 인해 금연을 적극 권장하는 최근의 사회 분위기에도 불구하고 폐암 발생률은 크게 낮아지지 않을 것으로 예상된다.

흡연은 건강에 악영향을 미친다. 그럼에도 불구하고 많은 사람이 흡연을 시작하는 이유는 무엇이며, 금연을 단행하지 못하는 이유는 무엇일까? 한 연구는 흡연 시작과 흡연의 지속에 유전적 요소가 50% 정도 작용하고 있음을 밝히고 있다(Li, Ma, & Beuten, 2004). 10대의 경우 담배를 권하는 친구에 의해 흡연을 시작하거나 부모나 형제자매가 흡연을 하기 때문에 흡연하게 되었다고 말한다(Slomkowski et al., 2005). 담배회사들이 판매율을 높이기 위해 전략적으로 제작한 광고로 인해 청소년이 흡연에 관심을 가지기도 한다(Pierce et al., 2005). 여성의 경우 다이어트 효과 때문에 흡연을 시작한 경우도 많다. 여자 청소년의 경우, 섭식장애 증상이 있고, 과거에 체중을 줄이기 위해 노력했으며, 체중 증가를 두려워할 경우 흡연에 관심을 가질 가능성이 높다(French et al., 1994).

2) 알코올

사람들이 건강에 해로울 수 있는 술을 마시는 이유는 무엇일까? 알코올 의존 증후군이라는 개념을 제안한 Edward와 Gross(1976)는 특정 상황에서 사람들은 음주와 관련된 행동을 통제하지 못한다고 가정하고, 사람들이 주중에 같은 날, 같은 시간대에 같은 알코올성 음료를 마시는 경향이 있다고 가정하였다. 이들은 술 마시는 것을 삶에서 우선시하며, 일부 음주자들에게는 알코올에 대한 내성이 점차 형성되기도 한다. 알코올에 심하게 의존하는 사람들은 술을 안 마셨을 때 오는 금단증상을 피하려고 일정한 수준의 알코올을 지속적으로 마실 뿐 아니라 음주 충동을 통제하지 못한다.

알코올 중독현상을 일종의 질병으로 보는 입장과는 다르게 알코올 섭취가 주는 인지적, 생리적 효과를 강조하는 입장이 있다. 즉, 알코올이 현실적인 인지 작용을 차단하고 스트레스와 사회적 불안과 관련된 사고를 매우 단순하게 만들어 평상시에는 극단적인 행동을 억압하는 사람이 음주 후에는 공격성, 친밀함, 성적 주도성 등 다양한 행동을 과장하는 경향이 있다. 이런 행동을 알코올성 근시(alchohol myopia) 증상이라고 한다(Steele & Josephs, 1990). 다른 행동과 마찬가지로 음주도 일종의 학습 행동이라고 주장하는 연구자들(Thomas, Randall, & Carrigan, 2003)은 알코올 맛과 알코올이 주는 즉각적인 효과가 정적 강화로 작용하며, 다른 사람들이 마시는 것을 보고 그대로 모방하여 학습한 결과라고 제안한다.

3) 비만

비만으로 인한 사회적 비용이 연 11~12조에 이르며, 이는 2018년 기준 국내총생산(GDP)의 0.7%에 해당하는 규모일 정도로 비만은 큰 사회적 문제가 되고 있다. 비디오 모니터에 비친 사람의 모습을 좌우로 확장시켜 뚱뚱하게 보이도록 만들면 관찰자들은 그 사람을 갑자기 덜 친근하고, 덜 성실하며, 더 천박하고, 더 추접하다고 평가하는 경향이 있다(Gardner & Tockeman, 1994). 비만한 사람을 부정적으로 평가하는 사회 분위기에도 불구하고 사람들은 왜 뚱뚱해지는 걸까? 기초대사율, 키, 연령, 활동수준이 동일한 두 사람 중 한 사람이 다른 사람보다 훨씬 적게 먹는데도 불구하고 둘 다 체중이 동일한 현상을 설정점 모형으로 설명할 수 있다(Levine et al., 2005). 이 모형에 따르면 체중이 일종의 설정점에 따라 조절되므로 지방수준이 일정 수준 이상 올라가거나 떨어지면 생리적, 심리적 기제가 활성화되어 설정점으로 되돌아간다. 비만은 가족들 사이에서 이어지기 때문에 유전이라는

글상자 12-2 체중을 줄이기 위한 팁

체중을 줄이려면 어떻게 해야 할까?

여러분 중 많은 수가 다이어트에 도전하고 실패한 쓰라린 기억을 갖고 있을 것이다. 비만과 사투를 벌이는 사람들에게 연구자들은 다음과 같은 조언을 한다(Myers, 2008, p. 393).

① 평생 동안 지킬 수 있는 운동습관과 식사습관을 기르라.
② 유혹적인 음식을 시야에서 치워버리라.
③ 꾸준한 운동을 통해 신진대사를 촉진시키라.
④ 현실적인 체중감소 목표를 설정하고 점진적으로 접근하라.
⑤ 현미, 과일, 채소, 올리브유 등 건강식품을 섭취하라.
⑥ 밤늦은 과식을 피하고 폭식을 경계하라.

그림 12-7 다이어트 성공!

설명도 있다. 입양된 아동의 체중은 양부모의 체중보다 생물학적 부모의 체중과 비슷했고 (Stunkard et al., 1986), 일란성 쌍생아를 대상으로 한 연구는 체중에 있어서 유전적 역할의 중요성을 보여 주고 있다(Stunkard, Harris, Pedersen, & McClean, 1990). 긍정적 유인모형을 주장하는 연구자들은 생물학적 요인에 더하여 음식의 맛, 식사와 관련된 즐거움 등 개인적인 즐거움은 물론 식사조절을 학습하는 사회적인 맥락이 포함된 몇몇 동기들이 비만에 영향을 미친다고 제안한다(Pinel, Assanand, & Lehman, 2000).

7.
행복한 삶

'하버드 그랜트 연구(Harvard Grant Study)'는 1938에 입학한 2학년생 268명을 대상으로 그들의 삶을 72년 동안 추적하면서 '행복한 삶에도 공식이 있을까?'라는 질문에 대한 답을 찾으려 노력해 왔다. 하버드 의대 교수 G. E. Vaillant 교수는 1966년부터 42년간 이 연구를 이끌면서 건강하고 행복하게 오래도록 산 노인들은 몇 가지 특징을 가지고 있다고 결론지었다(Vaillant, 2010). 그들은 첫째, 타인을 소중하게 보살피고, 새로운 사고에 개방적이며,

사회에 보탬이 되고자 노력했다. 둘째, 노년의 초라함을 기쁘게 감내할 줄 알았다. 셋째, 언제나 희망을 잃지 않았고, 매사에 주체적이며 자율적이었다. 넷째, 유머감각이 있었으며 놀이를 통해 삶을 즐길 줄 알았다. 다섯째, 과거에 이루었던 성과물들을 소중하게 여겼다. 여섯째, 오랜 친구들과 계속 친밀한 관계를 유지하려고 노력했다. 70여 년에 걸친 이 장기 연구가 밝혀낸 사실들은 행복한 삶에 대해 시사하는 바가 크다.

1) 건강과 긍정심리학

인간의 행복, 성장 및 자아실현에 관심을 두었던 인본주의 심리학에 그 뿌리를 두고 있는 긍정심리학은 '인간의 최적의 기능 및 삶을 가치 있게 만드는 것을 과학적으로 연구'(Grenville-Cleave, 2012)하는 심리학의 분야이다. 1998년 당시 미국심리학회 회장직을 맡고 있던 Seligman이 그동안 심리학이 주로 질환 및 그 치료에 초점을 두었던 점을 지적하고, 인간 본성에 대한 병리적 모델을 전제하는 심리학에서 인간의 선함과 탁월성에 관심을 기울이는 긍정심리학으로 전환할 필요가 있다고 역설하였는데 이것이 긍정심리학의 공식적 출발이다. 따라서 긍정심리학은 '훌륭한 삶이란 무엇인가? 미덕을 갖춘 삶은 가치가 있는가? 행복이란 무엇이며 행복한 삶을 살기 위해 필요한 요소는 무엇인가? 행복한 삶을 사는 데 타인과 사회가 어떤 역할을 하는가?' 등의 질문을 제기한다. 이런 질문들의 해답을 찾기 위해 긍정심리학은 ① 행복, 즐거움, 감사, 충족감 등과 같은 긍정적인 주관적 경험, ② 성격의 강점, 재능, 관심, 가치 등 긍정적인 개인의 특질, ③ 가족, 학교, 기업, 지역공동체, 사회 등 긍정적인 조직의 분야로 나누어 연구를 진행하고 있다(Peterson, 2010).

앞에서 살펴보았듯이, Seligman(2009)은 동서양에 걸친 시대적, 문화적 차이에도 불구하고 공통적인 미덕으로 간주하는 특성들을 추출하여 ① 지혜와 지식, ② 용기, ③ 사랑과 인류애, ④ 정의, ⑤ 자제심, ⑥ 영성과 초월성으로 구분하였다. 또한 그는 여섯 가지 미덕들을 기준으로 24개의 성격적 강점을 고안하였는데 이는 소위 훌륭한 삶의 지표가 된다. 이런 미덕들은 개인의 행복, 건강 및 주관적 안녕감과 깊은 관계가 있다.

인류 역사를 통해 이런 미덕들이 끊임없이 강조됨에도 불구하고 왜 인간은 자주 부정적인 생각이나 감정에 사로잡히는 걸까? 부정적 정서는 위협으로 지각되는 상황에서 맞서 싸우거나 도망갈 수 있도록 신체를 준비시킴으로써 생존에 중요한 가치를 지닌다는 점에서 적응적 가치가 있다. 그렇다면 긍정적 정서에는 어떤 목적이 있을까? Barbara L. Fredrickson(2009)은 이런 질문에 대한 해답의 실마리를 제공하고 있는데, 그녀의 가설에 따르면 긍정적 정서는 개인의 시야와 관점을 확장시켜 보다 유연하게 사고하고 행동할 수 있도록 돕기 때문에 적응에 유용하다는 것이다. 사랑, 감사, 흥미, 기쁨, 희망, 즐거움, 자존감, 영감, 경외심, 평온함 등이 이런 정서에 속하며 이런 정서를 연구한 300개가 넘는 결과들은 긍정성이 삶을 성공적으로 이끄는 데 작용하는 중요한 요인임을 밝히고 있다.

20세기 전반까지 심리학자들 대부분은 긍정적 정서의 중요성을 과소평가하여 소홀히 하였다. 심리학은 좀 더 심각하고 절실한 문제들, 예를 들어 범죄 행동이나 마약 남용 같은 사회적 골칫거리들이나 개인의 삶을 파괴하는 우울증이나 공황상태 같은 심리 장애를 치료하는 데 주로 중점을 두어야 한다고 생각하였던 것이다. 그러나 최근 연구들은 긍정적 정서가 이런 문제들을 효과적으로 다루는 데 도움이 될 뿐 아니라 삶의 긍정적 결과들에 중요한 영향을 미친다는 사실을 밝히고 있다. 긍정적 정서를 더 자주 경험하고 표현하는 사람들은 삶의 만족도가 높고 대인관계로부터 얻는 보상이 크다. 이런 사람들은 자신의 직업을 더 만족스럽게 여기며 주변 사람들에게 도움을 줄 뿐 아니라 더 생산적이면서 자신이 원하는 목표에 도달할 가능성도 높다(Diener, Suh, Lucas, & Smith, 1999). 긍정적 정서의 경험과 표현빈도가 높은 사람일수록 신체가 더 건강하고 병에 대한 저항력도 강하며 수명 또한 길다(Danner, Snowdon, & Friesen, 2001).

2) 행복한 삶으로 이끄는 정서와 특질

(1) 주관적 안녕감

여러분은 자신이 행복하다는 것을 어떻게 알 수 있는가? 행복에 관한 연구가 빠르게 진전되지 못한 이유 한 가지는 행복을 어떻게 측정할 것인가의 문제였다. 행복한 느낌은 매우 주관적인 경험이기 때문에 연구자들은 행복을 단순하고 직접적이며 주관적인 보고로 측정해야 한다고 판단하였다. 이런 판단을 근거로 고안된 측정 도구가 주관적 안녕감의 자가보고 척도이다(Diener, Emmons, Larsen, & Griffin, 1985; Andrews & Withey, 1976). 예를 들어, 자식들이 대도시에 고수입 직업을 갖고 있고 일생 동안 다복한 가정을 꾸려온 시골 노인의 경우 1~10까지 제시되는 척도 중 8 정도로 행복하다고 보고했다고 치자. 강남에 사는 한 대기업 고위간부 역시 자신의 행복 수준을 8점으로 기록했다면 두 사람의 행복 수준은 대략 비슷하다고 결론지을 수 있다는 것이다. 한 연구결과는, "삶에서 느끼는 만족감과 행복이 연속된 숫자로 환원 가능하며 동일한 점수를 기록한 사람들은 대략 비슷한 정도로 행복을 느끼고 삶에 만족한다."(Diener, 1984)고 보고하였다.

Myers(2000)는 미국 전역에 걸쳐 미국인들의 행복 수준에 관한 조사 결과를 발표하였다. 그의 연구에 따르면 약 60%의 미국인들은 자신을 '무척 행복하다.'고 하였고, 30%는

'매우 행복하다.'고 기술하였다. '그다지 행복하지 않다.'고 말한 사람은 10%에 불과했다. 그렇다면 한국인들은 스스로를 얼마나 행복하다고 느낄까? 2012년 『보건사회연구』에 실린 'OECD 국가 삶의 질 구조에 관한 연구'(이내찬, 2012)에 따르면 한국인의 경우 10점 만점에서 4.20을 기록해 경제협력개발기구 OECD에 가입한 34개 국가 중 32위로 나타났다. 유엔에서 발표한 '2018 세계행복보고서' 발표에 따르면 한국인의 행복지수는 10점 만점 중 5.88로 전 세계 156개국 중 57위를 기록하였다. 2018년 기준 한국의 경제 순위는 세계 11위를 차지한다는 점을 고려할 때 우리 사회가 보여 주는 경제 수준과 행복 정도 간의 뚜렷한 간극은 다소 충격적이다.

　어떤 요인들이 삶을 만족스럽고 행복하게 만들까? 첫째, 높은 자존감은 삶의 의미와 가치에 대한 의식을 높이며 대인관계를 원만하게 하고 개인을 건강하게 성장하도록 이끌어 준다(Ryan & Deci, 2000). 개인적으로 중요하게 여기는 삶의 사건들을 통제할 수 있다는 통제감이 두 번째 요인이다. 개인적 통제감은 외부적으로 주어지는 요구에 직면해서 정서적, 동기적, 행동적, 생리적으로 활력을 북돋는다(Peterson & Stunkard, 1989). 셋째로는 외향성을 들 수 있는데 사교적인 사람들은 다른 사람들과 긍정적인 관계를 맺을 가능성이 크다. 네 번째 요인은 낙관성으로 미래에 대해 낙관적인 사람들은 그렇지 않은 사람보다 행복을 느낄 가능성이 더 크다. 특히 현실에서 동떨어지지 않은 현실주의적 낙관성은 가장 힘든 상황에서도 긍정적 배움이나 성장을 위한 잠재력을 찾는 정직한 인식이며 삶에 대한 만족도를 높여준다(Schneider, 2001). 삶의 만족도를 높이는 다섯 번째 요인으로 긍정적인 대인관계를 꼽을 수 있다. 친구들과 깊은 교감을 나누고 친밀하게 지내는 것이 삶의 만족 수준을 예측하는 강력한 변인이었으며(Cummins, 1996), 주관적 안녕감을 높이는 마지막 예측 변인으로 삶의 의미와 목적성을 들 수 있다. 주로 종교 활동을 적극적으로 하고 종교적 신념이 강할수록 삶의 의미 수준이 높지만 이는 반드시 종교성과 연관될 필요는 없으며 자신에게 의미 있는 목표들을 추구해갈 때 안녕감이 높아진다(Oishi, Diener, Suh, & Lucas, 1999).

(2) 몰입

　Mihaly Csikszentmihalyi(1975, 2004)는 '인간은 언제 가장 행복할까?'라는 질문을 던지며 금전적 보상이나 사회적인 인정과는 무관하게 장기간 특정한 활동에 깊이 참여하는 200여 명의 사람들을 인터뷰하였다. 인터뷰 대상자 다수에서 그는 특정 활동에 완전히 몰입했을 때 의식적 개입이 전혀 없이 모든 노력이 저절로 흘러나오는 경이롭고 마법적인 순간들을 발견하였다. 그는 이런 상태를 몰입(flow)으로 보았고 '다른 어떤 일에도 관심이 없을 정도

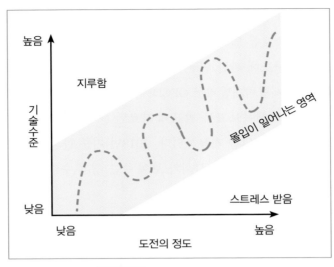

그림 12-8 **몰입이 일어나는 조건**

로 지금 하는 일에 푹 빠져있는 상태'(Csikszentmihalyi, 2004)를 몰입으로 정의하였다. 우리는 어떤 상황에서 몰입하며 그 경험의 특징은 무엇일까? Csikszentmihalyi는 몰입현상에는 8개의 구성요소가 포함되어 있다고 하였다. 첫째, 기술을 요구하는 도전적인 활동을 수반한다. 둘째, 행동과 각성이 통합된다. 셋째, 명확한 목적과 피드백이 존재한다. 넷째, 현재의 과업에 집중한다. 다섯째, 그 순간의 활동에 온전하게 주의를 기울이기 때문에 일상의 불쾌한 경험들을 잊어버릴 수 있다. 다섯째, 자신의 활동에 대해 완전한 통제권을 갖고 있다고 느낀다. 여섯째, 자의식을 상실한다. 일곱째, 시간의 흐름에 대한 지각이 변형된다. 여덟째, 몰입이 일어나면 활동 자체가 보상으로 작용하여 그 자체가 목적이 된다.

(3) 사랑

여러분은 사랑에 빠지거나 첫눈에 반한 경험이 있는가? 행복에 기여하는 만족스럽고 긍정적인 관계 중에서 우리를 가장 매혹시키는 관계는 아마도 낭만적인 사랑일 것이다. 어떤 이유로 사람들은 서로 또는 일방적으로 매력이나 친근감을 느끼는 걸까? 여러 연구결과들은 상대방의 외모, 성격, 능력, 지위, 나이 등이 이성의 대상에게 호감을 느끼는 중요한 특성임을 밝히고 있다(이민규, 2001). 사람들은 신체적 외모가 좋은 사람들이 성격도 좋을 것으로 생각하여 매력을 더 많이 느낀다. 또한 매력적인 사람들과 함께 할 때 자신이 더 좋은 평가를 받는다고 생각한다. 바람직한 성격특성들도 대인매력에 영향을 미치는 또 다른 중요한 요인인데 데이트 상대를 선택할 때 미국 대학생들은 정서적으로 안정되고, 편안하고, 친절하고, 재미있으며, 유머 감각이 좋은 사람들을 선호하는 경향이 있었다(Kenrick

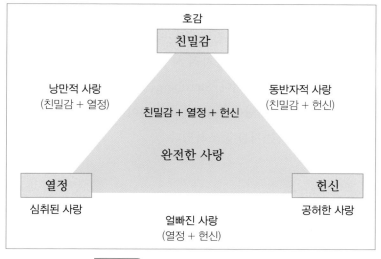

호감

친밀감

낭만적 사랑
(친밀감 + 열정)

동반자적 사랑
(친밀감 + 헌신)

친밀감 + 열정 + 헌신

완전한 사랑

열정

헌신

심취된 사랑

공허한 사랑

얼빠진 사랑
(열정 + 헌신)

그림 12-9 **Sternberg의 사랑의 삼각형 이론**

et al., 1993).

첫눈에 반하는 낭만적인 사랑만 사랑일까? 사랑의 다요인설에 따르면(Hendrick & Hendrick, 1992), 사랑에는 여섯 가지 유형이 있다. 첫 번째 유형은 에로스(eros)로 저항할 수 없을 정도로 상대에게 끌려 상대의 독자적인 관심의 대상이 되고 싶은 욕구가 치솟는 열정적인 사랑이다. 두 번째 유형은 루두스(ludus)로서 애착의 느낌과 매혹의 경험을 유희처럼 느끼며 이런 경험을 게임처럼 즐긴다. 세 번째 유형은 스토지(storge)로서 기본적으로 애정이 있고 가깝지만 흥분되지 않는 사랑으로서 장기적인 헌신과 관련이 있다. 네 번째 유형은 프라그마(pragma)이다. 이는 매우 실용적이고 현실적인 사랑으로서 특정한 조건을 충족시키거나, 어떤 합리적이고 객관적인 자질을 지닌 사람에게 호감과 매력을 느낀다. 다섯 번째 유형은 마니아(mania)이다. 열정적인 사랑과 강박에 가까울 정도의 상대에 대한 관심이 동반되지만 이런 사랑의 경험은 거의 항상 고통을 수반한다. 마지막으로 아가페(agape)라는 자기포기적인 사랑이 있다. 이런 유형의 사랑을 하는 사람은 상대방에게 거의 아무것도 요구하지 않으며 무조건적으로 주는 것을 지향한다.

Robert Sternberg(1986)는 사랑의 삼각형 이론을 제안하였다([그림 12-9]). 그의 이론에 따르면 모든 사랑의 경험은 열정, 친밀감, 헌신이라는 세 가지 감정적인 요소로 구성되어 있다. 사랑의 세 가지 요소가 주기에 따라 서로 달리 진행되며, 초기에는 열정이 매우 높지만 시간이 지날수록 열정이 사그라들고 친밀감이 커진다. 헌신의 요소는 사랑의 초기에는 아주 낮은 수준에 머물지만 시간이 지날수록 서서히 증가하여 안정적인 수준에 이른다. 사랑의 세 가지 구성요소를 통해 서로 다른 유형의 사랑을 가정할 수 있는데, 열정만 있고 친밀감과 헌신이 없는 심취된 사랑(infatuation), 호감만 있는 사랑(liking), 헌신만 있는 공허한 사랑(empty love)이 그 예이다. 친밀감과 열정이 결합되면 낭만적인 사랑(romantic love)이, 친밀감과 헌신이 결합되면 동반자적 사랑(companionate love), 열정과 헌신이 결합되면 얼빠진 사랑(fatuous love)이 된다. Sternberg는 열정과 친밀감, 헌신의 세 가지 구성요소가 모두 결합될 때 완전한 사랑(consummate love)이 된다고 하면서 '사랑'이라는 용어가 얼마나 다른 감정을 수반하는지를 강조하였다.

(4) 창의성

IT 혁명을 일으켜 새로운 디지털 콘텐츠로 전 세계를 흥분시킨 스티브 잡스(Steve Jobs, 1955~2011)는 매우 창의적인 인물로 유명하다. 부모님의 작은 차고에서 시작해서 세계 최고의 회사 애플을 창업하고 혁신적인 제품으로 세계시장을 석권할 때까지 그의 순탄치 않은 인생은 그가 입버릇처럼 반복했던 "다른 사람의 삶을 사느라 시간을 낭비하지 말라."는 명언이 입증하듯 창의성으로 점철된 삶이었다. 창의성이란 무엇일까? 창의적인 사람들은 어떤 특징을 갖고 있을까? 창의성은 어떤 과정을 통해 일어나는 걸까?

Csikszentmihalyi(2004)는 색다른 생각을 표현하고, 재미있고, 톡톡 튀는 특성을 갖고 있으며, 새롭고도 독특한 방식으로 세상을 경험할 뿐 아니라 어떤 식으로든 우리의 문명을 변화시키는 특성을 창의성으로 정의하였다. 창의성은 주로 두 가지 유형으로 구분되는데 첫째, 과정 창의성으로 경험에 대한 높은 개방성, 변화를 기꺼이 받아들이고 즐기는 경향, 상황에 즉흥적이면서 빠르게 적응하는 능력, 일반 사람들의 예상을 넘어선 사고능력이 여기에 포함된다. 둘째, 성과 창의성으로 해결할 필요가 있는 문제에 매우 독창적이고 참신한 해결책을 찾는 과정을 말한다. 창의적인 사람들은 대부분 IQ가 높지만 창의적이기 위해 지능이 꼭 필요한 건 아니다.

그림 12-10 스티브 잡스

창의적인 사람들의 특징을 살펴보면 첫째, 자신의 전문 분야나 예술적인 매체에 대해 빈틈없으면서 탄탄한 지식을 갖고 있다. 둘째, 경험에 대한 개방성이 커서 관습을 벗어난 예상치 못한 것을 기꺼이 받아들이는 매우 유연한 사고를 갖고 있다. 셋째, 관습적인 사고와 행동을 하게 만드는 사회적 압력에 저항하여 매우 독립적인 경향을 보인다. 넷째, 문제들을 재구성하고 아이디어나 개념 또는 해결책을 가지고 노는 것을 즐긴다. 다섯째, 창의적인 사람들은 자신의 창의적인 충동을 자극하기

글상자 12-3 **행복해질 시간은 바로 지금이다**

행복해지고 싶은가? 그렇다면 다음을 실천하라(Hoggard, 2005, pp. 78-79).

① 여러분이 좋아하는 일을 하라.

② 즐겁게 행동하라.

③ 가장 좋은 친구는 바로 자신이다.

④ 자신에게 작은 보상이나 선물을 함으로써 매일 현재를 살라.

⑤ 친구나 가족을 위해 시간을 투자하라.

⑥ 현재를 즐기라.

⑦ 인생의 즐거움을 만끽하라.

⑧ 시간을 잘 관리하라.

⑨ 스트레스와 역경을 극복해 갈 수 있는 나의 방법을 준비하라.

⑩ 음악을 들으라.

⑪ 활동적인 취미를 가지라.

⑫ 자투리 시간을 생산적으로 활용하라.

그림 12-11 **지금 여기에서 만날 수 있는 행복**

위한 활동을 사랑하고 이에 대한 열정을 갖고 있으므로 내적 동기가 높다(Amabile, 1983).

Wallas(1926)는 새로운 사고가 출현하기 위해서는 네 가지 단계를 거친다고 제안하였다. 우선 준비 단계로서, 이 단계에서는 정보를 수집하고 문제해결을 위한 다양한 방법을 시도한다. 두 번째는 배양 단계로서 준비 단계에서 발견하지 못한 해결책을 찾기 위해 오랜 시간 동안 숙고하고 노력하며, 그 과정에서의 이런저런 시도들은 무의식 수준에서 처리된다. 겉보기에는 문제를 포기한 듯 보일 수 있지만 실제로 의식의 표면 아래에서 계속 해결 과정이 진행되고 있는 잠재기로 보통 몇 달, 몇 년 동안 지속될 수 있다. 세 번째는 계시 단계로 창의적인 해결책이 꿈이나 예기치 않은 상황에서 급작스러운 통찰로 나타나는 단계이다. 마지막은 증명 단계로서 창의적인 발견이 실용적인 형태로 구체화되고 완성되는 단계이다.

1980년대에는 대뇌 우반구가 창의적, 전체적, 예술적 사고에 관련이 있다는 주장이 등장하였다. 최근까지도 논리, 수리, 순서, 텍스트 등을 관장하는 좌뇌에 비해 감성, 맥락, 영성, 병렬관계를 관장하는 우뇌가 발달한 우뇌형 인간이 미래를 지배할 것이라는 주장이 설득력을 갖고 있다. 그러나 실제로 좌반구와 우반구의 인지 과정에는 차이가 있지만, 사고 과정에는 좌, 우반구 모두가 관여하며 상대적인 중요도가 서로 다를 뿐이다(Trope, Rozin, Nelson, & Gur, 1986).

요약   유기체의 항상성에 과도한 부담을 주어 두려움이나 불안감을 유발하는 스트레스는 현대인들이 자주 앓는 만성질환의 주요 원인이다. 외상후 스트레스장애(PTSD)를 일으키는 전쟁, 자연재해, 대규모 참사나 사건 같은 재난은 물론이고 재적응을 필요로 하는 사소한 생활사건도 스트레스로 작용한다. 스트레스를 받으면 뇌의 시상하부-뇌하수체가 협응하여 부신피질로 하여금 코르티솔을 분비하도록 자극한다. 각종 스트레스 자극들은 자극의 종류와는 무관하게 일반적응증후군으로 불리는 유사한 생리적 반응을 보인다. 경쟁적이며 비교적 화를 잘 내는 A유형의 사람들은 심장병 발병 확률이 높을 뿐 아니라 면역기능이 뚜렷이 감소하는 경향이 있다. 스트레스 정도는 스트레스 사건에 대한 개개인의 해석이라는 인지적 요소에 의해서도 영향을 받는다.

스트레스를 관리하기 위한 동서양의 다양한 방법이 있다. 동양의 대표적인 방법으로는 최근에 새롭게 주목을 받고 있는 명상, 중국에서 유행하는 태극권, 인도에서 발전된 요가를 들 수 있다. 서양에서는 스트레스 감소를 위해 운동, 이완, 심상 훈련이 개발되었으며, 최근의 연구는 사회적 지지집단과 영성과 신앙공동체가 스트레스를 해소하는 데 효과가 있음을 밝히고 있다.

성격과 건강은 깊은 관계가 있으며, 건강심리학자들은 건강에 기여하는 주된 성격요소로 낙관주의와 강건함을 꼽고 있다. 행복한 삶을 살기 위한 대중들의 관심이 높아짐에 따라 최근에 등장한 긍정심리학 분야는 인간 최적의 기능 및 삶을 가치롭게 만드는 것을 과학적으로 연구하고 있다. 인간의 긍정적 자질과 미덕에 대한 연구 결과에 따르면 주관적 안녕감, 몰입, 사랑, 창의성이라는 정서와 특질이 행복한 삶으로 이끄는 대표적인 요소들이다.

연습문제

1. 스트레스란 신체생리의 _____에 과도한 부담을 주어 두려움이나 불안감을 유발하는 내적, 외적 자극을 총칭하는 용어이다.

2. _____와 _____는 스트레스를 주는 생활사건들을 연구한 선구자로서 재난이나 질병뿐 아니라 삶에서 자주 일어나는 주요한 긍정적, 부정적 사건이 스트레스를 주며 이런 스트레스가 단기간에 많을수록 질병으로 이어질 가능성이 높다고 하였다.

3. 전쟁, 자연재해, 대규모 참사나 사건과 같은 대규모의 재난을 겪은 사람들이 사람들에게 남기는 정신적인 충격을 외상(트라우마, trauma)이라고 하며, 이런 사람들은 그 외상을 생생하게 기억하면서 여러 가지 신체적, 심리적 증상을 보이는데 이를 총칭해서 _____라고 한다.

4. 하버드 대학의 생리학자 Cannon은 우리의 전 존재를 위협하는 자극을 만나면 우리의 신체는 _____(이)라는 전형적인 스트레스 반응을 보인다고 하였다.

5. 스트레스 자극의 종류와는 무관하게 유기체가 보이는 일련의 생리적 반응을 일반적응증후군(General Adaptation Syndrome: GAS)이라고 하며, 이는 _____단계, _____단

계, _____단계로 나뉜다.

6. 급격한 변화에 재적응하기 위한 노력으로 인해 불가피하게 스트레스가 쌓여가는 현대인들을 위한 스트레스 관리법의 예로는 동양의 _____, _____과 서양의 _____, _____을 들 수 있다.

7. 병원체의 침범에 의해 질병이 발생한다는 생물의학적 모형(biomedical model)의 관점의 지배를 받아왔던 현대의학은 최근 들어 패러다임의 전환을 맞으면서 질병에 관한 새로운 모델로 신체적 요소뿐만 아니라 심리적 요소, 사회적 요소를 포함시킨 _____모델을 수용하고 있다.

8. 인간의 최적의 기능 및 삶을 가치있게 만드는 것을 과학적으로 연구하는 비교적 최근에 등장한 심리학의 분야를 _____(이)라고 한다.

9. Sternberg의 사랑의 삼각형 이론에 따르면 모든 사랑의 경험은 _____, _____, _____(이)라는 세 가지 감정적인 요소로 구성되어 있다. 이 세 가지 요소가 모두 갖추어졌을 때 완전한 사랑이 된다.

10. 창의성이란 관습적인 사고방식에서 벗어나 새로운 방식으로 사고하는 능력을 말하며 이런 사고가 출현하기 위해서는 ① _____, ② _____, ③ _____, ④ _____의 네 가지 단계를 거친다. 이런 단계에는 의식뿐만 아니라 무의식 혹은 전의식 과정이 포함되어 있다.

📖 참고문헌

권석만(2011). 인간의 긍정적 성품: 긍정심리학의 관점(아산재단 연구총서 제316집). 경기: 집문당.

김순진, 김환(2000). 외상후 스트레스 장애. 서울: 학지사.

이내찬(2012). OECD 국가 삶의 질 구조에 관한 연구. 보건사회연구, 32(2), 5-40.

이동훈, 강선우(2006). 대학생의 학업 및 개인생활 스트레스 유형: 대학상담센터의 스트레스 개입 프로그램 개발을 중심으로. 상담학연구, 7(4), 1071-1091.

이민규(2001). 현대생활의 적응과 정신건강. 서울: 교육과학사.

Ader, R. (2000). On the development of psychoneuroimmunology. *European Journal of Pharmacy, 405,* 167-176.

Ader, R., & Cohen, N. (1975). Behaviorally conditioned immunosuppression. *Psychosomatic Medicine, 37,* 333-340.

Amabile, T. M. (1983). *The social psychology of creativity.* New York: Springer Verlag.

Andrews, F. M., & Withey, S. B. (1976). *Social indicators of well-being: Americans' perceptions ofnlife quality.* New York: Plenum.

Benson, H. (1996). *Timeless Healing: The power and biology of belief.* New York: Scribner.

Benson, H. (2006). 마음으로 몸을 다스려라(정경호 역). 서울: 동도원.

Blair, S. N., Cheng, Y., & Holder, J. S. (2001). Is physical activity or physical fitness more important in defining health benefits? *Medicine and Science in Sports & Exercise, 33*, S379-S399.

Brannon, L., & Feist, J. (2011). 건강심리학(한덕웅, 장현갑, 손정락, 박경, 김교헌, 이민규, 안귀여루, 김청송, 유제민, 서경현, 이형초 공역). 서울: Cengage Learning.

Cannon, W. B. (1929) *Bodily changes in pain, hunger, fear, and rage: An account of recent research into the function of emotional excitement* (2nd ed.). New York: Appleton-Century-Crofts.

Carmody, J., & Ruth, A. (2008). Relationships between mindfulness practice and levels of mindfulness, medical and psychological symptoms and well-being in a mindfulness-based stress reduction program. *Journal of Behavioral Medicine, 31*(1), 23-33.

Cohen, F., Kearney, K. A., Zegans, L. Sl, Kemeny, M. E., Neuhaus, J. M., & Stites, D. P. (1999). Differential immune system changes with acute and persistent stress for optimists vs pessimist. *Brain, Behavior, and Immunity, 13*(2), 155-174.

Compton, W. C., Seeman, J., & Norris, R. C. (1991). Predicting hardiness: Aa search for the parameters of deep cognitive structures. *Medical Psychotherapy, 4*, 121-130.

Consedine, N. S., Magai, C., & Chin, S. (2004). Hostility and anxiety differentially predict cardiovascular disease in men and women. *Sex Roles, 50*, 63-77.

Cooper, B. (2001). Long may you run. *Runner's World, 36*(3), 64-67.

Csikszentmihalyi, M. (1975). Play and intrinsic rewards. *Journal of Humanistic Psychology, 15*(3), 41-63.

Csikszentmihalyi, M. (2004). 몰입 플로우(최인수 역). 서울: 한울림.

Cummins, R.A. (1996). The domains of life satisfaction: An attempt to order chaos. *Social Indicators Research, 38*(3), 308-328.

Danner, D., Snowdon, D., & Friesen, W. (2001). Positive emotions in early life and longevity: Findings from the nun study. *Journal of Personality and Social Psychology, 80*, 804-813.

Davidson, R. J., Kabat-Zinn, J., Schumacher, J. Rosenkranz, M., Muller, D., Santorelli, S. F., et al. (2003). Alterations in brain and immune function produced by mindfulness meditation. *Psychosomatic Medicine, 65*, 564-570.

Diener, E. (1984). Subjective well-being. *Psychological Bulletin, 193*(3), 542-575.

Diener, E., Emmons, R., Larsen, R., & Griffin, S. (1985). The satisfaction with life scale. *Journal of Personality Assessment, 49*(1), 71-75.

Diener, E., Sub, E. M., Lucas, R. E., & Smith, H. L. (1999). Subjective well-being: Three decades of progress. *Psychological Bulletin, 125*(2), 276-302.

Edwards, G., & Gross, M. M. (1976). Alcohol dependence: Provisional description of a clinical syndrome. *British Medical Journal, 1*, 1058-1061.

Elkin, T. D., Jensen, S. A., McNeil, L., Gilbert, M. E., Pullen, J., & McComb, L. (2007) Religiosity and coping in mothers of children diagnosed with cancer: An exploratory analysis. *Journal of Pediatric Oncology Nursing, 25*(5), 274-278.

Elkin, T. D., Jensen, S. A., McNeil, L., Gilbert, M. E., Pullen, J. & McComb, L. (2007). Religiosity and coping in mothers of children diagnosed with cancer: An exploratory analysis. *Journal of Pediatric Oncology Nursing, 25*(5), 274-278.

Engel, G. L. (1977). The need for a new medical model: A challenge for biomedicine. *Science, 196* , 129–136.

Evans, P., Hucklebridge, F., & Clow, A. (2000). *Immunity and health: The science of psychoneuroimmunology.* London: Free Association Books.

Fernros, L., Furhoff, A., & Wandell, P. E. (2008). Improving quality of life using compound mind-body therapies: Evaluation of a course intervention with body movement and breath therapy, guided imagery, chakra experiencing and mindfulness meditation. *Quality of Life Research: An International Journal of Quality of Life Aspects of Treatment, Care & Rehabilitation, 17*(3), 367–376.

Folkman, S., Lazarus, R. S., Dunkel-Schetter, C., DeLonges, A., & Gruen, R. J. (1986). Dynamics of a stressful encounter: Cognitive appraisal, coping, and encounter outcomes. *Journal of Personality and Social Psychology, 50*(5), 992–1003.

Fredrickson, B. L. (2009). *Positivity.* Oxford: Oneworld Publications.

French, S. A., Perry, C. L., Leon, G. R., & Fulkerson, J. A. (1994). Food preferences, eating patterns, and physical activity among adolescents: Correlates of eating disorders symptoms. *Journal of Adolescent Health, 15*(4), 286–294.

Friedman, M., Byers, S. O., Diamant, J., & Rosenman, R. H. (1975). Plasma catecholamine response of coronary-prone subjects (type A) to a specific challenge. *Metabolism, 24*(2), 205–210.

Galantino, M. L. (2004). The impact of modified hatha yoga on chronic low back pain: a pilot study. *Alternative Therapies in Health and Medicine, 10*(2), 56–9.

Gardner, R. M., & Tockerman, Y. R. (1994). A computer-TV video methodology for investigating the influence of somatotype on perceived personality traits. *Journal of Social Behavior and Personality, 9*, 555–563.

Gilbertson, M. W., Shenton, M. E., Ciszewski, A., Kasai, K., Lasko, N. B., Orr, S. P., & Pitman, R. K. (2002) Smaller hippocampal volume predicts pathological vulnerability to psychological trauma. *Nature Neuroscience, 5*, 1242–1247.

Glaser, R., Pearl, D. K., Kiecolt-Glaser, J. K., & Malarkey, W. B. (1994). Plasma cortisol levels and reactivation of latent Epstein-Barr virus in response to examination stress. *Psychoneuroendocrinology, 19*(8), 765–772.

Greer, S., & Watson, M. (1987). Mental adjustment to cancer: Its measurement and prognostic importance. *Cancer Surveys, 6*(3), 439–453.

Grenville-Cleave, B. (2012). *Positive psychology: A practical guide.* UK: Icon Books Ltd.

Gura, S. (2007). Yoga for stress reduction and injury prevention at work. In A. Monat, R. Lazarus, & G. Reevy (Eds.), *The Praeger handbook on Stress and Coping* (Vol. 2, pp. 489–495). Westport, CT: Praeger/Greenwood.

Hendrick, S. S., & Hendrick, C. (1992). *Romantic love.* Newbury Park, CA: Sage Publications.

Hoggard, L. (2005) 행복(이경아 역). 서울: 예담.

Holahan, C. J., & Moos, R. (1985). Life stress and health: personality, coping, and family support in stress resistance. *Journal of Personality and Social Psychology, 51*, 389–95.

Holmes, T. H., & Rahe, R. H. (1967) The social readjustment rating scale. *Journal of Psychosomatic

Research, 11, 213–318.

House, J., Landis, K., & Umberson, D. (1988). Social relationships and health. *Science, 241*, 540–545.

Hummer, R. A., Rogers, R. G., Nam, C. B., & Ellison, C. G. (1999). Religious involvement and U.S. adult mortality. *Demography, 36*(2), 273–285.

Irwin, M., Olmstead, R., & Motivala, S. J. (2008). Improving sleep quality in older adults with moderate sleep complaints: a randomized controlled trial of Tai Chi Chih. *Journal of Sleep and Sleep Disorders Research, 31*(7), 1001–1008.

Kabat-Zinn, J. (2003). Mindfulness-based intervention in context: Past, present and future. *Clinical Psychology: Science and Practice, 10*, 44–56.

Kabat-Zinn, J. (2005). 마음챙김 명상과 자기치유[상 · 하] (장현갑, 김교헌, 김정호 공역). 서울: 학지사.

Kabat-Zinn, J., Lipworth, L., & Burney, R. (1985). The clinical use of mindfulness meditation for the self-regulation of chronic pain. *Journal of Behavioural Medicine, 8*, 162–190.

Kenrick, D. T., Groth, G. E., Trost, M. R., & Sadalla, E. K. (1993). Integrating evolutionary and social exchange perspectives on relationships: Effects of gender, self-appraisal, and involvement level on mate selection criteria. *Journal of Personality and Social Psychology, 64*(6), 951–969.

Kiecolt-Glaser, J. K., McGuire, L., Robles T. F., & Glaser, R. (2002). Psychoneuroimmunology: Psychological influences on immune function and health. *Journal of Consulting and Clinical Psychology, 70*(3), 537–547.

Kobasa, S. (1979). Stressful life events, personality, and health: An inquiry into hardiness. *Journal of Personality and Social Psychology, 37*, 1–11.

Lan, C., Lai, J. S., & Chen, S. Y. (2002). Tai Chi Chuan: An ancient wisdom on exercise and health promotion. *Sports Medicine, 32*(4), 217–224.

Lazarus, R. S., & Folkman, S. (1984). *Stress, appraisal, and coping.* New York: Springer.

Levine, J. A., Lanningham-Foster, L. M., McCrady, S. K., Krizan, A. C., Olson, L. R., Kane, P. H., Jensen, M. D., & Clark, M. M. (2005). Interindividual variation in posture allocation: Possible role in human obesity. *Science, 307*, 584–586.

Li, M. D., Ma, J. Z., & Beuten, J. (2004). Progress in searching for susceptibility loci and genes for smokin-related behaviour. *Clinical Genetics, 66*(5), 382–392.

Mason, J. W. (1971). A re-evaluation of the concept of 'non-specificity' in stress theory. *Journal of Psychiatric Research, 8*(3–4), 323–333.

Miller, T. W. (Ed.). (1996). *Theory and assessment of stressful life events.* Madison, CT: International Universities Press.

Myers, D. G. (2000). The funds, friends, and faith of happy people. *American Psychologist, 55*(1), 56–67.

Myers, D. G. (2008). 심리학개론(신현정, 김비아 공역). 서울: 시그마프레스.

Oguma, Y., Sesso, H. D., Paffenbarger, R. S., & Lee, I. M. (2002). Physical activity and all cause mortality in women: a review of th evidence. *British Journal of Sports Medicine, 36*(3), 162–172.

Oishi, S., Diener, E., Suh, E., & Lucas, R. E. (1999). Value as a moderator in subjective well-being. *Journal of Personality, 67*(1), 157–184.

Parks, F. M. (2007). Working with narratives: coping strategies in Africal American folk beliefs and traditional healing practices. *Journal of Human Behavior in the Social Environment, 15*(1), 135–147.

Peterson, C. (2010). 긍정심리학 프라이머(문용린, 김인자, 백수현 공역). 서울: 물푸레.

Peterson, C., & Stunkard, A. J. (1989). Personal control and health promotion. *Social Science and Medicine, 28*, 819–828.

Pierce, J. P., Distefan, J. M., Kaplan, R. M., & Gilpin, E. A. (2005). The role of curiosity in smoking initiation. *Addictive Behaviors, 30*, 685–696.

Pinel, J. P. J., Assanand, S., & Lehman, D. R. (2000). Hunger, eating, and ill health. *American Psychologist, 55*, 1105–1116.

Pressman, S. D., Cohen, S., Miller, G. E., Barkin, A., Rabin, B. S., & Treanor, J. J. (2005). Loneliness, social network size, and immune response to influenza vaccination in college freshmen. *Health Psychology, 24*(3), 297–306.

Raub, J. A. (2002). Psychophysiologic effects of hatha yoga on musculoskeletal and cardiopulmonary function: A literature review. *Journal of Alternative and Complementary Medicine, 8*(6), 797–812.

Ryan, R. M., & Deci, E. L. (2000). Self-determination theory and the facilitation of intrinsic motivation, social development and well-being. *American Psychologist, 55*(1), 68–78.

Sapolsky, R. M. (1992). *Stress, the aging brain, and the mechanism of neuron death*. Cambridge, MA: MIT Press.

Sapolsky, R. M. (2008). 스트레스(이재담, 이지윤 공역). 서울: 사이언스북스.

Schacter, D. L., Gilbert, D. T., & Wegner, D. M. (2011). 심리학개론(민경환 외 공역). 서울: 시그마프레스.

Schaeffer, R. (2000). Yoga notebook: Tension headache relief. *Natural Health, 30*(6), 44–45.

Scheier, M. F., & Carcer, C. S. (1987). Dispositional optimism and physical well-being: The influence of generalized outcome expectacies on health. *Journal of Persoanlity, 55*, 169–210.

Schneider, R. H., Alexander, C. N., Staggers, F., Rainforth, M., Salemo, J. W., Hartz, A., Arndt, S., Barnes, V. A., & Nidich, S. I. (2005). *The American Journal of Cardiology, 95*(9), 1060–1064.

Schneider, S. (2001). In search of realistic optimism: meaning knowledge, and warm fuzziness. *Jounal of American Psychologist, 54*(3), 250–263.

Segerstrom, S. C., & Miller, G. E. (2004). Psychological stress and the human immune system: A meta-analytic study of 30 years of inquiry. *Psychological Bulletin, 130*(4), 601–630.

Seligman, M. (2009). 마틴 셀리그만의 긍정심리학(김인자 역). 서울: 물푸레.

Seyle, H. (1956). *The stress of life*. New York: McGraw-Hill.

Sjosten, N., Vaapio, S., & Kivela, S. S. (2008). The effects of fall prevention trials on depressive symptoms and fear of falling among the aged: a systematic review. *Aging and Mental Health, 12*(1), 30–46.

Slomkowski, C., Rende, R., Novak, S., Lloyd-Richardson, E., & Niaura, R. (2005). Sibling effects on smoking in adolescence: Evidence for social influence from a genetically informative design. *Addiction, 100*(4), 430–438.

Sparber, A., Baur, L., Curt, G., Eisenberg, D., Levin, T., Parks, S., Steinberg, S., & Wootton, J. (2000). Use of complementary medicine by adult patients participating in cancer clinical trials. *Oncology Nursing Forum, 27*(4), 129–136.

Steele, C. M., & Josephes, R. A. (1990). Alcohol myopia: Its prized and dangerous effects. *American*

Psychologists, 45, 921–933.

Sternberg, R. J. (1986). A triangular theory of love. *Psychological Review, 93*, 119–135.

Stetter, F., & Kupper, S. (2002). Autogenic training: A meta-analysis of clinical outcome studies. *Applied Psychophysiological Biofeedback, 27*(1), 45–98.

Stunkard, A. J., Harris, J. R., Pederson, N. L., & McClean, G. E. (1990). The body-mass index of twins who have been reared apart. *New England Journal of Medicine, 322*, 1483–1487.

Stunkard, A. J., Sorenson, T. I. A., Hanis, C. Teasdale, T. W., Chakraborty, R., Schull, W. J., et al. (1986). An adoption study of human obesity. *New England Journal of Medicine, 314*, 193–198.

Sun, W., Dosch, M., Gilmore, G. D., Pemberton, W., & Scarseth, T. (1996). Effects of a Tai Chi Chuan program on Hmong American older adults. *Educational Gerontoloty, 22*(2), 161–167.

Szondy, M. (2004). Optimism and immune functions. *Mentalhigiene es Pszichoszomatick, 5*(4), 301–320.

Taylor, S. E. (2003). *The Tending Instinct: Women, Men, and the Biology of Relationships.* New York: Times Books.

Taylor, S. E., Klein, L. C., Lewis, B. P., Gruenewald, T. L., Gurung R. A. R., & Updegraff, J. A. (2000). Biobehavioral responses to stress in female: Tend-and-befriend, not fight-or-flight. *Psychological Review, 107*, 411–429.

Thayer, R. E. (1993). Mood and behavior (smoking and sugar snacking) following moderate exercise: A partial test of self-regulation theory. *Personality and Individual Differences, 14*, 97–104.

Thomas, S. E., Randall, C. L., & Carrigan, M. H. (2003). Drinking to cope in socially anxious individuals: a controlled study. *Alcoholism: Clinical & Experimental Research, 27*(12), 1937–1943.

Toneatto, T., & Nguyen, L. (2007). Does mindfulness meditation improve anxiety and mood symptoms? A review of the controlled research. *The Canadian Journal of Psychiatry, 52*(4), 260–266.

Trope, I., Rozin, P., Nelson, D. K., & Cur, R. C. (1986). Information processing in separated hemispheres of the callosotomy patients. Does the analytic-holistic dichotomy hold? *Brain and Cognition, 19*, 123–147.

Vaillant, G. E. (2010). 행복의 조건(이덕남 역). 서울: 프로티어.

Wallas, G. (1926). *The Art of Thought.* New York: Harcourt, Brace & Company.

Watson, D. (2000). *Mood and Temperament.* New York: Guilford Press.

Williams, R. B. (1998). *Anger Kills: Seventeen strategies for Controlling the Hostility That Can Harm Your Health.* Harper Torch.

Williams, R. B., Jr. (1989). *The trusting heart: Great news about Type A behavior.* New York: Times Books.

13

심리학의 음용과 전망

지금까지 다양한 분야의 심리학을 다루었다. 아마도 많은 독자가 생각했던 것과 다른 심리학의 모습에 당황했거나 또 지금까지 심리학이 축적해 놓은 다양한 마음의 법칙에 대해서 흥미롭다고 느꼈을 것이다. 그렇지만, 동시에 지금까지 공부한 심리학이 어떻게 현실에 적용될 수 있는지, 구체적으로 내가 심리학을 전공한 이후에 할 수 있는 일은 무엇인지에 대해서 감이 잘 안 잡히는 부분도 있었을 것이다. 심리학은 인간의 마음을 다루는 학문이기 때문에 우리의 삶 곳곳에 스며들어 있고, 이에 따라 다양한 분야에서 심리학 전문가들이 활동하고 있다.

이 장에서는 이와 같이 응용적인 측면이 강한 심리학의 분야를 소개하고, 심리학의 현재와 앞으로의 전망을 개관하여 심리학에 첫발을 들여놓은 학생들이 심리학에 대한 이해도를 높이고, 자신의 적성에 맞는 진로를 선택하는 데 도움을 주고자 한다.

1.
심리학의 다양성

앞의 열두 개 장에서 살펴본 대로 심리학에는 다양한 분야가 있다. 만일 여러분이 이 책을 통해 심리학을 처음 접했다면, 심리학의 이런 모습을 낯설게 느꼈을 것이다. 대부분의 학문도 유사하겠지만, 심리학의 경우 고등학생 신분으로 경험하고 생각했던 모습과 대학에서 본격적으로 공부를 시작하여 알게 되는 모습 간 괴리가 매우 크다. 아마도 이 책을 통해서 지금까지 심리학과 그렇게 큰 관련이 없다고 생각했던 통계, 실험, 뇌, 기억 및 학습 등의 내용들을 공부하면서 당황했을 수도 있다. 하지만 역설적으로 이 모든 것이 다 심리학이다.

심리학은 사람의 마음을 다루는 학문이다. 마음이란 무엇일까? 이 질문에 간단하게 대답할 수 있는 사람이 얼마나 될까? 마음은 다양하다. 시시각각 변하는 것이 우리의 마음이다. 우리의 마음이 다양한 것처럼, 심리학이 다루고 있는 영역은 무척이나 넓다. 가장 많은 심리학자가 활동하고 있다는 미국의 심리학회 기준으로 2019년 6월 현재 54개의 하위 분과가 존재하고 있다.

54개에 달하는 하위 분과가 있다는 사실에 놀라는 사람도 많을 것이다. 하지만 심리학의 분야가 모두 54개라는 말은 아니다. 실제 심리학의 분야는 그보다 훨씬 많다. 예를 들면, 8번 분과는 성격 및 사회 심리학인데, 이 책에서도 성격심리학은 9장에서, 사회심리학은 11장에서 다룰 정도로 차이점이 많다. 또 최근 많은 학생이 관심을 갖고 있는 범죄심리학 분과는 아예 존재하지 않는데, 그것은 범죄심리학이 41번 법심리학 분과에 속해 있기 때문이다.[1]

글상자
13-1 **다양한 얼굴로 확장하고 있는 심리학**

다양성이 매력인 심리학은 다면화되어 빠르게 변해가는 현대 사회에서 더 큰 장점이 된다. 어떠한 모습으로 어떠한 방식으로 변해가든지 그 사회의 중심에는 사람이 있고, 마음이 그 핵심이 되기 때문에 심리학의 쓰임새는 더 많아지고 있다. 최근 대학에서는 다양한 융합 학문들이 자리를 잡고 있는데, 이 융합의 중심에 심리학이 있는 것도 동일한 맥락이다. 이 때문에 요즘 전형적인 형태의 심리학과의 모습을 벗어난 경우가 많다. 미국 유명 대학의 'Cognitive, Linguistic & Psychological Sciences'란 이름을 가진 학과의 예에서처럼 심리학과 연합할 수 있는 학과들이 모여 새로운 학과를 만드는 경우도 있고, 더 나아가 국내의 유명 사립

그림 13-1 **인공지능(AI)**

대학교의 경우에서처럼 심리학과가 아닌 '융합 심리학부'로 그 규모가 확대되어 가고 있다.

4차 산업혁명시대를 맞이하여, 앞으로도 심리학의 역할은 더 커질 것이다. 인공지능을 좀 더 사람의 지능과 유사하도록 개발하는 과정에도, AI를 이용하여 사람의 마음에 접근하고 치유하는 것과 같이 AI를 기능적으로 사용하는 과정에도, AI와 사람이 함께 살아가면서 생기는 도덕 및 윤리와 같은 마음의 문제들을 다루는 과정에도 심리학은 다양한 얼굴로 다가갈 것이다.

미국심리학회(www.apa.com)만큼은 아니지만 한국심리학회(www.kpa.co.kr)도 다양한 분야의 심리학 분과가 존재하는데, 2020년 현재 15개의 분과가 있다(1장 〈글상자 1-6〉). 1947년에 조선심리학회로 창립된 한국심리학회는 현재 75,000여 명의 회원이 소속해 있을 만큼 활발하게 활동하고 있으며, 15번째 분과가 2014년에 창립될 정도로 현재도 성장하고 있다.

이와 같은 심리학의 다양성은 '심리학이란 무엇인가?'라는 간단한 질문에도 쉽게 답변을 하지 못하게 한다. 그래서 고등학교 때, 마음이 아픈 친구들을 돌봐주는 심리학자의 모습, 혹은 범죄 현장에서 범죄자의 특성을 분석해 내는 프로파일러의 모습만을 심리학으로 생각했던 많은 학생을 당황시킬 수 있다. 하지만 심리학의 다양성은 심리학의 가장 큰 매력

---

1) 뒷 절에서 다시 설명하겠지만, 법심리학과 범죄심리학은 차이가 있다. 범죄심리학은 범죄 사건을 수사하는 과정과 연관되는 심리학적 측면에 초점을 맞추는 분야이고, 법심리학 혹은 법정심리학은 법정 장면과 관련이 된 인간행위 전반을 다루는 분야로 법심리학 안에 범죄심리학이 포함된다고 볼 수 있다.

이며, 그 안에서 나의 진로를 다양하게 설계할 수 있게 해 준다. 아마도 필자가 대학 1학년 때 '심리학 입문' 수업을 강의하시던 교수님의 마지막 말씀이 심리학의 가능성을 보여 주는 가장 좋은 대답이 될 것 같다. "심리학이 적성에 맞지 않다고 이야기하는 학생들이 많은데, 개인적으로는 게을러서 하는 말이라고 생각해요. 심리학의 분야는 매우 많고, 그 범위도 철학심리학과 같은 인문적인 특성이 강한 분야에서부터 신경과학과 같이 과학적 특성이 강한 분야까지 모두 포함되어 있습니다. 그중에서 학생들의 적성에 맞는 게 적어도 하나는 있을 겁니다. 적성이 맞지 않는다고 말하는 학생은 본인이 그 분야를 찾으려는 노력을 하지 않아서일 것이라고 생각합니다."

2.
심리학의 응용 분야

지금까지 심리학의 다양성에 대해 알아보았다. 다양성이 심리학의 가장 큰 매력인 것은 확실하나, 심리학을 공부해야 하는 학생들에게는 방향을 잡기 어렵게 하는 요소인 것도 맞다. 대다수의 심리학과 학생들은 심리학의 전공을 살려서 진로를 정하고 싶어하지만 막상 지금 공부하고 있는 심리학이 실제로 학교 밖에서 어떻게 사용되고 있으며, 심리학 전문가들이 어떤 역할을 하고 있는지에 대해 알지 못해 막막하게 생각하는 경우가 많다. 그렇게 많은 심리학 분과가 있음에도 학생들이 자신의 진로를 쉽게 찾지 못하는 고민은 어디에서 비롯된 것일까? 이는 심리학이 크게 두 가지 갈래로 나눠지는 이유로 설명이 가능할 것 같다.

심리학을 크게 기초 심리학과 응용심리학으로 나누기도 하는데, 기초 심리학이 인간 마음의 원리를 밝히는 그 자체에 초점을 둔다면, 응용심리학은 기초 심리학이 밝혀낸 원리를 실제 장면에 응용하는 데 초점을 둔다. 심리학과 관련된 직업을 갖길 원하는 학부생의 입장에서는 다양한 응용심리학의 분야를 알아보는 것이 큰 도움이 될 것이지만, 대학의 교과과정에서 다루고 있는 분야들은 매우 한정적이다. 대부분의 심리학과 교육 과정에는 기초 심리학과 응용심리학의 분야를 고르게 담으려 하고 있지만, 4년의 학부 과정에서 다루기에는 응용심리학의 분야가 너무나도 많기 때문이다.

지금부터는 학교 밖에서 심리학이 매우 활발하게 사용되고 있는 응용 분야들에 대해서 간략하게 이야기하고자 한다. 하지만 이 분야들도 응용심리학 중에서 지극히 일부분이고, 지금도 새로운 분야가 만들어지고 있으며, 그 안에서 자신에게 매력적인 분야를 찾는 것은 학생들 스스로의 노력이 필요할 것이다.

1) 임상 및 상담 심리학

대학교 입학 면접에서 심리학과를 지원한 대부분의 학생들은 마음이 어렵거나 마음에 상처가 있는 사람들을 치유해 주고 싶어서 심리학과를 지원했다고 한다. 가장 대중적으로 많이 알려져 있고, 현재 심리학이라는 분야의 이미지를 잡아준 심리학 분야는 임상 및 상담 심리학이라고 할 수 있다. 임상심리학은 정신장애의 개선과 정신건강 증진을 위한 평가, 치료 및 예방에 초점을 둔 심리학의 분야라면, 상담심리학은 비장애인들이 겪는 생활 속 적응과 기능의 문제에 초점을 둔 분야라고 할 수 있다.

임상 및 상담 심리학에 대한 내용은 10장에서 이미 다루었기 때문에 자세히 설명은 생략하는 대신, 많은 심리학 전공생이 관심을 두는 자격증에 대해서 설명하겠다. 임상 및 상담 심리학뿐만 아니라 다양한 심리학 분야에서는 많은 자격증이 있는데, 크게 두 가지로

글상자 13-2 진짜 심리학 대 가짜 심리학

심리학의 다양성은 심리학의 큰 매력이지만, 이 다양성이 불러일으키는 문제점도 있다. 대표적인 문제는 심리학인 것처럼 위장하고 있는 유사심리학(pseudo-psychology)이 난립한다는 점이다. 고등학생들이 읽을 만한 심리학 도서를 추천해 달라는 요청을 받고 서점에 가서 심리학 서적을 뒤적여 본 적이 있다. 필자를 놀라게 한 것은 두 가지였는데, '심리학'이라는 허울 좋은 제목을 달고 있는 책이 너무 많았다는 점, 그리고 그 책의 대부분이 심리학의 범주에 속하지 않은 내용이었다는 점이다.

심리학에 관심이 있는 학생들이 인터넷 검색을 해 보면, 몇 주 혹은 몇 개월 만에 취득할 수 있다는 자격증 광고를 본 적이 있을 것이다. 2020년 현재, 약 3,000여 가지의 유사심리학자격증이 홍수를 이루고 있다. 본문에서도 언급했지만, 심리학 분야에서 전문가 자격증을 취득하는 것은 쉽지 않다. 최소한 학부에서 심리학을 전공한 사람들에게만 기회가 주어지고, 또 상당한 기간 동안의 수련 과정을 요구한다. 이와 같은 자격증 취득의 어려움이 심리학이라는 분야를 확장시키는 데에 걸림돌이라고 말하기도 하지만, 사람의 마음을 다루는 전문가는 타인의 삶에 큰 영향을 미치기 때문에 수련에 수련을 거듭해야 한다는 점에서는 모두가 동의할 것이다. 따라서 최근 한국심리학회는 심리 서비스를 제공하는 심리사의 자격을 법으로 규정하는 법제화의 노력을 하고 있다. 이를 통해 모든 국민이 안전하고 전문화된 심리 서비스를 받을 수 있기를 기대한다. 그럼 유사심리학과 진짜 심리학은 어떻게 구분할까? 쉽게는 제공자들이 얼마나 심리학적 훈련을 받았는지를 확인하는 것이겠지만, 보다 근본적으로는 해당 분야가 얼마나 심리학의 본질에 접근하고 있는지를 판단하는 것이다. 아마도 여러분이 이 책을 열심히 읽었다면, 심리학의 본질, 사람의 마음을 과학적인 방법으로 체계적으로 이해하는 과정을 알 수 있었을 것이다. 그 본질을 지키는 분야가 (다루는 내용이 자극적이지 않고 딱딱해 보이더라도) 진짜 정통 심리학이다.

나뉜다. 첫째는 일반적으로 1급 자격증이라 불리는 전문가 자격증이다. 이 자격증을 취득하기 위해서는 박사학위와 1년 이상의 수련과정 혹은 석사학위와 3년 이상의 수련과정이 필요하다. 다른 하나는 2급 자격증으로도 알려져 있는 심리사 자격증인데, 이를 위해서는 석사학위에 1년 이상의 수련과정 혹은 학사학위에 2년 이상의 수련과정이 요구된다.

임상심리학 전공자들의 경우 주로 임상심리전문가(1급) 자격증을 목표로 하는데, 앞에서 언급한 대로 임상심리학 전공으로 석사 이상 학위를 취득하여야 하며, 총 3년의 수련기간을 거쳐야 한다. 보통 수련이 가능한 기관은 일반 정신과나 신경정신과가 개설되어 있는 병원, 대학의 학생 상담소 혹은 학생생활연구소, 심리치료 관련 클리닉과 정신보건센터 등인데, 수련생을 전담하여 지도할 전문가가 있는 곳에서는 어디든 수련이 가능하다.[2]

상담심리학 전공자들을 위한 상담심리전문가(1급)와 상담심리사(2급) 자격증도 있다. 전반적인 취득 절차는 임상심리 전문가 자격증과 유사하다. 국내 심리학 관련 분야 중 가장 많은 자격증 소지자(2019년 9월까지 1급 1,552명, 2급 5,613명)가 배출되었으며, 진출 분야도 대학의 학생상담센터, 공 · 사립 및 기업 내 상담소, 복지기관, 병원 및 학교 등 광범위하다. 이 외에 상담심리학을 좋아하는 많은 학생이 관심 있어 하는 상담교사(전문상담교사 2급)는 임용고시를 통과하면 되는데, 반드시 심리학과 학부를 졸업하지 않아도 상담과 관련된 심리학 과목과 교직 과목을 이수하면 임용고시에 응시할 자격이 주어진다.

2) 산업 및 조직, 그리고 소비자 광고 심리학

임상 및 상담 심리학 분야 외에 대표적인 응용심리학이라고 할 수 있는 분야들은 직접적으로 기업체에서 활용이 되는 분야들이다. 전통적으로 기업체와 연관이 높은 심리학 분야는 산업 및 조직(Industrial-Organization: IO) 심리학인데, 특히 요즘 HR(Human Resource)이라고도 알려진 인사(personnel)와 관련된 내용들을 다루고 있다. 인사는 단순하게 기업체에서 구성원을 선발하거나 승진시키는 일뿐만 아니라 인재를 적합한 부서와 직급에 배치하고, 개인의 역량과 근무 태도를 평가하며, 재교육하는 일련의 과정들이 모두 포함되어 있다.

예를 들어, 각 기업에서 요구하는 구성원을 선발하는 과정에서 심리학자들은 어떤 임무를 수행할까? 일단 기업체가 필요로 하는 직무에 대해서 분석을 하고, 이 직무를 수행하는 데 필요한 인간의 지식, 기술, 능력, 성격, 흥미 등과 같은 직무역량이 무엇인지를 목록화

---

2) 전문가 수련 기간 중 최소 1년은 한국임상심리학회 이사회의 인준을 받은 기관을 통해야만 한다. 임상 및 상담 심리학 자격증에 대한 보다 자세한 사항은 한국임상심리학회(http://www.kcp.or.kr) 및 한국상담심리학회(http://www.krcpa.or.kr)를 방문하기 바란다.

한 후, 이 직위에 응시한 후보자들이 이와 같은 직무역량을 갖추고 있는지를 제대로 측정해 내야 할 것이다. 특히 직무역량처럼 눈에 보이지 않는 인간이 가지고 있는 마음이나 능력을 수량화하고 측정하는 것은 심리학의 전문 분야이다. 최근 많은 기업체가 적성검사를 채용에 활용하는 추세인데, 이와 같은 적성검사의 문항 개발에도 많은 심리학자가 개입하고 있다.

구성원을 선발하고 배치시키는 것과 같이 조직 내에서의 개인에 집중하기도 하지만, 반대로 조직 내에서 개인의 사회적 혹은 집단적인 관계에 초점을 맞추기도 한다. 쉽게 말해 기업체 구성원들의 직무만족, 작업 동기, 조직에의 몰입, 리더십 등을 연구한다. 특히 최근에는 웰빙(well-being)이 삶의 중요한 가치로 떠오르면서 긍정심리학과 같은 분야가 주목을 받았는데, 이런 추세는 산업 및 조직 심리학 분야에서도 마찬가지여서, 기업체 내 구성원들의 행복, 직무 만족도 등에 대한 연구가 많이 이루어지고 있다. 예를 들어, 구성원들의 이직 현상은 기업의 입장에서는 큰 손실이기 때문에, 산업 및 조직 심리학 분야에서는 이직 의도에 영향을 미치는 요인들을 찾아내고, 그 요인들을 제거하여 직무 만족도를 높이는 데에 관여한다.

전체 조직과 관련된 문제도 다루어지는데, 조직개발이나 노사관계 등이 그 예가 될 수 있다. 급변하는 현대사회에서 어떤 기업체가 생존하기 위해서는 기업 조직도 그에 따라 적응하고 변화할 필요가 있다. 이럴 때 조직의 문제를 진단하고 변화를 도입하고 그 변화의 효과를 측정하는 것을 조직 개발이라고 하는데, 다수의 심리학자가 컨설팅 회사들에서 이와 같은 업무를 담당하고 있다. 노사관계에서 고용주와 종업원 간에 일어나는 집단역학이나 심리적 갈등을 다루는 심리학자도 있다. 최근에는 공인노무사 자격증을 가지고 기업에서 활동하고 있는 심리학자들도 다수 있다. 이와 같은 산업 및 조직 심리학이 기업체에 한정된 주제에만 초점을 맞추고 있는 것은 아니다. 기업체 이외에도 공공기관, 병원, 군대, 지역사회 등의 다양한 조직도 그 연구 대상이 된다.

지금까지 앞에서 언급한 산업 및 조직 심리학자들이 기업체 내부에 초점을 맞추고 있다면, 기업과 소비자의 관계에 초점을 맞추고 있는 심리학자들도 있다. 소비자심리학과 광고심리학이 대표적이다. 소비자심리학은 소비자가 상품을 구매하는 과정에 영향을 미치는 요인들에 대해서 연구하는 심리학 분야이다. 소비자가 수많은 상품 중에서 특정 상품을 구매하는 것은 일종의 의사결정인데, 사람의 의사결정은 항상 합리적인 방식으로 일정하게 내려지는 것은 아니다. 예를 들어, 한 제품이 가진 장점과 단점이 있을 때, 장점을 먼저 이야기하는 경우에 단점을 먼저 이야기하는 경우보다 그 제품에 대한 선호도가 높아진다. 앵커링 효과(anchoring effect; Tversky & Kahneman, 1974)로 알려진 이 현상은 소비자의 의사결정이 매우 다양한 심리적 요인에 의해 달라질 수 있다는 것을 보여 주며, 이와 같은 요인들을 발견하고 실제로 응용하여 제품 구매에 도움을 주는 것이 소비자심리학자의 역할이다.

소비자의 의사결정에 영향을 미치는 요인 중에서 광고에 초점을 맞춰 심리학과 접목시킨 것이 광고심리학이다. 광고라고 하는 것은 결국 제품에 대한 정보를 (그 정보가 제품 자체에 대한 기술적인 정보이든 그 제품으로 인해 갖게 하는 감성적인 정보이든 간에) 효과적으로 전달하여 상품을 구매하도록 설득하는 작업이라는 점에서 심리학과 매우 밀접하다. 특히 대부분의 광고가 제한된 시간이나 지면을 통해 시청각적으로 제시되며, 해당 상품에 관심이 없던 사람들의 관심도 끌어야 한다는 측면에서 주의, 지각 및 인지 심리학의 원리가 다양하게 적용된다. 소비자 및 광고 심리학 분야는 기업, 광고 대행사, 리서치 회사 등에서 활동하는 전문가를 양성하면서 소비자의 심리, 소비자 조사 기법, 광고 효과 분석 및 브랜드 전략 수립 등 광고 및 소비자와 관련된 모든 분야에 대해 심리학적으로 분석하고 연구하고 있다.

3) 법심리학

최근 심리학을 전공하고자 하는 학생들에게 관심이 급증한 분야는 범죄심리학이다. 범죄심리학 분야의 높아진 관심에는 각종 매체에 등장하는 프로파일러라고 하는 직업이 큰 영향을 끼친 것으로 보인다. 미국 유명 드라마를 포함한 많은 매체를 통해서 범죄 현장을 보고 범인의 특성을 알아채고 범인 검거에 결정적 역할을 해내는 프로파일러에 대해 일종의 마법사 같은 느낌이 들었을 것이다. 우리나라에서는 프로파일러라는 직업이 대중에게 알려진 지 얼마되지 않았지만, 미국 FBI에서는 1972년에 행동분석팀을 만들었을 만큼 그 역사가 길다. 최근에는 국내에서도 검찰청 및 경찰청에서 프로파일러를 공채로 선발하고 있으며, 심리학 석사 학위를 취득한 후 많은 심리학자가 현재 이 직종에서 활동 중이다.

프로파일러라는 직업의 대중적 인기에 힘입어 범죄심리학이라는 단어가 더 넓게 퍼져 있지만, 범죄심리학은 법심리학의 하위 분야이다. 앞에서도 언급했듯이 미국심리학회 및 한국심리학회에는 법심리학 분과가 존재하는데, 법심리학은 법과 관련된 인간행동을 다루는 심리학 분야를 모두 포괄하는 개념이다. 법과 관련된 행동은 크게 수사 과정, 재판 과정, 그리고 교정 과정으로 나누어 볼 수 있다.

수사 과정에서 가장 많이 알려진 분야가 프로파일링(범죄분석)이다. 프로파일러라고 하는 단어와 함께 많이 등장하는 단어가 연쇄살인마이다. 국내에서도 프로파일러가 대중적으로 많이 알려진 계기가 된 것도 유영철이라는 사람이 저지른 연쇄살인 사건이었다. 한 사람이 반복적으로 저지르는 사건에는 어떤 공통점이나 법칙이 있게 되는데, 프로파일러가 분석하는 것이 이런 부분이다. 따라서 프로파일링에서 가장 핵심적인 부분은 정보이다. 오랫동안 축적된 자료와 연구 결과를 과학적인 방식으로 분석하여 패턴을 확인하는 것이 프로파일링이다. 동물적인 직감이나 상대의 마음을 읽음으로써 범죄 현장에서 범인을 잡아내는 것은 드라마에서나 가능하다.

수사 과정과 관련된 심리학은 프로파일링뿐은 아니다. 피해자나 범죄 현장을 목격한 목격자의 진술을 분석하는 것도 심리학자의 몫이다. 우리의 기억은 매우 불완전하며, 5장에서 본 것처럼 다양한 요인에 의해서 간섭받는다. 심지어 목격자 진술을 요구하는 수사관의 질문에 따라서도 그 내용이 달라질 수 있다. 특히 아동이나 장애인 등이 피해자나 목격자일 경우에는 정확한 진술을 받아내는 것이 쉽지 않다. 심리학자들은 목격자 진술의 신뢰성을 판단하는 과정에 개입하거나, 더 나아가 목격자의 정확한 기억을 이끌어 내는 심문 방식을 개발한다. 2019년에 개봉된 〈증인〉이라는 영화에서 자폐증을 앓고 있는 고등학생이 범행의 유일한 목격자였을 때, 심리학자들은 그 목격자의 증인 능력을 판단하고, 심문 과정에서 개방형 질문을 사용하여 왜곡되지 않는 목격 정보를 얻어내는 데 도움을 주는 것으로 묘사되었는데, 실제 심리학자들이 하는 역할 중 일부이다. 현재 검찰청에서는 진술 분석관을 채용하고 있으며, 많은 심리학자가 진술 분석관으로 활동 중이다.

재판 과정에서의 심리학을 떠올리는 것은 쉽지 않을 것이다. 하지만 이 단어를 듣는다면 심리학이 재판 과정에서 어떤 역할을 하는지 쉽게 이해할 수 있다. 심신미약. 피의자가 정신질환 등을 가지고 있을 경우, 심리학자들은 그 피의자의 정신 상태를 분석하고, 피의자가 실제로 심신미약 상태인지를 판단한다. 심신미약 상태에서 저지른 범죄에 대한 도덕적·법률적 판단과는 별개로, 피의자의 정신 상태를 판정하는 것은 의미가 있는데, 이를 담당하는 것이 심리학자들이다.

최근에 사이코패스(psychopath)에 대해서 많이 들어봤을 것이다. 사이코패스는 반사회적 성격장애에 속하는 하위 범주인데, 공감 능력의 결여, 자기중심적 사고, 행동 통제 능력 저하, 빈번한 기만 행동 등을 그 특징으로 한다. 피의자의 사이코패스 여부를 밝히는 것도 심리학자들의 역할이다. 특히 사이코패스는 행동 습성이 아닌 잠재적인 심리적 특성으로 받아들여지면서, 이미 발생한 범죄에 대한 판단을 고려하기보다는 재범 예측과 같은 미래 행동 예측의 판단 도구로서 법정에서 사용되고 있다.

이 외에도 재판의 판결에 영향을 미치는 요인에 대한 연구도 중요하다. 배심원제를 운영하고 있는 미국에서는 재판 과정에 영향을 미치는 심리적 요인에 대한 연구가 매우 활발하게 이루어져 왔다. 일반인들로 구성되어 있는 배심원들이 유무죄에 대한 판단을 하는 것도 의사결정 과정인데, 앞에서도 언급했듯이 인간의 의사결정은 무결점의 합리성을 가지고 있지 않다. 특히 빼어난 외모를 가진 피의자들이 그렇지 않은 피의자보다 배심원들에 의해 더 관대한 판결을 받는다는 연구 결과(Stewart, 1980)는 판결 과정에 영향을 미칠 수 있는 다양한 요인을 확인하고, 이를 막기 위해 절차적인 개선을 가해야 한다는 점을 시사한다. 국민참여재판 제도를 운영하는 우리나라에서도 앞으로 많은 연구가 이루어져야 하며, 이를 통한 제도 및 절차의 개선이 요구되는 시점이다.

범죄를 저지른 범죄자를 교정하는 과정에서도 심리학자의 역할은 크다. 교도소에서 심리학자들의 역할은 단순히 재소자들을 상담하는 것에 그치지 않는다. 재소자들의 지능, 적성, 성격 등의 검사를 실시하여 교도소에서의 적응을 돕고, 그들의 내적 상태를 파악하여 가석방에 관한 결정에 관여하기도 한다. 재소자들뿐만 아니라 교도관들에 대한 교육 훈련과 상담을 실시하기도 한다. 실제 심리학 학부를 마친 많은 학생이 교정 공무원으로 지원하고 있으며, 석사 학위 이상을 소지한 임상 및 상담 심리학자, 환경심리학자, 사회심리학자, 법심리학자들도 교도소와 관련된 다양한 역할을 수행하고 있다.

4) 인지과학

2016년 인공지능인 알파고가 프로바둑 이세돌 기사를 상대로 바둑 대결에서 압승을 하면서, 인공지능에 대한 관심이 높아졌다. 인공지능의 발전은 매우 빠른 속도로 이루어지고 있으나, 인간의 두뇌와 비교했을 때 아직은 초보적인 수준이다. 알파고가 이세돌 기사를 이겼지만, 알파고는 바둑만을 위해 개발된 인공지능이므로 바둑 이외의 다른 기능은 할수 없다. 최근 범용 인공지능을 개발하려는 노력이 계속되고 있지만, 2018년 12월에 바둑을 포함한 다양한 보드게임에 전반적으로 적용할 수 있는 알파 제로(Alpha Zero)가 발표된수준이니, 아직도 갈 길은 멀다.

알파고와 같이 인공지능이 몇몇 분야에서 매우 놀랄 만한 수행 능력을 보여 주며, 조만간 인류가 인공지능의 지배를 받을 것 같은 느낌이 들지만, 인간의 지능은 이와 비교가 되지 않을 정도로 놀라운 수준이다. 앞에서 말한 알파고의 경우, 최고 사양의 기업용 서버 300대를 병렬로 연결한 어마어마한 하드웨어를 갖추고 운영되었다. 이에 반해, 인간의 뇌는 매우 작은 크기이지만, 알파고 못지않은 사고력을 보인다.

기본적으로 인공지능의 최종 목표는 인간과 유사한 능력을 가진 지능을 만드는 것인데, 이는 인간의 사고 능력이 가장 효율적인 시스템이라는 전제를 가지고 있기 때문이다. 인간의 뇌가 가지고 있는 능력의 한계는 매우 뚜렷하다. '매직 넘버 7'이라는 말처럼 우리가 한 번에 기억할 수 있는 단기 능력의 용량은 7±2개의 정보에 지나지 않는다. 4개 이상의 물체에 동시에 주의를 두기도 어렵다. 이러한 한계에도 불구하고, 인간의 뇌는 매우 다양한 일을 꽤 정확하게 해낼 수 있다.

이와 같은 인간의 사고 능력, 즉 인지 능력은 고대에서부터 관심을 받던 연구 주제였으며, 실제로 많은 학문에서 인지 능력을 이해하고 혹은 구현하기 위해 노력해 왔다. 마찬가지로 심리학에서도 5장과 6장에서 다루었던 인지심리학 분야에서 인지 능력에 초점을 두어 연구하고 있다. 하지만 복잡한 인간의 인지 능력을 한 개의 학문이 완벽하게 이해하기에는 한계가 있었고, 따라서 여러 학문들이 동시에 참여하는 학제적인 연구의 필요성이 제기되었다. 그 결과 만들어진 학문 분야가 인지과학(cognitive science)으로, 심리학, 언어학, 신경과학, 과학철학, 인공지능학, 인지사회학 등의 학문이 참여하여 서로의 축적된 지식과 연구 방법을 공유하여 인지 능력의 이해를 도모하고 있다. 특히 융합 학문의 중요성이 대두되고 있는 오늘날 인지과학의 역할은 더욱 커져 가고 있다.

5) 뇌과학

최근 인간의 정복욕을 자극하는 두 가지 대상이 있다면, 하나는 우주이고, 또 다른 하나는 인간의 뇌일 것이다. 뇌에 대한 연구는 기술의 발전과 궤를 함께 하며 나날이 그 영역을 확장하고 있다. 뇌과학의 응용적인 가치는 말할 필요가 없을 정도로, 질환의 치료에서부터 마케팅에까지 적용되고 있다.

뇌과학의 목표는 우리 뇌의 기능을 완벽하게 이해하는 것이다. 초기 뇌과학의 연구가 유전자에 초점을 맞추고 있다면, 최근에는 뇌의 물리적 작용뿐 아니라 정신적 작용까지도 그 원리를 밝혀내기 위해 노력하고 있다.

그렇다면 여기서 우리는 한 가지 질문을 할 수 있을 것이다. 뇌과학과 심리학은 다른 학문인가? 여러분은 이 책에서 인간의 마음과 뇌는 매우 밀접한 관계에 있다고 배웠다. 뉴런과 신경전달물질을 외웠고, 뇌의 구조를 확인하였으며, 뇌의 각 영역들이 어떠한 기능을 수행하고 있는지도 배웠다. 뇌를 연구하는 몇 가지 최신 기술에 대해서도 이야기했다. 그럼 도대체 심리학과 뇌과학의 다른 점은 무엇일까?

실제 심리학과 뇌과학의 경계선은 매우 모호하다. 물론 뇌과학도 심리학도 그 범위가 굉장히 넓어서 두 학문이 동일한 학문이라고 말할 수는 없지만, 상당수의 심리학자, 특히 기초 심리학자들의 대부분이 뇌과학자라는 직함을 달아도 이상하지 않다. 특히 최근에는 기술의 발달에 힘입어 뇌의 연구 장치가 지속적으로 개발되고 있어서, 많은 심리학자가 자신의 연구 도구로서 뇌과학을 선택하고 있고, 이런 경향성은 날이 갈수록 강해질 것이다.

6) 공학심리학

앞에서 말한 인지과학과 뇌과학은 모두 앞으로 응용 가능성이 큰 학문들이다. 뇌와 인지가 관여되지 않는 분야는 없다고 봐도 무방하기 때문이다. 현재에도 뇌와 인지에 대한 지식이 매우 활발하게 적용되는 분야가 있는데, 인지공학심리학(cognitive-engineering psychology)이 그것이다. 공학심리학은 기계 및 장비를 사용자가 어떻게 더 안전하고 효율적으로 사용할 수 있을지를 고민하는 분야이다. 인체공학(ergonomics)이나 인간 요인 심리학(human factor psychology)이라는 용어와 동일하게 사용되기도 한다.

인체공학이라는 말을 들으면 심리학의 영역이라기보다는 해부학, 의학과 같은 학문과의 연계성이 더 크게 느껴질 것이다. 지금 여러분이 앉아 있는 의자도 인체공학적으로 설계가 되어 있어서, 허리부분이 일자형이 아닌 곡선형태일 것이고, 어쩌면 통풍이 원활한 매쉬 형태 소재의 의자일 수도 있을 것이다. 게임을 즐기는 학생이라면, 인체공학적으로 설계된 마우스를 쓰고 있을지도 모른다. 손목에 무리가 가지 않는 형태로 디자인된 마우스를 쓰면 장시간 사용해도 통증이 적고, 마우스 사용의 오류도 적게 생길 수 있다.

공학심리학은 이처럼 인간의 신체적 · 물리적 측면도 다루지만, 그 외에 심리적인 측면도 포함한다. 특히 실험 및 인지 심리학의 지식들이 공학심리학 분야에 활발하게 사용되고 있다. 아직까지 감이 안 오는 학생들을 위해서 잠깐 예를 들어 보자. 지금 여러분이 사용하고 있는 컴퓨터의 키보드를 살펴보자. 2벌식 한글 자판을 사용한다면, 자음과 모음이 어느 쪽에 위치하는지 확인해 보라. 자음이 왼쪽에, 모음이 오른쪽에 위치하고 있을 것이다. 왜 이렇게 위치하고 있는지 생각해 본 적이 있는가? 사실 인간의 육체적인 특징만을 생각한다면 이 디자인은 적절하지 않다. 한글은 초성, 중성, 종성으로 이루어져서 자음이 모음보다 더 빈번하게 사용된다. 우리나라에서는 약 90%의 사람이 오른손잡이인 점을 고려해 보면, 자음이 왼쪽에 있어야 할까, 아니면 오른쪽에 있어야 할까? 오른쪽에 위치시키는 것이 더 효율적일 것이다. 실제로 장시간 타이핑을 하다 보면 모음이 자음보다 먼저 눌려지는 오류가 종종 발생한다. 오른손잡이인 경우 오른손의 피로도가 왼손보다 적어서 반응 시간이 상대적으로 더 빨라져 생기는 현상이다. 그렇다면 한글 자판의 디자인은 실패한 디자인인가? 그렇지 않다. '가'라는 글자를 생각해 보자. 자음이 왼쪽에 있는가, 아니면 오른쪽에 있는가? 글자가 머릿속에서 떠오르는 형태를 생각해 볼 때, 현재의 디자인은 우

그림 13-2 **2벌식 한글 키보드**

리의 사고와 일치하는 방식의 디자인이다.

이렇게 사용자의 편의성과 효율성을 고려하여 제품에 적용함으로써 소비자의 만족을 이끌어 내는 것이 공학심리학이다. 여러분이 사용하고 있는 대부분의 제품 디자인에도 적용되어 있다. 전통적으로 공학심리학에서 많이 관심을 두고 있는 분야는 자동차 및 비행기의 계기판이다. 생명과 연관된 장치이기 때문에 운전자 및 조종사들이 필요한 정보를 효율적으로 사용할 수 있도록 디자인되어야 안전한 운전 및 조정이 가능하기 때문이다. 최근에 출시된 자동차들을 보면 일명 헤드업 디스플레이(HUD)라고 해서 속도계 등이 중앙 계기판에만 있는 것이 아니라 앞 유리창에 비쳐서 나오는 경우가 많은데, 이것도 속도를 확인하기 위해 전방을 주시하지 못하게 되는 시간을 최소로 줄이기 위한 공학심리학적 접근이다.

공학심리학은 제품에만 국한되는 영역은 아니다. 예를 들면, 회사에서 책상 배치가 어떻게 되어야 더 생산성이 좋아질까? 개방형이 좋을까, 아니면 폐쇄형이 좋을까? 조명은 어느 정도 밝아야 좋을까? 이와 같이 생산 및 작업 환경에서 작용할 수 있는 다양한 요인들의 영

그림 13-3 **헤드업 디스플레이의 예.** 최근에는 증강현실 기술도 도입되고 있다.

향에까지 관심을 기울이고 있다. 이런 분야를 환경심리학(environment psychology)이라고도 하는데, 크게 보면 공학심리학과 중첩되는 부분이라 할 수 있다. 또 인지심리학적 지식뿐 아니라, 감성 및 정서적인 측면에까지 관심을 기울이는 감성 공학으로도 발전되고 있다.

7) 스포츠심리학

프로야구를 좋아하는가? LG 트윈스와 롯데 자이언츠 구단을 지휘했던 양상문 감독은 학구파 감독으로 유명한데, 실제로 석사 학위를 가지고 있다. 양상문 감독의 석사 학위 논문 제목은 「위기상황의 수행능력과 불안과의 관계에 관한 연구」인데, 마운드 위에서 투수의 심리에 관한 내용을 담고 있다. 이 예만 봐도 심리학과 스포츠의 관계가 얼마나 밀접한지 쉽게 알 수 있다. 이 관계를 다루는 분야를 스포츠심리학이라고 한다.

스포츠심리학을 심리학의 한 영역으로 정의하는 것을 꺼리는 연구자들도 있다. 이는 스포츠심리학이 인지과학과 같이 학제적인 학문의 특성을 가지고 있기 때문이다. 생리 역학, 생리학, 운동학, 심리학들이 서로 연계하여 스포츠 수행과 연관된 마음의 효과들을 연구하고 있다.

미국 인디애나 대학교의 Norman Triplett 교수가 1898년에 최초로 스포츠심리학과 관련된 논문을 출간하여 최초의 스포츠심리학자로 인정받고 있는데, 이때 Triplett이 밝혀낸 것이 '사회촉진효과'이다. 사이클 선수들을 관찰한 결과, 혼자 달릴 때보다 여러 명이 함께 달릴 때 기록이 더 좋아진다는 것이었다. 이후에 스포츠심리학은 매우 활발하게 발전되었고, 스포츠 시장의 확대와 함께 실질적으로도 널리 활용되었다. 최근 미국의 메이저리그 프로야구단에서 심리상담사를 두고 선수들의 심리를 관리한다든가, 국내의 프로야구팀에서 비시즌 기간 동안 심리상담사를 불러 강연을 듣는 등의 기사를 쉽게 볼 수 있었을 것이다.

스포츠심리학은 크게 두 가지의 목적을 가지고 있는데, 첫 번째 목적은 앞에서 언급한 것처럼 스포츠에서 경기력에 영향을 미칠 수 있는 심리적인 요인을 밝히고, 이를 통해 경기력을 증진시키는 방법을 고안하는 것이다. 단순하게 심리상담사가 선수들과 상담을 통해서 다양한 심리적 문제를 해결하는 수준에 머무르는 것은 아니다. 예를 들면, 경기력에 영향을 미치는 심리적 요인 중의 하나로 각성(arousal)을 들 수 있다. 각성이라고 하는 것은 몸이 신경적으로 얼마나 활성화(activation)되어 있는가를 말하는 용어인데, 요즘 흔히 하는 말로 텐션과 비슷한 용어라고 생각하면 될 것이다. 수면을 취할 때가 각성 수준이 가장 낮은 것으로, 매우 긴장하여 강박과 같은 수준이 되면 각성 수준이 높다고 생각할 수 있다. 보통 어떤 일을 수행할 때 적절한 수준의 각성은 도움이 되지만, 너무 높거나 낮은 각성 수준은 수행을 방해하는 것으로 알려져 있다. 따라서 스포츠심리학에서는 각성 조절법(arousal regulation)을 사용하여 선수들이 시합에서 적절한 각성 수준을 유지할 수 있도록 해 준다. 기초적인 예를 들면, 너무 긴장을 하여 각성 수준이 높아졌을 때에는 심호흡을 하거나 느린 음악을 들으면서 안정을 찾고, 각성 수준이 너무 낮아졌다고 판단되었을 때에는 빠른 음악을 듣거나 일부러 몸을 움직여서 각성 수준을 높이게 한다. 이 외에도 이미지 트레이닝을 실시한다든지, 루틴을 개발하여 안정적인 경기력을 갖게 한다든지, 매 훈련마다 목표를 설정하고 그 목표를 달성하는 식으로 훈련을 진행하는 등 다양한 방식을 고안하여 경기력을 높이는 데 노력하고 있다.

스포츠심리학의 첫 번째 목적이 심리적 요인이 스포츠의 경기력에 미치는 영향에 초점을 맞추고 있다면, 두 번째 목적은 정반대의 방향성을 가지고 있다. 스포츠를 하는 것, 즉 운동을 하는 것이 우리의 심리에 어떠한 영향을 미치는지에 초점을 두고 있다. 마음이라는 것은 매우 복잡하고 미묘하지만, 지금까지 이 책을 통해서 확인할 수 있는 것은 마음은 몸과 매우 밀접한 관계라는 것이다. 따라서 몸을 움직이면 우리의 마음도 변화할 수 있다. 대표적으로 운동을 하게 되면 우울 정도가 낮아질 수 있다거나, 자존감이 높아질 수 있다는 연구 결과들이 그 예가 될 수 있다. 생활 체육이 활발해지고 있는 오늘날에는 이 두 번째 목적의 중요도가 나날이 높아지고 있다.

프로 스포츠의 시장이 확대되고, 생활체육의 일반화가 이루어지면서 스포츠심리학의 전망은 매우 밝다. 현재도 스포츠심리학자나 스포츠 심리상담사에 대한 수요는 많은 편이나, 이를 담당할 수 있는 전문가의 수는 많지 않다. 스포츠심리학의 특성상 운동학이나 심리학 등의 단일 학문의 전문가로서는 이 분야를 담당하는 것이 원활하지는 않다. 특히 현장에서는 스포츠에 대한 높은 이해도를 가지고 있는 전문가를 원하기 때문에, 현재 심리학 전공자들은 이 부분을 고려할 필요가 있다.

현재까지는 스포츠 심리상담사 및 스포츠 과학 쪽으로 초점이 두어지고 있지만, 앞으로 그 범위가 넓어질 수 있을 것으로 판단된다. 예를 들어, 스포츠를 숫자 및 통계로 표현하려는 시도가 이루어지는 것과 발맞추어 스포츠 통계학 분야가 활성화될 가능성도 있으며, 야구나 골프와 같이 착시가 일반화되어 있는 스포츠 종목에서는 지각심리학과 스포츠의 접점을 찾는 시도도 최근 진행 중이다. 스포츠와 심리학 모두에 관심이 있는 사람이라면, 지금부터 보다 다양한 학문을 접하고 새로운 분야를 열어보는 개척자가 되는 것도 추천하고 싶다.

8) 사이버 공간과 게임심리학

인터넷의 발달은 이전에는 없는 새로운 공간을 만들었다. 실제로 존재하지 않는 사이버 공간이지만, 그 안에서도 현실 공간에서와 매우 유사한 활동이 일어난다. 다수의 심리학자는 사이버 공간에서 발생하는 마음의 문제에 대해서도 많은 관심을 기울여 왔다. 연구자들은 크게 두 방향으로 연구를 진행했는데, 첫 번째는 사이버 공간의 특성들을 분석하고, 이런 요인이 어떻게 인간의 마음에 영향을 미치는지를 밝히고자 하였다. 예를 들면, 사

글상자 13-3 게임중독은 질병인가?

2019년 5월 24일, 세계보건기구(WHO)에서 게임중독(정확하게는 gaming disorder이나 게임중독, 인터넷 게임중독과 동일한 개념으로 사용하고 있다)을 국제질병분류코드에 포함시키기로 만장일치로 결정한 이후, 논란이 지속되고 있다. 일부의 연구자들은 실제로 게임중독으로 인해 대인관계나 학교생활에 어려움을 겪는 청소년들이 많고, 게임중독이 다양한 심리적 기능의 손상과 연관이 되어 있으며, 통제 결여와 같은 장애보다는 약물중독에 더 가까운 중독이라는 주장을 하고 있다. 하지만 반대로 어떤 증상이 질병으로 구분되기 위해서는 그 증상의

그림 13-4 으아… 너무 재밌어…

원인과 결과로 생겨나는 폐해가 명확해야 하는데 게임중독의 경우에는 아직 그 원인과 결과적인 폐해가 명확하지 않기 때문에 질병으로 성립할 수 없으며 (실제 미국정신의학회가 발행하는 『정신장애 진단 및 통계 편람(DSM-5)』에는 추후 연구가 필요한 등급으로 정하고 있다) 더 나아가 게임중독은 평생 동안 지속되는 다른 중독과 달리 비교적 짧은 시간 동안에만 발견되는 현상으로 중독으로 볼 수 없다는 주장도 있다. 한국중독심리학회 및 한국심리학회에서는 게임중독의 질병코드화를 반대하고 있으며, 게임중독의 원인과 해결 방안을 심리 사회적으로 접근하여 확인하자는 입장을 취하고 있다.

심리학은 게임이 야기할 수 있는 폭력성, 사회성 저하, 자존감 하락 등의 역기능뿐 아니라, 지적 능력 및 사회성 증진과 같은 기능적 순기능과 학습 동기를 유발시키는 도구적 순기능에까지 폭넓게 관심을 기울여 왔다. 게임중독과 가장 관련이 깊은 것으로 보이는 임상 및 상담, 중독 심리학의 분야에서도 게임을 과도하게 하면서 생기는 부적응적인 측면을 제대로 측정하고, 진단하고, 치료하는 입장과 함께, 재미를 통한 동기 부여나 인지 능력 및 사회성 증진과 같은 순기능을 사용하여 다른 마음의 어려움을 겪고 있는 사람들을 치료하는 방법적 도구로 사용하는 입장이 모두 공존한다. 게임이 현대인의 삶의 새로운 플랫폼으로 자리 잡은 오늘날, 심리학도 게임에 대한 좀 더 심도 있는 이해를 위해 더욱 노력해야 할 것이다.

이버 공간은 높은 수준의 익명성이 보장되고, 시공간적 초월성을 가지며, 모든 행위가 기록되어 보존될 수 있다는 현실 공간과는 다른 특이성이 있다. 이 때문에 자신의 감정이나 표현이 즉각적으로 강한 수위로 이루어지며, 둘 이상의 복합적 자아 정체성을 가질 수 있다(황상민, 한규석, 1999).

두 번째는 사이버중독에 관한 것이다. 최근 세계보건기구(WHO)에서 2022년부터 게임 중독을 국제질병분류에 포함하기로 결정하여 많은 논란이 일어나고 있다. 이 결정이 옳은지 그른지는 논외로 하더라도, 중독은 심리적으로 중요한 문제이기 때문에, 심리학에서는 사이버중독, 게임중독, 스마트폰중독 정도를 측정할 수 있는 도구를 개발하고, 이런 중독의 문제를 해결할 수 있는 치료법을 개발하기 위해 노력을 기울여 왔다.

게임중독을 질병으로 분류하는 문제가 이슈가 되면서 심리학이 게임에 대한 부정적인 입장만을 취하는 것 같지만, 최근에는 게임이 갖는 긍정적인 측면에 초점을 기울이는 연구들도 활발하게 진행되고 있다. 대표적으로 C. Shawn Green과 Daphne Bavelier는 2003년에 『네이처』에 컴퓨터 게임을 하면 인지 능력이 향상된다는 결과를 발표하였다. '메달 오브 어너(Medal of Honor)'라고 하는 1인칭 슈팅 게임을 하루에 1시간씩 10일 동안 하게 했더니, 그렇지 않았던 경우에 비해서 시각 주의력이 향상되었다는 것이다. 이후 컴퓨터 게임이 가져오는 긍정적인 효과를 밝히는 많은 연구가 진행되었으며, 컴퓨터 게임이 사회성과 인지능력 혹은 치매에까지 긍정적인 효과를 준다는 결과들이 앞다투어 보고되었다. 이런 결과를 토대로 현재 뇌를 훈련시키는 일종의 기능성 게임들도 많이 개발되었으며, 아마 여러분도 스마트폰을 통해서 한두 번씩 해본 경험이 있을 것이다.

그림 13-5 **컴퓨터 게임인 'medal of honor'의 한 장면.** 컴퓨터 게임을 해도 인지 능력이 향상될 수 있다.

앞에서 언급했던 공학심리학과 궤를 함께하는 게임심리학도 있다. 이는 UI(user interface)의 측면에서 유저들이 사용하는 다양한 정보를 게임 장면에 어떤 식으로 배치해야 쉽게 찾아낼 수 있는지, 보상을 언제 어떻게 주어야 유저들의 접속률이 높아질 수 있는지 등을 연구하는 분야이다. 유저들이 사용하기 쉽고, 더 재미있게 느낄 수 있는 게임의 개발과정에서도 심리학의 지식들은 활발하게 사용되고 있다.

3.
심리학의 현재와 미래

지금까지 다양한 현장에서 응용되고 있는 심리학에 대해서 알아보았다. 생각보다 다양한 응용심리학 분야가 있고, 그 분야에서 많은 심리학자가 활동하고 있다는 사실을 확인할 수 있었을 것이다. 그렇다면 이제 다음 단계의 질문을 할 차례이다. 앞으로도 심리학의 전망은 좋을까?

현재 심리학의 인기는 매우 높다. 단순히 국내에 국한된 이야기는 아니다. 심리학이 가장 발전되어 있다는 미국의 경우를 봐도, 심리학은 많은 학생에게 관심의 대상이다. 2019년 기준으로 심리학은 간호학에 이어 미국에서 두 번째로 많은 학생(112,957명)이 전공으로 선택하는 학문이다. 세 번째로 많은 학생이 선택하는 전공인 형사 사법 및 교정(Criminal justice and correction)도 심리학과 관련있다고 볼 수 있다. 따라서 학과의 규모도 매우 큰 편인데, 예를 들어 가장 유명한 미국의 학교 중 하나인 하버드 대학 심리학과의 경우에는 교수만 40명에 육박하는 수준이다.

하지만 최근 심리학의 인기가 조만간 끝날 것이라 전망하는 사람들이 있다. 많은 심리학 전공생이 관심 있어 하는 임상 및 상담 분야에서 전문가들이 과잉 공급되고 있으며, 최근 인기가 많아진 프로파일러의 경우도 수요가 많지 않아 취업 시장이 좁다고 이야기한다.

과거에 비해서 임상 및 상담 심리학을 전공한 전문가가 많아진 것은 사실이다. 하지만 여전히 그 수가 많다고 보기 힘들다. 예를 들어, 2019년 6월 기준 한국심리학회가 공인하는 수련기관에서 수련을 마친 정식 임상심리 전문가는 1,600여 명에 불과하다. 더욱이 정신건강의 중요성이 대두되고 있는 이 시점에 임상심리 전문가들에 대한 수요는 날이 갈수록 많아지고 있다. 과거에는 병원 및 상담센터 등의 치료기관에서의 수요가 대부분을 차지했다면, 최근에는 교육기관, 기업, 정부기관 등 그 범위가 날이 갈수록 넓어지고 있다. 특히 경찰, 범죄자 교정 등의 특수 분야에서도 임상심리 전문가들의 채용이 꾸준히 확대되고 있다. 이러한 상황을 고려하면, 임상 및 상담 심리학 분야가 포화 상태라는 점에는 쉽게 동의할 수 없다.

프로파일러와 같은 범죄심리 전문가에 대한 취업 시장이 넓지 않은 것은 현재 사실이다. 하지만 한국에서 법심리학의 역사는 매우 짧다. 법심리학회가 결성된 것이 2008년이니 이제 겨우 10년 남짓의 시간이 흘렀을 뿐이다. 이 짧은 역사를 고려하면, 그 기간 동안 법심리학 분야에서 이룬 성과는 눈부실 정도이다. 또한 국민참여재판 제도의 확대 등과 같은 환경적인 요인을 고려할 때에도 앞으로 법심리학 전문가의 수요가 확대될 것이라고 쉽게 예상할 수 있다.

그럼에도 불구하고 여전히 심리학에 대한 회의적인 전망이 존재하는 이유는 생각보다 낮은 취업률에 있다. 앞에서 언급한 문제도 결국 취업시장의 문제이고, 심리학을 전공해 봐야 막상 진출할 분야가 거의 없다는 부정적인 시각이 심리학의 전망을 어둡게 보게 하고 있다. 실제로 국내 상당수의 심리학과 취업률은 높은 수준은 아니며, 심리학 학부 전공생들을 위해 존재하는 취업시장도 작은 편에 속한다. 그래서 다수의 사람은 심리학 전공을 이용하여 취업하고자 한다면 최소한 석사 이상의 학위를 가져야 한다고 이야기한다. 이는 진실일까?

이 답변을 위해서는 먼저 심리학을 학부 수준에서 전공하면 심리학 전문가로서 기능할 수 있는가라는 문제에 대해 생각해 볼 필요가 있다. 우리는 통상 심리학을 전공한다고 이야기한다. 하지만 우리는 앞에서 한국에서도 심리학 분과만 15개에 달하는 것을 확인하였다. 필자의 경우 지각심리학을 전공하였다. 지각심리학의 전문가이지만, 임상심리학의 전문가라고는 말하지 않는다. 아마도 심리학의 모든 분야에 통달한 전문가는 존재할 수도 없을 것이다. 그럼, 심리학의 분야 중 한 분야의 전문가가 되려 한다고 가정해 보자. 필자의 전공인 지각심리학의 예를 들어 보자. 여러분이 지각심리학과 관련해서 학부 과정에서 듣는 과목들은 몇 개나 될까? 4년의 학부 과정을 통해, 여러분이 선택할 수 있는 과목은 아마 '지각심리학' 한 과목일 것이다. 범위를 조금 더 확대해서 지각심리학에 조금이라도 도움이 되는 과목을 포함시킨다고 해도 생리심리학, 인지심리학, 그리고 연구 방법론과 관련된 2~3개 정도의 과목이 전부이다. 이 정도 과목을 듣고 지각심리학의 전문가라고 할 수 있을까? 현실적으로 대학원 수준의 교육을 받아야 심리학 전문가가 될 수 있다고 말할 수 있다. 따라서 심리학 전문가로서 취업을 하고 싶다면 최소한 석사 이상의 학위를 가져야 한다고 말해도 크게 틀리지 않는다. 이것은 국내에 국한되는 문제만은 아니다. 미국에서 심리학 학위자들이 선택한 진로를 확인해 보면, 심리학 학사 학위를 가졌을 때보다 석사 이상의 학위를 가졌을 때 선택하는 직업의 범위가 훨씬 넓었다.

그렇다고 해서 심리학 학사 학위가 의미 없다는 이야기는 아니다. 심리학 전문가가 되지 않아도 심리학과 관련된 길은 많이 있다. 심리학은 사람의 마음을 다루는 학문이어서 기본적으로 확장성이 좋다. 따라서 다양한 현장에 심리학적 지식들이 도움이 될 수 있고, 많은 심리학 전공 학부생이 심리학적 지식을 활용하며 다양한 분야에서 활동하고 있다.

심리학은 무척이나 가능성이 많은 학문이다. 매우 많은 분야의 심리학이 있다고 이야기했지만, 지금도 학문의 확장이 끝났다고 보지 않는다. 심리학자로서는 처음 2002년 노벨

글상자 13-4 **심리학 전공의 학부생으로 무엇을 공부해야 하는가?**

취업을 생각하고 있는 심리학 전공 학부생들은 막막함을 느낄 때가 많을 것이다. 심리학 전문가는 대학원을 진학해야만 가능할 것 같고, 학부를 전공하는 것은 취업에 도움이 되지 않는다고 생각하는 경우가 많다. 하지만 심리학 학부 교육은 여러 가지로 여러분의 진로에 도움이 될 수 있다. 그러나 문제는 학부생들이 심리학으로부터 얻어갈 수 있는 것을 오해한다는 데에 있다. 시험기간을 맞아 달달 외워 머리에 저장하는 심리학적 지식들은 학부 교육 과정에서 제공해 주는 역량의 일부에 지나지 않으며, 심지어 생명력이 그리 길지 못하

그림 13-6 **어떤 공부를 해야 하지?**

다. 기억할 수 있는 내용의 양과 기억을 유지할 수 있는 기간이 길지 못하다는 이야기가 아니다. 심리학과 대학원에서는 특정 교과서 없이 수업을 진행하는 경우가 많은데, 그 이유는 교과서에 수록될 정도로 반복적으로 검증된 연구들은 이미 너무 오래된 내용이기 때문이라고 할 정도로 심리학 분야의 연구는 매우 활발하게 진행되고 있다. 여러분이 학부 수준에서 알았던 심리학적 지식은 학부 졸업 후 10년 정도면 속된 말로 '옛날 옛적에' 통용되던 지식에 불과할 수도 있다.

그렇다면 심리학 학사로서 가질 수 있는 장점은 무엇일까? 아마도 그것은 사람의 마음을 다루는 방법, 즉 심리학 방법론이라고 생각한다. 사람의 마음을 객관적으로 접근할 수 있고, 측정할 수 있고, 분석할 수 있는 능력, 이것은 마케팅을 하든, 상품 개발을 하든, 자영업을 하든, 컴퓨터 게임 개발을 하든, 어느 곳에든지 효과적으로 사용할 수 있는 무기이다. 물론 학부 과정에서의 방법론 수업을 통해 심리학 연구 방법의 전문가가 되는 것은 힘들지만, 사람의 마음을 분석하는 과학적이고 체계적인 시각은 확실하게 익힐 수 있다. 하지만 심리학을 전공하고 있는 여러분이 수강하기를 가장 꺼려하는 과목들은 무엇인가? 심리통계, 심리측정, 심리학 실험 등 그 방법을 알려주는 과목들은 아닐까?

경제학상을 수상한 Daniel Kahneman은 미국 프린스턴 대학의 심리학과에서 인지심리학을 가르치는 교수이다. Kahneman은 인지심리학의 다양한 분야에 관심이 있었으며, 그중 한 분야가 의사결정(decision making)이었다. 그는 인간의 의사결정은 합리적이 아니며, 이 비합리적 결정에도 일정한 법칙이 있음을 보여 주었다. 예를 들어, 위험한 수술을 해야 하는 환자에게 '이 수술법은 성공률이 60%이다.'라고 말해 주는 경우, '이 수술법은 실패율이 40%이다.'라고 말해 주는 경우에 비해 더 높은 비율로 수술을 받기로 결정한다. 이를 틀 효과(framing effect)라고 하는데(Tversky & Kahneman, 1981), 동일한 정보여도 그 정보의 제시 방식에 따라 의사결정의 결과가 달라짐을 보여 준다. Kahneman은 이와 같은 의사결정의 비합리성이 경제상황에서도 적용된다는 사실을 보여 주었는데, 이는 인간은 언제나 합

© 2004 Warner Bros.

그림 13-7 **영화 〈폴라 익스프레스〉의 한 장면.** 사람과 너무 유사한 3D 캐릭터를 보면 불쾌감이 느껴진다고 한다.

리적인 판단을 한다는 전통적인 경제학의 이론에 반하는 주장이었다. Kahneman의 연구에 다수의 경제학자와 심리학자들은 모두 열광했고, 그 결과 행동경제학 또는 경제심리학이라고 불리는 새로운 영역의 심리학이 탄생했다.

사이버 공간에서의 심리학, 컴퓨터 게임의 심리학 같은 분야도 그 역사는 매우 짧다. 세상은 변하는 만큼 새로운 분야의 심리학도 지속적으로 만들어졌고, 심리학은 지속적으로 그 영역을 확장시켜 나갔다. 인공지능이 발전되어 4차 산업혁명이 이루어지고 있다고 하는 요즘도 심리학의 필요성은 더욱더 커져 가고 있다. 2004년 〈폴라 익스프레스(polar express)〉라는 애니메이션 영화가 야심차게 개봉했다([그림 13-7]). 이 영화가 당시 많은 관심을 받았던 이유는 화려한 그래픽 때문이었다. 실제 사람과 거의 흡사할 정도로 정교하게 그래픽을 구성했으나 기대와 달리 이 영화는 흥행에 성공하지 못했다. 흥행 실패에 대한 많은 원인이 지목됐지만, 그중 하나는 '불쾌한 골짜기(uncanny valley)' 현상 때문이라는 주장이 있었다. 사물이나 로봇이 인간과 유사한 모습을 가지고 있다고 할 때, 그 유사성 정도가 낮을 때는 유사성 정도가 높아짐에 따라 호감도가 상승되지만, 유사성이 매우 높아지면 갑자기 불쾌감을 느끼게 되는데, 이를 언캐니 밸리라고 한다. 폴라 익스프레스의 경우 애니메이션이지만 등장인물이 과도하게 사람과 유사하여 불쾌감을 유발했기 때문에 흥행에 실패했다는 주장이었다. 실제 영화의 흥행에 언캐니 밸리 현상이 영향을 미쳤는지는 모르겠지만, 이후 많은 심리학자가 언캐니 밸리 현상에 관심을 갖고, 그 현상의 원인과 극복 방안에 대해서 연구하고 있다. 물론 이 전문가들은 가상현실 구현의 현장에서 매우 필요한 전문가가 될 것이다.

사람이 존재하는 한 심리학은 계속 될 것이고, 심리학은 세상이 변화할수록 그 범위를 더욱 확장할 것이다. 따라서 심리학의 전망은 어두울 수 없다. 단, 심리학을 전공하는 여러분에게 마지막으로 하고 싶은 말은 심리학의 밝은 전망이 현재 심리학 교과서를 달달 외우는 것이 공부라고 생각하는 사람들만의 것은 아닐 것 같다는 점이다. 앞에서 언급했던 Green과 Bavelier의 컴퓨터 게임 연구를 기억하는가? 『네이처』라는 세계적인 저널에 그들의 연구는 발표되었고, 그 이후 그 두 사람은 컴퓨터 게임심리학의 최고 전문가들로 인정받고 있다. 그런데 이 연구가 탄생한 뒷이야기를 잠깐 해 보자. Green과 Bavelier의 관계는 사제지간이다. Bavelier는 미국 로체스터 대학교의 교수였고, Green은 그의 학생이었는데, 대학원생이 아닌 18세에 불과한 학부생이었다. 컴퓨터를 좋아했고, 특히 컴퓨터 게임 '팀 포트리스 클래식'을 즐기는 평범한 이 학생은 Bavelier 교수 실험실의 학부생 연구 조교로 일하고 있었다(미국에서는 학부생의 신분으로 교수의 실험실에서 연구 조교로 일하는 경우가 흔히 있다. 최근에는 국내에서도 이와 같은 제도를 운영하는 대학이 있다). 컴퓨터로 시각 인지 능력을 측정하는 프로그램을 개발하고 있었는데, Green이 직접 그 프로그램에 참여했더니 놀랄 만큼 높은 점수가 나왔다. 반복적으로 점수가 높게 나오니, 그 결과가 의심스러웠던 그는 친구들을 대상으로도 그 프로그램을 실시했다. 역시 그 친구들도 Green 못지않게 높은 점수가 나왔다. 프로그램을 잘못 만들었다고 생각한 Green은 이를 지도교수인 Bavelier에게 보고했는데, 프로그램을 살펴보던 Bavelier가 프로그램에서 오류를 발견하지 못했다. 이상하게 여긴 Bavelier가 직접 그 프로그램을 해 보았는데, 의외로 중간 정도의 점수밖에 얻지 못했다. 그 외에도 Green과 그 친구들이 아닌 다른 사람들을 대상으로 프로그램을 실시한 결과, 모두 중간 정도의 점수를 얻었다. Green과 그 친구들의 어떤 점이 다른 사람들과 달랐는지를 찾아보니, 그들이 모두 컴퓨터 게임 마니아라는 점이었다. 그래서 컴퓨터 게임이 인지 능력을 향상시켜 준다는 이 유명한 연구가 시작된 것이었다.

단순히 교과서에서만 심리학을 찾는 것이 아닌, 내 주변 사람의 마음에 관한 호기심으로 세상을 보고, 자신의 관심 분야와 심리학의 연계성을 찾아보며 폭넓은 시각을 유지한다면 심리학은 여러분에게 새로운 세상을 허락해 줄지도 모른다. 그래서 지금은 존재하지 않는 심리학의 새로운 분야에서의 전문가로서 역할을 해 나갈 수 있지 않을까? 심리학을 전공하는 여러분에게 행운과 건투를 빈다.

요약   심리학은 매우 다양한 하위 분야를 가지고 있다. 기초 심리학의 분야에서는 인간 마음의 원리를 밝히는 것 자체에 초점을 두고 있으며, 응용심리학의 분야에서는 기초 심리학에서 밝힌 이 원리를 실제 현장에 적용하는 데에 초점을 두고 있다. 심리학의 발전과 함께 응용심리학의 범위도 확대되고 있다. 대표적인 응용심리학이라고 볼 수 있는 임상 및 상담 심리학과 산업 및 조직 심리학뿐 아니라, 최근에는 법심리학 분야에 대한 관심도 높아졌다. 인지 기능에 대한 지식들이 적용된 분야라고 할 수 있는 인지과학, 뇌과학, 공학심리학 분야의 발전도 눈에 띈다. 최근 스포츠 및 컴퓨터 게임 시장의 확대는 과거에 비해 스포츠심리학과 게임심리학의 중요성을 높여 주었다. 세상이 변화함에 따라 심리학도 변화하고 있다. 마음에 관한 호기심을 가지고 세상을 관찰하고, 자신의 관심사와 심리학의 연계성을 찾는다면, 심리학은 여러분에게 새로운 세상을 보여 줄 것이다.

연습 문제

1. 심리학을 크게 기초 심리학과 응용심리학으로 나누기도 하는데, 인간 마음의 원리를 밝히는 그 자체에 초점을 두는 심리학들을 _____ 심리학이라고 한다.

2. 정신장애의 개선과 정신건강 증진을 위한 평가, 치료 및 예방에 초점을 둔 심리학의 분야를 _____ 심리학이라고 하고, 정신적 비장애인들이 겪는 생활 속 적응과 기능의 문제에 초점을 둔 심리학의 분야를 _____ 심리학이라고 한다.

3. 기업체와 같은 조직들도 급변하는 현대사회에 적응하기 위해 스스로 변화할 필요가 있다. 이와 같은 상황에선 조직의 문제를 진단하고 변화를 도입하고 그 변화의 효과를 측정하는 것을 _____ 이라고 하는데, 이와 같은 일을 다루고 있는 심리학의 하위 분야는 산업 및 조직 심리학이다.

4. 제품을 구매하는 과정에서 제품에 대한 장단점 중에서 _____ 을 먼저 말하고, _____ 을 나중에 말하는 경우 해당 제품에 대한 선호도가 높아진다.

5. 법과 관련된 인간행동을 다루는 심리학을 법심리학이라고 하는데, 크게 _____ , _____ , 그리고 교정 과정에서 작용하는 인간의 심리적 요인을 다루고 있다.

6. 반사회성 성격장애의 한 하위 범주인 _____ 는 공감 능력의 결여, 자기중심적 사고, 행동 통제 능력 저하, 빈번한 기만 행동 등을 특징으로 보이며, 현재 법정에서 재범 예측과 같은 미래 행동 예측의 판단 도구로서 사용되고 있다.

7. 기계 및 장비를 사용자가 어떻게 더 안전하고 효율적으로 사용할 수 있는지를 고민하는 _____ 분야는 특히 제품 혹은 상품에 적용하여 사용자의 편의성과 효율성을 높여 만족도를 높일 수 있다.

8. 최초의 스포츠심리학자인 Norman Triplett은 사이클 선수가 혼자 레이스를 할 때보다, 여러 명

이 함께 레이스를 할 때 더 기록이 좋아진다는 _____ 를 발견하였다.

9. 정보의 제시 방식에 따라 의사결정의 결과가 달라진다는 _____ 는 인간의 의사결정의 오류가 많다는 것을 보여 주었다. 이를 경제에 적용한 결과, Daniel Kahneman은 2002년 노벨 경제학상을 수상하였다.

10. 사람과 전혀 상관없는 형태를 가지고 있던 사물이나 로봇의 모습이 인간과 유사한 정도가 높아지면 초반에는 호감도가 상승하지만, 그 유사성이 너무 높아지면 갑자기 불쾌감을 느끼게 되는데, 이를 _____ 라고 한다.

📖 참고문헌

한국심리학회 편(2018). 더 알고 싶은 심리학. 서울: 학지사.

이종환(2017). 심리학으로 성공을 잡아라. 서울: 학지사.

황상민, 한규석(1999). 사이버 공간의 심리. 서울: 박영사.

Green, C. S., & Bavelier, D. (2003). Action video game modifies visual selective attention. *Nature, 423*(6939), 534–537.

Stewart, J. E. (1980). Defendant's Attractiveness as a Factor in the Outcome of Criminal Trials: An Observational Study 1. *Journal of Applied Social Psychology, 10*(4), 348–361.

Triplett, N. (1898). The dynamogenic factors in pacemaking and competition. *The American journal of psychology, 9*(4), 507–533.

Tversky, A., & Kahneman, D. (1974). Judgment under uncertainty: Heuristics and biases. *Science, 185*(4157), 1124–1131.

Tversky, A., & Kahneman, D. (1981). The framing of decisions and the psychology of choice. *Science, 211*(4481), 453–458.

미국심리학회(American Psychological Association: APA). www.apa.org

미국심리과학학회(Association for Psychological Science: APS). www.psychologialscience.org

한국심리학회. www.koreanpsychology.or.kr

Psychology Today. www.psychologytoday.com

내 삶의 심리학 mind. www.mind-journal.com

인명

내용

저자 소개

오경기(Oh Kyungkee)
고려대학교 심리학과 박사(실험심리학 전공)
서강대학교 게임&평생교육원 교수

이재호(Lee Jaeho)
고려대학교 심리학과 박사(실험심리학 전공)
계명대학교 심리학과 교수

김미라(Kim Mira)
고려대학교 심리학과 박사(실험심리학 전공)
고려대학교 교육대학원 교수

김태훈(Kim Taehoon)
Ohio State University 심리학과 박사(인지심리학 전공)
경남대학교 심리학과 교수

김시현(Kim Sihyun)
고려대학교 심리학과 박사(생리심리학 전공)
Caroline University 심리학 교수

김문수(Kim Munsoo)
University of California, Irvine 생물심리학과 박사(학습과 기억 전공)
전남대학교 심리학과 교수

이건효(Lee Kunhyo)
성균관대학교 심리학과 박사수료(인지심리학 전공)
PMI 연구위원

송길연(Song Kilyun)

중앙대학교 심리학과 박사(발달심리학 전공)

아이캔 인지학습발달센터 소장

구훈정(Koo Hunjung)

고려대학교 심리학과 박사(임상심리학 전공)

한신대학교 심리아동학부 교수

정형수(Jung Hungsu)

고려대학교 심리학과 박사(상담심리학 전공)

마음터심리상담센터 소장

한 민(Han Min)

고려대학교 심리학과 박사(문화심리학 전공)

우송대학교 교양교육원 교수

조옥경(Cho Ok-kyeong)

고려대학교 심리학과 박사(요가심리학 전공)

서울불교대학원대학교 심신통합치유학과 교수

최 훈(Choi Hoon)

Yale University 심리학과 박사(인지심리학 전공)

한림대학교 심리학과 교수

인간 이해의
심리학
Psychology

2020년 9월 15일 1판 1쇄 발행
2024년 9월 25일 1판 4쇄 발행

지은이 • 오경기 · 이재호 · 김미라 · 김태훈 · 김시현 · 김문수 · 이건효
　　　　 송길연 · 구훈정 · 정형수 · 한 민 · 조옥경 · 최 훈
펴낸이 • 김 진 환
펴낸곳 • (주) **학지사**
　　　　 04031 서울특별시 마포구 양화로 15길 20 마인드월드빌딩 5층
대표전화 • 02) 330-5114　　　팩스 • 02) 324-2345
등록번호 • 제313-2006-000265호
홈페이지 • http://www.hakjisa.co.kr
인스타그램 • https://www.instagram.com/hakjisabook/

ISBN 978-89-997-2177-9 93180

정가 23,000원

저자와의 협약으로 인지는 생략합니다.
파본은 구입처에서 교환하여 드립니다.

이 책을 무단으로 전재하거나 복제할 경우 저작권법에 따라 처벌을 받게 됩니다.

출판미디어기업 학지사

간호보건의학출판 **학지사메디컬** www.hakjisamd.co.kr
심리검사연구소 **인싸이트** www.inpsyt.co.kr
학술논문서비스 **뉴논문** www.newnonmun.com
원격교육연수원 **카운피아** www.counpia.com
대학교재전자책플랫폼 **캠퍼스북** www.campusbook.co.kr